国有企业经营管理合规实务操作指南

计东亚◎编著

人民邮电出版社

北京

图书在版编目（CIP）数据

国有企业经营管理合规实务操作指南 / 计东亚编著.
北京 ： 人民邮电出版社，2025. -- ISBN 978-7-115
-67053-3

Ⅰ. D922.291.91-62

中国国家版本馆 CIP 数据核字第 2025G5N496 号

内 容 提 要

本书是为国有企业管理人员和合规工作人员编写的实用手册。书中梳理了国有企业经营管理中的150余个专题，并按照案例引入、合规问题分析、法律法规依据、合规程序与方法四大板块，进行了深入讲解。通过阅读本书，读者可以系统了解合规管理在国有企业经营管理中的具体应用，掌握合规管理的关键步骤和技巧，提升企业的合规管理水平和风险防范能力。本书旨在帮助国有企业建立健全合规管理体系，保障企业依法合规经营，实现可持续发展。

◆ 编　　著　计东亚
　　责任编辑　李士振
　　责任印制　周昇亮

◆ 人民邮电出版社出版发行　　北京市丰台区成寿寺路 11 号
　　邮编　100164　　电子邮件　315@ptpress.com.cn
　　网址　https://www.ptpress.com.cn
　　文畅阁印刷有限公司印刷

◆ 开本：787×1092　1/16
　　印张：50　　　　　　　　　2025 年 6 月第 1 版
　　字数：1 288 千字　　　　　2025 年 6 月河北第 1 次印刷

定价：398.00 元

读者服务热线：(010)81055296　印装质量热线：(010)81055316
反盗版热线：(010)81055315

PREFACE 前言

在国有企业深化改革与持续发展的背景下，经营管理合规的重要性日益凸显，成为企业稳健前行的基石与保障。合规不仅关乎企业法律风险的有效防控，更是提升国有企业国际竞争力、维护国家经济安全与利益的关键所在。鉴于此，编者特编纂本书，旨在为国有企业提供一套系统化、规范化的合规管理操作指南，助力企业在复杂多变的市场环境中稳健前行。

一、编写本书的初衷

随着全球经济一体化的深入发展，国有企业面临的国内外法律环境越发复杂，合规管理挑战日益增多。从国际市场的反垄断、反不正当竞争，到国内市场的公平竞争、消费者权益保护；从企业财务管理的透明度，到人力资源管理的合规性，国有企业必须建立起一套全面、有效的合规管理体系，以确保企业的各项经营活动均符合法律法规的要求，维护企业的合法权益与声誉。因此，编者深感编纂一本全面、系统、实用的国有企业经营管理合规实务操作指南的迫切性与重要性。本书旨在通过深入剖析国有企业在经营管理中可能遇到的合规问题，为国有企业提供操作性强、针对性强的合规管理解决方案，帮助企业建立健全合规管理体系，提升合规管理水平，确保企业在激烈的市场竞争中立于不败之地。

二、本书主要内容与板块

本书精心构建了全面而深入的内容体系，深入梳理了国有企业经营管理中的150余个核心专题，并按照以下四大板块进行了系统的编排与分析。

案例引入：每个专题均以近年来国有企业发生的真实合规案例作为开篇，通过生动的案例描述，引导读者进入合规问题的情境，增强与加深读者对合规问题的直观感受与认识。

合规问题分析：在案例引入的基础上，书中对案例中的合规问题进行了深入剖析，从法律法规、行业标准、企业内部制度等多个维度出发，揭示问题产生的根本原因、可能带来的法律后果及对企业声誉的影响，帮助读者全面认识解决合规问题的重要性与紧迫性。

法律法规依据：针对每个合规问题，本书详细列出了相关的国家法律法规、部门规章、地方性法规以及国家标准等，从而为读者提供合规管理的法律依据，确保合规管理的合法性与有效性。同时，书中对法律法规的解读注重实用性与可操作性，以便帮助读者快速理解法律要求，为合规决策提供有力支持。

合规程序与方法：在深入分析问题与明确法律依据的基础上，本书为每个合规问题提供了具体的合规程序与方法，包括合规审查流程、合规培训计划、合规风险评估模型、合规监督机制等，旨在帮助读者掌握合规管理的实际操作技能，提升合规管理的专业性与有效性。

三、本书在内容安排上的特点

全面性与系统性： 本书内容覆盖了国有企业经营管理的大多数关键领域，从战略规划到日常运营、从外部市场到内部管理，构建了一个完整的合规管理知识体系。各章节之间逻辑清晰，相互关联，形成了一个系统性的合规管理框架，便于读者全面理解和掌握。

实用性与可操作性： 本书注重理论与实践的结合，通过大量的真实案例和具体的合规程序与方法来帮助读者将合规理论转化为实际操作技能。同时，书中提供的工具模板和实操指南，使得读者能够直接参考或套用，大大提高了合规管理的实用性与可操作性。

前瞻性与创新性： 在保持对传统合规问题的深入剖析外，本书还积极关注合规管理的新趋势、新技术和新方法，如数字化合规、人工智能在合规管理中的应用等，为读者提供了前瞻性的视角和创新的解决方案，有助于企业把握合规管理的发展方向。

权威性与准确性： 本书由具有丰富实践经验的合规专家、法律顾问和行业专家共同编写，确保了内容的权威性与准确性。同时，书中引用的法律法规均来自官方渠道，保证了信息的时效性和可靠性，为读者提供了可靠的合规管理指导。

四、读者阅读本书的收获

提升合规意识： 通过阅读本书，读者将深刻认识到合规管理的重要性和必要性，树立正确的合规观念，形成全员参与的合规文化，为企业的稳健发展奠定坚实的思想基础。

掌握合规技能： 本书将帮助读者掌握合规管理的实际操作技能，包括合规审查、合规培训、合规风险评估、合规监督等，提升合规管理的专业性和有效性，使读者能够在实际工作中有效应对合规挑战。

降低合规风险： 通过学习和实践本书中的合规程序与方法，读者将能够有效识别和应对合规风险，减小企业因违规而带来的经济损失和声誉损害，保障企业的合法权益与稳健发展。

提升企业竞争力： 通过阅读本书，读者将能够建立健全的合规管理体系，提升企业的合规管理水平，从而增强企业的市场竞争力，实现企业的可持续发展。

五、本书适用读者

本书适用于国有企业各级管理人员、合规工作人员、法务人员、审计人员及相关专业学生等。无论你是初入合规领域的新手，还是有一定经验的合规管理者，都能从本书中找到适合自己的内容并有所收获。通过阅读本书，读者将能够全面提升自己的合规管理能力和水平，为企业的稳健发展贡献自己的力量。

在编纂本书的过程中，编者得到了众多专家、学者和业内人士的大力支持与帮助，他们提供了宝贵的意见和建议，为本书的完善与提升做出了重要贡献。在此，编者向他们表示衷心的感谢！同时，编者也感谢广大读者的关注与支持，希望本书能够成为读者合规管理道路上的得力助手。

编者

2025年4月1日

CONTENTS 目录

第一章
国有企业治理结构合规问题

专题1：股权结构不合理

案例引入

一、案例背景

某重型机械制造有限公司（简称"公司A"）是一家传统制造业国有企业，专注于重型机械的生产与销售。公司A成立时间是1985年，注册资本是5亿元。在改革前，公司A的股权高度集中，国有股占比高达85%，其余为少量法人股和个人股。公司由国务院国有资产监督管理委员会（简称"国务院国资委"）直接管理，经营决策权集中在少数高层管理者手中。主要人物有：李董，公司董事长，持有少量股份，但拥有绝对的决策权；张总，公司总经理，负责日常运营，但重大决策需经李董批准。

二、具体问题

1. 股权结构不合理

（1）国有股一股独大：国有股占比过高，导致决策过程缺乏多元化视角，难以适应快速变化的市场环境。

（2）缺乏有效制衡机制：董事会和监事会成员多由国资委指派，独立性不足，难以形成有效的监督与制衡。

（3）管理层激励不足：高层管理者持股比例低，缺乏与公司长期发展的利益绑定，导致经营动力不足。

2. 决策保守缺乏创新动力

在面对行业转型升级的关键时刻，公司A因决策过程冗长且保守，错过了多个重要投资机会，如智能化生产线改造项目。该项目若成功实施，预计可提升生产效率30%，降低成本20%。

由于缺乏市场敏感度和创新动力，公司A的产品线逐渐老化，市场份额被竞争对手侵蚀。从2015年至2020年，公司年销售额从20亿元下滑至15亿元，净利润率从8%降至5%。

三、主要问题的影响

1. 财务指标下滑

（1）销售额下降：从2015年的20亿元降至2020年的15亿元，降幅达25%。

（2）净利润率下降：从8%降至5%，直接降低了公司的盈利能力。

（3）市场份额减少：从行业前三下滑至前五，部分关键市场被竞争对手完全占据。

2. 非财务指标影响

（1）员工士气低落：由于公司业绩下滑，员工对未来前景感到担忧，工作积极性下降，人才流失率上升。

（2）客户信任度降低：由于产品更新缓慢，部分长期合作客户转向竞争对手，影响了公司的市场声誉。

（3）投资吸引力减弱：不合理的股权结构和下滑的财务指标，使得外部投资者对公司信心不足，融资难度加大。

四、结论与反思

1. 结论

公司 A 的股权结构不合理，导致决策效率低下、创新动力不足、市场竞争力减弱，最终引发财务指标的大幅下滑。这不仅损害了股东利益，也影响了公司的长期可持续发展。

2. 反思

（1）优化股权结构：通过引入战略投资者、实施员工持股计划等方式，降低国有股比例，增加股权多元化，提升决策效率和市场敏感度。

（2）完善治理机制：加强董事会和监事会的独立性，引入更多具有行业背景和专业知识的独立董事，形成有效的监督与制衡机制。

（3）建立激励机制：通过股权激励等方式，将管理层和核心员工的利益与公司长期发展绑定，激发其积极性和创造力。

（4）加强市场研究与创新：紧跟行业动态，加大研发投入，推动产品升级换代，提升市场竞争力。

通过上述措施，公司 A 有望逐步解决股权结构不合理的问题，实现治理结构的优化升级，进而提升公司的整体竞争力和盈利能力。

合规问题分析

一、业务简介

国有企业作为国民经济的重要支柱，其股权结构直接关系到企业的决策效率、资源配置以及长期发展。合理的股权结构能够促进企业内部治理的规范化、透明化，保障国有资产的安全与增值。然而，在实践中，国有企业股权结构不合理的问题普遍存在，成为制约企业治理水平提升的重要因素。

二、相关规定

我国相关法律法规对国有企业股权结构有明确规定，如《中华人民共和国公司法》《企业国有资产监督管理暂行条例》等。这些法律法规要求国有企业股权结构应清晰、合规，避免一股独大、内部人控制等问题，确保各股东权益得到平等保护。同时，鼓励国有企业通过引入战略投资者、实施员工持股计划等方式优化股权结构，提高治理效率。

三、合规问题具体表现

1. 股权过于集中

部分国有企业股权高度集中于少数股东手中，尤其是国有股东一股独大现象较为普遍。这导致决策权过于集中，中小股东利益难以保障，容易引发内部人控制问题。

2. 股权分配平均化

一些国有企业存在股权分配过于平均化的问题，股东之间缺乏明确的权责划分。这种股权结构可能导致决策效率低下，难以形成有效的决策中心，同时削弱股东对企业长期发展的投入和关注。

3. 代持、隐名股东问题

部分国有企业存在代持、隐名股东现象，股权关系复杂且不透明。这不仅增大了监管难度，还可能引发法律纠纷，影响企业的稳定经营。

4. 缺乏有效的股权激励机制

国有企业往往缺乏有效的股权激励机制，无法充分激发员工和管理层的积极性和创造力。这导致企业发展动力不足，难以吸引和留住优秀人才。

四、问题造成的严重影响

1. 治理效率低下

不合理的股权结构导致企业内部治理机制失衡，决策效率低下。这不仅影响企业的日常运营，还可能错失市场机遇，制约企业的长远发展。

2. 损害股东利益

股权过于集中或平均化都可能损害中小股东的利益。大股东可能利用控制权谋取私利，而中小股东则难以维护自身权益，导致股东关系紧张，影响企业的和谐稳定。

3. 人才流失

缺乏有效的股权激励机制使得国有企业难以吸引和留住优秀人才。员工和管理层缺乏归属感和责任感，可能会消极怠工或离职，影响企业的竞争力和创新能力。

4. 法律风险增加

代持、隐名股东等问题可能引发法律纠纷，增加企业的法律风险。一旦发生诉讼，不仅影响企业的声誉和形象，还可能给企业带来重大经济损失。

综上所述，国有企业治理结构合规问题中股权结构不合理的问题亟待解决。优化股权结构、引入战略投资者、实施股权激励机制等措施，可以促进企业内部治理的规范化、透明化，提高企业的决策效率和竞争力，为国有企业的长期健康发展奠定坚实基础。

法律法规依据

针对国有企业治理结构合规问题中股权结构不合理的情况，以下是对相关法律法规的总结。

一、针对股权结构不合理问题的法律法规

1.《中华人民共和国公司法》

第四条：公司股东对公司依法享有资产收益、参与重大决策和选择管理者等权利。

此条款强调了股东权益，暗示股权结构应合理，以保障股东权益。

第二十三条：公司股东滥用公司法人独立地位和股东有限责任，逃避债务，严重损害公司债权人利益的，应当对公司债务承担连带责任。股东利用其控制的两个以上公司实施前款规定行为的，各公司应当对任一公司的债务承担连带责任。

此条款要求股东行为合规，包括股权结构的设置。

2.《企业国有资产监督管理暂行条例》

第十七条：国有资产监督管理机构依照有关规定，任免或者建议任免所出资企业的企业负责人：

（一）任免国有独资企业的总经理、副总经理、总会计师及其他企业负责人；

（二）任免国有独资公司的董事长、副董事长、董事，并向其提出总经理、副总经理、总会计师等的任免建议；

（三）依照公司章程，提出向国有控股的公司派出的董事、监事人选，推荐国有控股的公司的董事长、副董事长和监事会主席人选，并向其提出总经理、副总经理、总会计师人选的建议；

（四）依照公司章程，提出向国有参股的公司派出的董事、监事人选。

国务院，省、自治区、直辖市人民政府，设区的市、自治州级人民政府，对所出资企业的企业负责人的任免另有规定的，按照有关规定执行。

第十九条：国有资产监督管理机构依照公司法的规定，任免或者建议任免所出资企业的企业负责人，并指定其中的董事长、副董事长。

此条款涉及国资委对国有企业人事的任免权，但也暗示了需要合理的股权结构来支持有效的公司治理。

第二十一条：国有资产监督管理机构依照法定程序决定其所出资企业中的国有独资企业、国有独资公司的分立、合并、破产、解散、增减资本、发行公司债务等重大事项。

此条款说明了国资委在国有企业资本变动方面的决策权，要求变动需依法进行，包括股权结构的调整。

3.《国企改革三年行动方案（2023—2025年）》

此虽非具体法律，但作为国家政策文件，明确提出了优化国有企业股权结构、推动股权多元化的要求，为国有企业改革提供了方向和指导。

二、针对职权不清晰问题的法律法规

1.《中华人民共和国公司法》

第一百一十二条：本法第五十九条第一款、第二款关于有限责任公司股东会职权的规定，适用于股份有限公司股东会。

第一百零七条规定，本法第四十四条关于有限责任公司董事会职权的规定，适用于股份有限公司。

此条款规定了董事会的职权，要求董事会能够有效行使其职能，这需要有合理的股权结构来支持。

第一百二十九条：公司应当定期向股东披露董事、监事、高级管理人员从公司获得报酬的情况。

此条款要求透明度，合理的股权结构有助于实现这一要求。

2.《中华人民共和国企业国有资产法》

第二十二条指出履行出资人职责的机构依照法律、行政法规以及企业章程的规定，任免或者建议任免国家出资企业的下列人员：（一）任免国有独资企业的经理、副经理、财务负责人和其他高级管理人员；（二）任免国有独资公司的董事长、副董事长、董事、监事会主席和监事；（三）向国有资本控股公司、国有资本参股公司的股东会、股东大会提出董事、监事人选。

此条款规定了国资委对国有企业管理人员的任免权，强调了治理结构的重要性。

综上所述，针对国有企业治理结构合规问题中股权结构不合理的情况，相关法律法规主要集中在《中华人民共和国公司法》《企业国有资产监督管理暂行条例》以及国家政策文件如《国企改革三年行动方案（2023—2025 年）》中。这些法律法规和政策文件要求国有企业建立合理的股权结构，以保障股东权益、促进公司治理结构的完善和企业健康发展。

合规程序与方法

针对上述案例中国有企业治理结构合规问题中股权结构不合理的情况，提出以下具体的合规程序与方法，旨在分步骤、有针对性地解决问题。

一、全面评估现有股权结构

1.收集数据

收集公司 A 当前的股权结构数据，包括各股东的持股比例、持股类型（国有股、法人股、个人股等）、股权集中度等指标。

2.分析评估

对收集到的数据进行分析，评估股权结构的合理性，识别存在的问题，如国有股一股独大、股权集中度过高、管理层持股比例低等。

二、制定股权结构优化方案

1.明确目标

根据评估结果，明确股权结构优化的目标，如降低国有股比例、引入战略投资者、实施员工持股计划等。

2.设计方案

设计具体的股权结构优化方案，包括减持国有股的具体比例、引入战略投资者的条件、员工持股计划的实施细节等。方案应充分考虑公司治理结构的完善、股东利益的平衡以及企业长期发展的需要。

三、履行审批程序

1.内部审批

将股权结构优化方案提交企业董事会、监事会审议，并征求股东意见。必要时，可召开临时股东会进行表决。

2.外部审批

根据相关法律法规和政策要求，向国资委等监管部门提交股权结构优化方案，履行必要的审批程序。

四、实施股权结构调整

1.公告与披露

按照相关规定，及时公告股权结构调整的相关信息，确保信息披露的及时、准确、完整。

2.执行调整

按照审批通过的方案，有序执行股权结构调整工作，包括国有股的减持、战略投资者的引入、员工持股计划的实施等。

五、完善公司治理结构

1. 加强董事会建设

优化董事会成员结构，提高独立董事的比例，确保董事会的独立性和专业性。明确董事会职责和议事规则，提高董事会决策效率和效果。

2. 强化监事会监督职能

确保监事会独立行使监督权，加强对董事会和经理层的监督。完善监事会工作机制，提高监事会的工作效率和效果。

3. 建立健全激励约束机制

根据股权结构调整后的实际情况，建立健全对管理层和员工的激励约束机制。通过股权激励、绩效考核等方式，激发管理层和员工的积极性和创造力，促进企业的长期发展。

六、持续监测与评估

1. 建立监测机制

建立股权结构和公司治理结构的持续监测机制，定期收集和分析相关数据，及时发现和解决问题。

2. 定期评估

定期对股权结构优化方案的实施效果进行评估，总结经验教训，不断完善公司治理结构。

实施上述合规程序与方法，可以有效解决国有企业治理结构合规问题中股权结构不合理的问题，促进企业的健康发展和长期竞争力的提升。

专题 2：董事会运作不规范

案例引入

一、案例背景

公司 B 是一家历史悠久的传统制造业国有企业，主营业务涵盖重型机械制造与销售。近年来，随着市场环境的变化和行业竞争的加剧，公司 B 的经营业绩出现下滑趋势。在此过程中，董事会运作不规范的问题逐渐显露，成为制约公司发展的关键因素之一。

二、具体问题

1. 董事会成员构成不合理

公司 B 的董事会成员中，国有股代表占据绝大多数席位，且部分成员兼任公司高管，导致董事会决策缺乏独立性和专业性。此外，独立董事比例不足，难以发挥有效的监督作用。

2. 决策程序不透明

在重大事项决策过程中，公司 B 的董事会往往未能充分听取各方意见，决策过程缺乏透明度和公开性。部分重要决策甚至存在一言堂现象，即由个别董事或管理层主导决策，忽视其他董事和股东的意见。

3. 信息披露不及时、不准确

公司 B 在信息披露方面存在严重问题，多次出现延迟披露重要信息或披露信息不准确的情况。例如，在某次重大资产重组项目中，公司未能及时披露相关进展和风险提示，导致投资者利益受损。

三、主要问题的影响

1. 财务指标下滑

董事会运作不规范，公司 B 的经营决策频频失误，导致财务指标持续下滑。公开数据显示，公司净利润率从 2018 年的 5% 下降至 2022 年的 2%，降幅高达 60%。同时，营业收入和市场份额也呈现下降趋势。

2. 投资者信心丧失

由于信息披露不及时、不准确以及决策程序不透明等问题，公司 B 的投资者信心严重受挫。股价长期低迷，市值大幅缩水。据统计，自 2019 年以来，公司股价累计下跌超过 50%，市值蒸发近百亿元。

3. 法律风险增加

董事会运作不规范还导致公司面临法律风险。例如，因信息披露违规而受到证券监管机构的处罚；或因决策失误导致合同违约、诉讼缠身等。这些法律风险不仅会增加公司的运营成本，还可能对公司的声誉和品牌形象造成不可逆的损害。

四、结论与反思

公司 B 的案例充分暴露了国有企业治理结构合规问题中董事会运作不规范的严重后果。为了避免类似问题的发生，国有企业应从以下几个方面进行反思和改进。

1. 优化董事会成员构成

提高独立董事比例，确保董事会决策的独立性和专业性；同时减少董事兼任公司高管的现象，避免利益冲突。

2. 完善决策程序

建立健全董事会决策程序，确保决策过程的透明度和公开性；充分听取各方意见，形成科学合理的决策方案。

3. 加强信息披露管理

建立健全信息披露制度，确保及时、准确、完整地披露公司重要信息；加大对信息披露工作的监督和检查力度，防止违规行为的发生。

4. 强化合规意识

加大董事会成员和高管人员的合规培训和教育力度，提高其合规意识和风险防控能力；建立健全合规管理体系和内部控制机制，确保国有企业合规经营。

总之，国有企业应深刻认识到董事会运作不规范对公司治理结构的严重危害，采取有效措施加以处理，以促进国有企业的健康发展和长期竞争力的提升。

合规问题分析

一、业务简介

国有企业作为国民经济的重要支柱，承担着推动经济发展、服务社会等多重职责。其业务涉及众多领域，包括能源、交通、通信、制造等，对国民经济的发展具有举足轻重的影响。然而，在国有企业快速发展的同时，其治理结构合规问题也逐渐显现，尤其是董事会运作不规范的问题。

二、相关规定

针对国有企业治理结构，国家制定了一系列法律法规和政策文件，如《中华人民共和国公司法》《企业国有资产监督管理暂行条例》等。这些法律法规明确要求国有企业董事会应依法行使职权，确保决策程序的透明度和公正性；同时，还明确要求国有企业应建立健全信息披露制度，保障股东和投资者的知情权；此外，还强调了董事会成员的独立性和专业性要求。

三、合规问题具体表现

1. 董事会成员构成不合理

部分国有企业董事会成员中，国有股代表占据绝大多数，导致董事会缺乏独立性和多元性。同时，部分成员可能兼任公司高管，存在利益冲突的风险。

2. 决策程序不透明

在重大事项决策过程中，部分国有企业董事会未能充分遵循法定程序，缺乏公开透明的决策机制。这可能导致决策结果偏离企业的最佳利益，损害股东权益。

3. 信息披露不规范

部分国有企业存在信息披露不及时、不准确、不完整的问题。这不仅违反了证券监管规定，也损害了市场的公平性和透明度，降低了投资者对企业的信任度。

四、问题造成的严重影响

1. 损害企业信誉和品牌形象

董事会运作不规范可能导致企业决策失误频发，信息披露违规等行为更是会加剧市场对企业的不信任感。这将严重损害企业的信誉和品牌形象，降低客户和投资者的合作意愿。

2. 影响企业财务状况和市场竞争力

由于决策失误和信息披露违规等问题的影响，企业可能面临财务指标下滑、市场份额减少等困境。这将直接影响企业的盈利能力和市场竞争力。

3. 削弱投资者信心

投资者对企业治理结构的担忧和对决策结果的不满将导致其信心严重受挫。这将进一步影响企业的融资能力和市场价值，制约企业的长期发展。

综上所述，国有企业治理结构合规问题中董事会运作不规范的问题具有严重的危害性。它不仅损害了企业的信誉和品牌形象，还影响了企业的财务状况和市场竞争力，增加了法律风险，并削弱了投资者的信心。因此，国有企业应高度重视这一问题，采取有效措施加以解决，以确保企业治理结构的合规性和有效性。

法律法规依据

针对国有企业治理结构合规问题中董事会运作不规范的现象，以下是对相关法律法规依据的总结。

一、针对董事会成员构成不合理问题的法律法规

1.《中华人民共和国公司法》

第六十八条：有限责任公司董事会成员为三人以上，其成员中可以有公司职工代表。职工人数三百人以上的有限责任公司，除依法设监事会并有公司职工代表的外，其董事会成员中应当有

公司职工代表。董事会中的职工代表由公司职工通过职工代表大会、职工大会或者其他形式民主选举产生。

此条款规定了董事会成员的构成，虽未直接提及国有企业，但国有企业作为有限责任公司的特殊形式，同样适用该规定。

2.《企业国有资产监督管理暂行条例》

第十七条：国有资产监督管理机构依照公司法的规定，任免或者建议任免所出资企业的企业负责人。

此条款强调了国有资产监督管理机构在任免董事会成员方面的职责，确保董事会成员的构成符合国家规定。

二、针对决策程序不透明问题的法律法规

1.《中华人民共和国公司法》

第一百二十四条：董事会会议应当有过半数的董事出席方可举行。董事会作出决议，应当经全体董事的过半数通过。董事会决议的表决，应当一人一票。

此条款规定了董事会会议的召开和决议的通过方式，确保决策程序的公正性和透明度。

2.《企业国有资产监督管理暂行条例》

第二十一条：国有资产监督管理机构依照国家有关规定组织协调所出资企业中的国有独资企业、国有独资公司的分立、合并、破产、解散、增减资本、申请破产等重大事项。

此条款强调了国有资产监督管理机构在重大事项决策方面的职责，要求决策程序必须符合国家有关规定。

三、针对信息披露不规范问题的法律法规

1.《中华人民共和国证券法》

第七十八条：发行人及法律、行政法规和国务院证券监督管理机构规定的其他信息披露义务人，应当及时依法履行信息披露义务。

此条款规定了信息披露的义务人和及时性要求，适用于国有企业的信息披露行为。

2.《企业会计准则——基本准则》（中华人民共和国财政部令第 33 号）

第十九条：企业对于已经发生的交易或者事项，应当及时进行会计确认、计量和报告，不得提前或者延后。

此条款虽然主要针对会计行为，但也间接要求国有企业及时披露与交易或事项相关的信息。

综上所述，针对国有企业治理结构合规问题中董事会运作不规范的现象，相关法律法规已经做出了明确的规定。国有企业应当严格遵守这些法律法规，确保董事会运作的规范性和合规性。

合规程序与方法

针对国有企业治理结构合规问题中董事会运作不规范的现象，以下提出具体的合规程序与方法，旨在分步骤、有针对性地解决问题。

一、优化董事会成员构成

1.制定董事会成员选拔标准

明确董事会成员的资格条件，包括专业背景、行业经验、独立性等要求。确保董事会成员构

成多元化，包括不同领域、不同背景的专业人士，以及一定比例的独立董事。

2. 实施公开透明的选拔程序

通过公开渠道发布董事会成员选拔信息，吸引符合条件的人才参与。设立独立的评审委员会，负责对候选人进行资格审查和综合评价。确保选拔过程公开透明，接受内外部监督。

二、完善决策程序

1. 明确决策事项范围与权限

根据公司章程和相关法律法规，明确董事会决策事项的范围和权限。对于重大事项，制定专门的决策流程和审批机制。

2. 建立科学的决策机制

引入专家咨询、风险评估等机制，确保决策的科学性和合理性。实行一人一票制，保障每位董事的表决权。对于争议较大的事项，可以采取投票表决或协商一致的方式做出决策。

三、加强信息披露管理

1. 完善信息披露制度

制定详细的信息披露规定，明确披露的内容、时间、方式等要求。确保信息披露的真实、准确、完整和及时。

2. 建立信息披露监督机制

设立专门的信息披露管理部门或岗位，负责信息披露工作的组织和实施。加强对信息披露工作的内部监督和外部审计，确保信息披露的合规性。

四、强化董事会独立性

1. 增加独立董事比例

增加独立董事在董事会中的比例，确保独立董事能够独立发表意见并行使表决权。建立健全独立董事的选聘、考核和激励机制，保障独立董事的独立性和积极性。

2. 明确独立董事职责与权力

制定独立董事工作规则，明确独立董事的职责范围和权利保障。鼓励独立董事积极参与董事会工作，发挥其在公司治理中的独特作用。

五、培育合规文化与建立培训机制

1. 培育合规文化

将合规理念融入企业文化中，形成全员参与、共同维护合规的良好氛围。加强合规宣传和教育，提高全体员工对合规重要性的认识。

2. 建立培训机制

定期组织董事会成员和相关管理人员参加合规培训，提高其合规意识和能力。将合规培训纳入员工绩效考核体系，确保培训效果得到落实。

实施以上合规程序与方法，可以有效解决国有企业治理结构合规问题中董事会运作不规范的问题，提升公司治理水平和整体竞争力。

专题3：监事会独立性差

案例引入

一、案例背景

传统制造业国有企业A（以下简称"企业A"），作为国内知名的机械设备制造商，长期以来在行业内占据重要地位。然而，随着市场竞争的加剧和企业规模的扩大，企业A的治理结构问题逐渐显现，特别是监事会独立性差的问题，成为制约企业发展的关键因素。企业A的监事会由五名监事组成，其中包括三名由大股东提名的监事和两名职工代表监事。

二、具体问题

1. 监事会成员构成不合理

企业A的监事会中，大股东提名的监事占比高达60%，且这些监事往往与大股东存在密切的利益关系。这种构成使得监事会在履行职责时难以保持独立性和客观性。

2. 监事会职能弱化

由于监事会成员与董事会成员之间存在千丝万缕的联系，监事会在日常监督中往往流于形式，对董事会的决策和行为缺乏有效的制约和监督。例如，在多项重大投资决策中，监事会未能及时发现并指出潜在的风险和问题。

3. 信息不对称

监事会获取信息的渠道有限，往往依赖于董事会提供的报告和材料。这种信息不对称使得监事会在行使监督权时处于被动地位，难以全面了解企业的真实运营状况。

三、主要问题的影响

1. 企业损失

由于监事会未能有效发挥监督作用，企业A在多个项目上遭受了重大损失。据统计，2020—2023年，因投资决策失误导致的直接经济损失超过5亿元。

2. 财务指标下滑

监事会独立性的缺失还导致企业A财务指标的持续下滑。例如，企业的净资产收益率从2020年前五年的12%下降至2023年的6%，总资产周转率也明显下降，显示出企业运营效率的降低。

3. 市场信誉受损

由于公司治理结构的问题频发，企业A的市场信誉受到严重损害。投资者和合作伙伴对企业A治理能力的质疑不断加剧，导致企业融资成本上升，市场份额受到挤压。

4. 内部治理混乱

监事会独立性的缺失还加剧了企业内部治理的混乱。董事会和管理层的行为缺乏有效的外部监督，导致内部腐败和违规操作现象时有发生，进一步削弱了企业的竞争力和可持续发展能力。

四、结论与反思

企业A的案例深刻揭示了国有企业治理结构合规问题中监事会独立性差所带来的严重后果。为了提升国有企业的治理水平，必须采取有效措施加强监事会的独立性。

1. 优化监事会成员构成

确保监事会成员来源的多元化和独立性，减小大股东对监事会的影响。

2. 强化监事会职权

明确监事会的监督范围和职权，赋予其必要的调查权、建议权和否决权，确保监事会能够有效履行职责。

3. 完善信息披露制度

建立健全的信息披露制度，确保监事会能够及时、全面地获取企业的运营信息，提高监督的针对性和有效性。

4. 加强内部监督与外部审计

建立健全内部监督机制，同时引入外部审计机构对企业进行定期审计，形成内外结合的监督合力。

实施以上措施，可以有效提升监事会的独立性，加大国有企业的内部监督力度，促进公司治理结构的合规性和有效性。

合规问题分析

一、业务简介

国有企业作为国家经济的重要支柱，其治理结构对保障国有资产安全、促进企业健康发展具有重要意义。监事会作为国有企业内部监督机构，承担着监督董事会和管理层行为、维护企业及股东权益的重要职责。然而，在实践中，监事会独立性差的问题普遍存在，影响了其监督职能的有效发挥。

二、相关规定

《中华人民共和国公司法》等法律法规对监事会的设置、职权和运作机制进行了明确规定。监事会应当独立行使监督权，不受其他机构和个人的干涉。然而，这些规定在实际执行过程中往往面临诸多挑战，如监事会成员构成不合理、职权范围不明确、信息获取渠道有限等，导致监事会难以保持独立性。

三、合规问题具体表现

1. 监事会成员构成不合理

监事会成员往往由控股股东或其他大股东提名，缺乏中小股东和其他利益相关方的代表，导致监事会难以从多角度审视企业运营情况，监督效果大打折扣。

2. 职权行使受限

监事会虽然拥有监督权，但在实际操作中往往受到董事会和管理层的制约。例如，监事会对重大决策的知情权和参与权有限，难以在事前进行有效监督。

3. 信息获取渠道不畅

监事会获取信息的渠道主要依赖于董事会和管理层提供的报告和材料，这种信息不对称使得监事会在履行职责时处于被动地位，难以全面了解企业的真实运营状况。

4. 经费和人员不独立

监事会的经费和人员往往由企业给予和管理，导致监事会在行使职权时可能受到企业内部的利益干扰，影响其独立性和客观性。

四、问题造成的严重影响

1. 公司治理结构失衡

监事会独立性差导致公司治理结构失衡，董事会和管理层的权力得不到有效制约和监督，容易滋生腐败和不正当行为。

2. 国有资产流失风险增加

监事会无法有效监督董事会和管理层的决策和行为，可能导致国有资产被滥用或流失，损害国家和股东的利益。

3. 企业竞争力下降

内部监督机制的失效会削弱企业的内部控制能力，增加经营风险和财务风险，进而影响企业的竞争力和可持续发展能力。

4. 市场信誉受损

监事会独立性差的问题一旦被曝光，将严重影响企业的市场信誉和品牌形象，增加融资成本和市场拓展难度。

综上所述，国有企业治理结构合规问题中监事会独立性差的问题亟待解决。采取优化监事会成员构成、明确职权范围、畅通信息获取渠道、确保经费和人员独立等措施，可以有效提升监事会的独立性，加大国有企业的内部监督力度，提高企业治理结构的合规性和有效性。

法律法规依据

针对国有企业治理结构合规问题中监事会独立性差的问题，相关法律法规提供了明确的指导和规范。以下是对相关法律法规的总结。

一、针对监事会成员构成问题的法律法规

《中华人民共和国公司法》

第一百三十条：股份有限公司设监事会，本法第一百二十一条第一款、第一百三十三条另有规定的除外。监事会成员为三人以上。监事会成员应当包括股东代表和适当比例的公司职工代表，其中职工代表的比例不得低于三分之一，具体比例由公司章程规定……。

此条款要求监事会成员构成应多元化，确保职工代表的比例，有助于增强监事会的独立性和代表性。

二、针对监事会职权行使受限问题的法律法规

《中华人民共和国公司法》

第七十八条：监事会行使下列职权：（一）检查公司财务；（二）对董事、高级管理人员执行职务的行为进行监督，对违反法律、行政法规、公司章程或者股东会决议的董事、高级管理人员提出解任的建议……。

此条款明确了监事会的具体职权，包括财务检查权和对董事、高级管理人员的监督权，为监事会行使职权提供了法律依据。

三、针对监事会信息获取渠道不畅问题的法律法规

《中华人民共和国公司法》

第七十九条：监事可以列席董事会会议，并对董事会决议事项提出质询或者建议。

此条款赋予了监事列席董事会会议的权利，有助于监事获取更多企业运营信息，解决信息不对称问题。

四、针对监事会经费和人员不独立问题的法律法规

1.《中华人民共和国公司法》

此虽未直接规定监事会经费和人员的独立性，但第一百三十条规定：监事会设主席一人，可以设副主席。监事会主席和副主席由全体监事过半数选举产生。

此条款强调了监事会主席和副主席的选举产生方式，间接体现了监事会应具有一定的独立性，包括经费和人员的独立性，以确保其有效履行职责。

2.《中华人民共和国会计法》

第九条：各单位必须根据实际发生的经济业务事项进行会计核算，填制会计凭证，登记会计账簿，编制财务会计报告。

此条款要求企业财务信息的真实性，为监事会监督企业财务提供了基础，间接支持了监事会经费和人员独立的必要性，以确保其能不受干扰地进行财务监督。

综上所述，相关法律法规对国有企业治理结构合规问题中监事会独立性差的问题提供了明确的指导和规范。落实这些法律法规，可以有效提升监事会的独立性，加大国有企业的内部监督力度，促进企业治理结构的合规性和有效性。

合规程序与方法

针对国有企业治理结构合规问题中监事会独立性差的问题，以下提出具体的合规程序与方法，旨在分步骤、有针对性地解决问题。

一、优化监事会成员构成

1.制定选任标准

明确监事会成员的任职资格，包括专业知识、工作经验、道德操守等方面的要求，确保成员具备履行职责的能力。

2.建立多元化提名机制

建立监事会成员的多元化提名机制，确保股东代表、职工代表以及独立第三方代表在监事会中都占有适当比例，避免大股东或管理层过度控制监事会。

3.公开透明选举

监事会成员的选举过程应公开透明，遵循相关法律法规和企业章程的规定，确保选举结果公正合理。

二、明确监事会职权范围

1.修订企业章程

在企业章程中明确监事会的职权范围，包括但不限于财务监督、经营决策监督、高管行为监督等，确保监事会有权对关键事项进行有效监督。

2. 强化事前监督

赋予监事会在重大决策做出前的知情权和参与权，确保监事会能够及时了解并评估决策风险，提出建设性意见。

三、畅通信息获取渠道

1. 建立信息报告制度

要求企业管理层定期向监事会报告企业运营情况、财务状况及重大事项，确保监事会能够及时获取全面准确的信息。

2. 加强内部沟通

鼓励监事会成员与企业各部门建立直接沟通渠道，了解一线情况，及时发现并解决问题。

四、确保经费和人员独立

1. 独立经费预算

在企业年度预算中单独列支监事会经费，确保监事会开展工作所需的各项费用得到充分保障。

2. 独立办公场所

为监事会提供独立的办公场所和必要的办公设备，确保监事会成员能够独立开展工作，不受外界干扰。

五、完善监督和问责机制

1. 建立绩效考核制度

对监事会成员的工作绩效进行定期考核，将考核结果作为薪酬调整、职务任免的重要依据，激励监事会成员积极履行职责。

2. 强化问责机制

对于监事会成员失职、渎职等行为，建立严格的问责机制，依法依规追究相关责任人的责任，确保监事会监督职能的有效发挥。

通过实施以上合规程序与方法，国有企业可以有效提升监事会的独立性，加大内部监督力度，提高企业治理结构的合规性和有效性。这些措施不仅有助于解决案例中存在的问题，还能为国有企业长期健康发展提供有力保障。

专题 4：激励机制不完善

案例引入

一、案例背景

公司 C 是一家位于国内的传统制造业国有企业，主要从事机械零部件的生产与销售。近年来，随着市场竞争加剧和技术迭代加速，公司 C 面临着严峻的挑战。然而，其内部治理结构中的激励机制不完善问题日益凸显，成为制约公司发展的关键因素。

二、具体问题

1. 激励机制单一且缺乏针对性

公司 C 的激励机制主要依赖于传统的薪酬体系，即基本工资加绩效奖金。然而，这种激励机制忽视了员工的个性化需求和发展空间，导致员工普遍缺乏工作积极性和创新动力。公司内部调查显示，超过 70% 的员工认为当前的激励机制无法有效激发其工作热情。

2. 高层管理人员与基层员工激励脱节

公司 C 的高层管理人员享受着相对优厚的待遇和福利，而基层员工则面临着较大的工作压力且收入水平较低。这种激励脱节现象不仅加剧了公司内部的不公平感，还导致基层员工流失率居高不下。据统计，2021—2024 年期间，公司 C 的基层员工流失率平均为 20%。

3. 缺乏长期激励措施

公司 C 未建立有效的长期激励机制，如股权激励、利润分享等。这使得员工更加关注短期利益，缺乏对公司长远发展的责任感和使命感。同时，也减弱了公司在吸引和留住关键人才方面的竞争力。

三、主要问题的影响

1. 财务指标下滑

由于激励机制不完善，公司 C 的员工的工作积极性普遍不高，生产效率低下。这直接导致了公司生产成本上升和产品质量下降。在 2023—2024 年中，公司 C 的毛利率同比减少了 5 个百分点，净利润率更是减少了 10 个百分点。

2. 市场份额减少

面对激烈的市场竞争，公司 C 的产品在市场上的竞争力逐渐减弱。由于产品质量和交货期无法满足客户需求，部分客户开始转向竞争对手。据统计，公司 C 在 2023—2024 年内失去了约 15% 的市场份额。

3. 人才流失与招聘困难

激励机制的缺失导致公司 C 难以留住和吸引优秀人才。一方面，现有员工因不满待遇和工作环境而选择离职；另一方面，公司在招聘新员工时也面临较大困难。人才流失和招聘困难进一步加剧了公司的经营困境。

4. 企业形象受损

激励机制不完善问题还对公司 C 的品牌形象造成了负面影响。员工的不满情绪和消极态度在一定程度上传播到了外部市场，损害了公司的品牌形象和声誉。这进一步限制了公司在市场上的拓展能力提升和发展。

四、结论与反思

公司 C 的案例深刻揭示了国有企业治理结构合规问题中激励机制不完善所带来的严重后果。为了摆脱困境并实现可持续发展，公司 C 必须采取以下措施。

1. 完善激励机制

建立多元化、个性化的激励机制，充分考虑员工的实际需求和发展空间；引入股权激励、利润分享等长期激励措施，增强员工的归属感和责任感。

2. 加强内部沟通

建立畅通的内部沟通渠道，及时了解员工的需求和反馈；通过定期召开员工大会、座谈会等加强管理层与员工之间的互动和交流。

3. 优化人才结构

加大人才引进和培养力度，提高关键岗位的人才储备；建立健全的人才培养体系和发展通道，为员工的职业发展提供有力支持。

4. 强化企业文化建设

积极营造健康向上的企业文化氛围，增强员工的凝聚力和向心力；通过举办各类文化活动和团队建设活动提升员工的归属感和认同感。

实施这些措施，公司C有望逐步解决激励机制不完善问题，提升公司的治理水平和竞争力，为公司的长远发展奠定坚实基础。

合规问题分析

一、业务简介

国有企业作为国家经济的重要组成部分，承担着推动经济发展、保障民生福祉等多重任务。其业务范围广泛，涉及能源、交通、通信、制造等多个领域，对国民经济的稳定运行具有举足轻重的作用。然而，在国有企业治理结构中，激励机制不完善的问题日益凸显，成为制约企业发展的重要因素。

二、相关规定

我国法律法规对国有企业激励机制建设有明确要求，旨在通过科学合理的激励机制激发员工的工作积极性和创造力，提升企业的整体竞争力。相关规定要求国有企业建立多元化、个性化的激励机制，充分考虑员工的实际需求和发展空间；同时，鼓励企业引入股权激励、利润分享等长期激励措施，增强员工的归属感和责任感。

三、合规问题具体表现

1. 激励机制单一且缺乏针对性

许多国有企业仍然以传统的薪酬体系作为主要的激励手段，忽视了员工的个性化需求和发展潜力。这种单一的激励机制难以满足不同层次、不同岗位员工的需求，导致激励效果不佳。

2. 高层管理人员与基层员工激励脱节

在部分国有企业中，高层管理人员与基层员工之间的激励机制存在明显脱节。高层管理人员享受着相对优厚的待遇和福利，而基层员工则面临较大的工作压力且收入水平较低。这种激励脱节现象加剧了企业内部的不公平感，影响了员工的工作积极性和团队凝聚力。

3. 缺乏长期激励措施

长期激励措施对留住关键人才、促进企业长远发展具有重要意义。然而，许多国有企业缺乏有效的长期激励机制，如股权激励、利润分享等。这使得员工更加关注短期利益，缺乏对企业长远发展的责任感和使命感。

4. 激励机制与绩效考核脱节

有效的激励机制应与绩效考核紧密结合，确保激励措施能够真正反映员工的工作表现和价值贡献。然而，在一些国有企业中，激励机制与绩效考核存在脱节现象。绩效考核结果未能充分体现在激励机制中，导致员工对绩效考核的重视程度不足，影响了激励效果。

四、问题造成的严重影响

1. 人才流失严重

激励机制不完善导致国有企业难以吸引和留住优秀人才。员工因不满待遇和工作环境而选择离职的现象屡见不鲜，给企业的稳定运营和长期发展带来了严峻挑战。

2. 生产效率低下

员工工作积极性不高直接影响生产效率和质量。激励机制未能有效激发员工的工作热情和创新动力，导致生产效率低下、产品质量不稳定等问题频发。

3. 企业竞争力下降

在激烈的市场竞争中，激励机制不完善的企业往往难以保持竞争优势。员工士气低落、创新动力不足等问题限制了企业的技术创新和市场开拓能力，导致企业竞争力下降。

4. 影响企业形象和声誉

激励机制问题还可能对企业的形象和声誉造成负面影响。员工的不满情绪和消极态度可能通过社交媒体等渠道传播到外部市场，损害企业的形象和声誉。这不仅影响企业的市场拓展能力，还可能引发信任危机。

综上所述，国有企业治理结构合规问题中激励机制不完善的问题亟待解决。通过实施完善激励机制、加强内部沟通、优化人才结构、强化企业文化建设等措施，国有企业可以逐步解决激励机制问题，提升企业的治理水平和竞争力，为企业的长远发展奠定坚实基础。

法律法规依据

针对国有企业治理结构合规问题中激励机制不完善的问题，以下是对相关法律法规的总结。

一、针对激励机制单一且缺乏针对性问题的法律法规

1.《中华人民共和国公司法》

第二百二十七条：有限责任公司增加注册资本时，股东在同等条件下有权优先按照实缴的出资比例认缴出资。但是，全体股东约定不按照出资比例优先认缴出资的除外。

此条款鼓励公司设计不同激励机制，以满足不同股东和员工的需求。

2.《中华人民共和国劳动法》

第四十六条：工资分配应当遵循按劳分配原则，实行同工同酬。用人单位应根据本单位的生产经营特点和经济效益，依法自主确定本单位的工资分配方式和工资水平。

企业应根据员工的不同贡献和岗位特性，制定合理的薪酬体系。

二、针对高层管理人员与基层员工激励脱节问题的法律法规

1.《中华人民共和国企业国有资产法》

第七条：国家采取措施，推动国有资本向关系国家安全和国民经济命脉的重要行业和关键领域集中，优化国有经济布局和结构，推进国有企业的改革和发展，提高国有经济的整体素质，增强国有经济的控制力、影响力。国有企业应确保激励机制的公平性，避免高层与基层之间的激励脱节，以符合国家推动国有企业改革和发展的目标。

2.《中华人民共和国劳动法》

第四十七条：用人单位根据本单位的生产经营特点和经济效益，依法自主确定本单位的工资分配方式和工资水平。

但同时，企业应确保工资分配方式的公平性和合理性，避免内部激励的不平衡。

三、针对缺乏长期激励措施问题的法律法规

《中华人民共和国公司法》

第一百六十二条：公司不得收购本公司股份。但是，有下列情形之一的除外：……（三）将股份用于员工持股计划或者股权激励。

此条款为国有企业实施股权激励提供了法律依据。

四、针对激励机制与绩效考核脱节问题的法律法规

1.《中华人民共和国劳动法》

第五十条：工资应当以货币形式按月支付给劳动者本人。不得克扣或者无故拖欠劳动者的工资。

企业应确保激励机制与绩效考核紧密结合，以合法合规的方式支付员工工资和奖金。

2.《企业会计准则第 9 号——职工薪酬》

该准则规范了企业职工薪酬的确认、计量和相关信息披露。企业应根据员工的绩效考核结果，合理确定薪酬水平，确保激励机制的有效性和合规性。

综上所述，针对国有企业治理结构合规问题中激励机制不完善的问题，相关法律法规提供了明确的指导。国有企业应严格遵守相关法律法规，完善激励机制，确保激励机制的公平性、合理性和有效性，以推动企业的长期健康发展。

合规程序与方法

针对国有企业治理结构合规问题中激励机制不完善的问题，以下提出具体的合规程序与方法，旨在分步骤、有针对性地解决问题。

一、开展全面调研与评估

1.组建专项工作组

成立由高层管理人员、人力资源专家、法律顾问等组成的专项工作组，负责全面调研和评估企业现有激励机制的现状及存在的问题。

2.收集数据与信息

通过问卷调查、访谈、数据分析等方式，收集员工对现行激励机制的反馈意见，以及激励机制在实际操作中的问题和不足。

3.评估激励机制效果

基于收集到的数据和信息，对激励机制的效果进行全面评估，识别出主要问题和解决方向。

二、制定多元化激励机制方案

1.设计个性化激励措施

根据员工的不同需求和发展阶段，设计个性化的激励措施，如提供职业发展规划、培训机会、晋升机会等，以满足员工的多元化需求。

2. 引入长期激励措施

结合企业实际情况，引入股权激励、利润分享等长期激励措施，将员工的个人利益与企业的长远发展紧密结合，增强员工的归属感和责任感。

3. 优化薪酬体系

对现行薪酬体系进行优化调整，确保薪酬水平与市场接轨，同时体现内部公平性和激励性。

三、建立健全绩效考核体系

1. 明确考核标准与指标

根据企业战略目标和工作任务，明确绩效考核的标准和指标，确保考核内容具体、可量化、可操作。

2. 实施定期考核与反馈

建立定期考核机制，对员工的工作表现进行客观、公正的评价，并及时将考核结果反馈给员工，帮助员工了解自身不足和改进方向。

3. 将考核结果与激励机制挂钩

确保绩效考核结果与激励机制紧密挂钩，使员工的付出得到应有的回报，激励员工不断提升工作绩效。

四、加强内部沟通与培训

1. 建立沟通机制

建立健全内部沟通机制，鼓励员工提出意见和建议，及时解决员工在激励机制实施过程中的困惑和问题。

2. 开展专题培训

针对激励机制的新变化和员工的需求，开展专题培训活动，增加员工对激励机制的理解和认识，增强员工的参与度和配合度。

五、完善监督与反馈机制

1. 建立监督机制

建立健全激励机制的监督机制，对激励机制的实施过程进行全程监督，确保激励机制的合规性和有效性。

2. 收集反馈意见

定期收集员工对激励机制的反馈意见，及时了解激励机制在实际操作中的问题和不足，为后续的改进提供依据。

3. 持续改进与优化

根据收集到的反馈意见和实际情况，对激励机制进行持续改进和优化，确保激励机制始终符合企业发展的需要和员工的需求。

实施以上合规程序与方法，国有企业可以逐步解决激励机制不完善的问题，提升企业的治理水平和竞争力，为企业的长远发展奠定坚实基础。

专题 5：外部治理市场难以发挥作用

案例引入

一、案例背景

D 机械制造公司，是一家历史悠久的传统制造业国有企业，长期在重型机械装备领域占据一席之地。然而，随着全球化和市场竞争的加剧，D 公司逐渐暴露出外部治理市场难以有效发挥其应有作用的问题。这一问题不仅限制了公司的市场竞争力提升，还对其长期发展造成了深远影响。

二、具体问题

1. 资本市场约束有限

由于 D 公司具有国有控股的背景，资本市场对其的约束作用相对有限。投资者难以通过股价波动、并购等方式有效表达对公司治理的不满或推动改革。即便公司业绩不佳，股价波动也往往受到政策因素、市场情绪等多重影响，难以准确反映公司治理状况。

2. 债权人治理缺失

在 D 公司的债务结构中，国有银行占据了较大比例。由于银企关系复杂且受到政策导向影响，债权人难以通过债务重组、破产清算等手段对公司实施有效治理。这导致即便公司面临财务问题，也往往通过政府干预或内部调整解决，而非通过市场机制实现优胜劣汰。

3. 产品市场竞争不充分

D 公司所在的行业存在一定的交易壁垒和市场准入限制，导致外部竞争者难以充分进入。这在一定程度上削弱了市场竞争对公司治理的推动作用。即便公司产品质量下降、服务不佳，也往往能够依靠市场地位维持一定的市场份额和利润空间。

4. 信息披露与监管不足

尽管有相关法律法规要求上市公司定期披露财务信息、经营状况等，但 D 公司在实际操作中往往存在信息披露不充分、不及时的问题。这导致外部投资者、债权人等难以准确评估公司价值和风险，也无法有效参与公司治理。同时，监管机构在执法力度和监管效果上也存在不足，难以对违规行为形成有效震慑。

三、主要问题的影响

1. 公司损失与财务指标下滑

（1）市场份额下降：由于外部治理市场难以发挥作用，D 公司在面对新兴竞争对手时反应迟缓，市场份额逐年下降。2019—2024 年内，D 公司在国内市场的主要产品份额从 40% 下降至 25%，直接影响了公司的营业收入和盈利能力。

（2）财务成本上升：由于债权人治理缺失，D 公司在融资过程中往往依赖高成本的国有银行贷款，导致财务成本持续上升。同时，由于市场竞争不充分，D 公司难以通过规模效应降低成本，进一步增大了财务压力。据统计，D 公司的平均融资成本较行业平均水平高出约 5 个百分点。

（3）盈利能力下降：受上述因素影响，D 公司的盈利能力出现显著下降。过去 2021—2024

年内，公司净利润率从 8% 下降至 4%，净利润总额减少了近一半。这不仅影响了公司的现金流和再投资能力，还削弱了其在行业内的竞争地位。

2. 其他严重影响

（1）品牌形象受损：由于公司治理问题频发且外部治理市场难以发挥作用，D 公司的品牌形象受到严重损害。客户信任度下降，合作伙伴关系紧张，进一步影响了公司的市场拓展和业务发展。

（2）人才流失加剧：外部治理市场难以发挥作用也间接导致了 D 公司的人才流失问题。由于公司治理结构不合理、激励机制不完善等问题长期存在，优秀的管理人才和技术人才纷纷离职寻求更好的发展机会。这进一步削弱了公司的创新能力和竞争力。

四、结论与反思

D 公司的案例深刻揭示了国有企业治理结构合规问题中外部治理市场难以发挥作用的严重后果。要解决这一问题，需要从多个层面入手，具体如下。

1. 加强资本市场建设

完善资本市场相关法律法规和制度规则，提高资本市场的透明度和有效性。鼓励机构投资者和个人投资者积极参与公司治理，通过股价波动、并购等方式对公司形成有效约束。

2. 优化债权人治理机制

推动银企关系市场化改革，减少行政干预和政策导向对债权人治理的影响。建立健全债务重组、破产清算等机制，保障债权人合法权益，提高债权人参与公司治理的积极性和有效性。

3. 促进市场竞争

放宽市场准入限制，鼓励外部竞争者进入市场。通过充分的市场竞争推动公司提升产品质量、降低成本、改进服务，进而优化公司治理结构。

4. 加强信息披露与监管

完善信息披露制度规则，提高公司信息披露的透明度和及时性。加大监管执法力度和效果评估力度，对违规行为形成有效震慑和处罚机制。

合规问题分析

一、业务简介

国有企业作为国民经济的支柱，广泛涉足能源、交通、通信、制造等多个关键领域，承担着保障国家经济安全、推动产业升级和促进社会发展的重要使命。其业务范围广泛，从基础设施建设到高端装备制造，从公共服务提供到国际市场开拓，对国民经济的发展具有举足轻重的影响。

二、相关规定

为了规范国有企业治理行为，我国制定了一系列相关法律法规和政策文件，如《中华人民共和国公司法》《中华人民共和国企业国有资产法》《中央企业全面风险管理指引》等，明确了国有企业治理的基本原则、组织架构、决策程序、信息披露等要求。这些规定旨在通过内部治理和外部治理相结合的方式，提升国有企业治理水平，保障国有资产保值增值。

三、合规问题具体表现

在国有企业治理结构合规问题中，外部治理市场难以发挥作用主要表现为以下几个方面。

1. 资本市场约束有限

国有企业往往具有较大的规模和市场份额，其股价波动受多种因素影响，难以准确反映公司治理状况。此外，部分国有企业上市目的并非完全市场化，导致资本市场对其的约束作用相对有限。

2. 债权人治理缺失

国有企业与国有银行之间的紧密关系使得债权人在公司治理中的作用被削弱。国有银行在贷款决策时往往受到政策导向影响，难以完全基于商业原则进行决策。同时，债权人参与公司治理的渠道和机制也不够完善。

3. 市场竞争不充分

部分国有企业所在行业存在市场准入限制，导致外部竞争者难以充分进入。这在一定程度上削弱了市场竞争对公司治理的推动作用。此外，部分国有企业凭借垄断地位获取超额利润，缺乏改进治理结构的动力。

4. 信息披露不充分

尽管有相关法律法规要求国有企业定期披露财务信息、经营状况等，但在实际操作中往往存在信息披露不充分、不及时的问题。这导致外部投资者、债权人等难以准确评估企业价值和风险，也无法有效参与公司治理。

5. 监管执法力度不够

监管机构在执法过程中可能面临多种挑战，如信息不对称、利益冲突等，导致监管效果不尽如人意。部分国有企业存在违规行为时，监管机构可能因各种原因未能及时采取有效措施予以纠正和处罚。

四、问题造成的严重影响

外部治理市场难以在国有企业治理结构中有效发挥作用，将带来以下严重影响。

1. 降低治理效率

缺乏外部市场的有效约束和监督，国有企业内部治理机制可能变得僵化低效，难以适应市场变化和竞争需求。

2. 损害股东利益

由于外部治理市场作用有限，国有企业可能追求短期利益而忽视长期发展，损害股东尤其是中小股东的利益。

3. 影响市场公平

市场竞争不充分和信息披露不充分可能导致市场资源配置不合理，影响市场公平和效率。

4. 增加系统性风险

国有企业作为国家经济的重要组成部分，其治理问题可能引发系统性风险，对国民经济稳定和发展造成不利影响。

综上所述，国有企业治理结构合规问题中外部治理市场难以发挥作用是一个亟待解决的问题。需要采用加强资本市场建设、优化债权人治理机制、促进市场竞争、完善信息披露制度和加大监管执法力度等措施来加以解决。

法律法规依据

针对国有企业治理结构合规问题中外部治理市场难以发挥作用的问题，相关法律法规提供了重要的规范和指导。以下是对相关法律法规的总结。

一、针对资本市场约束有限问题的法律法规

1.《中华人民共和国公司法》

第一百四十二条：公司的资本划分为股份。公司的全部股份，根据公司章程的规定择一采用面额股或者无面额股。采用面额股的，每一股的金额相等。

第一百四十七条：公司的股份采取股票的形式。股票是公司签发的证明股东所持股份的凭证。

这两项条款确立了公司的股份和股票制度，为资本市场对公司治理的约束提供了基础。

2.《中华人民共和国证券法》

第六条：证券业和银行业、信托业、保险业实行分业经营、分业管理，证券公司与银行、信托、保险业务机构分别设立。国家另有规定的除外。

此条款规定了证券业的独立性，有助于资本市场发挥对公司治理的约束作用。

二、针对债权人治理缺失问题的法律法规

1.《中华人民共和国企业国有资产法》

第六条：国务院和地方人民政府应当按照政企分开、社会公共管理职能与国有资产出资人职能分开、不干预企业依法自主经营的原则，依法履行出资人职责。

第十四条：履行出资人职责的机构应当依照法律、行政法规以及企业章程履行出资人职责，保障出资人权益，防止国有资产损失。履行出资人职责的机构应当维护企业作为市场主体依法享有的权利，除依法履行出资人职责外，不得干预企业经营活动。

此条款强调了作为国有企业的出资人和政府应明确各自的职能，依法享有权利和履行各自的义务，有助于保护债权人在公司治理中的独立地位，以确保发挥其更大的作用。

2.《中华人民共和国商业银行法》

第四条：商业银行以安全性、流动性、效益性为经营原则，实行自主经营，自担风险，自负盈亏，自我约束……。

此条款规定了商业银行的经营原则，有助于商业银行在作为债权人时更好地参与公司治理。

三、针对市场竞争不充分问题的法律法规

1.《中华人民共和国反垄断法》

第三条规定本法规定的垄断行为包括：（一）经营者达成垄断协议；（二）经营者滥用市场支配地位；（三）具有或者可能具有排除、限制竞争效果的经营者集中。

此条款旨在维护市场竞争秩序，防止因交易壁垒和市场准入限制导致的市场竞争不充分。

2.《中华人民共和国反不正当竞争法》

第二条：经营者在生产经营活动中，应当遵循自愿、平等、公平、诚信的原则，遵守法律和商业道德。

此条款强调了市场竞争的公平性原则，有助于推动国有企业所在行业的市场竞争。

四、针对信息披露不充分问题的法律法规

1.《中华人民共和国证券法》

第七十八条：发行人及法律、行政法规和国务院证券监督管理机构规定的其他信息披露义务人，应当及时依法履行信息披露义务。

此条款规定了信息披露义务人的责任，有助于提升国有企业信息披露的充分性和及时性。

2.《中华人民共和国会计法》

第十三条：会计凭证、会计账簿、财务会计报告和其他会计资料，必须符合国家统一的会计制度的规定……。

此条款强调了会计信息的质量要求，有助于保障国有企业财务信息的真实性和准确性。

五、针对监管执法力度不够问题的法律法规

《中华人民共和国企业国有资产法》

第十三条：国务院和地方人民政府应当按照政企分开、社会公共管理职能与国有资产出资人职能分开、不干预企业依法自主经营的原则，依法履行出资人职责。

此条款强调了政府对国有企业监管的合法性和合规性，有助于加大监管执法力度。

综上所述，相关法律法规为解决国有企业治理结构合规问题中外部治理市场难以发挥作用的问题提供了重要的规范和指导。加大法律法规的实施和执行力度，有助于推动国有企业治理结构的合规性和有效发挥外部治理市场的作用。

合规程序与方法

针对国有企业治理结构合规问题中外部治理市场难以发挥作用的问题，以下提出具体的合规程序与方法，旨在分步骤、有针对性地解决问题。

一、强化资本市场约束机制

1.完善信息披露制度

步骤：首先，修订相关法律法规及相关信息披露规则，明确要求国有企业必须按照统一标准披露财务、经营、治理等关键信息；其次，建立信息披露质量评估机制，对信息披露不及时、不充分的企业进行公开通报或处罚。

有针对性解决问题：解决信息披露不充分的问题，提升市场透明度，增强投资者和债权人的决策依据。

2.推动市场化改革

步骤：深化国有企业混合所有制改革，引入更多非国有股东，优化股权结构。同时，鼓励国有企业通过首次公开募股、增发股票等方式扩大直接融资规模，增强资本市场的约束力。

有针对性解决问题：减少行政干预，提升国有企业市场化程度，使资本市场能够更好地发挥其资源配置和治理监督功能。

二、加强债权人治理参与

1.完善债权人参与机制

步骤：修订相关法律法规，明确债权人在公司治理中的权利和地位。建立债权人会议制度，定期邀请主要债权人参与公司治理讨论和决策过程。

有针对性解决问题：解决债权人治理缺失的问题，加大债权人对国有企业经营行为的监督力度。

2.强化债务契约约束

步骤：在债务合同中明确约定公司治理要求、财务稳健性指标等条款，对违反约定的行为进行严厉处罚。同时，建立债务违约快速处理机制，保护债权人利益。

有针对性解决问题：通过法律手段强化债务契约的约束力，确保国有企业能够按照市场规则运营。

三、促进市场竞争

1.打破行政壁垒

步骤：出台相关法律法规维护市场竞争，打破部分行业垄断和市场准入限制，鼓励各类企业公平参与市场竞争。加大反垄断和反不正当竞争执法力度，维护市场秩序。

有针对性解决问题：解决市场竞争不充分的问题，提升国有企业面对外部竞争压力时的治理效率和创新能力。

2.培育多元化市场主体

步骤：支持民营企业、外资企业等非国有经济的发展，培育多元化的市场主体。通过政策引导和市场机制，推动国有企业与非国有企业之间的合作与竞争。

有针对性解决问题：增强市场活力，促进国有企业治理结构向更加市场化、规范化的方向发展。

四、完善监管执法体系

1.加大监管力度

步骤：建立健全国有企业监管体系，明确监管机构的职责和权限。加强对国有企业经营行为、财务状况、治理结构的日常监管和定期检查。对违规行为进行严厉处罚并公开通报。

有针对性解决问题：解决监管执法力度不够的问题，提升监管的有效性和威慑力。

2.建立跨部门协作机制

步骤：加强财政、国资、审计、纪检监察等部门之间的沟通协调和信息共享机制。建立联合执法和专项检查制度，对国有企业进行全方位、多角度的监管和评估。

有针对性解决问题：形成监管合力，提升监管的全面性和系统性。

五、提升企业自身合规能力

1.建立健全合规管理体系

步骤：国有企业应建立健全合规管理制度和流程体系，明确合规管理的组织架构、职责分工和运行机制。加强合规文化建设，提高全员合规意识和能力。

有针对性解决问题：解决企业内部合规管理薄弱的问题，提升国有企业应对外部治理市场挑战的能力。

2.加强合规培训和教育

步骤：定期对员工进行合规培训和教育，普及法律法规和合规知识。通过案例分析、模拟演练等方式提高员工的合规意识和实操能力。

有针对性解决问题：增强员工的合规意识和执行力，确保合规管理要求得到有效落实。

实施以上合规程序与方法，可以逐步解决国有企业治理结构合规问题中外部治理市场难以发挥作用的问题，推动国有企业治理结构向更加市场化、规范化、法治化的方向发展。

专题6：法律法规不完善

案例引入

一、案例背景

传统制造业国有企业D（以下简称"D企业"），长期以来在国内市场占据一定份额，主要生产重型机械设备。近年来，随着行业竞争加剧和市场需求变化，D企业面临着转型升级的压力。然而，其治理结构中的合规问题逐渐暴露，成为制约企业发展的瓶颈。

二、具体问题

1. 内部治理机制不健全

D企业的董事会成员多为政府任命，缺乏专业性和独立性，导致决策效率低下，且难以有效监督管理层。

监事会形同虚设，未能充分发挥监督职能，对管理层的不合规行为未能及时制止。

2. 法律法规意识淡薄

企业高管对法律法规重视不足，合规管理体系建设滞后。例如，在环保法律法规日益严格的背景下，D企业仍沿用旧的生产工艺，导致环保违规问题频发。

3. 信息披露不充分

D企业在信息披露方面存在重大缺陷，对关键财务数据和业务风险隐瞒不报，严重损害了投资者和债权人的利益。

三、主要问题的影响

1. 财务损失

由于环保违规，D企业多次受到生态环境部门的处罚，累计罚款金额高达数千万元，直接影响了企业的盈利能力。同时，信息披露不充分，导致企业信用评级下降，融资成本上升，进一步增大了财务压力。

2. 业务下滑

环保问题曝光后，D企业的品牌形象受损，客户信任度降低，订单量大幅下降。据统计，当年销售额较上一年度下滑了30%，市场份额也被竞争对手蚕食。

3. 法律风险较大

除了直接的经济损失，D企业还面临着较大的法律风险。因环保违规和信息披露不实，D企业被多起诉讼缠身，可能面临巨额赔偿和刑事责任。

4. 员工士气低落

治理结构的混乱和频发的合规问题也影响了企业内部员工的士气和工作积极性。人才流失加剧，企业创新能力下降。

四、结论与反思

D 企业的案例深刻揭示了国有企业治理结构合规问题的重要性及其对企业发展的深远影响。要解决这一问题可从以下方面入手，具体如下。

1. 完善法律法规

针对国有企业治理结构中的合规问题，亟须完善相关法律法规体系，明确董事会、监事会等治理机构的职权边界，提高其独立性和专业性。

2. 强化合规意识

企业应树立强烈的法律法规意识，建立健全合规管理体系，确保各项经营活动合法合规。同时，应加强员工培训和教育，提高全员合规意识和能力。

3. 加强信息披露

企业应严格按照法律法规要求披露关键财务数据和业务信息，增强透明度，维护投资者和债权人的利益。

4. 完善内部治理机制

建立健全内部治理机制，明确各层级职权边界，确保决策科学、执行有力、监督有效。同时，加强对管理层的监督和约束，防止内部人控制现象的发生。

总之，D 企业的案例为其他国有企业提供了宝贵的经验和教训。只有不断完善治理结构、强化合规管理、提高信息披露透明度，才能确保国有企业在激烈的市场竞争中稳健前行。

合规问题分析

一、业务简介

国有企业不仅承担着经济发展的重任，还肩负着社会责任和国家战略的使命。因此，国有企业治理结构的合规性对保障国家经济安全、维护市场秩序和促进社会和谐具有重要意义。

二、相关规定

尽管我国已经建立了较为完善的法律法规体系，对国有企业治理结构提出了明确要求，但在实际操作中仍存在诸多不足。相关法律法规如《中华人民共和国公司法》《中华人民共和国证券法》《国有资产监督管理暂行条例》等，虽然对国有企业董事会、监事会、管理层的职权进行了规定，但在具体执行过程中仍存在模糊地带和漏洞。此外，随着市场环境的不断变化和新兴业态的涌现，现有法律法规在适应性和前瞻性方面也存在一定局限。

三、合规问题具体表现

1. 治理结构不健全

部分国有企业治理结构形同虚设，董事会、监事会等治理机构未能充分发挥作用，导致企业内部权力失衡、决策效率低下。

2. 合规意识淡薄

一些国有企业高管对法律法规重视不足，合规意识淡薄，导致企业在经营过程中频繁触碰法律红线。

3. 信息披露不充分

部分国有企业在信息披露方面存在重大缺陷，对关键财务数据和业务风险隐瞒不报，严重损害了投资者和债权人的利益。

4.内部监管不力

国有企业内部监管机制不健全，对管理层的不合规行为未能及时制止和纠正，导致问题不断累积和恶化。

5.法律法规滞后性

现有法律法规在面对新兴业态和市场变化时显得力不从心，无法为国有企业提供及时有效的指导和规范。

四、问题造成的严重影响

1.经济损失

合规问题可能导致国有企业面临巨额罚款、赔偿等经济损失，严重损害企业盈利能力和可持续发展能力。

2.信誉风险

不合规行为曝光后，国有企业将面临严重的信誉危机，品牌形象受损，客户信任度降低，进而影响市场份额和业务拓展。

3.法律风险

长期存在的合规问题可能使国有企业陷入法律纠纷的泥潭，面临诉讼、仲裁等法律风险，甚至可能导致国有企业被兼并吸收。

4.社会影响

国有企业作为社会经济的重要组成部分，其合规问题不仅影响企业自身发展，还可能对社会稳定和市场秩序造成不良影响。

综上所述，国有企业治理结构合规问题中法律法规不完善的问题亟待解决。加强法律法规建设、提高国有企业合规意识、完善内部治理机制和强化外部监管等措施，可以有效提升国有企业治理结构的合规性，保障国家经济安全和社会和谐稳定。

法律法规依据

针对国有企业治理结构合规问题中法律法规不完善的问题，以下是对相关法律法规的总结。

一、针对治理结构不健全问题的法律法规

1.《中华人民共和国公司法》

第一百零七条规定，本法第四十四条关于有限责任公司董事会职权的规定，适用于股份有限公司。

此条款表明董事会应负责执行股东会的决议，并承担公司日常经营管理的职责。然而，实际执行中，部分国有企业董事会未能充分履行其职责。

第一百三十条：股份有限公司设监事会，其成员不得少于三人。监事会应当包括股东代表和适当比例的公司职工代表，其中职工代表的比例不得低于三分之一，具体比例由公司章程规定。

监事会应当履行监督职责，但部分国有企业监事会形同虚设，未能有效监督。

2.《企业国有资产监督管理暂行条例》

第十七条：国有资产监督管理机构依照有关规定，任免或者建议任免所出资企业的企业负

责人。

然而，在实际操作中，部分国有企业负责人的任免并未完全遵循此规定，导致治理结构不健全。

二、针对合规意识淡薄问题的法律法规

1.《中华人民共和国会计法》

第四条：单位负责人对本单位的会计工作和会计资料的真实性、完整性负责。

然而，部分国有企业高管对会计法和相关法律法规重视不足，导致会计信息失真。

2.《中华人民共和国证券法》

第七十八条：发行人及法律、行政法规和国务院证券监督管理机构规定的其他信息披露义务人，应当及时依法履行信息披露义务。

部分国有企业在证券发行和交易过程中，未能充分履行信息披露义务。

三、针对信息披露不充分问题的法律法规

1.《中华人民共和国证券法》

第七十八条：信息披露义务人披露的信息，应当真实、准确、完整，简明清晰，通俗易懂，不得有虚假记载、误导性陈述或者重大遗漏。

部分国有企业在信息披露方面存在重大缺陷，违反了此规定。

2.《企业信息公示暂行条例》

第七条：市场监督管理部门以外的其他政府部门（以下简称其他政府部门）应当公示其在履行职责过程中产生的下列企业信息：（一）行政许可准予、变更、延续信息；（二）行政处罚信息；（三）其他依法应当公示的信息。

然而，部分国有企业未能按照此条款充分公示相关信息。

四、针对内部监管不力问题的法律法规

1.《中华人民共和国公司法》

第七十八条：监事会行使下列职权：……（四）对董事、高级管理人员执行职务的行为进行监督，对违反法律、行政法规、公司章程或者股东会决议的董事、高级管理人员提出解任的建议……。

部分国有企业监事会未能有效行使这些职权，导致内部监管不力。

2.《中华人民共和国审计法》

第二十二条：审计机关对国有企业的资产、负债、损益，进行审计监督。

然而，在实际操作中，部分国有企业的内部审计和外部审计并未得到充分执行，导致监管不力。

五、针对法律法规滞后性问题的法律法规

虽然具体法律法规可能未直接提及滞后性问题，但《中华人民共和国立法法》等相关法律法规规定了法律的修订和完善机制，旨在确保法律法规能够适应社会经济发展的需要。因此，针对新兴业态和市场变化，相关法律法规的及时修订和完善是有必要的。

综上所述，国有企业治理结构合规问题中法律法规有待完善的问题涉及多个法律法规领域。

加大相关法律法规的建设和执行力度，国有企业可以有效提升治理结构的合规性。

合规程序与方法

针对国有企业治理结构合规问题中法律法规不完善的现状，以下提出具体的合规程序与方法，旨在分步骤、有针对性地解决问题。

一、建立健全合规管理体系

1.制定合规政策与手册

（1）内容：明确企业合规管理的目标、原则、范围及具体要求，涵盖公司治理结构、业务运营、财务管理、信息披露等多个方面。

（2）执行：由企业高层领导参与制定，确保政策的权威性和可执行性。

2.设立合规管理部门

（1）设立：成立独立的合规管理部门，负责监督和执行合规政策，直接向企业高层汇报。

（2）职责和权限：明确合规管理部门的职责和权限，包括制定合规培训计划、开展合规风险评估、处理合规投诉等。

二、加强法律法规意识培训

1.定期举办法律法规培训

（1）对象：覆盖企业全体员工，特别是董事会、监事会成员及高级管理人员。

（2）内容：重点讲解与企业业务相关的法律法规、政策动态及合规要求，提高员工的法律法规意识。

2.建立考核机制

（1）实施：将法律法规培训情况纳入员工绩效考核体系，确保培训效果。

（2）反馈：通过考试、问卷调查等方式收集反馈，不断改进培训内容和方法。

三、完善信息披露机制

1.明确信息披露标准

（1）制定：依据相关法律法规要求，制定详细的信息披露标准和流程。

（2）内容：确保披露信息的真实性、准确性、完整性和及时性，避免误导性陈述或重大遗漏。

2.建立内部审核机制

（1）实施：在信息披露前，由合规管理部门和内部审计部门共同进行内部审核，确保信息披露符合法律法规要求。

（2）整改：对发现的问题及时整改，避免违规信息披露。

四、强化内部监管与问责

1.完善内部监管体系

（1）构建：建立健全内部监管体系，包括建立内部审计、纪检监察等部门，形成监督合力。

（2）职责和权限：明确各监管部门的职责和权限，确保监管工作到位。

2.建立问责机制

（1）实施：对违反合规要求的行为进行严肃问责，无论职位高低，一律平等对待。

（2）公开：对问责结果进行公开通报，以儆效尤。

五、推动法律法规的及时修订与完善

1. 建立法律法规跟踪机制

（1）实施：合规管理部门应密切关注国家法律法规的动态变化，及时收集、整理和分析相关法律法规信息。

（2）报告：定期向企业高层汇报法律法规变化情况及对企业的影响，提出应对建议。

2. 参与立法进程

完善党委领导、人大主导、政府依托、各方参与的立法工作格局。立法机关应充分发挥主导作用，科学编制立法规划和计划，合理确定立法项目，确保立法工作与经济社会发展相适应。在立法过程中，要充分听取社会各界意见，广泛凝聚共识。通过立法调研、论证、评估等方式，提高立法的科学性和民主性。同时，严格遵循法定程序，确保立法活动合法有效。健全吸纳民意、汇聚民智的工作机制，完善法律草案公开征求意见和调研论证机制。加强基层立法联系点建设，提高立法的精细化水平，确保法律法规立得住、行得通、务实管用。

通过实施上述合规程序与方法，国有企业可以有效提升治理结构的合规性，降低合规风险，保障企业的稳健发展。

专题 7：高层管理人员交叉任职

案例引入

一、案例背景

1. 公司 E 概况

公司 E 是一家位于国内的传统制造业国有企业，主要从事重型机械设备的生产与销售，拥有超过 50 年的历史，是国内该领域的领军企业之一。近年来，随着市场竞争加剧和新兴技术的冲击，公司 E 面临着转型升级的巨大压力。

2. 高层管理人员结构

公司 E 的高层管理人员中，存在严重的交叉任职现象。例如，公司董事长兼任总经理，多位董事也在公司管理部门中担任要职，这种安排在公司内部被视为"高效决策"的体现。

二、具体问题分析

1. 交叉任职的具体表现

（1）董事长兼任总经理。这导致决策权与执行权高度集中，缺乏必要的制衡机制。

（2）董事兼任管理职务。多名董事同时担任公司高层管理职务，使得董事会难以独立、客观地履行监督职能。

2. 相关数据

（1）财务透明度下降：由于高层管理人员交叉任职，公司在财务信息披露方面变得不透明。公司内部审计报告显示，2021—2024 年，公司未披露的关联交易金额累计超过 1 亿元，占公司总营业收入的 5%。

（2）业绩指标下滑：由于决策权集中且缺乏有效的监督机制，公司在产品创新、市场拓展等方面表现不佳。2022年，公司净利润同比下降15%，市场份额也被竞争对手蚕食。

三、主要问题的影响

1. 经济损失大

（1）直接经济损失：未披露的关联交易导致公司面临税务风险和法律诉讼风险，潜在罚款和赔偿金额达数千万元。

（2）间接经济损失：由于业绩下滑和市场份额减少，公司股价在过去一年内下跌了30%，市值蒸发了数十亿元。

2. 公司治理结构受损

（1）决策效率低下：交叉任职导致决策过程冗长且复杂，重要决策往往被拖延或搁置。

（2）员工士气低落：内部员工对高层管理的不透明和决策低效感到不满，人才流失现象加剧。

3. 市场信誉受损

（1）投资者信心下降：由于公司治理结构问题频出，投资者对公司未来的发展前景表示担忧，纷纷抛售股票。

（2）合作关系紧张：供应商和客户对公司的信任度降低，合作意愿减弱，部分重要合同被取消或延期。

四、结论与反思

1. 结论

公司E高层管理人员交叉任职的问题严重损害了公司治理结构的合规性，导致了经济损失、治理结构受损和市场信誉下降等一系列严重后果。这些问题不仅影响了公司的短期业绩，更对公司的长期发展构成了威胁。

2. 反思

（1）完善公司治理结构：公司应明确董事会、监事会和管理层的职责和权限，避免高层管理人员交叉任职，确保决策权与执行权的分离制衡。

（2）加强法律法规意识：公司高层管理人员应增强法律法规意识，严格遵守相关法律法规和公司章程的规定，确保公司运营的合规性。

（3）提高财务透明度：公司应建立健全财务信息披露制度，及时、准确、完整地披露重要财务信息，增强市场信任度。

（4）加强内部监管与问责：公司应建立健全内部监管体系，加强对高层管理人员的监督和管理，对违规行为进行严肃问责，确保公司治理结构的有效运行。

实施以上措施，公司E有望逐步解决治理结构合规问题，恢复市场信心，实现可持续发展。

合规问题分析

一、业务简介

国有企业作为国民经济的支柱，其治理结构对企业的稳定运营和长远发展具有至关重要的作用。高层管理人员作为企业的核心决策层，其任职安排直接关系到企业的决策效率、监督机制和整体运营状况。然而，在部分国有企业中，高层管理人员交叉任职的现象较为普遍，这一现象引发了广泛的关注和讨论。

二、相关规定

我国相关法律法规及政策文件对国有企业治理结构及高层管理人员任职有明确规定。例如，《中华人民共和国公司法》要求公司董事会、监事会应各司其职、相互制衡；《中国共产党国有企业基层组织工作条例（试行）》则提出了"双向进入、交叉任职"的领导体制，旨在加强党的领导与国有企业治理结构的有机结合。然而，这些规定在实际执行过程中往往存在理解偏差和执行不力的问题。

三、合规问题具体表现

1. 决策权与执行权集中

部分国有企业中，董事长与总经理由同一人担任，导致决策权与执行权高度集中，缺乏必要的制衡机制。这种安排可能引发决策失误和执行不力等问题，损害企业利益。

2. 董事会独立性受损

高层管理人员交叉任职还可能导致董事会独立性受损。例如，董事同时担任公司高层管理职务，使得董事会在履行监督职能时难以保持客观公正的态度，从而影响其决策的独立性和有效性。

3. 监督机制弱化

交叉任职现象还可能弱化企业的内部监督机制。监事会作为企业内部的重要监督机构，其成员若与高层管理人员存在利益关系或交叉任职情况，将难以有效履行监督职责，增加企业运营风险。

4. 信息披露不透明

高层管理人员交叉任职还可能导致企业在信息披露方面不够透明。由于决策权集中且缺乏有效的监督机制，企业可能倾向于隐瞒或延迟披露重要信息，损害投资者和利益相关者的权益。

四、问题造成的严重影响

1. 企业运营效率低下

决策权与执行权的高度集中可能导致企业决策过程冗长且复杂，降低决策效率。同时，缺乏有效的监督机制也可能导致执行不力或偏离既定目标，进一步降低企业运营效率。

2. 治理结构受损

交叉任职现象严重损害了国有企业的治理结构。董事会、监事会和管理层之间的制衡机制被破坏，可能导致企业内部权力失衡和腐败问题滋生。

3. 市场信誉下降

信息披露不透明和治理结构受损将严重影响企业的市场信誉。投资者和利益相关者对企业的信任度降低，可能导致股价下跌、融资困难等问题，进而影响企业的长期发展。

4. 法律风险增加

高层管理人员交叉任职还可能引发法律风险。例如，因违反相关法律法规或公司章程而受到处罚或诉讼的风险增加，将给企业带来额外的经济损失和声誉损害。

综上所述，国有企业治理结构合规问题中高层管理人员交叉任职的问题亟待解决。完善相关法律法规及政策文件、加大监管力度、提高企业内部治理水平等措施，可以有效遏制交叉任职现象的发生，保障国有企业的健康稳定发展。

法律法规依据

针对国有企业治理结构合规问题中高层管理人员交叉任职的现象，以下是对相关法律法规的总结。

一、针对决策权与执行权集中问题的法律法规

1.《中华人民共和国公司法》

第五条：设立公司应当依法制定公司章程。公司章程对公司、股东、董事、监事、高级管理人员具有约束力。

第一百二十七条：公司董事会可以决定由董事会成员兼任经理。

此条款应谨慎解释，以避免决策权与执行权过度集中，损害公司及股东利益。

2.《中华人民共和国企业国有资产法》

第二十二条：履行出资人职责的机构依照法律、行政法规以及企业章程的规定，任免或者建议任免国家出资企业的下列人员：（一）任免国有独资企业的经理、副经理、财务负责人和其他高级管理人员……。

此条款强调了对高层管理人员的任免应遵循法律、行政法规及企业章程。

二、针对董事会独立性受损问题的法律法规

1.《中华人民共和国公司法》

第一百三十六条：上市公司设独立董事，具体管理办法由国务院证券监督管理机构规定。

虽然此条款主要针对上市公司，但体现了董事会成员应保持独立性的原则。

2.《中国共产党国有企业基层组织工作条例（试行）》

第十四条：坚持和完善"双向进入、交叉任职"领导体制……。

虽然提倡交叉任职，但也应保证董事会独立性不受损害。

三、针对监督机制弱化问题的法律法规

《中华人民共和国公司法》

第七十八条：监事会行使下列职权：……（二）对董事、高级管理人员执行职务的行为进行监督，对违反法律、行政法规、公司章程或者股东会决议的董事、高级管理人员提出解任的建议……。

此条款明确了监事会对高层管理人员的监督职责。

四、针对信息披露不透明问题的法律法规

1.《中华人民共和国公司法》

第一百三十九条：上市公司董事与董事会会议决议事项所涉及的企业有关联关系的，不得对该项决议行使表决权，也不得代理其他董事行使表决权。该董事会会议由过半数的无关联关系董事出席即可举行，董事会会议所作决议须经无关联关系董事过半数通过。出席董事会的无关联关系董事人数不足三人的，应将该事项提交上市公司股东大会审议。

此条款虽主要针对关联交易，但体现了信息披露应透明、公正的原则。

2.《中华人民共和国证券法》

第七十八条：发行人及法律、行政法规和国务院证券监督管理机构规定的其他信息披露义务人，应当及时依法履行信息披露义务。

此条款强调了信息披露的及时性和法律义务。

综上所述，针对国有企业治理结构合规问题中高层管理人员交叉任职的现象，相关法律法规从决策权与执行权的分配、董事会的独立性、监督机制的建立以及信息披露的透明度等方面进行了规定。在实际操作中，国有企业应严格遵守这些法律法规，以确保健康稳定地发展。

合规程序与方法

针对国有企业治理结构合规问题中高层管理人员交叉任职的现象，以下提出具体的合规程序与方法，旨在有针对性地解决问题。

一、明确职责分工，避免权力集中

1. 审查公司章程与治理结构

彻底审查公司章程中关于董事会、监事会、管理层职责分工的条款，确保各项职责明确且相互制衡。对于存在交叉任职情况的高层管理人员，重新评估其职责范围，避免权力过度集中。

2. 制定明确的职责清单

为每位高层管理人员制定详细的职责清单，明确其在公司治理结构中的具体角色和职责。确保职责清单公开透明，便于执行和监督。

二、强化董事会独立性

1. 优化董事会成员结构

确保董事会成员中独立董事的比例符合法律法规要求，且独立董事应具备独立性、专业性和客观性。避免董事与高层管理人员之间存在利益关联，确保董事会决策的公正性和独立性。

2. 建立独立董事评估机制

定期对独立董事的工作表现进行评估，确保其履行职责的有效性。对于无法胜任或存在利益冲突的独立董事，及时进行调整或更换。

三、建立健全监督机制

1. 明确监事会职能

明确监事会的监督职责和权限，确保其能够独立、有效地对董事会和管理层进行监督。监事会应定期对公司财务状况、经营成果、内部控制等方面进行检查和评估，及时发现并纠正问题。

2. 设立内部审计部门

建立独立的内部审计部门，负责对公司内部各项业务和活动进行审计监督。内部审计部门应直接向董事会或监事会报告工作，确保其独立性和权威性。

四、完善信息披露制度

1. 制定信息披露政策

制定详细的信息披露政策，明确信息披露的内容、时间、方式和程序。确保信息披露政策符合法律法规和监管要求，保障投资者和利益相关者的知情权。

2.加强信息披露培训

对公司高层管理人员和相关部门人员进行信息披露培训，提高其信息披露意识和能力。确保信息披露内容真实、准确、完整、及时，避免误导投资者和利益相关者。

五、实施定期审查与评估

1.建立合规审查机制

定期对公司治理结构进行合规审查，评估高层管理人员交叉任职情况是否符合法律法规和公司章程要求。对于发现的问题及时整改，确保公司治理结构的合规性和有效性。

2.开展绩效评估

对高层管理人员进行绩效评估，评估其履行职责的情况和成效。将绩效评估结果与薪酬激励、职务晋升等挂钩，激励高层管理人员积极履行职责并遵守合规要求。

实施以上合规程序与方法，可以有效解决国有企业治理结构合规问题中高层管理人员交叉任职的问题，提升公司治理水平和运营效率。

专题8：信息披露不透明

案例引入

一、案例背景

传统制造业国有企业A（以下简称"A公司"），长期以来在行业内占据重要地位，但近年来随着市场竞争加剧和企业内部治理问题凸显，其业绩开始出现下滑趋势。A公司以其庞大的生产规模和深厚的技术积累在市场上享有一定声誉，然而，在信息披露方面却存在严重的不透明问题，引发了广泛关注。

二、具体问题

1.高层管理人员交叉任职与信息隐瞒

A公司的高层管理人员中，存在董事长兼任总经理的情况，导致决策权与执行权高度集中。同时，部分董事与关键业务部门负责人之间存在亲属关系或利益关联，这为公司内部的信息隐瞒提供了便利条件。在业绩不佳的情况下，公司高层倾向于通过交叉任职和内部协调来掩盖问题，而非及时、准确地对外披露。

2.重大合同与关联交易未公开

A公司与多家关联公司存在大额交易，但这些交易在公司的财务报告和公告中并未得到充分披露。例如，一笔涉及数亿元的原材料采购合同，由于采购方为A公司的控股股东控制的公司，该交易在签订和执行过程中均未对外公告，导致投资者和监管机构难以获取完整信息。

3.财务数据虚假与误导性陈述

为了维持市场信心和股价稳定，A公司在财务报告中存在虚假记载和误导性陈述。例如，通过虚增收入、隐瞒成本等方式粉饰财务报表，使得公司的盈利能力看似较强，实则公司已进入亏损边缘。这些不实信息误导了投资者和债权人，对公司的声誉和信誉造成了严重损害。

三、主要问题的影响

1.公司损失惨重

由于信息披露不透明，A公司在市场上逐渐失去了投资者的信任和支持。股价大幅下跌，市值蒸发数十亿元。同时，由于隐瞒了真实的财务状况和经营风险，公司在后续融资、业务拓展等方面也面临重重困难。据估算，A公司因信息披露违规导致的直接经济损失超过5亿元。

2.财务指标持续下滑

由于内部管理混乱和治理结构缺陷，A公司的财务指标持续下滑。营业收入、净利润等关键指标连续数年负增长，资产负债率居高不下。这些财务指标的变化不仅反映了公司的经营状况恶化，也进一步加剧了投资者的担忧和恐慌情绪。

3.遭受法律风险与监管处罚

A公司的信息披露违规行为最终引发了监管机构的关注。经过深入调查取证，监管机构对A公司及相关责任人给予了严厉的处罚。包括高额罚款、市场禁入、公开谴责等措施在内的处罚决定不仅让公司付出了沉重的经济代价，也严重损害了公司的品牌形象和社会声誉。

四、结论与反思

A公司信息披露不透明的案例深刻揭示了国有企业治理结构合规问题的重要性。信息披露作为公司治理的基石之一，对维护市场秩序、保护投资者权益具有至关重要的作用。因此，国有企业应高度重视信息披露工作，建立健全的信息披露制度和内部控制机制，确保信息披露的真实、准确、完整和及时。同时，监管机构也应加大对国有企业信息披露的监管力度，严厉打击信息披露违规行为，维护市场的公平、公正和透明。通过对本次案例的反思和总结，期望能够为国有企业治理结构的优化提供有益的借鉴和启示。

合规问题分析

一、业务简介

国有企业作为国家经济的重要组成部分，承担着促进经济发展、保障民生福祉的重要职责。其业务范围广泛，涉及能源、交通、通信、制造等多个领域，对国家经济安全和社会稳定具有深远影响。在国有企业运营过程中，信息披露作为连接企业内部与外部的重要桥梁，对维护市场信心、保障投资者权益具有重要意义。

二、相关规定

针对国有企业信息披露问题，我国制定了一系列法律法规和规章制度，旨在规范信息披露行为，提高信息透明度。这些规定包括但不限于《中华人民共和国公司法》《中华人民共和国证券法》《企业国有资产监督管理暂行条例》以及证监会、国资委等部门发布的相关信息披露指引和规范性文件。这些规定明确要求国有企业应当按照法律、法规和监管要求，真实、准确、完整、及时地披露信息，确保投资者和利益相关者的知情权得到保障。

三、合规问题具体表现

1.信息披露不完整

部分国有企业在信息披露时存在选择性披露现象，仅披露有利于企业的信息，而隐瞒或回避不利信息。这种行为导致投资者和利益相关者无法全面了解企业的真实状况，增加了决策风险。

2. 信息披露不及时

一些国有企业在发生重大事项或财务变动时，未能按照规定的时间表及时披露相关信息。这种延迟披露行为不仅违反了法律法规的要求，也损害了市场的公平性和透明度。

3. 信息披露不真实

部分国有企业为了维护市场形象或满足特定目的，存在虚构业绩、夸大利润等虚假信息披露行为。这种行为严重误导了投资者和利益相关者，破坏了市场的诚信基础。

4. 内部人控制问题

在国有企业中，由于产权关系复杂、治理结构不完善等，往往存在内部人控制现象。内部人可能利用信息优势进行内幕交易、操纵市场等，导致信息披露不透明和违规行为频发。

四、问题造成的严重影响

1. 损害投资者利益

信息披露不透明使得投资者无法准确评估企业的真实价值和风险水平，从而做出错误的投资决策。这不仅可能导致投资者遭受经济损失，还可能引发市场恐慌和信任危机。

2. 影响市场公平与效率

信息披露是市场有效运行的基础。不透明的信息披露会破坏市场的公平竞争机制，导致资源错配和效率降低。同时，虚假信息披露还可能引发市场操纵和投机行为，进一步加剧市场波动和风险。

3. 制约国有企业高质量发展

信息披露不透明反映了国有企业治理结构的缺陷和不足。这些问题不仅限制了国有企业自身的发展，还可能对整个国民经济产生负面影响。因此，加强信息披露合规管理对推动国有企业高质量发展具有重要意义。

综上所述，国有企业治理结构合规问题中信息披露不透明是一个亟待解决的问题。完善法律法规、加大监管力度、优化治理结构等措施，可以有效提高信息披露的透明度和合规性，促进国有企业健康稳定发展。

法律法规依据

针对国有企业治理结构合规问题中信息披露不透明的现象，以下是对相关法律法规依据的总结。

一、针对信息披露不完整问题的法律法规

1.《中华人民共和国公司法》

第二百一十六条：公司应当向聘用的会计师事务所提供真实、完整的会计凭证、会计账簿、财务会计报告及其他会计资料，不得拒绝、隐匿、谎报。

2.《中华人民共和国证券法》

第七十八条：发行人及法律、行政法规和国务院证券监督管理机构规定的其他信息披露义务人，应当及时依法履行信息披露义务。信息披露义务人披露的信息，应当真实、准确、完整，简明清晰，通俗易懂；不得有虚假记载、误导性陈述或者重大遗漏。

二、针对信息披露不及时问题的法律法规

1.《中华人民共和国证券法》

第八十条：发生可能对上市公司、股票在国务院批准的其他全国性证券交易场所交易的公司的股票交易价格产生较大影响的重大事件，投资者尚未得知时，公司应当立即将有关该重大事件的情况向国务院证券监督管理机构和证券交易场所报送临时报告，并予公告，说明事件的起因、目前的状态和可能产生的法律后果。

2.《企业国有资产监督管理暂行条例》

第二十一条：国有资产监督管理机构依照法定程序决定其所出资企业中的国有独资企业、国有独资公司的分立、合并、破产、解散、增减资本、发行公司债券等重大事项。其中，重要的国有独资企业、国有独资公司分立、合并、破产、解散的，应当由国有资产监督管理机构审核后，报本级人民政府批准。

这些重大事项发生后，应及时进行信息披露。

三、针对信息披露不真实问题的法律法规

1.《中华人民共和国会计法》

第九条：各单位必须根据实际发生的经济业务事项进行会计核算，填制会计凭证，登记会计账簿，编制财务会计报告。任何单位不得以虚假的经济业务事项或者资料进行会计核算。

2.《中华人民共和国证券法》

第一百九十七条：信息披露义务人报送的报告或者披露的信息有虚假记载、误导性陈述或者重大遗漏的，责令改正，给予警告，并处以一百万元以上一千万元以下的罚款；对直接负责的主管人员和其他直接责任人员给予警告，并处以五十万元以上五百万元以下的罚款。

四、针对内部人控制问题的法律法规

1.《中华人民共和国公司法》

第一百八十一条：董事、监事、高级管理人员不得有下列行为：（一）侵占公司财产、挪用公司资金；（二）将公司资金以其个人名义或者以其他个人名义开立账户存储；（三）利用职权贿赂或者收受其他非法收入；（四）接受他人与公司交易的佣金归为己有；（五）擅自披露公司秘密；（六）违反对公司忠实义务的其他行为。

第一百八十三条：董事、监事、高级管理人员，不得利用职务便利为自己或者他人谋取属于公司的商业机会。但是，有下列情形之一的除外：（一）向董事会或者股东会报告，并按照公司章程的规定经董事会或者股东会决议通过；（二）根据法律、行政法规或者公司章程的规定，公司不能利用该商业机会。

2.《中华人民共和国民法典》

第八十六条：营利法人从事经营活动，应当遵守商业道德，维护交易安全，接受政府和社会的监督，承担社会责任。

若因内部人控制导致信息披露违规，损害他人利益的，应承担相应的民事责任。

综上所述，国有企业治理结构合规问题中信息披露不透明的问题，违反了我国多个法律法规。国有企业应严格遵守相关法律法规，确保信息披露的真实、准确、完整和及时，以维护市场

秩序和投资者权益。

合规程序与方法

针对国有企业治理结构合规问题中信息披露不透明的问题，以下提出具体的合规程序与方法，旨在分步骤、有针对性地解决问题。

一、建立健全信息披露管理制度

1. 制定详细的信息披露政策

明确信息披露的范围、内容、标准、流程及时限，确保所有重要信息都能得到及时、准确、完整的披露。政策应涵盖财务状况、经营成果、重大事项、治理结构变动等方面。

2. 设立专门的信息披露管理部门

设立负责组织实施信息披露工作、协调各部门提供所需信息、确保信息的准确性和一致性的信息披露管理部门。同时，该部门还应负责对外发布信息，与投资者和监管机构保持沟通。

二、加强内部控制与审计监督

1. 完善内部控制制度

建立健全内部控制体系，明确各岗位职责和权限，加强对关键业务环节的监控和审计。通过有效实施内部控制制度来防止内部人控制和信息隐瞒行为的发生。

2. 强化内部审计职能

设立独立的内部审计部门，其定期对信息披露工作进行审计检查，发现问题及时报告并督促整改。同时，加大对财务报表、重大合同、关联交易等关键信息的审计力度，确保信息的真实性和完整性。

三、优化治理结构，提升决策透明度

1. 规范董事会和监事会运作

明确董事会和监事会的职权，优化成员结构，提高独立董事比例，确保决策的独立性和专业性。建立健全董事会和监事会的议事规则和表决程序，防止内部合谋和信息操纵行为的发生。

2. 建立有效的激励约束机制

通过合理的薪酬结构和股权激励等措施，激发董事、监事和高级管理人员的积极性和责任感。同时，建立健全问责机制，对违反信息披露规定的行为进行严肃处理，维护公司治理的严肃性和权威性。

四、加强法律法规培训与合规文化建设

1. 定期开展法律法规培训

组织全体员工特别是关键岗位人员参加信息披露相关法律法规的培训，提高员工的合规意识和法律素养。培训内容应涵盖《中华人民共和国公司法》《中华人民共和国证券法》《中华人民共和国会计法》等相关法律法规以及信息披露的具体要求和标准。

2. 营造合规文化氛围

通过内部宣传、案例分析等方式，强化员工的合规意识，营造诚信、透明的企业文化氛围。鼓励员工积极参与信息披露工作，主动发现和报告违规行为，共同维护企业的良好形象和声誉。

五、加强与监管机构的沟通与合作

1. 建立与监管机构的定期沟通机制

主动向监管机构报告信息披露工作进展和存在的问题，积极寻求指导和帮助。同时，及时回应监管机构的质询和要求，配合做好监管工作。

2. 参与行业自律组织活动

加入相关行业协会或自律组织，积极参与行业标准的制定和推广工作。通过行业交流和合作，借鉴其他企业的先进经验和做法，不断提升自身的信息披露水平和合规管理能力。

以上合规程序与方法旨在从制度建设、内部控制与审计监督、治理结构优化、法律法规培训与合规文化建设以及监管沟通与合作等多个方面入手，全面解决国有企业治理结构合规问题中信息披露不透明的问题。

专题 9：合规管理制度不健全

案例引入

一、案例背景

公司 F 是一家位于中国东部的传统制造业国有企业，成立于 20 世纪 90 年代，主要从事机械制造与零部件生产。近年来，随着国内外市场竞争的加剧以及合规要求的不断提高，公司 F 面临着转型升级的迫切需求。然而，由于历史遗留问题和管理层对合规管理的认识不足，公司 F 的合规管理制度一直未能得到健全和完善。

二、具体问题

公司 F 缺乏系统性的合规管理制度体系，仅有一些零散的规章制度，且未能及时更新以适应新的法律法规要求。例如，公司未建立专门的合规管理部门，合规职责分散于法务、财务等多个部门，导致合规管理效率低下。

1. 内部监督机制薄弱

公司 F 的内部监督机制不健全，内部审计和合规审查流程形同虚设。例如，2018 年至 2020 年，公司多次因违反环保法规被当地环保部门处罚，但这些问题并未引起公司高层的足够重视，内部也未进行有效整改。

2. 管理层合规意识淡薄

公司 F 的管理层对合规管理的重要性认识不足，认为合规管理会增加企业成本，影响业务开展。例如，公司 CEO 张某在多次会议中强调业务扩张的重要性，而忽视了合规风险的防控。

3. 员工培训不足

公司 F 对员工合规培训重视不够，员工对合规政策了解不足，违规操作时有发生。例如，在采购环节，由于采购人员缺乏对供应商合规性的审核，公司采购了一批不符合环保标准的原材料，进而引发产品质量问题。

三、主要问题的影响

1. 经济损失大

由于合规管理制度不健全，公司 F 在环保、税务等多个领域频繁受到处罚，累计经济损失超过 5000 万元。其中，仅环保罚款就高达 2000 万元，严重影响了公司的现金流和盈利能力。

2. 财务指标下滑

由于合规问题频发，公司 F 的财务指标出现明显下滑。2020 年，公司净利润同比下降 30%，营业收入增长率也远低于行业平均水平。同时，公司的资产负债率持续上升，偿债能力受到怀疑。

3. 市场信誉受损

合规问题的频发导致公司 F 的市场信誉严重受损。客户对公司的信任度降低，订单量减少；投资者对公司的信心不足，股价持续下跌。此外，公司还面临被行业监管机构列入黑名单的风险，进一步限制了公司的业务发展。

4. 法律风险增加

随着全球合规监管的日益严格，公司 F 面临的法律风险不断增加。一旦因严重违规被追究刑事责任，不仅会给公司带来巨额罚款，还可能导致公司破产倒闭。

四、结论与反思

公司 F 的案例充分说明了国有企业治理结构合规问题中合规管理制度不健全的严重后果。为了避免类似问题的发生，国有企业应从以下几个方面进行反思和改进。

1. 建立健全合规管理制度体系

公司应成立专门的合规管理部门，制定系统性的合规管理制度体系，确保合规管理有章可循、有据可查。

2. 加强内部监督机制建设

公司应建立健全内部审计和合规审查流程，确保各项合规要求得到有效执行。同时，加强对关键环节的监督和管理，防止违规操作的发生。

3. 提高管理层合规意识

公司管理层应深刻认识到合规管理的重要性，将合规理念融入企业文化之中。通过加强合规培训和教育，提高全体员工的合规意识和能力。

4. 加强员工合规培训

公司应定期开展合规培训活动，确保员工了解并掌握最新的合规政策和要求。同时，建立合规考核机制，将合规表现纳入员工绩效考核体系之中。

5. 积极应对外部合规挑战

公司应密切关注国内外合规监管动态和政策变化，及时调整和完善自身的合规管理体系。同时，加强与行业协会、监管机构等外部机构的沟通与合作，共同推动行业的合规发展。

合规问题分析

一、业务简介

国有企业作为国家经济的重要组成部分，承担着实现国有资产保值增值推动经济发展、维护国家安全和社会稳定等多重职责。其业务范围广泛，涵盖了能源、交通、通信、制造等多个关键领域。由于国有企业的特殊地位，其治理结构及合规管理尤为重要，直接关系到国家经济的健康发展和社会的和谐稳定。

二、相关规定

为了规范国有企业的行为，确保其合规运营，国家制定了一系列法律法规和政策文件。这些规定涵盖了公司治理结构、财务管理、内部审计、环境保护、劳动权益保护等多个方面。例如，《中华人民共和国公司法》对国有企业的治理结构提出了明确要求，强调董事会、监事会等机构的独立性和职责；《中央企业合规管理办法》则对国有企业的合规管理提出了具体指导，要求企业建立健全合规管理体系，确保各项业务活动符合法律法规和监管要求。

三、合规问题具体表现

在实际运营中，部分国有企业存在合规管理制度不健全的问题，具体表现如下。

1. 治理结构不完善

部分国有企业董事会、监事会等机构设置不合理，职责不清，导致决策效率低下，监督作用弱化。

2. 合规管理体系缺失

缺乏系统性的合规管理制度和流程，合规管理职责分散，导致合规风险无法得到有效防控。

3. 内部监督机制失效

内部审计和合规审查流程形同虚设，无法及时发现和纠正违规行为。

4. 员工合规意识淡薄

员工对合规政策了解不足，缺乏合规意识和专业素质能力，违规操作时有发生。

四、问题造成的严重影响

合规管理制度不健全对国有企业造成了严重影响，具体表现在以下几个方面。

1. 经济损失大

由于违规行为频发，国有企业可能面临巨额的罚款、赔偿等经济处罚，导致企业资产流失，盈利能力下降。

2. 市场信誉受损

合规问题可能导致国有企业的市场信誉严重受损，客户信任度降低，订单量减少，进而影响企业的市场竞争力和可持续发展能力。

3. 法律风险增加

合规管理制度不健全可能使国有企业面临更大的法律风险，一旦因严重违规被追究刑事责任，将对企业造成毁灭性的打击。

4. 社会治理成本上升

国有企业的违规行为可能引发社会不满和不稳定因素，增加社会治理成本，损害国家和社会的整体利益。

综上所述，国有企业治理结构合规问题中合规管理制度不健全是一个亟待解决的问题。为了保障国有企业的健康发展和社会的稳定和谐，必须建立健全合规管理制度体系，加强内部监督机制建设，提高管理层和员工的合规意识，并积极应对外部合规挑战。

法律法规依据

针对国有企业治理结构合规问题中合规管理制度不健全的问题，以下相关法律法规提供了明确的指导。

一、针对治理结构不完善问题的法律法规

1.《中华人民共和国公司法》

第六十七条：有限责任公司设董事会，本法第七十五条另有规定的除外。董事会行使下列职权：（一）召集股东会会议，并向股东会报告工作；（二）执行股东会的决议；（三）决定公司的经营计划和投资方案；（四）制订公司的利润分配方案和弥补亏损方案；（五）制订公司增加或者减少注册资本以及发行公司债券的方案；（六）制订公司合并、分立、解散或者变更公司形式的方案；（七）决定公司内部管理机构的设置；（八）决定聘任或者解聘公司经理及其报酬事项，并根据经理的提名决定聘任或者解聘公司副经理、财务负责人及其报酬事项；（九）制定公司的基本管理制度；（十）公司章程规定或者股东会授予的其他职权。

公司章程对董事会职权的限制不得对抗善意相对人。

第七十八条：监事会行使下列职权：（一）检查公司财务；（二）对董事、高级管理人员执行职务的行为进行监督，对违反法律、行政法规、公司章程或者股东会决议的董事、高级管理人员提出解任的建议；（三）当董事、高级管理人员的行为损害公司的利益时，要求董事、高级管理人员予以纠正；（四）提议召开临时股东会会议，在董事会不履行本法规定的召集和主持股东会会议职责时召集和主持股东会会议；（五）向股东会会议提出提案；（六）依照本法第一百八十九条的规定，对董事、高级管理人员提起诉讼；（七）公司章程规定的其他职权。

2.《中华人民共和国企业国有资产法》

第二十六条：国家出资企业的董事、监事、高级管理人员，应当遵守法律、行政法规以及企业章程，对企业负有忠实义务和勤勉义务，不得利用职权收受贿赂或者取得其他非法收入和不当利益，不得侵占、挪用企业资产，不得超越职权或者违反程序决定企业重大事项，不得有其他侵害国有资产出资人权益的行为。

3.《中央企业合规管理办法》

第四条：国资委负责指导、监督中央企业合规管理工作，对合规管理体系建设情况及其有效性进行考核评价，依据相关规定对违规行为开展责任追究。

第七条：中央企业党委（党组）发挥把方向、管大局、促落实的领导作用，推动合规要求在本企业得到严格遵循和落实，不断提升依法合规经营管理水平。

中央企业应当严格遵守党内法规制度，企业党建工作机构在党委（党组）领导下，按照有关规定履行相应职责，推动相关党内法规制度有效贯彻落实。

4.《中华人民共和国审计法》

第二十一条：审计机关对国家的事业组织和使用财政资金的其他事业组织的财务收支，进行审计监督。

第二十二条：审计机关对国有企业、国有金融机构和国有资本占控股地位或者主导地位的企业、金融机构的资产、负债、损益以及其他财务收支情况，进行审计监督。

遇有涉及国家财政金融重大利益情形，为维护国家经济安全，经国务院批准，审计署可以对前款规定以外的金融机构进行专项审计调查或者审计。

第三十二条：被审计单位应当加强对内部审计工作的领导，按照国家有关规定建立健全内部审计制度。

审计机关应当对被审计单位的内部审计工作进行业务指导和监督。

二、针对员工合规意识淡薄问题的法律法规

1.《中华人民共和国劳动法》

第五十二条规定了用人单位必须建立、健全劳动安全卫生制度，严格执行国家劳动安全卫生规程和标准，对劳动者进行劳动安全卫生教育，防止劳动过程中的事故，减少职业危害。

2.《中央企业合规管理办法》

第十四条：……（五）组织或者协助业务及职能部门开展合规培训，受理合规咨询，推进合规管理信息化建设。

中央企业应当配备与经营规模、业务范围、风险水平相适应的专职合规管理人员，加强业务培训，提升专业化水平。

综上所述，针对国有企业治理结构合规问题中合规管理制度不健全的问题，国家在多个领域都制定了相关法律法规和政策文件，为国有企业建立健全合规管理制度体系、加强内部监督机制建设、提高管理层和员工的合规意识提供了明确的指导。国有企业应严格遵守这些法律法规和政策文件的规定，确保企业合规运营，维护国家和社会的整体利益。

合规程序与方法

针对上述国有企业治理结构合规问题中合规管理制度不健全的问题，提出以下具体的合规程序与方法，旨在有针对性地解决问题。

一、建立独立的合规管理部门

1. 组织架构调整

在企业高层决策下，设立独立的合规管理部门，明确其地位与职责，确保合规管理工作的独立性和权威性。

2. 组建专业团队

选拔具备法律、财务、审计等专业知识背景的人员加入合规管理部门，组建专业的合规管理团队。

3. 制定合规政策

由合规管理部门牵头，制定企业整体的合规政策，明确合规管理的目标、原则、范围和程序。

二、完善合规管理制度体系

1. 制度梳理

对现有规章制度进行全面梳理，识别与合规管理相关的条款，评估其有效性和适用性。

2. 制度修订

根据法律法规变化和企业实际情况，对不合时宜的规章制度进行修订或废止，确保制度的合法性和时效性。

3. 制度补充

针对合规管理中的空白点，制定新的规章制度，如合规审查流程、合规风险评估机制等，形成完整的合规管理制度体系。

三、加强内部监督机制

1. 建立内部审计机制

设立内部审计部门或岗位，定期对企业财务状况、业务流程等进行审计，确保合规要求得到执行。

2. 实施合规审查

对重大决策、重要合同、关键业务环节等进行合规审查，及时发现并纠正违规行为。

3. 建立举报机制

设立合规举报渠道，鼓励员工积极举报违规行为，保护举报人免受打击报复。

四、提升员工合规意识与能力

1. 开展合规培训

定期组织合规培训活动，覆盖全体员工，特别是关键岗位人员，确保员工了解并掌握合规政策和要求。

2. 强化合规文化

将合规理念融入企业文化之中，通过宣传、教育等方式，营造浓厚的合规氛围。

3. 实施合规考核

将合规表现纳入员工绩效考核体系，对合规表现优秀的员工给予奖励，对违规行为进行严肃处理。

五、建立合规风险评估与应对机制

1. 开展合规风险评估

定期对企业面临的合规风险进行全面评估，识别潜在风险点，评估其可能带来的影响和后果。

2. 制定应对措施

针对评估出的合规风险，制定具体的应对措施和预案，明确责任人和完成时限。

3. 持续监控与改进

对合规风险进行持续监控，根据市场变化和企业实际情况及时调整应对措施，确保合规管理工作的有效性和针对性。

实施以上合规程序与方法，可以有效解决国有企业治理结构合规问题中合规管理制度不健全的问题，提升企业的合规管理水平，保障企业的健康、可持续发展。

专题 10：利益相关者治理机制欠缺

案例引入

一、案例背景

Z 公司是一家历史悠久的传统制造业国有企业，主要从事重型机械的生产与销售。近年来，随着市场竞争的加剧和行业技术的快速迭代，Z 公司面临着转型升级的巨大压力。然而，在公司治理结构方面，Z 公司长期存在利益相关者治理机制欠缺的问题，这一问题在近年来逐渐暴露并导致了一系列严重后果。

二、具体问题

1. 治理结构单一化

Z 公司的治理结构长期以股东会、董事会为中心，忽视了员工、供应商、客户等利益相关者。董事会成员多为内部提拔，缺乏外部独立董事的监督与制衡，导致决策过程封闭，缺乏透明度。

2. 利益相关者参与不足

Z 公司在制定重大战略决策、财务管理、供应链管理等方面，未能充分听取并考虑员工、供应商、客户等利益相关者的意见和诉求。例如，在采购过程中，缺乏有效的供应商管理机制，导致采购成本高企，且存在腐败风险。

3. 合规意识淡薄

由于治理结构的不完善，Z 公司的合规文化建设滞后，员工对合规政策的了解和执行不到位。部分管理人员甚至利用手中的权力进行利益输送，严重损害了企业的声誉和利益。

三、主要问题的影响

1. 财务损失严重

由于缺乏有效的利益相关者治理机制，Z 公司在供应链管理上出现了严重问题。内部审计报告显示，2020 年至 2022 年，由于采购腐败和不合理定价，公司直接经济损失高达 5000 万元。此外，因合规问题导致的罚款和赔偿也进一步增加了公司的财务负担。

2. 市场信誉受损

合规问题的曝光使得 Z 公司的市场信誉严重受损，客户信任度大幅下降。据统计，2022 年公司订单量较上年减少了 30%，部分长期合作客户流失。同时，公司在行业内的声誉也受到了严重影响，融资难度加大，融资成本上升。

3. 员工士气低落

合规问题的频发也导致了 Z 公司内部管理混乱，员工士气低落。部分员工对企业管理层的不信任感增强，工作效率下降，人才流失加剧。据人力资源部统计，2022 年公司核心技术人员离职率达到历史高位，为 15%。

四、结论与反思

Z 公司的案例深刻揭示了国有企业治理结构合规问题中利益相关者治理机制欠缺的严重后果。为了避免类似问题的发生，国有企业应从以下几个方面进行改进。

1. 完善治理结构

建立多元化的治理结构，引入外部独立董事，增强董事会的独立性和专业性。同时，建立利益相关者参与机制，确保员工、供应商、客户等利益相关者在公司决策中的话语权。

2. 加强合规管理

建立健全合规管理体系，明确合规管理职责和流程。加强合规培训和教育，提高全体员工的合规意识和能力。建立合规风险评估和应对机制，及时发现并纠正违规行为。

3. 提升市场信誉

通过加强供应链管理、提高产品质量和服务水平等措施，重塑公司市场形象。加强与客户的沟通和合作，建立长期稳定的客户关系。同时，积极履行社会责任，提升公司社会形象。

4. 强化内部管理

优化人力资源管理机制，提高员工满意度和忠诚度。建立健全激励机制和约束机制，激发员工的工作积极性和创造力。加强内部监督和控制，防止权力滥用和腐败行为的发生。

合规问题分析

一、业务简介

国有企业作为国家经济的重要组成部分，其治理结构合规性对企业的长期稳定发展至关重要。利益相关者治理机制是国有企业治理结构中的关键一环，它涉及股东、员工、供应商、客户等多个利益相关者的权益保护与平衡。一个健全的利益相关者治理机制能够确保企业决策的科学性、公正性和透明度，进而促进企业的可持续发展。

二、相关规定

在国有企业治理结构合规方面，国家有一系列明确的规定。例如，《中华人民共和国公司法》要求公司必须保护股东的合法权益，确保公司治理结构的公正和透明。同时，《中华人民共和国企业国有资产法》也强调国有企业应当建立健全的利益相关者参与机制，保障各方的合法权益。此外，相关监管部门还发布了一系列关于企业合规管理的指引和办法，要求企业加强合规体系建设，确保业务活动的合规性。

三、合规问题具体表现

在实际操作中，一些国有企业存在利益相关者治理机制欠缺的问题，具体表现如下。

1. 治理结构单一化，缺乏多元化和包容性

治理结构单一化，缺乏多元化和包容性导致决策过程往往由少数高层管理人员主导，忽视了其他利益相关者的声音和诉求。

2. 利益相关者参与不足

在制定重大战略决策、财务管理、供应链管理等方面，未能充分听取并考虑员工、供应商、客户等利益相关者的意见，导致决策的科学性和公正性受到怀疑。

3. 合规意识淡薄

由于治理结构的不完善，一些国有企业的合规文化建设滞后，员工对合规政策的了解和执行不到位，存在违规操作和权力滥用的风险。

四、问题造成的严重影响

利益相关者治理机制的欠缺对国有企业造成了严重的影响，具体表现在以下几个方面。

1.决策失误和风险增加

由于治理结构的不完善，企业在制定重大决策时可能忽视关键风险因素，导致决策失误和潜在风险的增加。这不仅可能损害企业的经济利益，还可能对企业的声誉和长期发展造成不利影响。

2.利益相关者权益受损

缺乏有效的利益相关者治理机制，可能导致企业忽视员工、供应商、客户等利益相关者的权益，进而引发一系列合规问题和社会责任问题。例如，员工权益受到侵害可能导致人才流失和劳动纠纷；供应商权益受损可能引发供应链不稳定和质量问题；客户权益被忽视则可能导致客户满意度下降和市场份额丢失。

3.企业形象和声誉受损

利益相关者治理机制的欠缺可能导致企业合规问题频发，进而损害企业的形象和声誉。在市场竞争日益激烈的今天，企业形象和声誉的受损将直接影响企业的市场竞争力和可持续发展能力。

4.面临监管处罚和法律风险

缺乏有效的利益相关者治理机制，企业可能面临监管部门的处罚和法律风险。这不仅可能导致企业产生经济损失，还可能对企业的经营稳定性和长期发展造成严重影响。

综上所述，国有企业治理结构合规问题中利益相关者治理机制欠缺是一个值得高度关注的问题。为了确保企业的长期稳定发展，国有企业应积极建立健全的利益相关者参与管理机制，加强合规体系建设，确保各利益相关者的权益得到充分保护。

法律法规依据

针对国有企业治理结构合规问题中利益相关者治理机制欠缺的问题，以下是对相关法律法规依据的总结。

一、针对治理结构单一化，缺乏多元化和包容性问题的法律法规

1.《中华人民共和国公司法》

第一百一十三条：股东会应当每年召开一次年会。有下列情形之一的，应当在两个月内召开临时股东会会议：……（三）单独或者合计持有公司百分之十以上股份的股东请求时……

此条规定体现了公司治理结构应具有一定程度的包容性和响应机制，允许一定比例的股东提出召开临时股东会会议的请求，以促进公司治理的多元化。

2.《中华人民共和国企业国有资产法》

第十七条：国家出资企业从事经营活动，应当遵守法律、行政法规，加强经营管理，提高经济效益，接受人民政府及其有关部门、机构依法实施的管理和监督，接受社会公众的监督，承担社会责任，对出资人负责。

此条规定要求国有企业承担社会责任，暗示治理结构应考虑更广泛的利益相关者。

二、针对利益相关者参与不足问题的法律法规

1.《中华人民共和国公司法》

第六十七条：有限责任公司设董事会，本法第七十五条另有规定的除外。董事会行使下列职权：……（三）决定公司的经营计划和投资方案……

虽然此条未直接提及利益相关者参与，但董事会在行使职权时应考虑利益相关者的利益，以确保决策的科学性和公正性。

2.《中华人民共和国企业国有资产法》

第十八条：国家出资企业应当依照法律、行政法规以及企业章程的规定，向出资人分配利润。

这表明企业在做出利润分配等决策时，应遵守法律法规和企业章程，其中应包含对利益相关者权益的考虑。

三、针对合规意识淡薄问题的法律法规

1.《中华人民共和国会计法》

第四条：单位负责人对本单位的会计工作和会计资料的真实性、完整性负责。

这表明企业负责人有责任确保会计工作的合规性，进而体现了合规意识的重要性。

2.《中华人民共和国企业国有资产法》

第六十六条：国有独资公司、国有资本控股公司和国有资本参股公司应当依照《中华人民共和国公司法》的规定设立监事会。监事会依照法律、行政法规以及企业章程的规定，对董事、高级管理人员执行职务的行为进行监督，对企业财务进行监督检查。

此条规定要求国有企业设立监事会，并赋予其对财务进行监督检查的职责，以加强合规管理。

综上所述，针对国有企业治理结构合规问题中利益相关者治理机制欠缺的问题，相关法律法规提供了明确的指导。国有企业应严格遵守这些法律法规，建立健全的利益相关者治理机制，确保各方利益相关者的权益得到充分保护。

合规程序与方法

针对国有企业治理结构合规问题中利益相关者治理机制欠缺的问题，以下提出具体的合规程序与方法，旨在有针对性地解决问题。

一、明确利益相关者识别与参与机制

1.利益相关者识别

（1）全面梳理：企业应对所有可能影响或被影响的内外部利益相关者进行全面梳理，包括但不限于股东、员工、供应商、客户、政府监管机构、社区等。

（2）分类评估：根据利益相关者的影响力、重要性和紧迫性进行分类评估，确定优先参与和重点关注的群体。

2.建立参与机制

（1）设立沟通渠道：为不同类别的利益相关者设立专门的沟通渠道，如定期会议、热线电话、电子邮箱等，确保信息畅通。

（2）邀请参与决策：在制定重大战略决策、财务管理、供应链管理等方面，主动邀请关键利益相关者参与讨论和决策过程，听取其意见和建议。

二、加强合规文化建设与培训

1.制定合规政策

（1）明确规范：企业应制定全面、具体的合规政策，明确合规要求、流程和责任分工。

（2）融入企业文化：将合规文化融入企业的核心价值观和行为准则中，使之成为企业文化的重要组成部分。

2.开展合规培训

（1）全员覆盖：对全体员工进行合规培训，特别是管理层和关键岗位人员，提高其合规意识和执行能力。

（2）定期更新：随着法律法规和市场环境的变化，及时更新培训内容，确保员工掌握最新的合规要求。

三、建立健全合规管理体系

1.设立合规管理部门

（1）独立运作：设立独立的合规管理部门，全面负责企业的合规管理工作。

（2）配备专业团队：组建具备法律、财务、风险管理业务等多领域知识的专业团队，确保合规管理的专业性和有效性。

2.完善合规管理制度

（1）制度建设：制定和完善各项合规管理制度，如反腐败制度、反不正当竞争制度、数据保护制度等。

（2）动态调整：根据企业实际情况和外部环境的变化，对合规管理制度进行动态调整和优化。

四、强化内部监督与审计

1.建立内部监督机制

（1）明确职责：明确各级管理人员和员工的合规监督职责，形成上下联动的监督网络。

（2）日常监督：将合规监督融入日常管理工作中，对关键环节和重点岗位进行定期或不定期的监督检查。

2.开展合规审计

（1）定期审计：每年至少开展一次全面的合规审计，对企业的合规管理状况进行全面评估。

（2）专项审计：针对特定领域或问题进行专项审计，如反腐败专项审计、数据安全专项审计等。

五、完善信息披露与沟通机制

1.加强信息披露

（1）透明度原则：遵循透明度原则，及时、准确、完整地披露与企业相关的重大信息，包括财务状况、经营状况、合规状况等。

（2）多渠道披露：通过官方网站、年报、社会责任报告等多种渠道进行信息披露，确保信息的广泛传播和公众监督。

2. 建立沟通反馈机制

（1）设立反馈渠道：为利益相关者设立专门的反馈渠道，如意见箱、在线反馈平台等，鼓励其提出意见和建议。

（2）及时回应：对收到的反馈意见进行及时回应和处理，确保利益相关者的合理诉求得到满足。

通过以上合规程序与方法，国有企业可以有针对性地解决治理结构合规问题中利益相关者治理机制欠缺的问题，促进企业的健康、可持续发展。

第二章
国有企业财务管理合规问题

专题1：财务管理结构不完善和内部控制制度执行不力

案例引入

一、案例背景

公司 A 是一家历史悠久的传统制造业国有企业，主要从事机械设备生产与销售。近年来，随着市场竞争的加剧和外部环境的变化，公司 A 面临着转型升级的压力。然而，其财务管理结构和内部控制体系却未能跟上时代步伐，出现了一系列财务管理合规问题。

二、具体问题

1. 财务管理结构不完善

（1）组织结构僵化：公司 A 的财务管理部门长期保持原有的组织架构，未能根据公司规模的扩大和业务复杂性的提高而进行调整。财务部门内部职责划分不明确，存在多头管理、责任不清的现象。

（2）人员配置不合理：财务团队中老龄化严重，新员工比例较低，且缺乏具备现代财务管理知识和技能的专业人才。部分关键岗位长期由同一人担任，缺乏必要的轮岗和监督机制。

2. 内部控制制度不健全

（1）审批流程不规范：公司 A 的财务审批流程存在漏洞，重大财务决策往往由个别高层领导拍板决定，缺乏集体讨论和风险评估环节。同时，审批流程中签字权限不明确，存在越级审批和代签现象。

（2）资金管理松散：现金和银行存款管理不规范，频繁使用现金支付大额交易，导致资金监控难度加大。应收账款管理不善，坏账率逐年上升，严重影响了公司的资金周转率。

（3）内部审计部门形同虚设：内部审计部门独立性不强，审计工作受到管理层干预较多。审计范围狭窄，仅限于财务报表的合规性检查，未能深入业务层面进行内部控制的有效性评估。

三、主要问题的影响

1. 财务损失巨大

由于内部控制不严，公司 A 在采购、生产和销售环节均出现了不同程度的舞弊和浪费现象。据不完全统计，2019—2022 年因管理不善导致的直接财务损失超过 5000 万元。应收账款坏账率从 2019 年的 3% 飙升至 2022 年的 8%，导致公司流动资金紧张，不得不依赖高成本融资维持运营。

2. 财务指标下滑

净利润率从 2019 年的 8% 下降至 2022 年的 4%，远低于行业平均水平。资产负债率逐年攀升，从 2019 年的 50% 上升至 2022 年的 70%，公司面临较大的偿债压力。现金流紧张，经营活动产生的现金流量净额连续两年为负，公司持续经营能力受到怀疑。

3.公司声誉受损

财务管理合规问题的曝光引发了社会广泛关注和负面舆论，公司A的形象和品牌信誉受到严重损害。投资者信心下降，股价持续低迷，市值大幅缩水。

四、结论与反思

公司A的财务管理合规问题暴露了其在财务管理结构和内部控制体系方面的严重缺陷。这些问题的存在不仅导致了公司直接的经济损失和财务指标的下滑，还严重损害了公司的声誉和投资者的信心。公司A可从以下方面着手解决相关问题。

1.完善财务管理结构

公司应根据自身发展阶段和业务特点，适时调整财务管理部门的组织架构和人员配置，确保财务团队的专业性和高效性。

2.强化内部控制体系

建立健全的内部控制机制，明确审批流程和签字权限，加强资金管理和应收账款回收工作。同时，提升内部审计的独立性和有效性，确保审计工作的全面性和深入性。

3.提升合规意识

加强全体员工特别是管理人员的合规意识培训和教育，确保各项财务活动符合法律法规和企业规章制度的要求。

4.加强信息化建设

利用现代信息技术手段提升财务管理水平，实现财务数据的实时监控和分析预警功能，及时发现并解决财务管理中的问题。

实施以上措施，公司可以逐步解决财务管理合规问题，提升财务管理水平，保障公司的健康、可持续发展。

合规问题分析

一、业务简介

国有企业作为国家经济的重要组成部分，承担着推动经济发展、维护国家安全和社会稳定等多重职责。其财务管理业务不仅关乎企业自身的运营效益，还直接影响国有资产的保值增值及国家财政的健康状况。因此，国有企业的财务管理必须遵循严格的合规要求，确保资金使用的合理性、透明度和高效性。

二、相关规定

针对国有企业财务管理，国家制定了一系列法律法规和规章制度，包括但不限于以下内容。

《中华人民共和国会计法》，要求企业建立健全内部会计控制制度，保证会计资料的真实、完整。

《企业财务通则》，提出了企业财务管理的基本原则、资金筹集、资产营运、成本控制、收益分配等管理要求。

《企业内部控制基本规范》，要求企业建立和实施一套完整的内部控制体系，以合理保证企业经营管理合法合规、资产安全、财务报告及相关信息真实完整。

三、合规问题具体表现

1.财务管理结构不完善

财务管理部门职责划分不明确，导致工作重叠或遗漏。财务决策流程缺乏科学性和透明度，易受个别领导主观意志影响。财务信息系统落后，无法实现数据的实时共享和有效监控。

2.内部控制制度执行不力

审批流程不规范，存在越级审批、代签等现象。资金管理松散，现金使用随意，应收账款管理不善。内部审计部门独立性不足，审计范围狭窄，无法有效发现和控制风险。

四、问题造成的严重影响

1.财务风险增加

财务管理结构的不完善导致企业难以对财务风险进行有效识别和控制，增加了财务舞弊、资金滥用等风险。内部控制制度执行不力使得企业无法及时发现和解决财务问题，进一步加剧了财务风险。

2.经营效益下滑

财务管理合规问题的存在导致企业资金使用效率低下，成本控制不力，进而影响企业的盈利能力和市场竞争力。内部控制失效可能导致企业资产流失、坏账增加等，进一步损害企业的经营效益。

3.企业形象和信誉受损

财务管理合规问题的曝光会严重损害企业的形象和信誉，降低投资者和消费者的信任度。长期存在合规问题还可能引发监管机构的关注和处罚，对企业造成更大的负面影响。

综上所述，国有企业财务管理合规问题中的财务管理结构不完善和内部控制制度执行不力不仅违反了国家相关法律法规和规章制度的要求，还使企业面临严重的财务风险、经营效益下滑及企业形象和信誉受损。因此，国有企业必须高度重视财务管理合规问题，采取有效措施加以解决。

法律法规依据

针对国有企业财务管理合规问题中财务管理结构不完善和内部控制制度执行不力的问题，以下是对相关法律法规的总结。

一、针对财务管理结构不完善问题的法律法规

1.《中华人民共和国会计法》

第五条：会计机构、会计人员依照本法规定进行会计核算，实行会计监督。任何单位或者个人不得以任何方式授意、指使、强令会计机构、会计人员伪造、变造会计凭证、会计账簿和其他会计资料，提供虚假财务会计报告。

第九条：各单位必须根据实际发生的经济业务事项进行会计核算，填制会计凭证，登记会计账簿，编制财务会计报告。任何单位不得以虚假的经济业务事项或者资料进行会计核算。

2.《企业财务通则》

第九条：企业应当建立财务决策制度，明确决策规则、程序、权限和责任等。法律、行政法规规定应当通过职工（代表）大会审议或者听取职工、相关组织意见的财务事项，依照其规定

执行。

第十条：企业应当建立财务风险管理制度，明确经营者、投资者及其他相关人员的管理权限和责任，按照风险与收益均衡、不相容职务分离等原则，控制财务风险。

二、针对内部控制制度执行不力问题的法律法规

1.《中华人民共和国会计法》

第二十五条：各单位应当建立、健全本单位内部会计监督制度，并将其纳入本单位内部控制制度。单位内部会计监督制度应当符合下列要求：（一）记账人员与经济业务事项和会计事项的审批人员、经办人员、财物保管人员的职责权限应当明确，并相互分离、相互制约；（二）重大对外投资、资产处置、资金调度和其他重要经济业务事项的决策和执行的相互监督、相互制约程序应当明确；（三）财产清查的范围、期限和组织程序应当明确；（四）对会计资料定期进行内部审计的办法和程序应当明确；（五）国务院财政部门规定的其他要求。

2.《企业内部控制基本规范》

第三条：本规范所称内部控制，是由企业董事会、监事会、经理层和全体员工实施的、旨在实现控制目标的过程。内部控制的目标是合理保证企业经营管理合法合规、资产安全、财务报告及相关信息真实完整，提高经营效率和效果，促进企业实现发展战略。

第四条：企业建立与实施内部控制，应当遵循下列原则：（一）全面性原则。内部控制应当贯穿决策、执行和监督全过程，覆盖企业及其所属单位的各种业务和事项。（二）重要性原则。内部控制应当在全面控制的基础上，关注重要业务事项和高风险领域。（三）制衡性原则。内部控制应当在治理结构、机构设置及权责分配、业务流程等方面形成相互制约、相互监督，同时兼顾运营效率。（四）适应性原则。内部控制应当与企业经营规模、业务范围、竞争状况和风险水平等相适应，并随着情况的变化及时加以调整。（五）成本效益原则。内部控制应当权衡实施成本与预期效益，以适当的成本实现有效控制。

综上所述，针对国有企业财务管理合规问题中财务管理结构不完善和内部控制制度执行不力的问题，相关法律法规如《中华人民共和国会计法》《企业财务通则》《企业内部控制基本规范》等均对此有明确的规定和要求。国有企业应当严格遵守相关法律法规，建立健全的财务管理结构和内部控制体系，以确保企业财务管理的合规性和有效性。

合规程序与方法

针对国有企业财务管理合规问题中财务管理结构不完善和内部控制制度执行不力的情况，以下提出具体的合规程序与方法，旨在分步骤、有针对性地解决问题。

一、优化财务管理结构

1.明确职责划分

（1）步骤：重新评估并明确财务管理部门内部各岗位的职责，确保职责清晰、无重叠，形成相互协作又相互制约的工作机制。

（2）实施：制定详细的岗位说明书，明确每个岗位的职责范围、权限及汇报关系，并通过培训确保员工理解并遵守。

2. 完善财务决策流程

（1）步骤：建立科学、透明的财务决策流程，确保重大财务事项经过充分讨论和集体决策。

（2）实施：制定财务决策管理制度，明确决策事项的范围、决策程序、参与人员及责任追究机制。同时，引入专家咨询和外部审计等第三方意见，提高决策的科学性和公正性。

3. 升级财务信息系统

（1）步骤：引入或升级先进的财务信息系统，实现财务数据的实时共享和有效监控。

（2）实施：选择符合企业需求的财务管理软件，建立统一的数据平台，确保数据的准确性和及时性。同时，加强系统安全管理，防止数据泄露和被篡改。

二、强化内部控制制度执行

1. 规范审批流程

（1）步骤：制定严格的审批流程和签字权限管理制度，确保审批环节规范、有序。

（2）实施：明确各级审批人员的权限和责任，实施电子化审批流程，减少人为干预和错误。对于重大事项，实施多级审批和集体决策制度。

2. 加强资金管理

（1）步骤：建立严格的资金管理制度，规范现金使用和应收账款管理。

（2）实施：制定资金使用计划，严格控制现金支付范围，推广电子支付和银行转账等方式。加强应收账款的跟踪和催收工作，建立坏账预警机制，减少坏账损失。

3. 提升内部审计独立性

（1）步骤：将内部审计部门从管理层中独立出来，直接向董事会或监事会报告工作。

（2）实施：确保内部审计部门有足够的资源和权限来开展审计工作，不受管理层干扰。扩大审计范围，不局限于财务报表的合规性检查，还要深入业务层面进行内部控制的有效性评估。

4. 建立风险管理机制

（1）步骤：建立全面的风险管理机制，对企业面临的各种风险进行识别、评估和控制。

（2）实施：制定风险管理政策和流程，明确风险管理职责和权限。定期组织风险评估会议，分析企业面临的风险状况，制定相应的应对措施。同时，加强员工的风险意识培训，提高全员参与风险管理的积极性。

5. 加强合规文化建设

（1）步骤：在企业内部营造浓厚的合规文化氛围，使员工自觉遵守法律法规和企业规章制度。

（2）实施：通过宣传、培训、考核等多种方式加强合规文化建设。将合规意识融入企业文化中，使其成为员工行为准则的一部分。同时，建立合规举报机制，鼓励员工积极举报违规行为，保护举报人的合法权益。

实施以上合规程序与方法，国有企业可以逐步解决财务管理合规问题中财务管理结构不完善和内部控制制度执行不力的问题，提高财务管理的合规性和有效性，保障企业的健康、可持续发展。

专题2: 会计核算不真实，财务状况不透明

案例引入

一、案例背景

公司B是一家位于某工业城市的传统制造业国有企业，主要从事机械设备的生产与销售。近年来，随着市场竞争加剧和行业转型压力增大，公司B的经营业绩逐渐下滑。为了维持表面上的良好经营状况，公司高层开始采取一系列不合规的财务手段，导致会计核算不真实、财务状况严重不透明。

二、具体问题

1. 虚增收入与利润

公司B通过虚构销售合同、提前确认收入等方式，人为地增加了财务报表中的收入和利润。例如，20××年，公司实际销售收入为5亿元，但通过虚构交易，将销售收入虚增至6亿元，虚增比例高达20%。

2. 隐匿成本与费用

为进一步美化利润表，公司B将部分实际发生的成本和费用通过账外处理的方式予以隐匿。例如，某年度公司实际发生的研发费用为5000万元，但在财务报表中仅体现了3000万元，隐匿了2000万元的费用支出。

3. 关联交易不透明

公司B与其关联公司之间存在大量不透明的关联交易，这些交易往往缺乏公允性，且未在财务报表中充分披露。例如，公司以远低于市场价的价格向关联企业销售产品，导致公司利润被严重侵蚀，同时损害了中小股东的利益。

三、主要问题的影响

1. 公司损失巨大

由于会计核算不真实，公司B在外部融资、税务筹划等方面面临巨大风险。一旦虚假财务报表被揭穿，公司将面临巨额罚款、信用评级下调等严重后果。据初步估算，若公司B因财务造假被监管部门处罚，可能面临的直接经济损失将不低于1亿元。

2. 财务指标下滑

虚增的收入和利润掩盖了公司真实的经营状况，导致管理层无法准确判断市场形势和制定有效的经营策略。随着时间的推移，公司实际经营业绩持续下滑，多项财务指标如毛利率、净利润率等均出现明显下降。例如，公司毛利率从行业平均水平的25%下滑至15%，净利润率更是跌至负数。

3. 市场信任度丧失

财务状况的不透明严重损害了公司B的市场信誉和投资者信心。投资者和合作伙伴对公司的真实经营状况产生怀疑，纷纷撤资或终止合作，进一步加剧了公司的经营困境。

四、结论与反思

公司B的财务管理合规问题深刻揭示了国有企业在面临经营压力时可能采取的短期行为及其

严重后果。为避免类似问题的发生，国有企业应从以下几个方面进行反思和改进。

1.加强内部控制

建立健全内部控制体系，确保会计核算的真实性和准确性。加强对关键岗位人员的监督和制约，防止权力滥用和财务舞弊行为的发生。

2.提高财务透明度

严格按照相关法律法规和会计准则的要求披露财务信息，确保财务状况的透明度和公开性。加强与投资者、合作伙伴等利益相关者的沟通与交流，增强市场信任度。

3.强化合规意识

加强对企业员工的合规教育和培训，提高全员合规意识。建立健全合规管理制度和违规问责机制，对违规行为进行严肃处理并公开通报以示警戒。

4.优化经营策略

面对市场竞争和企业转型的压力，国有企业应积极调整经营策略，加强技术创新和产品研发，提高产品竞争力和市场占有率。同时注重成本控制和风险管理，确保企业的可持续发展。

合规问题分析

一、业务简介

国有企业作为国家经济的重要组成部分，承担着重要的社会责任和经济职责。其财务管理涉及资金筹集、运用、分配及财务关系的处理等多个方面，对保障国有资产安全、促进企业健康发展具有重要意义。然而，在实际运营过程中，部分国有企业存在会计核算不真实、财务状况不透明等合规问题，严重影响了企业的财务健康和市场信誉。

二、相关规定

针对国有企业财务管理合规问题，国家出台了一系列相关法律法规和会计准则，如《中华人民共和国会计法》《企业会计准则》等，明确规定了会计核算的基本原则、程序和方法，以及财务信息披露的要求和标准。这些规定旨在确保国有企业财务管理的真实性、准确性和透明度，维护市场经济秩序和公众利益。

三、合规问题具体表现

1.会计核算不真实

（1）违反会计准则：部分国有企业在处理财务信息时，未严格按照会计准则行事，而是依靠传统习惯做法或人为干预，导致会计信息失真。

（2）随意调整账目：为了美化财务报表或掩盖经营问题，一些企业会随意调整会计科目和进行账簿设置，甚至伪造、篡改会计数据。

（3）费用计提不规范：费用支出难以准确核算，存在费用科目混淆、计提标准不明确等问题，导致成本控制和经营效益评价失真。

2.财务状况不透明

（1）信息披露不充分：部分国有企业在财务信息披露方面存在缺陷，未能充分披露企业的财务状况和经营成果，难以满足公众和投资者的需求。

（2）合并报表掩盖真相：通过合并报表等手段掩盖子公司的实际经营状况，使外界难以了解企业的真实财务情况。

（3）关联交易不透明：与关联企业之间的交易缺乏公允性且未充分披露，容易引发利益输送和内部人控制等问题。

四、问题造成的严重影响

（1）损害企业信誉：会计核算不真实和财务状况不透明严重损害了国有企业的市场信誉和投资者信心，导致企业难以获得外部融资和支持。

（2）影响经营决策：虚假的财务信息掩盖了企业的真实经营状况，使管理层难以做出正确的经营决策，进而影响企业的长期发展。

（3）增加财务风险：不真实的会计核算和财务状况不透明可能导致企业资金运用效率低下、投资风险加大等问题，进而增加企业的财务风险。

（4）破坏市场秩序：部分国有企业通过财务造假等手段获取不正当利益，破坏了市场竞争的公平性和秩序性，对整个行业乃至整个市场经济环境造成了负面影响。

综上所述，国有企业财务管理合规问题中会计核算不真实和财务状况不透明的问题不容忽视。为了解决这些问题，国有企业应加强内部控制和财务状况透明度建设，严格遵守相关法律法规和会计准则的要求，确保财务管理的真实性、准确性和透明度。同时，监管部门也应加大对国有企业的监管力度，加大对违法违规行为的惩处力度，维护市场经济秩序和公众利益。

法律法规依据

针对国有企业财务管理合规问题中会计核算不真实与财务状况不透明的问题，以下是对相关法律法规依据的总结。

一、针对会计核算不真实问题的法律法规

1.《中华人民共和国会计法》

第二条：国家机关、社会团体、公司、企业、事业单位和其他组织（以下统称"单位"）必须依照本法办理会计事务。

第九条：各单位必须根据实际发生的经济业务事项进行会计核算，填制会计凭证，登记会计账簿，编制财务会计报告。

任何单位不得以虚假的经济业务事项或者资料进行会计核算。

第十条：各单位应当对下列经济业务事项办理会计手续，进行会计核算：（一）资产的增减和使用；（二）负债的增减；（三）净资产（所有者权益）的增减；（四）收入、支出、费用、成本的增减；（五）财务成果的计算和处理；（六）需要办理会计手续、进行会计核算的其他事项。

2.《企业会计准则——基本准则》

第十二条：企业应当以实际发生的交易或者事项为依据进行会计确认、计量和报告，如实反映符合确认和计量要求的各项会计要素及其他相关信息，保证会计信息真实可靠、内容完整。

3.《企业会计准则第 14 号——收入》

第四条：企业应当在履行了合同中的履约义务，即在客户取得相关商品控制权时确认收入。

第五条：当企业与客户之间的合同同时满足下列条件时，企业应当在客户取得相关商品控制

权时确认收入：（一）合同各方已批准该合同并承诺将履行各自义务；（二）该合同明确了合同各方与所转让商品或提供劳务（以下简称"转让商品"）相关的权利和义务；（三）该合同有明确的与所转让商品相关的支付条款；（四）该合同具有商业实质，即履行该合同将改变企业未来现金流量的风险、时间分布或金额；（五）企业因向客户转让商品而有权取得的对价很可能收回。

二、针对财务状况不透明问题的法律法规

1.《中华人民共和国公司法》

第二百零八条：公司应当在每一会计年度终了时编制财务会计报告，并依法经会计师事务所审计。

第二百零九条：有限责任公司应当依照公司章程规定的期限将财务会计报告送交各股东。股份有限公司的财务会计报告应当在召开股东会年会的二十日前置备于本公司，供股东查阅；公开发行股份的股份有限公司应当公告其财务会计报告。

2.《中华人民共和国证券法》

第七十八条：发行人及法律、行政法规和国务院证券监督管理机构规定的其他信息披露义务人，应当及时依法履行信息披露义务。信息披露义务人披露的信息，应当真实、准确、完整，简明清晰，通俗易懂，不得有虚假记载、误导性陈述或者重大遗漏。

3.《企业会计准则——基本准则》

第十九条：企业对于已经发生的交易或者事项，应当及时进行会计确认、计量和报告，不得提前或者延后。

综上所述，国有企业在进行财务管理时，必须严格遵守上述法律法规的规定，确保会计核算的真实性和财务状况的透明度。任何违反这些规定的行为都将受到法律的制裁。

合规程序与方法

针对国有企业财务管理合规问题中会计核算不真实与财务状况不透明的问题，以下提出具体的合规程序与方法，旨在有针对性地解决问题。

一、建立健全内部控制制度

1.完善财务管理制度

国有企业应制定或完善财务管理制度，明确会计核算流程、费用报销标准、资金审批权限等关键环节的操作规范，确保所有财务活动都有章可循。

2.建立独立的内部审计部门

建立独立的内部审计部门，由其负责对企业的财务活动进行定期或不定期的审计检查，确保会计核算的真实性和财务状况的透明度。

二、加强会计核算规范化建设

1.严格执行会计准则

会计人员在进行会计核算时，必须严格遵守《企业会计准则》等相关法律法规的规定，确保会计信息的真实性、准确性和完整性。

2. 统一会计核算标准

制定统一的会计科目设置、账簿登记、报表编制等会计核算标准，降低人为干预和随意调整的可能性，提高会计核算的规范性和一致性。

三、提高财务信息披露透明度

1. 完善信息披露制度

建立健全财务信息披露制度，明确信息披露的内容、格式、时间和渠道，确保企业能够及时、准确、完整地向投资者、监管机构和社会公众披露财务信息。

2. 加强关联交易管理

对于与关联企业之间的交易，必须遵循公平、公正、公开的原则，确保交易价格的公允性，并充分披露关联交易的相关信息，防止利益输送和内部人控制问题。

四、提升财务人员专业素质与职业道德

1. 加强专业培训

定期对财务人员进行专业培训，提高其专业技能和法律法规意识，确保其能够胜任复杂的财务管理工作。

2. 强化职业道德教育

加强对财务人员的职业道德教育，引导其树立正确的价值观和职业操守，自觉遵守法律法规和企业规章制度，维护企业的财务健康和市场信誉。

五、建立违规责任追究机制

1. 明确违规责任

制定违规责任追究制度，明确各级管理人员和财务人员在财务管理中的职责和权限，对违反财务管理规定的行为进行严肃处理。

2. 加强监督与考核

建立有效的监督与考核机制，对财务管理活动进行全程监控和定期评估，确保各项财务管理制度得到有效执行。若发现问题，应及时整改并追究相关责任人的责任。

通过实施上述合规程序与方法，国有企业可以有效解决会计核算不真实与财务状况不透明的问题，提升财务管理水平和市场信誉，为企业的健康发展奠定坚实基础。

专题 3：资金管理混乱

案例引入

一、案例背景

公司 C 是一家位于中部地区的传统制造业国有企业，主要从事机械零部件的生产与销售。近年来，随着市场竞争的加剧和原材料价格的波动，公司 C 面临着较大的经营压力。为了缓解资金压力，公司 C 采取了多种融资手段，但内部管理不善，导致资金管理混乱，最终引发了严重的财务危机。

二、具体问题

1. 资金集中管理缺失

公司 C 的多个子公司和部门各自为政，资金分散存放于多个银行账户中，缺乏有效的集中管理机制。这导致公司无法准确掌握整体资金状况，难以进行统一调度和有效配置。

2. 财务审批流程不规范

公司 C 的财务审批流程存在严重漏洞，部分大额资金支出未经严格审批即被划转。例如，某次为满足紧急采购需求，未经管理层同意，财务部门直接划转了 500 万元至供应商账户，事后才发现该笔采购存在价格虚高问题。

3. 应收账款管理不善

公司 C 对应收账款的催收工作重视不够，导致大量应收账款长期挂账，形成坏账风险。据统计，截至目前公司应收账款总额已超过 1 亿元，其中账龄超过一年的占比高达 30%。

4. 盲目投资扩张

在资金紧张的情况下，公司 C 仍盲目进行投资扩张，试图通过多元化经营分散风险。然而，由于缺乏充分的市场调研和风险评估，多个投资项目均以失败告终，进一步加大了公司的资金压力。

三、主要问题的影响

1. 公司损失巨大

由于资金管理混乱，公司 C 在不到两年的时间内发生的累计损失超过 3000 万元，其中包括因投资失败导致的直接损失、应收账款坏账损失及因资金占用成本增加而产生的间接损失。

2. 财务指标恶化

受资金管理问题影响，公司 C 的财务指标恶化。例如，资产负债率从原来的 50% 上升至 70%，流动比率从 2 降至 1 以下，速动比率更是降至 0.5 以下，这都表明公司的偿债能力严重不足。

3. 信誉受损

由于频繁出现资金短缺和违约情况，公司 C 的信誉受到严重损害。供应商开始要求预付款或缩短账期，银行也收紧了信贷政策，使得公司融资难度进一步加大。

4. 员工士气低落

资金问题的持续发酵也影响了公司内部的稳定。员工工资发放不及时、福利待遇下降等问题导致员工士气低落，人才流失加剧。

四、结论与反思

公司 C 的资金管理混乱状况深刻表明国有企业在财务管理合规方面存在的问题。为避免类似问题的发生，国有企业应从以下几个方面进行改进。

1. 建立健全资金集中管理制度

通过设立资金管理中心或财务公司等机构，实现资金的集中管理和统一调度，提高资金使用效率。

2. 完善财务审批流程

建立严格的财务审批制度，明确各级审批权限和责任，确保所有资金支出都经过严格的审核和批准。

3. 加强应收账款管理

建立健全应收账款催收机制，加大催收力度，降低坏账风险。同时，加强与客户的沟通和协调，提高应收账款的回收率。

4. 审慎进行投资决策

在投资决策前应进行充分的市场调研和风险评估，确保投资项目符合企业的发展战略和财务状况。同时，建立健全投资项目跟踪评价机制，及时发现并解决问题。

5. 提升财务管理水平

加强对财务管理人员的培训和教育，提高其专业素质和职业道德水平。同时，引入先进的财务管理软件和技术手段，提高财务管理的信息化水平。

通过实施上述措施，国有企业可以有效提升财务管理合规水平，降低资金管理风险，为企业的健康发展提供有力保障。

合规问题分析

一、业务简介

国有企业作为国家经济的重要支柱，承担着促进经济发展、保障社会稳定等多重责任。在财务管理方面，资金管理是核心环节之一，直接关系到企业的运营效率和财务风险控制。然而，在实际运营中，部分国有企业存在资金管理混乱的问题，严重影响了企业的健康发展和国家经济的稳定。

二、相关规定

为规范国有企业的资金管理行为，国家出台了一系列相关法律法规和政策文件，如《中华人民共和国会计法》《企业财务通则》《中央企业全面风险管理指引》等。这些规定明确要求国有企业建立健全资金管理制度，明确资金来源、去向和使用范围，严格控制资金支出，合理配置资金资源，防止资金流失和滥用。同时，规定还强调了对资金管理的监督和审计，确保资金管理的合规性和有效性。

三、合规问题具体表现

1. 资金集中管理缺失

部分国有企业未能实现资金的集中管理和统一调度，导致资金分散存放于多个银行账户中，无法形成合力。这不仅增加了资金管理的难度和成本，还降低了资金的使用效率。

2. 财务审批流程不规范

一些国有企业在资金审批方面存在漏洞，审批流程不严格、不透明，导致大额资金支出未经充分论证和审批即被划转。这不仅增加了企业的财务风险，还可能滋生腐败问题。

3. 应收账款管理不善

部分国有企业对应收账款的催收工作重视不够，导致大量应收账款长期挂账，形成坏账风险。这不仅影响了企业的现金流状况，还可能损害企业的信誉和形象。

4. 盲目投资和融资

在资金紧张的情况下，一些国有企业仍盲目进行投资和融资活动，试图通过多元化经营或高杠杆融资来扩大规模。然而，由于缺乏充分的市场调研和风险评估，这些投资和融资活动往往以失败告终，从而进一步加大了企业的资金压力。

5.财务信息披露不透明

部分国有企业在财务信息披露方面存在不透明的问题，如隐瞒重要财务信息、虚报利润等。这不仅违反了相关法律法规的规定，还误导了投资者和监管机构，影响了市场的公平竞争。

四、问题造成的严重影响

1.财务风险增加

资金管理混乱导致企业的财务风险显著增加。资金短缺、坏账损失、投资失败等问题频发，使得企业的偿债能力下降，信誉受损。

2.运营效率降低

资金无法有效集中和利用，导致企业的运营效率降低。各部门和子公司各自为政，缺乏协同作战的能力，影响了企业的整体竞争力。

3.国有资产流失

由于资金管理的漏洞和监管不力，部分国有企业存在国有资产流失的问题。这不仅损害了国家的利益，也影响了企业的可持续发展。

4.市场信心下降

财务信息披露不透明和频繁出现的资金问题使得投资者和监管机构对企业的信心下降。这可能导致企业融资难度加大、股价下跌等不利后果。

综上所述，国有企业财务管理合规问题中的资金管理混乱是一个亟待解决的问题。企业应加强内部管理、完善相关制度、提高信息披露透明度等方面的工作，以确保资金管理的合规性和有效性，为企业的健康发展提供有力保障。

法律法规依据

针对国有企业财务管理合规问题中资金管理混乱的现象，以下是对相关法律法规的梳理和总结。

一、针对资金集中管理缺失问题的法律法规

1.《中华人民共和国企业国有资产法》

第二十一条：国家出资企业对其所出资企业依法享有资产收益、参与重大决策和选择管理者等出资人权利。

国家出资企业对其所出资企业，应当依照法律、行政法规的规定，通过制定或者参与制定所出资企业的章程，建立权责明确、有效制衡的企业内部监督管理和风险控制制度，维护其出资人权益。

2.《企业财务通则》

第十一条：企业应当建立财务预算管理制度，以现金流为核心，按照实现企业价值最大化等财务目标的要求，对资金筹集、资产营运、成本控制、收益分配、重组清算等财务活动，实施全面预算管理。

此条款强调了企业应当建立财务预算管理制度，并对资金筹集等财务活动实施全面预算管理，为资金集中管理提供了具体指导。

二、针对财务审批流程不规范问题的法律法规

1.《中华人民共和国会计法》

第十四条：会计凭证包括原始凭证和记账凭证。……记账凭证应当根据经过审核的原始凭证及有关资料编制。

此条款要求记账凭证必须根据经过审核的原始凭证编制，为财务审批流程的规范性提供了法律依据。

2.《企业内部控制基本规范》

第三十条：授权审批控制要求企业根据常规授权和特别授权的规定，明确各岗位办理业务和事项的权限范围、审批程序和相应责任。

企业应当编制常规授权的权限指引，规范特别授权的范围、权限、程序和责任，严格控制特别授权。常规授权是指企业在日常经营管理活动中按照既定的职责和程序进行的授权。特别授权是指企业在特殊情况、特定条件下进行的授权。

企业各级管理人员应当在授权范围内行使职权和承担责任。

企业对于重大的业务和事项，应当实行集体决策审批或者联签制度，任何个人不得单独进行决策或者擅自改变集体决策。

三、针对应收账款管理不善问题的法律法规

1.《中华人民共和国企业国有资产法》

第十七条：国家出资企业应当依法建立和完善法人治理结构，建立健全内部监督管理和风险控制制度。

此条款要求国家出资企业建立健全内部监督管理和风险控制制度，为应收账款管理提供了法律依据。

2.《企业财务通则》

第二十四条：企业应当建立合同的财务审核制度，明确业务流程和审批权限，实行财务监控。

企业应当加强应收款项的管理，评估客户信用风险，跟踪客户履约情况，落实收账责任，减少坏账损失。

四、针对盲目投资和融资问题的法律法规

《中央企业全面风险管理指引》

第十八条：企业应当加强对担保、抵押、质押等担保业务的风险管理，严格控制担保风险。

此条款要求企业加强对担保等融资业务的风险管理，为防范盲目融资提供了法律依据。

五、针对财务信息披露不透明问题的法律法规

1.《中华人民共和国会计法》

第二十条：财务会计报告应当根据经过审核的会计账簿记录和有关资料编制，并符合本法和国家统一的会计制度关于财务会计报告的编制要求、提供对象和提供期限的规定；其他法律、行政法规另有规定的，从其规定。

此条款要求财务会计报告必须根据经过审核的会计账簿记录和有关资料编制，并符合相关规

定，为财务信息披露的透明性提供了法律依据。

2.《中华人民共和国证券法》

第八十条：发生可能对上市公司股票交易价格产生较大影响的重大事件，投资者尚未得知时，上市公司应当立即将有关该重大事件的情况向国务院证券监督管理机构和证券交易所报送临时报告，并予公告，说明事件的起因、目前的状态和可能产生的法律后果。

此条款要求上市公司在发生可能对股票价格产生较大影响的重大事件时，必须立即进行信息披露，为财务信息披露的及时性提供了法律依据。

综上所述，国有企业财务管理合规问题中资金管理混乱的问题，违反了我国多个法律法规。企业应当严格遵守这些法律法规的规定和要求，加强内部管理、完善相关制度、提高信息披露透明度等，以确保资金管理的合规性和有效性。

合规程序与方法

针对国有企业财务管理合规问题中资金管理混乱的情况，以下提出具体的合规程序与方法，旨在分步骤、有针对性地解决问题。

一、建立健全资金管理制度

1. 制度制定

结合企业实际情况，依据《中华人民共和国会计法》《企业财务通则》等相关法律法规，制定完善的资金管理制度。制度应明确资金来源、使用范围、审批流程、监控措施等关键内容。

2. 权限划分

明确各级管理层在资金管理中的权限和责任，确保决策权、执行权、监督权相互分离、相互制约。

3. 流程标准化

制定标准化的资金管理流程，包括资金申请、审批、支付、核算等各个环节，确保流程清晰、规范、可操作。

二、加强财务审批与监控

1. 审批流程优化

优化财务审批流程，确保所有资金支出都经过严格的审批程序。采用多级审批制度，重要支出需经高层管理人员审批。

2. 实时监控

建立资金监控系统，实时监控资金流向和使用情况。利用信息化手段，实现资金收支的自动记录、查询和分析，提高监控效率。

3. 定期审计

定期对资金管理进行内部审计，检查制度执行情况、审批流程合规性、资金流向合理性等，及时发现并解决问题。

三、完善应收账款管理

1. 信用评估

建立客户信用评估体系，对新老客户进行信用评级，根据评级结果制定不同的信用政策。

2. 催收机制

建立完善的应收账款催收机制，明确催收责任人和催收流程。对逾期未收款项采取有效措施进行催收，必要时采取法律手段。

3. 坏账准备

根据应收账款账龄、客户信用状况等因素评估坏账风险，合理计提坏账准备。

四、规范投资与融资行为

1. 项目评估

对投资项目进行全面、客观、科学的评估，确保投资项目的可行性和经济效益。制定详细的投资计划，明确投资目标、预算、时间表等关键要素。

2. 融资决策

根据企业实际情况和资金需求，制定合理的融资计划。选择合适的融资渠道和方式，降低融资成本，控制融资风险。

3. 审批与监督

所有投资和融资项目均需经过严格的审批程序，确保决策的科学性和合规性。同时，加强对投资和融资项目的后续监督和管理，确保项目按计划实施并取得预期效果。

五、提高财务信息披露透明度

1. 完善信息披露制度

依据《中华人民共和国证券法》等相关法律法规，完善企业财务信息披露制度。明确信息披露的内容、格式、时间等要求，确保信息披露及时、准确、完整。

2. 加强内外部沟通

建立与投资者、监管机构等利益相关方的沟通机制，及时回应关切和疑问。通过定期报告、临时公告等方式，主动披露企业财务状况、经营成果和重大事项等信息。

3. 提升信息化水平

利用现代信息技术手段，提升财务信息披露的效率和透明度。建立财务信息共享平台，方便内外部利益相关方查询和获取企业财务信息。

通过实施以上合规程序与方法，国有企业可以有效解决财务管理合规问题中资金管理混乱的问题，提升企业的财务管理水平和风险防范能力。

专题 4：预算管理欠缺

案例引入

一、案例背景

有一家传统制造业国有企业 D（以下简称"D 企业"），该企业以机械制造为主业，拥有员工数千人，分布在全国多个生产基地和研发中心。D 企业长期面临激烈的市场竞争，但近年来在财务管理，特别是预算管理方面存在明显不足，导致企业运营效率和经济效益受到严重影响。

二、具体问题

1. 预算管理组织架构缺失

D 企业未设立专门的全面预算管理委员会，预算管理工作主要由财务部门负责，其他部门参与度低。这种组织架构导致编制的预算缺乏全局性和科学性。

2. 预算编制方法不合理

在预算编制过程中，D 企业采用传统的增量预算法，简单基于上一年度数据进行调整，未充分考虑市场变化、技术进步和内部经营效率提升等因素。例如，编制 2022 年度预算时，仅根据 2021 年数据简单上浮 5%，未进行详尽的市场调研和内部评估，导致预算与实际需求严重脱节。

3. 预算执行与监控不力

预算执行过程中，D 企业缺乏有效的监控机制，预算执行进度和效果未能及时反馈给管理层。同时，预算执行中的偏差调整不及时，往往导致预算超支或资源浪费。例如，某生产部门因原材料价格波动未及时调整采购计划，导致库存积压，资金占用成本增加约 200 万元。

4. 预算管理考核体系不完善

D 企业的预算管理考核体系单一，主要侧重于财务指标（如利润完成率），忽视了对非财务指标（如市场份额、客户满意度）的考核。此外，考核对象主要集中于高层管理人员，普通员工参与度低，缺乏激励机制，导致预算管理效果大打折扣。

三、主要问题的影响

1. 经济效益下滑

由于预算管理不善，D 企业的成本控制能力减弱，导致利润空间被压缩。据统计，2022 年 D 企业的净利润率较上一年度减少了 3 个百分点，直接经济损失超过 5000 万元。

2. 运营效率降低

预算管理缺失导致 D 企业的运营效率降低。由于资源配置不合理，部分关键业务环节出现瓶颈，影响整体生产进度。例如，某研发项目因资金不到位而延期半年，错失市场先机，损失销售额约 1 亿元。

3. 企业形象受损

预算管理问题还间接影响了 D 企业的市场形象和信誉。由于成本控制不力，产品质量和交货期难以保证，客户投诉增多，市场份额被竞争对手侵蚀。

四、结论与反思

D 企业的状况充分暴露了传统制造业企业在财务管理合规问题中预算管理欠缺的严重后果。针对这些问题，D 企业应采取以下措施解决。

1. 完善预算管理组织架构

设立全面预算管理委员会，明确各部门职责，加强跨部门协作。

2. 优化预算编制方法

引入零基预算、滚动预算等先进方法，结合市场调研和内部评估，提高预算编制的科学性和准确性。

3. 加强预算执行与监控

建立预算执行监控机制，实时反馈执行情况，及时调整偏差，确保预算目标的实现。

4. 完善考核体系

构建多维度考核体系，将财务指标与非财务指标相结合，激励全体员工参与预算管理，提高管理效果。

通过实施以上措施，D企业有望逐步解决预算管理问题，提升财务管理合规水平，推动企业健康、可持续发展。

合规问题分析

一、业务简介

国有企业在国家经济体系中占据重要地位，涉及能源、交通、通信、制造等多个关键领域。预算管理作为国有企业财务管理的重要组成部分，对企业的资源配置、成本控制、经营效益及战略目标的实现具有关键作用。预算管理涉及预算编制、执行、监控和考核等多个环节，要求企业根据内外部环境和经营目标，科学合理地规划和管理资金流。

二、相关规定

国家对国有企业的财务管理，包括预算管理，有一系列明确的规定和要求。这些规定旨在确保国有企业财务活动的合规性、透明度和效益性，促进企业健康稳定发展。具体规定包括但不限于以下方面。

《企业财务通则》等法律法规，明确了企业财务管理的基本原则和制度框架。

国务院国资委发布的关于国有企业预算管理的文件，要求企业建立健全预算管理制度，加强预算编制的科学性和合理性，强化预算执行的监控和考核。

财政部等部门发布的相关会计准则和财务制度，规范了企业财务核算和报告行为，要求企业真实、完整地反映财务状况和经营成果。

三、合规问题具体表现

在国有企业财务管理合规问题中，预算管理欠缺的具体表现主要包括以下几个方面。

1. 预算管理组织体系不健全

部分国有企业未设立专门的预算管理部门或委员会，预算管理工作缺乏统一领导和协调，导致预算编制和执行过程中责任不明确，容易出现推诿扯皮现象。

2. 预算编制方法不科学

一些国有企业沿用传统的增量预算法，简单基于历史数据进行调整，未充分考虑市场变化、技术进步和企业内部实际情况，导致预算脱离实际，缺乏前瞻性和灵活性。

3. 预算执行监控不到位

预算执行过程中，缺乏有效的监控机制，无法及时发现和纠正偏差，导致预算超支、资源浪费等问题频发。同时，部分企业对预算执行情况的反馈不及时，调整措施滞后，影响预算管理效果。

4. 预算考核体系不完善

预算考核往往侧重于财务指标，忽视非财务指标，考核对象主要集中在高层管理人员，普通员工参与度低。此外，考核标准不明确，奖惩措施不到位，难以激发员工的积极性和创造力。

5. 预算信息不透明

部分国有企业在预算管理过程中，信息沟通不畅，关键信息被少数管理层掌握，导致预算信息不透明，使预算管理缺乏有效性和公正性。

四、问题造成的严重影响

预算管理欠缺对国有企业造成的严重影响主要表现在以下几个方面。

1. 经济效益下滑

由于预算管理不善，成本控制不力，企业利润空间被压缩，经济效益下滑。长此以往，将影响企业的可持续发展能力和市场竞争力。

2. 资源配置低效

预算管理缺失导致企业资源配置不合理，关键业务环节得不到足够的支持，影响整体运营效率。同时，资源浪费现象严重，增加了企业的运营成本。

3. 战略目标难以实现

预算管理是企业实现战略目标的重要手段之一。预算管理欠缺将导致企业无法准确规划和管理资金流，进而影响战略目标的顺利实现。

4. 损害企业形象和信誉

预算管理问题可能间接损害企业的形象和信誉。例如，成本控制不力导致产品质量下降或交货期延误等问题频发，会影响客户对企业的信任和忠诚度。

综上所述，国有企业财务管理合规问题中预算管理欠缺是一个亟待解决的问题。企业应从完善预算管理组织体系、优化预算编制方法、加强预算执行监控、完善预算考核体系及提高预算信息透明度等方面入手，全面提升预算管理水平，确保企业健康稳定发展。

法律法规依据

针对国有企业财务管理合规问题中预算管理欠缺的问题，相关法律法规依据主要包括以下几个方面。

一、针对预算管理组织体系不健全问题的法律法规

1. 《中华人民共和国企业国有资产法》

第六条：国务院和地方人民政府应当按照政企分开、社会公共管理职能与国有资产出资人职能分开、不干预企业依法自主经营的原则，依法履行出资人职责。

此条款强调了政府在国有企业中的角色，要求政府不干预企业依法自主经营，间接要求企业建立健全的内部管理体系，包括预算管理组织体系。

2. 《企业财务通则》

第十一条：企业应当建立财务预算管理制度，以现金流为核心，按照实现企业价值最大化等财务目标的要求，对资金筹集、资产营运、成本控制、收益分配、重组清算等财务活动，实施全面预算管理。

此条款明确要求企业建立并实施全面预算管理，其中涵盖了预算管理组织体系的建立。

二、针对预算编制方法不科学问题的法律法规

1.《企业会计准则——基本准则》

第十二条：企业应当以实际发生的交易或者事项为依据进行会计确认、计量和报告，如实反映符合确认和计量要求的各项会计要素及其他相关信息，保证会计信息真实可靠、内容完整。

此条款要求企业基于实际交易或事项进行会计确认和计量，间接要求预算编制方法应科学合理，反映实际经营情况。

2.《企业国有资产监督管理暂行条例》

第二十一条：国有资产监督管理机构依照法定程序决定其所出资企业中的国有独资企业、国有独资公司的分立、合并、破产、解散、增减资本、发行公司债券等重大事项。

此条款虽未直接提及预算编制，但强调了国有资产监督管理机构对企业重大事项的决策权，要求企业在编制预算时考虑这些重大事项的影响，确保预算编制的科学性。

三、针对预算执行监控不到位问题的法律法规

1.《中华人民共和国会计法》

第九条：各单位必须根据实际发生的经济业务事项进行会计核算，填制会计凭证，登记会计账簿，编制财务会计报告。任何单位不得以虚假的经济业务事项或者资料进行会计核算。

此条款要求企业根据实际经济业务进行会计核算，监控预算执行，确保会计信息的真实性。

2.《企业内部控制基本规范》

第三十三条：预算控制要求企业实施全面预算管理制度，明确各责任单位在预算管理中的职责权限，规范预算的编制、审定、下达和执行程序，强化预算约束。

四、针对预算考核体系不完善问题的法律法规

1.《中华人民共和国公司法》

第二百零八条：公司应当在每一会计年度终了时编制财务会计报告，并依法经会计师事务所审计。财务会计报告应当依照法律、行政法规和国务院财政部门的规定制作。

此条款要求企业编制财务会计报告，并依法进行审计，为预算考核提供依据。

2.《企业财务通则》

第六十七条：主管财政机关应当建立健全企业财务评价体系，主要评估企业内部财务控制的有效性，评价企业的偿债能力、盈利能力、资产营运能力、发展能力和社会贡献。评估和评价的结果可以通过适当方式向社会发布。

五、针对预算信息不透明问题的法律法规

《企业信息公示暂行条例》

第八条：企业应当于每年1月1日至6月30日，通过国家企业信用信息公示系统向市场监督管理部门报送上一年度年度报告，并向社会公示……。

此条款要求企业公示年度报告，包括经营信息，提高了预算信息的透明度要求。

综上所述，针对国有企业财务管理合规问题中预算管理欠缺的问题，相关法律法规从预算管理组织体系、预算编制方法、预算执行监控、预算考核体系及预算信息透明度等方面提供了明确的指导。国有企业应当严格遵守相关法律法规，加强预算管理，确保财务活动的合规性和效益性。

合规程序与方法

针对国有企业财务管理合规问题中预算管理欠缺的问题，以下提出具体的合规程序与方法，旨在分步骤、有针对性地解决问题。

一、建立健全预算管理组织体系

1. 明确预算管理职责和权限

成立全面预算管理委员会，由企业高层领导担任主任委员，财务部门、业务部门等相关部门负责人作为委员，明确各自在预算管理中的职责和权限。

2. 设立预算管理办公室

在财务部门内部设立预算管理办公室，负责预算管理的日常工作，包括预算编制的组织、协调、审核、汇总及监控等。

3. 制定预算管理制度

制定详细的预算管理制度，明确预算编制的原则、方法、流程、审批程序及考核标准等，确保预算管理有章可循。

二、优化预算编制方法

1. 采用科学方法编制预算

引入零基预算、滚动预算等现代预算编制方法，结合企业实际情况，科学合理地编制预算。同时，考虑未来可能遇到的风险和挑战，预留一定的预算空间。

2. 加强部门间沟通与协作

在预算编制过程中，加强财务部门与业务部门之间的沟通与合作，确保预算编制的全面性和准确性。

三、强化预算执行监控

1. 建立预算执行监控机制

利用信息系统，实时监控预算执行情况，定期编制预算执行报告，分析预算产生偏差的原因。

2. 设置预警系统

对关键预算指标设置预警阈值，一旦触发预警，及时采取措施进行调整。

3. 加强内部审计

定期对预算执行情况进行内部审计，发现问题及时整改，确保预算执行的合规性和有效性。

四、完善预算考核体系

1. 制定考核标准

结合企业战略目标，制定科学合理的预算考核标准，不仅关注财务指标，还应考虑非财务指标。

2. 实施全员考核

将预算考核与员工绩效挂钩，实施全员考核，提高员工参与预算管理的积极性和责任感。

3. 建立奖惩机制

根据预算考核结果，实施相应的奖惩措施，激励员工积极完成预算目标。

五、提高预算信息透明度

1. 定期公开预算信息

按照相关法律法规要求，定期公开企业财务报告和预算执行情况，提高预算信息的透明度。

2. 加强内部沟通

通过内部会议、培训等方式，加强预算管理知识的普及和宣传，提高员工对预算管理的认识和理解。

3. 建立反馈机制

鼓励员工对预算管理提出意见和建议，建立有效的反馈机制，不断完善预算管理流程和方法。

通过实施以上合规程序与方法，国有企业可以有效解决财务管理合规问题中预算管理欠缺的问题，提升预算管理的科学性、规范性和有效性，为企业健康稳定发展奠定坚实基础。

专题 5：投资决策随意，资金运用效率不高

案例引入

一、案例背景

E 公司是一家历史悠久的传统制造业国有企业，主营业务涵盖机械制造与零部件生产。近年来，随着市场竞争的加剧和技术革新的快速推进，E 公司面临着转型升级的巨大压力。然而，在财务管理领域，E 公司陷入了投资决策随意、资金运用效率不高的困境，严重影响了企业的持续发展和市场竞争力。

二、具体问题

1. 投资决策随意

（1）案例细节：2019 年，E 公司高层在未经过充分市场调研和风险评估的情况下，决定投资一项新兴技术项目，预期能够显著提升产品附加值。该项目总投资额高达 5 亿元，占公司当年总资产的 30%。然而，项目实施过程中，技术难题频出，市场需求远低于预期，导致项目进展缓慢，成本超支严重。

（2）关键人物：时任 E 公司总经理的李某，是此次投资决策的主要推动者，他在缺乏足够信息支持的情况下，仅凭个人判断做出了投资决定。

2. 资金运用效率不高

（1）数据量化：E 公司长期存在资金分散、使用效率低下的问题。据统计，2020 年公司内部银行账户有 50 余个，资金沉淀严重，平均资金周转率仅为 1.2 次 / 年，远低于行业平均水平（行业平均资金周转率约为 3 次 / 年）。此外，由于资金分配不合理，部分关键生产环节经常面临资金短缺的问题，影响了正常生产运营。

（2）具体影响：资金运用效率低下直接导致公司财务成本上升，当年财务费用较上一年度增长了 20%，净利润率下滑至 3%，较历史最高点减少了 5 个百分点。

三、主要问题的影响

1. 经济损失巨大

由于新兴技术项目投资失败，E公司直接经济损失高达2亿元，占项目总投资的40%。这不仅消耗了公司大量宝贵资源，还加大了公司的财务负担。

资金运用效率低下导致的财务费用增加，进一步侵蚀了公司利润，使得E公司在市场竞争中处于不利地位。

2. 财务指标下滑

净利润率的大幅下滑直接反映了公司盈利能力的减弱。同时，资产负债率上升，流动比率下降，显示出公司偿债能力下降，财务风险增加。

市场份额被竞争对手蚕食，品牌影响力和客户忠诚度也受到一定影响。

3. 企业信誉受损

投资决策失误和财务管理不善的消息传出后，E公司的市场信誉受到严重损害，投资者信心减弱，融资难度加大。

四、结论与反思

E公司投资决策随意、资金运用效率不高的现象深刻反映了国有企业在财务管理合规方面存在的问题。为避免类似问题的发生，公司应从以下几个方面进行反思和改进。

1. 建立健全投资决策机制

强化市场调研和风险评估，确保投资决策的科学性和合理性。建立健全集体决策制度，避免个人独断专行。

2. 提高资金运用效率

优化资金配置，减少资金沉淀，提高资金周转率。加强预算管理，严格控制各项费用支出，确保资金的有效利用。

3. 加强财务管理人才队伍建设

引进和培养高素质财务管理人才，提升财务管理团队的专业素质和创新能力。加强财务管理培训，提高全员财务管理意识和能力。

4. 完善内部控制和风险管理体系

建立健全内部控制体系，确保财务信息的真实性和准确性。加强风险管理，建立健全风险预警机制，及时发现和应对潜在风险。

5. 推动财务数字化转型

引入先进的财务管理信息系统，实现财务数据的实时采集、分析和监控。通过数字化转型提高财务管理效率和准确性，为公司决策提供有力支持。

合规问题分析

一、业务简介

国有企业作为国民经济的重要支柱，承担着推动经济发展、促进社会进步的重要使命。在财务管理领域，国有企业需严格遵守国家相关法律法规，确保投资决策的科学性和资金运用的高效性。然而，在实际运作中，部分国有企业存在投资决策随意、资金运用效率不高的问题，这不仅影响了企业的经济效益，也对国家经济发展造成了一定影响。

二、相关规定

国有企业财务管理合规问题涉及多个方面的法律法规，包括但不限于《中华人民共和国企业国有资产法》《企业财务通则》《企业会计准则》等。这些法律法规对国有企业的投资决策、资金管理、财务报告等方面提出了明确要求，旨在规范国有企业的财务行为，保障国有资产的安全和保值增值。

三、合规问题具体表现

1. 投资决策随意

（1）缺乏科学论证：部分国有企业在投资决策过程中，未进行充分的市场调研和风险评估，仅凭主观判断或领导个人意愿做出决策。

（2）决策程序不规范：投资决策未经过集体讨论、专家评审等必要程序，导致决策结果缺乏公正性和合理性。

（3）盲目跟风投资：部分国有企业为了追求短期利益或跟风市场热点，盲目投资，忽视了项目的长期效益和企业的整体战略。

2. 资金运用效率不高

（1）资金分散：部分国有企业内部存在多头开户、资金沉淀严重的问题，导致资金无法集中用于关键领域和项目。

（2）使用随意：部分国有企业在资金使用上缺乏计划性和约束性，存在随意挪用、浪费资金的现象。

（3）缺乏有效监督：对资金运用的监督管理不到位，导致违规行为难以被及时发现和纠正。

四、问题造成的严重影响

1. 经济损失大

投资决策随意往往导致项目失败或效益低下，造成企业直接经济损失。资金运用效率不高则增加了企业的财务成本，侵蚀了企业利润。

2. 财务风险增加

投资决策随意和资金运用低效增加了企业的财务风险，可能导致企业资金链断裂、偿债能力不足等问题。

3. 企业信誉受损

财务管理不合规的行为一旦曝光，将严重影响企业的市场信誉和投资者信心，不利于企业的长期发展。

4. 资源配置低效

资金无法有效配置到真正需要的地方，导致资源配置低效，影响了国民经济的整体效益。

5. 阻碍改革与发展

财务管理合规问题的存在，将阻碍国有企业改革的深入进行，影响企业转型升级和创新发展的步伐。

综上所述，国有企业财务管理合规问题中的投资决策随意和资金运用效率不高是亟待解决的重要问题。这不仅需要企业自身加强内部管理、提高决策水平，还需要政府和社会各界的共同监督和支持。只有建立健全的财务管理制度和内部控制体系，加强对投资决策和资金运用的监督和管理，国有企业才能实现持续健康发展，为国民经济做出更大贡献。

法律法规依据

针对国有企业财务管理合规问题中投资决策随意与资金运用效率不高的问题，以下法律法规提供了明确的指导和规范。

一、针对投资决策随意的法律法规

1.《中华人民共和国企业国有资产法》

第三十条：国家出资企业合并、分立、改制、上市，增加或者减少注册资本，发行债券，进行重大投资，为他人提供大额担保，转让重大财产，进行大额捐赠，分配利润，以及解散、申请破产等重大事项，应当遵守法律、行政法规以及企业章程的规定，不得损害出资人和债权人的权益。

本条明确规定了国有企业在进行重大投资时应当遵守的法律原则，防止投资决策的随意性。

2.《企业财务通则》

第九条：企业应当建立财务决策制度，明确决策规则、程序、权限和责任等。法律、行政法规规定应当通过职工（代表）大会审议或者听取职工、相关组织意见的财务事项，依照其规定执行。

本条要求国有企业建立财务决策制度，规范投资决策行为，避免随意决策。

二、针对资金运用效率不高的法律法规

1.《中华人民共和国会计法》

第九条：各单位必须根据实际发生的经济业务事项进行会计核算，填制会计凭证，登记会计账簿，编制财务会计报告。任何单位不得以虚假的经济业务事项或者资料进行会计核算。

第十五条：会计账簿登记，必须以经过审核的会计凭证为依据，并符合有关法律、行政法规和国家统一的会计制度的规定。会计账簿包括总账、明细账、日记账和其他辅助性账簿。

上述两条规定要求国有企业必须真实、准确地记录经济业务事项，确保资金运用的透明度和可追溯性，从而提高资金运用效率。

2.《企业国有资产监督管理暂行条例》

第二十一条：国有资产监督管理机构依照法定程序决定其所出资企业中的国有独资企业、国有独资公司的分立、合并、破产、解散、增减资本、发行公司债券等重大事项。其中，重要的国有独资企业、国有独资公司分立、合并、破产、解散的，应当由国有资产监督管理机构审核后，报本级人民政府批准。

本条规定了国有资产监督管理机构对国有企业资金运用的监督职责，有助于防止资金运用的随意性和低效性。

综上所述，针对国有企业财务管理合规问题中投资决策随意与资金运用效率不高的问题，相关法律法规提供了明确的指导和规范。国有企业应当严格遵守这些法律法规，建立健全的财务管理制度和内部控制体系，确保投资决策的科学性和资金运用的高效性。

合规程序与方法

针对国有企业财务管理合规问题中投资决策随意与资金运用效率不高的问题，以下提出具体的合规程序与方法，旨在分步骤、有针对性地解决问题。

一、建立健全投资决策程序

1. 明确投资决策权限与责任

制定清晰的决策流程图，明确各级管理人员在投资决策中的权限与责任，确保决策过程透明、可追溯。

2. 强化市场调研与风险评估

在投资决策前，必须进行充分的市场调研和风险评估，收集并分析相关数据，形成科学的决策依据。对于重大投资项目，应组织专家进行论证，提高决策的科学性和合理性。

3. 实行集体决策制度

对于重大投资决策，应实行集体讨论、民主决策制度，避免个人独断专行。通过集体智慧，降低决策风险，提高决策质量。

二、优化资金运用流程

1. 实施全面预算管理

建立健全预算管理体系，对资金收支进行全面预算管理，确保资金的有序流动和合理配置。通过预算控制，降低资金使用的随意性和减少浪费现象。

2. 集中管理资金账户

整合企业内部资金账户，减少多头开户现象，实现资金的集中管理和统一调度。通过集中管理，提高资金使用效率，降低财务费用。

3. 加强资金监管与审计

建立健全资金监管机制，对资金运用过程进行实时监控和定期审计。发现违规行为及时纠正，确保资金使用的合规性和有效性。

三、提升财务管理人员素质

1. 加强专业培训

定期对财务管理人员进行专业培训，提高其业务水平和合规意识。培训内容应涵盖最新的法律法规、财务管理理念和案例等。

2. 引进专业人才

积极引进具有丰富经验和专业知识的财务管理人才，优化财务管理团队结构。通过专业人才的引领和带动，提升整个团队的财务管理水平。

四、完善内部控制体系

1. 建立健全内部控制制度

根据企业实际情况，制定完善的内部控制制度，制度要覆盖投资决策、资金运用、财务报告等关键环节。通过制度约束，规范财务管理行为，降低合规风险。

2. 强化内部监督与检查

建立健全内部监督与检查机制，对财务管理活动进行定期或不定期的监督和检查。发现问题及时解决，确保内部控制制度有效执行。

五、加强信息化建设

1. 推进财务管理信息化

利用现代信息技术手段，推进财务管理信息化建设。通过建立财务管理信息系统，实现财务数据的实时采集、处理和分析，提高财务管理的效率和准确性。

2. 实现信息共享与协同

加强企业内部各部门之间的信息共享与协同工作，消除信息孤岛现象。通过信息共享和协同工作，提高整体决策效率和资源利用效率。

综上所述，针对国有企业财务管理合规问题中投资决策随意与资金运用效率不高的问题，应从建立健全投资决策程序、优化资金运用流程、提升财务管理人员素质、完善内部控制体系及加强信息化建设等方面入手，分步骤、有针对性地解决问题，确保财务管理的合规性和有效性。

专题6：税务风险防范不严密

案例引入

一、案例背景

传统制造业国有企业F（以下简称"F公司"），主营业务为生产销售精密机械零部件。近年来，随着市场竞争的加剧和税法的不断更新，F公司在财务管理和税务合规方面面临诸多挑战。然而，公司内部税务风险防范机制不健全，导致了一系列税务风险事件的发生。

二、具体问题

1. 虚开发票问题

（1）具体情况：F公司为了减轻税负，通过虚构交易、让他人代开发票等方式虚增进项税额。具体操作中，F公司与多家空壳企业签订虚假购销合同，取得大量增值税专用发票进行抵扣。

（2）涉及人员：财务部经理李某是这一行为的主要策划者和执行者，他利用职务之便，指使下属会计小张具体操作虚开发票事宜。

（3）数据量化：在2020—2023年，F公司累计虚开发票金额高达5000万元，虚抵进项税额约800万元。

2. 税务申报不准确

（1）具体情况：F公司在税务申报过程中，存在多处申报不准确的问题。例如，将部分应计入应税收入的项目错误地计入了免税收入或不计税收入，导致少缴纳税款。

（2）数据量化：由于申报不准确，F公司在2020—2023年内少缴纳税款共计300万元。

三、主要问题的影响

1. 经济损失巨大

F公司因虚开发票被税务机关查处后，不仅被追缴了虚抵的进项税额800万元，还被处以罚款和滞纳金共计1200万元。此外，由于信誉受损，F公司在融资、合作等方面也遭受了重大损失。合计经济损失（含罚款、滞纳金及信誉损失等间接损失）超过2000万元。

2. 财务指标恶化

虚开发票和税务申报不准确导致 F 公司的财务报表失真，严重影响了其财务指标的准确性。例如，净利润率、资产负债率等关键指标均出现大幅下滑，给投资者和债权人带来了极大的不确定性和担忧。净利润率由原先的 10% 下降至 5%，资产负债率则由 50% 上升至 70%。

3. 法律后果严重

财务部经理李某因涉嫌虚开发票罪被移送司法机关处理，最终被判处有期徒刑并处罚金。这一事件不仅给李某个人职业生涯带来了毁灭性打击，也对 F 公司的企业形象和声誉造成了严重损害。

四、结论与反思

1. 结论

本案例充分暴露了 F 公司在税务风险防范方面存在的严重问题。虚开发票和税务申报不准确不仅导致了巨大的经济损失和财务指标下滑，还引发了严重的法律后果和企业信誉危机。

2. 反思

（1）加强内部控制：F 公司应建立健全内部控制体系，明确各部门和岗位的职责权限，确保税务合规工作有效开展。特别是要加强对财务部门的监督和管理，防止类似事件的发生。

（2）提升税务风险意识：公司全员应树立税务风险意识，特别是管理层和财务人员更应加强对税法的学习和理解，确保税务处理的合法性和合规性。

（3）建立税务风险预警机制：F 公司应建立税务风险预警机制，通过定期自查和外部审计等方式及时发现并纠正潜在的税务风险问题。同时，加强与税务机关的沟通和合作，共同维护良好的税收秩序。

（4）强化责任追究：对于违反税法规定的行为，公司应坚决予以查处并追究相关人员的责任。通过严厉的责任追究机制，形成有效的震慑作用，防止类似事件的发生。

合规问题分析

一、业务简介

在经营过程中，国有企业需要依法履行纳税义务，确保税务处理的合规性。然而，由于税务法规的复杂性和企业内部管理的多样性，税务风险防范成为国有企业财务管理中的一项重要任务。

二、相关规定

开展税务风险防范工作应遵循国家税收法律法规及相关政策规定，包括但不限于《中华人民共和国税收征收管理法》《中华人民共和国企业所得税法》《中华人民共和国增值税法》等。这些法律法规对纳税人的税务登记、纳税申报、税款缴纳、发票管理等方面提出了明确要求，国有企业必须严格遵守。

三、合规问题具体表现

1. 税务意识淡薄

部分国有企业对税务合规的重要性认识不足，将税务管理视为负担而非义务，导致在日常经营中忽视对税务风险的防范。

2. 内部控制体系不健全

一些国有企业缺乏完善的内部控制体系，税务管理流程不规范，职责权限不明确，容易出现税务处理错误和违规行为。

3. 税务筹划不当

部分国有企业在税务筹划过程中过于追求效果，采取激进或不合规的筹划手段，如虚构交易、虚开发票等，从而引发税务风险。

4. 税法更新跟进不及时

随着税收政策的不断调整和完善，部分国有企业未能及时跟进税法更新，导致在税务处理中使用错误的税法条款或政策规定。

5. 发票管理不规范

发票作为税务处理的重要依据，部分国有企业在发票的开具、取得、保管等方面存在不规范行为，如开具虚假发票、取得非法发票等，增加了税务风险。

四、问题造成的严重影响

1. 经济损失

税务风险防范不严密可能导致企业面临税务机关的处罚，包括补缴税款、缴纳滞纳金和罚款等，给企业带来直接的经济损失。

2. 信誉损害

税务违规行为一旦被曝光，将严重损害企业的信誉和形象，影响企业的市场地位和品牌价值。

3. 法律风险

严重的税务违规行为还可能触犯刑法，导致企业及相关责任人面临刑事追责的风险。

4. 经营受阻

税务问题可能导致企业的银行账户被冻结、资产被查封等，严重影响企业的正常经营活动。

5. 发展受限

税务不合规行为将限制企业在融资、投资、合作等方面的发展空间，影响企业的长期发展战略和规划。

综上所述，国有企业财务管理合规问题中税务风险防范不严密是一个亟待解决的问题。企业应提高税务意识、加强内部控制、规范税务筹划、及时跟进税法更新并加强发票管理等，以有效降低税务风险，确保企业的合法合规经营和可持续发展。

法律法规依据

针对国有企业税务防范不严密的问题，以下法律法规提出了明确的指导和规范。

一、针对税务意识淡薄问题的法律法规

《中华人民共和国税收征收管理法》

第三条：税收的开征、停征以及减税、免税、退税、补税，依照法律的规定执行；法律授权国务院规定的，依照国务院制定的行政法规的规定执行。

第二十五条：纳税人必须依照法律、行政法规规定或者税务机关依照法律、行政法规的规定

确定的申报期限、申报内容如实办理纳税申报，报送纳税申报表、财务会计报表以及税务机关根据实际需要要求纳税人报送的其他纳税资料。

二、针对内部控制体系不健全问题的法律法规

《企业内部控制基本规范》

第六条：企业应当根据有关法律法规、本规范及其配套办法，制定本企业的内部控制制度并组织实施。

第十五条：企业应当加强内部审计工作，保证内部审计机构设置、人员配备和工作的独立性。

三、针对税务筹划不当问题的法律法规

1.《中华人民共和国企业所得税法》

第二十六条：企业的下列收入为免税收入：（一）国债利息收入；（二）符合条件的居民企业之间的股息、红利等权益性投资收益；（三）在中国境内设立机构、场所的非居民企业从居民企业取得与该机构、场所有实际联系的股息、红利等权益性投资收益；（四）符合条件的非营利组织的收入。

此条仅作为正面示例，实际进行税务筹划需避免利用非法定途径减少应纳税额。

第二十七条：企业的下列所得，可以免征、减征企业所得税：（一）从事农、林、牧、渔业项目的所得；（二）从事国家重点扶持的公共基础设施项目投资经营的所得；（三）从事符合条件的环境保护、节能节水项目的所得；（四）符合条件的技术转让所得；（五）本法第三条第三款规定的所得。

2.《中华人民共和国税收征收管理法》

第六十三条：纳税人伪造、变造、隐匿、擅自销毁账簿、记账凭证，或者在账簿上多列支出或者不列、少列收入，或者经税务机关通知申报而拒不申报或者进行虚假的纳税申报，不缴或者少缴应纳税款的，是偷税。对纳税人偷税的，由税务机关追缴其不缴或者少缴的税款、滞纳金，并处不缴或者少缴的税款百分之五十以上五倍以下的罚款；构成犯罪的，依法追究刑事责任。

四、针对税法更新跟进不及时问题的法律法规

《中华人民共和国立法法》

第一百零九条：行政法规、地方性法规、自治条例和单行条例、规章应当在公布后的三十日内依照下列规定报有关机关备案：（一）行政法规报全国人民代表大会常务委员会备案；……（四）部门规章和地方政府规章报国务院备案；地方政府规章应当同时报本级人民代表大会常务委员会备案；设区的市、自治州的人民政府制定的规章应当同时报省、自治区的人民代表大会常务委员会和人民政府备案……。

企业应关注上述备案公告，及时了解税法更新动态。

五、针对发票管理不规范问题的法律法规

《中华人民共和国发票管理办法》

第二十一条：开具发票应当按照规定的时限、顺序、栏目，全部联次一次性如实开具，并加盖发票专用章。

第三十七条：违反本办法第二十二条第二款的规定虚开发票的，由税务机关没收违法所得；虚开金额在 1 万元以下的，可以并处 5 万元以下的罚款；虚开金额超过 1 万元的，并处 5 万元以上 50 万元以下的罚款；构成犯罪的，依法追究刑事责任。

综上所述，国有企业在进行财务管理和税务风险防范时，必须严格遵守上述法律法规的规定，确保税务处理的合规性。同时，企业还应建立健全内部控制制度，加强税务筹划的合法性和合理性审查，及时跟进税法更新动态，并规范发票管理工作，以降低税务风险，保障企业的稳健发展。

合规程序与方法

针对上述国有企业财务管理合规问题中税务风险防范不严密的情况，提出以下具体的合规程序与方法，旨在有针对性地解决问题。

一、加强税法培训与宣传

1. 组织定期税法培训

邀请税务专家或税务机关工作人员，定期为企业财务人员及管理层举办税法知识培训，确保相关人员及时了解最新的税收政策和法规变动。

2. 建立税法宣传机制

通过企业内部通信、公告栏、微信群等渠道，定期发布税法更新信息，提高全员税法意识。

二、完善内部控制体系

1. 建立税务风险管理岗位

建立专门的税务风险管理岗位，负责监控企业税务合规情况，及时发现并解决税务问题。

2. 制定税务管理流程

明确税务登记、发票管理、纳税申报、税款缴纳等各个环节的操作流程和责任人，确保税务处理的规范性和准确性。

3. 实施内部审计

定期对税务处理情况进行内部审计，检查是否存在违规行为，并督促相关部门及时整改。

三、强化发票管理

1. 建立严格的发票管理制度

明确发票的开具、取得、保管、作废等环节的操作规范，防止虚开发票等违规行为的发生。

2. 使用电子发票系统

推广使用电子发票系统，提高发票管理的信息化水平，减少纸质发票的使用和管理成本，同时便于税务机关的监管和稽查。

四、优化税务筹划策略

1. 合法合规筹划

在进行税务筹划时，应严格遵守税收法律法规，避免采用激进或不合规的筹划手段。

2. 利用税收优惠政策

积极研究和利用国家出台的税收优惠政策，合理减轻企业税负，同时确保筹划方案的合法性和合规性。

五、加强与税务机关的沟通与合作

1.建立良好的沟通机制

与税务机关保持密切联系，及时了解税务政策动态和监管要求，就税务处理中的疑难问题寻求税务机关的指导和帮助。

2.积极配合税务稽查

在面临税务稽查时，应积极配合税务机关的工作，如实提供相关资料和信息，主动纠正存在的问题，争取从轻或免予处罚。

六、建立税务风险预警机制

1.利用信息技术手段

借助大数据、人工智能等信息技术手段，建立税务风险预警系统，对潜在的税务风险进行实时监控和预警。

2.制定应急响应预案

针对可能出现的税务风险问题，提前制定应急响应预案，明确应对措施和责任分工，确保在风险发生时能够迅速、有效地进行处置。

通过实施上述合规程序与方法，国有企业可以有效提升税务风险防范能力，降低税务风险的发生概率和影响程度，保障企业合法合规经营和稳健发展。

专题 7：财务监督机制缺失

案例引入

一、案例背景

H 公司是一家位于某工业城市的传统制造业国有企业，主营业务包括机械设备制造与销售。近年来，随着市场竞争的加剧和行业环境的变化，H 公司面临着转型升级的压力。然而，在追求快速发展的过程中，公司的财务管理合规问题逐渐暴露，尤其是财务监督机制的严重缺失，给公司带来了巨大的经济损失和信誉危机。

二、具体问题

1.高层管理者财务监管意识淡薄

H 公司的高层管理者对财务监管的重要性认识不足，未能有效建立和执行内部控制机制。例如，公司董事长张总，作为核心决策人员，多次忽视财务部门的预警报告，盲目追求业务扩张，忽视了潜在的财务风险。

2.内部审计机制不健全

H 公司的内部审计部门隶属于财务部门，缺乏独立性和公正性。审计过程中，经常受到上级领导的干预，导致审计结果失真，无法真实反映公司的财务状况。例如，2020 年度内部审计报告中，本应揭示的应收账款回收率下降、存货积压严重等问题被人为掩盖。

3.会计核算与报销流程不规范

由于缺乏系统性的财务管理制度，H 公司的会计核算和报销流程存在多处漏洞。例如，部门经理李经理利用职务之便，多次虚报差旅费、招待费等，累计金额高达数百万元。此外，员工报销流程不透明，审批环节形同虚设，导致经费管理混乱。

4. 盲目扩张与投资决策失误

在张总的推动下，H 公司未经充分市场调研和风险评估，盲目投资多个新项目，导致资金紧张。特别是 2019 年投资的一个海外项目，因市场预测失误和成本控制不力，最终亏损超过 1 亿元，严重影响了公司整体业绩。

三、主要问题的影响

1. 经济损失巨大

H 公司因财务监督机制缺失导致的经济损失高达数亿元，其中海外项目亏损 1 亿元，应收账款坏账损失超过 5000 万元，存货积压损失约 3000 万元，以及虚报费用数百万元。

2. 财务指标恶化

公司的净利润率从 2018 年的 8% 下降至 2020 年的 2%，净资产收益率也从 12% 降至 4%。同时，资产负债率攀升至 70% 以上，远高于行业平均水平。

3. 信誉危机与法律风险

财务造假和违规操作行为被曝光后，H 公司的信誉受到严重损害，客户流失严重，合作伙伴关系紧张。此外，公司还面临监管部门的调查和处罚，存在巨大的法律风险。

四、结论与反思

H 公司财务监督机制缺失的状况深刻揭示了国有企业财务管理合规问题的重要性。针对上述问题，提出以下反思和建议。

1. 加强高层管理者财务监管意识

公司高层管理者应深刻认识到财务监管的重要性，建立健全内部控制机制，确保财务信息的真实性和准确性。同时，加强对财务风险的预警和防范，避免盲目扩张和投资决策失误。

2. 完善内部审计机制

建立独立的内部审计部门，确保审计工作的公正性和独立性。加强对审计结果的跟踪和监督，确保审计意见得到有效落实。

3. 规范会计核算与报销流程

制定系统性的财务管理制度，明确会计核算和报销流程的具体规定。加强对员工报销行为的监管和审批，防止虚报冒领等违规行为的发生。

4. 强化外部监管与合规意识

积极配合监管部门的检查和监督，及时整改存在的问题。加强对员工合规意识的培训，确保公司经营活动符合法律法规的要求。

总之，H 公司财务监督机制缺失的状况给国有企业带来了深刻的教训。只有不断加强财务管理合规意识，完善内部控制和审计机制，才能确保企业的持续稳定发展。

合规问题分析

一、业务简介

国有企业作为国家经济的重要组成部分，其财务管理不仅关乎企业自身的发展，还直接影响国家经济的稳定与安全。国有企业的财务管理涉及资金筹集、使用、分配以及监督等多个环节，是确保企业资产安全、提高经济效益的关键。

二、相关规定

国有企业财务管理的合规性依赖于一系列国家法律法规、企业内部规章制度及行业标准的共同约束。这些规定要求国有企业建立健全财务管理制度，明确财务管理职责，加强内部控制，确保财务信息的真实、准确、完整，并接受内外部审计监督。

三、合规问题具体表现

1. 财务监督机制不健全

多数国有企业缺乏独立的财务监督机构，监督职能往往依附于财务部门或审计部门，导致监督的独立性和权威性不足。监督手段单一，过分依赖财务审计和内部审计，忽视了事前预防和事中控制的重要性。

2. 内部控制制度执行不力

内部控制制度不完善或执行不严格，导致企业内部各部门之间缺乏相互制衡，财务管理流程存在漏洞。部分国有企业对内部控制的认识不足，存在"有章不循、有规不守"的现象，内部控制制度形同虚设。

3. 财务信息披露不透明

部分国有企业财务信息披露不够及时、全面和准确，存在隐瞒、虚报财务信息的行为，误导投资者和监管部门。财务报表的编制和审核流程不规范，缺乏有效的外部审计和监督，难以保证财务信息的真实性和可靠性。

4. 违规操作频发

由于财务监督机制缺失，部分国有企业内部人员利用职权谋取私利，进行违规操作，如挪用公款、虚报费用等。企业高层管理者对财务违规行为的默许或纵容，进一步加剧了财务合规问题的严重性。

四、问题造成的严重影响

1. 经济损失

财务违规操作直接导致国有企业经济损失严重，包括资金流失、资产贬值、投资收益下降等。长此以往，将严重影响企业的盈利能力和市场竞争力。

2. 信誉损害

财务不合规问题一旦曝光，将严重损害国有企业的信誉和形象，导致客户流失、合作伙伴关系紧张。在资本市场上，将影响企业的融资能力和股价表现。

3. 法律风险

财务违规操作可能触犯国家法律法规，导致企业面临法律诉讼和处罚的风险。严重的违规行为甚至可能导致国有企业破产或遭受严重损失，使国家利益遭受重大损失。

4. 管理混乱

财务监督机制缺失将加剧企业内部管理混乱的局面，影响企业的正常运营和发展。管理层难以获取准确、及时的财务信息，无法做出科学、合理的决策。

综上所述，国有企业财务管理合规问题中财务监督机制缺失是一个亟待解决的问题。通过建立独立的财务监督机构、完善内部控制制度、加强财务信息披露和引入外部审计监督等措施，可以有效提升国有企业的财务管理合规水平，保障企业的持续健康发展。

法律法规依据

针对国有企业财务管理合规问题中财务监督机制缺失的问题，以下是对相关法律法规的总结。

一、针对财务监督机制不健全问题的法律法规

1.《中华人民共和国企业国有资产法》

第十七条：国家出资企业应当依法建立和完善法人治理结构，建立健全内部监督管理和风险控制制度。

该条款强调了国有企业应建立健全内部监督管理制度，为财务监督机制的建立提供了法律依据。

2.《中华人民共和国会计法》

第四条：单位负责人对本单位的会计工作和会计资料的真实性、完整性负责。

该条款要求企业负责人对会计工作负责，间接强调了财务监督机制的重要性。

二、针对内部控制制度执行不力问题的法律法规

1.《企业内部控制基本规范》

第七条：企业应当建立内部控制体系，明确内部控制职责，完善内部控制措施，强化内部控制执行力度。

该条款明确要求企业建立并执行内部控制体系，为内部控制的有效执行提供了法律依据。

2.《中华人民共和国审计法》

第二十二条：审计机关对国有企业的资产、负债、损益，进行审计监督。

该条款要求审计机关对国有企业进行审计监督，有助于加大内部控制的执行力度。

三、针对财务信息披露不透明问题的法律法规

1.《中华人民共和国公司法》

第二百零八条：公司应当在每一会计年度终了时编制财务会计报告，并依法经会计师事务所审计。

该条款要求公司编制并审计财务会计报告，确保财务信息的真实性和透明度。

2.《中华人民共和国证券法》

第七十八条：发行人、上市公司依法披露的信息，必须真实、准确、完整，不得有虚假记载、误导性陈述或者重大遗漏。

该条款对上市公司的信息披露提出了严格要求，适用于部分国有企业。

四、针对违规操作频发问题的法律法规

1.《中华人民共和国刑法》

第二百七十二条：公司、企业或者其他单位的工作人员，利用职务上的便利，挪用本单位资金归个人使用或者借贷给他人，数额较大、超过三个月未还的，或者虽未超过三个月，但数额较大、进行营利活动的，或者进行非法活动的，处三年以下有期徒刑或者拘役……。

该条款对挪用公款等违规操作进行了明确的刑事处罚规定。

2.《中华人民共和国企业国有资产法》

第七十一条：国家出资企业的董事、监事、高级管理人员有下列行为之一，造成国有资产损失的，依法承担赔偿责任；属于国家工作人员的，并依法给予处分：（一）利用职权收受贿赂或者取得其他非法收入和不当利益的；（二）侵占、挪用企业资产的……。

该条款对国有企业内部人员的违规操作行为进行了明确的法律责任规定。

综上所述，针对国有企业财务管理合规问题中财务监督机制缺失的问题，相关法律法规从财务监督机制、内部控制制度、财务信息披露和违规操作等方面提供了明确的法律依据和处罚措施。国有企业应严格遵守相关法律法规，建立健全财务监督机制，确保财务管理的合规性和企业的健康发展。

合规程序与方法

针对国有企业财务管理合规问题中财务监督机制缺失的问题，以下提出具体的合规程序与方法，旨在分步骤、有针对性地解决问题。

一、建立独立的财务监督机构

1. 设立独立监督部门

在国有企业内部设立独立的、直接对董事会负责的财务监督部门，确保其独立性和权威性。该部门负责监督企业财务活动的合规性，不受其他部门干扰。

2. 明确监督职责

详细界定财务监督部门的职责范围，包括但不限于财务制度的执行监督、财务信息的真实性审核、内部控制的有效性评估等。

二、完善内部控制体系

1. 制定内部控制制度

结合企业实际情况，制定完善的内部控制制度，覆盖财务管理全流程，确保每个环节都有明确的操作规范和风险控制措施。

2. 加强执行与监督

加强对内部控制制度执行情况的监督和检查，定期评估内部控制的有效性，及时发现并解决存在的问题。

三、提高财务信息披露透明度

1. 完善财务报告制度

按照相关法律法规要求，完善财务报告编制和披露流程，确保财务信息的真实、准确、完整。

2. 引入外部审计

聘请独立的第三方审计机构进行年度财务审计，增强财务信息的公信力，同时借助外部审计的专业力量发现潜在的合规风险。

四、建立健全违规处理机制

1. 明确违规界定标准

制定详细的违规界定标准，明确哪些行为属于财务违规操作，便于监督和处罚。

2. 建立举报与调查机制

设立举报渠道，鼓励员工举报财务违规行为；建立快速反应机制，对举报事项进行调查核实，并依据违规程度采取相应的处理措施。

3. 实施严格处罚

对查实的财务违规行为，依据相关法律法规和企业内部规定实施严格处罚，包括经济处罚、职务调整乃至法律追究等，以儆效尤。

五、提升全员合规意识

1. 开展合规培训

定期组织财务管理人员和其他关键岗位人员进行合规培训，提升其合规意识和风险防控能力。

2. 营造合规文化

通过建设企业文化等方式，营造全员参与、共同维护财务合规的良好氛围，使合规成为企业日常运营的内在要求。

3. 强化领导责任

明确企业高层管理人员在财务管理合规方面的领导责任，将其纳入绩效考核体系，确保领导层对财务合规工作的高度重视和有效推动。

实施以上合规程序与方法，可以有效解决国有企业财务管理合规问题中财务监督机制缺失的问题，提升企业的财务管理水平和合规能力。

专题 8：内部审计功能弱化

案例引入

一、案例背景

公司 G，作为一家历史悠久的传统制造业国有企业，长期在行业内占据领先地位。然而，随着市场环境的变化和企业规模的扩大，公司 G 在财务管理合规方面的问题逐渐显现，尤其是内部审计功能弱化，成为制约公司可持续发展的关键因素。

二、具体问题

1. 内部审计机构设置不合理

公司 G 的内部审计部门隶属于财务部门，直接由财务总监领导，导致内部审计的独立性和权威性严重不足。内部审计人员多为原财务人员转岗而来，缺乏专业的审计知识和技能，难以胜任复杂的审计任务。

2. 审计覆盖范围有限

内部审计工作主要集中在财务收支的合规性检查上，忽视了对业务流程、内部控制、风险管理等方面的审计。特别是对近年来公司 G 新拓展的业务领域，内部审计未能及时跟进，形成审计空白区。

3. 审计结果处理不力

内部审计发现的问题往往得不到有效解决，审计建议被束之高阁，无法真正发挥审计的监督作用。对于重大违规问题，内部审计部门缺乏足够的权力和手段进行处理，导致问题屡查屡犯。

三、主要问题的影响

1. 经济损失巨大

由于内部审计未能及时发现和堵塞财务管理中的漏洞，公司 G 在 2021—2024 年间因违规操作导致的经济损失累计达到 5000 万元，其中直接经济损失 2000 万元，间接经济损失（如信誉损失、市场机会丧失等）3000 万元。

2. 财务指标下滑

净利润率从 2023 年的前三年的 8% 下降至当前的 5%，净资产收益率也从 12% 降至 8%，反映出公司盈利能力的显著下降。应收账款周转率下降，库存积压严重，资金流动性减弱，进一步加剧了公司的财务困境。

3. 内部管理混乱

内部审计功能的弱化导致公司内部管理失控，违规操作频发，员工士气低落，企业文化受到侵蚀。高层管理人员对财务管理的重视程度不足，失误决策较多，公司战略目标的实现受到严重影响。

四、结论与反思

1. 结论

公司 G 的财务管理合规问题中，内部审计功能弱化是导致公司陷入困境的主要原因之一。内部审计机构设置不合理、审计覆盖范围有限、审计结果处理不力等问题相互交织，共同构成了公司内部的"审计黑洞"。

2. 反思

国有企业应高度重视内部审计工作，建立健全独立的内部审计机构，确保其独立性和权威性。加强内部审计队伍建设，提高审计人员的专业素质和技能水平，拓宽审计覆盖范围，实现对企业全方位、全过程的监督。建立健全审计结果处理机制，确保审计发现的问题得到及时解决、审计建议得到有效落实，真正发挥内部审计的监督作用。加强企业内部管理，提升管理层对财务管理的重视程度，形成全员参与、共同维护财务合规的良好氛围。同时，加强对新拓展业务领域的审计监督，防止形成新的审计空白区。

合规问题分析

一、业务简介

内部审计作为国有企业内部监督体系的重要组成部分，旨在通过独立、客观的审查和评价活动，促进企业加强内部控制、提高经营效率，确保财务信息的真实性和合规性。然而，在实际操作中，国有企业内部审计功能弱化的问题日益凸显，成为影响企业财务管理合规性的重要因素。

二、相关规定

我国相关法律法规对国有企业内部审计提出了明确要求。《中华人民共和国审计法》《中华人民共和国企业国有资产法》《企业内部控制基本规范》等法律法规均强调了内部审计的独立性、权威性和有效性，要求国有企业建立健全内部审计制度，加强对财务管理活动的监督和评价。

三、合规问题具体表现

1. 内部审计独立性受限

内部审计机构往往隶属于财务部门或其他职能部门，缺乏独立性和权威性，难以客观公正地履行职责。内部审计人员的工作受到上级领导或其他部门的干扰，审计结果可能受到人为因素的影响。

2. 审计范围狭窄

内部审计工作主要集中在财务收支的合规性检查上，忽视了对业务流程、内部控制、风险管理等方面的全面审计。随着企业业务逐渐多元化和复杂化，内部审计未能及时跟进，形成审计空白区。

3. 专业素质不足

内部审计人员多为原财务人员转岗而来，缺乏专业的审计知识和技能，难以胜任复杂的审计任务。部分内部审计人员对新业务、新领域了解不足，难以提出有针对性的审计建议。

4. 审计结果处理不力

审计发现的问题往往得不到及时解决，审计建议被束之高阁，无法真正发挥内部审计的监督作用。对于重大违规问题，内部审计部门缺乏足够的权力和手段进行处理，导致问题屡查屡犯。

四、问题造成的严重影响

1. 经济损失大

内部审计功能弱化导致企业难以及时发现和堵塞、纠正财务管理中的漏洞和违规行为，从而引发经济损失。这些损失可能包括直接的经济损失（如资金流失、罚款等）和间接的经济损失（如信誉损失、市场机会丧失等）。

2. 内部管理混乱

内部审计的缺失使得企业内部管理失控，违规操作频发，员工士气低落，企业文化受到侵蚀。这不仅影响了企业的日常运营，还可能对企业的长期发展造成不利影响。

3. 经营风险增加

内部审计作为风险管理的重要手段之一，其功能的弱化使得企业难以有效识别和评估潜在的经营风险。这可能导致企业在面对市场变化、政策调整等外部冲击时缺乏应对能力，增加经营风险。

4. 企业声誉受损

财务管理合规问题一旦曝光，将严重影响企业的声誉和形象。这不仅可能导致客户流失、合作伙伴疏远，还可能引发监管机构的调查和处罚，进一步加剧企业的困境。

综上所述，国有企业财务管理合规问题中内部审计功能弱化的问题不容忽视。解决这一问题需要企业从提高内部审计的独立性、拓宽审计范围、提升审计人员专业素质、落实审计意见等方面入手，全面提升内部审计工作的质量和效果。

法律法规依据

针对国有企业财务管理合规问题中内部审计功能弱化的问题，以下是对相关法律法规的总结。

一、针对内部审计独立性受限问题的法律法规

1.《中华人民共和国审计法》

第二十二条：审计机关对国有企业、国有金融机构以及国有资本占控股地位或者主导地位的企业金融机构的资产、负债、损益，以及其他财务收支情况进行审计监督。

此条款强调了审计机关对国有企业的审计监督职责，为内部审计的独立性提供了法律保障。

2.《中华人民共和国企业国有资产法》

第十九条：国有独资公司、国有资本控股公司和国有资本参股公司应当依照《中华人民共和国公司法》的规定设立监事会。监事会依照法律、行政法规以及公司章程的规定，对董事、高级管理人员执行职务的行为进行监督，对企业财务进行监督检查。

此条款要求国有企业设立监事会，并对企业财务进行监督检查，有助于提升内部审计的独立性。

二、针对审计范围狭窄问题的法律法规

《中华人民共和国公司法》

第二百零七条：公司应当依照法律、行政法规和国务院财政部门的规定建立本公司的财务、会计制度。

此条款要求公司建立健全的财务、会计制度，为对业务流程、内部控制等方面的审计提供了法律依据。

三、针对专业素质不足问题的法律法规

1.《中华人民共和国审计法》

第十三条：审计人员应当具备与其从事的审计工作相适应的专业知识和业务能力。

此条款要求审计人员具备相应的专业知识和业务能力，为提升审计人员的专业素质提供了法律依据。

2.《中华人民共和国注册会计师法》

第二条、第七条、第十二条规定，注册会计师必须取得注册会计师证书，并按照国家规定办理执业手续。

以上条款虽然主要针对注册会计师，但也为内部审计人员提供了专业素质和执业资格的参照标准。

四、针对审计结果处理不力问题的法律法规

1.《中华人民共和国企业国有资产法》

第七十三条：国有独资公司、国有资本控股公司和国有资本参股公司的董事、监事、高级管理人员违反本法规定，造成国有资产重大损失，被免职的，自免职之日起五年内不得担任国有独资公司、国有资本控股公司和国有资本参股公司的董事、监事、高级管理人员；造成国有资产特别重大损失，或者因贪污、贿赂、侵占财产、挪用财产或者破坏社会主义市场经济秩序被判处刑

罚的，终身不得担任国有独资公司、国有资本控股公司和国有资本参股公司的董事、监事、高级管理人员。

此条款对违反规定造成国有资产损失的人员进行了严格的处罚规定，有助于强化审计结果的处理。

2.《中华人民共和国公司法》

第一百八十八条：董事、监事、高级管理人员执行职务违反法律、行政法规或者公司章程的规定，给公司造成损失的，应当承担赔偿责任。

此条款要求违反规定给公司造成损失的人员承担赔偿责任，为审计结果的处理提供了法律依据。

综上所述，针对国有企业财务管理合规问题中内部审计功能弱化的问题，相关法律法规从内部审计的独立性、审计范围、专业素质以及审计结果处理等方面提供了明确的法律依据和保障。国有企业应当严格遵守相关法律法规，加强内部审计工作，提升财务管理合规水平。

合规程序与方法

针对国有企业财务管理合规问题中内部审计功能弱化的问题，以下提出具体的合规程序与方法，旨在分步骤、有针对性地解决问题。

一、建立健全独立的内部审计体系

1.明确内部审计机构的独立性

在企业章程或公司治理结构中明确规定内部审计机构直接向董事会或审计委员会报告，确保其在组织结构上的独立性。内部审计部门应独立于财务部门、运营部门等被审计部门，避免利益冲突和干扰。

2.优化内部审计资源配置

根据企业规模和业务需求，合理配置内部审计人员，确保具备足够的审计力量。吸引和培养具有审计、财务、法律、信息技术等多领域知识的复合型人才。

二、拓宽审计范围与深化审计内容

1.制定全面的审计计划

结合企业战略目标和年度经营计划，制定覆盖财务、业务、内部控制、风险管理等多个领域的年度审计计划。重点关注新业务、高风险领域以及以往审计中发现问题的解决情况。

2.实施风险导向审计

采用风险导向审计方法，对企业面临的内外部风险进行全面评估，优先对高风险领域进行审计。加强对企业内部控制体系的审计，确保其有效性并持续改进。

三、提升内部审计人员专业素质与技能

1.加强专业培训

定期组织内部审计人员参加专业培训，包括审计理论、法律法规、信息技术应用等方面的课程。鼓励内部审计人员考取相关执业资格证书，如成为注册会计师、国际内部审计师等。

2.建立学习交流平台

建立内部审计学习交流平台，分享审计经验、案例和最佳实践，促进知识共享和团队协作。

鼓励内部审计人员参与行业交流会议和研讨会，了解最新审计动态和技术趋势。

四、强化审计结果处理与整改落实

1. 建立审计结果通报机制

审计结束后，及时向被审计部门通报审计结果，明确问题所在和整改要求。同时向董事会或审计委员会报告审计情况，确保高层管理人员了解审计发现的问题。

2. 跟踪整改落实情况

制定详细的整改计划，明确整改责任人、整改措施和完成时限。定期对整改落实情况进行跟踪检查，确保问题得到有效解决。对于整改不力的部门和个人，采取必要的惩戒措施。

五、加强信息化建设与数据应用

1. 推进审计信息化建设

利用大数据、云计算、人工智能等现代信息技术手段，建立内部审计信息系统，实现审计工作的数字化、智能化。深化与财务、业务等系统的数据对接，提高审计效率和准确性。

2. 深化数据分析应用

运用数据分析技术，对海量数据进行挖掘和分析，发现潜在的违规行为和风险点。建立风险预警机制，对异常数据进行实时监控和预警，提前介入并采取措施防范风险。

实施以上合规程序与方法，可以有效解决国有企业财务管理合规问题中内部审计功能弱化的问题，提升内部审计工作的质量和效果，为企业健康稳定发展提供有力保障。

专题 9：信息化建设滞后

案例引入

一、案例背景

公司 Z 是一家传统制造业国有企业，主要从事机械制造与加工业务。随着市场竞争的加剧和行业技术的快速迭代，公司 Z 面临着转型升级的巨大压力。然而，在信息化建设方面，公司 Z 却显得滞后，这在一定程度上制约了其发展。

二、具体问题

1. 信息化建设滞后

（1）系统陈旧：公司 Z 的财务管理系统仍采用多年前的老旧软件，无法与现代化的 ERP（企业资源计划）系统有效对接，导致数据孤岛现象严重。

（2）手动操作多：财务报表、成本核算等关键财务工作仍大量依赖手工录入和处理，不仅效率低下，且错误率高。

（3）存在数据安全隐患：由于缺乏先进的信息安全技术，公司 Z 的财务数据存在泄露风险，给公司经营带来潜在威胁。

（4）关键人物：财务部李经理，多次向公司管理层提出升级财务管理系统的建议，但因预算紧张和技术更新意识不足，这些建议一直未被采纳。

（5）具体数据：据统计，由于系统陈旧和手动操作多，公司 Z 每月的财务报表编制时间比同行业平均水平高出 30%，且错误率达到了 5%，远高于行业标准的 1%。

2. 合规问题频发

（1）税务合规风险：由于财务管理系统的不完善，公司 Z 在增值税申报、所得税汇算清缴等方面多次出现计算错误，导致税务罚款累计达到数百万元。

（2）内部控制缺失：由于缺乏有效的内部控制机制，公司 Z 在采购、销售等环节存在违规操作现象，如虚假报销、应收账款长期挂账等。

（3）具体案例：20××年度，公司 Z 因一笔大额虚假采购费用报销被税务机关查处，不仅补缴了税款和滞纳金，还被罚款数十万元，严重影响了公司信誉和资金流动性。

三、主要问题的影响

1. 财务指标下滑

由于信息化建设滞后，公司 Z 的财务指标出现显著下滑。营业收入增长率由前一年的 10% 下降至 5%，净利润率更是从 8% 降至 4%。同时，应收账款周转率下降，资金回笼速度减慢，加大了公司的资金压力。

2. 市场竞争力下降

在行业技术快速迭代的背景下，公司 Z 因信息化建设滞后，无法及时响应市场变化，导致产品更新速度慢，市场竞争力下降。客户流失率逐年上升，市场份额被竞争对手蚕食。

3. 企业文化受损

财务管理合规问题的频发，使得公司内部员工对管理层的信任度降低，企业文化受到损害。员工士气低落，工作效率下降，进一步加剧了公司的困境。

四、结论与反思

公司 Z 的案例充分说明了国有企业财务管理合规问题中信息化建设滞后的严重后果。在当前数字化转型的大潮中，传统制造业企业必须高度重视财务管理信息化建设，提升财务管理效率和合规性水平。具体而言，公司 Z 应从以下几个方面进行改进。

1. 加大信息化建设投入

升级财务管理系统，引入先进的 ERP 系统，实现财务与业务的深度融合和数据共享。

2. 完善内部控制机制

建立健全内部控制体系，加大对采购、销售等关键环节的监管力度，确保合规操作。

3. 提升员工素质与能力

加大对财务人员的培训和教育力度，提升其专业素养和信息技术应用能力。

合规问题分析

一、业务简介

国有企业作为国家经济的重要组成部分，其财务管理不仅关乎企业自身的发展，也直接影响到国家经济的稳定运行。财务管理合规性是企业稳健运营的基础，而信息化建设则是提升财务管理效率、确保合规性的关键手段。然而，在实际操作中，部分国有企业存在财务管理信息化建设滞后的问题，这在一定程度上制约了企业的可持续发展。

二、相关规定

针对国有企业财务管理合规性及信息化建设，国家和行业层面均出台了一系列相关规定和标准。例如，《中华人民共和国会计法》《企业内部控制基本规范》《企业财务通则》等法律法规，以及国资委关于国有企业信息化建设的指导意见等，均对国有企业的财务管理合规性和信息化建设提出了明确要求。这些规定旨在规范企业的财务管理行为，提升财务管理水平，确保企业健康稳定发展。

三、合规问题具体表现

1. 信息化建设投入不足

部分国有企业对财务管理信息化建设的重视程度不够，资金投入不足，导致信息化建设进展缓慢，甚至停滞不前。

2. 系统陈旧落后

一些国有企业仍在使用老旧的财务管理系统，这些系统无法满足现代企业管理需求，数据处理效率低下，且存在安全隐患。

3. 信息孤岛现象严重

由于各部门间信息系统相互独立，缺乏统一规划和整合，财务数据无法实现有效共享和利用，形成信息孤岛。

4. 合规性监管不到位

财务管理信息化建设滞后，使得企业在税务申报、内部控制等方面容易出现合规问题，增加企业运营风险。

5. 人员素质和能力不足

部分国有企业财务管理人员信息技术应用能力有限，难以适应信息化建设的需要，影响了财务管理效率和质量。

四、问题造成的严重影响

1. 降低财务管理效率

信息化建设滞后导致财务管理流程烦琐、效率低下，增加了企业运营成本。

2. 增加财务风险

合规性监管不到位使企业面临税务处罚、法律诉讼等风险，损害企业信誉和利益。

3. 制约企业发展

信息化建设不足限制了企业对市场变化的快速响应能力，降低了企业竞争力，制约了企业的可持续发展。

4. 影响决策质量

信息孤岛现象严重导致决策者无法获得全面、准确的财务数据支持，影响决策的科学性和准确性。

5. 损害企业文化

财务管理合规问题的频发会降低员工对管理层的信任度，损害企业文化，影响员工的工作积极性和创造力。

综上所述，国有企业财务管理合规问题中信息化建设滞后是一个亟待解决的问题。企业应从加大投入、更新系统、整合信息、加强监管和提升人员素质等方面入手，全面加快财务管理信息化建设进程，确保企业健康稳定发展。

法律法规依据

针对国有企业财务管理合规问题中信息化建设滞后的问题，以下是对相关法律法规依据的总结。

一、针对信息化建设投入不足问题的法律法规

《中华人民共和国企业国有资产法》

第二十一条：国家出资企业应当加强内部监督和风险控制，依照国家有关规定建立健全财务、审计、企业法律顾问和职工民主监督等制度。

此条款要求国有企业建立健全包括财务在内的各项制度，暗示了信息化建设作为提升财务管理水平的重要手段，应当得到足够的投入和重视。

二、针对系统陈旧落后问题的法律法规

1.《中华人民共和国会计法》

第十三条：……使用电子计算机进行会计核算的，其软件及其生成的会计凭证、会计账簿、财务会计报告和其他会计资料，也必须符合国家统一的会计制度的规定。

此条款要求国有企业使用的财务管理软件必须符合国家统一的会计制度，暗示了老旧系统可能不符合现代会计制度要求，需要更新。

2.《企业内部控制基本规范》

第七条：企业应当运用信息技术加强内部控制，建立与经营管理相适应的信息系统，促进内部控制流程与信息系统的有机结合，实现对业务和事项的自动控制，减少或消除人为操纵因素。

此条款强调了运用信息技术加强内部控制的重要性，为国有企业更新陈旧落后的财务管理系统提供了法律依据。

三、针对信息孤岛现象严重问题的法律法规

《中华人民共和国企业国有资产法》

第十八条：国家出资企业应当依照法律、行政法规以及企业章程的规定，向出资人分配利润。同时，国家出资企业应当依照国家有关规定，建立健全内部监督管理制度，加强财务监督和审计监督，接受人民政府及其有关部门、机构依法实施的管理和监督。

此条款要求国有企业建立健全内部监督管理制度，并加强财务监督，暗示了信息孤岛现象可能阻碍有效的财务监督和审计，需要整合信息以实现有效的内部监督管理。

四、针对合规性监管不到位问题的法律法规

1.《中华人民共和国会计法》

第四条：单位负责人对本单位的会计工作和会计资料的真实性、完整性负责。

此条款要求国有企业负责人对会计工作和会计资料的真实性、完整性负责，暗示了合规性监管不到位可能导致会计资料不真实、不完整，需要加强合规性监管。

2.《中华人民共和国税收征收管理法》

第六条：国家有计划地用现代信息技术装备各级税务机关，加强税收征收管理信息系统的现代化建设，建立、健全税务机关与政府其他管理机关的信息共享制度。

此条款强调了税收征收管理的信息化建设，为国有企业加强税务合规性监管、避免税务风险提供了法律依据。

五、针对人员素质和能力不足问题的法律法规

1.《中华人民共和国劳动法》

第六条：国家提倡劳动者参加社会义务劳动，开展劳动竞赛和合理化建议活动，鼓励和保护劳动者进行科学研究、技术革新和发明创造，表彰和奖励劳动模范和先进工作者。

此条款鼓励劳动者提升技能和素质，暗示了国有企业财务管理人员应当提升信息技术应用能力，以适应信息化建设的需要。

2.《企业财务通则》

第十五条：企业应当重视和加强财务队伍建设，充分发挥财会人员在企业管理中的作用。

此条款要求国有企业重视和加强财务队伍建设，为提升财务管理人员的信息技术应用能力和专业素质提供了法律依据。

综上所述，针对国有企业财务管理合规问题中信息化建设滞后的问题，相关法律法规从多个方面提供了明确的指导。国有企业应当严格遵守相关法律法规的规定，加大信息化建设投入、更新陈旧落后的系统、整合信息以解决信息孤岛现象、加强合规性监管并提升财务管理人员的人员素质和能力。

合规程序与方法

针对国有企业财务管理合规问题中信息化建设滞后的问题，以下是具体的合规程序与方法，旨在分步骤、有针对性地解决问题。

一、明确信息化建设目标与规划

1.制定信息化战略规划

（1）内容：明确财务管理信息化建设的长期目标和短期目标，结合企业实际情况，制定详细的信息化战略规划。

（2）执行：由企业管理层牵头，财务部门主导，联合信息技术部门及其他相关部门共同制定。

2.预算编制与资源配置

（1）内容：根据信息化战略规划，编制详细的预算方案，明确资金来源和制定资源配置计划。

（2）执行：确保预算得到企业管理层的批准，并设立专项基金用于信息化建设。

二、更新与升级财务管理系统

1.系统评估与选型

（1）内容：对现有财务管理系统进行全面评估，识别存在的问题和不足；根据企业需求，选择或定制适合企业的财务管理软件。

（2）执行：成立专项评估小组，邀请内外部专家参与评估；遵循公开、公平、公正的原则，进行软件选型。

2. 系统实施与培训

（1）内容：制定详细的系统实施方案，包括数据迁移、系统测试、上线运行等环节；组织财务人员进行系统操作培训。

（2）执行：确保实施过程中有专业的技术支持团队提供技术指导；培训应覆盖所有相关人员，确保他们能够熟练操作新系统。

三、整合信息资源，消除信息孤岛

1. 建立信息共享机制

（1）内容：制定信息共享标准和流程，确保各部门之间的财务数据能够实现及时、准确共享。

（2）执行：通过数据接口、中间件等硬件设施实现系统间的数据交换；建立跨部门的数据共享平台或中心数据库。

2. 优化业务流程

（1）内容：根据信息共享机制的要求，优化现有业务流程，确保业务流程与信息系统紧密衔接。

（2）执行：组织跨部门协作小组，对业务流程进行全面梳理和优化；制定新的业务流程操作规范并培训相关人员。

四、加强合规性监管与风险控制

1. 建立合规性监管体系

（1）内容：建立健全财务管理合规性监管体系，包括内部审计、外部审计、风险管理等多个方面。

（2）执行：设立独立的内部审计部门或岗位，定期对财务管理活动进行审计；与外部审计机构合作，接受专业的审计服务；建立风险管理机制，对潜在的财务风险进行识别、评估和控制。

2. 强化内部控制

（1）内容：完善内部控制制度，确保财务管理活动的合规性和有效性。

（2）执行：制定详细的内部控制手册和操作规范；加强对内部控制执行情况的监督和检查；对发现的问题及时解决并追究相关责任。

五、提升人员素质与能力

1. 加强人员培训

（1）内容：定期组织财务人员进行信息化技能、财务管理知识等方面的培训。

（2）执行：邀请内外部专家进行授课或开展在线培训；鼓励财务人员参加专业认证考试或进修学习。

2. 建立激励机制

（1）内容：建立与财务管理信息化建设相关的绩效考核和激励机制，激发财务人员的积极性和创造力。

（2）执行：将财务管理信息化建设成果纳入绩效考核体系；对在信息化建设中表现突出的个人或团队给予表彰和奖励。

通过实施以上合规程序与方法，国有企业可以逐步解决财务管理合规问题中信息化建设滞后的问题，提升财务管理水平和合规性，为企业健康稳定发展奠定坚实基础。

专题 10：合规意识淡薄

案例引入

一、案例背景

公司 M 是一家位于东部沿海地区的传统制造业国有企业，主营业务涵盖金属制品加工与销售。近年来，随着市场竞争的加剧和监管政策的收紧，公司 M 在财务管理合规方面暴露出严重问题。公司 M 的管理层长期忽视财务管理合规性的重要性，导致公司内部合规意识淡薄，进而引发了一系列财务违规事件。

二、具体问题

1. 财务报表造假

（1）具体人物：公司 M 的财务总监李某，为了完成年度业绩指标，指使会计人员对财务报表进行虚假调整。

（2）数据：在 20×× 年度，公司 M 虚增营业收入约 5000 万元，虚增利润约 800 万元。

2. 税务申报违规

（1）具体人物：税务专员王某，因对税收政策理解不足且缺乏合规意识，未按规定申报部分应税收入。

（2）数据：公司 M 漏缴税款约 300 万元，面临税务机关的巨额罚款和滞纳金。

3. 内部控制失效

（1）问题表现：公司 M 的内部控制体系形同虚设，审批流程不规范，岗位分离不彻底，导致资金流失严重。

（2）具体案例：采购部经理张某利用职务之便，虚构采购合同套取公司资金约 200 万元用于个人消费。

三、主要问题的影响

1. 经济损失大

公司 M 因财务报表造假和税务申报违规，面临税务机关的巨额罚款和滞纳金，总计约 800 万元，严重侵蚀了企业利润。内部控制失效导致的资金流失，进一步加大了公司的财务压力。

2. 企业形象受损

财务违规事件被媒体曝光后，公司 M 的企业形象一落千丈，合作伙伴和客户纷纷提出怀疑，业务合作受阻。监管机构对公司 M 加大了监管力度，增加了公司的运营成本。

3. 被追究法律责任

涉及财务违规的相关责任人（李某、王某、张某等）被依法追究法律责任，不仅个人职业生涯受损，还对公司 M 的品牌声誉造成了不可挽回的损害。

四、结论与反思

公司 M 的案例深刻揭示了国有企业财务管理合规问题中合规意识淡薄的严重后果。合规意识的缺失不仅会导致企业面临巨大的经济损失和法律责任，还会严重损害企业的形象和声誉，影响企业的长远发展。因此，国有企业必须高度重视财务管理合规性建设，加强合规教育和培训，建立健全内部控制体系，确保财务管理活动的合规性和有效性。同时，国有企业管理层应树立正确的业绩观和合规观，坚决抵制任何形式的财务违规行为，为企业健康稳定发展保驾护航。

合规问题分析

一、业务简介

国有企业作为国家经济的重要组成部分，承担着推动经济发展、社会稳定等多重责任。在财务管理方面，国有企业需要遵循国家法律法规和财务规章制度，确保财务活动的合规性、真实性和有效性。然而，在实际运营中，部分国有企业存在财务管理合规意识淡薄的问题，这不仅影响了企业的健康发展，还可能对国家经济安全造成潜在威胁。

二、相关规定

为了规范国有企业的财务管理行为，国家制定了一系列法律法规和财务规章制度。这些规定涵盖了会计核算、财务报告、税务申报、内部控制等多个方面，要求国有企业必须建立健全的财务管理体系，确保财务活动的合规性和透明度。同时，国家还设立了专门的监管机构，对国有企业的财务管理活动进行监督和检查。

三、合规问题具体表现

1. 财务报表不真实

部分国有企业为了掩盖经营不善或追求业绩指标，存在虚增收入、虚列成本等财务报表造假行为。

2. 税务申报违规

一些国有企业对税收政策理解不足或故意不缴税款，存在漏缴税款、虚开发票等税务违规行为。

3. 内部控制失效

部分国有企业的内部控制体系不健全或内部控制制度执行不力，导致资金流失、资产损失等风险事件频发。

4. 忽视合规培训

一些国有企业对财务人员的合规培训不足，导致财务人员对法律法规了解不够，引发合规风险。

四、问题造成的严重影响

1. 经济损失大

财务报表造假和税务申报违规等行为可能导致国有企业面临巨额罚款、滞纳金等经济损失，严重侵蚀企业利润。

2. 财务指标恶化

合规问题可能导致国有企业的财务指标恶化，如利润率下降、资产负债率上升等，进而影响企业的融资能力和市场竞争力。

3. 企业形象受损

合规问题的曝光可能严重损害国有企业的企业形象和声誉，导致合作伙伴和客户的信任度降低，业务合作受阻。

4. 引发法律责任

严重的合规问题可能引发法律纠纷和刑事责任，对国有企业及其相关责任人造成不可挽回的损失。

5. 国家经济安全受威胁

国有企业的合规问题不仅影响企业自身发展，还可能对国家经济安全造成潜在威胁。例如，财务报表造假可能导致国家统计数据失真，影响宏观经济政策的制定和实施。

综上所述，国有企业财务管理合规问题中合规意识淡薄的问题表现多样，且可能带来遭受经济损失、企业形象受损、承担法律责任，以及国家经济安全受威胁等严重影响。因此，国有企业必须高度重视财务管理合规性建设，加强合规教育和培训，建立健全内部控制体系，确保财务管理活动的合规性和有效性。

法律法规依据

针对国有企业财务管理合规问题中合规意识淡薄的问题，以下是对相关法律法规依据的总结。

一、针对财务报表不真实问题的法律法规

1. 《企业会计准则第 14 号——收入》

（1）该准则规定了企业收入确认的原则和方法，要求企业必须按照实际发生的交易事项确认收入，不得虚增或虚减。

（2）第四条：企业应当在履行了合同中的履约义务，即在客户取得相关商品控制权时确认收入。

2. 《中华人民共和国会计法》

（1）该法规定了企业必须按照国家统一的会计制度进行会计核算，确保会计信息的真实性和完整性。

（2）第九条：各单位必须根据实际发生的经济业务事项进行会计核算，填制会计凭证，登记会计账簿，编制财务会计报告。

二、针对税务申报违规问题的法律法规

1. 《中华人民共和国税收征收管理法》

（1）该法规定了企业必须依法进行税务申报，按时缴纳税款，不得有偷税、逃税等违法行为。

（2）第二十五条：纳税人必须依照法律、行政法规规定或者税务机关依照法律、行政法规的规定确定的申报期限、申报内容如实办理纳税申报，报送纳税申报表、财务会计报表以及税务机关根据实际需要要求纳税人报送的其他纳税资料。

2. 《中华人民共和国增值税暂行条例》

（1）该条例规定了增值税的纳税义务人、征税范围、税率等，要求企业必须按照条例规定进

行增值税的申报和缴纳。

（2）第一条：在中华人民共和国境内销售货物或者加工、修理修配劳务（以下简称劳务），销售服务、无形资产、不动产以及进口货物的单位和个人，为增值税的纳税人，应当依照本条例缴纳增值税。

三、针对内部控制失效问题的法律法规

《中华人民共和国公司法》

（1）该法规定了公司必须建立健全的内部控制制度，确保公司资产的安全和完整。

（2）第一百七十九条：董事、监事、高级管理人员应当遵守法律、行政法规和公司章程。

第一百八十条：董事、监事、高级管理人员对公司负有忠实义务，应当采取措施避免自身利益与公司利益冲突，不得利用职权牟取不正当利益。

四、针对忽视合规培训问题的法律法规

《中华人民共和国会计法》

（1）该法规定了企业必须加强对会计人员的培训和教育，提高会计人员的业务素质和职业道德水平。

（2）第三十六条：会计人员应当具备从事会计工作所需要的专业能力。担任单位会计机构负责人（会计主管人员）的，应当具备会计师以上专业技术职务资格或者从事会计工作三年以上经历。本法所称会计人员的范围由国务院财政部门规定。

在该条款基础上，企业还应通过培训等方式提升会计人员的合规意识。

综上所述，针对国有企业财务管理合规问题中合规意识淡薄的问题，相关法律法规提供了明确的指导和规范。国有企业必须严格遵守这些法律法规，加强财务管理合规性建设，确保财务活动的合规性和有效性。

合规程序与方法

针对国有企业财务管理合规问题中合规意识淡薄的问题，以下提出具体的合规程序与方法，旨在分步骤、有针对性地解决问题。

一、加强合规教育培训

1. 制定培训计划

结合国家法律法规和企业实际情况，制定详细的合规教育培训计划，明确培训目标、内容、时间和对象。

2. 组织专业培训

邀请外部专家或内部资深人士，定期为管理人员和财务人员进行合规教育培训，涵盖会计法、税法、公司法等相关法律法规，以及企业内部控制规范等。

3. 评估与收集反馈意见

培训结束后，通过考试或问卷形式评估培训效果，收集反馈意见，不断改进培训内容和方式。

二、建立健全内部控制制度

1. 梳理业务流程

全面梳理企业财务管理的各项业务流程，识别潜在的风险点和合规漏洞。

2. 制定内部控制制度

针对识别出的风险点，制定相应的内部控制制度，明确职责分工、审批流程、监督机制等，确保财务活动的合规性。

3. 执行与监督

加大内部控制制度的执行力度，建立独立的内部审计部门或岗位，定期对内部控制制度的执行情况进行监督和检查，及时发现问题并解决。

三、强化财务信息披露与透明度

1. 完善信息披露制度

建立健全的财务信息披露制度，明确披露内容、格式、时间和渠道，确保对外披露的财务信息真实、准确、完整。

2. 加强内外部沟通

积极与投资者、监管机构等外部利益相关方沟通，及时回应关切，提高市场透明度。

3. 建立奖惩机制

对在财务信息披露中表现突出的个人或部门给予奖励，对违规行为进行严肃处理，强化全员合规意识。

四、实施合规风险评估与应对

1. 定期开展合规风险评估

定期对企业财务管理活动进行全面的合规风险评估，识别潜在的合规风险点。

2. 制定应对措施

针对评估出的合规风险点，制定应对措施和预案，明确责任人和完成时限。

3. 跟踪与改进

对合规风险应对措施的执行情况进行跟踪和评估，及时调整和完善应对措施，确保风险得到有效控制。

五、建立合规文化

1. 高层示范

企业高层管理人员应率先垂范，积极践行合规理念，树立榜样。

2. 全员参与

通过宣传、教育、培训等方式，增强全员合规意识，形成人人讲合规、事事讲合规的良好氛围。

3. 持续推广

将合规文化融入企业日常经营管理中，通过制定合规手册、开展合规知识竞赛等形式，持续推广合规理念，使之成为企业文化的重要组成部分。

通过实施以上合规程序与方法，国有企业可以有效提升财务管理合规意识，降低合规风险，保障企业健康、稳定发展。

第三章
国有企业人力资源管理合规问题

专题1：招聘流程合规问题

案例引入

一、案例背景

公司A是一家具有悠久历史的大型传统制造业国有企业，主要从事机械制造与零部件生产。随着市场竞争的加剧，公司A意识到人才是公司持续发展的关键，因此对人力资源管理进行了多次改革尝试。然而，在招聘流程中，公司A仍面临诸多合规问题，这些问题不仅影响了招聘效率，也对公司形象和财务表现造成了不良影响。

二、具体问题

1. 招聘流程烦琐且缺乏透明度

公司A的招聘流程包括简历筛选、笔试、多轮面试、背景调查等多个环节，每个环节均需经过多个部门的层层审批。这一流程虽然看似严谨，但实际操作中却显得冗长且缺乏透明度。例如，从岗位发布到最终录用，平均耗时超过两个月，远超过行业平均水平。

2. 存在就业歧视现象

在招聘广告及面试过程中，公司A的招聘人员无意中设置了一些不合理的限制条件，如年龄、性别偏好等，违反了《中华人民共和国劳动法》和《中华人民共和国就业促进法》中关于禁止就业歧视的规定。尽管这些行为并未直接导致法律诉讼，但引发了公众舆论的负面关注，影响了公司形象。

3. 随意撤销录用通知

由于内部沟通不畅或决策失误，公司A曾多次出现随意撤销已发放的录用通知的情况。这不仅损害了求职者的权益，也违反了诚实信用原则，增加了公司的法律风险。根据内部统计，过去一年中，公司A因撤销录用通知而支付的赔偿金累计超过50万元。

4. 背景调查不严谨

在背景调查环节，公司A存在审核流程不规范、信息核实不全面的问题。有几次因未能及时发现候选人的虚假信息或不良记录，导致录用后出现问题，给公司带来了直接的经济损失和间接的管理成本。

三、主要问题的影响

1. 招聘效率低下，错失优秀人才

由于招聘流程烦琐且耗时长，公司A多次错失市场上优秀的候选人，导致关键岗位长期空缺，影响了企业的正常运营和项目推进。据统计，过去一年中，因招聘流程问题导致的关键岗位空缺时间平均超过三个月，直接影响了公司的生产效率和市场竞争力。

2.公司形象受损，社会声誉下降

就业歧视和随意撤销录用通知等行为引发了公众和媒体的广泛批评，严重损害了公司 A 的公司形象和社会声誉。这不仅影响了现有员工的士气，也降低了潜在求职者的兴趣，进一步加剧了人才流失的问题。

3.财务指标下滑，经济损失显著

招聘流程中的合规问题不仅增加了公司的直接成本（如赔偿金、法律费用等），还间接影响了公司的财务指标。例如，因关键岗位空缺导致的生产效率下降、项目延期等问题，直接影响了公司的营业收入和利润水平。据财务部门统计，过去一年中，因招聘流程问题导致的经济损失累计超过百万元。

四、结论与反思

公司 A 在招聘流程中存在的合规问题严重影响了公司的招聘效率、形象和市场竞争力，给公司带来了显著的经济损失。针对这些问题，公司 A 应采取以下措施进行解决。

1.优化招聘流程

简化不必要的审批环节，提高招聘效率；同时确保流程的透明度和公正性，增强求职者的信任。

2.加强法律法规培训

定期对招聘人员进行法律法规培训，提高其合规意识和法律意识；确保发布招聘广告、面试等各环节均符合相关法律法规的要求。

3.建立严格的背景调查机制

制定明确的背景调查流程和标准，确保候选人的信息全面、准确；同时加强信息保密工作，防止泄露候选人隐私。

4.完善内部沟通机制

加强各部门之间的沟通协调，确保招聘决策的科学性和合理性；避免因内部沟通不畅导致的随意撤销录用通知等问题。

通过实施以上措施，公司 A 有望解决招聘流程中的合规问题，提高招聘效率和质量，为公司的持续健康发展提供有力的人才保障。

合规问题分析

一、业务简介

国有企业作为国家经济的重要支柱，其人力资源管理承担着为企业发展提供人才保障的重任。招聘流程作为人力资源管理的关键环节，直接关系到企业能否吸引到合适的人才，进而影响到企业的竞争力和可持续发展能力。招聘流程涉及岗位发布、简历筛选、面试评估、背景调查、录用决策等多个环节，每个环节都需要遵循相关法律法规和企业内部规章制度，确保合规性。

二、相关规定

在招聘流程中，国有企业需要遵循的法律法规主要包括《中华人民共和国劳动法》《中华人民共和国就业促进法》《中华人民共和国个人信息保护法》等。这些法律法规对招聘过程中的就业歧视、信息保护、录用条件等方面做出了明确规定。同时，企业内部也需要制定详细的招聘规章制度，明确招聘流程、标准、责任等，确保招聘工作的有序进行。

三、合规问题具体表现

1. 招聘流程烦琐且缺乏透明度

部分国有企业招聘流程设计过于复杂，涉及多个部门和环节的审批，导致招聘周期长、效率低。同时，招聘流程缺乏透明度，求职者难以了解招聘进度和结果，影响招聘体验。

2. 就业歧视

在招聘广告、面试过程等环节，部分国有企业存在对年龄、性别等不合理的限制条件，违反了就业公平的原则。这一行为不仅损害求职者权益，也影响了企业形象。

3. 背景调查不严谨

背景调查是招聘流程中的重要环节，但部分国有企业在实际操作中存在审核流程不规范、信息核实不全面的问题。这可能导致录用了不符合要求的候选人，给企业带来潜在风险。

4. 随意撤销录用通知

由于内部沟通不畅或决策失误，部分国有企业存在随意撤销已发放的录用通知的情况。这不仅损害了求职者的权益，也违反了诚实信用原则，增加了企业的法律风险。

四、问题造成的严重影响

1. 招聘效率低下，人才流失

烦琐且不透明的招聘流程导致招聘周期长、效率低，使得企业难以及时补充所需人才。同时，不合规的招聘行为可能让优秀求职者望而却步，导致人才流失。

2. 企业形象受损

就业歧视、随意撤销录用通知等行为会引发公众和媒体的负面关注，严重损害企业形象和声誉。这不仅影响现有员工的士气，也降低了潜在求职者的兴趣。

3. 法律风险增加

不合规的招聘行为可能触犯相关法律法规，导致企业面临法律诉讼和处罚的风险。这不仅会增加企业的法律成本，还可能影响企业的正常运营。

4. 遭受经济损失

招聘流程中的合规问题不仅会增加企业的直接成本（如支付赔偿金、法律费用等），还可能间接影响企业的财务指标。例如，因关键岗位空缺导致的生产效率下降、项目延期等问题都会给企业带来经济损失。

综上所述，国有企业人力资源管理合规问题中招聘流程合规问题不容忽视。企业应从优化招聘流程、加强法律法规培训、完善内部沟通机制等方面入手，确保招聘工作的合规性和高效性，为企业的可持续发展提供有力的人才保障。

法律法规依据

一、针对招聘流程烦琐且缺乏透明度问题的法律法规

1.《中华人民共和国劳动法》

第三条：劳动者享有平等就业和选择职业的权利、取得劳动报酬的权利、休息休假的权利、

获得劳动安全卫生保护的权利、接受职业技能培训的权利、享受社会保险和福利的权利、提请劳动争议处理的权利以及法律规定的其他劳动权利。

招聘流程的烦琐和缺乏透明度可能妨碍了求职者的平等就业权利，企业需优化流程以确保招聘的公正与效率。

2.《就业服务与就业管理规定》

第十五条：公共就业服务机构应当免费为劳动者提供就业政策法规咨询、职业供求信息、市场工资指导价位信息和职业培训信息发布、职业指导和职业介绍、对就业困难人员实施就业援助、办理就业登记、失业登记等就业服务。

虽然此条直接针对公共就业服务机构，但国有企业作为雇主，也应参考此规定，确保招聘流程的高效与透明，为求职者提供必要的服务。

二、针对就业歧视问题的法律法规

1.《中华人民共和国就业促进法》

第三条：劳动者依法享有平等就业和自主择业的权利。劳动者就业，不因民族、种族、性别、宗教信仰等不同而受歧视。

国有企业在招聘过程中应严格遵守此规定，避免任何形式的就业歧视，确保所有求职者享有平等的就业机会。

2.《中华人民共和国劳动法》

第三条强调了劳动者的平等就业权利。

三、针对背景调查不严谨问题的法律法规

1.《中华人民共和国个人信息保护法》

第十三条：符合下列情形之一的，个人信息处理者方可处理个人信息：（一）取得个人的同意；（二）为订立、履行个人作为一方当事人的合同所必需，或者按照依法制定的劳动规章制度和依法签订的集体合同实施人力资源管理所必需……

在进行背景调查时，国有企业需确保遵守个人信息保护法，合法合规地收集和使用求职者个人信息。

2.《就业服务与就业管理规定》

虽然该规定未直接提及背景调查，但强调了就业服务的规范性和求职者权益的保护，国有企业在进行背景调查时应秉持诚信原则，确保信息的真实性和准确性。

四、针对随意撤销录用通知问题的法律法规

1.《中华人民共和国劳动合同法》

第三条：订立劳动合同，应当遵循合法、公平、平等自愿、协商一致、诚实信用的原则。

随意撤销录用通知违反了诚实信用原则，损害了求职者的信赖利益，国有企业应严格遵守劳动合同法，确保录用通知的严肃性和有效性。

2.《中华人民共和国民法典》

第七条：民事主体从事民事活动，应当遵循诚信原则，秉持诚实，恪守承诺。

撤销录用通知的行为也可能构成对民事承诺的违反，国有企业应遵守民法典中的诚信原则，维护良好的企业形象和社会信誉。

综上所述，国有企业在招聘流程中应严格遵守相关法律法规，确保招聘流程的合规性、高效性和透明度，为企业的可持续发展提供有力的人才保障。

合规程序与方法

针对国有企业人力资源管理合规问题中招聘流程合规问题，以下提出具体的合规程序与方法，旨在分步骤、有针对性地解决问题。

一、优化招聘流程，提高透明度

1. 明确招聘流程

制定详细的招聘流程图，明确每个环节的责任人、时间节点和输出成果。确保招聘流程简洁、高效，减少不必要的审批环节。

2. 发布招聘信息

在发布招聘信息时，明确列出岗位职责、任职要求、薪资待遇等关键信息，确保信息的真实性和完整性。同时，通过企业官网、招聘网站等正规渠道发布招聘信息，提高透明度。

3. 建立反馈机制

为求职者提供便捷的查询和反馈渠道，及时告知其招聘进度和结果。对于未通过筛选的求职者，给予必要的解释和反馈，提升求职体验。

二、加强反就业歧视措施

1. 审查招聘广告

在发布招聘广告前，进行内部审查，确保广告内容不含有任何形式的歧视性语言或条件。同时，咨询法律或人力资源专家，确保广告内容符合法律法规要求。

2. 培训面试官

对面试官进行反歧视培训，强调平等就业的重要性。制定面试指南，列出合法、相关的问题，避免提出涉及种族、宗教等敏感领域的问题。

3. 建立投诉机制

为求职者提供投诉渠道，对涉及就业歧视的投诉进行及时调查和处理。确保处理结果公正、透明，维护求职者的合法权益。

三、规范背景调查程序

1. 明确调查内容

制定背景调查清单，明确需要核实的信息范围，如个人基本信息、教育背景、工作经历等。避免过度收集无关信息，侵犯求职者隐私。

2. 合法合规调查

在进行背景调查时，确保已获得求职者的明确同意，并遵守相关法律法规。通过正规渠道获取信息，如联系前雇主、查阅公开数据库等，确保信息的真实性和准确性。

3. 保密调查结果

对背景调查结果进行严格保密，仅用于招聘目的。避免将结果泄露给无关人员或另作他用。

四、提高录用通知的严肃性

1. 谨慎发放录用通知

在决定录用求职者前，进行充分的内部沟通和严格的审批。确保录用决策的准确性和严肃性，避免随意撤销录用通知。

2. 明确录用条件

在录用通知中明确列出工作岗位、薪资待遇、报到时间等关键信息，并告知求职者相关权利义务。确保双方对录用条件有清晰的认识和达成共识。

3. 建立撤销通知的规范程序

如确需撤销录用通知，应建立规范的撤销程序。提前与求职者沟通，说明撤销原因，并按照法律法规和企业内部规定支付相应的补偿或赔偿。

五、加强合规培训与监督

1. 定期开展合规培训

对招聘相关人员进行定期的合规培训，提高和加深其对法律法规和企业内部规章制度的认识和理解。培训内容应包括反歧视、个人信息保护、劳动合同法等重点领域。

2. 建立合规监督机制

建立合规监督机制，对招聘流程进行定期或不定期的检查和评估。发现问题及时解决，确保招聘流程的合规性。

3. 强化责任追究

对于违反合规要求的行为，建立明确的责任追究机制。对责任人进行严肃处理，以儆效尤，确保合规管理的严肃性和有效性。

通过实施以上合规程序与方法，国有企业可以有效解决招聘流程中的合规问题，提升招聘效率和质量，为企业的可持续发展提供有力的人才保障。

专题 2：员工权益保护不足

案例引入

一、案例背景

制造业国有企业 B（以下简称"企业 B"），位于我国东部沿海城市，是当地重要的经济支柱之一，主要从事精密机械制造。近年来，随着市场竞争的加剧和技术革新的需求，企业 B 面临转型升级的压力。然而，在人力资源管理方面，尤其是员工权益保护方面，企业 B 暴露出诸多问题，成为行业内外关注的焦点。

二、具体问题

1. 加班文化盛行，加班费支付不规范

企业 B 长期存在加班文化，员工平均每周工作时长超过 60 小时，远超法定工作时间。然而，在加班费支付上，企业 B 却未能严格遵循《中华人民共和国劳动法》，存在少发、漏发现象。据内部统计，2023—2024 年间，约有 70% 的员工未获得足额的加班费，涉及金额累计达数百万元。

2. 职业健康与安全保障缺失

由于生产任务繁重，企业 B 在生产过程中忽视了职业健康与安全管理。车间内噪声、粉尘等职业危害因素超标，个人防护装备配备不足且更新不及时。据统计，2021—2024 年期间，企业 B 共发生职业健康事故 20 余起，导致多名员工受伤或患职业病，直接医疗费用支出超过百万元，同时因工伤赔偿导致的法律纠纷不断。

3. 劳动合同签订与履行不规范

部分员工反映，企业 B 的劳动合同中存在霸王条款，如单方面延长试用期、降低工资标准等。此外，对于劳动合同的履行情况，企业 B 也未能做到严格监督。例如，部分员工在试用期内被无故解雇，且未获得应有的经济补偿。据统计，2023—2024 年间，因劳动合同纠纷引发的劳动仲裁案件达数十起，企业需支付的经济补偿金及赔偿金总额高达数百万元。

三、主要问题的影响

1. 财务指标下滑

员工权益保护不足导致的加班费支付不规范、职业健康事故赔偿及劳动纠纷赔偿等费用支出增加，这使企业 B 的财务成本显著上升。财务报表显示，2023—2024 年间，企业 B 的净利润同比下降了约 10%。

2. 员工流失率上升

长期忽视员工权益保护，导致员工满意度和忠诚度下降，进而引发员工流失。据统计，2023—2024 年间，企业 B 的员工流失率较往年上升了约 20%，其中不乏关键技术岗位和管理岗位的员工。这不仅影响了企业的生产效率和产品质量，也增加了企业重新招聘和培训的成本。

3. 品牌形象受损

员工权益保护不足的问题被媒体曝光后，企业 B 的品牌形象受到严重损害。消费者对企业的信任度下降，合作伙伴也开始重新评估与企业的合作关系。这进一步加剧了企业的经营困境并加大了市场压力。

四、结论与反思

关于企业 B 在人力资源管理合规问题中员工权益保护不足的案例，深刻揭示了企业在追求经济效益的同时忽视员工权益保护的严重后果。为了企业的可持续发展和长远利益，企业必须从以下几个方面进行反思和改进。

1. 加强法律法规学习

企业应组织相关人员深入学习《中华人民共和国劳动法》《中华人民共和国劳动合同法》等法律法规，确保人力资源管理工作的合法合规。

2. 完善内部管理制度

制定和完善加班管理、职业健康与安全、劳动合同签订与履行等方面的内部管理制度，明确责任分工和操作流程，确保制度的有效执行。

3. 强化员工权益保护意识

提高企业管理层的员工权益保护意识，树立正确的用人观念和管理理念，尊重员工的劳动成果和合法权益。

4. 建立健全监督机制

建立内部和外部相结合的监督机制，对人力资源管理工作的合规性进行定期检查和评估，及时发现问题并采取措施予以纠正。

通过实施上述措施，企业 B 有望逐步解决人力资源管理合规问题中员工权益保护不足的问题，提升企业的竞争力和可持续发展能力。

合规问题分析

一、业务简介

国有企业作为国家经济的重要组成部分，承担着促进经济发展、保障民生福祉的重要职责。在人力资源管理方面，国有企业负责招聘、培训、考核、激励及劳动关系管理等一系列活动，旨在为企业的发展提供有力的人才保障。然而，在实际操作过程中，国有企业人力资源管理合规问题，尤其是员工权益保护不足的问题日益凸显。

二、相关规定

员工权益保护是人力资源管理的重要方面，我国相关法律法规对此有明确规定。《中华人民共和国劳动法》《中华人民共和国劳动合同法》《中华人民共和国就业促进法》等法律法规均对员工的工时、薪酬、休息休假、职业健康与安全、社会保险等方面的权益进行了详细规定。国有企业作为守法经营的典范，应严格遵守这些法律法规，确保员工的合法权益得到充分保障。

三、合规问题具体表现

1. 工时与加班管理不规范

部分国有企业存在加班文化盛行的现象，员工长时间加班且未获得足额的加班费或调休补偿。这不仅违反了《中华人民共和国劳动法》关于工时和加班的规定，也损害了员工的休息权和健康权。

2. 薪酬与福利制度不完善

薪酬分配机制不透明、不公平，导致员工收入与实际贡献不匹配。同时，部分企业未按时足额缴纳社会保险费和住房公积金，影响了员工的长期福利保障。

3. 职业健康与安全保障缺失

在生产作业过程中，忽视职业健康与安全保障，导致职业病和工伤事故频发。这不仅损害了员工的身体健康，也给企业带来了巨大的经济损失和法律风险。

4. 劳动合同签订与履行不严谨

劳动合同中存在霸王条款，损害员工利益；履行过程中随意变更合同条款或解除劳动合同，未给予员工应有的经济补偿和安置。

5. 培训与发展机会不足

忽视员工的职业发展规划和培训需求，导致员工技能水平难以提升，影响企业的创新能力和竞争力。

四、问题造成的严重影响

1. 员工满意度和忠诚度下降

员工权益保护不足直接导致员工满意度和忠诚度下降，提高员工流失率，影响企业的稳定性和持续发展能力。

2. 法律风险和财务成本增加

违反相关法律法规可能引发劳动纠纷和法律诉讼，给企业带来高额的赔偿费用和声誉损失。同时，因加班、职业病等问题导致的医疗费用和工伤赔偿也增加了企业的财务成本。

3. 人才吸引力和竞争力减弱

员工权益保护不足会降低企业的人才吸引力，难以吸引和留住高质量人才。在激烈的市场竞争中，这将严重削弱企业的竞争力和市场地位。

4. 影响社会和谐稳定

员工权益保护问题不仅关乎企业内部稳定和发展，也关乎社会和谐稳定。长期忽视员工权益保护可能引发社会不满和导致矛盾激化，不利于社会的和谐与稳定。

综上所述，国有企业人力资源管理合规问题中员工权益保护不足的问题不容忽视。企业应从完善管理制度、加强法律法规学习、强化监督检查等方面入手，切实保障员工的合法权益，促进企业的可持续发展和社会的和谐稳定。

法律法规依据

针对国有企业人力资源管理合规问题中员工权益保护不足的问题，以下是对相关法律法规的总结，以确保员工权益得到充分保障，并促进企业合规经营。

一、针对工时与加班管理不规范问题的法律法规

1.《中华人民共和国劳动法》

第四十一条：用人单位由于生产经营需要，经与工会和劳动者协商后可以延长工作时间，一般每日不得超过一小时；因特殊原因需要延长工作时间的，在保障劳动者身体健康的条件下延长工作时间每日不得超过三小时，但是每月不得超过三十六小时。

第四十四条：有下列情形之一的，用人单位应当按照下列标准支付高于劳动者正常工作时间工资的工资报酬：（一）安排劳动者延长工作时间的，支付不低于工资的百分之一百五十的工资报酬……

2.《中华人民共和国劳动合同法》

第三十一条：用人单位应当严格执行劳动定额标准，不得强迫或者变相强迫劳动者加班。用人单位安排加班的，应当按照国家有关规定向劳动者支付加班费。

二、针对薪酬与福利制度不完善问题的法律法规

1.《中华人民共和国劳动法》

第五十条：工资应当以货币形式按月支付给劳动者本人。不得克扣或者无故拖欠劳动者的工资。

2.《中华人民共和国社会保险法》

第五十八条：用人单位应当自用工之日起三十日内为其职工向社会保险经办机构申请办理社会保险登记。未办理社会保险登记的，由社会保险经办机构核定其应当缴纳的社会保险费。

三、针对职业健康与安全保障缺失问题的法律法规

1.《中华人民共和国劳动法》

第五十三条：劳动安全卫生设施必须符合国家规定的标准。新建、改造、扩建工程的劳动安全卫生设施必须与主体工程同时设计、同时施工、同时投入生产和使用。

第五十四条：用人单位必须为劳动者提供符合国家规定的劳动安全卫生条件和必要的劳动防护用品，对从事有职业危害作业的劳动者应当定期进行健康检查。

2.《中华人民共和国安全生产法》

第四十四条：生产经营单位应当教育和督促从业人员严格执行本单位的安全生产规章制度和安全操作规程；并向从业人员如实告知作业场所和工作岗位存在的危险因素、防范措施以及事故应急措施。

四、针对劳动合同签订与履行不严谨问题的法律法规

《中华人民共和国劳动合同法》

第十条：建立劳动关系，应当订立书面劳动合同。已建立劳动关系，未同时订立书面劳动合同的，应当自用工之日起一个月内订立书面劳动合同。

第四十六条：有下列情形之一的，用人单位应当向劳动者支付经济补偿：（一）劳动者依照本法第三十八条规定解除劳动合同的……。

五、针对培训与发展机会不足问题的法律法规

《中华人民共和国劳动法》

第三条：劳动者享有平等就业和选择职业的权利、取得劳动报酬的权利、休息休假的权利、获得劳动安全卫生保护的权利、接受职业技能培训的权利……

此条虽未直接提及培训与发展，但可根据此条推导出国有企业应为员工提供培训与发展机会。

综上所述，国有企业在人力资源管理过程中，必须严格遵守上述法律法规，确保员工的合法权益得到充分保障。对于任何违反法律法规的行为，都将受到法律的制裁和社会的谴责。因此，国有企业应加强法律法规学习，完善内部管理制度，强化监督检查，切实保障员工的权益，促进企业的合规经营和可持续发展。

合规程序与方法

针对上述国有企业人力资源管理合规问题中员工权益保护不足的情况，以下提出具体的合规程序与方法，旨在分步骤、有针对性地解决问题。

一、建立健全工时与加班管理制度

1. 明确工时标准

根据《中华人民共和国劳动法》，制定明确的工时制度，确保员工每日工作时间不超过法定上限，每周工作时间不超过法定总时长。

2. 规范加班审批流程

建立加班申请和审批制度，明确加班事由、时长及补偿方式，确保加班的合理性和必要性。

3. 落实加班补偿

严格按照《中华人民共和国劳动法》支付加班费或安排调休，确保员工加班得到合理补偿。

二、完善薪酬与福利体系

1. 透明化薪酬结构

制定清晰、透明的薪酬政策，明确工资构成、发放时间及调整机制，确保薪酬分配的公平性和合理性。

2. 足额缴纳社会保险费

依法为员工缴纳社会保险费和住房公积金，确保员工享受应有的社会保障待遇。

3. 提供多元化福利

根据企业实际情况，提供包括健康体检、员工培训、带薪休假等在内的多元化福利，提升员工满意度和忠诚度。

三、强化职业健康与安全管理

1. 建立职业健康与安全管理体系

制定职业健康与安全管理体系，明确岗位职责和操作规范，确保生产作业过程中的安全与健康。

2. 定期进行安全培训

组织员工参加职业健康与安全培训，提高员工的安全意识和自我保护能力。

3. 实施定期安全检查

定期对生产场所、设备设施进行安全检查，及时发现并消除安全隐患，保障员工的人身安全。

四、优化劳动合同管理

1. 规范劳动合同签订

确保与员工签订书面劳动合同，明确双方权利义务，避免霸王条款和模糊条款的出现。

2. 加强合同履行监督

建立健全劳动合同履行监督机制，确保合同内容得到严格执行，保障员工的合法权益不受侵害。

3. 完善合同解除与终止程序

明确劳动合同解除与终止的条件和程序，确保员工在合同解除或终止时得到应有的经济补偿和安置。

五、加强员工职业发展规划与培训

1. 制定职业发展规划

根据员工个人特点和职业发展需求，制定个性化的职业发展规划，帮助员工明确职业方向和目标。

2. 提供多样化培训资源

结合企业实际需求和市场发展趋势，提供包括技能培训、管理培训在内的多样化培训资源，提升员工综合素质和竞争力。

3. 建立培训效果评估机制

定期对培训效果进行评估和反馈，确保培训工作的针对性和实效性，促进员工个人成长和企业发展。

通过实施以上合规程序与方法，国有企业可以系统性地解决人力资源管理合规问题中员工权益保护不足的问题，提升企业的合规经营水平和市场竞争力。

专题 3：培训合规性缺失

案例引入

一、案例背景

传统制造业国有企业 C（以下简称"企业 C"），位于国内某工业重镇，主要从事机械设备制造。近年来，随着市场竞争的加剧和技术革新的加速，企业面临着转型升级的巨大压力。然而，在人力资源管理方面，尤其是培训合规性方面，企业 C 存在明显缺失，导致了一系列问题的发生。

二、具体问题

1. 培训制度不健全

企业 C 未建立完善的培训制度，培训计划和内容缺乏系统性和针对性。据统计，2022—2024 年内，企业 C 年均培训课时仅为员工年均工作时间的 1%，远低于行业平均水平（5%~8%）。同时，培训内容多侧重于基本操作技能培训，缺乏对新技术、新工艺及管理知识的培训。

2. 培训资源分配不均

在企业 C 内部，培训资源的分配存在严重不均现象。高层管理人员和关键岗位员工能够获得更多、更优质的培训机会，而基层员工则往往被忽视。数据显示，高层管理人员年均培训费用是基层员工的 5 倍以上，这种差距加剧了企业内部的不公平感。

3. 培训效果评估缺失

企业 C 在培训结束后，未进行有效的效果评估，无法准确衡量培训成果及其对工作的实际影响。由于缺乏反馈机制，培训中存在的问题无法及时被发现和解决，导致培训效果大打折扣。

三、主要问题的影响

1. 指标恶化

由于培训合规性缺失，企业 C 员工技能水平提升缓慢，难以适应市场需求变化。这直接导致了产品质量不稳定、生产效率低下等问题，进而影响了企业的市场竞争力和盈利能力。据统计，2024 年，企业 C 因产品质量问题导致的退货率和客户投诉率分别上升了 30% 和 20%，同时生产成本上升了 15%，净利润率减少了 8 个百分点。

2. 人才流失加剧

培训合规性缺失加剧了企业 C 的人才流失问题。基层员工因缺乏成长机会和职业规划而感到沮丧和不满，纷纷选择离职。据统计，2022—2024 年内，企业 C 基层员工年均离职率高达 25%，远高于行业平均水平（10%~15%）。高层管理人员和关键岗位员工虽然离职率较低，但也存在潜在的不稳定因素。

3. 法律风险增加

培训合规性缺失还可能引发法律风险。例如，因未按规定提供必要的安全生产培训而导致安全事故发生，企业将面临巨额赔偿和法律责任。虽然企业 C 不存在相关事件，但风险不容忽视。

四、结论与反思

本案例充分暴露了企业 C 在人力资源管理合规问题中培训合规性缺失的严重后果。企业应当深刻反思自身在培训制度、资源分配和效果评估等方面存在的问题，并采取有效措施加以解决。具体来说，可以从以下几个方面入手。

1. 建立健全培训制度

制定系统、科学的培训计划和内容，确保培训的针对性和实效性。

2. 优化培训资源分配

公平、合理地分配培训资源，确保每位员工都能获得必要的成长机会。

3. 加强培训效果评估

建立有效的反馈机制，及时发现问题并采取措施加以解决。

4. 强化合规意识

加强对培训合规性的宣传和教育，提高全员合规意识。

通过实施以上措施，企业 C 可以逐步解决培训合规性缺失的问题，提升员工素质和企业竞争力，为企业的可持续发展奠定坚实基础。

合规问题分析

一、业务简介

国有企业作为国家经济的重要组成部分，承担着推动经济发展、保障社会稳定等多重责任。在人力资源管理方面，国有企业不仅需要关注员工的招聘、薪酬、福利等传统领域，还需要特别重视员工的培训与发展。培训作为提升企业竞争力、促进员工个人成长的重要手段，对国有企业的长期发展具有至关重要的作用。

二、相关规定

针对国有企业人力资源管理的培训合规性，国家有一系列明确的法律法规和政策要求。例如，《中华人民共和国劳动法》规定，用人单位应当建立职业培训制度，按照国家规定提取和使用职业培训经费，根据本单位实际，有计划地对劳动者进行职业培训。《企业国有资产监督管理暂行条例》也强调，国有企业应当加强职工教育培训，提高职工素质。

三、合规问题具体表现

在实际操作中，一些国有企业存在培训合规性缺失的问题，具体表现如下。

1. 培训制度不健全

部分国有企业未建立完善的培训制度，或者培训制度过于笼统、缺乏针对性，无法满足企业实际需求和员工个人发展。

2. 培训资源投入不足

一些国有企业对培训的重视程度不够，培训资源投入不足，导致培训质量不高、效果不佳。

3.培训内容与实际工作需求脱节

部分国有企业的培训内容与实际工作需求脱节，缺乏实用性和针对性，无法有效提升员工的工作技能和综合素质。

4.培训效果评估缺失

一些国有企业在培训结束后未进行有效的效果评估，无法准确衡量培训成果及其对工作的实际影响。

四、问题造成的严重影响

国有企业人力资源管理合规问题中培训合规性缺失的问题，可能带来以下严重影响。

1.员工素质提升缓慢

缺乏有效的培训，员工的工作技能和综合素质无法得到有效提升，难以适应市场需求变化和企业发展需要。

2.企业竞争力下降

员工素质不高将导致企业整体竞争力下降，难以在激烈的市场竞争中立足。

3.人才流失风险增加

缺乏培训和发展机会将导致员工对企业的归属感和忠诚度降低，增加人才流失的风险。

4.法律风险增加

培训合规性缺失还可能引发法律风险，如因未按规定提供必要的培训而导致安全事故发生，企业将面临巨额赔偿和法律责任。

综上所述，国有企业人力资源管理合规问题中培训合规性缺失的问题不容忽视。企业应当做好加强培训制度建设、增加培训资源投入、优化培训内容和效果评估等方面的工作，以确保培训的合规性和有效性。

法律法规依据

针对国有企业人力资源管理合规问题中培训合规性缺失的问题，以下是相关法律法规依据。

一、针对培训制度不健全问题的法律法规

《中华人民共和国劳动法》

第六十八条：用人单位应当建立职业培训制度，按照国家规定提取和使用职业培训经费，根据本单位实际，有计划地对劳动者进行职业培训。

二、针对培训资源投入不足问题的法律法规

1.《中华人民共和国劳动法》

第六十八条隐含了对培训资源投入的要求，即企业应"按照国家规定提取和使用职业培训经费"。

2.《企业国有资产监督管理暂行条例》

第二十一条：国有资产监督管理机构依照法定程序决定其所出资企业中的国有独资企业、国有独资公司的分立、合并、破产、解散、增减资本、发行公司债券等重大事项。

从此条款可知，对于企业的重要支出，如培训经费，也应受到国有资产监督管理机构的监督，确保其合理性。

三、针对培训内容与实际工作需求脱节问题的法律法规

《中华人民共和国劳动法》

第三条规定劳动者享有接受职业技能培训的权利。这意味着培训内容应与劳动者的实际工作需求和工作内容相匹配。

四、针对培训效果评估缺失问题的法律法规

1.《中华人民共和国劳动法》

虽然该法律没有直接提及培训效果评估，但第六十八条要求企业"有计划地对劳动者进行职业培训"，这隐含了需要对培训效果进行一定的跟踪和评估，以确保培训计划的实施效果。

2.《中华人民共和国企业国有资产法》

第十三条：履行出资人职责的机构委派的股东代表参加国有资本控股公司、国有资本参股公司召开的股东会会议、股东大会会议，应当按照委派机构的指示提出提案、发表意见、行使表决权，并将其履行职责的情况和结果及时报告委派机构。

此条款表明，国有企业对包括培训在内的各项企业活动的效果，都需要向出资人机构报告，隐含了对效果评估的要求。

综上所述，国有企业在人力资源管理中，特别是在培训合规性方面，必须严格遵守法律法规的规定，确保培训制度的健全、培训资源的充足、培训内容的实用以及培训效果的有效评估。

合规程序与方法

针对国有企业人力资源管理合规问题中培训合规性缺失的问题，以下提出具体的合规程序与方法，旨在分步骤、有针对性地解决问题。

一、建立或完善培训制度体系

1.制定或修订培训管理制度

明确培训的目标、原则、内容、方式、经费来源及使用、效果评估等关键要素，确保培训活动有章可循。

2.设立培训管理机构

成立专门的培训管理机构或指定专人，负责培训计划的制定、实施、监督及效果评估等工作。

二、加大培训资源投入

1.预算规划

将培训经费纳入企业年度预算，确保有足够的资金支持培训活动的开展。

2.资源配置

根据企业实际情况和员工需求，合理配置培训资源，包括师资力量、培训设施、教材资料等。

三、优化培训内容与方法

1.需求调研

通过问卷调查、访谈等方式，了解员工对培训的需求和期望，结合企业发展战略，确定培训内容。

2. 多样化培训方式

采用线上线下相结合、理论与实践并重的方式，提高培训的趣味性和实效性。同时，引入案例教学、模拟演练等互动环节，增强员工参与感。

四、建立培训效果评估机制

1. 设定评估指标

根据培训目标，设定可量化的评估指标，如知识掌握程度、技能提升水平、工作绩效改善等。

2. 实施评估

通过考试、测试、实操考核等方式，对培训效果进行评估。同时，收集员工反馈意见，了解培训活动的满意度和改进空间。

3. 持续改进

根据评估结果，及时调整培训计划和内容，确保培训活动的有效性和针对性。

五、强化合规意识与监督

1. 加强合规宣传

通过内部会议、宣传栏、企业网站等渠道，加强对培训合规性的宣传和教育，提高员工的合规意识。

2. 建立监督机制

建立健全培训活动的监督机制，对培训计划的制定、实施、经费使用等环节进行全程监督，确保培训活动的合规性。

3. 责任追究

对于违反培训合规规定的行为，要依法依规进行责任追究，形成有效的震慑作用。

通过实施以上合规程序与方法，国有企业可以逐步解决培训合规性缺失的问题，提升人力资源管理水平，为企业的可持续发展奠定坚实基础。

专题 4：员工关系管理不规范

案例引入

一、案例背景

D 公司是一家位于某省的传统制造业国有企业，成立于 20 世纪 80 年代，主要从事机械制造与加工。随着市场竞争的加剧，D 公司近年来面临转型升级的压力。然而，其人力资源管理，特别是员工关系管理方面的不足，逐渐成为公司发展的瓶颈。

1. 公司概况

员工总数：约 1500 人。

业务范围：机械制造、零部件加工。

年营业额：近 3 亿元。

2. 管理层结构

高层管理者：5 人，均为企业内部晋升，平均年龄 55 岁。

中层管理者：30人，平均年龄42岁。

基层员工：1465人，包括生产线工人、技术人员、销售人员等。

二、具体问题

1.劳动关系管理制度不规范

D公司的劳动合同签订与管理存在明显漏洞。调查显示，约20%（约300人）的员工未与公司签订正式劳动合同，或合同内容模糊，缺乏明确的岗位职责、薪资结构及福利待遇条款。这不仅违反了劳动法规定，也导致员工权益得不到有效保障。

2.员工之间及员工与领导层之间沟通不畅

（1）员工间沟通：由于生产线布局和排班制度不合理，员工间交流机会有限，加之缺乏正式的沟通渠道和团队建设活动，导致员工间信任缺失，小团体主义盛行。

（2）员工与领导层沟通：管理层通常采用单向传达命令的方式与员工交流，公司内部缺乏双向沟通机制。据调查，超过60%的员工表示从未或很少有机会直接向管理层反映问题或提出建议。

3.绩效考核与激励机制不完善

D公司的绩效考核体系过于形式化，缺乏科学性和公正性。考核内容多侧重于短期业绩，忽视了对员工长期贡献和创新能力的评估。此外，激励机制单一，以年终奖为主，缺乏个性化、多样化的激励手段，导致员工工作积极性不高，人才流失严重。据统计，2021—2024年，D公司核心技术人员流失率超过15%，直接影响了企业的技术创新能力。

三、主要问题的影响

1.经济损失大

由于员工关系管理不规范，D公司面临多项法律风险，如未签订劳动合同可能导致的双倍工资赔偿等，每年因此产生的直接经济损失超过500万元。

2.财务指标下滑

人才流失和技术创新能力不足直接影响了D公司的市场竞争力。近三年来，公司年营业额增长率逐年下滑，从2018年的10%降至2020年的3%。同时，净利润率也从5%下降至3%，财务压力显著增大。

3.企业文化受损

长期以来的管理不规范导致员工归属感降低，企业文化氛围紧张。员工满意度调查显示，仅有30%的员工对公司表示满意或非常满意，这一比例远低于行业平均水平。企业文化受损进一步加剧了人才流失和加大了招聘难度。

四、结论与反思

D公司员工关系管理不规范的问题不仅违反了国家法律法规，也给企业带来了严重的经济损失和导致财务指标下滑。这些问题的根源在于管理层对人力资源管理合规性的忽视以及传统管理理念的束缚。

1.加强法律法规学习

管理层应深入学习法律法规，确保企业各项管理活动合法合规。

2. 完善管理制度

建立健全劳动合同签订与管理、绩效考核与激励、员工沟通等制度，确保制度科学、公正、有效。

3. 强化员工培训与沟通

加大对员工的培训力度，提升员工技能和素质；同时建立健全沟通机制，促进员工与管理层之间的有效沟通。

4. 优化人才结构

重视人才引进与培养，优化人才结构，特别是加强对核心技术人员和管理人才的培养与激励。

通过实施以上措施，D 公司有望逐步改善员工关系管理现状，提升企业竞争力和可持续发展能力。

合规问题分析

一、业务简介

国有企业作为国民经济的重要支柱，其人力资源管理不仅关乎企业自身的运营效率和竞争力，也对社会经济发展具有深远影响。员工关系管理作为人力资源管理的重要组成部分，涉及劳动合同的签订与执行、员工沟通机制、绩效考核、薪酬福利、激励机制等多个方面，对维护企业内部稳定、提升员工满意度和忠诚度至关重要。

二、相关规定

国有企业员工关系管理需遵循一系列国家法律法规和政策要求，包括但不限于《中华人民共和国劳动法》《中华人民共和国劳动合同法》《中华人民共和国社会保险法》等，以及国有企业特有的规章管理制度。这些规定旨在保障员工的合法权益，规范企业的用工行为，促进和谐劳动关系的建立。

三、合规问题具体表现

1. 劳动合同管理不规范

部分国有企业存在未与员工签订正式劳动合同、合同内容模糊不全、合同续签不及时等问题，违反了国家劳动法律法规，增加了企业的法律风险。

2. 沟通机制不畅

员工与管理层之间缺乏有效的沟通渠道和平台，导致信息传递不及时、不准确，员工无法及时了解企业的决策和战略，企业也无法及时获取员工的反馈和建议，影响了员工的工作积极性和企业的整体效益。

3. 绩效考核与激励机制不健全

绩效考核体系缺乏科学性和公正性，考核指标设置不合理，激励机制单一，无法有效激发员工的工作热情和创造力，导致人才流失和团队士气低落。

4. 薪酬福利管理不透明

薪酬福利设定缺乏内部公平性和外部竞争性，调整机制不明确，降低了员工的满意度和忠诚度，增加了企业的人力资源成本。

5. 劳动关系处理不当

在处理员工纠纷和劳动争议时，部分国有企业存在简单粗暴的处理方式，缺乏调解和协商机制，容易激化矛盾，损害企业形象和声誉。

四、问题造成的严重影响

1. 法律风险增加

员工关系管理不规范直接违反了国家法律法规，使企业面临高额罚款、法律诉讼等风险，严重损害企业的合法权益。

2. 人才流失加剧

不合理的薪酬福利、激励机制和工作环境导致优秀员工流失，削弱了企业的核心竞争力和创新能力。

3. 团队士气低落

沟通不畅、绩效考核不公等问题影响员工的工作积极性和满意度，降低了团队凝聚力和战斗力。

4. 企业声誉受损

劳动关系处理不当引发的劳动争议和负面舆论严重损害了企业形象和声誉，影响企业的品牌价值和市场竞争力。

综上所述，国有企业员工关系管理不规范的问题不仅违反了国家法律法规，也给企业带来了严重的经济损失和声誉损害。因此，国有企业应高度重视员工关系管理的合规性，建立健全相关制度和机制，确保员工关系管理的规范化和科学化。

法律法规依据

针对国有企业人力资源管理合规问题中员工关系管理不规范的问题，以下是对相关法律法规的总结。

一、针对劳动合同管理不规范问题的法律法规

1.《中华人民共和国劳动法》

第十六条：劳动合同是劳动者与用人单位确立劳动关系、明确双方权利和义务的协议。

该条款表明建立劳动关系应当订立劳动合同。

第九十八条：用人单位违反本法规定的条件解除劳动合同或者故意拖延不订立劳动合同的，由劳动行政部门责令改正；对劳动者造成损害的，应当承担赔偿责任。

2.《中华人民共和国劳动合同法》

第十条：建立劳动关系，应当订立书面劳动合同。已建立劳动关系，未同时订立书面劳动合同的，应当自用工之日起一个月内订立书面劳动合同。

第八十二条：用人单位自用工之日起超过一个月不满一年未与劳动者订立书面劳动合同的，应当向劳动者每月支付二倍的工资。

二、针对沟通机制不畅问题的法律法规

1.《中华人民共和国劳动法》

第八条：劳动者依照法律规定，通过职工大会、职工代表大会或者其他形式，参与民主管理或者就保护劳动者合法权益与用人单位进行平等协商。

2.《中华人民共和国公司法》（如国有企业采取公司制）

第十七条：公司职工依照《中华人民共和国工会法》组织工会，开展工会活动，维护职工合法权益。公司应当为本公司工会提供必要的活动条件。公司工会代表职工就职工的劳动报酬、工作时间、休息休假、劳动安全卫生和保险福利等事项依法与公司签订集体合同。

三、针对绩效考核与激励机制不健全问题的法律法规

《中华人民共和国劳动法》

第四十六条：工资分配应当遵循按劳分配原则，实行同工同酬。工资水平在经济发展的基础上逐步提高。国家对工资总量实行宏观调控。

第四十七条：用人单位根据本单位的生产经营特点和经济效益，依法自主确定本单位的工资分配方式和工资水平。

四、针对薪酬福利管理不透明问题的法律法规

1.《中华人民共和国劳动法》

第五十条：工资应当以货币形式按月支付给劳动者本人。不得克扣或者无故拖欠劳动者的工资。

2.《中华人民共和国社会保险法》

第四条：中华人民共和国境内的用人单位和个人依法缴纳社会保险费，有权查询缴费记录、个人权益记录，要求社会保险经办机构提供社会保险咨询等相关服务。

五、针对劳动关系处理不当问题的法律法规

1.《中华人民共和国劳动法》

第七十七条：用人单位与劳动者发生劳动争议，当事人可以依法申请调解、仲裁、提起诉讼，也可以协商解决。

第七十八条：解决劳动争议，应当根据合法、公正、及时处理的原则，依法维护劳动争议当事人的合法权益。

2.《中华人民共和国劳动争议调解仲裁法》

第四条：发生劳动争议，劳动者可以与用人单位协商，也可以请工会或者第三方共同与用人单位协商，达成和解协议。

综上所述，国有企业员工关系管理不规范的问题违反了多项法律法规，企业应严格遵守相关法律法规，建立健全员工关系管理体系，确保人力资源管理的合规性和有效性。

合规程序与方法

针对国有企业人力资源管理合规问题中员工关系管理不规范的情况，以下是提出的具体合规程序与方法，旨在分步骤、有针对性地解决的问题。

一、建立健全劳动合同管理制度

1.制定规范的合同模板

依据《中华人民共和国劳动合同法》等法律法规，制定统一、规范的劳动合同模板，明确双方权利义务、岗位职责、薪酬福利、合同期限等关键条款。

2. 实施全员合同签订

确保所有员工（包括临时工、劳务派遣工等）在入职时即签订正式劳动合同，并按时续签，避免无合同用工现象。

3. 定期审查与更新

定期对劳动合同进行审查，确保合同条款符合最新法律法规要求，并根据实际情况及时更新合同条款。

二、完善沟通机制与平台建设

1. 建立多渠道沟通平台

设立员工意见箱、定期召开员工大会、部门会议、座谈会等，鼓励员工表达意见和诉求。同时，利用企业内部网络、社交媒体等现代通信工具，建立线上沟通平台。

2. 强化管理层沟通责任

明确管理层在沟通机制中的责任，要求管理层定期与员工进行交流，及时回应员工关切，消除误解和猜疑。

3. 培训沟通技巧

对管理人员进行沟通技巧培训，提高其与员工沟通的能力和效果，确保信息传递的准确性和及时性。

三、优化绩效考核与激励机制

1. 制定科学合理的考核体系

结合企业实际情况，制定科学、公正、透明的绩效考核体系，确保考核指标全面、具体、可操作。

2. 多元化激励手段

除了传统的薪酬激励外，采取引入股权激励、提供职业发展机会与培训等多种激励手段，满足不同员工的需求和期望。

3. 及时反馈与辅导

定期对员工进行绩效反馈和辅导，帮助员工了解自身优缺点，明确改进方向，激发其工作积极性和创造力。

四、提升薪酬福利管理的透明度与公平性

1. 明确薪酬福利标准

制定明确的薪酬福利政策和标准，确保薪酬福利水平具有内部公平性和外部竞争性。

2. 定期评估与调整

定期对薪酬福利进行评估，根据市场变化和企业实际情况进行调整，确保薪酬福利的激励作用。

3. 公开透明管理

提高薪酬福利管理的公开透明度，让员工了解薪酬福利的构成和计算方式，增强其信任感和归属感。

五、建立健全劳动关系处理机制

1. 设立专门机构或人员

设立劳动争议调解委员会或指定专人负责处理劳动关系纠纷，确保纠纷能够得到及时、公正的处理。

2. 完善纠纷处理流程

制定完善的劳动关系纠纷处理流程，明确处理原则、程序和责任人，确保纠纷处理的规范性和有效性。

3. 加强法制宣传教育

定期对员工进行法制宣传教育，提高其法律意识和自我保护能力，减少劳动关系纠纷的发生概率。同时，加强对管理人员的法制培训，提高其依法处理劳动关系纠纷的能力。

通过实施以上合规程序与方法，国有企业可以逐步解决员工关系管理不规范的问题，提升人力资源管理的合规性和有效性，为企业的持续健康发展奠定坚实基础。

专题 5：数据合规性挑战

案例引入

一、案例背景

传统制造业国有企业 E（以下简称"E 企业"），作为国内知名的汽车零部件生产商，近年来随着数字化转型的推进，人力资源管理也逐渐向数字化、智能化方向发展。然而，在享受数字化带来的便利与效率提升的同时，E 企业也遭遇了数据合规性方面的严峻挑战。

二、具体问题

1. 个人信息泄露事件

（1）人物：人力资源部经理李某。

（2）数据：在推进人力资源信息系统（HRIS）升级过程中，李某因疏忽未严格遵守数据加密和访问权限控制规定，导致系统中存储的近万名员工的个人信息（包括姓名、身份证号、联系方式等敏感信息）被未经授权的第三方非法获取。

（3）问题：此次事件暴露了 E 企业在个人信息保护方面的重大漏洞，严重违反了《中华人民共和国个人信息保护法》等相关法律法规。

2. 数据分析不当使用

（1）人物：市场策划部小张。

（2）数据：小张在负责员工绩效分析时，未经人力资源部同意，擅自将 HRIS 中的员工薪资数据与市场销售数据进行关联分析，试图找出薪资水平与销售业绩之间的关联规律。

（3）问题：这一行为不仅侵犯了员工的隐私权，还可能导致员工对企业信任度下降，同时违反了企业内部关于数据使用权限和数据保密性的规定。

三、主要问题的影响

1. 经济损失

个人信息泄露事件发生后，E 企业面临大量员工的投诉和法律诉讼，不得不支付高额的赔偿金和律师费用，初步估算直接经济损失超过 500 万元。

此外，由于品牌形象受损，企业订单量明显减少，季度销售额同比下降了 15%，净利润率减少了 8 个百分点。

2. 法律后果

相关部门对 E 企业进行了立案调查，依据《中华人民共和国个人信息保护法》等法律法规，对 E 企业处以高额罚款，并对直接责任人李某进行了行政处罚。

3. 内部影响

员工对企业信任度大幅下降，工作积极性和满意度降低，人才流失率上升。企业管理层意识到数据合规性的重要性，但短期内难以完全恢复员工信心和企业声誉。

四、结论与反思

1. 加强数据合规意识

E 企业应深刻吸取教训，加强全员数据合规意识培训，确保每位员工都充分认识到数据保护的重要性，并严格遵守相关法律法规和企业内部规章制度。

2. 完善数据管理制度

建立健全数据管理制度，明确数据收集、存储、处理、传输、共享等各个环节的合规要求，加强对数据加密、访问权限控制、审计追踪等技术手段的应用。

3. 强化责任追究机制

明确数据合规责任体系，对违反数据合规规定的行为实行零容忍，依法依规追究相关责任人的责任，形成有效的震慑作用。

4. 优化 HRIS

对现有 HRIS 进行升级优化，提升系统的安全性和稳定性，确保员工个人信息等敏感数据得到有效保护。同时，加强系统权限管理，防止未经授权的数据访问和使用。

5. 建立危机应对机制

制定完善的数据泄露等危机应对预案，一旦面临数据合规性挑战，能够迅速启动应急响应机制，有效控制和减小事件影响。

合规问题分析

一、业务简介

国有企业作为国民经济的重要支柱，其人力资源管理业务涉及员工招聘、培训、绩效考核、薪酬福利等多个环节，这些环节均涉及大量个人信息的处理和管理。随着数字化转型的深入，国有企业人力资源管理逐渐向信息化、智能化方向发展，数据在人力资源管理中的作用日益凸显。然而，这也对数据合规性提出了更高要求。

二、相关规定

国有企业在进行人力资源管理时，必须严格遵守国家关于数据保护和个人信息安全的法律法规，如《中华人民共和国网络安全法》《中华人民共和国数据安全法》《中华人民共和国个人信息保护法》等。这些法律法规明确规定了个人信息收集、存储、使用、加工、传输、提供、公开等各个环节的合规要求，以及数据泄露等违法行为的法律责任。

三、合规问题具体表现

1. 个人信息保护意识薄弱

部分国有企业人力资源管理部门对数据合规性的重要性认识不足，缺乏必要的个人信息保护意识和技能，导致在数据收集、存储、处理等环节存在诸多漏洞。

2. 数据管理制度不健全

一些国有企业尚未建立完善的数据管理制度，对数据收集、存储、使用等环节的合规要求不明确，缺乏有效的数据分类、分级管理和访问权限控制机制。

3. 技术应用不当

在推进人力资源管理信息化过程中，部分国有企业未能充分利用数据加密、脱敏、审计追踪等技术手段，导致个人信息等敏感数据面临泄露风险。

4. 第三方合作风险

国有企业与第三方服务商合作时，可能存在数据共享、传输等环节的风险，若未签订严格的数据保护协议或未对第三方服务商进行有效监管，易导致数据泄露。

四、问题造成的严重影响

1. 法律风险

数据合规问题可能导致国有企业面临法律诉讼和行政处罚，不仅损害企业声誉，还可能给企业带来巨额经济损失。

2. 经营风险

个人信息泄露等合规问题可能导致客户信任度下降，进而影响企业的市场竞争力和业务拓展能力。同时，数据合规问题还可能引发内部管理混乱和员工不满，增加企业运营风险。

3. 社会影响

国有企业作为公众企业，其数据合规问题可能引发社会广泛关注，对国有企业的形象和公信力造成负面影响。此外，数据泄露还可能涉及国家安全和社会稳定等敏感问题，后果更为严重。

综上所述，国有企业人力资源管理合规问题中的数据合规性挑战不容忽视。为有效应对这些挑战，国有企业应做好加强数据合规意识培训、完善数据管理制度、充分利用技术手段保障数据安全、加强第三方合作监管等方面的工作，确保人力资源管理业务的合规性和稳健性。

法律法规依据

针对国有企业人力资源管理合规问题中数据合规性挑战，以下是对相关法律法规的总结。

一、针对个人信息保护意识薄弱问题的法律法规

1.《中华人民共和国个人信息保护法》

第四条：个人信息是以电子或者其他方式记录的与已识别或者可识别的自然人有关的各种信息，不包括匿名化处理后的信息。

第九条：个人信息处理者应当对其个人信息处理活动负责，并采取必要措施保障所处理的个人信息的安全。

2.《中华人民共和国网络安全法》

第四十条：网络运营者应当对其收集的用户信息严格保密，并建立健全用户信息保护制度。

二、针对数据管理制度不健全问题的法律法规

《中华人民共和国数据安全法》第二十一条：国家建立数据分类分级保护制度，根据数据在经济社会发展中的重要程度，以及一旦遭到篡改、破坏、泄露或者非法获取、非法利用，对国家安全、公共利益或者个人、组织合法权益造成的危害程度，对数据实行分类分级保护。

第二十七条：开展数据处理活动应当依照法律、法规的规定，建立健全全流程数据安全管理制度，组织开展数据安全教育培训，采取相应的技术措施和其他必要措施，确保数据安全。

三、针对技术应用不当问题的法律法规

《中华人民共和国个人信息保护法》第五十一条：个人信息处理者应当根据个人信息的处理目的、处理方式、个人信息的种类以及对个人权益的影响、可能存在的安全风险等，采取下列措施确保个人信息处理活动符合法律、行政法规的规定，并防止未经授权的访问以及个人信息泄露、篡改、丢失：

（一）制定内部管理制度和操作规程；（二）对个人信息实行分类管理；（三）采取相应的加密、去标识化等安全技术措施……

四、针对第三方合作风险问题的法律法规

1.《中华人民共和国个人信息保护法》

第二十一条：个人信息处理者委托处理个人信息的，应当与受托人约定委托处理的目的、期限、处理方式、个人信息的种类、保护措施以及双方的权利和义务等，并对受托人的个人信息处理活动进行监督。

受托人应当按照约定处理个人信息，不得超出约定的处理目的、处理方式等处理个人信息。

2.《中华人民共和国民法典》

第九百九十九条：为公共利益实施新闻报道、舆论监督等行为的，可以合理使用民事主体的姓名、名称、肖像、个人信息等；使用不合理侵害民事主体人格权的，应当依法承担民事责任。

通过总结上述法律法规，可以看出，国有企业在人力资源管理中处理个人信息时，必须严格遵守相关法律法规，建立健全数据管理制度，加强技术应用和第三方合作监管，以确保个人信息的合法、合规处理。

合规程序与方法

针对国有企业人力资源管理合规问题中数据合规性挑战，以下提出具体的合规程序与方法，旨在分步骤、有针对性地解决案例中存在的问题。

一、建立全面的数据合规政策与制度

1.制定数据合规政策

明确企业数据管理的原则、目标、范围和责任分工，确保所有涉及个人信息处理的活动都符合法律法规要求。

2.完善数据管理制度

建立包括数据分类分级、访问权限控制、数据加密、脱敏、备份与恢复、审计追踪等在内的完整数据管理制度体系。

二、加强个人信息保护意识与培训

1. 开展合规培训

定期组织人力资源管理部门及相关岗位人员参加个人信息保护和数据合规培训，提升全员合规意识。

2. 建立合规文化

通过内部宣传、案例分析等方式，营造重视数据合规的企业文化氛围，确保每位员工都能将合规理念内化于心、外化于行。

三、优化技术应用与数据安全管理

1. 采用先进技术手段

引入数据加密、脱敏、访问控制等先进技术手段，确保个人信息在收集、存储、处理、传输等各个环节的安全。

2. 定期进行安全评估

定期对 HRIS 进行安全评估，及时发现并修复潜在的安全漏洞，确保系统稳定运行。

四、加强第三方合作监管

1. 严格筛选合作方

在与第三方服务商合作前，对其进行严格的资质审查和背景调查，确保其具备足够的数据保护能力和合规意识。

2. 签订数据保护协议

与合作方签订详细的数据保护协议，明确双方的权利义务、数据使用范围、保密责任等事项，确保合作过程中的数据合规性。

五、建立应急响应与违规处理机制

1. 制定应急预案

针对个人信息泄露等可能发生的合规风险事件，制定详细的应急预案，明确应急响应流程、责任分工和处置措施。

2. 严格违规处理

一旦发现数据合规违规行为，立即启动违规处理程序，对相关责任人进行严肃处理，并及时向相关部门报告，防止事态扩大。

六、持续监控与改进

1. 建立监控体系

通过数据治理平台、日志审计系统等工具，对人力资源管理过程中的个人信息处理活动进行实时监控，确保合规性。

2. 持续改进与优化

根据监控结果和合规审计反馈，不断优化数据合规政策和制度，提升数据管理水平，确保企业人力资源管理的合规性和有效性。

通过实施以上合规程序与方法，国有企业可以系统地应对人力资源管理合规问题中的数据合规性挑战，降低合规风险，保护员工个人信息安全，提升企业整体竞争力。

专题6：激励机制不健全

案例引入

一、案例背景

传统制造业国有企业F（以下简称"F企业"），成立于20世纪80年代，主要从事机械设备制造与销售。近年来，随着市场竞争加剧和技术革新加速，F企业面临着转型升级的压力。然而，在人力资源管理方面，F企业长期沿用传统的激励机制，导致员工积极性不高，人才流失严重，进而影响企业的整体发展。

二、具体问题

1. 薪酬体系僵化

F企业的薪酬体系以资历和工龄为基础，缺乏与绩效挂钩的灵活机制。新员工与老员工之间的薪酬差距不明显，优秀员工的贡献难以得到合理回报。

2. 晋升渠道不畅

企业内部晋升往往依赖于资历，而非能力和业绩。许多年轻有为的员工因看不到晋升希望而选择离职，导致企业人才梯队不完善。

3. 激励机制单一

F企业主要以年终奖和偶尔的项目奖金作为激励手段，缺乏长期激励计划如股权激励计划、职业发展规划等，难以满足员工多样化的需求。

三、主要问题的影响

1. 人才流失加剧

由于激励机制不健全，F企业在2021—2023年内员工离职率持续上升，核心技术人员和管理人员的流失尤为严重。据统计，关键岗位人员流失率高达20%，远高于行业平均水平。

2. 业绩下滑

人才流失直接导致项目执行效率降低，产品质量不稳定，客户满意度下降。20××年，F企业的营业收入同比下降了15%，净利润更是暴跌30%，远低于市场预期。

3. 创新动力不足

缺乏有效的激励机制，员工参与技术创新和流程改进的积极性不高，新产品研发周期延长，市场竞争力减弱。

4. 企业文化受损

激励机制的不公平导致企业内部氛围紧张，员工满意度和忠诚度降低，企业文化受到严重冲击。

四、结论与反思

F企业的案例深刻揭示了国有企业人力资源管理合规问题中激励机制不健全的严重后果。为了避免类似问题的发生，国有企业应高度重视激励机制的建设和完善，可从以下方面着手。

1. 建立科学的薪酬体系

将薪酬与绩效紧密挂钩，确保优秀员工的贡献得到合理回报。

2. 拓宽晋升渠道

打破论资排辈的传统观念，建立以能力和业绩为导向的晋升机制。

3. 丰富激励手段

引入股权激励计划、职业发展规划等长期激励计划，满足员工多样化的需求。

4. 营造公平的企业文化

加强内部沟通，确保激励机制的透明度和公正性，提升员工的归属感和忠诚度。

通过实施上述措施，国有企业可以有效解决人力资源管理合规问题中的激励机制不健全问题，激发员工潜能，提升企业核心竞争力，实现可持续发展。

合规问题分析

一、业务简介

国有企业作为国家经济的重要支柱，承担着推动经济发展、保障社会民生等多重任务。人力资源管理作为国有企业运营管理的核心环节之一，直接关系到企业的竞争力、创新能力和可持续发展能力。激励机制作为人力资源管理的重要组成部分，对激发员工潜能、提升工作效率和促进企业目标的实现具有关键作用。

二、相关规定

在国有企业人力资源管理中，激励机制的合规性受到多项法律法规和政策文件的约束，包括但不限于《中华人民共和国劳动法》《中华人民共和国劳动合同法》《中央企业负责人经营业绩考核办法》等。这些规定要求国有企业在制定和实施激励机制时，必须遵循公平、公正、公开的原则，确保员工的合法权益得到保障，同时激发员工的积极性和创造力。

三、合规问题具体表现

1. 激励机制单一僵化

部分国有企业仍沿用传统的薪酬和福利制度，缺乏与市场接轨的灵活性和多样性。物质激励手段单一，忽视了员工在职业发展、精神激励等方面的需求。

2. 绩效考核不科学

绩效考核体系不完善，考核指标模糊、缺乏针对性，导致考核结果难以真实反映员工的工作表现和价值贡献。此外，考核过程不透明，存在主观随意性，影响了员工的公平感和满意度。

3. 晋升渠道不畅

企业内部晋升机制不健全，存在论资排辈、关系户等现象，导致优秀员工难以获得应有的晋升机会和发展空间。这不仅挫伤了员工的工作积极性，也影响了企业的整体竞争力。

4. 忽视员工个性化需求

不同员工具有不同的职业发展规划和个人目标，但部分国有企业在制定激励机制时未能充分考虑员工的个性化需求，导致激励措施缺乏针对性和有效性。

四、问题造成的严重影响

1. 人才流失加剧

激励机制不健全导致员工对企业缺乏归属感和忠诚度，优秀人才纷纷离职寻求更好的发展机会。这不仅削弱了企业的核心竞争力，也增加了企业的人才招聘和培训成本。

2. 工作效率低下

员工在缺乏有效激励的情况下，难以充分发挥工作积极性和创造力，导致工作效率低下、工作质量不高。这不仅影响了企业的生产经营活动，也损害了企业的品牌形象和市场声誉。

3. 企业文化受损

激励机制的不公平和不合理容易引发员工的不满和抱怨，破坏企业内部的和谐氛围和团队合作精神。长此以往，企业文化将受到严重冲击，难以形成积极向上的价值观和行为准则。

4. 企业发展受阻

激励机制不健全最终将制约企业的长远发展。在市场竞争日益激烈的今天，缺乏高效激励机制的企业难以吸引和留住优秀人才，难以保持技术创新和管理创新的优势地位，从而错失发展机遇和失去市场空间。

综上所述，国有企业人力资源管理合规问题中激励机制不健全的问题亟待解决。通过实施完善激励机制、优化绩效考核体系、拓宽晋升渠道和关注员工个性化需求等措施，国有企业可以有效提升人力资源管理水平，激发员工潜能和创造力，为企业的可持续发展奠定坚实基础。

法律法规依据

针对国有企业人力资源管理合规问题中激励机制不健全的问题，以下是对相关法律法规的总结。

一、针对激励机制单一僵化问题的法律法规

1.《中华人民共和国劳动法》

第四十六条：工资分配应当遵循按劳分配原则，实行同工同酬。工资水平在经济发展的基础上逐步提高。国家对工资总量实行宏观调控。

该条款强调了工资分配应遵循按劳分配和同工同酬的原则，要求企业在制定薪酬制度时考虑员工的劳动贡献，避免单一僵化的激励机制。

2.《中华人民共和国劳动合同法》

第四条：用人单位应当依法建立和完善劳动规章制度，保障劳动者享有劳动权利、履行劳动义务。

第六条：工会应当帮助、指导劳动者与用人单位依法订立和履行劳动合同，并与用人单位建立集体协商机制，维护劳动者的合法权益。

这些条款要求企业建立和完善包括激励机制在内的劳动规章制度，保障劳动者的合法权益，并鼓励工会参与协商和监督。

二、针对绩效考核不科学问题的法律法规

《中央企业负责人经营业绩考核办法》详细规定了中央企业负责人的经营业绩考核原则、指标体系、考核程序及结果应用等内容，要求企业建立科学、合理的绩效考核体系，确保考核结果的公正性和准确性。

虽然该办法主要针对中央企业负责人，但其绩效考核的理念和方法对国有企业整体绩效考核体系的完善具有指导意义。

三、针对晋升渠道不畅问题的法律法规

1.《中华人民共和国公司法》

第五十九条：股东会行使下列职权：（一）选举和更换董事、监事，决定有关董事、监事的报酬事项……。

该条款间接涉及企业内部的晋升机制，要求企业在选举和更换高级管理人员时遵循法定程序，确保晋升渠道的公正性和透明度。

2.《中华人民共和国劳动法》《中华人民共和国劳动合同法》

虽然这两部法律没有直接规定晋升渠道的具体内容，但其中的公平、公正原则以及保障劳动者权益的要求，为企业在制定晋升政策时提供了依据。

四、针对忽视员工个性化需求问题的法律法规

《中华人民共和国劳动法》第三条：劳动者享有平等就业和选择职业的权利、取得劳动报酬的权利、休息休假的权利、获得劳动安全卫生保护的权利、接受职业技能培训的权利、享受社会保险和福利的权利、提请劳动争议处理的权利以及法律规定的其他劳动权利。

该条款强调了劳动者享有多种劳动权利，包括接受职业技能培训和享受社会保险福利等，要求企业在制定激励机制时充分考虑员工的个性化需求和发展规划。

综上所述，国有企业人力资源管理合规问题中激励机制不健全的问题涉及多部法律法规的要求和约束。企业在制定和完善激励机制时，应严格遵守相关法律法规的规定，确保激励机制的合法性、合理性和有效性。

合规程序与方法

针对国有企业人力资源管理合规问题中激励机制不健全的问题，以下提出具体的合规程序与方法，旨在分步骤、有针对性地解决案例中存在的问题。

一、开展全面的人力资源管理合规审查

1.组建合规审查小组

合规审查小组由企业高层管理人员、人力资源部门、法务部门及员工代表组成，以确保审查的全面性和客观性。

2.梳理现有激励机制

对现有薪酬体系、绩效考核制度、晋升渠道等进行全面梳理，识别存在的问题和不足。

3.对照法律法规审查

将现有激励机制与《中华人民共和国劳动法》《中华人民共和国劳动合同法》《中央企业负责人经营业绩考核办法》等相关法律法规进行对比，找出不合规之处。

二、制定科学合理的薪酬体系

1.市场调研

了解同行业、同地区的薪酬水平，确保企业薪酬具有市场竞争力。

2.岗位评估

对各个岗位进行价值评估，确定不同岗位的薪酬区间。

3. 薪酬与绩效考核挂钩

将员工薪酬与绩效考核结果紧密挂钩，确保薪酬分配公平合理，激励员工积极工作。

三、优化绩效考核体系

1. 明确考核指标

根据企业实际情况，设定可量化、可衡量的绩效考核指标，确保考核结果的客观性和准确性。

2. 完善考核流程

制定详细的考核流程和操作规范，确保考核过程的公正性和透明度。

3. 强化反馈机制

建立绩效考核反馈机制，及时将考核结果与员工进行沟通，帮助员工了解自身不足，明确改进方向。

四、拓宽晋升渠道，实现公平公正

1. 建立多元化晋升路径

根据员工的不同职业发展规划和能力特点，设置多元化的晋升路径，满足不同员工的发展需求。

2. 公开竞聘制度

推行公开竞聘上岗制度，打破论资排辈的传统观念，确保晋升过程的公平公正。

3. 提供培训和发展机会

为员工提供丰富的培训和发展机会，帮助员工提升综合素质和职业技能，为晋升打下坚实基础。

五、关注员工个性化需求，实施差异化激励

1. 开展员工需求调研

通过问卷调查、访谈等方式，了解员工的个性化需求和发展意愿。

2. 制定差异化激励方案

根据员工需求调研结果，制定差异化的激励方案，包括物质激励、精神激励、提供职业发展机会等。

3. 动态调整激励措施

定期对激励措施的实施效果进行评估，根据评估结果及时调整和优化激励方案，确保激励措施的有效性和针对性。

通过实施以上合规程序与方法，国有企业可以逐步解决人力资源管理合规问题中激励机制不健全的问题，提升员工的满意度和忠诚度，激发员工的工作积极性和创造力，为企业的可持续发展奠定坚实基础。

专题 7：绩效考核制度不完善

案例引入

一、案例背景

公司 G 是一家位于东部沿海地区的传统制造业国有企业，主要从事金属制品的生产与销售，拥有员工约 2000 人。近年来，随着市场竞争的加剧，公司 G 面临着成本上升、利润下滑的困境。为提升公司管理水平，增强市场竞争力，公司 G 于 2018 年开始推行绩效考核制度，以期通过优化人力资源管理来激发员工潜能，提升工作效率。

二、具体问题

1. 绩效考核制度不完善

（1）考核指标模糊：公司 G 的绩效考核指标设置过于笼统，如"工作态度""团队协作能力"等主观性较强的指标占比较大，缺乏具体、可量化的标准。例如，在评价"工作态度"时，仅凭主管的主观印象打分，导致员工对考核结果不满。

（2）考核周期不合理：公司 G 的绩效考核周期为一年一次，且考核时间集中在年底，这种长周期的考核方式使得员工在日常工作中缺乏即时反馈，难以及时调整工作方向。同时，由于考核时间集中，人力资源部门工作量激增，考核质量难以保证。

（3）沟通反馈机制缺失：在绩效考核过程中，公司 G 缺乏有效的沟通反馈机制。考核结果往往直接由人力资源部门汇总后上报管理层，员工对考核结果的知情权和参与感不足。即使员工对考核结果有异议，也缺乏有效的申诉渠道。

2. 具体人物与财务数据

（1）张经理：生产部门负责人，其部门在连续两年的绩效考核中均因"团队协作能力"得分较低而影响整体绩效。张经理表示，由于考核指标模糊，员工在日常工作中缺乏明确的方向和目标，导致团队协作效率低下。

（2）财务数据：自绩效考核制度实施以来，公司 G 的生产成本逐年上升，利润率从 2018 年的 8% 下滑至 2020 年的 5%。其中，团队协作不畅导致的生产效率下降和产品质量问题成为主要原因。据估算，团队协作不畅造成的直接经济损失每年高达数百万元。

三、主要问题的影响

1. 员工士气低落

由于考核指标模糊、沟通反馈机制缺失等原因，员工对绩效考核制度的公平性和有效性产生怀疑，工作积极性和满意度大幅下降。

2. 企业竞争力下降

生产效率低下和产品质量问题直接影响了公司 G 的市场竞争力，导致客户流失和订单减少。

3. 财务压力增大

成本上升和利润下滑使得公司 G 的财务压力不断增大，资金流动性较弱，影响了公司的可持续发展能力。

4. 内部管理混乱

由于绩效考核制度的不完善，公司内部管理出现混乱现象，部门间推诿扯皮现象增多，工作效率低下。

5. 人才流失加剧

优秀员工因对绩效考核制度不满而选择离职，进一步削弱了公司 G 的人才队伍实力。

6. 市场形象受损

产品质量问题频发导致公司 G 的市场形象受损，客户信任度降低，影响了公司的长期发展。

四、结论与反思

公司 G 在推行绩效考核制度过程中存在的考核指标模糊、考核周期不合理、沟通反馈机制缺失等问题严重制约了绩效考核制度的有效实施，导致了员工士气低落、竞争力下降和财务压力增大等一系列严重后果。公司 G 可采取以下措施解决相关问题。

1. 完善绩效考核体系

公司应建立科学、合理的绩效考核体系，明确考核指标和标准，确保考核结果的客观性和公正性。

2. 优化考核周期

根据公司实际情况合理设置考核周期，实现即时反馈和动态调整，提高员工的工作积极性和满意度。

3. 建立健全沟通反馈机制

建立健全沟通反馈机制，确保员工对考核结果的知情权和参与感，及时解决员工对考核结果的异议和申诉。

4. 注重人才培养与激励

公司应关注员工的个人发展需求和职业规划，提供多样化的激励措施和发展机会，激发员工的潜能和创造力。

合规问题分析

一、业务简介

国有企业作为国家经济的重要组成部分，承担着重要的社会责任和经济任务。在人力资源管理方面，绩效考核作为评价员工工作表现、提升员工积极性的重要手段，对提升企业管理水平、推动企业发展具有重要意义。然而，在实际操作中，部分国有企业在绩效考核制度方面存在不完善的问题，影响了人力资源管理的合规性和有效性。

二、相关规定

针对国有企业的人力资源管理和绩效考核，国家出台了一系列相关法律法规和政策文件，如《中华人民共和国劳动法》《中华人民共和国劳动合同法》《中央企业负责人经营业绩考核办法》等。这些规定明确了企业在绩效考核中应遵循的原则、程序和标准，要求企业建立科学、合理的绩效考核体系，确保考核结果的公正性和准确性。

三、合规问题具体表现

1. 考核指标设置不科学

部分国有企业在设置绩效考核指标时，缺乏系统性和针对性，指标模糊、笼统，难以准确反映员工的工作表现。同时，部分考核指标过于注重数量而忽视质量，导致员工追求短期效益而忽视长期发展。

2. 考核标准不明确

一些国有企业在制定考核标准时，缺乏量化指标和具体标准，使得考核过程主观性强、随意性大。这不仅影响了考核结果的公正性，也容易导致员工对考核制度产生不满和抵触情绪。

3. 考核周期不合理

部分国有企业绩效考核周期过长或过短，无法及时反映员工的工作状态和变化。长周期考核可能导致员工在日常工作中缺乏即时反馈和调整机会；短周期考核则可能增加考核成本和工作量，影响考核效果。

4. 沟通反馈机制缺失

在绩效考核过程中，一些国有企业缺乏有效的沟通反馈机制。考核结果往往由少数管理者决定并直接公布，员工对考核结果的知情权和参与感不足。这不仅影响了考核结果的公正性，也削弱了员工对考核制度的认同感和信任度。

5. 结果应用不充分

部分国有企业在绩效考核结果的应用上存在不足，仅将考核结果作为薪酬分配的依据，而忽视了其在员工培训、晋升、激励等方面的价值。这种单一的应用方式难以充分发挥绩效考核的激励作用，也无法满足员工的多元化需求。

四、问题造成的严重影响

1. 员工士气低落

绩效考核制度不完善导致员工对考核结果的公正性和准确性产生怀疑，进而降低员工的工作积极性和满意度，长此以往，将严重影响企业的生产效率和创新能力。

2. 人才流失加剧

优秀员工因对绩效考核制度不满而选择离职，导致企业人才流失加剧。这不仅削弱了企业的核心竞争力，也增加了企业的人力资源成本。

3. 管理效率低下

绩效考核制度的不完善使得企业在人力资源管理方面存在漏洞和缺陷，导致管理效率低下。企业难以准确评估员工的工作表现和发展潜力，也无法制定有效的激励措施和人才培养计划。

4. 企业竞争力下降

由于员工士气低落、人才流失加剧和管理效率低下等问题的影响，企业的整体竞争力将被严重削弱。在激烈的市场竞争中，企业可能面临市场份额下降、客户流失等风险。

综上所述，国有企业人力资源管理合规问题中绩效考核制度不完善的问题需要被高度重视。企业应从完善绩效考核体系、明确考核标准、合理设置考核周期、建立沟通反馈机制和完善结果应用等方面入手，不断提升绩效考核制度的合规性和有效性，为企业的可持续发展提供有力保障。

法律法规依据

针对国有企业人力资源管理合规问题中绩效考核制度不完善的问题，以下是对相关法律法规依据的总结。

一、针对考核指标设置不科学问题的法律法规

1.《中华人民共和国劳动法》

第四条：用人单位应当依法建立和完善规章制度，保障劳动者享有劳动权利和履行劳动义务。

此条款意味着国有企业在设置绩效考核指标时，应遵循法律法规，确保其科学性和合理性。

2.《中央企业负责人经营业绩考核办法》

第十一条、第二十五条指出考核指标应当符合企业实际和行业发展特点，注重反映企业经营管理业绩和经济效益。

此条款表明国有企业在制定考核指标时，应充分考虑企业实际情况和行业发展特点，确保指标的针对性和有效性。

二、针对考核标准不明确问题的法律法规

1.《中华人民共和国劳动合同法》

第三十五条：用人单位与劳动者协商一致，可以变更劳动合同约定的内容。变更劳动合同，应当采用书面形式。

此条款暗示了绩效考核标准作为劳动合同的一部分，应当明确具体，避免主观性和随意性。

2.《中华人民共和国会计法》

第十三条：会计凭证、会计账簿、财务会计报告和其他会计资料，必须符合国家统一的会计制度的规定。

类比到绩效考核，要求考核标准和过程必须明确、合规，确保结果的准确性和公正性。

三、针对考核周期不合理问题的法律法规

《中华人民共和国劳动法》

第四十五条：国家实行带薪年休假制度。劳动者连续工作一年以上的，享受带薪年休假。

此条款虽然直接关联休假，但暗示应合理设置考核周期，以平衡员工的工作与休息，避免过长或过短的考核周期对员工造成不当压力。

四、针对沟通反馈机制缺失问题的法律法规

1.《中华人民共和国劳动合同法》

第四条：用人单位应当依法建立和完善劳动规章制度，保障劳动者享有劳动权利、履行劳动义务。用人单位在制定、修改或者决定有关劳动报酬、工作时间、休息休假、劳动安全卫生、保险福利、职工培训、劳动纪律以及劳动定额管理等直接涉及劳动者切身利益的规章制度或者重大事项时，应当经职工代表大会或者全体职工讨论，提出方案和意见，与工会或者职工代表平等协商确定。

此条款表明国有企业在制定和实施绩效考核制度时，应与员工进行有效沟通，确保员工的知情权和参与权。

2.《中华人民共和国民法总则》

第七条：民事主体从事民事活动，应当遵循诚信原则，秉持诚实，恪守承诺。这要求国有企业在绩效考核过程中，应保持诚信，确保沟通反馈机制的建立和完善，不损害员工的合法权益。

五、针对结果应用不充分问题的法律法规

《中华人民共和国劳动法》第五十条：工资应当以货币形式按月支付给劳动者本人。不得克扣或者无故拖欠劳动者的工资。

此条款表明将绩效考核结果作为薪酬分配的依据时，必须依法执行，确保员工的合法权益不受侵害。同时，也提示了绩效考核结果的应用应多元化，不局限于薪酬分配。

综上所述，国有企业在制定和实施绩效考核制度时，应严格遵守相关法律法规的规定，确保考核指标的科学性、考核标准的明确性、考核周期的合理性、沟通反馈机制的有效性以及考核结果应用的充分性。这样才能构建合规、有效的人力资源管理体系，推动企业的可持续发展。

合规程序与方法

针对国有企业人力资源管理合规问题中绩效考核制度不完善的情况，以下是具体的合规程序与方法，旨在分步骤、有针对性地解决问题。

一、明确绩效考核目标与原则

1. 确立绩效考核目标

结合企业战略目标，明确绩效考核的目标，如旨在提升员工绩效、促进企业发展，确保绩效考核目标与企业的长期规划相契合。

2. 制定考核原则

确立公平、公正、透明、可量化的考核原则，确保考核过程公开透明、考核结果客观准确。

二、科学设置考核指标体系

1. 深入分析岗位需求

对各岗位进行深入分析，明确岗位职责、工作内容及关键绩效点，确保考核指标与岗位需求高度相关。

2. 量化考核指标

尽可能量化考核指标，减少主观评价，提高考核结果的客观性和准确性。对于难以量化的指标，可设定明确的评价标准和方法。

3. 平衡定量与定性考核

在注重数量的同时，也要关注质量，确保考核指标既全面又具针对性。

三、完善考核标准与流程

1. 制定详细的考核标准

结合企业实际情况和行业特点，制定具体、可操作的考核标准，确保考核标准的明确性和可操作性。

2. 优化考核流程

明确考核周期、考核方式和考核流程，确保考核过程有序进行。建立多层次的考核体系，包括自评、互评、上级评价等，提高考核的全面性和公正性。

四、加强沟通与反馈机制

1. 强化考核前沟通

在考核开始前，与员工充分沟通考核目标、考核标准和考核流程，确保员工对考核有清晰的认识和预期。

2. 建立反馈机制

考核结束后，及时将考核结果反馈给员工，并进行面对面的沟通，解释考核结果，听取员工意见和建议。针对存在的问题，提出解决方案，帮助员工提升绩效。

五、多元化应用考核结果

1. 与薪酬激励挂钩

将考核结果与薪酬调整、奖金发放等直接挂钩，激励员工积极提升绩效。

2. 与职业发展关联

将考核结果作为员工晋升、培训、职业发展规划的重要依据，帮助员工明确职业发展方向，激发员工的工作动力。

3. 制定解决计划

针对考核中发现的问题，与员工共同制定解决计划，明确解决措施和时间表，跟踪解决效果，形成持续解决问题的良性循环。

六、定期评估与优化

1. 定期评估考核体系

定期对绩效考核体系进行评估，检查其是否与企业战略目标保持一致、是否存在漏洞和不足之处。

2. 持续优化考核体系

根据评估结果和实际情况，对考核体系进行持续改进和优化，确保其始终符合企业发展的需要和员工成长的需求。

通过实施以上合规程序与方法，国有企业可以逐步解决绩效考核制度不完善的问题，提升人力资源管理的合规性和有效性，推动企业持续健康发展。

专题 8：晋升通道不畅

案例引入

一、案例背景

公司 H 是一家位于中部地区的传统制造业国有企业，主营业务涵盖机械制造与加工，拥有员工近 5000 人，年产值约十亿元。近年来，随着行业技术的不断革新和市场竞争的日益激烈，公司 H 面临着转型升级的巨大压力。然而，在人力资源管理方面，尤其是晋升通道不畅的问题日益凸显，成为制约公司发展的瓶颈。

二、具体问题

1. 晋升通道狭窄且不明确

公司 H 内部晋升通道较为单一，主要集中在管理岗位，且晋升标准模糊，缺乏透明度和公平性。许多技术型员工和一线操作人员虽然表现出色，但由于晋升通道不畅，长期无法获得晋升机会，导致工作积极性受挫。

2. 管理人才与技术人才失衡

晋升通道集中在管理岗位，公司 H 内部出现了管理人才与技术人才失衡的现象。一方面，部分管理岗位人员冗余，工作效率低下；另一方面，关键技术人员和一线操作人员短缺，影响了企业的生产效率和产品质量。

3. 员工流失率上升

由于晋升通道不畅，许多优秀员工尤其是年轻的技术骨干选择离职，寻求更好的发展机会。据统计，2021—2023 年内，公司 H 技术型人才流失率超过 20%，远高于行业平均水平。

三、主要问题的影响

1. 财务指标下滑

由于优秀员工流失，公司 H 的生产效率和产品质量受到影响，导致客户满意度下降，订单量减少。2023 年度，公司营业收入同比下降了 5%，净利润更是下滑了 10%，财务指标明显恶化。

2. 技术创新受阻

晋升通道不畅导致公司 H 在技术创新方面进展缓慢。许多具有创新能力的年轻员工因看不到职业发展前景而选择离开，使得公司的技术创新能力和市场竞争力逐渐减弱。

3. 企业文化受损

长期存在的晋升通道不畅问题也损害了公司 H 的企业文化。员工士气低落，工作氛围紧张，团队协作效率降低，进一步加剧了企业的发展困境。

四、结论与反思

公司 H 的案例充分说明了国有企业人力资源管理合规问题中晋升通道不畅问题的严重性和紧迫性。为了破解这一难题，公司需要从以下几个方面入手。

1. 拓宽晋升通道

建立多元化的晋升通道，不局限于管理岗位，还应包括技术岗位、专业岗位等，满足不同类型员工的职业发展需求。

2. 明确晋升标准

制定明确、透明的晋升标准和流程，确保晋升过程的公平性和公正性，提高员工的信任度和满意度。

3. 加强人才培养

加大对员工特别是年轻员工的培养力度，提供多样化的培训和发展机会，帮助他们提升综合素质和职业技能。

4. 优化绩效考核

建立科学合理的绩效考核体系，将考核结果作为晋升、薪酬调整等的重要依据，激励员工积极工作，提高工作绩效。

5. 完善企业文化

营造积极向上的企业文化氛围，增强员工的归属感和凝聚力，提高团队协作效率和公司整体竞争力。

通过实施上述措施，公司 H 有望逐步解决晋升通道不畅的问题，激发员工的工作积极性和创造力，推动公司实现持续健康发展。

合规问题分析

一、业务简介

国有企业作为国家经济的重要组成部分，承担着推动经济发展、保障民生等多重责任。在人力资源管理方面，国有企业不仅需要关注员工的招聘、培训、绩效管理等常规业务，还需要特别关注员工的职业发展通道，即晋升通道的建设与规划。一条合理、公正的晋升通道对激发员工工作热情、提升企业整体竞争力具有重要意义。

二、相关规定

在国有企业人力资源管理合规方面，国家通过一系列法律法规和政策文件对晋升通道进行了规定。例如，《中华人民共和国劳动法》规定，用人单位应当为劳动者提供平等的晋升机会；《中央企业负责人经营业绩考核办法》也强调，要建立健全企业内部的晋升机制，确保员工能够在公平、公正的环境中竞争上岗。

三、合规问题具体表现

在实际操作中，国有企业人力资源管理在晋升通道方面往往存在以下合规问题。

1. 晋升通道不明确

部分国有企业没有明确的晋升通道和晋升标准，导致员工对自己的职业发展前景感到迷茫，工作积极性受挫。

2. 晋升通道单一

一些国有企业过于依赖管理岗位的晋升，忽视了技术岗位、专业岗位等其他岗位的晋升通道的建设，导致员工职业发展路径狭窄。

3. 晋升过程不透明

在某些国有企业中，晋升过程缺乏透明度和公正性，存在论资排辈、按关系晋升等现象，严重损害了员工的公平感。

4. 缺乏有效的晋升激励机制

部分国有企业晋升与薪酬、福利等激励措施脱节，使得晋升对员工来说缺乏足够的吸引力。

四、问题造成的严重影响

晋升通道不畅的合规问题对国有企业造成了多方面的严重影响，具体如下。

1. 人才流失加剧

由于晋升通道不畅，优秀员工尤其是年轻员工看不到职业发展前景，选择离职寻求更好的发展机会，导致企业人才流失加剧。

2. 员工士气低落

晋升通道不畅导致员工士气低落，工作积极性受挫，进而影响企业的整体工作氛围和生产效率。

3. 企业竞争力下降

由于人才流失和员工士气低落，企业的技术创新能力和市场竞争力逐渐减弱，长期来看将严重影响企业的可持续发展。

4. 企业形象受损

晋升通道不畅还可能引发员工对企业的不满和抱怨，进而损害企业的社会形象和声誉。

综上所述，国有企业人力资源管理合规问题中晋升通道不畅的问题不仅影响员工的职业发展和企业的人才稳定，还可能对企业的长期竞争力和社会形象造成严重影响。因此，国有企业需要高度重视这一问题，并采取有效措施加以解决。

法律法规依据

针对国有企业人力资源管理合规问题中晋升通道不畅的问题，以下是对相关法律法规的总结。

一、针对晋升通道不明确问题的法律法规

1.《中华人民共和国劳动法》

第四条：用人单位应当依法建立和完善规章制度，保障劳动者享有劳动权利和履行劳动义务。

尽管该条款未直接提及晋升通道，但企业建立和完善规章制度以保障劳动者权益，理应包括明确晋升通道的内容。

2.《中华人民共和国劳动合同法》

第三条：订立劳动合同，应当遵循合法、公平、平等自愿、协商一致、诚实信用的原则。

晋升通道的设立应体现公平原则，确保员工在职业发展上享有平等机会。

二、针对晋升通道单一问题的法律法规

《中华人民共和国企业国有资产法》

第二十七条：国家建立健全国有资产保值增值考核和责任追究制度，将国有资产保值增值结果、企业经营业绩考核，与企业负责人任免、奖惩挂钩。

这表明企业在制定晋升通道时，应考虑多元化发展，不局限于管理岗位，以激励各类人才为企业保值增值做出贡献。

三、针对晋升过程不透明问题的法律法规

1.《中华人民共和国公司法》

第五条：设立公司应当依法制定公司章程。公司章程对公司、股东、董事、监事、高级管理人员具有约束力。

公司章程中应明确晋升程序和标准，确保晋升过程的透明度和公正性。

2.《国有企业领导人员廉洁从业若干规定》

第五条：国有企业领导人员应当正确履行职责，正确行使权力，防止职务利益冲突，不得利用职权和职务上的影响谋取不正当利益。

晋升过程的不透明可能滋生腐败，该条款强调了领导人员应正确行使权力，避免不公正晋升。

四、针对缺乏有效的晋升激励机制问题的法律法规

1.《中华人民共和国劳动法》

第四十六条：工资分配应当遵循按劳分配原则，实行同工同酬。工资水平在经济发展的基础

上逐步提高。国家对工资总量实行宏观调控。

晋升应与薪酬等激励措施挂钩，体现按劳分配原则，激励员工积极工作。

2.《关于深化国有企业内部人事、劳动、分配制度改革的意见》

该文件强调要建立健全与社会主义市场经济体制和现代企业制度相适应的激励和约束机制，形成有效的激励和约束机制，包括建立多元化的晋升通道和与之相匹配的激励机制。

综上所述，虽然直接针对晋升通道不畅的具体法律条款有限，但《中华人民共和国劳动法》《中华人民共和国劳动合同法》《中华人民共和国企业国有资产法》等法律法规中的相关原则和精神，以及相关政策文件，均为解决这一问题提供了法律依据和政策指导。国有企业应根据这些法律法规和政策要求，建立健全晋升通道制度，确保员工在公平、公正的环境中竞争上岗，激发员工的工作积极性和创造力。

合规程序与方法

针对国有企业人力资源管理合规问题中晋升通道不畅的问题，以下是具体的合规程序与方法，旨在分步骤、有针对性地解决问题。

一、明确晋升通道与标准

1. 制定晋升通道规划

企业应组织人力资源部门与相关部门共同制定详细的晋升通道规划，明确不同岗位、不同层级的晋升通道，包括管理岗位、技术岗位、专业岗位等。确保规划内容全面覆盖各类员工，并与企业战略目标和业务发展需求相匹配。

2. 设定晋升标准

根据岗位性质和工作要求，设定具体、可量化的晋升标准，包括工作业绩、能力素质、专业知识等多个维度。确保晋升标准公开透明，所有员工均有机会了解和评估自己的晋升条件。

二、建立透明公正的晋升流程

1. 优化晋升流程

简化不必要的审批环节，提高晋升流程的效率。同时，确保流程中的每个环节都有明确的责任人和时间节点。采用电子化管理系统，实现晋升流程的在线跟踪和监控，减少人为干预，提高透明度。

2. 建立监督机制和设立申诉渠道

建立独立的监督机制，对晋升过程进行全程监督，确保流程公正、无偏私。设立申诉渠道，允许员工对晋升结果提出异议，并及时处理相关申诉。

三、完善激励机制与配套措施

1. 建立多元化激励机制

将晋升与薪酬、福利、培训机会等多元化激励措施相结合，提高晋升的吸引力。确保晋升后的薪酬调整、职位提升等激励措施及时到位，增强员工的获得感和归属感。

2. 提供职业发展规划

为每位员工提供个性化的职业发展规划，明确其职业发展路径和晋升目标。通过定期的职业发展咨询和辅导，帮助员工了解自身优势和不足，制定切实可行的职业发展计划。

四、加强沟通与反馈

1. 建立有效的沟通机制

定期组织员工大会、座谈会等形式的活动，加强与员工的沟通交流，了解员工对晋升通道的看法和建议。开通意见箱、在线反馈平台等渠道，鼓励员工积极表达意见和建议，及时回应员工的关切。

2. 实施绩效反馈制度

建立科学的绩效评价体系，定期对员工的工作表现进行评估和反馈。将绩效评估结果与晋升挂钩，让员工明确自己的优点和不足，为未来的晋升做好准备。

五、持续改进与优化

1. 定期评估与调整

定期对晋升通道的合规性、有效性进行评估，根据评估结果及时调整和优化相关政策和措施。确保评估过程公开透明，邀请员工代表参与评估工作，提高评估的公正性和可信度。

2. 引入外部专家

在必要时引入外部专家进行咨询和指导，借鉴行业经验，不断完善企业的晋升通道建设。与外部专业机构建立长期合作关系，定期邀请专家进行培训和指导，提升企业内部管理水平。

通过实施以上合规程序与方法，国有企业可以逐步解决晋升通道不畅的问题，提升人力资源管理的合规性和有效性，激发员工的工作积极性和创造力，为企业的高质量发展奠定坚实基础。

专题 9：企业文化滞后

案例引入

一、案例背景

W 公司是一家位于中部地区的传统制造业国有企业，成立于 20 世纪 50 年代，长期专注于机械零部件的生产与加工。近年来，随着市场环境的快速变化和新兴技术的不断涌现，W 公司面临着前所未有的竞争压力。然而，W 公司在企业文化建设方面却显得滞后，未能及时适应市场变化，导致了一系列问题的出现。

二、具体问题

企业文化僵化，缺乏创新氛围

W 公司的企业文化强调稳定与服从，缺乏鼓励创新、敢于尝试的精神。在日常工作中，员工往往习惯于按部就班，对新技术、新方法的接受度较低。公司内部调查显示，超过 70% 的员工认为公司缺乏创新氛围，仅有不到 10% 的员工表示曾主动提出过改进建议。

三、主要问题的影响

1. 公司竞争力下降

由于企业文化滞后，W 公司的产品创新能力和市场响应速度明显落后于竞争对手。行业数据显示，2021—2023 年内，W 公司的市场份额从 20% 下滑至 15%，净利润率也同比减少了 10 个百分点。

2. 人才流失加剧

缺乏有吸引力的企业文化和职业发展前景，使得 W 公司难以留住优秀人才。据统计，2021—2023 年内，公司核心技术人员和管理人员的流失率达到了 20%，远高于行业平均水平。这不仅增加了公司的招聘成本，也严重影响了团队稳定性和项目执行力。

3. 财务指标恶化

由于市场份额下降和人才流失的双重打击，W 公司的财务指标也呈现出恶化的趋势。具体表现为营业收入增长乏力，净利润持续下降，甚至出现了经营性现金流紧张的情况。这些数据直接反映了公司经营管理中存在的问题及其严重程度。

四、结论与反思

W 公司的案例深刻揭示了国有企业在人力资源管理合规问题中企业文化滞后的严重后果。面对日益激烈的市场竞争和技术变革，国有企业必须高度重视企业文化建设。具体来说，可从以下几个方面入手。

1. 重塑企业文化

树立以创新为核心的企业文化，鼓励员工敢于尝试、勇于创新，营造积极向上的工作氛围。

2. 优化人力资源管理体系

建立健全员工培训计划和个人职业发展规划，完善绩效考核和激励机制，提高员工满意度和忠诚度。

3. 加强合规意识

确保人力资源管理活动符合国家法律法规和企业内部规章制度的要求，降低合规风险。

4. 强化领导力建设

培养具有战略眼光和创新精神的领导团队，引领企业不断适应市场变化和技术变革。

通过实施以上措施，国有企业可以逐步解决人力资源管理合规问题中企业文化滞后的问题，提升企业的核心竞争力和可持续发展能力。

合规问题分析

一、业务简介

国有企业作为国家经济的重要支柱，承担着推动经济发展、保障民生等多重任务。在人力资源管理方面，国有企业不仅需要遵循国家法律法规和政策要求，还需建立符合自身特点和发展需求的管理体系。然而，在实际运营中，部分国有企业存在企业文化滞后的问题，影响了人力资源管理的合规性和有效性。

二、相关规定

关于国有企业人力资源管理合规性，国家相关法律法规和政策文件提出了明确要求。例如，《中华人民共和国劳动法》《中华人民共和国劳动合同法》等法律对劳动者的权益保障、劳动合同签订与履行等方面做出了具体规定；同时，国资委等部门也发布了多项关于国有企业改革、人力资源管理等方面的指导意见和规范性文件，强调国有企业应建立健全现代企业制度，加强企业文化建设，提升人力资源管理水平。

三、合规问题具体表现

1.企业文化僵化

部分国有企业的企业文化保守僵化，缺乏创新精神和开放思维。这种企业文化氛围不利于激发员工的积极性和创造力，也难以适应市场变化和技术革新。

2.管理理念落后

在人力资源管理方面，一些国有企业仍停留在传统的人事管理阶段，注重控制和使用而非开发和激励员工。这种管理理念导致企业难以吸引和留住优秀人才，影响企业的长远发展。

3.合规意识淡薄

由于企业文化滞后和管理理念落后，部分国有企业在人力资源管理过程中合规意识淡薄，存在违反法律法规和政策要求的行为。这不仅可能给企业带来法律风险和经济损失，还可能损害企业的社会形象和声誉。

4.激励机制不健全

缺乏科学合理的激励机制是企业文化滞后的又一表现。一些国有企业未能根据员工的实际贡献和能力水平给予相应的奖励和晋升机会，导致员工工作积极性不高，人才流失严重。

四、问题造成的严重影响

1.企业竞争力降低

企业文化滞后将直接影响企业的创新能力和市场响应速度，降低企业在行业中的竞争力。长期来看，这将影响企业的可持续发展能力。

2.合规风险增加

合规意识淡薄和违规行为的存在将使企业面临较高的合规风险。一旦被发现并受到处罚，将给企业带来经济损失和声誉损害。

3.人才流失加剧

由于企业文化和管理机制的不完善，优秀员工往往难以在国有企业中获得应有的认可和回报，导致人才流失加剧。这不仅增加了企业的招聘成本，也影响了团队稳定性和项目执行力。

4.企业形象受损

企业文化滞后将直接影响企业的社会形象和声誉。在市场竞争日益激烈的今天，良好的企业形象是企业赢得客户信任和市场份额的重要因素之一。

综上所述，国有企业人力资源管理合规问题中的企业文化滞后是一个亟待解决的问题。通过实施重塑企业文化、优化管理理念、强化合规意识和健全激励机制等措施，国有企业可以逐步解决这一问题，提升人力资源管理的合规性和有效性，为企业的可持续发展奠定坚实基础。

法律法规依据

针对国有企业人力资源管理合规问题中企业文化滞后的问题，以下是相关法律法规依据。

一、针对企业文化僵化问题的法律法规

1.《中华人民共和国公司法》

第十九条：公司从事经营活动，必须遵守法律、行政法规，遵守社会公德、商业道德，诚实守信，接受政府和社会公众的监督。

此条款要求国有企业作为公司形式存在，必须遵守法律法规，并在经营活动中体现社会责任感和良好的企业文化。

2.《中华人民共和国劳动法》

第三条：劳动者享有平等就业和选择职业的权利、取得劳动报酬的权利、休息休假的权利、获得劳动安全卫生保护的权利、接受职业技能培训的权利、享受社会保险和福利的权利、提请劳动争议处理的权利以及法律规定的其他劳动权利。

此条款强调劳动者权益的保障，要求企业不得因企业文化僵化而损害员工的合法权益。

二、针对管理理念落后问题的法律法规

1.《中华人民共和国劳动合同法》

第三条：订立劳动合同，应当遵循合法、公平、平等自愿、协商一致、诚实信用的原则。

此条款要求企业在与员工订立劳动合同时，应遵循公平、平等自愿的原则，不得因管理理念落后而提出不公平或强制性的劳动条件。

2.《中华人民共和国企业国有资产法》

第十七条：国家出资企业从事经营活动，应当遵守法律、行政法规，加强经营管理，提高经济效益，接受人民政府及其有关部门、机构依法实施的管理和监督，接受社会公众的监督，承担社会责任，对出资人负责。

此条款强调国有企业应承担社会责任，并接受政府和社会公众的监督，要求其在经营管理中不得因管理理念落后而损害国家利益和社会公共利益。

三、针对合规意识淡薄问题的法律法规

1.《企业国有资产监督管理暂行条例》

第二十一条：国有资产监督管理机构依照法定程序决定其所出资企业中的国有独资企业、国有独资公司的分立、合并、破产、解散、增减资本、发行公司债券等重大事项。其中，重要的国有独资企业、国有独资公司分立、合并、破产、解散的，应当由国有资产监督管理机构审核后，报本级人民政府批准。

此条款要求国有企业在重大事项决策上需遵循法定程序，并接受国有资产监督管理机构的监督，以防止因合规意识淡薄而导致的违法行为。

2.《中华人民共和国劳动法》

第九十八条：用人单位违反本法规定的条件解除劳动合同或者故意拖延不订立劳动合同的，由劳动行政部门责令改正；对劳动者造成损害的，应当承担赔偿责任。

此条款规定了企业违反劳动法规定的法律责任，要求企业加强合规意识，避免因违法行为而承担法律责任。

四、针对激励机制不健全问题的法律法规

1.《中华人民共和国劳动法》

第四十六条：工资分配应当遵循按劳分配原则，实行同工同酬。

此条款要求企业应根据员工的劳动贡献给予相应的报酬，要求企业建立健全的激励机制，以体现公平和效率。

2.《中华人民共和国劳动合同法》

第三十条：用人单位应当按照劳动合同约定和国家规定，向劳动者及时足额支付劳动报酬。

此条款强调企业应按照劳动合同约定向员工支付劳动报酬，要求企业建立健全的薪酬制度和激励机制，以保障员工的合法权益。

综上所述，国有企业在人力资源管理合规问题中面临的企业文化滞后问题，受到多部法律法规的约束和监管。企业应严格遵守相关法律法规的规定，加强企业文化建设和管理理念的更新，提升合规意识，并建立健全的激励机制，以保障员工的合法权益和企业的可持续发展。

合规程序与方法

针对国有企业人力资源管理合规问题中企业文化滞后的现状，以下提出具体的合规程序与方法，旨在分步骤、有针对性地解决问题。

一、开展企业文化评估与重塑

1. 企业文化现状评估

成立专项小组，通过问卷调查、访谈、座谈会等方式，全面收集员工对企业文化的认知和反馈。分析评估结果，识别企业文化中存在的僵化、保守等问题，明确改进方向。

2. 制定企业文化重塑计划

结合企业战略发展目标，设计符合时代要求和市场竞争需求的企业文化理念体系。强调创新、开放、包容的企业文化氛围，鼓励员工积极参与和贡献智慧。

3. 实施与推广

采用内部宣传、培训、组织活动等方式，让新的企业文化理念深入人心。建立企业文化建设的长效机制，确保企业文化能够持续发挥引领作用。

二、优化人力资源管理理念

1. 培训与教育

对人力资源管理人员进行专业培训，提升其现代人力资源管理理念和技能水平。强调"以人为本"的管理理念，注重员工的个人发展和价值实现。

2. 建立科学的管理体系

完善人力资源管理制度和流程，确保各项工作有章可循、有据可查。引入先进的人力资源管理工具和方法，如绩效管理体系、人才发展计划等。

三、强化合规意识与培训

1. 合规政策制定

制定详细的人力资源管理合规政策，明确员工和管理者的行为规范和责任。确保政策内容符合国家法律法规和企业内部规章制度的要求。

2. 合规培训

定期组织合规培训活动，提高全体员工对合规重要性的认识和理解。特别是针对关键岗位和高风险领域的人员，要加强专项合规培训。

四、建立健全激励机制

1. 薪酬制度改革

推行以绩效为导向的薪酬制度，将员工的薪酬与工作业绩紧密挂钩。确保薪酬分配公平合理，激发员工的工作积极性和创造力。

2. 多元化激励方式

除了物质激励，还应注重精神激励和职业发展激励。为员工提供广阔的职业发展空间和晋升机会，增强员工的归属感和忠诚度。

五、加强内部沟通与反馈机制

1. 建立沟通渠道

设立多种沟通渠道，如员工意见箱、热线电话、电子邮箱等，鼓励员工表达意见和建议。定期召开员工大会或座谈会，听取员工心声，解决员工关切的问题。

2. 完善反馈机制

对收集到的意见和建议进行及时整理和分析，制定改进措施并跟踪落实。建立反馈结果的公示制度，确保改进措施得到有效、持续执行。

通过实施以上合规程序与方法，国有企业可以逐步解决人力资源管理合规问题中企业文化滞后的问题，提升企业的核心竞争力和市场适应能力。

专题 10：管理理念落后

案例引入

一、案例背景

传统制造业国有企业 Z（以下简称"Z 企业"），位于国内某工业重镇，拥有近百年历史，主营业务涵盖重型机械制造与加工。近年来，随着市场环境的不断变化和新兴技术的快速发展，Z 企业面临着前所未有的竞争压力。然而，其人力资源管理部门仍沿用传统的管理理念和方法，导致企业在人才吸引、保留及开发方面出现严重问题。

二、具体问题

1. 管理理念落后

Z 企业的人力资源管理长期停留在"人事管理"阶段，重控制轻激励，重资历轻能力。企业高层管理者多为老一辈员工，对现代人力资源管理理念缺乏了解和认同，导致决策时往往忽视人力资源的战略价值。

（1）具体人物：张经理，作为人力资源部门负责人，长期在 Z 企业工作，深受传统管理理念影响，对引入先进管理理念持保守态度。

（2）相关数据：2022—2024 年，Z 企业在员工培训上的投入仅占员工总薪酬的 0.5%，远低于行业平均水平（3%）。

2. 招聘与选拔机制僵化

Z 企业的招聘流程烦琐且标准单一，过分强调学历和工作经验，忽视了候选人的实际能力和潜力。选拔机制则主要依赖内部推荐和领导意见，缺乏透明度和公平性。

2024 年，Z 企业因一个关键岗位空缺，进行了长达半年的招聘流程，最终录用的候选人虽拥有高学历，但入职后表现平平，导致项目延期近三个月，直接经济损失达 500 万元。

3. 激励机制不健全

Z 企业的薪酬体系僵化，绩效考核流于形式，未能有效激发员工积极性和创造性。优秀员工因得不到应有的认可和回报，纷纷离职。

2023—2024 年，Z 企业核心人才流失率高达 20%，远高于行业平均水平（5%）。同时，企业研发能力下降，新产品上市周期延长，市场份额被竞争对手蚕食。

三、主要问题的影响

1. 财务指标下滑

由于人才流失和创新能力下降，Z 企业的营业收入和净利润均出现显著下滑。2022 年，企业营业收入同比下降 15%，净利润更是下降了 30%。

2. 市场竞争力减弱

在新兴技术的冲击下，Z 企业的传统产品逐渐失去市场竞争力，新客户获取难度加大，老客户流失严重。

3. 企业文化受损

管理理念的落后和激励机制的缺失，导致企业内部氛围沉闷，员工士气低落，企业文化面临严峻挑战。

四、结论与反思

Z 企业的人力资源管理合规问题中，管理理念落后是制约其发展的关键因素。面对激烈的市场竞争和快速变化的市场环境，Z 企业必须深刻反思，积极转变管理理念，引入现代人力资源管理方法和技术手段，具体建议如下。

1. 更新管理理念

高层管理者应率先垂范，积极学习现代人力资源管理理念和方法，提升对人力资源战略价值的认识。

2. 优化招聘与选拔机制

建立科学、透明、公平的招聘与选拔流程，注重候选人的实际能力和潜力评估。

3. 完善激励机制

建立基于绩效的薪酬体系和多元化激励方式，确保优秀员工得到应有的认可和回报。

4. 加强员工培训与发展

加大对员工培训的投入力度，提升员工综合素质和创新能力，为企业可持续发展提供有力的人才保障。

通过实施上述措施，Z 企业有望逐步解决人力资源管理合规问题中管理理念落后的问题，提升企业的核心竞争力和市场适应能力。

合规问题分析

一、业务简介

国有企业作为国家经济的重要支柱，其人力资源管理不仅关乎企业内部运营效率和员工福祉，更直接影响到国家经济的整体发展和社会稳定。然而，在当前快速变化的市场环境下，部分国有企业的人力资源管理仍停留在传统的人事管理阶段，管理理念相对落后，难以适应现代企业的发展需求。

二、相关规定

国有企业人力资源管理需遵循一系列国家法律法规和内部规章制度，包括但不限于《中华人民共和国劳动法》《中华人民共和国劳动合同法》《中华人民共和国企业国有资产法》等。这些法律法规对国有企业的人力资源管理提出了明确要求，包括保障员工权益、建立科学的招聘与选拔机制、完善绩效考核与激励机制等。

三、合规问题具体表现

1. 管理理念滞后

部分国有企业仍将人视为简单的劳动力资源，忽视人力资源的战略价值，未能将人力资源管理与企业战略目标紧密结合。这种滞后的管理理念导致企业在人才吸引、保留及开发方面缺乏前瞻性和系统性。

2. 招聘与选拔机制僵化

招聘流程烦琐且标准单一，过分强调学历和工作经验，忽视候选人的实际能力和潜力。选拔机制缺乏透明度和公平性，往往受到内部关系和人情因素的影响。

3. 激励机制不健全

薪酬体系僵化，绩效考核流于形式，未能有效激发员工的积极性和创造性。优秀员工因得不到应有的认可和回报而流失，企业内部出现"劣币驱逐良币"的现象。

4. 培训与发展投入不足

对员工培训和发展的重视程度不够，培训资源分配不均，培训内容与实际需求脱节。这不仅限制了员工的个人成长和职业发展，也影响了企业的整体创新能力和竞争力。

四、问题造成的严重影响

1. 人才流失加剧

管理理念的落后导致企业内部人才环境恶化，优秀员工纷纷离职，人才流失率居高不下。这不仅削弱了企业的核心竞争力，也增加了企业重新招聘和培养人才的成本。

2. 创新能力下降

缺乏有效的人才激励和培训机制，使得企业的创新能力受到严重制约。在新兴技术和市场趋势面前，企业难以快速响应和适应，导致市场份额被竞争对手蚕食。

3. 财务指标下滑

人才流失和创新能力下降直接影响到企业的运营效率和盈利能力。随着市场竞争的加剧，企业的营业收入和净利润等财务指标可能出现下滑趋势，进而影响到企业的可持续发展能力。

4.企业文化受损

管理理念的落后还可能导致企业内部氛围沉闷、士气低落，企业文化面临严峻挑战。这种负面的企业文化氛围将进一步抑制员工的积极性和创造性，形成恶性循环。

综上所述，国有企业人力资源管理合规问题中的管理理念落后是一个亟待解决的问题。企业需要深刻反思自身的管理实践，积极引入现代人力资源管理理念和方法，以提升企业的核心竞争力和市场适应能力。

法律法规依据

针对国有企业人力资源管理合规问题中管理理念落后的问题，以下是对相关法律法规依据的总结。

一、针对管理理念滞后问题的法律法规

1.《中华人民共和国公司法》

第十九条：公司从事经营活动，必须遵守法律法规，遵守社会公德、商业道德，诚实守信，接受政府和社会公众的监督。

国有企业作为公司的一种形式，其人力资源管理也应遵循法律法规和商业道德，承担社会责任，包括对员工权益的保障和人力资源的合理开发。

2.《中华人民共和国劳动法》

第三条：劳动者享有平等就业和选择职业的权利、取得劳动报酬的权利、休息休假的权利、获得劳动安全卫生保护的权利、接受职业技能培训的权利、享受社会保险和福利的权利、提请劳动争议处理的权利以及法律规定的其他劳动权利。

国有企业应尊重并保障员工的上述权利，而滞后的管理理念可能忽视这些权利，导致合规问题。

二、针对招聘与选拔机制僵化问题的法律法规

1.《中华人民共和国就业促进法》

第三条：劳动者依法享有平等就业和自主择业的权利。劳动者就业，不因民族、种族、性别、宗教信仰等不同而受歧视。

国有企业招聘与选拔机制应遵循平等、公正的原则，不得因非工作相关因素歧视应聘者，僵化的机制可能违反这一原则。

2.《中华人民共和国劳动合同法》

第八条：用人单位招用劳动者时，应当如实告知劳动者工作内容、工作条件、工作地点、职业危害、安全生产状况、劳动报酬，以及劳动者要求了解的其他情况……。

国有企业招聘时应提供充分的信息，确保应聘者了解岗位相关情况，僵化的招聘流程可能导致信息不透明，违反此条规定。

三、针对激励机制不健全问题的法律法规

1.《中华人民共和国劳动法》

第四十六条：工资分配应当遵循按劳分配原则，实行同工同酬。

国有企业应确保薪酬体系公平合理，体现按劳分配原则，激励机制的不健全可能导致同工不

同酬，违反此条规定。

2.《中华人民共和国劳动合同法》

第三十条：用人单位应当按照劳动合同约定和国家规定，向劳动者及时足额支付劳动报酬。

国有企业应按时足额支付员工薪酬，激励机制的问题可能导致薪酬支付不及时或不足额，违反此条规定。

四、针对培训与发展投入不足问题的法律法规

《中华人民共和国劳动法》

第六十八条：用人单位应当建立职业培训制度，按照国家规定提取和使用职业培训经费，根据本单位实际，有计划地对劳动者进行职业培训。

国有企业有责任建立职业培训制度并投入经费，培训与发展投入不足可能违反此条规定。

综上所述，国有企业人力资源管理合规问题中管理理念落后的问题违反了多个法律法规。国有企业应严格遵守相关法律法规，更新管理理念，优化招聘与选拔机制，完善激励机制，并加大培训与发展投入，以提升人力资源管理水平和企业竞争力。

合规程序与方法

针对国有企业人力资源管理合规问题中管理理念落后的问题，以下是具体的合规程序与方法，旨在分步骤、有针对性地解决问题。

一、建立现代人力资源管理理念

1.高层培训与意识提升

组织高层管理者参加现代人力资源管理理念培训，包括"以人为本"的管理思想、战略人力资源管理的重要性等。提升高层管理者对人力资源管理战略价值的认识，树立现代管理理念。

2.内部宣传与普及

通过内部会议、培训、宣传栏等多种渠道，向全体员工普及现代人力资源管理理念，营造积极向上的企业文化氛围。

二、优化招聘与选拔机制

1.制定科学的招聘标准与流程

明确招聘岗位的职责和要求，制定基于能力和潜力的招聘标准，简化不必要的流程环节。采用结构化面试、能力测试等多种评估方式，确保选拔过程的公平性和有效性。

2.推行公开竞聘上岗制度

对于关键岗位和重要管理岗位，推行公开竞聘上岗制度，排除内部关系和人情因素的干扰，确保优秀人才脱颖而出。

三、完善激励机制

1.建立绩效导向的薪酬体系

将员工薪酬与绩效考核结果紧密挂钩，确保薪酬分配的公平性和激励性。制定明确的绩效考核指标和评分标准，定期进行绩效考核，并根据结果调整员工薪酬。

2.多元化激励方式

除了物质激励，还应注重精神激励，如表彰先进、提供晋升机会和参与决策的机会等，满足员工的不同需求。

四、加大培训与发展投入

1. 制定培训计划与预算

根据企业发展战略和员工实际需求，制定年度培训计划，并合理分配培训预算。组织内部培训、外部培训、在线学习等多种形式的培训活动，提升员工技能水平和综合素质。

2. 建立职业发展路径

为员工规划清晰的职业发展路径，提供晋升机会和职业发展指导，帮助员工实现个人价值，进而实现企业目标。

五、强化合规管理与监督

1. 建立健全合规管理制度

制定和完善人力资源管理的合规管理制度，包括招聘、选拔、培训、薪酬等方面的规定。确保制度的有效执行，定期对制度执行情况进行检查和评估。

2. 建立合规监督机制

设立独立的合规监督部门或岗位，负责对人力资源管理活动的合规性进行监督和检查，及时发现并纠正违规行为。

通过实施以上合规程序与方法，国有企业可以逐步解决人力资源管理合规问题中管理理念落后的问题，提升人力资源管理水平，增强企业的核心竞争力和市场适应能力。

第四章
国有企业采购与供应链管理合规问题

专题1：采购制度不完善

案例引入

一、案例背景

A公司是一家传统制造业国有企业，主营汽车零部件生产。近年来，随着市场竞争的加剧和原材料价格的波动，A公司的成本压力日益增大。然而，由于历史原因和管理理念的滞后，A公司的采购制度一直未能得到有效完善，导致在采购与供应链管理中存在诸多问题。

二、具体问题

1. 采购流程不规范

A公司的采购流程缺乏标准化和透明度，采购决策往往由少数高层管理者凭经验做出，缺乏科学的评估和论证。例如，某次关键原材料的采购，未经充分市场调研和比价，直接由采购部经理李某决定从某供应商处采购，而该供应商的价格明显高于市场平均水平。

2. 供应商管理松散

A公司对供应商的选择、评估和管理缺乏系统性，导致供应商质量参差不齐。部分供应商存在以次充好、延期交货等问题，严重影响了A公司的生产进度和产品质量。例如，某批次原材料因供应商质量问题导致生产线停工3天，直接经济损失达百万元。

3. 集中采购率低

A公司各部门自行采购现象普遍，缺乏统一的采购计划和协调机制。这种分散采购模式不仅增加了采购成本，还降低了采购效率。据统计，A公司同类物资的分散采购价格平均比集中采购高出10%。

4. 电子化程度低

在信息化高速发展的今天，A公司的采购管理仍主要依赖传统的人工操作，电子化采购平台建设滞后。这不仅增加了人为错误的风险，还限制了采购信息的共享和透明化。

三、主要问题的影响

1. 经济损失大

由于采购流程不规范和供应商管理松散，A公司2021—2023年这三年来因采购问题导致的直接经济损失累计超过千万元。其中，因原材料质量问题导致的生产线停工和退货损失尤为严重，单次损失可达数百万元。

2. 财务指标下滑

采购成本的上升直接影响了A公司的盈利能力。近年来，A公司的毛利率和净利润率均呈下降趋势，其中毛利率从行业平均水平的 25% 下降至 20%，净利润率更是从 5% 降至 3% 以下。

3. 市场竞争力减弱

采购问题导致的产品质量问题频发，严重损害了 A 公司的品牌形象和市场信誉。部分重要客户因质量问题减少订单甚至取消合作，进一步削弱了 A 公司的市场竞争力。

4. 内部腐败风险增加

采购权过于集中且缺乏有效监督，为内部腐败提供了温床。据内部调查，A 公司采购部门存在收受供应商回扣、利益输送等违规行为，不仅损害了公司利益，还影响了员工的士气和团队的凝聚力。

四、结论与反思

A 公司的案例深刻揭示了国有企业采购与供应链管理合规问题中采购制度不完善的严重后果。要解决这些问题，需从以下几个方面入手。

1. 完善采购制度

建立健全的采购管理制度和流程，明确采购权限和责任，确保采购活动的合规性和透明度。

2. 加强供应商管理

建立科学的供应商评估体系，对供应商进行定期考核和动态调整，确保供应商质量和服务水平。

3. 推进集中采购

整合各部门采购需求，实施集中采购策略，发挥规模优势，降低采购成本。

4. 提升电子化水平

加快电子化采购平台建设，实现采购信息的共享和透明化，提高采购效率和准确性。

5. 强化内部监督

建立健全的内部控制和监督机制，加强对采购活动的审计和检查，严厉打击内部腐败行为。

通过实施上述措施，国有企业可以有效提升采购与供应链管理的合规水平，降低经营风险，增强市场竞争力。

合规问题分析

一、业务简介

国有企业采购与供应链管理是企业运营中的关键环节，涉及原材料、设备、服务等多个方面的采购活动。这些活动不仅关系到企业的生产成本和产品质量，还直接影响到企业的市场竞争力和可持续发展能力。因此，建立完善的采购制度对国有企业来说至关重要。

二、相关规定

国有企业采购与供应链管理应遵循国家相关法律法规和政策规定，如《中华人民共和国招标投标法》《中华人民共和国政府采购法》等。这些法律法规对采购方式、程序、信息公开等方面提出了明确要求，旨在保障采购活动的公平、公正和透明。

三、合规问题具体表现

1. 采购制度不健全

国有企业采购制度往往存在不完善、不系统的问题。部分制度过于笼统，缺乏针对性和可操作性；部分制度则过于僵化，难以适应市场变化和企业实际需求。

2. 采购流程不规范

采购过程中存在"应招未招""信息未公开""公开未达标"等违规操作。部分采购项目未按规定进行招标或公开招标，导致采购结果缺乏公正性和竞争性。同时，采购信息的公开程度和透明度不足，也增加了暗箱操作的风险。

3. 供应商管理松散

国有企业对供应商的选择、评估和管理缺乏系统性。部分供应商准入门槛过低，导致供应商质量参差不齐；部分供应商管理不规范，存在以次充好、延期交货等问题。

4. 集中采购率低

国有企业内部各部门自行采购现象普遍，缺乏统一的采购计划和协调机制。这种分散采购模式不仅增加了采购成本，还降低了采购效率。集中采购的优势未能得到充分发挥。

5. 电子化采购程度低

电子化采购程度低是国有企业采购管理的一大问题。部分国有企业仍依赖传统的人工操作方式进行采购管理，电子化采购平台建设滞后。这不仅增加了人为错误的风险，还限制了采购信息的共享和透明化。

四、问题造成的严重影响

1. 经济损失大

采购制度不完善导致采购成本上升、资源浪费等问题频发。部分采购项目因违规操作或供应商管理不善造成直接经济损失；部分采购活动因流程不规范导致效率低下、成本增加。

2. 市场竞争力下降

采购问题直接影响产品质量和交货期，进而影响企业的市场形象和信誉。部分客户因产品质量问题减少订单甚至取消合作，导致企业市场份额下降、竞争力减弱。

3. 内部腐败风险增加

采购权过于集中且缺乏有效监督是内部腐败的温床。部分采购人员利用职权谋取私利、收受回扣等行为时有发生，严重损害了企业利益和员工士气。

4. 面临法律风险

采购活动涉及众多法律法规和政策规定，一旦违规操作将面临法律制裁和处罚。这不仅会增加企业的法律成本，还可能影响企业的正常运营和发展。

综上所述，国有企业采购与供应链管理合规问题中采购制度不完善的问题不容忽视。企业需要加强自身管理、完善采购制度、规范采购流程、加强供应商管理、推进电子化采购等，以提高采购活动的合规性和效率，降低经营风险、提高市场竞争力。

法律法规依据

针对国有企业采购与供应链管理合规问题中采购制度不完善的问题，以下是对相关法律法规的总结。

一、针对采购制度不健全问题的法律法规

1.《中华人民共和国招标投标法》

第三条：在中华人民共和国境内进行下列工程建设项目包括项目的勘察、设计、施工、监理以及与工程建设有关的重要设备、材料等的采购，必须进行招标。

此条规定明确了哪些采购项目必须进行招标，为国有企业采购制度的完善提供了法律依据。

2.《中华人民共和国政府采购法》

第二条：在中华人民共和国境内进行的政府采购适用本法。本法所称政府采购，是指各级国家机关、事业单位和团体组织，使用财政性资金采购依法制定的集中采购目录以内的或者采购限额标准以上的货物、工程和服务的行为。

此条规定明确了政府采购的范围和定义，国有企业在进行采购时应参照执行，确保采购制度的合规性。

二、针对采购流程不规范问题的法律法规

1.《中华人民共和国招标投标法》

第十条：招标分为公开招标和邀请招标。公开招标，是指招标人以招标公告的方式邀请不特定的法人或者其他组织投标。邀请招标，是指招标人以投标邀请书的方式邀请特定的法人或者其他组织投标。

此条规定明确了招标的两种方式，国有企业在进行采购时应按照规定选择适当的招标方式，确保采购流程的规范。

2.《中华人民共和国政府采购法》

第三十六条：在招标采购中，出现下列情形之一的，应予废标：（一）符合专业条件的供应商或者对招标文件作实质响应的供应商不足三家的；（二）出现影响采购公正的违法、违规行为的；（三）投标人的报价均超过了采购预算，采购人不能支付的；（四）因重大变故，采购任务取消的。废标后，采购人应当将废标理由通知所有投标人。

此条规定明确了废标的情形和处理方式，国有企业在进行采购时应严格按照规定执行，确保采购流程的公正和透明。

三、针对供应商管理松散问题的法律法规

《中华人民共和国政府采购法》

第二十二条：供应商参加政府采购活动应当具备下列条件：（一）具有独立承担民事责任的能力；（二）具有良好的商业信誉和健全的财务会计制度；（三）具有履行合同所必需的设备和专业技术能力；（四）有依法缴纳税收和社会保障资金的良好记录；（五）参加政府采购活动前三年内，在经营活动中没有重大违法记录；（六）法律、行政法规规定的其他条件。

此条规定明确了供应商参加政府采购活动应具备的条件，国有企业在进行供应商管理时应参照执行，确保供应商的质量和信誉。

四、针对集中采购率低问题的法律法规

《中华人民共和国政府采购法》

第七条：政府采购实行集中采购和分散采购相结合。集中采购的范围由省级以上人民政府公布的集中采购目录确定。属于中央预算的政府采购项目，其集中采购目录由国务院确定并公布；属于地方预算的政府采购项目，其集中采购目录由省、自治区、直辖市人民政府或者其授权的机构确定并公布。

此条规定明确了政府采购应实行集中采购和分散采购相结合的原则，国有企业在进行采购时应按照规定执行，提高集中采购率。

五、针对电子化采购程度低问题的法律法规

《中华人民共和国电子签名法》

第三条：民事活动中的合同或者其他文件、单证等文书，当事人可以约定使用或者不使用电子签名、数据电文。当事人约定使用电子签名、数据电文的文书，不得仅因为其采用电子签名、数据电文的形式而否定其法律效力……。

此条规定明确了电子签名和数据电文的法律效力，为国有企业推进电子化采购提供了法律依据。

综上所述，国有企业在采购与供应链管理中应严格遵守相关法律法规的规定，完善采购制度、规范采购流程、加强供应商管理、提高集中采购率、推进电子化采购等措施的实施，以确保采购活动的合规性和效率。

合规程序与方法

针对国有企业采购与供应链管理合规问题中采购制度不完善的情况，以下提出具体的合规程序与方法，旨在分步骤、有针对性地解决问题。

一、完善采购管理制度

1. 梳理现有制度

对现有采购管理制度进行全面梳理，识别存在的漏洞和不足。分析制度执行过程中遇到的问题和挑战，明确改进方向。

2. 制定或修订制度

根据国家法律法规和企业实际情况，制定或修订采购管理制度。明确采购流程、职责分工、审批权限、信息公开要求等关键环节。

3. 制度宣贯与培训

对新制定的采购管理制度进行全员宣贯，确保每位员工都了解制度内容。组织专项培训，提升采购人员的合规意识和操作技能。

二、规范采购流程

1. 明确采购方式

根据采购项目的性质和金额，明确采用公开招标、邀请招标、竞争性谈判、单一来源采购等方式。确保采购方式的选择符合法律法规和企业规定。

2. 细化采购流程

制定详细的采购流程图，明确每个环节的具体操作步骤和注意事项。引入电子化采购平台，实现采购流程的线上化、透明化。

3. 加强信息公开

严格按照法律法规要求，公开采购信息，包括采购公告、招标文件、中标结果等。建立信息公开渠道，方便供应商和社会公众查询和监督。

三、加强供应商管理

1. 建立供应商准入机制

制定供应商准入标准，包括资质要求、业绩评价、信誉记录等。对供应商进行资格审查，确保供应商符合准入条件。

2. 定期评估与考核供应商

对供应商进行定期评估和考核，包括产品质量、交货期、售后服务等方面。根据评估结果，对供应商进行分级管理，优化供应商结构。

3. 建立风险防控机制和供应商黑名单制度

对供应商进行风险识别和评估，制定风险防控措施。建立供应商黑名单制度，对存在严重违规行为的供应商进行惩戒。

四、提高集中采购率

1. 制定集中采购目录

根据企业实际情况，制定详细的集中采购目录，明确哪些项目必须实行集中采购。对采购目录进行动态调整，确保集中采购范围的合理性。

2. 建立集中采购平台

搭建集中采购平台，整合采购需求，实现规模化采购。通过集中采购降低采购成本，提高采购效率。

3. 加强内部协调

加强企业内部各部门之间的协调与沟通，确保集中采购工作的顺利推进。建立跨部门协作机制，共同解决集中采购过程中遇到的问题。

五、推进电子化采购

1. 建设电子化采购平台

引入先进的电子化采购平台，实现采购流程的线上化操作。对电子化采购平台进行定期维护和升级，确保其安全性和稳定性。

2. 推广电子化采购应用

组织电子化采购培训，提升员工的操作技能和应用水平。鼓励供应商使用电子化采购平台参与投标和报价。

3. 加强数据安全与隐私保护

建立严格的数据安全管理制度，确保采购信息的安全性和隐私性。对采购数据进行定期备份和加密处理，防止数据丢失和泄露。

通过实施上述合规程序与方法，国有企业可以逐步解决采购制度不完善的问题，提升采购与供应链管理的合规性和效率。

专题 2：采购过程不透明

案例引入

一、案例背景

国有企业 B（以下简称"B 企业"）作为传统制造业的领军企业，在行业内享有较高声誉。然而，近年来，随着市场竞争的加剧和企业规模的扩大，B 企业在采购与供应链管理方面暴露出诸多问题，尤其是采购过程不透明，严重影响了企业的合规性和经济效益。

二、具体问题

1. 暗箱操作频发

张经理作为 B 企业采购部门负责人，在采购过程中频繁利用职权进行暗箱操作，与部分供应商建立不正当利益关系。这些供应商通过提供回扣、好处费等手段，确保能够获得 B 企业的采购订单。据统计，2018 年至 2020 年，张经理累计收受回扣金额高达 500 万元。

2. 采购信息不公开

B 企业的采购信息长期未做到全面公开，包括采购计划、招标公告、中标结果等关键信息。这导致企业内部其他部门及外部供应商难以获取准确信息，增加了采购过程中的不确定性和不公平性。

3. 缺乏有效监督

B 企业的内部审计和监督机制形同虚设，对采购活动的监督力度严重不足。即使偶尔有员工举报采购过程中的违规行为，也往往因缺乏证据等而不了了之。

三、主要问题的影响

1. 经济损失大

采购过程不透明导致采购成本上升，B 企业 2021—2024 年累计多支付采购成本约 800 万元。因采购质量问题引发的退货、维修等，额外增加了约 300 万元的支出。

2. 财务指标下滑

净利润率从 2017 年的 10% 下降至 2020 年的 6%，降幅达到 40%。库存周转率下降，从原本的 4 次／年降至 3 次／年，影响了企业的资金流动性。

3. 市场信誉受损

多次因采购问题引发的产品质量事件，导致 B 企业的市场信誉严重受损，部分客户流失。行业内竞争对手利用 B 企业的采购丑闻进行市场攻击，进一步加剧了企业的困境。

4. 内部管理混乱

员工士气低落，对企业管理层的不信任感增强。内部举报和投诉增多，但处理不及时、不公正，加剧了内部矛盾。

四、结论与反思

B 企业采购过程不透明的问题，不仅导致了巨大的经济损失和财务指标下滑，还严重损害了企业的市场信誉和内部管理秩序。这一问题的根源在于企业采购制度的不完善、监督机制的缺失以及个别管理人员存在腐败行为。B 企业可从以下方面入手解决。

1.完善采购制度

建立健全的采购管理制度，明确采购流程、职责分工、审批权限和信息公开要求。

2.加强监督机制

建立独立的内部审计和监督机构，对采购活动进行全面、有效的监督。同时，鼓励员工举报违规行为，并建立保护机制以确保举报人的安全。

3.推进电子化采购

引入电子化采购平台，实现采购流程的线上化、透明化。通过大数据和人工智能技术，提高采购效率并降低人为干预的风险。

4.加强合规文化建设

加强企业合规文化建设，提高员工的合规意识和操作技能。定期开展合规培训和教育活动，确保每位员工都了解并遵守企业合规要求。

严惩腐败行为：对发现的腐败行为采取零容忍态度，依法依规进行严肃处理。同时加强警示教育，让全体员工认识到腐败行为的严重后果。

合规问题分析

一、业务简介

国有企业采购与供应链管理是企业运营的重要环节，涉及原材料、设备、服务等各类物资的采购以及供应链上下游企业的协同合作。采购过程的透明度和合规性直接关系到企业的成本控制、产品质量、市场竞争力以及国有资产的安全与增值。

二、相关规定

国家对国有企业采购与供应链管理有严格的规定，主要包括《中华人民共和国政府采购法》《国有企业采购管理规范》等法律法规。这些规定要求国有企业在采购过程中必须遵循公开、公平、公正的原则，确保采购信息的充分公开、采购程序的合法合规，以及采购结果的公正透明。

三、合规问题具体表现

1.采购信息不公开

部分国有企业在采购过程中未能及时、全面公开采购信息，如采购计划、招标公告、评标结果等，导致信息不对称，增加了腐败和暗箱操作的可能性。

2.暗箱操作与利益输送

一些采购人员利用职权进行暗箱操作，与特定供应商建立不正当利益关系，通过收受回扣、好处费等手段影响采购决策，严重损害了采购活动的公正性和合法性。

3.审批流程烦琐且缺乏透明度

国有企业采购往往需经过多层审批，流程烦琐且缺乏透明度。这不仅降低了采购效率，还可能为腐败行为提供滋生空间。

4.监督机制不健全

部分国有企业内部监督机制不完善，对采购活动的监督力度不足，难以有效遏制采购过程中的违规行为。

四、问题造成的严重影响

1. 经济损失大

采购过程不透明导致的腐败和暗箱操作会显著增加企业的采购成本，降低资金使用效率。同时，因采购质量问题引发的退货、维修等费用也会进一步加重企业的经济负担。

2. 市场竞争力下降

不透明的采购过程可能导致企业采购到质量不合格或性价比低的物资，影响产品质量和企业声誉，进而削弱市场竞争力。

3. 法律风险增加

违规采购行为可能使企业面临法律诉讼和处罚，损害企业形象和信誉，甚至可能导致国有资产流失。

4. 内部管理混乱

采购过程不透明容易引发内部矛盾和不满情绪，降低员工士气和工作效率。同时，不规范的采购行为也会破坏企业内部管理制度和流程的正常运行。

综上所述，国有企业采购与供应链管理合规问题中采购过程不透明的问题亟待解决。企业应采取有效措施提高采购信息的透明度，建立健全的监督机制，优化审批流程，提高采购效率和合规性，以保障企业的可持续发展和国有资产的安全与增值。

法律法规依据

针对国有企业采购与供应链管理合规问题中采购过程不透明的问题，以下是对相关法律法规的总结。

一、针对采购信息不公开问题的法律法规

1.《中华人民共和国政府采购法》

第三条：政府采购应当遵循公开透明原则、公平竞争原则、公正原则和诚实信用原则。

第十一条：政府采购的信息应当在政府采购监督管理部门指定的媒体上及时向社会公开发布，但涉及商业秘密的除外。

2.《国有企业采购管理规范》

该规范指出国有企业采购应当坚持公开、公平、公正和诚实信用原则，加强采购管理，提高采购效率，降低采购成本，保障国有资产安全和增值。

二、针对暗箱操作与利益输送问题的法律法规

1.《中华人民共和国刑法》

第一百六十三条：公司、企业或者其他单位的工作人员，利用职务上的便利，索取他人财物或者非法收受他人财物，为他人谋取利益，数额较大的，处三年以下有期徒刑或者拘役，并处罚金……。

2.《中华人民共和国反不正当竞争法》

第七条：经营者不得采用财物或者其他手段贿赂下列单位或者个人，以谋取交易机会或者竞争优势：……（三）利用职权或者影响力影响交易的单位或者个人……。

三、针对审批流程烦琐且缺乏透明度问题的法律法规

《中华人民共和国企业国有资产法》

第三十条：国家出资企业合并、分立、改制、上市，增加或者减少注册资本，发行债券，进行重大投资，为他人提供大额担保，转让重大财产，进行大额捐赠，分配利润，以及解散、申请破产等重大事项，应当遵守法律、行政法规以及企业章程的规定，不得损害出资人和债权人的权益。

这些重大事项的决策过程应当有明确的审批流程，并保证透明度。

四、针对监督机制不健全问题的法律法规

《中华人民共和国公司法》

第七十八条：监事会行使下列职权：……（四）提议召开临时股东会会议，在董事会不履行本法规定的召集和主持股东会会议职责时召集和主持股东会会议；（五）向股东会会议提出提案；（六）依照本法第一百八十九条的规定，对董事、高级管理人员提起诉讼；（七）公司章程规定的其他职权。

这些规定要求公司必须建立健全的监督机制，包括监事会对采购活动的监督。

综上所述，国有企业采购与供应链管理合规问题中采购过程不透明的问题违反了多项法律法规的规定。为了保障国有企业的健康发展，必须严格遵守相关法律法规，提高采购过程的透明度和加强合规管理。

合规程序与方法

针对国有企业采购与供应链管理合规问题中采购过程不透明的问题，以下提出具体的合规程序与方法，旨在分步骤、有针对性地解决问题。

一、完善采购信息公开制度

1. 明确信息公开范围

制定详细的采购信息公开目录，明确哪些信息必须公开，包括但不限于采购计划、招标公告、投标文件、评标标准、中标结果等。

2. 建立信息公开平台

利用企业官网或政府指定的采购信息发布平台，定期发布采购相关信息，确保供应商和社会公众能够及时获取。

3. 加强信息更新与维护

确保采购信息的准确性和时效性，及时更新采购进度和结果，避免信息滞后或错误。

二、优化审批流程，提高透明度

1. 简化审批环节

梳理现有审批流程，去除不必要的审批环节，减少审批层级，提高审批效率。

2. 引入电子化审批系统

建立电子化采购管理系统，实现采购申请、审批、执行等环节的线上操作，提高流程透明度和可追溯性。

3. 强化审批责任

明确各级审批人员的职责和权限，建立审批责任追究机制，确保审批过程的公正性和合规性。

三、建立健全监督机制

1. 设立独立监督机构

在企业内部设立独立的审计或监督部门，负责对采购活动进行全程监督，确保采购过程的合规性。

2. 引入第三方审计

定期邀请第三方审计机构对采购活动进行审计，增加外部监督力量，提高监督效果。

3. 建立举报与反馈机制

建立举报渠道，鼓励员工和社会公众对采购过程中的违规行为进行举报，并及时处理反馈意见。

四、加强采购人员培训与管理

1. 开展合规培训

定期对采购人员进行合规培训，增强其法律意识和职业道德观念，确保采购活动依法依规进行。

2. 建立绩效考核体系

将合规性纳入采购人员的绩效考核指标，对违规行为进行严肃处理，激励采购人员自觉遵守规章制度。

3. 实行轮岗与回避制度

对关键岗位实行轮岗制度，避免长期固定人员可能产生的腐败风险；对与供应商有利益关系的人员实行回避制度，确保采购决策的公正性。

五、推动电子化采购与供应链管理

1. 引入电子化采购平台

利用现代信息技术手段，建立电子化采购平台，实现采购活动的线上化、自动化和智能化。

2. 优化供应链管理

加强与供应商的沟通与协作，建立稳定的供应链关系；利用大数据、云计算等技术手段，对供应链进行精细化管理，提高供应链透明度和效率。

3. 加强数据安全与隐私保护

在推进电子化采购与供应链管理的同时，注重数据安全与隐私保护，确保采购信息和商业机密不被泄露。

实施以上合规程序与方法，可以有效解决国有企业采购与供应链管理合规问题中采购过程不透明的问题，提升采购活动的合规性和透明度，保障企业的健康发展和国有资产的安全与增值。

专题 3：合同管理风险

案例引入

一、案例背景

传统制造业国有企业 B（以下简称"企业 B"），主要从事重型机械设备的生产与销售。近年来，随着市场竞争的加剧和原材料价格的波动，企业 B 在采购与供应链管理上面临着巨大挑战。为了确保生产线的稳定运行和成本控制，企业 B 与多家供应商建立了长期合作关系，并签订了大量采购合同。然而，在合同管理过程中，由于疏忽和不合规操作，企业 B 遭遇了一系列严重问题。

二、具体问题

1. 合同条款模糊

在与某关键原材料供应商签订的合同中，关于质量标准、交货期、违约责任等关键条款表述模糊，未明确具体数值和标准。这导致在后续执行过程中，双方对合同条款产生严重分歧，影响了原材料的及时供应。

2. 合同审批流程不规范

企业 B 的合同审批流程存在漏洞，部分合同未经充分审查便匆忙签署。例如，负责采购的经理李某，在未获得上级批准的情况下，擅自与某供应商签订了高额采购合同，该合同价格远高于市场价格。

3. 合同执行监控缺失

合同签订后，企业 B 对合同执行情况的监控严重不足。某次，一供应商因自身原因未能按时交货，但企业 B 未能及时发现并采取有效措施，导致生产线停产数天，造成重大经济损失。

三、主要问题的影响

1. 经济损失大

由于合同条款模糊和供应商违约，企业 B 遭受了高达 500 万元的直接经济损失。其中，因原材料质量问题导致的退货和返工费用约 200 万元，因供应商延迟交货导致的生产线停产损失约300 万元。

2. 财务指标下滑

此次事件对企业 B 的财务指标产生了显著影响。当期净利润同比下降了 15%，毛利率也减少了 5 个百分点。此外，由于资金占用增加，企业的现金流状况也趋于紧张。

3. 供应链稳定性受损

合同管理不善导致供应链稳定性受损，企业 B 与多家供应商的关系出现裂痕。部分供应商对企业 B 的信誉产生怀疑，提出了更严格的合作条件，进一步增加了企业 B 的采购成本和时间成本。

4. 引发内部管理与信任危机

此次事件还引发了企业内部的管理与信任危机。员工对采购部门的决策能力产生怀疑，高层管理者也对采购流程的监督机制表示不满。这种内部矛盾影响了企业的整体运营效率和团队凝聚力。

四、结论与反思

1. 提高合同条款的明确性

在签订采购合同时，务必确保合同条款清晰明确，避免模糊表述和产生歧义。对于关键条款如质量标准、交货期、违约责任等，应尽可能量化并明确具体数值和标准。

2. 完善合同审批流程

建立严格的合同审批流程，确保每一份合同都经过充分审查和批准。对于重大采购合同，应实行多级审批制度，并引入法务部门和专业顾问的意见和建议。

3. 强化合同执行监控

建立合同执行监控机制，定期对合同执行情况进行跟踪和评估。一旦发现供应商违约或合同执行出现偏差，应立即采取有效措施进行处理，以减少损失并维护供应链稳定性。

4. 提升内部管理与合规意识

加强企业内部管理，提高员工的合规意识和法律素养。开展定期培训和宣传教育活动，使员工充分认识到合同管理的重要性以及不合规操作可能带来的严重后果。同时，建立举报和反馈机制，鼓励员工积极参与合同管理的监督和改进工作。

综上所述，国有企业采购与供应链管理合规问题中的合同管理风险不容忽视。企业 B 的经典案例为国有企业敲响了警钟，提醒国有企业在实际工作中务必加强合同管理合规性建设，确保供应链的稳定性和企业的可持续发展。

合规问题分析

一、业务简介

国有企业采购与供应链管理是企业运营的重要环节，涉及原材料、设备、服务等各类资源的采购以及供应链各环节的协调与优化。合同管理作为采购与供应链管理的核心组成部分，直接关系到企业的成本控制、质量保障、风险防控及整体运营效率。

二、相关规定

国有企业在进行采购与供应链管理时，需严格遵守国家法律法规、行业规范及企业内部管理制度。其中，与合同管理密切相关的法律法规包括但不限于《中华人民共和国合同法》《中华人民共和国政府采购法》等。这些法律法规对合同的订立、履行、变更、解除等环节提出了明确要求，旨在保障合同双方的合法权益，维护市场公平竞争秩序。

三、合规问题具体表现

1. 合同条款不明确

部分国有企业在签订合同时，对合同条款的表述不够严谨，存在模糊、歧义等问题，导致后续执行过程中产生纠纷和争议。这不仅增加了企业的法律风险和诉讼成本，还可能影响供应链的稳定性和可靠性。

2. 合同审批流程不规范

一些国有企业在合同审批过程中存在漏洞和疏忽，如审批权限不明确、审批流程不透明、审批人员不专业等。这些问题可能导致合同在未经充分审查和评估的情况下被签署，增加了企业的财务风险和合规风险。

3. 合同执行监控不到位

合同签订后，部分国有企业对合同执行情况的监控力度不足，未能及时发现和纠正供应商的违约行为或合同履行中的偏差。这不仅可能导致项目延期、成本超支等后果，还可能损害企业的声誉和信誉。

4. 合同管理信息化水平低

部分国有企业在合同管理方面仍采用传统的手工方式，信息化水平较低。这导致合同管理效率低下，难以实现合同的全生命周期管理和风险预警。同时，也增加了发生人为错误和舞弊行为的风险。

四、问题造成的严重影响

1. 经济损失大

合同管理不合规可能导致企业遭受直接经济损失，如因供应商违约导致的赔偿费用、因合同纠纷产生的诉讼费用等。

2. 供应链稳定性受损

合同管理不善可能导致供应链稳定性受损，影响企业与供应商之间的长期合作关系。一旦供应商出现违约行为或供应链中断，将直接影响企业的生产运营和市场供应能力。

3. 法律风险增加

合同管理不合规可能使企业面临法律风险，如因违反法律法规而受到行政处罚或法律制裁。这不仅会损害企业的声誉和信誉，还可能对企业的正常运营和发展造成严重影响。

4. 内部管理混乱

合同管理问题往往反映出企业内部管理的混乱和不规范。长此以往，将削弱企业的内部控制能力和降低风险管理水平，增加企业运营的不确定性和风险。

综上所述，国有企业采购与供应链管理合规问题中的合同管理风险不容忽视。企业应从完善合同条款、规范审批流程、加强执行监控和提升信息化水平等方面入手，全面提升合同管理的合规性和有效性，以保障企业的稳健运营和可持续发展。

法律法规依据

针对国有企业合同管理中存在的相关问题，以下是对相关法律法规的总结与归纳。

一、针对合同条款不明确问题的法律法规

1.《中华人民共和国合同法》

第十二条："合同的内容由当事人约定，一般包括以下条款：（一）当事人的名称或者姓名和住所；（二）标的；（三）数量；（四）质量；（五）价款或者报酬；（六）履行期限、地点和方式；（七）违约责任；（八）解决争议的方法。当事人可以参照各类合同的示范文本订立合同。"

此条款明确了合同应包含的基本内容，要求当事人在签订合同时确保条款明确无误，避免模糊和歧义。

2.《中华人民共和国民法典》

第四百六十九条：当事人订立合同，可以采用书面形式、口头形式或者其他形式。书面形式是合同书、信件、电报、电传、传真等可以有形地表现所载内容的形式。以电子数据交换、电子邮件等方式能够有形地表现所载内容，并可以随时调取查用的数据电文，视为书面形式。

随着信息化的发展，民法典确认了电子数据交换等形式作为书面合同的法律效力，但无论何种形式，合同条款的明确性都是基本要求。

二、针对合同审批流程不规范问题的法律法规

1.《中华人民共和国公司法》

第十五条：公司向其他企业投资或者为他人提供担保，依照公司章程的规定，由董事会或者股东会决议；公司章程对投资或者担保的总额及单项投资或者担保的数额有限额规定的，不得超过规定的限额。公司为公司股东或者实际控制人提供担保的，必须经股东会决议。前款规定的股东或者受前款规定的实际控制人支配的股东，不得参加前款规定事项的表决。该项表决由出席会议的其他股东所持表决权的过半数通过。

虽然此条款直接针对的是投资和担保行为，但它体现了公司决策应遵循的法定程序和内部治理要求。在合同管理中，审批流程同样需要遵循公司章程和相关法律法规的规定，确保决策合法合规。

2. 企业内部管理制度

国有企业通常会有自己的采购管理制度或合同管理办法，这些内部管理制度应明确合同审批的权限、流程、责任等事项，确保合同审批流程的规范性和有效性。尽管这些内部管理制度不属于国家法律法规范畴，但它们是企业合规管理的重要组成部分。

三、针对合同执行监控不到位问题的法律法规

1.《中华人民共和国合同法》

第六条：当事人行使权利、履行义务应当遵循诚实信用原则。

第七条：当事人订立、履行合同，应当遵守法律、行政法规，尊重社会公德，不得扰乱社会经济秩序，损害社会公共利益。

第八条：依法成立的合同，对当事人具有法律约束力。当事人应当按照约定履行自己的义务，不得擅自变更或者解除合同。

依法成立的合同，受法律保护。

2.《企业内部控制基本规范》

虽然这不是一部具体的法律法规，但它是指导企业内部控制建设的纲领性文件。国有企业应根据《企业内部控制基本规范》的要求，建立健全合同管理内部控制体系，加强对合同执行情况的监控和评估。

四、针对合同管理信息化水平低问题的法律法规

《中华人民共和国电子签名法》第三条：民事活动中的合同或者其他文件、单证等文书，当事人可以约定使用或者不使用电子签名、数据电文。当事人约定使用电子签名、数据电文的文书，不得仅因为其采用电子签名、数据电文的形式而否定其法律效力……

此条款确认了电子签名和数据电文在民事活动中的法律效力，为企业采用信息化手段进行合同管理提供了法律保障。国有企业应积极推进合同管理信息化建设，提高合同管理效率和准确性。

综上所述，国有企业在采购与供应链管理合规问题中的合同管理风险涉及多个方面，相关法律法规为企业提供了明确的指导。企业应严格遵守国家法律法规和内部管理制度的规定，加强合同管理合规性建设，确保企业的稳健运营和可持续发展。

合规程序与方法

针对国有企业采购与供应链管理合规问题中的合同管理风险，以下提出具体的合规程序与方法，旨在分步骤、有针对性地解决问题。

一、明确合同条款，减小歧义

1. 制定标准化合同模板

组织法务、采购、财务等部门共同制定各类采购合同的标准化模板，确保合同条款全面、明确、无歧义。模板应涵盖标的物描述、数量、质量、价格、付款方式、履行期限、违约责任等关键要素，并根据不同采购项目特点进行适当调整。

2. 建立合同审查机制

建立合同审查小组或指定专人负责合同审查工作，对每份合同进行细致审查，确保合同条款符合法律法规和企业内部规定。审查过程中应重点关注合同条款的完整性、合法性和可执行性，及时发现并解决潜在问题。

二、规范合同审批流程

1. 明确审批权限

在企业内部管理制度中明确各级管理人员在合同审批过程中的权限和责任，确保审批流程清晰。根据合同金额、重要性等因素设定不同的审批层级，确保重要合同得到高层管理人员的关注和审批。

2. 引入电子化审批系统

引入电子化审批系统，实现合同审批流程的线上化、自动化。使用系统记录审批轨迹，提高审批效率，同时便于后续审计和追溯。

三、加强合同执行监控

1. 建立合同履行台账

为每份合同建立专门的履行台账，记录合同履行过程中的关键节点和事项。定期与供应商沟通合同履行情况，确保双方按照合同约定履行义务。

2. 建立风险预警机制

利用信息化手段建立风险预警机制，对合同履行过程中可能出现的风险进行实时监控和预警。一旦发现潜在风险，立即启动应急预案，采取有效措施予以应对。

四、提升合同管理信息化水平

1. 引入合同管理软件

选择适合企业需求的合同管理软件，实现合同的全生命周期管理。软件应具备合同起草、审批、签署、执行监控、归档查询等功能，以提高合同管理效率和准确性。

2. 数据集成与共享

将合同管理系统与企业内部其他系统（如 ERP 等）进行集成，实现数据共享和流程协同。通过系统集成，减少重复录入工作，提高数据一致性和准确性。

五、强化合规培训与考核

1. 定期培训

定期组织采购、法务、财务等相关人员参加合规培训，提高其对合同管理法律法规和企业内部规定的理解和认识。培训内容应涵盖合同管理流程、合规风险点、案例分析等方面。

2. 绩效考核

将合同管理合规性纳入员工绩效考核体系，对在合同管理工作中表现突出的个人或团队给予奖励。同时，对违反合规要求的行为进行严肃处理，以强化员工的合规意识。

通过实施以上合规程序与方法，国有企业可以系统性地解决采购与供应链管理合规问题中的合同管理风险问题，提升合同管理合规性水平，保障企业的稳健运营和可持续发展。

专题 4：供应商管理不规范

案例引入

一、案例背景

大型制造业国有企业 E（以下简称"E 企业"），长期以来在行业内占据重要地位，主要从事机械设备的生产与销售。随着市场竞争的加剧和企业规模的扩大，E 企业在供应链管理上面临着越来越大的挑战。特别是在供应商管理方面，由于历史原因和管理体制不完善，E 企业逐渐暴露出诸多问题。

二、具体问题

1. 供应商准入机制不健全

（1）具体情况：E 企业在选择供应商时，缺乏统一、明确的准入标准和流程。部分供应商仅凭关系或低价中标，导致供应商资质参差不齐，产品质量难以保证。

（2）相关数据：在 2020 年至 2022 年，因供应商资质问题导致的退货率高达 15%，远高于行业平均水平（5%）。

2. 供应商评估与监督缺失

（1）具体情况：E 企业缺乏对供应商的定期评估和动态监督机制。部分供应商在初期表现良好，但随着时间的推移，逐渐减弱了对产品质量的控制，而 E 企业未能及时发现并采取措施。

（2）人物与事件：例如，负责某关键零部件的供应商李经理，利用其与企业采购员的私人关系，多次提供质量不达标的产品，而这一情况在长达半年的时间内未被察觉。

3. 合同管理不规范

（1）具体情况：E 企业在与供应商签订合同时，合同条款模糊，违约责任不明确，导致在合同履行过程中发生争议时难以有效维权。

（2）相关数据：因合同管理不善导致的法律纠纷案件逐年增加，2022年达到12起，较2020年增长了50%，涉及金额超过500万元。

三、主要问题的影响

1. 财务损失

（1）相关数据：直接经济损失方面，由于退货、返工和赔偿等原因，E企业在2022年因供应商问题导致的额外成本超过1000万元，占当年总成本的3%。

（2）相关财务指标：由于产品质量问题频发，客户满意度下降，市场份额受到挤压，导致E企业2022年营业收入同比下降了5%，净利润更是下滑了10%。

2. 品牌形象受损

多起质量问题被媒体曝光后，E企业的品牌形象受到严重损害，客户信任度降低，新订单获取难度加大。

3. 供应链稳定性受威胁

长期以来的供应商管理不规范，使得E企业的供应链体系脆弱不堪。一旦关键供应商出现问题，将直接影响企业的生产运营和市场供应能力。

四、结论与反思

本案例揭示了企业E在采购与供应链管理合规问题中的供应商管理不规范问题，其根源在于准入机制不健全、评估与监督缺失以及合同管理不规范。这些问题不仅导致了巨大的财务损失和品牌形象受损，还严重威胁到企业的供应链稳定性和市场竞争力。

1. 建立健全供应商准入机制

（1）制定明确的准入标准和流程，确保供应商资质符合要求，从源头上把控产品质量。

（2）加强供应商评估与监督：建立定期评估和动态监督机制，对供应商的产品质量、交货期、服务水平等进行全面评估，及时发现并解决问题。

2. 规范合同管理

明确合同条款，强化违约责任，确保在合同履行过程中能够有效维权。同时，加强合同管理信息化建设，提高管理效率和准确性。

3. 提升供应链风险管理能力

建立供应链风险预警和应急响应机制，对潜在风险进行实时监控和预警，确保供应链的稳定性和可靠性。

通过实施以上措施，E企业有望逐步解决供应商管理不规范的问题，提升采购与供应链管理的合规性水平，保障企业的稳健运营和可持续发展。

合规问题分析

一、业务简介

国有企业作为国家经济的重要支柱，其采购与供应链管理涉及广泛，包括原材料采购、零部件供应、物流服务等多个环节。供应商作为供应链上的重要一环，其管理规范与否直接关系到产品质量、成本控制及企业竞争力。

二、相关规定

国有企业采购与供应链管理需遵循国家相关法律法规及企业内部规章制度。这些规定通常要求企业在选择、评估、监督供应商时，应坚持公平、公正、公开的原则，确保供应商资质合法、产品质量可靠、服务优质。同时，还强调合同管理的重要性，要求合同条款明确、合法合规，以保障双方权益。

三、合规问题具体表现

1. 供应商准入机制不完善

部分国有企业缺乏明确的供应商准入标准，导致供应商资质参差不齐，增加了采购风险。准入过程缺乏透明度，存在人为干预现象，影响公平竞争。

2. 供应商评估与监督不足

评估体系不健全，评估指标单一，难以全面反映供应商的真实水平。监督力度不够，对供应商的日常运营、产品质量控制等缺乏有效监控。评估与监督结果未能及时反馈并应用于后续采购决策中。

3. 合同管理不规范

合同条款模糊，违约责任不明确，导致合同履行过程中易发生争议。合同签订流程不规范，存在先采购后补合同的情况，增加法律风险。合同执行过程中缺乏有效的跟踪与监督机制，难以及时发现问题并采取措施。

4. 信息化水平低

部分国有企业在供应商管理信息化方面滞后，缺乏统一的供应商管理平台。信息孤岛现象严重，采购、财务、生产等部门间信息沟通不畅。数据分析能力不足，难以利用大数据、人工智能等技术手段提升供应商管理效率。

四、问题造成的严重影响

1. 产品质量问题频发

不合格的供应商可能导致原材料、零部件等产品质量不达标，进而影响最终产品的质量，损害企业品牌形象。同时，供应商管理不规范可能导致采购成本增加，如频繁更换供应商带来的转换成本、质量问题导致的返工成本等。

2. 供应链风险加大

不稳定的供应关系可能导致供应链中断，影响企业的正常生产运营和市场供应能力。

3. 法律风险

合同管理不规范可能引发法律纠纷，给企业带来经济损失和导致声誉受损。

4. 市场竞争力下降

供应商管理长期不规范将削弱企业的市场竞争力，影响企业的可持续发展。

综上所述，国有企业采购与供应链管理合规问题中的供应商管理不规范问题亟待解决。实施完善供应商准入机制、加强评估与监督、规范合同管理、提升信息化水平等措施，可以有效提升供应商管理水平，保障企业的稳健运营和可持续发展。

法律法规依据

针对国有企业采购与供应链管理合规问题中供应商管理不规范的问题，以下是对相关法律法规的总结。

一、针对供应商准入机制不完善问题的法律法规

1.《中华人民共和国企业国有资产法》

第二十一条：国家出资企业对其所出资企业依法享有资产收益、参与重大决策和选择管理者等出资人权利。

国家出资企业对其所出资企业，应当依照法律、行政法规的规定，通过制定或者参与制定所出资企业的章程，建立权责明确、有效制衡的企业内部监督管理和风险控制制度，维护其出资人权益。

2.《中华人民共和国公司法》

第一百八十三条：董事、监事、高级管理人员，不得利用职务便利为自己或者他人谋取属于公司的商业机会。但是，有下列情形之一的除外：

（一）向董事会或者股东会报告，并按照公司章程的规定经董事会或者股东会决议通过；

（二）根据法律、行政法规或者公司章程的规定，公司不能利用该商业机会。

二、针对供应商评估与监督不足问题的法律法规

《中华人民共和国合同法》

第八条：依法成立的合同，对当事人具有法律约束力。当事人应当按照约定履行自己的义务，不得擅自变更或者解除合同。

依法成立的合同，受法律保护。

三、针对合同管理不规范问题的法律法规

1.《中华人民共和国合同法》

第十二条：合同的内容由当事人约定，一般包括以下条款：

（一）当事人的名称或者姓名和住所；

（二）标的；

（三）数量；

（四）质量；

（五）价款或者报酬；

（六）履行期限、地点和方式；

（七）违约责任；

（八）解决争议的方法。

当事人可以参照各类合同的示范文本订立合同。

2.《中华人民共和国会计法》

第十五条：会计账簿登记，必须以经过审核的会计凭证为依据，并符合有关法律、行政法规和国家统一的会计制度的规定……。

这要求国有企业在处理与供应商的财务往来时，必须依据合法的会计凭证进行，确保合同管

理的财务合规性。

四、针对信息化水平低问题的法律法规

《中华人民共和国电子签名法》

第三条：民事活动中的合同或者其他文件、单证等文书，当事人可以约定使用或者不使用电子签名、数据电文……。

这为企业采用电子化手段进行供应商管理提供了法律支持，鼓励国有企业提升信息化水平。

综上所述，国有企业在采购与供应链管理合规问题中的供应商管理不规范问题，违反了多个法律法规。企业必须严格遵守相关法律法规，完善供应商准入机制，加强评估与监督，规范合同管理，并提升信息化水平，以确保采购与供应链管理的合规性和有效性。

合规程序与方法

针对国有企业采购与供应链管理合规问题中供应商管理不规范的现象，以下提出具体的合规程序与方法，旨在分步骤、有针对性地解决问题。

一、建立健全供应商准入机制

1. 制定明确的准入标准

结合企业实际需求，制定详细的供应商准入标准，包括但不限于资质要求、产品质量、服务能力、财务状况、环保标准和社会责任等方面。

2. 实施严格的审核流程

建立多部门联审机制，确保准入审核的全面性和公正性。审核过程应涵盖资料审查、现场考察、样品测试等多个环节，必要时可引入第三方机构进行评估。

3. 建立供应商数据库

将审核通过的供应商纳入企业供应商数据库，并定期进行更新和维护，确保信息的准确性和时效性。

二、加强供应商评估与监督

1. 制定定期评估计划

根据供应商合作情况，制定定期评估计划，对供应商的产品质量、交货期、服务水平等进行全面评估。

2. 实施动态监督

建立供应商日常监督机制，对供应商的生产过程、质量控制体系等进行动态跟踪和监督，确保供应商持续符合企业要求。

3. 建立问题反馈机制

畅通问题反馈渠道，鼓励企业内部员工及外部客户对与供应商相关的问题进行反馈，并及时处理和解决。

三、规范合同管理

1. 制定标准合同模板

根据不同类型的采购需求，制定标准合同模板，明确双方权利义务、违约责任等条款，避免合同漏洞。

2. 规范合同签订流程

规范合同签订流程，确保合同条款的合法合规性。采用电子化手段进行合同审批和签署，提高效率和透明度。

3. 加强合同履行跟踪

建立合同履行跟踪机制，对合同履行过程中的关键节点进行监控，确保供应商按时按质履行合同义务。

四、提升信息化水平

1. 引入供应商管理系统

采用先进的供应商管理系统，实现供应商信息的集中管理和共享，提高管理效率。

2. 应用大数据技术

利用大数据技术对供应商数据进行深度挖掘和分析，发现潜在问题和风险，为决策提供支持。

3. 推动电子化采购

推动电子化采购流程的实施，减少纸质文件和人工操作，提高采购效率和透明度。

五、加强合规培训与文化建设

1. 开展合规培训

定期组织采购、财务、法务等相关部门人员参加合规培训，提高其合规意识和风险防控能力。

2. 建立合规文化

将合规理念融入企业文化之中，形成全员参与、共同维护的合规氛围。通过内部宣传、案例分析等方式，加深员工对合规重要性的认识。

通过实施以上合规程序与方法，国有企业可以系统性地解决采购与供应链管理合规问题中的供应商管理不规范问题，提升采购与供应链管理的合规性和企业竞争力。

专题 5：关联交易风险

案例引入

一、案例背景

传统制造业国有企业 F（以下简称"F 公司"），主营业务为汽车零部件生产。近年来，随着市场竞争的加剧，F 公司试图通过内部优化和成本控制来提升竞争力。在此过程中，F 公司与其关联公司 G（一家专门从事原材料供应的公司）之间的关联交易逐渐增多，且交易模式复杂多样，从而导致关联交易风险。

二、具体问题

1. 不公平定价

F 公司在与 G 公司的原材料采购交易中，长期采用低于市场价的采购价格。内部审计报告显示，2021—2024 年内，F 公司从 G 公司采购的原材料价格平均低于市场价约 20%，涉及金额高达数亿元。这种不公平定价行为严重损害了 F 公司的利益，导致其在与外部供应商竞争时处于不利地位。

2. 信息不对称

F 公司在与 G 公司的交易过程中，往往只能获取到 G 公司提供的有限信息，而对原材料的实际成本、市场供应状况等关键信息了解不足。这种信息不对称使得 F 公司难以做出准确的采购决策，增加了采购风险。

3. 利益输送与内部腐败

进一步调查发现，F 公司的高管层中存在与 G 公司有密切私人关系的人员，这些高管利用职务之便，通过关联交易进行利益输送。例如，某高管李某在担任采购部经理期间，多次在 G 公司采购合同中插入有利于 G 公司的条款，导致 F 公司额外支付了高额的服务费用，据估算，仅李某一人涉及的利益输送金额就超过千万元。

三、主要问题的影响

1. 财务指标下滑

由于不公平定价和利益输送等问题，F 公司的采购成本长期居高不下，严重侵蚀了利润空间。2021—2024 年，F 公司的净利润率平均减少了约 5 个百分点，直接影响了公司的盈利能力和市场地位。

2. 供应链稳定性受损

由于过度依赖关联企业 G 的原材料供应，F 公司在面对市场波动和供应链风险时显得尤为脆弱。一旦 G 公司出现供应问题或价格调整，F 公司的生产运营将受到直接影响，甚至可能导致生产中断和客户流失。

3. 法律风险与声誉损失

不公平的关联交易和内部腐败行为不仅违反了国家法律法规和企业内部规章制度，还严重损害了 F 公司的企业形象和声誉。随着相关问题的曝光，F 公司面临着来自监管机构的处罚和公众舆论的谴责。

四、结论与反思

本案例揭示了国有企业采购与供应链管理合规问题中关联交易风险的严重性和复杂性。为了避免类似问题的发生，国有企业应采取以下措施。

1. 建立健全关联交易管理制度

明确关联交易的定义、范围、审批程序和监管要求，确保关联交易的公平、公正和透明。

2. 加强内部控制和审计监督

建立健全内部控制体系，加大对关联交易的审计监督力度，及时发现并解决存在的问题。

3. 推进信息化建设

利用现代信息技术手段提高供应链管理的透明度和效率，减少信息不对称现象的发生。

4. 加强合规培训和文化建设

提高员工的合规意识和风险防控能力，营造诚信守法、公平竞争的企业文化氛围。

通过实施以上措施，国有企业可以有效降低关联交易风险，保障采购与供应链管理的合规性和稳定性，为企业的可持续发展奠定坚实基础。

合规问题分析

一、业务简介

在国有企业的日常运营中，采购与供应链管理是确保企业生产经营活动顺利进行的重要环节。采购涉及原材料、设备、服务等资源的获取，而供应链管理则强调对采购、生产、物流、销售等全链条的有效管理和优化。关联交易作为企业内部交易的一种特殊形式，在国有企业中尤为常见，涉及与关联企业之间的商品买卖、劳务提供、资金借贷、资产交易等多种经济活动。

二、相关规定

针对国有企业采购与供应链管理中的关联交易，国家出台了一系列法律法规和规章制度进行规范，主要包括《中华人民共和国公司法》《中华人民共和国企业国有资产法》《企业内部控制基本规范》以及相关的会计准则和税务规定等。这些规定要求国有企业在进行关联交易时必须遵循公平、公正、透明的原则，确保交易价格合理、程序合法，并防止利益输送和内部腐败行为的发生。

三、合规问题具体表现

1. 不公平定价

国有企业与关联企业之间的交易往往存在定价不公的问题，如以低于或高于市场价的价格进行商品买卖，损害国有企业和国家利益。

2. 信息不透明

关联交易过程中，信息的不对称和不透明现象较为普遍，国有企业难以获取关联企业的真实成本和财务状况，增加了决策风险。

3. 利益输送

部分国有企业高管利用职务之便，通过关联交易进行利益输送，将国有企业资源向关联企业或个人倾斜，损害国有企业利益。

4. 内部腐败

关联交易为内部腐败提供了温床，一些国有企业员工与关联企业人员勾结，进行权钱交易、贪污受贿等违法行为。

5. 财务造假

为了粉饰财务报表或达到特定财务目标，国有企业可能通过关联交易虚构交易、调节利润等，严重违反会计准则和法律法规。

四、问题造成的严重影响

1. 损害国家利益

不公平的关联交易导致国有资产流失，损害国家利益和社会公共利益。

2. 破坏市场秩序

关联交易中的不公平竞争行为扰乱了市场秩序，破坏了公平竞争的市场环境。

3. 影响企业信誉

关联交易风险暴露后，国有企业将面临严重的信誉损失，影响企业的市场形象和品牌价值。

4. 增加财务风险

不合理的关联交易安排可能导致企业资金链紧张、负债率高企等财务风险问题。

5. 阻碍企业发展

关联交易风险的长期存在将严重制约国有企业的健康发展，降低企业的市场竞争力和可持续发展能力。

综上所述，国有企业采购与供应链管理合规问题中的关联交易风险是一个复杂而严重的问题，需要企业、监管部门和社会各界共同努力加以防范和治理。采取建立健全相关制度、加强内部控制和审计监督、提高信息披露透明度等措施，可以有效降低关联交易风险，保障国有企业的合规运营和健康发展。

法律法规依据

针对国有企业采购与供应链管理合规问题中关联交易风险所暴露出的具体问题，以下是对相关法律法规依据的总结。

一、针对不公平定价问题的法律法规

1.《中华人民共和国公司法》

第二十二条：公司的控股股东、实际控制人、董事、监事、高级管理人员不得利用其关联关系损害公司利益。违反前款规定，给公司造成损失的，应当承担赔偿责任。

2.《中华人民共和国企业国有资产法》

第四十五条：未经履行出资人职责的机构同意，国有独资企业、国有独资公司不得有下列行为：

（一）与关联方订立财产转让、借款的协议；

（二）为关联方提供担保；

（三）与关联方共同出资设立企业，或者向董事、监事、高级管理人员或者其近亲属所有或者实际控制的企业投资。

二、针对信息不透明问题的法律法规

1.《中华人民共和国企业国有资产法》

第三十八条：国有独资企业、国有独资公司、国有资本控股公司对其所出资企业的重大事项参照本章规定履行出资人职责。

2.《企业内部控制基本规范》

该规范指出，企业应当建立与实施有效的内部控制，包括内部环境、风险评估、控制活动、信息与沟通、内部监督等要素，以确保信息的真实性和完整性。

三、针对利益输送问题的法律法规

1.《中华人民共和国刑法》

第一百六十六条：为亲友非法牟利罪，指国有公司、企业、事业单位的工作人员，利用职务便利，为亲友非法牟利，致使国家利益遭受重大损失的行为。

2.《中华人民共和国企业国有资产法》

第四十九条：国有独资企业、国有独资公司、国有资本控股公司及其董事、监事、高级管理人员应当向资产评估机构如实提供有关情况和资料，不得与资产评估机构串通评估作价。

四、针对内部腐败问题的法律法规

1.《中华人民共和国刑法》

第三百八十五条：受贿罪，指国家工作人员利用职务上的便利，索取他人财物的，或者非法收受他人财物，为他人谋取利益的行为。

2.《中华人民共和国企业国有资产法》

第七十二条：在涉及关联方交易、国有资产转让等交易活动中，当事人恶意串通，损害国有资产权益的，该交易行为无效。

五、针对财务造假问题的法律法规

1.《中华人民共和国会计法》

第九条：各单位必须根据实际发生的经济业务事项进行会计核算，填制会计凭证，登记会计账簿，编制财务会计报告。任何单位不得以虚假的经济业务事项或者资料进行会计核算。

2.《企业会计准则第 14 号——收入》

第二条：收入，是指企业在日常活动中形成的、会导致所有者权益增加的、与所有者投入资本无关的经济利益的总流入。

企业应当遵循真实性原则，不得虚构收入。

综上所述，针对国有企业采购与供应链管理合规问题中关联交易风险所暴露出的具体问题，相关法律法规已经提供了明确的指导和规范。国有企业应当严格遵守相关法律法规，建立健全内部控制制度，加强关联交易管理，确保采购与供应链管理的合规性和有效性。

合规程序与方法

针对国有企业采购与供应链管理合规问题中的关联交易风险，以下提出具体的合规程序与方法，旨在分步骤、有针对性地解决问题。

一、建立健全关联交易管理制度

1. 明确关联方定义与范围

企业应明确界定关联方的定义和范围，包括控股股东、实际控制人、董事、监事、高级管理人员及其关系密切的家庭成员控制或施加重大影响的企业等。

2. 制定关联交易管理政策

制定详细的关联交易管理政策，明确关联交易的原则、审批流程、信息披露要求、价格公允性判断标准等。

3. 设立独立审批机构

成立由非关联方组成的独立审批机构，负责关联交易的审查与批准，确保审批过程的公正性和独立性。

二、加强关联交易信息披露

1. 定期报告披露

要求企业在年度财务报告、半年度财务报告中详细披露关联交易情况，包括交易对方、交易内容、交易金额、定价依据等。

2. 临时公告披露

对于重大关联交易，企业应及时发布临时公告，向投资者和社会公众披露相关信息，保障信息透明度。

3. 建立信息共享平台

利用现代信息技术手段，建立供应链信息共享平台，实现关联交易信息的实时共享与监控。

三、确保交易价格公允性

1. 引入第三方评估

对于重大关联交易，企业应引入独立的第三方评估机构对交易价格进行公允性评估，确保交易价格合理。

2. 建立市场价格参考机制

建立市场价格参考机制，定期收集和分析同类交易的市场价格信息，为关联交易定价提供参考。

3. 强化内部审计监督

加大内部审计对关联交易的监督力度，定期对关联交易进行审计，及时发现并解决价格不公等问题。

四、完善内部控制体系

1. 实施职责分离

确保关联交易相关职责的有效分离，避免利益冲突和权力滥用。

2. 加强风险评估与监控

建立健全风险评估体系，对关联交易可能带来的风险进行定期评估和监控，制定相应的风险应对措施。

3. 建立举报与问责机制

鼓励员工举报关联交易中的违规行为，并对违规责任人进行严肃问责，形成有效的震慑。

五、推进电子化采购与供应链管理

1. 采用电子化采购平台

推广使用电子化采购平台，实现采购过程的透明化和标准化，减少人为干预、减小暗箱操作空间。

2. 加强供应链协同管理

利用信息化手段加强供应链协同管理，提高供应链透明度和响应速度，降低供应链风险。

3. 建立供应商评价体系

建立科学、公正的供应商评价体系，对供应商进行定期评估和分级管理，确保供应链的稳定性和可靠性。

通过实施以上合规程序与方法，国有企业可以有效降低采购与供应链管理合规问题中的关联交易风险，保障企业的合规运营和健康发展。

专题 6：采购人员合规意识淡薄

案例引入

一、案例背景

W 公司是一家传统制造业国有企业，主要从事重型机械设备的生产与销售。近年来，随着市场竞争的加剧和企业规模的扩大，W 公司在采购与供应链管理方面的合规问题逐渐凸显。特别是采购部门，部分采购人员合规意识淡薄，导致了一系列违规操作，给公司带来了严重的经济损失和声誉损害。

二、具体问题

1. 违规采购行为频发

采购经理李某，为了个人利益，多次与供应商串通，以高于市场价的价格采购原材料，并从中收取回扣。据统计，仅在一年内，李某涉及的不合规采购金额就高达 500 万元，回扣金额超过 50 万元。

其他采购人员也存在类似问题，如未经审批擅自更改采购计划、与供应商私下签订协议等。

2. 信息不透明，缺乏有效监督

采购过程缺乏透明度，关键信息如供应商选择标准、采购价格谈判过程等未公开，导致内部监督形同虚设。

财务部门对采购成本的审核不严，未能及时发现并纠正违规采购行为。

3. 合规培训与意识不足

公司对采购人员的合规培训重视不够，培训内容和频次均不足，导致采购人员对合规要求理解不深、执行不力。

三、主要问题的影响

1. 经济损失大

不合规采购直接导致公司成本上升，利润下滑。财务数据显示，由于违规采购，W 公司年度净利润同比下降了 10%，直接经济损失超过 800 万元。

2. 声誉损害

违规采购行为曝光后，W 公司的市场声誉受到严重影响，客户信任度下降，部分长期合作客户流失。

3. 面临法律风险

监管部门介入调查，对涉及违规采购的人员进行了严肃处理，包括李某在内的多名采购人员被追究刑事责任，公司也面临高额罚款。

4. 内部管理混乱

违规采购事件暴露出公司内部控制体系的重大缺陷，管理层威信受损，员工士气低落，公司内部管理陷入混乱。

四、结论与反思

W 公司采购与供应链管理合规问题中采购人员合规意识淡薄的案例，深刻揭示了合规管理在国有企业运营中的重要性。公司应从以下几个方面进行反思和改进。

1. 加强合规文化建设

将合规文化融入企业核心价值观，通过持续的合规培训和宣传，提高全体员工的合规意识。

2. 完善内部控制体系

建立健全内部控制体系，明确采购流程、审批权限和责任追究机制，确保采购活动的合规性。

3. 强化监督与审计

设立独立的内部审计部门，对采购活动进行定期审计和不定期抽查，及时发现并纠正违规行为。

4. 推进电子化采购

利用现代信息技术手段，推广电子化采购平台，实现采购过程的透明化和标准化，减少人为干预、减小违规操作空间。

5. 加大违规惩处力度

对违规采购行为零容忍，一经发现严肃处理，形成有效的震慑，维护企业的合规运营环境。

总之，国有企业应深刻吸取 W 公司的教训，高度重视采购与供应链管理合规问题，采取加强合规文化建设、完善内部控制体系、强化监督与审计等措施，不断提升企业的合规管理水平，保障企业的健康、可持续发展。

合规问题分析

一、业务简介

国有企业采购与供应链管理是企业运营的重要环节，涉及原材料采购、供应商选择、合同签订、物流配送等多个方面。这一环节的高效、合规运作对保障企业生产、降低成本、提高市场竞争力具有重要意义。然而，在实际操作中，采购人员的合规意识淡薄成为制约其合规性的关键因素之一。

二、相关规定

针对国有企业采购与供应链管理，国家及企业内部制定了一系列法律法规和规章制度，以确保采购活动的合规性。这些规定包括但不限于以下内容。

《中华人民共和国企业国有资产法》，对国有企业采购行为进行了规范，要求采购活动必须遵循公平、公正、公开的原则。

《中华人民共和国招标投标法》，对采购过程中的招标投标行为进行了详细规定，要求必须按照法定程序进行。

企业内部制定的采购管理制度，明确了采购流程、审批权限、供应商管理、合同管理等方面的具体要求。

三、合规问题具体表现

采购人员合规意识淡薄在国有企业采购与供应链管理中有多种表现，具体如下。

1. 违规选择供应商

采购人员在供应商选择过程中，未按照企业规定的标准和程序进行，而是基于个人利益或关系选择供应商，导致采购质量下降、成本上升。

2. 私下签订采购合同

采购人员未经授权或审批，私自与供应商签订采购合同，合同内容往往不利于企业，存在法律风险。

3. 收受回扣等不正当利益

采购人员在采购过程中收受供应商的回扣、礼品等不正当利益，损害企业利益。

4. 采购信息不透明

采购人员未按照规定公开采购信息，导致内部监督失效，容易滋生腐败行为。

四、问题造成的严重影响

采购人员合规意识淡薄对国有企业采购与供应链管理造成了严重影响，具体如下。

1. 经济损失大

不合规的采购行为往往导致企业采购成本上升、质量下降，进而造成直接的经济损失。

2. 声誉损害

采购合规问题曝光后，会严重损害企业的市场声誉和品牌形象，导致客户信任度下降、合作伙伴流失。

3. 面临法律风险

不合规的采购行为可能违反国家法律法规，使企业面临法律诉讼和罚款等法律风险。

4. 内部管理混乱

采购合规问题往往暴露出企业内部控制体系的缺陷，会导致企业内部管理混乱、员工士气低落。

综上所述，国有企业采购与供应链管理合规问题中采购人员合规意识淡薄是一个亟待解决的问题。企业应通过加强合规培训、完善内部控制体系、强化监督与审计等措施，提高采购人员的合规意识，确保采购活动的合规性，保障企业的健康、可持续发展。

法律法规依据

针对国有企业采购与供应链管理合规问题中采购人员合规意识淡薄的问题，以下是对相关法律法规的总结。

一、针对违规选择供应商问题的法律法规

1.《中华人民共和国企业国有资产法》

第十六条：国家出资企业对其动产、不动产和其他财产依照法律、行政法规以及企业章程享有占有、使用、收益和处分的权利……。

企业应当建立采购与供应链管理制度，确保采购活动的合规性，防止因违规选择供应商而损害国有资产权益。

2.《中华人民共和国招标投标法》

第三条：在中华人民共和国境内进行下列工程建设项目包括项目的勘察、设计、施工、监理以及与工程建设有关的重要设备、材料等的采购，必须进行招标……。

国有企业采购重要设备、材料时，应遵循招标投标法，确保供应商选择的公正性和透明度。

二、针对私下签订采购合同问题的法律法规

1.《中华人民共和国合同法》

第五十条：法人或者其他组织的法定代表人、负责人超越权限订立的合同，除相对人知道或者应当知道其超越权限的以外，该代表行为有效。采购人员未经授权或审批私自签订的采购合同可能属于无效合同，给企业带来法律风险。

2.《中华人民共和国企业国有资产法》

第三十三条：国有资本控股公司、国有资本参股公司有本法第三十条所列事项的，依照法律、行政法规或者公司章程的规定，由公司股东会、股东大会或者董事会决定……。

国有企业应建立健全合同管理制度，防止采购人员私下签订不利于企业的合同。

三、针对收受回扣等不正当利益问题的法律法规

1.《中华人民共和国刑法》

第一百六十三条：公司、企业或者其他单位的工作人员，利用职务上的便利，索取他人财物或者非法收受他人财物，为他人谋取利益，数额较大的，处三年以下有期徒刑或者拘役，并处罚金……。

采购人员收受回扣等不正当利益可能构成犯罪。

2.《中华人民共和国反不正当竞争法》

第七条：经营者不得采用财物或者其他手段贿赂下列单位或者个人，以谋取交易机会或者竞争优势……。

采购人员收受供应商贿赂违反反不正当竞争法，损害市场公平竞争秩序。

四、针对采购信息不透明问题的法律法规

1.《企业信息公示暂行条例》

第七条：市场监督管理部门以外的其他政府部门（以下简称其他政府部门）应当公示其在履行职责过程中产生的下列企业信息……。

虽然此条例主要针对企业信息公示，但国有企业应主动公示采购相关信息，接受社会监督，确保采购活动的透明度。

2.《中华人民共和国会计法》

第十五条：会计账簿登记，必须以经过审核的会计凭证为依据，并符合有关法律、行政法规和国家统一的会计制度的规定。会计账簿包括总账、明细账、日记账和其他辅助性账簿。

国有企业应确保采购活动的会计记录真实、完整，反映采购信息，便于内部监督和审计。

综上所述，国有企业采购与供应链管理合规问题中采购人员合规意识淡薄问题涉及多个法律法规领域。企业应严格遵守相关法律法规，加强合规培训和管理，确保采购活动的合规性和透明度。

合规程序与方法

针对国有企业采购与供应链管理合规问题中采购人员合规意识淡薄的问题，以下提出具体的合规程序与方法，旨在分步骤、有针对性地解决问题。

一、加强合规教育与培训

1.制定培训计划

根据采购人员的岗位职责和合规需求，制定详细的合规培训计划，包括国家法律法规、企业内部规章制度、采购流程与技巧等内容。

2.组织定期培训

定期（如每季度或每半年）组织采购人员进行合规培训，邀请法律专家、内部合规部门成员或外部培训机构讲师授课。

3.考核与收集反馈意见

培训结束后进行考核，确保采购人员掌握合规知识。收集反馈意见，不断优化培训内容和形式。

二、完善采购管理制度

1.明确采购流程

制定详细的采购流程图，明确从需求提出、供应商选择、价格谈判、合同签订到货物验收等环节的具体步骤和责任人。

2.建立供应商管理制度

明确供应商的选择标准、评估方法和退出机制，确保供应商具备合法资质和良好的商业信誉。

3.强化合同管理

制定标准合同模板，明确双方权利义务和违约责任条款。建立合同审批和归档制度，确保合同管理的规范性和可追溯性。

三、推行电子化采购平台

引入电子化采购平台，实现采购流程的线上化、透明化和标准化。使用平台记录采购全过程信息，减少人为干预、减小违规操作空间。

四、建立内部监督机制

1.设立合规部门

设立独立的合规部门，负责监督采购活动的合规性。合规部门应直接向企业高层汇报工作，确保监督的独立性和有效性。

2.开展定期审计

对采购活动进行定期审计和不定期抽查，及时发现并纠正违规行为。审计结果应作为采购人员绩效考核的重要依据。

3.建立举报机制

鼓励员工举报采购活动中的违规行为，保护举报人的合法权益。对举报属实的情况给予奖励，并对违规人员进行严肃处理。

五、强化外部监管与合作

1.接受外部监管

积极配合政府监管部门的检查和审计工作，及时解决发现的问题。主动向国资监管机构报告采购及合同数据，接受社会监督。

2.加强与供应商的合作与沟通

与供应商建立长期稳定的合作关系，共同维护公平竞争的市场秩序。定期与供应商进行合规交流和培训，提升双方合规意识。

3.参与行业组织活动

加入相关行业协会或组织，参与行业合规标准的制定和推广工作。与同行企业交流合规管理经验和做法，共同提升行业合规水平。

通过实施以上合规程序与方法，国有企业可以有效提升采购人员的合规意识，规范采购行为，降低合规风险，保障企业的健康、可持续发展。

专题7：电子采购技术应用不足

案例引入

一、案例背景

公司H，作为一家拥有数十年历史的传统制造业国有企业，长期专注于机械零部件的生产与销售。随着市场竞争的加剧和数字化转型的需求日益旺盛，公司H面临提升采购效率、降低成本、加强合规管理的迫切需求。然而，由于历史原因和内部管理体系的不适宜，公司H在电子采购技术的应用上进展缓慢，导致了一系列合规问题。

二、具体问题

1.信息化建设滞后

公司H的采购部门仍主要依赖传统的纸质文件和人工操作方式，缺乏统一的电子化采购平台。据统计，公司每年的纸质采购文件堆积如山，不仅占用了大量存储空间，还增加了查阅和管理的难度。

2.供应商管理混乱

由于电子采购技术应用不足，公司H的供应商信息库更新不及时，因此在紧急采购时难以迅速找到合适的供应商。此外，供应商评估流程也不够透明和规范，存在人为干预的风险。内部审计报告显示，过去一年内因供应商选择不当导致的质量问题频发，直接经济损失达数百万元。

3.采购流程不透明

公司H的采购流程复杂且缺乏透明度，审批环节多、周期长，影响了采购效率。同时，由于采购信息未能及时公开，内部监督不到位，存在腐败风险。据不完全统计，公司因采购流程不透明而引发的员工投诉和举报事件逐年增加。

4.成本控制不力

由于缺乏有效的电子采购系统支持，公司H在比价、议价等环节上难以做到精准高效，因此采购成本居高不下。财务数据显示，过去三年公司采购成本年均增长率超过行业平均水平5个百分点，严重挤压了利润空间。

三、主要问题的影响

1.经济损失巨大

由于供应商管理混乱和采购成本控制不力，公司 H 直接经济损失巨大。据估算，仅因供应商选择不当导致的质量问题就造成了数百万元的损失；而采购成本的持续攀升更是侵蚀了企业的利润。

2.市场竞争力下降

在数字化转型的浪潮中，公司 H 因采购效率低下、成本高昂而逐渐失去市场竞争力。客户订单流失、市场份额缩减成为不争的事实。市场调研报告显示，公司 H 在目标市场的占有率已从前几年的行业前五下滑至十名开外。

3.产生内部信任危机

采购流程的不透明和腐败风险引发了员工的广泛不满和怀疑，公司内部信任危机严重。员工士气低落、工作积极性下降，进一步加剧了企业的困境。

4.合规风险增加

随着国家对国有企业合规管理要求的不断提高，公司 H 在采购与供应链管理方面的合规风险日益凸显。一旦爆发重大合规事件，将对企业声誉和品牌形象造成不可估量的损害。

四、结论与反思

公司 H 的案例深刻揭示了国有企业在采购与供应链管理合规问题中电子采购技术应用不足所带来的严重后果。面对数字化转型的大趋势和日益严格的合规要求，国有企业必须加快信息化建设步伐，积极推广电子采购技术。具体而言，应加强顶层设计和统筹规划，制定科学合理的电子采购实施方案；加大投入力度，引入先进的电子采购技术；加强人员培训和管理，提高采购人员的信息化素养和合规意识。只有这样，才能有效提升采购效率、降低采购成本、加强合规管理，为企业的持续健康发展奠定坚实基础。

合规问题分析

一、业务简介

国有企业采购与供应链管理是保障企业生产经营活动顺利进行的重要环节，涉及物资、服务等多个领域的采购活动。随着信息技术的飞速发展，电子采购技术逐渐成为提升采购效率、降低采购成本、加强合规管理的重要手段。然而，部分国有企业对电子采购技术的应用仍显不足，面临诸多挑战。

二、相关规定

针对国有企业采购与供应链管理的合规性，国家出台了一系列相关法律法规和政策文件，如《中华人民共和国招标投标法》《中华人民共和国企业国有资产法》《中华人民共和国政府采购法》等，对采购流程、供应商管理、合同管理等方面提出了明确要求。同时，国资委等监管部门也多次发文强调提高国有企业采购与供应链管理的合规性，推动电子采购技术的应用。

三、合规问题具体表现

1.信息化建设滞后

部分国有企业信息化建设滞后，缺乏统一的电子化采购平台，导致采购流程烦琐、效率低下。企业内部信息系统和流程不统一，难以实现数据的互联互通和共享利用。

2. 供应商管理不规范

电子采购技术应用不足使得供应商信息库更新不及时，供应商评估流程不透明、不规范。这不仅增加了采购风险，还可能导致采购过程中的人为干预和腐败行为。

3. 采购流程不透明

传统的手工操作方式使得采购流程难以做到完全透明，审批环节多、周期长，影响了采购效率和合规性。同时，信息的不公开也增加了内部监督的难度。

4. 数据安全与隐私保护风险

虽然电子采购技术能够提升效率，但数据安全与隐私保护问题也不容忽视。部分国有企业在应用电子采购技术时，缺乏足够的安全防护措施，导致敏感信息泄露或被恶意攻击。

5. 人员技能与意识不足

电子采购技术的应用需要采购人员具备一定的信息技术和电子商务知识。然而，部分国有企业采购人员在这方面存在技能短板和意识不足的问题，难以满足电子化采购的需求。

四、问题造成的严重影响

1. 采购效率低下

信息化建设滞后和采购流程不透明导致采购效率低下，延长了采购周期，影响了企业的正常生产经营活动。

2. 采购成本增加

由于供应商管理不规范和采购流程中的潜在腐败风险，企业可能面临采购成本增加的问题。同时，缺乏精准的比价和议价机制也使得企业在价格谈判中处于不利地位。

3. 合规风险上升

电子采购技术应用不足增加了企业的合规风险。一旦爆发合规事件，将对企业声誉和品牌形象造成严重损害，甚至可能导致企业面临法律制裁和经济损失。

4. 市场竞争力下降

在数字化转型的浪潮中，国有企业若不能及时跟上步伐，加强对电子采购技术的应用，将逐渐失去市场竞争力。客户订单的流失和市场份额的缩减将不可避免。

综上所述，国有企业采购与供应链管理合规问题中电子采购技术应用不足的问题亟待解决。企业应从加强信息化建设、规范供应商管理、优化采购流程、加强数据安全与隐私保护以及提升人员技能与意识等方面入手，全面提升电子采购技术的应用水平，确保采购与供应链管理的合规性和高效性。

法律法规依据

针对国有企业采购与供应链管理合规问题中电子采购技术应用不足的问题，以下是对相关法律法规依据的总结。

一、针对信息化建设滞后问题的法律法规

《关于加强国资监管信息化工作的指导意见》强调了国资监管信息化建设的重要性，并提出了具体的发展目标和主要任务，包括建设统一的国资监管网络平台、建立和完善国资监管业务系统、加强技术标准和信息安全体系建设等。

《企业国有资产交易监督管理办法》中对产权交易机构信息化建设的要求，其中提到产权交易机构的信息化建设和管理水平需满足国资监管机构对交易业务动态监测的要求。

二、针对供应商管理不规范问题的法律法规

1.《中华人民共和国招标投标法》

第十八条：招标人可以根据招标项目本身的要求，在招标公告或者投标邀请书中，要求潜在投标人提供有关资质证明文件和业绩情况，并对潜在投标人进行资格审查……。

该条款要求招标人对供应商进行严格的资格审查，而电子采购技术可以更有效地实现这一目的。

2.《中华人民共和国政府采购法》

第二十二条：供应商参加政府采购活动应当具备下列条件：……（二）具有良好的商业信誉和健全的财务会计制度……。

该条款强调了供应商信誉和财务状况的重要性，电子采购技术可以帮助企业更有效地评估和管理供应商。

三、针对采购流程不透明问题的法律法规

1.《中华人民共和国企业国有资产法》

第六十八条：国有独资企业、国有独资公司、国有资本控股公司对其所出资企业的管理者，应当加强监督，确保出资企业依法经营。

该条款要求国有企业加强内部监督，而透明的采购流程是实现有效监督的重要前提。

2.《中华人民共和国会计法》

第十三条：会计凭证、会计账簿、财务会计报告和其他会计资料，必须符合国家统一的会计制度的规定……。

该条款要求企业保持会计资料的合规性，而透明的采购流程有助于确保会计资料的真实性和准确性。

四、针对数据安全与隐私保护风险问题的法律法规

1.《中华人民共和国网络安全法》

第二十一条：国家实行网络安全等级保护制度。网络运营者应当按照网络安全等级保护制度的要求，履行下列安全保护义务，保障网络免受干扰、破坏或者未经授权的访问，防止网络数据泄露或者被窃取、篡改……。

该条款要求企业加强网络安全保护，包括电子采购系统中的数据安全和隐私保护。

2.《中华人民共和国民法典》

第一百一十一条：自然人的个人信息受法律保护。任何组织或者个人需要获取他人个人信息的，应当依法取得并确保信息安全，不得非法收集、使用、加工、传输他人个人信息，不得非法买卖、提供或者公开他人个人信息。

该条款强调了个人信息保护的重要性，电子采购技术应当遵循相关法律法规，确保个人信息的合法使用和保护。

五、针对人员技能与意识不足问题的法律法规

《中华人民共和国劳动法》

第六十八条：用人单位应当建立职业培训制度，按照国家规定提取和使用职业培训经费，根据本单位实际，有计划地对劳动者进行职业培训……。

该条款要求企业为员工提供职业培训，包括与电子采购技术相关的技能和意识培训。

综上所述，国有企业采购与供应链管理合规问题中电子采购技术应用不足的问题涉及多个法律法规领域。企业应当严格遵守相关法律法规，加强信息化建设、规范供应商管理、提高采购流程透明度、加强数据安全与隐私保护以及提升人员技能与意识，以确保采购与供应链管理的合规性和高效性。

合规程序与方法

针对国有企业采购与供应链管理合规问题中电子采购技术应用不足的情况，以下是提出的合规程序与方法，旨在分步骤、有针对性地解决问题。

一、加强信息化建设，构建统一电子化采购平台

1. 需求调研与分析

对企业内部采购流程进行全面调研，明确信息化建设的具体需求，包括采购流程优化、数据共享、系统集成等方面的要求。

2. 制定实施方案

根据调研结果，制定详细的电子化采购平台建设方案，明确平台的功能模块、技术架构、实施时间表等。

3. 选择合作伙伴

通过公开招标或竞争性谈判等方式，选择具有丰富经验和良好信誉的信息化服务提供商，共同推进平台建设。

4. 平台开发与测试

按照实施方案，组织开发团队进行平台开发，并进行严格的测试，确保平台的稳定性和安全性。

5. 培训与推广

对采购人员进行平台操作培训，提高其对电子化采购技术的认知和应用能力。同时，积极推广平台使用，确保采购流程的顺利进行。

二、完善供应商管理，建立电子化供应商信息库

1. 收集供应商信息

通过市场调研、公开招标等方式，广泛收集潜在供应商的基本信息、资质证明、业绩情况等资料。

2. 建立电子化供应商信息库

利用电子化采购平台，建立统一的电子化供应商信息库，实现供应商信息的集中存储和动态更新。

3. 制定供应商评估标准

根据企业实际需求，制定科学合理的供应商评估标准，包括产品质量、价格、交货期、售后服务等方面。

4. 定期评估与调整

定期对供应商进行评估，根据评估结果对供应商进行分级管理，并适时调整供应商名单，确保采购活动的合规性和高效性。

三、优化采购流程，实现全流程电子化操作

1. 梳理采购流程

对现有采购流程进行全面梳理，明确各个环节的职责和操作流程。

2. 制定电子化采购流程规范

根据梳理结果，制定电子化采购流程规范，明确各环节的操作步骤、审批权限、时间节点等要求。

3. 实施电子化操作

按照流程规范，逐步将采购计划、询价、报价、评审、合同签订等环节纳入电子化采购平台操作范围。

4. 加强监督与审计

建立健全的监督与审计机制，对电子化采购过程进行全程监控和定期审计，确保采购活动的合规性和透明性。

四、加强数据安全与隐私保护，确保信息安全

1. 制定信息安全策略

根据企业实际情况，制定全面的信息安全策略，明确信息安全的责任主体、保护措施、应急响应等方面的要求。

2. 加强系统安全防护

对电子化采购平台进行系统安全加固，包括防火墙设置、入侵检测、数据加密等措施，确保平台的安全稳定运行。

3. 定期安全审计与评估

定期对电子化采购平台进行安全审计与评估，及时发现并修复潜在的安全漏洞和风险点。

4. 加强员工培训与提升意识

对采购人员进行信息安全培训，提高其信息安全意识和操作技能，确保其在日常工作中严格遵守信息安全规定。

五、提升人员技能与意识，推动电子化采购技术应用

1. 制定培训计划

根据企业实际需求，制定详细的电子化采购技术培训计划，包括培训内容、培训方式、培训对象等方面的要求。

2. 组织专业培训

邀请具有丰富经验和专业知识的讲师或专家，组织采购人员进行专业培训，提高其对电子化

采购技术的认知和应用能力。

3. 建立激励机制

通过设立奖励基金、晋升机会等方式，激励采购人员积极学习和应用电子化采购技术，推动电子化采购技术在企业内部的普及和应用。

4. 持续跟踪与评估

对采购人员的电子化采购技术应用情况进行持续跟踪与评估，及时发现并解决问题，确保电子化采购技术的顺利应用和推广。

专题 8：风险管理机制不健全

案例引入

一、案例背景

传统制造业国有企业 K（以下简称"企业 K"），长期以来在行业内占据领先地位，专注于高端装备制造。随着市场竞争的加剧和全球化的深入，企业 K 面临着供应链复杂化、采购成本上升等多重挑战。然而，企业 K 在采购与供应链管理合规方面的风险管理机制不健全，为企业的稳健发展埋下了隐患。

二、具体问题

1. 风险管理机制缺失

企业 K 未建立完善的采购与供应链管理风险识别、评估、监控和应对机制。采购决策往往依赖于个别高管的经验和直觉，缺乏科学的数据分析和风险评估流程。

2. 供应商管理不规范

由于缺乏对供应商的有效管理和监督，企业 K 多次遭遇供应商产品质量差、交货延迟等问题。例如，20×× 年，关键原材料供应商 M 因内部生产问题导致交货延迟一个月，直接影响了企业 K 的生产计划，造成约 5000 万元的产值损失。

3. 电子化采购应用不足

尽管市场上已有成熟的电子化采购平台，但企业 K 仍主要依赖传统的纸质采购流程，导致采购效率低下、成本高昂。据统计，企业 K 每年的纸质采购文件处理成本高达数百万元。

4. 内部腐败问题频发

由于采购流程不透明，缺乏有效的监督机制，企业 K 内部多次出现采购人员与供应商勾结、虚报价格等腐败行为。其中一起重大案件涉及采购部经理李某，其利用职务之便收受供应商贿赂数百万元，严重损害了企业利益。

三、主要问题的影响

1. 财务指标下滑

由于供应链管理不善，企业 K 的运营成本逐年上升，净利润率从 20×× 年的 10% 下滑至 20×× 年的 5%。同时，生产延误和产品质量问题导致的客户投诉和退货增加，进一步加大了企业的财务压力。

2.市场份额下降

由于产品交付延迟和质量不稳定，企业K在市场上的口碑受损，部分客户转向竞争对手。据统计，20××年至20××年，企业K的市场份额减少了约10个百分点。

3.法律风险和声誉损失

内部腐败案件的曝光不仅使企业K面临法律诉讼和巨额罚款的风险，还严重损害了企业的品牌形象和声誉。一些长期合作伙伴因此降低了对企业K的信任度，合作关系受到冲击。

4.员工士气低落

频繁出现的问题和危机使得企业K员工士气低落，工作效率下降。部分优秀员工因对企业未来发展失去信心而选择离职，进一步削弱了企业的竞争力。

四、结论与反思

企业K的案例深刻揭示了国有企业采购与供应链管理合规问题中风险管理机制不健全的严重后果。为了避免类似问题的发生，国有企业应高度重视采购与供应链管理的合规性建设，建立健全的风险管理机制，加强对电子化采购技术的应用和推广，提高采购流程的透明度和效率。同时，企业还应加大内部监督和反腐败工作力度，确保采购活动的公正、公平和透明。通过实施这些措施，国有企业能够更有效地应对市场挑战和风险威胁，实现稳健、可持续发展。

合规问题分析

一、业务简介

国有企业采购与供应链管理是确保企业运营顺畅、成本控制有效、产品质量可靠的重要环节。采购业务涉及原材料、设备、服务等各类资源的获取，而供应链管理则涵盖从供应商选择、采购执行、生产组织到物流配送的全过程。随着市场环境的不断变化和竞争的日益激烈，国有企业采购与供应链管理的合规性和风险管理显得尤为重要。

二、相关规定

国有企业在采购与供应链管理过程中，需遵守一系列法律法规和内部规章制度，以确保业务活动的合规性。这些规定包括但不限于《中华人民共和国政府采购法》《中华人民共和国招标投标法》《中华人民共和国企业国有资产法》等，以及企业内部制定的采购管理制度、供应商管理制度、风险管理制度等。这些规定明确了采购流程、供应商选择标准、风险管理要求等内容，为国有企业采购与供应链管理的合规性提供了法律保障。

三、合规问题具体表现

1.风险管理机制缺失

部分国有企业缺乏健全的采购与供应链管理风险监控、识别、评估和应对机制。风险管理往往停留在表面，缺乏深入分析和科学决策，导致企业无法有效应对市场波动、供应商违约等风险。

2.供应商管理不规范

一些国有企业在供应商选择、评估、考核等方面存在漏洞，导致供应商质量参差不齐。部分供应商因资质不符、产能不足等问题影响企业正常生产，甚至引发产品质量问题和法律纠纷。

3. 电子化采购应用不足

尽管电子化采购已成为行业趋势，但仍有部分国有企业依赖于传统的纸质采购流程。这不仅降低了采购效率，增加了成本，还容易滋生腐败行为，影响采购活动的公正性和透明度。

4. 内部控制和监督不力

部分国有企业内部控制和监督机制不健全，导致采购过程中的违规行为难以被及时发现和纠正。一些采购人员利用职务之便谋取私利，严重损害了企业利益和企业形象。

四、问题造成的严重影响

1. 财务损失

由于风险管理机制不健全和供应商管理不规范等问题，国有企业可能面临采购成本上升、生产延误、产品质量下降等后果，进而导致财务损失和盈利能力下降。

2. 市场竞争力下降

供应链的不稳定和产品质量问题可能影响企业的市场声誉和客户满意度，导致市场份额减小和竞争力减弱。

3. 面临法律风险

采购过程中的违规行为可能引发法律纠纷和诉讼，给企业带来额外的法律成本和声誉损失。

4. 内部管理和士气问题

内部控制和监督不力可能导致企业内部管理混乱和员工士气低落，影响企业的整体运营效率和稳定性。

综上所述，国有企业采购与供应链管理合规问题中风险管理机制不健全的问题表现多样且影响深远。为了解决这些问题，国有企业需要加大对相关法律法规的学习和执行力度，建立健全的风险管理机制和内部控制体系，推动电子化采购技术的应用和推广，提高采购活动的合规性和透明度。同时，国有企业还应加大内部监督和反腐败工作力度，确保采购与供应链管理的健康有序发展。

法律法规依据

针对国有企业采购与供应链管理合规问题中风险管理机制不健全的问题，以下法律法规提供了明确的指导。

一、针对风险管理机制缺失问题的法律法规

1.《中华人民共和国企业国有资产法》

第十七条：国家出资企业从事经营活动，应当遵守法律、行政法规，加强经营管理，提高经济效益，接受人民政府及其有关部门、机构依法实施的管理和监督，接受社会公众的监督，承担社会责任，对出资人负责。

该条款要求国有企业必须建立健全的经营管理制度，包括风险管理机制，以确保企业合规经营并对出资人负责。

2.《中华人民共和国公司法》

第一百七十九条：董事、监事、高级管理人员应当遵守法律、行政法规和公司章程。

第一百八十条：董事、监事、高级管理人员对公司负有忠实义务，应当采取措施避免自身利益与公司利益冲突，不得利用职权牟取不正当利益……。

该条款要求国有企业的高级管理人员必须勤勉尽责，建立健全风险管理机制，确保公司合规运营。

二、针对供应商管理不规范问题的法律法规

1.《中华人民共和国政府采购法》

第二十二条：供应商参加政府采购活动应当具备下列条件：……（二）具有良好的商业信誉和健全的财务会计制度……。

该条款要求供应商必须具备良好的商业信誉和健全的财务会计制度，国有企业在选择供应商时应严格遵守此规定，确保供应商资质合规。

2.《中华人民共和国合同法》

第九条：当事人订立合同，应当具有相应的民事权利能力和民事行为能力。当事人依法可以委托代理人订立合同。

该条款要求合同双方必须具备相应的民事权利能力和民事行为能力，国有企业与供应商签订合同时应确保供应商符合此要求，避免与不合规供应商合作。

三、针对电子化采购应用不足问题的法律法规

《中华人民共和国电子签名法》第三条：民事活动中的合同或者其他文件、单证等文书，当事人可以约定使用或者不使用电子签名、数据电文。当事人约定使用电子签名、数据电文的文书，不得仅因为其采用电子签名、数据电文的形式而否定其法律效力……。

该条款为电子化采购提供了法律支持，鼓励国有企业在采购过程中使用电子签名和数据电文，提高采购效率。

四、针对内部控制和监督不力问题的法律法规

1.《中华人民共和国会计法》

第九条：各单位必须根据实际发生的经济业务事项进行会计核算，填制会计凭证，登记会计账簿，编制财务会计报告。任何单位不得以虚假的经济业务事项或者资料进行会计核算。

该条款要求国有企业必须建立健全的内部控制制度，确保采购过程中的经济业务事项真实、合规，防止腐败行为的发生。

2.《中华人民共和国刑法》

第一百六十三条：公司、企业或者其他单位的工作人员，利用职务上的便利，索取他人财物或者非法收受他人财物，为他人谋取利益，数额较大的，处三年以下有期徒刑或者拘役，并处罚金；数额巨大或者有其他严重情节的，处三年以上十年以下有期徒刑并处罚金。

该条款对国有企业采购过程中的腐败行为进行了明确的刑事处罚规定，要求国有企业必须加强内部控制和监督，防止采购人员利用职务之便谋取私利。

综上所述，针对国有企业采购与供应链管理合规问题中风险管理机制不健全的问题，相关法律法规提供了明确的指导。国有企业应严格遵守相关法律法规，建立健全的风险管理机制和内部控制体系，确保采购与供应链管理的合规性和稳定性。

合规程序与方法

针对国有企业采购与供应链管理合规问题中风险管理机制不健全的问题，以下是具体的合规程序与方法，旨在分步骤、有针对性地解决问题。

一、建立健全风险管理机制

1.风险评估与识别

国有企业应成立专门的风险管理部门或小组，负责定期对采购与供应链管理过程中的风险进行评估与识别。通过收集市场信息、分析历史数据、与供应商沟通等方式，全面识别潜在风险点。

2.风险量化与分级

对识别出的风险进行量化分析，评估其发生的可能性和影响程度，并根据评估结果对风险进行分级。对于高风险点，应制定专项应对策略和预案。

3.风险监控与应对

建立风险监控体系，对高风险点和关键业务流程进行实时监控。一旦发现风险迹象，立即启动应急预案，采取有效措施进行应对，防止风险扩大。

二、完善供应商管理制度

1.供应商准入审核

制定严格的供应商准入标准，包括但不限于资质、信誉、财务状况、生产能力等方面。对潜在供应商进行全面审核，确保供应商符合企业要求。

2.供应商绩效评估

定期对供应商进行绩效评估，包括产品质量、交货期、服务态度等方面。根据评估结果对供应商进行分级管理，对表现不佳的供应商采取相应措施，如整改、淘汰等。

3.供应商动态管理

建立供应商动态管理机制，对供应商的经营状况、市场情况等信息进行持续跟踪和分析。及时调整供应商策略，确保供应链的稳定性和可靠性。

三、推动电子化采购应用

1.电子化采购平台建设

搭建电子化采购平台，实现采购需求发布、供应商报名、报价、评标、合同签订等全过程的线上化操作，从而提高采购效率，降低采购成本。

2.加强数据安全管理

加强电子化采购平台的数据安全管理，确保采购信息、供应商信息等敏感数据的保密性和完整性。采取加密技术、访问控制等措施，防止数据泄露和非法访问。

3.进行人员培训

对采购人员进行电子化采购操作培训，提高其信息化水平和操作能力。确保采购人员能够熟练掌握电子化采购平台的各项功能，提高采购效率和质量。

四、加强内部控制与监督

1. 内部控制制度建设

建立健全的内部控制制度，明确采购与供应链管理过程中的各项职责和权限。制定详细的操作流程和规范，确保采购活动的合规性和规范性。

2. 内部审计与监督

设立独立的内部审计机构或岗位，定期对采购与供应链管理过程进行审计和监督。发现问题及时解决，防止违规行为的发生。

3. 建立举报与投诉机制

建立举报与投诉机制，鼓励员工和社会公众对采购过程中的违规行为进行举报和投诉。对举报和投诉信息进行认真核查和处理，维护企业的合法权益和声誉。

五、提升合规意识与建设合规文化

1. 进行合规培训

定期开展合规培训活动，提高全体员工的合规意识和法律素养。通过案例分析、法律法规讲解等方式，加深员工对合规管理的理解和认识。

2. 合规文化建设

将合规文化融入企业的核心价值观和经营理念，形成全员参与、共同维护的合规氛围。通过内部宣传、表彰先进等方式，树立合规榜样和典型，推动合规文化的深入传播和践行。

通过实施以上合规程序与方法，国有企业可以有效解决采购与供应链管理合规问题中风险管理机制不健全的问题，提升企业的合规管理水平和市场竞争力。

专题 9：供应链协同不足

案例引入

一、案例背景

传统制造业国有企业 K（以下简称"K 公司"），主营业务为汽车零部件生产，长期以来在行业内占据一定市场份额。然而，随着市场竞争的加剧和客户需求的多样化，K 公司在采购与供应链管理方面暴露出供应链协同不足的问题，严重制约了公司的发展。

二、具体问题

1. 供应商管理松散

K 公司虽然与多家供应商建立了合作关系，但缺乏统一的管理标准和协同机制。供应商之间信息孤岛现象严重，导致生产计划与物料供应无法有效衔接。例如，关键零部件供应商 A 因内部生产问题多次推迟交货，而 K 公司未能及时获取准确信息，导致生产线多次停工待料。

2. 库存积压与短缺并存

由于供应链协同不足，K 公司难以准确预测市场需求和物料需求。一方面，部分物料因过度采购而积压在仓库中，占用了大量资金；另一方面，关键零部件在急需时却常常短缺，影响生产进度和产品交付。据统计，K 公司年度库存周转率低于行业平均水平的 20%，直接增加了财务成本。

3. 信息沟通不畅

K 公司内部各部门之间以及与供应商之间的信息沟通渠道不畅，导致信息传递延迟和失真。例如，销售部门在接到客户订单后未能及时与生产、采购部门共享信息，导致生产计划调整滞后，无法满足客户需求。同时，供应商在产品质量、交货期等方面的问题也未能及时反馈给 K 公司，进一步提高了供应链的不稳定性。

三、主要问题的影响

1. 经济损失大

供应链协同不足导致的生产延误、库存积压和物料短缺等问题导致 K 公司产生的直接经济损失高达数千万元。其中，生产线停工待料导致的直接生产成本增加约 500 万元，库存积压占用资金成本约 1200 万元，客户订单取消和赔偿损失约 800 万元。

2. 财务指标下滑

供应链协同不足的问题对 K 公司的财务指标产生了显著影响。年度营业收入增长率较上一年度下滑了 15%，净利润率减少了 8 个百分点。同时，存货周转率和应收账款周转率等关键财务指标也低于行业平均水平，进一步加大了公司的财务压力。

3. 市场竞争力下降

由于无法及时响应客户需求和应对市场变化，K 公司的市场竞争力明显下降。部分重要客户因交付延迟和质量问题转向竞争对手，导致市场份额减少。

四、结论与反思

K 公司采购与供应链管理合规问题中供应链协同不足的案例表明，供应链协同是确保公司稳健运营和提升竞争力的关键因素。针对上述问题，K 公司应采取以下措施进行解决。

1. 加强供应商管理

建立统一的供应商管理标准和协同机制，加强与供应商的信息共享和沟通合作。对关键供应商进行定期评估和监控，确保其产品质量和交货期的稳定性。

2. 优化库存管理

采用先进的库存管理系统和技术手段，提高库存周转率和降低库存成本。加强需求预测和物料需求计划管理，确保物料供应与生产计划有效衔接。

3. 加强信息沟通

建立高效的信息沟通渠道和机制，确保企业内部各部门之间以及与供应商之间的信息传递及时、准确、完整。利用现代信息技术手段如 ERP 系统、供应链协同平台等提高信息沟通效率和质量。

4. 加强合规意识、健全内部控制监督机制

加强企业员工的合规意识和培训教育，确保采购与供应链管理活动的合规性。建立健全的内部控制和监督机制，防范违规行为的发生并及时纠正。

通过实施以上措施，K 公司有望解决供应链协同不足的问题，提升公司的运营效率和竞争力，实现可持续发展。

合规问题分析

一、业务简介

国有企业采购与供应链管理是企业运营中的关键环节，涉及原材料采购、生产计划制定、物流配送、库存管理等多个方面。供应链协同是指供应链上各节点企业之间通过信息共享、资源整合和流程优化等方式，实现供应链整体效率和效益的最大化。然而，在实际运营中，国有企业往往面临供应链协同不足的问题，这严重影响了企业的竞争力和可持续发展。

二、相关规定

针对国有企业采购与供应链管理，国家出台了一系列相关法律法规和政策文件，如《中华人民共和国政府采购法》《中华人民共和国企业国有资产法》《企业内部控制基本规范》等。这些法律法规和政策文件对国有企业的采购行为、供应链管理、内部控制等方面提出了明确要求，旨在规范企业的经营活动，防范风险，确保国有资产的安全和保值增值。

三、合规问题具体表现

1. 信息共享不畅

供应链上各节点企业之间缺乏有效的信息共享机制，导致信息孤岛现象严重。企业无法及时掌握供应商的生产状况、库存情况、市场需求变化等重要信息，影响了供应链的响应速度和灵活性。

2. 流程衔接不紧密

采购、生产、销售等环节之间的流程衔接不够紧密，存在脱节现象。例如，采购部门未能根据生产部门的实际需求制定采购计划，导致物料供应不及时或过剩；生产部门未能根据销售部门的预测调整生产计划，导致库存积压或短缺。

3. 协同意识薄弱

部分国有企业仍采用传统的单打独斗思维模式，缺乏供应链协同的意识和能力。企业之间缺乏信任和合作基础，难以形成紧密的供应链战略伙伴关系。

4. 技术支撑不足

信息化建设滞后，缺乏先进的供应链管理系统和技术手段支持。企业无法实现供应链数据的实时采集、分析和共享，影响了供应链协同的效率和效果。

四、问题造成的严重影响

1. 运营效率低下

供应链协同不足导致企业运营效率低下，生产周期延长，交货期延迟。这不仅增加了企业的运营成本，还影响了客户满意度和市场竞争力。

2. 财务风险增加

库存积压和物料短缺并存现象增加了企业的财务风险。库存积压占用了大量资金，降低了资金周转率；物料短缺则可能导致生产中断和违约赔偿等风险。

3. 市场竞争力下降

供应链协同不足使企业难以快速响应市场变化和客户需求，导致产品更新换代速度缓慢，市场竞争力下降。同时，供应链的不稳定性也影响了企业的品牌形象和客户信任度。

4.合规风险上升

供应链协同不足还可能导致合规风险上升。例如，供应商管理不规范可能引发质量问题、安全隐患等合规问题；信息共享不畅则可能导致内部控制失效和舞弊行为的发生。

综上所述，国有企业采购与供应链管理合规问题中的供应链协同不足是一个亟待解决的问题。企业需要从信息共享、流程衔接、协同意识和技术支撑等方面入手，加强供应链协同管理，提升运营效率和竞争力，确保合规经营和可持续发展。

法律法规依据

针对国有企业采购与供应链管理合规问题中供应链协同不足的问题，以下是对相关法律法规依据的总结。

一、针对信息共享不畅问题的法律法规

1.《中华人民共和国企业国有资产法》

第十六条：国家出资企业对其动产、不动产和其他财产依照法律、行政法规以及企业章程享有占有、使用、收益和处分的权利……。

企业应当完善内部管理制度，加强财务管理和风险防范，确保国有资产的保值增值。这要求国有企业必须建立健全的信息共享机制，以确保对供应链上各节点企业的有效管理。

2.《中华人民共和国公司法》

第一百七十九条：董事、监事、高级管理人员应当遵守法律、行政法规和公司章程。

第一百八十条：董事、监事、高级管理人员对公司负有忠实义务，应当采取措施避免自身利益与公司利益冲突，不得利用职权牟取不正当利益……。

这要求企业的高级管理人员在采购与供应链管理中，应积极推动信息共享，以确保供应链的协同和高效运作。

二、针对流程衔接不紧密问题的法律法规

1.《中华人民共和国政府采购法》

第十七条：集中采购机构进行政府采购活动，应当符合采购价格低于市场平均价格、采购效率更高、采购质量优良和服务良好的要求。

2.《企业内部控制基本规范》

第三条：本规范所称内部控制，是由企业董事会、监事会、经理层和全体员工实施的、旨在实现控制目标的过程……。

这要求国有企业必须建立健全的内部控制体系，确保采购与供应链管理中的各个环节能够紧密衔接，并实现有效的控制。

三、针对协同意识薄弱问题的法律法规

1.《中华人民共和国民法典》

第一百一十九条：依法成立的合同，对当事人具有法律约束力。

这要求国有企业在采购与供应链管理中，应与供应商等合作伙伴建立基于合同的紧密合作关系，增强协同意识，共同推动供应链的高效运作。

2.《中华人民共和国合伙企业法》

第六条：合伙企业的生产经营所得和其他所得，按照国家有关税收规定，由合伙人分别缴纳所得税。

虽然此条主要关于合伙企业的税收，但合伙企业的协同合作原则可类比应用于国有企业与供应链伙伴的关系，强调协同与合作的重要性。

四、针对技术支撑不足问题的法律法规

1.《中华人民共和国会计法》

第十三条：会计凭证、会计账簿、财务会计报告和其他会计资料，必须符合国家统一的会计制度的规定……。

这要求国有企业必须采用先进的会计信息系统和技术手段，以确保采购与供应链管理中的财务数据准确、完整，为供应链协同提供有力的技术支撑。

2.《中华人民共和国电子商务法》

第十六条：电子商务经营者自行终止从事电子商务的，应当提前三十日在首页显著位置持续公示有关信息。

虽然此条主要关于电子商务，但其中关于信息技术应用的规定可类比于国有企业应采用先进的信息技术手段来支撑采购与供应链管理的协同。

综上所述，国有企业采购与供应链管理合规问题中供应链协同不足的问题，违反了多个法律法规。国有企业必须严格遵守相关法律法规，加强供应链协同管理，确保企业合规经营和可持续发展。

合规程序与方法

针对国有企业采购与供应链管理合规问题中供应链协同不足的问题，以下提出具体的合规程序与方法，旨在分步骤、有针对性地解决问题。

一、建立信息共享机制

1. 明确信息共享需求

国有企业应明确在采购与供应链管理中需要共享的信息种类和范围，包括但不限于供应商生产状况、库存情况、市场需求预测情况、生产计划等。

2. 构建信息共享平台

利用现代信息技术手段，如云计算、大数据等，构建供应链信息共享平台。平台应具备实时数据交换和查询功能，确保供应链上各节点企业能够及时获取所需信息。

3. 制定信息共享规则

明确信息共享的权限、流程、责任等规则，确保信息在共享过程中的安全性和合规性。同时，建立信息审核机制，对敏感信息进行加密处理或限制访问权限。

二、优化流程衔接

1. 梳理采购与供应链管理流程

对现有的采购、生产、销售等环节进行全面梳理，识别流程中的断点和不协同之处。

2. 制定协同流程标准

根据梳理结果，制定协同流程标准，明确各环节之间的接口和责任。确保采购计划与生产需求相匹配，生产计划与销售预测相协调。

3. 强化跨部门沟通

建立定期或不定期的跨部门沟通机制，如周例会、月度协调会等，及时解决流程衔接中出现的问题，确保供应链整体运作顺畅。

三、全方位加强协同合作

1. 开展协同文化培训

组织供应链上各节点企业的相关人员参加协同文化培训，强调协同合作的重要性，树立共同发展的理念。

2. 建立信任机制

通过长期合作和建立互信关系，增强供应链伙伴之间的信任感。可以通过签订长期合作协议、设立共同利益目标等方式来强化信任机制。

3. 推行绩效考核与激励机制

将供应链协同效果纳入绩效考核体系，对表现突出的供应链伙伴给予奖励和表彰，激发其协同合作的积极性。

四、加强技术支撑

1. 引进先进管理系统

引进先进管理系统，如 ERP（企业资源计划）、SCM（供应链管理）等系统，实现对采购、生产、销售等环节的集成管理，提高供应链协同效率。

2. 提升数据分析能力

利用大数据分析工具对供应链数据进行深度挖掘和分析，为决策提供科学依据。同时，建立风险预警机制，及时发现并应对潜在风险。

3. 推广智能化应用

推广智能化应用，如智能物流、智能仓储等技术的应用，提高供应链运作的自动化和智能化水平，减少人为干预和错误。

五、完善合规监督与审计

1. 建立合规监督体系

设立专门的合规监督部门或岗位，负责对采购与供应链管理中的合规情况进行监督和检查。

2. 制定合规审计计划

定期对供应链协同管理进行合规审计，检查信息共享、流程衔接、协同意识和技术支撑等方面的合规情况。

通过实施以上合规程序与方法，国有企业可以有针对性地解决采购与供应链管理合规问题中供应链协同不足的问题，提升供应链整体运作效率和合规水平。

专题 10：合规文化与培训缺失

案例引入

一、案例背景

Z 公司是一家传统制造业国有企业，主要从事机械制造与加工业务。近年来，随着市场竞争的加剧和法规环境的日益严格，Z 公司在采购与供应链管理方面的合规问题逐渐凸显。然而，由于企业内部合规文化与培训的长期缺失，这些问题未能得到及时有效的解决，最终给公司带来了严重的损失。

二、具体问题

1. 合规意识淡薄

Z 公司内部普遍存在对采购与供应链管理合规性认识不足的问题。从高层管理人员到一线员工，普遍缺乏合规意识，对法律法规和公司内部规章制度知之甚少。

2. 培训缺失

尽管外部法律法规环境不断变化，Z 公司却未能及时组织有效的合规培训。据统计，2022—2024 年内，公司仅举办过一次关于采购合规的专题培训，且参与人数不足总员工的 10%。

3. 供应商管理松散

由于缺乏合规文化的引导和有效的培训支持，Z 公司在供应商管理方面存在严重漏洞。供应商的选择、评估、合同签订及后续管理均缺乏严格的合规审查和监督。

三、主要问题的影响

1. 经济损失大

由于合规管理不善，Z 公司多次遭遇供应商欺诈和合同违约事件。财务数据显示，过去两年内，因供应商问题导致的直接经济损失高达 500 万元，占公司总利润的 10%。

2. 财务指标下滑

合规问题的频发不仅直接影响了 Z 公司的经济效益，还间接导致了公司财务指标的全面下滑。例如，应收账款周转率下降 20%，存货周转率降低 15%，营业利润率同比减少 8 个百分点。

3. 品牌信誉受损

多次合规事件曝光后，Z 公司的品牌信誉受到严重损害。客户信任度下降，市场份额被竞争对手蚕食。市场调查显示，公司客户满意度较去年下降了 30%，新客户获取成本增加了 40%。

4. 法律风险增加

由于合规管理的缺失，Z 公司还面临着巨大的法律风险。多次被监管部门处罚，不仅增加了公司的法律成本，还对公司的声誉和未来发展造成了长期负面影响。

四、结论与反思

Z 公司的案例深刻揭示了国有企业采购与供应链管理合规问题中合规文化与培训缺失的严重后果。为了避免类似问题的发生，国有企业应高度重视合规文化的建设和合规培训的实施。

1. 加强合规文化建设

将合规理念融入企业文化之中，从高层到基层形成全员参与的合规氛围。通过制定合规政策、宣传合规知识、树立合规典型等方式，不断提升员工的合规意识。

2. 完善合规培训体系

建立健全的合规培训体系，定期组织各类合规培训活动。培训内容应涵盖法律法规、内部规章制度、案例分析等多个方面，确保员工能够全面掌握合规知识和技能。

3. 强化供应商管理

建立完善的供应商管理机制，对供应商的选择、评估、合同签订及后续管理实施严格的合规审查和监督。加强与供应商的沟通与协作，共同推动供应链的合规运作。

4. 建立健全风险防控体系

构建全面的风险防控体系，对采购与供应链管理中的各类风险进行识别、评估和控制。采取设立风险预警机制、制定应急预案等方式，确保公司能够在风险发生时迅速响应并有效应对。

合规问题分析

一、业务简介

国有企业采购与供应链管理是企业运营的重要环节，涉及供应商选择、合同签订、物资采购、库存管理、物流配送等多个方面。这一业务的合规性对企业的稳定运营、成本控制、风险防范以及可持续发展具有至关重要的意义。

二、相关规定

针对国有企业采购与供应链管理，国家出台了一系列法律法规和规章制度，如《中华人民共和国企业国有资产法》《中华人民共和国政府采购法》《企业内部控制基本规范》等。这些规定要求企业在采购与供应链管理中必须遵循公平、公正、公开的原则，确保国有资产的保值增值，防止腐败和不当行为的发生。

三、合规问题具体表现

1. 合规意识淡薄

国有企业内部普遍存在对采购与供应链管理合规性认识不足的问题。员工缺乏对相关法律法规和内部规章制度的了解，导致在业务操作中容易违反规定。

2. 培训缺失

企业未能定期组织有效的合规培训，导致员工对合规要求掌握不够，无法在实际工作中有效应用。同时，新员工入职时也未能接受充分的合规培训，增加了违规操作的风险。

3. 供应商管理不规范

在供应商选择、评估、合同签订及后续管理过程中，缺乏严格的合规审查和监督机制。这容易导致供应商资质不符、合同欺诈、物资采购质量不达标等问题。

4. 内部控制失效

由于合规文化与培训的缺失，企业内部控制体系往往无法有效运行。这可能导致采购计划与实际需求不符、库存积压、资金占用不合理等问题。

四、问题造成的严重影响

1. 经济损失大

合规文化与培训缺失可能导致企业遭受供应商欺诈、合同违约等经济损失。这些损失不仅影响企业的短期利润，还可能对企业的长期发展造成负面影响。

2.财务指标下滑

合规文化与培训缺失可能导致企业的应收账款周转率、存货周转率等财务指标下滑，影响企业的运营效率和盈利能力。

3.法律风险增加

违反相关法律法规和规章制度可能使企业面临法律诉讼和行政处罚，增加企业的法律风险和声誉风险。

4.供应链稳定性受损

合规文化与培训缺失可能导致供应链中断或不稳定，影响企业的正常生产和运营。这可能导致客户满意度下降、市场份额减少等。

综上所述，国有企业采购与供应链管理合规问题中合规文化与培训缺失是一个严重的问题，需要企业高度重视并采取有效措施进行解决。通过采取加强合规文化建设、完善合规培训体系、强化供应商管理和建立健全风险防控体系等措施，企业可以提升采购与供应链管理的合规水平，确保企业的稳定运营和可持续发展。

法律法规依据

针对国有企业采购与供应链管理合规问题中合规文化与培训缺失的问题，以下是对相关法律法规的总结。

一、针对合规意识淡薄问题的法律法规

1.《中华人民共和国企业国有资产法》

第七条：国家采取措施，推动国有资本向关系国民经济命脉和国家安全的重要行业和关键领域集中，优化国有经济布局和结构，推进国有企业的改革和发展，提高国有经济的整体素质，增强国有经济的控制力、影响力。

此条款强调了国有企业合规管理的重要性，要求企业增强合规意识，确保国有资产的保值增值。

2.《中华人民共和国公司法》

第十九条：公司从事经营活动，必须遵守法律法规，遵守社会公德、商业道德，诚实守信，接受政府和社会公众的监督。

此条款要求企业必须遵守法律法规，进行合规经营，体现了合规文化的重要性。

二、针对培训缺失问题的法律法规

1.《中华人民共和国会计法》

第三十六条：会计人员应当具备从事会计工作所需要的专业能力。担任单位会计机构负责人（会计主管人员）的，应当具备会计师以上专业技术职务资格或者从事会计工作三年以上经历。本法所称会计人员的范围由国务院财政部门规定。

虽然此条款主要关注会计从业资格，但可类比推断，国有企业采购与供应链管理相关人员也应接受专业培训，确保其具备必要的专业知识和合规意识。

2.《企业内部控制基本规范》

第三十条：企业应当制定和实施有利于企业可持续发展的人力资源政策。人力资源政策应当包括下列内容：……（三）加强员工培训和继续教育，不断提升员工素质。

此条款要求企业加强员工培训，包括合规培训，以提升员工素质和合规能力。

三、针对供应商管理不规范问题的法律法规

1.《中华人民共和国政府采购法》

第二十二条：供应商参加政府采购活动应当具备下列条件：……（五）参加政府采购活动前三年内，在经营活动中没有重大违法记录……。

此条款要求供应商在参加政府采购活动前必须具备良好的合规记录，体现了对供应商合规管理的要求。

2.《中华人民共和国合同法》

第六条：当事人行使权利、履行义务应当遵循诚实信用原则。

在供应商管理过程中，国有企业应遵循诚实信用原则，对供应商进行严格的合规审查和监督，确保合同的合法性和有效性。

四、针对内部控制失效问题的法律法规

《中华人民共和国审计法》

第二十九条：依法属于审计机关审计监督对象的单位，应当按照国家有关规定建立健全内部审计制度；其内部审计工作应当接受审计机关的业务指导和监督。

此条款要求国有企业建立健全内部审计制度，以确保内部控制的有效性，包括采购与供应链管理的合规性。

综上所述，针对国有企业采购与供应链管理合规问题中合规文化与培训缺失的问题，相关法律法规提供了明确的指导。国有企业应严格遵守相关法律法规，加强合规文化建设，完善合规培训体系，强化供应商管理，建立健全风险防控体系，以确保采购与供应链管理的合规性和企业的可持续发展。

合规程序与方法

针对国有企业采购与供应链管理合规问题中合规文化与培训缺失的问题，以下提出具体的合规程序与方法，旨在分步骤、有针对性地解决问题。

一、加强合规文化建设

1. 制定合规政策

明确企业的合规目标、原则、标准和责任体系，将合规理念融入企业文化之中。制定《国有企业采购与供应链管理合规手册》，详细阐述合规要求和操作流程。

2. 高层示范引领

企业高层管理人员应率先垂范，积极参与合规文化建设，通过公开承诺、签署合规声明等方式，向全体员工传递合规的重要性。

3. 开展全员合规培训

定期组织全员参与合规培训，确保每位员工都了解并遵守相关法律法规和内部规章制度。培训内容应涵盖采购与供应链管理的各个环节，以及具体的合规要求和操作要点。

二、完善合规培训体系

1. 定制化合规培训方案

根据员工岗位和职责的不同，制定个性化的合规培训方案。对于采购与供应链管理关键岗位的员工，应增加专业内容和实操技能的培训。

2. 引入外部专家

邀请法律、财务、审计等领域的专家进行授课，提升培训的专业性和权威性。同时，建立与外部培训机构的合作关系，定期更新培训内容和方法。

3. 建立培训考核机制

对参加培训的员工进行考核，确保培训效果。将合规培训考核结果纳入员工绩效评价体系，作为晋升、奖惩的重要依据。

三、提高供应商管理合规性

1. 建立供应商合规评估体系

在供应商选择、评估、合同签订及后续管理过程中，引入合规评估指标，对供应商的合规记录、信誉状况等进行全面审查。

2. 定期复审供应商资质

定期对供应商的资质进行复审，确保其持续符合企业的合规要求。对于存在违规行为的供应商，及时采取措施进行整改或淘汰。

3. 建立供应商合规沟通机制

与供应商建立合规沟通机制，共同探讨合规问题，分享合规经验。引导供应商提升合规意识和管理水平，共同维护供应链的合规性。

四、建立健全内部控制体系

1. 明确岗位职责与权限

清晰划分岗位职责和权限，确保采购与供应链管理的各个环节都有明确的责任人。建立相互制约、相互监督的内部控制机制。

2. 实施采购流程标准化

对采购流程进行标准化管理，明确各个环节的操作步骤和要求。通过电子化手段实现采购流程的自动化和透明化，减少人为干预和错误。

3. 加强内部审计与监督

设立独立的内部审计机构或委员会，对采购与供应链管理的合规性进行定期审计和监督。发现问题及时解决并追究相关责任人的责任。

五、利用科技手段提升合规管理水平

1. 引入采购管理系统

采用先进的采购管理系统，实现采购流程的自动化和智能化管理。使用系统对采购活动进行实时监控和数据分析，及时发现和解决潜在的合规风险。

2. 建立大数据分析平台

利用大数据技术对企业采购与供应链管理的数据进行分析和挖掘，发现潜在的合规问题和风险点。为制定合规策略和优化管理流程提供数据支持。

3. 推广区块链技术应用

在采购与供应链管理中引入区块链技术，实现数据的不可篡改和可追溯性。提高采购活动的透明度和可信度，降低合规风险。

实施以上合规程序与方法，可以有效解决国有企业采购与供应链管理合规问题中合规文化与培训缺失的问题，提升企业的合规管理水平和风险防范能力。

第五章
国有企业销售与市场管理合规问题

专题1：销售管理制度不完善

案例引入

一、案例背景

A 公司是一家历史悠久的传统制造业国有企业，主营业务涵盖机械设备制造与销售。近年来，随着市场竞争的加剧和行业转型的压力，A 公司面临着前所未有的挑战。然而，其销售管理制度不完善，成为制约公司发展的关键因素之一。

二、具体问题

1. 销售管理制度缺失

A 公司的销售管理制度长期处于空白状态，没有明确的销售流程、职责划分和考核机制。销售人员在日常工作中缺乏明确的约束，操作随意性大，违规行为频发。

2. 客户信用管理混乱

由于销售管理制度的不完善，A 公司未建立有效的客户信用评估体系。销售人员仅凭个人经验判断客户信用状况，导致部分高风险客户被错误地给予赊销权限。据统计，近三年内，因客户信用问题导致的坏账损失累计超过 500 万元，占公司总销售额的 2%。

3. 合同签订与审批不规范

在合同签订环节，A 公司缺乏统一的模板和严格的审批流程。销售人员往往为了促成交易而草率签订合同，合同条款模糊、存在漏洞。此外，部分交易甚至存在先发货后补签合同的情况，给企业带来了极大的法律风险。据统计，因合同问题引发的法律纠纷年均在 10 起以上，涉及金额超过 300 万元。

4. 销售业绩考核不公

由于销售管理制度的缺失，A 公司的销售业绩考核体系缺乏科学性和公正性。考核指标单一，往往以销售额为唯一标准，忽视了回款率、客户满意度等其他重要指标。这种考核方式不仅无法真实反映销售人员的业绩水平，还挫伤了员工的积极性和忠诚度。

三、主要问题的影响

1. 经济损失巨大

客户信用问题导致的坏账损失和合同问题引发的法律纠纷，直接造成了 A 公司的经济损失。这些损失不仅侵蚀了公司的利润空间，还影响了公司的资金流转和正常运营。

2. 财务指标下滑

由于销售管理制度的不完善，A 公司的应收账款周转率、存货周转率等关键财务指标均出现不同程度的下滑。这不仅反映了公司运营效率的降低，还预示着潜在的经营风险。

3. 市场份额缩减

由于内部管理混乱和外部竞争加剧，A公司在市场上的竞争力逐渐减弱。部分重要客户因不满公司的服务质量和信用状况而流失，导致公司市场份额不断缩减。

4. 员工士气低落

销售业绩考核不公和内部管理混乱导致员工士气低落，人才流失严重。优秀销售人员的离职进一步削弱了公司的市场竞争力，形成了恶性循环。

四、结论与反思

A公司销售管理制度不完善的问题，不仅给公司带来了巨大的经济损失和财务指标下滑，还严重影响了公司的市场竞争力和员工士气。这一案例警示国有企业必须高度重视销售与市场管理的合规性建设，建立健全的销售管理制度和合规文化体系。具体而言，公司应从以下几个方面入手。

1. 完善销售管理制度

制定明确的销售流程、职责划分标准和考核机制，确保销售工作的规范化和标准化。

2. 加强客户信用管理

建立有效的客户信用评估体系，对客户进行合理的资信评估和风险分类，防范坏账损失的发生。

3. 规范合同签订与审批流程

制定统一的合同模板和严格的审批流程，确保合同条款的清晰明确和合法合规性。

4. 优化销售业绩考核体系

建立科学、公正的销售业绩考核体系，综合考虑销售额、回款率、客户满意度等多个指标，激发销售人员的积极性和创造力。

5. 加强合规文化建设

通过培训、宣传等方式提升员工的合规意识和管理水平，营造浓厚的合规文化氛围，确保公司销售与市场管理工作的合规性和可持续性。

合规问题分析

一、业务简介

国有企业销售与市场管理业务是企业运营的核心环节之一，涉及市场调研、产品推广、销售渠道管理、客户关系维护以及销售业绩考核等多个方面。这一业务的目标是实现企业的销售目标，提升市场份额，同时确保销售活动的合规性和可持续性。

二、相关规定

针对国有企业销售与市场管理业务，国家及企业内部制定了一系列规定和制度，以确保销售活动的合规性。这些规定包括但不限于以下内容。

《中华人民共和国公司法》：规定了公司应遵守的条款，要求公司进行合规经营。

《中华人民共和国民法典》：对合同的签订、履行等进行了详细规定，要求企业确保合同条款的合法性和合规性。

国有企业内部销售管理制度：涵盖销售流程、客户信用管理、合同签订与审批、销售业绩考核等方面，确保销售活动的规范化和标准化。

三、合规问题具体表现

国有企业销售与市场管理合规问题中销售管理制度不完善的具体表现如下。

1. 销售流程不规范

缺乏明确的销售流程和职责划分，导致销售人员操作随意性大，违规行为频发。

2. 客户信用管理缺失

未建立有效的客户信用评估体系，导致高风险客户被错误地给予赊销权限，增加坏账风险。

3. 合同签订与审批不严谨

缺乏统一的合同模板和严格的审批流程，合同条款模糊、存在漏洞，甚至存在先发货后补签的情况。

4. 销售业绩考核不科学

考核指标单一，往往以销售额为唯一标准，忽视了回款率、客户满意度等其他重要指标。

四、问题造成的严重影响

国有企业销售与市场管理合规问题中销售管理制度不完善造成的严重影响如下。

1. 经济损失大

不规范的销售流程和缺失的客户信用管理导致坏账损失增加，同时合同签订与审批的不严谨也易引发法律纠纷，直接造成企业经济损失。

2. 财务指标下滑

销售管理制度的不完善导致应收账款周转率、存货周转率等关键财务指标下滑，影响企业运营效率。

3. 市场份额缩减

内部管理混乱和外部竞争加剧导致企业市场竞争力减弱，重要客户流失，市场份额不断缩减。

4. 员工士气低落与人才流失

销售业绩考核不公和内部管理混乱导致员工士气低落，优秀人才流失，进一步削弱了企业市场竞争力。

综上所述，国有企业销售与市场管理合规问题中销售管理制度不完善的问题表现多样，且对企业运营和市场竞争力造成严重影响。因此，国有企业应高度重视销售与市场管理的合规性建设，建立健全的销售管理制度和合规文化体系。

法律法规依据

针对国有企业销售与市场管理合规问题中销售管理制度不完善的问题，以下是相关法律法规依据。

一、针对销售流程不规范问题的法律法规

1.《中华人民共和国公司法》

第二十一条：公司股东应当遵守法律、行政法规和公司章程，依法行使股东权利，不得滥用

股东权利损害公司或者其他股东的利益。公司股东滥用股东权利给公司或者其他股东造成损失的，应当承担赔偿责任。

此条款要求公司及其股东在销售活动中必须遵守法律法规，不得做出损害公司或债权人利益的行为，这间接要求销售流程必须规范，以防止内部操作导致的不合规行为。

2.《中华人民共和国合同法》

第六条：当事人行使权利、履行义务应当遵循诚实信用原则。

此条款要求销售人员在销售过程中必须遵循诚实信用原则，不得进行欺诈、误导等不规范行为。

二、针对客户信用管理缺失问题的法律法规

1.《中华人民共和国公司法》

第十五条：公司向其他企业投资或者为他人提供担保，按照公司章程的规定，由董事会或者股东会决议……。

此条款要求公司高层管理人员在客户信用管理中必须谨慎行事，不得随意将公司资金借贷或提供担保，以防止因客户信用问题导致的财务风险。

2.《中华人民共和国民法典》

第六百二十八条：买受人应当按照约定的时间支付价款。对支付时间没有约定或者约定不明确，依据本法第五百一十条的规定仍不能确定的，买受人应当在收到标的物或者提取标的物单证的同时支付。

此条款要求销售合同中必须明确支付时间，以防止因客户信用问题导致的支付延迟或坏账风险。

三、针对合同签订与审批不严谨问题的法律法规

1.《中华人民共和国合同法》

第十二条：合同的内容由当事人约定，一般包括以下条款：（一）当事人的姓名或者名称和住所；（二）标的；（三）数量；（四）质量；（五）价款或者报酬；（六）履行期限、地点和方式；（七）违约责任；（八）解决争议的方法。

此条款要求销售合同必须包含必要的条款，且条款内容必须明确、无漏洞。

2.《中华人民共和国公司法》

第一百八十八条：董事、监事、高级管理人员执行职务违反法律、行政法规或者公司章程的规定，给公司造成损失的，应当承担赔偿责任。

此条款要求公司高层管理人员在合同签订与审批过程中必须严格遵守法律法规和公司章程，否则将承担赔偿责任。

四、针对销售业绩考核不科学问题的法律法规

1.《中华人民共和国劳动法》

第四十六条：工资分配应当遵循按劳分配原则，实行同工同酬。

此条款要求企业在销售业绩考核中必须遵循公平、公正的原则，不得进行歧视性考核。

2.《中华人民共和国劳动合同法》

第三十条：用人单位应当按照劳动合同约定和国家规定，向劳动者及时足额支付劳动报酬。

此条款要求企业在销售业绩考核中必须确保考核结果的公正性，以便按照劳动合同约定向劳动者支付劳动报酬。

综上所述，国有企业销售与市场管理合规问题中销售管理制度不完善的问题违反了多个法律法规。企业应当严格遵守相关法律法规，建立健全的销售管理制度和合规文化体系，以确保销售活动的合规性和可持续性。

合规程序与方法

针对国有企业销售与市场管理合规问题中销售管理制度不完善的问题，以下提出具体的合规程序与方法，旨在分步骤、有针对性地解决问题。

一、制定和完善销售管理制度

1. 明确销售流程

详细规定从市场调研、产品推广、客户接触到合同签订、发货、收款等各个环节的具体步骤和责任人，确保销售活动的规范化和标准化。

2. 职责划分清晰

明确销售部门与其他相关部门（如财务部门、法务部门等）在销售活动中的职责和协作机制，避免工作重叠和推诿扯皮现象。

二、加强客户信用管理

1. 建立客户信用评估体系

制定客户信用评估标准和流程，定期对客户进行信用评级，并根据评级结果调整赊销政策。

2. 建立客户信用档案

为每个客户建立详细的信用档案，记录客户的交易历史、付款情况、信用评级等信息，并持续追踪更新。

三、规范合同签订与审批流程

1. 制定统一销售合同模板

根据业务特点制定统一的销售合同模板，明确合同条款和双方权利义务，减少合同漏洞。

2. 建立严格的审批流程

所有销售合同必须经过法务部门或指定人员的审核批准，确保合同条款的合法性和合规性。审批过程中应重点关注付款方式、违约责任等关键条款。

四、优化销售业绩考核体系

1. 设立多元化考核指标

除了销售额外，还应将回款率、客户满意度、新市场开拓情况等作为考核指标，确保考核结果的全面性和公正性。

2. 建立透明公开的考核制度

明确考核标准和流程，确保销售人员对考核结果无异议。同时，建立反馈机制，及时收集销售人员的意见和建议，对考核制度进行持续优化。

五、加强合规培训与文化建设

1. 定期开展合规培训

组织销售人员及相关部门人员参加合规培训，提高合规意识和风险防控能力。培训内容应包括法律法规、公司规章制度、案例分析等。

2. 营造合规文化

将合规理念融入企业文化中，通过宣传、教育等方式提高全体员工的合规意识。同时，建立举报机制，鼓励员工积极举报违规行为。

六、实施定期审计与监督

1. 开展内部审计

定期对销售活动进行内部审计，检查销售管理制度的执行情况、客户信用管理的有效性、合同签订与审批流程的合规性等。

2. 建立监督机制

设立专门的合规监督部门或岗位，负责监督销售活动的合规性。同时，鼓励外部审计机构对销售活动进行独立审计，提高审计的客观性和公正性。

通过实施以上合规程序与方法，国有企业可以逐步解决销售与市场管理合规问题中销售管理制度不完善的问题，提高销售活动的合规性和可持续性，进而提升企业的市场竞争力和经济效益。

专题2：客户信用管理不到位

案例引入

一、案例背景

传统制造业国有企业B（以下简称"企业B"），主营业务为机械设备生产与销售。近年来，随着市场竞争的加剧，企业B为了扩大市场份额，采取了较为宽松的信用政策，希望通过赊销方式吸引更多客户。然而，由于客户信用管理不到位，导致了一系列问题。

二、具体问题

1. 信用评估缺失

企业B在与客户建立合作关系前，未进行充分的信用评估。销售部门往往仅凭与客户的历史合作记录或口头承诺就给予赊销额度，忽视了潜在的信用风险。

2. 信用档案不全

企业B未建立完善的客户信用档案系统，客户的交易历史、付款记录、诉讼情况等关键信息缺失，导致无法对客户的信用状况进行全面跟踪和评估。

3. 催收机制不完善

当客户出现逾期付款情况时，企业B缺乏有效的催收机制。催收工作往往由销售人员兼任，由于缺乏专业性和持续性，催收效果不佳。

三、主要问题的影响

1. 经济损失大

由于客户信用管理不到位，企业 B 遭遇了多起大额坏账。据统计，近一年内因客户违约导致的坏账损失高达 5000 万元，占企业年度总销售额的 10%。

2. 财务指标下滑

坏账损失直接影响了企业 B 的财务指标。应收账款周转率从行业平均水平的每年 5 次下降至 3 次，存货周转率也有所下降，导致企业运营资金紧张，融资成本上升。

3. 客户关系受损

部分客户因长期拖欠款项，导致与企业 B 的合作关系破裂。同时，由于催收过程中的不当行为（如频繁打扰、威胁等），进一步加剧了客户关系的恶化。

4. 品牌形象受损

因客户信用管理问题频繁曝光于公众视野中，企业 B 的品牌形象和市场声誉严重受损。潜在客户因担心类似风险而对企业保持观望态度，进一步影响了企业的市场拓展能力。

四、结论与反思

本案例充分暴露了国有企业销售与市场管理合规问题中客户信用管理不到位的严重后果。企业 B 因忽视客户信用管理而付出了沉重的代价，不仅经济损失巨大，还导致财务指标下滑、客户关系受损和品牌形象下降。

针对这一问题，企业应深刻反思并采取有效措施加以解决，具体如下。

1. 建立健全客户信用评估体系

在与客户建立合作关系前进行全面的信用评估，确保客户的信用状况符合企业要求。

2. 完善客户信用档案系统

建立详细的客户信用档案，记录客户的交易历史、付款记录、诉讼情况等信息，以便随时跟踪和评估客户的信用状况。

3. 加强催收机制建设

建立专业的催收团队和完善的催收流程，确保在客户出现逾期付款情况时能够及时、有效地进行催收。

4. 提升合规意识

加强对销售人员的合规培训和教育，提高其对客户信用管理重要性的认识，确保销售活动在合规框架内进行。

通过实施以上措施，企业可以逐步解决客户信用管理不到位的问题，降低坏账风险，提升财务指标和市场竞争力。

合规问题分析

一、业务简介

在国有企业的销售与市场管理活动中，客户信用管理是一个至关重要的环节。它涉及对客户的信用状况进行评估、监控和风险管理，以确保企业能够安全、有效地开展赊销业务，维护企业的财务健康和市场竞争优势。然而，在实际操作中，客户信用管理不到位的问题时有发生，给企业带来了诸多不利影响。

二、相关规定

关于客户信用管理，国家和行业层面均有一系列相关法律法规和规章制度进行规范。例如，《中华人民共和国民法典》规定了合同双方的权利义务，包括付款方式和违约责任等；《中华人民共和国公司法》则要求公司建立健全的内部控制体系，包括客户信用管理制度；《企业内部控制基本规范》等规范性文件对企业客户信用管理提出了具体要求。此外，行业协会和监管机构也会发布相关指引和标准，以指导企业加强客户信用管理。

三、合规问题具体表现

1. 信用评估缺失或不充分

企业在与客户建立合作关系前，未进行充分的信用评估或评估标准过于宽松，导致与信用状况不佳的客户建立合作关系，增加了坏账风险。

2. 信用档案不健全

企业未建立完善的客户信用档案系统，无法全面、准确地记录客户的信用信息和交易历史，难以对客户的信用状况进行持续跟踪和评估。

3. 催收机制不完善

当客户出现逾期付款情况时，企业缺乏有效的催收机制或催收手段不当，导致账款回收效率低下，坏账损失增加。

4. 内部控制薄弱

企业内部控制体系不健全，销售、财务等部门之间信息沟通不畅，职责划分不清，导致客户信用管理工作难以有效开展。

四、问题造成的严重影响

1. 经济损失大

客户信用管理不到位直接导致企业坏账损失增加，影响企业的盈利能力和财务健康。长期而言，还可能导致企业资金链断裂，导致企业陷入经营困境。

2. 市场竞争力下降

由于坏账损失和资金占用问题，企业可能无法投入足够的资源用于产品研发、市场推广等，导致市场竞争力下降。

3. 品牌形象受损

客户信用管理问题频繁曝光于公众视野中，会严重损害企业的品牌形象和市场声誉，影响潜在客户对企业的信任度和合作意愿。

4. 面临法律风险和监管处罚

企业若因客户信用管理不到位而违反相关法律法规或监管要求，还可能面临法律风险和监管处罚，进一步加剧企业的困境。

综上所述，国有企业销售与市场管理合规问题中客户信用管理不到位的问题不容忽视。企业应从制度建设、流程优化、技术应用等多个方面入手，加强客户信用管理工作，确保企业的稳健运营和可持续发展。

法律法规依据

针对国有企业销售与市场管理合规问题中客户信用管理不到位的问题，以下是对相关法律法规依据的总结。

一、针对信用评估缺失或不充分问题的法律法规

1.《中华人民共和国公司法》

第二十一条：公司股东应当遵守法律、行政法规和公司章程，依法行使股东权利，不得滥用股东权利损害公司或者其他股东的利益。

此条款要求企业建立健全的内部控制体系，包括客户信用管理制度，以防止因信用评估缺失导致损害公司债权人利益。

2.《中华人民共和国合同法》

第六十条：当事人应当按照约定全面履行自己的义务。在合同签订前，企业应进行充分的信用评估，以确保对方当事人的履约能力，避免与信用状况不佳的客户建立合作关系。

二、针对信用档案不健全问题的法律法规

1.《中华人民共和国会计法》

第三条：各单位必须依法设置会计账簿，并保证其真实、完整。

2.《企业内部控制基本规范》

第六条：企业应当建立和实施内部控制，包括内部环境、风险评估、控制活动、信息与沟通、内部监督等要素。

企业应当建立客户信用档案，并将其作为风险评估和控制活动的一部分。

三、针对催收机制不完善问题的法律法规

1.《中华人民共和国民法典》

第五百七十七条：当事人一方不履行合同义务或者履行合同义务不符合约定的，应当承担继续履行、采取补救措施或者赔偿损失等违约责任。

此条款要求企业在客户出现逾期付款情况时，应采取有效措施进行催收，以维护企业的合法权益。

2.《中华人民共和国商业银行法》

第三十五条：商业银行贷款，应当对借款人的借款用途、偿还能力、还款方式等情况进行严格审查……。

虽然此条款主要针对商业银行，但企业也应借鉴其风险管理原则，完善催收机制，确保账款的有效回收。

四、针对内部控制薄弱问题的法律法规

1.《中华人民共和国审计法》

第二十二条：审计机关对国有企业的资产、负债、损益，进行审计监督。

此条款要求国有企业建立健全的内部控制体系，包括客户信用管理，以确保企业资产的安全和有效使用。

2.《中华人民共和国公司法》

第一百七十九条：董事、监事、高级管理人员应当遵守法律、行政法规和公司章程。

第一百八十条：董事、监事、高级管理人员对公司负有忠实义务，应当采取措施避免自身利益与公司利益冲突，不得利用职权牟取不正当利益。

董事、监事、高级管理人员应确保企业内部控制体系的有效运行，包括客户信用管理的合规性。

综上所述，国有企业销售与市场管理合规问题中客户信用管理不到位的问题违反了多个法律法规。企业应严格遵守相关法律法规，加强客户信用管理，确保企业的合规运营和稳健发展。

合规程序与方法

针对国有企业销售与市场管理合规问题中客户信用管理不到位的问题，以下提出具体的合规程序与方法，旨在分步骤、有针对性地解决问题。

一、建立全面的客户信用评估体系

1. 制定信用评估标准

明确信用评估的指标和方法，包括但不限于客户的财务状况、经营状况、行业地位、历史履约记录等。

2. 组建专业信用评估团队

成立由财务、销售、法务等部门人员组成的信用评估团队，负责客户的信用评估工作。

3. 实施信用评估

对潜在客户进行全面的信用评估，确保评估结果的客观性和准确性。根据评估结果，决定是否给予赊销额度及额度大小。

二、建立健全客户信用档案系统

1. 设计客户信用档案模板

制定统一的客户信用档案模板，包括客户基本信息、交易记录、付款情况、诉讼记录等内容。

2. 实时更新信用档案

定期对客户信用档案进行更新，确保档案信息的时效性和准确性。对于重大变化，如客户财务状况恶化、涉及诉讼等，应及时记录并评估影响。

3. 建立信息共享机制

在企业内部建立信用信息共享平台，确保销售、财务、法务等部门能够实时访问和更新客户信用档案。

三、优化催收机制

1. 制定催收政策

明确催收的标准流程、时间节点和责任部门，确保催收工作的有序进行。

2. 设立专业催收团队

成立专门的催收小组或委托第三方催收机构，负责逾期账款的催收工作。

3. 采用多种催收手段

根据逾期账款的不同情况，采用电话催收、信函催收、上门催收等多种手段，提高催收效率。

4. 建立激励机制

对催收效果显著的团队或个人给予奖励，激发催收积极性。

四、加强内部控制与审计

1. 完善内部控制体系

建立健全的内部控制体系，明确各部门在客户信用管理中的职责和权限，确保各项工作有序开展。

2. 开展内部审计

定期对客户信用管理工作进行内部审计，检查各项制度的执行情况和存在的问题，及时提出解决方案。

3. 建立问责机制

对于违反客户信用管理制度的行为，严肃追究相关人员的责任，确保制度的严肃性和有效性。

五、开展合规培训与文化建设

1. 加强合规培训

定期组织销售、财务、法务等部门人员进行客户信用管理合规培训，提高员工的合规意识和能力。

2. 推动合规文化建设

将合规理念融入企业文化中，倡导诚信经营、合规管理的价值观。通过宣传栏、内部刊物、企业文化活动等，营造浓厚的合规氛围。

3. 建立举报机制

鼓励员工举报客户信用管理中的违规行为，对举报人给予保护及适当奖励。同时，对违规行为进行严肃处理，形成有效的震慑。

通过实施以上合规程序与方法，国有企业可以系统性地解决销售与市场管理合规问题中客户信用管理不到位的问题，提升企业的风险防控能力和市场竞争力。

专题3：销售合同签订与审批流程不规范

案例引入

一、案例背景

B公司是一家传统制造业国有企业，主要从事机械零部件的生产与销售。近年来，随着市场竞争的加剧，B公司为扩大市场份额，加大了销售力度。然而，在追求业绩的同时，B公司在销售合同签订与审批流程上出现了严重的不规范现象，给企业带来了巨大损失。

二、具体问题

1. 审批流程缺失

B 公司的销售合同签订与审批流程原本为由销售部门起草合同，经法务部门审核后，报请管理层审批。然而，在实际操作中，由于追求效率，销售部门常常直接与客户签订合同，事后才补交审批流程，甚至存在未审批即执行的情况。

2. 合同条款模糊

部分销售合同在签订时，未对关键条款进行明确约定，如未约定质量标准、交付时间、付款方式等，导致在合同履行过程中产生歧义和纠纷。

3. 越权审批

在某些情况下，销售人员为促成交易，未经授权便擅自修改合同条款或给予客户额外优惠，严重损害了公司的利益。

三、主要问题的影响

1. 经济损失大

由于审批流程不规范和合同条款模糊，B 公司在过去一年内因合同纠纷导致的直接经济损失高达 500 万元，占公司总销售额的 3%。此外，还有因尚未解决的纠纷而导致的大量潜在的经济损失。

2. 财务指标下滑

受合同纠纷影响，B 公司的应收账款周转率显著下降，从行业平均水平的 5 次 / 年降至 3 次 / 年。同时，坏账准备金计提比例大幅上升，导致公司净利润同比下降 15%。

3. 市场信誉受损

频繁发生的合同纠纷不仅损害了 B 公司的经济利益，还严重影响了其市场信誉。部分客户因担心合同风险而选择与其他供应商合作，导致 B 公司市场份额下降。

4. 内部管理混乱

审批流程的不规范暴露了 B 公司内部管理的诸多问题，如部门间沟通不畅、职责划分不清等，这些问题进一步加剧了公司的经营困境。

四、结论与反思

B 公司销售合同签订与审批流程不规范的问题，不仅给公司带来了直接的经济损失和导致财务指标下滑，还严重损害了公司的市场信誉和内部管理秩序。这一案例深刻警示国有企业在追求业绩的同时，必须高度重视合规管理，建立健全的销售合同签订与审批流程，确保每一步操作都符合法律法规和企业内部规章制度的要求。

反思此案例，B 公司应采取以下措施进行整改。

1. 完善审批流程

明确销售合同签订与审批的各个环节和责任人，确保每一步操作都经过严格的审核和审批。

2. 加强合同条款管理

制定标准合同模板，对关键条款进行明确约定，减少合同履行过程中的歧义和纠纷。

3. 强化内部培训

定期对销售人员进行合规培训，提高其法律意识和风险防控能力。

4. 建立问责机制

对违反审批流程和合同条款管理规定的行为进行严肃处理，形成有效的震慑。

通过实施以上措施，B公司有望逐步解决销售合同签订与审批流程不规范的问题，恢复企业的市场信誉和经营秩序。

合规问题分析

一、业务简介

国有企业作为国家经济的重要组成部分，其销售与市场管理业务涉及产品和服务领域。销售合同签订与审批流程是确保企业交易合法合规、维护企业权益的关键环节。然而，在实际操作中，部分国有企业存在销售合同签订与审批流程不规范的问题，给企业带来了一系列的风险和挑战。

二、相关规定

国有企业在进行销售合同签订与审批时，应严格遵守国家法律法规、企业内部规章制度以及行业准则等相关规定。这些规定通常包括公司法、企业内部控制基本规范等，对合同的起草、审核、审批、执行等各个环节都有明确的要求。

三、合规问题具体表现

1. 审批流程缺失或简化

部分国有企业在追求业绩的过程中，为了加快合同签订速度，往往简化甚至省略审批流程。销售人员可能直接与客户签订合同，事后才补交审批材料，甚至存在未审批即执行的情况。

2. 合同条款模糊或不全

销售合同是明确双方权利和义务的重要法律文件。然而，部分国有企业在签订合同时，对关键条款约定不清或遗漏重要条款，导致合同履行过程中产生歧义和纠纷。

3. 越权审批或擅自修改合同

在某些情况下，销售人员为促成交易，可能未经授权擅自修改合同条款或给予客户额外优惠。这种行为不仅损害了企业的利益，还可能引发法律风险。

4. 内部沟通不畅与职责不清

由于国有企业内部部门众多、职责划分复杂，销售合同签订与审批过程中可能存在沟通不畅、职责不清的问题。这导致审批流程延误、信息失真等后果。

四、问题造成的严重影响

1. 经济损失大

销售合同签订与审批流程不规范可能导致企业因合同纠纷而遭受经济损失。这些损失包括直接的经济赔偿、违约金支付以及因诉讼产生的费用等。

2. 市场信誉受损

频繁的合同纠纷不仅损害企业的经济利益，还严重影响企业的市场信誉。客户可能因担心合同风险而选择与其他供应商合作，导致企业市场份额减小。

3. 内部管理混乱

审批流程的不规范暴露了企业内部管理的诸多问题，如部门间沟通不畅、职责划分不清等。

这些问题进一步加剧了企业的经营困境，降低了管理效率。

4.法律风险增加

销售合同签订与审批流程不规范可能使企业面临法律风险。一旦合同被认定为无效或存在重大瑕疵，企业可能需要承担法律责任，包括赔偿损失、支付违约金等。

综上所述，国有企业销售与市场管理合规问题中销售合同签订与审批流程不规范的问题不容忽视。企业应采取有效措施加以解决，确保销售合同签订与审批流程的合规性和有效性，以维护企业的合法权益和市场信誉。

法律法规依据

在国有企业销售与市场管理领域，销售合同签订与审批流程的规范性对保障企业合法权益、防范法律风险至关重要。针对销售合同签订与审批流程不规范的问题，可以从多个法律法规中找到相应的依据。以下是对相关法律法规的总结。

一、针对审批流程缺失或简化的法律法规

1.《中华人民共和国民法典》

第四百六十四条：合同是民事主体之间设立、变更、终止民事法律关系的协议。婚姻、收养、监护等有关身份关系的协议，适用有关该身份关系的法律规定；没有规定的，可以根据其性质参照适用本编规定。

销售合同的签订应遵循平等自愿原则，审批流程的缺失或简化可能违背这一原则，导致合同效力受损。

2.《中华人民共和国公司法》

第五条：设立公司必须依法制定公司章程。公司章程对公司、股东、董事、监事、高级管理人员具有约束力。

第一百八十七条：股东会要求董事、监事、高级管理人员列席会议的，董事、监事、高级管理人员应当列席并接受股东的质询。

公司章程中通常包含对合同审批流程的规定，审批流程的缺失或简化可能违反公司章程，进而影响公司治理结构的有效性。

二、针对合同条款模糊或不全的法律法规

《中华人民共和国民法典》第四百六十九条：当事人订立合同，可以采用书面形式、口头形式或者其他形式。书面形式是合同书、信件、电报、电传、传真等可以有形地表现所载内容的形式。以电子数据交换、电子邮件等方式能够有形地表现所载内容，并可以随时调取查用的数据电文，视为书面形式。

第四百七十条：合同的内容由当事人约定，一般包括下列条款：（一）当事人的姓名或者名称和住所；（二）标的；（三）数量；（四）质量；（五）价款或者报酬；（六）履行期限、地点和方式；（七）违约责任；（八）解决争议的方法。当事人可以参照各类合同的示范文本订立合同。

销售合同应明确约定各项条款，确保合同的完整性和可执行性。合同条款模糊或不全可能导致合同无法有效履行，引发纠纷。

三、针对越权审批或擅自修改合同的法律法规

1.《中华人民共和国民法典》

第五百零四条：法人的法定代表人或者非法人组织的负责人超越权限订立的合同，除相对人知道或者应当知道其超越权限外，该代表行为有效，订立的合同对法人或者非法人组织发生效力。

但需注意的是，若企业内部有明确的权限划分和审批流程，而相关人员越权审批或擅自修改合同，可能构成企业内部违规行为，需依据企业内部规章制度进行处理。

2.《中华人民共和国刑法》

若越权审批或擅自修改合同行为涉及职务侵占、挪用资金等犯罪行为，则可能触犯刑法相关条款，如第一百六十三条、第二百七十一条等。

四、针对内部沟通不畅与职责不清的法律法规

虽然内部沟通不畅与职责不清更多属于企业内部管理问题，但相关法律法规仍对企业内部治理提出了要求。

《中华人民共和国公司法》

第四条：……公司股东依法享有资产收益、参与重大决策和选择管理者等权利。

第四十六条：有限责任公司章程应当载明下列事项：……（六）公司的机构及其产生办法、职权、议事规则……。

公司章程应明确公司内部机构的设置、职权和议事规则，以促进内部沟通顺畅和职责明确。

综上所述，国有企业销售与市场管理合规问题中销售合同签订与审批流程不规范的行为违反了多项法律法规的规定。企业应严格遵守相关法律法规，建立健全内部管理制度，确保销售合同签订与审批流程的合规性和有效性。

合规程序与方法

针对国有企业销售与市场管理合规问题中销售合同签订与审批流程不规范的情况，以下提出具体的合规程序与方法，旨在分步骤、有针对性地解决问题。

一、明确审批流程与职责分工

1.制定详细的审批流程

企业应制定明确的销售合同签订与审批流程，包括合同起草、内部审核、管理层审批、客户确认等各个环节，确保每一步都有明确的责任人和时间节点。

2.明确职责分工

明确销售部门、法务部门、财务部门等相关部门在合同签订与审批流程中的具体职责，避免职责不清导致的推诿扯皮现象。

二、加强合同条款审查

1.建立标准合同模板

企业应根据业务特点制定标准合同模板，涵盖关键条款，如关于质量标准、交付时间、付款方式等的条款，减少因合同条款模糊或不全引发的纠纷。

2. 强化法务审核

所有销售合同在签订前必须经过法务部门的严格审核，确保合同条款的合法性和有效性。法务部门应对合同中的每一项条款进行细致分析，提出修改建议。

三、实施权限管理

1. 设定审批权限

明确各级管理人员的审批权限，防止越权审批现象的发生。对于重大合同或特殊条款，应设定更高级别的审批权限。

2. 建立内部监督机制

建立内部监督机制，对审批流程进行定期检查和审计，确保审批流程的合规性和有效性。对于违规行为，应严肃处理并追究相关责任人的责任。

四、加强内部沟通与协作

1. 建立沟通机制

建立跨部门沟通机制，确保销售部门、法务部门、财务部门等相关部门之间能够及时、有效地沟通信息，共同解决合同签订与审批过程中遇到的问题。

2. 定期召开协调会议

定期组织关于销售合同签订与审批流程的协调会议，总结经验教训，优化流程设计，提高工作效率。

五、利用科技手段提升管理效率

1. 引入合同管理系统

采用先进的合同管理系统，实现合同起草、审核、审批、执行等全过程的电子化管理，提高管理效率和准确性。

2. 利用数据分析工具

运用数据分析工具对销售合同签订与审批流程进行数据分析，识别潜在风险和问题点，为流程优化提供数据支持。

通过实施以上合规程序与方法，国有企业可以系统性地解决销售合同签订与审批流程不规范的问题，提升销售与市场管理的合规性，降低法律风险和经济损失，保障企业的持续健康发展。

专题 4：应收账款回收管理不善

案例引入

一、案例背景

公司 C 是一家历史悠久的传统制造业国有企业，专注于机械零部件的生产与销售。近年来，随着市场竞争的加剧，公司 C 为扩大市场份额，采取了较为宽松的信用政策，通过赊销方式吸引客户。然而，这一策略在带来销量增长的同时，也埋下了应收账款回收管理不善的隐患。

二、具体问题

1. 信用审核不严

公司 C 在与客户签订销售合同时，信用审核流程形同虚设。销售人员为了追求业绩，往往忽视对客户信用状况的深入调查，导致与多家信用状况不佳的企业建立了合作关系。

2. 账款催收不力

应收账款形成后，公司 C 的催收机制存在明显缺陷。催收工作主要由销售人员负责，但由于缺乏专业的催收技巧和系统化的催收流程，大量应收账款逾期未收回。同时，财务部门与销售部门之间沟通不畅，财务部门未能及时提供准确的应收账款数据以支持催收工作。

3. 内部管理混乱

公司 C 内部的应收账款管理流程缺乏规范性，部门间职责划分不清，导致信息传递效率低下，问题反馈不及时。此外，公司未建立有效的内部监督机制，没有对应收账款回收情况进行定期审查和评估。

三、主要问题的影响

1. 财务损失巨大

由于应收账款回收管理不善，公司 C 的财务损失逐年攀升。据统计，近三年来，公司因应收账款无法收回导致的直接经济损失已超过亿元，严重侵蚀了公司利润。

2. 财务指标恶化

应收账款的长期积压导致公司现金流紧张，进而影响了一系列财务指标表现。公司的应收账款周转率显著下降，从行业平均水平的每年 5 次降至 2 次；同时，坏账率大幅上升，从之前的 1%攀升至当前的 5% 以上。这些指标的恶化直接影响了公司的信用评级和融资能力。

3. 市场信誉受损

由于频繁出现应收账款回收问题，公司 C 的市场信誉受到严重损害。潜在客户对公司的信用状况产生疑虑，导致新客户拓展困难；现有客户也要求更严格的付款条件，进一步加大了公司的经营压力。

4. 内部管理危机

应收账款回收管理不善还引发了公司内部管理危机。销售部门与财务部门之间的矛盾加剧，员工士气低落；管理层面临巨大的业绩压力，不得不采取更加激进的销售策略以弥补财务损失，从而形成恶性循环。

四、结论与反思

公司 C 的案例深刻揭示了传统制造业国有企业在应收账款回收管理方面的诸多问题及其严重后果。为避免类似问题的发生，公司应采取以下措施。

1. 建立健全信用管理制度

加强对客户信用状况的审核和评估，建立客户信用档案，实施动态管理。

2. 优化账款催收流程

建立专业化的催收团队，制定系统化的催收策略，加强与财务部门的沟通协调，确保催收工作的有效开展。

3. 完善内部管理机制

明确各部门在应收账款回收管理中的职责分工，建立内部监督机制，定期对应收账款回收情况进行审查和评估。

4. 提升员工素质与能力

加强对销售人员和财务人员的培训和教育，提高其对应收账款回收管理重要性的认识和能力、水平。

通过实施以上措施，企业可以逐步改善应收账款回收管理状况，降低财务风险和市场信誉损失，为企业的持续健康发展奠定坚实基础。

合规问题分析

一、业务简介

在国有企业中，销售与市场管理是企业运营的核心环节之一，直接关系到企业的市场竞争力、收入规模和利润水平。应收账款作为销售业务的重要组成部分，是企业通过赊销方式向客户销售商品或提供服务后形成的债权。应收账款的及时回收对维持企业现金流稳定、降低财务风险具有重要意义。

二、相关规定

国有企业在进行销售与市场管理时，必须严格遵守国家相关法律法规及企业内部规章制度。其中，与应收账款回收管理密切相关的规定包括但不限于以下方面。

《中华人民共和国民法典》：规定了合同的订立、履行、变更、转让和终止等事项，为应收账款的形成提供了法律依据。

《企业财务通则》及会计准则：要求企业对应收账款进行准确核算和披露，确保财务信息的真实性和完整性。

国资委等相关部门的管理规定：国资委等相关部门针对国有企业应收账款管理提出了具体要求，如建立应收账款管理制度、加强内部控制、定期进行账龄分析等。

三、合规问题具体表现

1. 信用管理缺失

部分国有企业在签订销售合同时，未对客户的信用状况进行充分调查和评估，导致与信用不佳的客户建立合作关系，增加了应收账款回收的难度和风险。

2. 催收机制不健全

一些国有企业在应收账款形成后，缺乏有效的催收机制和手段，导致应收账款长期挂账，甚至形成呆账、坏账。

3. 内部控制薄弱

部分国有企业的应收账款管理流程缺乏规范性，部门间职责划分不清，信息传递效率低下，内部监督机制缺失，无法对应收账款回收情况进行有效监控和评估。

4. 绩效考核导向偏差

部分国有企业将销售业绩作为考核销售人员的主要指标，而对应收账款回收情况关注不够，导致销售人员为追求业绩而忽视应收账款的回收工作。

四、问题造成的严重影响

1. 财务风险增加

应收账款回收管理不善直接导致企业现金流紧张，增加了企业的财务风险。长期积压的应收账款可能使企业面临资金链断裂的风险。

2. 经营业绩下滑

应收账款无法及时回收，导致企业实际收到的现金减少，进而影响企业的资金状况。同时，坏账损失的增加也会侵蚀企业利润。

3. 市场信誉受损

应收账款回收问题频发可能导致企业的市场信誉受损，影响新客户拓展和与现有客户的合作关系。

4. 内部管理混乱

应收账款回收管理不善可能引发企业内部管理混乱，部门间矛盾加剧，员工士气低落，影响企业的整体运营效率和发展前景。

综上所述，国有企业应加强对应收账款回收管理的重视，建立健全相关制度和机制，确保应收账款的及时回收和财务风险的有效控制。

法律法规依据

针对国有企业销售与市场管理合规问题中应收账款回收管理不善的问题，以下法律法规提供了明确的指导。

一、针对信用管理缺失问题的法律法规

1.《中华人民共和国合同法》

第六条：当事人行使权利、履行义务应当遵循诚实信用原则。

2.《中华人民共和国公司法》

第十九条：公司从事经营活动，应当遵守法律法规，遵守社会公德、商业道德，诚实守信，接受政府和社会公众的监督。

二、针对催收机制不健全问题的法律法规

1.《企业财务通则》

第二十四条：企业应当建立合同的财务审核制度，明确业务流程和审批权限，实行财务监控。

企业应当加强应收款项的管理，评估客户信用风险，跟踪客户履约情况，落实收账责任，减少坏账损失。

2.《企业会计准则第 22 号——金融工具确认和计量》

对于应收账款的减值（坏账准备），企业应按照相关会计准则进行计提和披露。

三、针对内部控制薄弱问题的法律法规

1.《中华人民共和国会计法》

第九条：各单位必须根据实际发生的经济业务事项进行会计核算，填制会计凭证，登记会计账簿，编制财务会计报告。任何单位不得以虚假的经济业务事项或者资料进行会计核算。

2.《企业内部控制基本规范》

第十四条：企业应当结合业务特点和内部控制要求设置内部机构，明确职责权限，将权利与责任落实到各责任单位。

企业应当通过编制内部管理手册，使全体员工掌握内部机构设置、岗位职责、业务流程等情况，明确权责分配，正确行使职权。

第四十条：企业应当将内部控制相关信息在企业内部各管理级次、责任单位、业务环节之间，以及企业与外部投资者、债权人、客户、供应商、中介机构和监管部门等有关方面之间进行沟通和反馈。信息沟通过程中发现的问题，应当及时报告并加以解决。

重要信息应当及时传递给董事会、监事会和经理层。

四、针对绩效考核导向偏差问题的法律法规

1.《中华人民共和国劳动法》

第四条：用人单位应当依法建立和完善规章制度，保障劳动者享有劳动权利和履行劳动义务。

2.《中华人民共和国公司法》

相关条款虽未直接提及绩效考核，但强调了公司应遵守法律、行政法规，遵循诚实信用原则，这间接要求公司的绩效考核制度不得违反法律法规，不得损害公司利益。

综上所述，国有企业在销售与市场管理中，特别是应收账款回收管理方面，必须严格遵守相关法律法规的规定，确保业务的合规性和企业的稳健发展。

合规程序与方法

针对国有企业销售与市场管理合规问题中应收账款回收管理不善的情况，以下提出具体的合规程序与方法，旨在分步骤、有针对性地解决问题。

一、建立健全信用评估体系

1. 设立信用管理部门

在企业内部设立专门的信用管理部门，负责客户的信用调查和评估工作。

2. 制定信用评估标准

明确信用评估的指标和方法，包括但不限于客户的财务状况、历史交易记录、行业声誉等。

3. 实施动态信用监控

定期对客户的信用状况进行复审，及时调整信用额度，降低坏账风险。

二、完善应收账款催收机制

1. 设立催收团队

组建专业的应收账款催收团队，负责逾期账款的催收工作。

2. 制定催收策略

根据客户的实际情况，制定个性化的催收策略，包括电话催收、函件催收、上门催收等。

3. 引入第三方催收机构

对于长期拖欠的账款，可以考虑引入第三方专业催收机构进行催收。

三、加强内部控制制度建设

1. 完善应收账款管理制度

制定详细的应收账款管理制度，明确各部门职责，规范应收账款的形成、催收、核销等流程。

2. 实施不相容职务相分离制度

确保应收账款的记录、审核、催收等职责由不同人员承担，避免舞弊行为的发生。

3. 定期进行内部审计

设立内部审计部门或聘请外部审计机构，对应收账款管理情况进行定期审计，确保内部控制的有效性。

四、优化绩效考核体系

1. 调整考核指标

将应收账款回收率、坏账率等财务指标纳入销售人员的绩效考核体系，引导销售人员重视应收账款的回收工作。

2. 建立奖惩机制

对应收账款回收表现优秀的销售人员给予奖励，对回收不力的销售人员采取相应的惩罚措施。

五、加强法律法规培训与合规文化建设

1. 开展法律法规培训

定期组织销售人员、财务人员等相关人员参加法律法规培训，增加其对民法典、会计法等相关法律法规的认识和理解。

2. 建立合规文化

将合规理念融入企业文化中，强调诚信经营、守法合规的重要性，形成全员参与、共同维护合规的良好氛围。

通过实施以上合规程序与方法，国有企业可以系统性地解决销售与市场管理合规问题中应收账款回收管理不善的问题，提升企业的风险防控能力和市场竞争力。

专题 5：销售过程中存在舞弊行为

案例引入

一、案例背景

传统制造业国有企业 D（以下简称"企业 D"），长期以来在行业内享有较高声誉，产品市场占有率稳步提升。然而，在 2020 年至 2024 年，企业 D 的销售部门发生了一起严重的舞弊行为，涉及多名销售人员及部分管理层。

二、具体问题

1. 案例主角

刘某，企业 D 区域销售部长，拥有多年销售经验，业绩突出。

2. 舞弊手段

（1）设立皮包企业：刘某利用亲戚的身份证注册成立了一家名为"旭日"的皮包企业，通过虚假宣传将其包装成具有生产能力的企业，规避企业对新客户的严格审查。

（2）低价高卖：刘某利用职务之便，将企业 D 的产品以低于市场价的价格销售给旭日公司，再由旭日公司以正常或略高的价格转售给实际客户，从中赚取差价。

（3）信用额度滥用：刘某通过内部操作，大幅提高旭日公司的信用额度至 2000 万元，并将信用期限延长至货到 120 天付款，远超企业正常标准。

3. 数据量化

在六年时间内，旭日公司从企业 D 采购物料总额高达 8000 万元。企业 D 因低价销售给旭日公司而直接损失近 1000 万元，相当于同期净利润的 15%。销售给旭日公司的产品中有 60% 为负毛利销售，严重破坏了企业的价格体系和减弱了盈利能力。

三、主要问题的影响

1. 财务指标下滑

企业 D 的毛利率、净利润率等关键财务指标出现显著下滑，严重影响了企业的盈利能力和市场竞争力。

2. 内部遭遇信任危机

舞弊行为曝光后，企业内部员工对企业的管理制度和高层领导的信任度大幅下降，团队凝聚力受损。

3. 市场声誉受损

作为国有企业，此事件不仅损害了企业自身的市场声誉，也对整个行业的诚信体系造成了负面影响。

4. 面临法律风险

刘某等人的行为涉嫌职务侵占等犯罪行为，企业 D 面临被追诉的法律风险，增加了企业的法律成本。

四、结论与反思

本案例揭示了国有企业销售与市场管理合规问题中销售过程舞弊行为的严重性和危害性。刘某等人的舞弊行为不仅直接导致企业产生了巨额的经济损失，还严重破坏了企业的内部管理秩序和市场声誉。

1. 加强内部控制

企业应建立健全内部控制体系，特别是在客户资质审查、信用额度审批、产品定价等环节，应确保权力制衡和信息透明。

2. 完善合规制度

制定详细的合规制度和操作流程，明确各级员工的职责和权限，加强对关键岗位人员的监督和约束。

3. 强化员工培训与考核

定期开展合规培训和职业道德教育，提高员工的合规意识和职业素养。同时，将合规表现纳入绩效考核体系，形成正向激励。

4. 建立举报机制

设立独立的举报渠道和保密机制，鼓励员工积极举报舞弊行为，及时发现并处理问题。

5. 加强外部监督与合作

与政府部门、行业协会等外部机构建立紧密的合作关系，共同打击商业舞弊行为，维护公平竞争的市场秩序。

合规问题分析

一、业务简介

国有企业销售与市场管理业务涉及企业产品的推广、销售、渠道管理、客户关系维护等多个环节。这一业务的核心目标是确保企业产品能够顺利进入市场，实现销售目标，同时维护企业的市场声誉和客户关系。

二、相关规定

针对国有企业销售与市场管理业务，国家及企业内部制定了一系列法律法规和规章制度，以确保业务的合规性。这些规定包括但不限于以下方面。

《中华人民共和国反不正当竞争法》：禁止企业采用不正当手段进行市场竞争，如虚假宣传、商业贿赂等。

《中华人民共和国公司法》：要求公司必须遵守法律、行政法规，遵循诚实信用原则进行经营活动。

企业内部销售与市场管理制度：通常包括客户资质审查、信用额度管理、产品定价、销售人员行为规范等具体规定。

三、合规问题具体表现

在国有企业销售与市场管理过程中，舞弊行为可能表现为以下几种形式。

1. 虚假销售

销售人员通过虚构销售订单、夸大销售业绩等方式，骗取企业奖励或提成。

2. 私自降价销售

销售人员未经授权，擅自降低产品价格以吸引客户，损害企业利益。

3. 设立关联企业进行利益输送

销售人员或管理层利用关联企业进行虚假交易，转移企业资产或侵蚀企业利润。

4. 滥用信用额度

销售人员为追求销售业绩，擅自提高客户信用额度，增加企业坏账风险。

5. 商业贿赂

销售人员通过给予客户回扣、礼品等不正当利益，以获取销售订单。

四、问题造成的严重影响

国有企业销售与市场管理过程中的舞弊行为对企业和社会造成了严重影响，具体如下。

1. 经济损失大

舞弊行为直接导致企业资产流失、利润下滑，损害企业的经济利益。

2. 市场声誉受损

舞弊行为被曝光后，企业市场声誉受到严重损害，客户信任度降低。

3. 内部管理秩序混乱

舞弊行为破坏了企业的内部控制体系，导致管理秩序混乱，工作效率降低。

4. 法律风险增加

舞弊行为可能涉及违法犯罪，使企业面临法律追诉和处罚的风险。

5. 社会信任度下降

国有企业作为国民经济的支柱，其舞弊行为会损害公众对国有企业的信任度，影响社会稳定和经济发展。

法律法规依据

针对国有企业销售与市场管理合规问题中销售过程中存在舞弊行为的问题，以下法律法规提供了明确的指导。

一、针对虚假销售问题的法律法规

1.《中华人民共和国反不正当竞争法》

第八条：经营者不得对其商品的性能、功能、质量、销售状况、用户评价、曾获荣誉等作虚假或者引人误解的商业宣传，欺骗、误导消费者。

2.《中华人民共和国刑法》

第一百六十二条之一：隐匿或者故意销毁依法应当保存的会计凭证、会计账簿、财务会计报告，情节严重的，处五年以下有期徒刑或者拘役，并处或者单处二万元以上二十万元以下罚金。

此条款虽未直接提及虚假销售，但虚假销售往往涉及财务造假，可据此追究刑事责任。

二、针对私自降价销售问题的法律法规

1.《中华人民共和国公司法》

第一百八十三条：董事、监事、高级管理人员，不得利用职务便利为自己或者他人谋取属于公司的商业机会……。

2.《中华人民共和国价格法》

第十四条：经营者不得有下列不正当价格行为：……（七）违反法律、法规的规定牟取暴利……。

私自降价销售可能构成不正当价格行为。

三、针对设立关联企业进行利益输送问题的法律法规

1.《中华人民共和国公司法》

第二十二条：公司的控股股东、实际控制人、董事、监事、高级管理人员不得利用关联关系损害公司利益……。

2.《中华人民共和国刑法》

第一百六十六条：为亲友非法牟利，给国有公司、企业、事业单位造成重大损失的，处三年以下有期徒刑或者拘役，并处或者单处罚金；致使国家利益造成特别重大损失的，处三年以上七年以下有期徒刑，并处罚金。

四、针对滥用信用额度问题的法律法规

1.《中华人民共和国公司法》

第一百八十八条：董事、监事、高级管理人员执行职务违反法律、行政法规或者公司章程的规定，给公司造成损失的，应当承担赔偿责任。

2.《企业内部控制基本规范》

第十一条：企业应当根据国家有关法律法规和企业章程，建立规范的公司治理结构和议事规则，明确决策、执行、监督等方面的职责权限，形成科学有效的职责分工和制衡机制。

股东（大）会享有法律法规和企业章程规定的合法权利，依法行使企业经营方针、筹资、投资、利润分配等重大事项的表决权。

董事会对股东（大）会负责，依法行使企业的经营决策权。

监事会对股东（大）会负责，监督企业董事、经理和其他高级管理人员依法履行职责。

经理层负责组织实施股东（大）会、董事会决议事项，主持企业的生产经营管理工作。

五、针对商业贿赂问题的法律法规

1.《中华人民共和国反不正当竞争法》

第七条：经营者不得采用财物或者其他手段贿赂下列单位或者个人，以谋取交易机会或者竞争优势：（一）交易相对方的工作人员；（二）受交易相对方委托办理相关事务的单位或者个人；（三）利用职权或者影响力影响交易的单位或者个人。

2.《中华人民共和国刑法》

第一百六十三条：公司、企业或者其他单位的工作人员，利用职务上的便利，索取他人财物或者非法收受他人财物，为他人谋取利益，数额较大的，处三年以下有期徒刑或者拘役，并处罚金……。

综上所述，国有企业在销售与市场管理过程中，必须严格遵守相关法律法规规定，确保业务的合规性，防止舞弊行为的发生。

合规程序与方法

针对国有企业销售与市场管理合规问题中销售过程中存在舞弊行为的问题，以下提出具体的合规程序与方法，旨在分步骤、有针对性地解决问题。

一、建立健全内部控制体系

1. 明确职责分工

清晰界定销售、财务、审计等部门的职责权限，确保不相容职务相分离，如销售合同签订与审核、收款与记账等关键岗位不得由同一人从事。

2. 建立审批流程

对客户信用额度审批、产品定价、销售折扣、合同签订等关键环节建立严格的审批流程，确保所有交易都经过适当授权和审批。

3. 强化合同管理

对所有销售合同进行编号管理，跟踪合同执行情况，确保合同的真实性和有效性。对于修改合同的行为，必须经过严格的审批程序，并保留书面记录。

二、加强客户信用管理

1. 建立客户信用档案

对客户进行资信评估，建立详细的信用档案，包括客户基本信息、交易历史、信用额度等。

2. 定期更新客户信用档案

定期对客户信用档案进行审查和更新，及时发现并处理潜在风险。对于信用状况恶化的客户，应及时调整信用额度或采取其他风险控制措施。

三、实施内部审计与监督

1. 设立内部审计部门

成立独立的内部审计部门，负责对企业销售与市场管理业务进行定期审计和不定期抽查，确保业务合规性。

2. 建立举报机制

开通举报信箱、举报热线等渠道，鼓励员工积极举报舞弊行为。同时，保护举报人隐私，确保举报信息得到及时调查和处理。

3. 强化监督执行

对于审计和监督过程中发现的问题，及时采取措施进行解决，并对相关责任人进行严肃处理，以儆效尤。

四、加强员工培训与合规文化建设

1. 开展合规培训

定期对员工进行合规培训，包括法律法规、职业道德、内部控制等方面的培训，提高员工的合规意识和职业素养。

2. 建立合规文化

将合规文化融入企业文化建设中，倡导诚信经营、廉洁从业的理念。通过内部宣传、案例分析等方式，强化员工的合规意识。

3. 签订合规承诺书

要求所有销售人员签订合规承诺书，明确其合规责任和义务，增强其责任感和使命感。

五、完善绩效考核与激励机制

1. 建立科学的绩效考核体系

将合规表现纳入绩效考核体系，作为销售人员晋升、奖惩的重要依据。对合规表现优异的员工给予表彰和奖励，对违规行为严肃处理。

2. 优化激励机制

避免单纯以销售业绩为导向的激励机制，引入更多综合考量因素，如客户满意度、回款率、合规表现等，确保激励机制与合规目标相一致。

通过实施以上合规程序与方法，国有企业可以有效防范销售与市场管理过程中的舞弊行为，保障企业的合法权益和声誉。

专题6：市场竞争行为不合规

案例引入

一、案例背景

传统制造业国有企业H（以下简称"H公司"），主营钢铁产品的生产和销售。近年来，随着市场竞争的加剧，H公司为了维持市场份额，采取了一系列不合规的市场竞争行为。

二、具体问题

1. 商业贿赂

H公司销售部经理李某，为了争取一家大型建筑公司M的钢材供应合同，私下向M公司采购部经理张某提供了价值50万元的高档礼品及旅游券，以此作为换取订单的回扣。

2. 虚假宣传

在竞标过程中，H公司市场部制作了一系列夸大产品性能的宣传材料，如声称其钢材强度高于行业标准20%，但实际检测结果显示仅高出5%。这一虚假宣传误导了客户，影响了市场公平竞争。

3. 低价倾销

为了挤占竞争对手的市场份额，H公司在未获得公司高层批准的情况下，擅自将某型号钢材价格下调至成本线以下，导致短期内销量激增，但严重损害了公司长期盈利能力。

三、主要问题的影响

1. 经济损失大

虽然短期内H公司通过低价倾销和虚假宣传获得了大量订单，但长期来看，低价策略导致公司利润大幅下滑，财务数据显示，当年净利润同比下降了30%，直接经济损失达数亿元。

2. 面临法律处罚

商业贿赂行为被监管部门查处后，H公司不仅被处以高额罚款，还面临商誉受损、市场禁入等严厉处罚。李某和张某个人也因触犯法律被追究刑事责任。

3. 客户关系受损

虚假宣传曝光后，M公司及其他潜在客户对H公司的信任度急剧下降，部分已签订合同被取消或重新谈判，客户关系受到严重损害。

4. 内部管理混乱

此次事件暴露出H公司在内部控制、合规管理方面的严重漏洞，导致员工行为失范、决策失误频发，内部管理秩序陷入混乱。

四、结论与反思

本案例深刻揭示了国有企业在销售与市场管理合规问题中的严峻挑战。H公司因追求短期利益而采取的不合规市场竞争行为，最终导致了巨大的经济损失、法律风险和商誉损害。因此，国有企业必须高度重视合规管理，建立健全内部控制体系，加强员工合规培训，确保所有业务活动都在法律法规的框架内进行。同时，还应建立健全监督和问责机制，对违规行为零容忍，以维护企业的长远发展和公平的市场竞争秩序。

通过此次事件，H公司应深刻认识到合规经营的重要性，采取切实有效的措施进行整改，恢复市场信心，重塑市场形象。

合规问题分析

一、业务简介

国有企业在我国经济体系中占据重要地位，其业务范围广泛，涉及基础设施建设、能源供应、公共服务等多个领域。销售与市场管理是国有企业运营中的关键环节，直接影响企业的经济效益和市场竞争力。随着市场经济的发展，国有企业需要不断提升市场竞争力，以适应复杂多变的市场环境。

二、相关规定

国有企业在进行销售与市场管理活动时，必须遵守一系列法律法规和行业规范，包括但不限于《中华人民共和国反不正当竞争法》《中华人民共和国反垄断法》以及相关行业自律规定。这些规定旨在维护市场公平竞争秩序，保护消费者和经营者的合法权益，防止不正当竞争和垄断行为的发生。

三、合规问题具体表现

1. 商业贿赂

为争取交易机会，一些国有企业暗中给予交易对方有关人员和能够影响交易的其他相关人员财物或其他好处，这种行为严重破坏了市场公平竞争原则。

2. 虚假宣传

利用广告和其他方法，对产品的质量、性能、成分、用途、产地等进行不实宣传，误导消费者，损害企业形象和消费者利益。

3. 低价倾销

以排挤竞争对手为目的，以低于成本的价格销售产品，扰乱市场竞争秩序，损害其他经营者的利益。

4. 混淆交易行为

部分国有企业在市场推广中，采用假冒或仿冒等混淆手段，擅自使用与有一定影响的商品名称、包装、装潢等相同或近似的标识，误导消费者，损害竞争对手的合法权益。

5. 其他不正当竞争行为

如强制交易、利用市场支配地位进行不公平交易、诋毁竞争对手等，这些行为均违反了相关法律法规，扰乱了市场竞争秩序。

四、问题造成的严重影响

1. 损害企业信誉

不合规的市场竞争行为一旦被曝光，将严重损害国有企业的信誉和形象，影响消费者对企业的信任度，进而影响企业的市场份额和长期发展。

2. 扰乱市场秩序

不正当竞争行为破坏了市场公平竞争原则，导致市场资源配置扭曲，不利于行业的健康发展和整体经济效益的提升。

3. 增加企业法律风险

违反相关法律法规的行为将使企业面临高额罚款、诉讼赔偿等法律风险，给企业带来经济损失。

4. 阻碍国际化进程

随着全球经济一体化的深入发展，国有企业需要积极参与国际市场竞争。不合规的市场竞争行为将影响企业在国际市场中的形象和竞争力，阻碍企业的国际化进程。

5. 损害社会利益

部分国有企业的为了短期利益而损害消费者合法权益的行为，将破坏社会的和谐与秩序，影响国有企业的社会形象和社会责任感。

综上所述，国有企业必须高度重视销售与市场管理中的合规问题，加强内部管理和监督机制建设，确保市场竞争行为的合法合规性。同时，政府和社会各界也应加强对国有企业市场竞争行为的监管和引导，共同维护市场公平竞争秩序和社会公共利益。

法律法规依据

针对国有企业销售与市场管理合规问题中市场竞争行为不合规的问题，以下是总结的相关法律法规依据。

一、针对商业贿赂问题的法律法规

《中华人民共和国反不正当竞争法》

第七条：经营者不得采用财物或者其他手段贿赂下列单位或者个人，以谋取交易机会或者竞争优势：（一）交易相对方的工作人员；（二）受交易相对方委托办理相关事务的单位或者个人……经营者向交易相对方支付折扣、向中间人支付佣金的，应当如实入账。接受折扣、佣金的经营者也应当如实入账……。

二、针对虚假宣传问题的法律法规

《中华人民共和国反不正当竞争法》

第八条：经营者不得对其商品的性能、功能、质量、销售状况、用户评价、曾获荣誉等作虚假或者引人误解的商业宣传，欺骗、误导消费者。经营者不得通过组织虚假交易等方式，帮助其他经营者进行虚假或者引人误解的商业宣传。

三、针对低价倾销问题的法律法规

《中华人民共和国价格法》

第十四条：经营者不得有下列不正当价格行为：……（二）在依法降价处理鲜活商品、季节性商品、积压商品等商品外，为了排挤竞争对手或者独占市场，以低于成本的价格倾销，扰乱正常的生产经营秩序，损害国家利益或者其他经营者的合法权益……。

四、针对混淆交易问题的法律法规

《中华人民共和国反不正当竞争法》

第六条：经营者不得实施下列混淆行为，引人误认为是他人商品或者与他人存在特定联系：（一）擅自使用与他人有一定影响的商品名称、包装、装潢等相同或者近似的标识；（二）擅自使用他人有一定影响的企业名称（包括简称、字号等）、社会组织名称（包括简称等）、姓名

（包括笔名、艺名、译名等）；（三）擅自使用他人有一定影响的域名主体部分、网站名称、网页等；（四）其他足以引人误认为是他人商品或者与他人存在特定联系的混淆行为。

以上法律法规依据均针对国有企业销售与市场管理合规问题中市场竞争行为不合规的现象，旨在维护市场公平竞争秩序，保护消费者和经营者的合法权益。

合规程序与方法

针对国有企业销售与市场管理合规问题中市场竞争行为不合规的问题，提出以下具体的合规程序与方法，旨在分步骤、有针对性地解决问题。

一、建立健全的合规管理体系

1. 设立合规管理部门

在国有企业内部设立独立的合规管理部门，负责监督和管理企业销售与市场活动的合规性，确保所有业务行为符合法律法规要求。

2. 制定合规政策与流程

结合企业实际情况，制定详细的合规政策、操作手册和业务流程，明确各项销售与市场活动的合规标准和要求，为员工提供明确的操作指南。

二、加强合规培训与提升合规意识

1. 定期组织合规培训

组织全体员工参加合规培训，特别是针对销售、市场等关键岗位的人员，加强他们对反不正当竞争法、反垄断法等相关法律法规的理解和认识。

2. 建立合规文化

通过企业文化建设和内部宣传，提升员工的合规意识，倡导诚信、公平的市场竞争理念，让合规成为企业的核心价值观。

三、完善内部控制与监督机制

1. 建立风险评估机制

定期对销售与市场活动进行风险评估，识别潜在的合规风险点，制定相应的防控措施。

2. 加强内部审计与监督

建立健全内部审计体系，定期对销售与市场活动进行审计，确保业务操作的合规性。同时，鼓励员工举报不合规行为，建立有效的举报机制和保护机制。

四、优化市场竞争策略与行为

1. 合法合规竞争

倡导并实践合法合规的市场竞争策略，禁止任何形式的商业贿赂、虚假宣传、低价倾销等不正当竞争行为。

2. 加强客户关系管理

通过提供高质量的产品和服务，建立良好的客户关系，依靠实力赢得市场，而非通过不正当手段。

五、强化合规考核与问责机制

1.建立合规考核机制

将合规表现纳入员工绩效考核体系，对违反合规政策的行为进行严肃处理，确保合规要求的落实。

2.实施问责机制

对于发现的不合规行为，及时追责问责，对相关责任人进行严肃处理，以儆效尤。同时，对合规表现优秀的员工给予表彰和奖励，激励全体员工积极参与合规建设。

六、利用科技手段提升合规管理水平

1.引入合规管理系统

利用现代信息技术手段，建立合规管理系统，实现对合规数据的集中管理和实时监控，提高合规管理的效率和准确性。

2.加强数据分析与预警

通过数据分析技术，对销售与市场活动中的合规风险进行预警和预测，及时采取措施防范风险的发生。

通过实施以上合规程序与方法，国有企业可以有效提升销售与市场管理的合规水平，规范市场竞争行为，维护市场公平竞争秩序，促进企业健康、可持续发展。

专题 7：销售数据造假

案例引入

一、案例背景

传统制造业国有企业 W（以下简称"W 公司"），作为行业内的知名企业，长期以来在市场上占据一定份额。然而，为了维持其市场地位和满足上级考核要求，W 公司高层在近年来采取了不正当手段，通过销售数据造假来粉饰业绩。

二、具体问题

1.销售数据虚构

自 2018 年起，W 公司财务总监李某指使销售部门经理张某，通过伪造销售合同、虚开发票等方式，虚构了大量不存在的销售业务。据统计，仅 2019 年至 2022 年，W 公司累计虚增销售收入高达 50 亿元，占实际销售收入的 30%。

2.财务指标操控

为了配合销售数据的造假，W 公司还通过调整"主营业务成本""坏账准备"等会计科目，进一步操控利润指标。2021—2023 年，W 公司虚增利润总额约 8 亿元，使得公司财务报表呈现出远高于实际经营状况的盈利能力。

三、主要问题的影响

1.公司损失

销售数据造假行为被揭露后，W 公司不仅面临巨额的税务处罚和财务调整，还因信誉受损导

致客户流失和市场份额减小。据估算，因造假行为导致的直接经济损失超过 10 亿元，间接损失更是难以估量。

2. 财务指标恶化

随着造假行为的曝光，W 公司的真实财务状况浮出水面，投资者信心大受打击，股价暴跌。公司净利润从造假前的年均 2 亿元骤降至亏损状态，资产负债率急剧上升，面临严重的财务危机。

3. 面临法律惩罚

相关责任人李某、张某等人因涉嫌违反《中华人民共和国会计法》《中华人民共和国证券法》等法律法规，被监管机构立案调查并移送司法机关处理。他们不仅面临高额罚款，还可能承担刑事责任。

4. 造成不良社会影响

W 公司作为国有企业，其造假行为严重损害了国家形象和公共利益，引发了社会广泛关注和谴责。同时，该事件也暴露了部分国有企业在内部管理、监督机制等方面存在的问题，促使相关部门加大对国有企业合规经营的监管力度。

四、结论与反思

W 公司销售数据造假案例是一起典型的国有企业合规管理失败事件。它不仅给公司自身带来了巨大的经济损失和信誉危机，也对整个行业乃至社会产生了负面影响。通过这一案例，国有企业可以得出以下结论与反思。

1. 加强合规文化建设

国有企业应高度重视合规文化建设，将合规理念融入企业文化之中，确保全体员工都能自觉遵守法律法规和企业规章制度。

2. 完善内部控制机制

建立健全的内部控制机制是防止销售数据造假等违规行为的关键。国有企业应加强对关键岗位和业务流程的监督和管理，确保各项经营活动的真实性和合规性。

3. 强化外部监管与问责

监管部门应加大对国有企业的监管力度，及时发现并查处违规行为。同时，对发现的违规行为要依法依规严肃处理相关责任人，形成有效的震慑作用。

4. 推动信息公开透明

国有企业应主动公开财务信息和经营状况，接受社会监督。国有企业通过信息公开透明化，提高自身的公信力和市场竞争力，减少违规行为的发生。

合规问题分析

一、业务简介

国有企业销售与市场管理业务涉及产品推广、销售渠道管理、客户关系维护以及销售业绩的统计与分析等多个环节。其中，销售业绩的统计与分析是评估企业市场表现和制定市场策略的重要依据。然而，在某些情况下，为了追求更高的销售业绩或满足特定的考核要求，一些国有企业可能会采取销售数据造假的行为。

二、相关规定

针对国有企业销售与市场管理合规问题，国家制定了一系列法律法规。其中，《中华人民共和国会计法》要求企业必须根据实际发生的经济业务事项进行会计核算，不得伪造、变造会计凭证、会计账簿等；《中华人民共和国反不正当竞争法》也明确规定了禁止虚假宣传、虚假交易等不正当竞争行为。此外，国有企业还需遵守国资委等监管部门制定的相关规定，确保销售与市场管理活动的合规性。

三、合规问题具体表现

1. 虚构销售业务

通过伪造销售合同、虚开发票等方式，虚构不存在的销售业务，以增加销售业绩。

2. 篡改销售数据

对实际销售数据进行篡改，如夸大销售额、隐瞒退货情况等，以掩盖真实业绩。

3. 提前确认收入

在尚未完成销售业务或未收到货款的情况下，提前确认销售收入，以美化财务报表。

4. 利用关联方交易

通过与关联方进行虚假交易，制造虚假销售业绩，以掩盖实际经营状况。

四、问题造成的严重影响

1. 损害企业信誉和形象

销售数据造假行为一旦被发现，将严重损害企业的信誉和形象，导致客户流失和市场份额减小。

2. 误导市场决策

虚假的销售数据会误导企业制定错误的市场决策，进而影响企业的长期发展。

3. 触犯法律法规

销售数据造假行为违反了国家相关法律法规，企业可能面临高额的罚款和其他处罚。

4. 破坏市场秩序

销售数据造假行为会破坏市场的公平竞争秩序，损害其他合规经营企业的利益。

5. 影响国家形象

作为国有企业，销售数据造假行为不仅损害企业自身利益，还可能影响国家的形象和声誉。

综上所述，国有企业销售与市场管理合规问题中的销售数据造假行为具有严重的危害性，不仅损害企业自身的利益和信誉，还可能破坏市场的公平竞争秩序和影响国家的形象。因此，国有企业必须高度重视合规管理，加大内部控制和监管力度，确保销售与市场管理活动的真实性和合规性。

法律法规依据

针对国有企业销售与市场管理合规问题中销售数据造假的行为，以下是对相关法律法规依据的总结。

一、针对虚构销售业务问题的法律法规

1.《中华人民共和国会计法》

第九条：各单位必须根据实际发生的经济业务事项进行会计核算，填制会计凭证，登记会计

账簿，编制财务会计报告。任何单位不得以虚假的经济业务事项或者资料进行会计核算。

2.《企业会计准则第 14 号——收入》

第四条：企业应当在履行了合同中的履约义务，即在客户取得相关商品控制权时确认收入……。

二、针对篡改销售数据问题的法律法规

1.《中华人民共和国会计法》

第十三条：会计凭证、会计账簿、财务会计报告和其他会计资料，必须符合国家统一的会计制度的规定。使用电子计算机进行会计核算的，其软件及其生成的会计凭证、会计账簿、财务会计报告和其他会计资料，也必须符合国家统一的会计制度的规定……。

2.《中华人民共和国反不正当竞争法》

第八条：经营者不得对其商品的性能、功能、质量、销售状况、用户评价、曾获荣誉等作虚假或者引人误解的商业宣传，欺骗、误导消费者。

篡改销售数据属于虚假宣传的一种。

三、针对提前确认收入问题的法律法规

1.《企业会计准则——基本准则》

第九条：企业应当以权责发生制为基础进行会计确认、计量和报告。

禁止在未满足收入确认条件时提前确认收入。

2.《中华人民共和国税收征收管理法》

第二十条：从事生产、经营的纳税人的财务、会计制度或者财务、会计处理办法和会计核算软件，应当报送税务机关备案。纳税人、扣缴义务人的财务、会计制度或者财务、会计处理办法与国务院或者国务院财政、税务主管部门有关税收的规定抵触的，依照国务院或者国务院财政、税务主管部门有关税收的规定计算应纳税款、代扣代缴和代收代缴税款。

提前确认收入可能导致税收违规。

四、针对利用关联方交易问题的法律法规

1.《中华人民共和国公司法》

第二十二条：公司的控股股东、实际控制人、董事、监事、高级管理人员不得利用关联关系损害公司利益。违反前款规定，给公司造成损失的，应当承担赔偿责任。

2.《中华人民共和国税收征收管理法实施细则》

第五十一条：税收征管法第三十六条所称关联企业，是指有下列关系之一的公司、企业和其他经济组织：（一）在资金、经营、购销等方面，存在直接或者间接的拥有或者控制关系；（二）直接或者间接地同为第三者所拥有或者控制；（三）在利益上具有相关联的其他关系。

利用关联方交易进行销售数据造假可能涉及税收逃避问题。

综上所述，国有企业销售与市场管理合规问题中的销售数据造假行为违反了《中华人民共和国会计法》《企业会计准则第 14 号——收入》《中华人民共和国反不正当竞争法》《中华人民共和国公司法》《中华人民共和国税收征收管理法》等多部法律法规的相关规定。这些法律法规为打击销售数据造假行为提供了明确的依据。

合规程序与方法

针对国有企业销售与市场管理合规问题中的销售数据造假行为，以下提出合规程序与方法，旨在分步骤、有针对性地解决问题。

一、建立健全内部控制体系

1. 明确职责分工

确保销售、财务、审计等部门职责明确，形成相互制约的机制。销售部门负责真实记录销售数据，财务部门负责审核销售数据的真实性和准确性，审计部门负责定期审计销售数据的合规性。

2. 实施双重审核制度

对关键销售数据实施双重审核，即由不同人员或部门对同一数据进行独立核对，确保数据的准确无误。

二、加强销售数据管理和监控

1. 建立销售数据管理系统

采用先进的销售数据管理系统，实现销售数据的电子化、自动化管理，减少人为干预和错误。

2. 实时监控销售数据

通过系统设置预警机制，实时监控销售数据的异常波动，及时发现并纠正潜在的销售数据造假行为。

三、完善合规培训与教育

1. 定期开展合规培训

组织全体员工参加合规培训，重点讲解销售数据造假的危害、相关法律法规及企业内部规章制度，提高员工的合规意识和风险防范能力。

2. 强化案例分析教育

结合实际案例，深入分析销售数据造假的成因、手段及后果，引导员工从中吸取教训，树立正确的职业道德观。

四、强化审计与监督

1. 建立内部审计机制

设立独立的内部审计部门，定期对销售与市场管理活动进行审计，重点关注销售数据的真实性、准确性和合规性。

2. 鼓励外部监督与举报

建立举报奖励机制，鼓励员工及外部利益相关方积极举报销售数据造假行为。同时，加强与监管机构的沟通与合作，共同打击销售数据造假行为。

五、完善合规考核与问责机制

1. 建立合规考核体系

将合规管理纳入员工绩效考核体系，对销售与市场管理活动中的合规表现进行量化评估，作为员工晋升、奖惩的重要依据。

2. 严格问责制度

对发现的销售数据造假行为，无论涉及何级别员工，均要依法依规严肃处理，追究相关责任人的法律责任和企业内部责任。同时，公开通报处理结果，形成强大的震慑。

通过实施以上合规程序与方法，国有企业可以有效防范和打击销售与市场管理合规问题中的销售数据造假行为，维护企业的良好形象和声誉，保障企业的长期稳定发展。

专题 8：销售渠道管理混乱

案例引入

一、案例背景

传统制造业国有企业 T（以下简称"T 企业"），长期专注于机械制造领域，拥有深厚的行业背景和广泛的市场基础。然而，随着市场环境的不断变化和竞争对手的日益增多，T 企业在销售与市场管理方面的合规问题逐渐显现，尤其是销售渠道的管理混乱，成为制约企业发展的关键因素。

二、具体问题

1. 渠道结构复杂且重叠

T 企业的销售渠道涵盖了多个层级，包括一级代理商、二级分销商、零售商等。然而，这些渠道之间缺乏明确的界限和分工，导致市场覆盖范围重叠严重，不同渠道成员之间为争夺客户资源而展开价格战，损害了企业的整体利益。据统计，T 企业在某地区的渠道重叠率高达 30%，直接影响了渠道成员的积极性和市场稳定性。

2. 渠道管理松散无序

T 企业对销售渠道的管理缺乏有效的制度和流程支持，导致对渠道成员的日常经营行为监管不力。部分渠道成员存在虚假宣传、窜货、截留促销资源等违规行为，严重损害了企业的品牌形象和市场秩序。例如，某地区的一级代理商李某，为追求短期销量，擅自降低产品价格并跨区销售，导致周边分销商库存积压，引发市场混乱。

3. 信息流通不畅

由于渠道层级过多，T 企业在信息传递方面存在严重滞后和失真问题。市场需求的变化、竞争对手的动态以及客户的反馈等信息难以及时准确地传递到企业决策层，影响了企业产品开发和市场策略的调整。据统计，T 企业因信息流通不畅导致的决策失误率高达 20%，直接影响了企业的市场响应速度和竞争力。

三、主要问题的影响

1. 公司损失巨大

由于销售渠道管理混乱，T 企业面临着巨大的经济损失。价格战导致产品利润空间被严重压缩，违规操作引发的法律纠纷和赔偿费用不断增加。据统计，2021—2024 年，T 企业因销售渠道管理混乱导致的直接经济损失高达数亿元人民币。

2. 财务指标持续下滑

销售渠道管理混乱对 T 企业的财务指标产生了严重影响。营业收入和净利润连续下滑，毛利率和净利润率均低于行业平均水平。20××年度，T企业的净利润同比下降了30%，毛利率降至15%，远低于行业平均的20%。

3. 品牌形象受损

虚假宣传、窜货等违规行为频发，导致T企业的品牌形象严重受损。客户信任度下降，新客户拓展困难，老客户流失严重。市场调研显示，T企业的品牌认知度和好感度在过去一年内分别下降了15%和20%。

4. 内部管理混乱

销售渠道管理混乱还引发了T企业内部管理的一系列问题。部门之间协调不畅、职责不清导致工作效率低下；员工士气低落、人才流失严重影响了企业的长期发展潜力。

四、结论与反思

T企业的销售渠道管理混乱案例充分暴露了部分国有企业在销售与市场管理合规方面存在的问题。为避免类似问题发生，国有企业应采取以下措施。

1. 优化渠道结构

根据市场需求和企业实际情况，科学规划销售渠道布局，减少渠道层级和重叠现象，提高渠道效率和市场覆盖率。

2. 加强渠道管理

建立健全渠道管理制度和流程，加强对渠道成员的监督和考核，确保其合规经营。同时，加大对违规行为的处罚力度，维护市场秩序和品牌形象。

3. 提升信息化水平

利用现代信息技术手段，建立高效的信息传递和反馈机制，确保企业能够及时掌握市场动态和客户需求变化，为产品开发和市场策略制定提供有力支持。

4. 加强合规培训

定期对销售人员进行合规培训和教育，提高其法律意识和风险意识。同时，加强企业内部合规文化建设，营造良好的合规氛围。

通过实施以上措施，国有企业可以逐步解决销售渠道管理混乱问题，提升市场竞争力和经济效益，实现可持续发展。

合规问题分析

一、业务简介

国有企业作为国家经济的重要支柱，其销售与市场管理业务涵盖产品推广、渠道建设、客户关系维护等多个环节。销售渠道作为连接企业与市场的关键纽带，其管理效率和质量直接影响到企业的市场占有率和经济效益。然而，在实际运营中，部分国有企业存在销售渠道管理混乱的问题，这已成为制约企业合规经营和市场竞争力提升的重要因素。

二、相关规定

针对国有企业销售与市场管理合规问题，国家和地方政府制定了一系列法律法规和规章制度，如《中华人民共和国公司法》《中华人民共和国反不正当竞争法》《企业国有资产监督管理暂行条例》等。这些规定明确要求国有企业建立健全销售与市场管理体系，确保销售活动的合法合规性，维护市场秩序和公平竞争环境。同时，对销售渠道的管理也提出了具体要求，如明确渠道成员的权利义务、规范渠道行为、加强渠道监督等。

三、合规问题具体表现

1. 渠道布局不合理

部分国有企业在销售渠道布局上缺乏科学规划和长远眼光，导致渠道结构复杂、重叠现象严重。这不仅增加了企业的管理成本，还降低了市场覆盖效率，影响了企业的整体竞争力。

2. 渠道管理松散无序

对渠道成员的日常经营行为缺乏有效的监督和约束机制，导致渠道成员行为不规范，存在虚假宣传、窜货、截留促销资源等违规行为。这些行为不仅损害了企业的品牌形象，还扰乱了市场秩序。

3. 信息流通不畅

渠道层级过多或信息系统不完善，导致企业内部与外部之间的信息传递不畅。市场需求的变化、竞争对手的动态以及客户的反馈等信息难以及时准确地传递到企业决策层，影响了企业产品开发和市场策略的调整。

4. 合规意识淡薄

部分国有企业销售人员和管理层对合规管理的重要性认识不足，缺乏必要的法律意识和风险意识。在追求销售业绩的过程中，忽视合规要求，甚至故意违规操作，给企业带来法律风险和经济损失。

四、问题造成的严重影响

1. 市场竞争力下降

销售渠道管理混乱导致企业市场响应速度慢、产品覆盖率低、客户满意度下降等问题，直接削弱了企业的市场竞争力。

2. 经济损失大

违规操作行为可能引发法律纠纷和处罚，给企业带来直接的经济损失。同时，品牌形象受损和客户信任度下降也会间接影响企业的经济效益。

3. 内部管理混乱

销售渠道管理混乱往往伴随着企业内部管理的混乱。部门之间协调不畅、职责不清等问题可能导致工作效率低下和资源浪费。

4. 法律风险增加

合规问题可能使企业面临法律诉讼和行政处罚的风险，对企业的长期发展和稳定运营构成威胁。

综上所述，国有企业销售与市场管理合规问题中的销售渠道管理混乱是一个亟待解决的问题。国有企业应高度重视销售渠道管理的合规性，加强渠道布局的科学规划、渠道管理的规范化建设以及信息流通机制的完善，同时提升全体员工的合规意识，以确保销售活动的合法合规性，维护市场秩序和促进企业长远发展。

法律法规依据

针对国有企业销售与市场管理合规问题中销售渠道管理混乱的问题，以下是对相关法律法规的总结，这些法律法规对案例中提出的问题提供了明确的指导和规范。

一、针对渠道布局不合理问题的法律法规

1.《中华人民共和国公司法》

第十三条：公司可以设立子公司。子公司具有法人资格，依法独立承担民事责任。公司可以设立分公司。分公司不具有法人资格，其民事责任由公司承担。

此条款虽未直接提及渠道布局，但强调了公司架构的合法性，间接要求公司在设立销售渠道时需遵循合法合规原则，避免不合理的渠道布局导致的法律风险。

2.《企业国有资产监督管理暂行条例》

第十七条：国有资产监督管理机构依照有关规定，任免或者建议任免所出资企业的企业负责人。

该条款强调了国有资产监督管理机构对企业负责人的任免权，要求企业负责人在决策渠道布局时，需考虑国有资产的有效利用和合规性，避免不合理布局造成的资源浪费。

二、针对渠道管理松散无序问题的法律法规

1.《中华人民共和国反不正当竞争法》

第八条：经营者不得对其商品的性能、功能、质量、销售状况、用户评价、曾获荣誉等作虚假或者引人误解的商业宣传，欺骗、误导消费者……。

此条款直接针对虚假宣传等渠道成员的违规行为，要求国有企业加强对渠道成员的监督和管理，确保销售活动的合法合规性。

2.《中华人民共和国合同法》

第八条：当事人应当按照约定全面履行自己的义务。

该条款强调了合同双方需全面履行合同义务，国有企业与渠道成员之间的合作协议也应遵循此原则，确保渠道行为的规范性和有序性。

三、针对信息流通不畅问题的法律法规

1.《中华人民共和国会计法》

第十三条：会计凭证、会计账簿、财务会计报告和其他会计资料，必须符合国家统一的会计制度的规定……。

虽然此条款主要关注会计资料的合规性，但间接要求企业建立健全的信息系统，确保财务数据的准确性和及时性，从而支持市场策略的制定和调整。

2.《中华人民共和国电子商务法》

第十六条：电子商务经营者自行终止从事电子商务的，应当提前三十日在首页显著位置持续公示有关信息。

此条款虽针对电子商务经营者，但其强调的信息公示原则可类比应用于国有企业销售渠道管理中，要求企业及时、准确地传递市场信息，避免信息流通不畅。

四、针对合规意识淡薄问题的法律法规

《中华人民共和国公司法》

第十九条：公司从事经营活动，应当遵守法律法规，遵守社会公德、商业道德，诚实守信，接受政府和社会公众的监督。

此条款强调了公司经营活动必须遵守法律法规和商业道德，要求国有企业加强合规文化建设，提升全体员工的合规意识。

综上所述，国有企业销售与市场管理合规问题中销售渠道管理混乱的问题涉及多个法律法规的规范和要求。国有企业应严格遵守相关法律法规，加强销售渠道管理的合规性建设，确保销售活动的合法合规性和企业的长远发展。

合规程序与方法

针对国有企业销售与市场管理合规问题中销售渠道管理混乱的问题，以下提出具体的合规程序与方法，旨在分步骤、有针对性地解决问题。

一、明确合规政策与目标

1. 制定合规政策

结合国家法律法规和企业实际情况，制定详细的销售渠道管理合规政策，明确合规要求和标准。

2. 设定合规目标

确立企业在销售渠道管理方面的合规目标，如减少渠道冲突、提升渠道效率、增强品牌形象等。

二、优化渠道布局与结构

1. 科学规划渠道布局

根据市场需求、产品特性和企业资源，科学规划渠道布局，避免渠道重叠和资源浪费。

2. 简化渠道结构

合理减少渠道层级，缩短产品与消费者之间的距离，提高市场响应速度。

三、加强渠道成员管理

1. 建立渠道成员准入机制

制定严格的渠道成员准入机制，对申请加入渠道的企业或个人进行全面评估，确保其符合合规要求。

2. 签订合规协议

与渠道成员签订合规协议，明确双方的权利义务、行为规范和违约责任，增强渠道成员的合规意识。

3. 定期审核与评估

定期对渠道成员的经营行为进行审核与评估，确保其持续符合合规要求。对于违规行为，及时采取纠正措施或终止合作。

四、完善信息流通机制

1. 建立信息系统

利用现代信息技术手段，建立高效的信息系统，确保企业内部与外部之间的信息传递畅通

无阻。

2. 定期收集与分析市场信息

设立专门的市场信息部门或岗位，定期收集和分析市场需求、竞争对手动态和客户反馈等信息，为企业决策提供支持。

3. 加强内部沟通

建立跨部门沟通机制，确保市场信息能够及时传递到相关部门和人员，促进内部协作与决策效率提高。

五、加强合规培训与监督

1. 开展合规培训

定期对销售人员进行合规培训，提高其法律意识和风险意识，确保其在销售活动中遵守合规要求。

2. 建立合规监督体系

设立专门的合规监督部门或岗位，负责对销售渠道管理进行持续监督，及时发现并纠正违规行为。

3. 鼓励内部举报

建立内部举报机制，鼓励员工积极举报渠道管理中的违规行为，形成全员参与合规管理的良好氛围。

六、实施奖惩机制

1. 制定奖惩措施

明确对渠道成员的奖惩标准和程序，对合规表现优秀的成员给予奖励，对违规行为给予严厉处罚。

2. 执行奖惩决定

确保奖惩决定的公正性和及时性，对违规行为绝不姑息迁就，以维护企业合规管理的严肃性和权威性。

通过实施以上合规程序与方法，国有企业可以逐步解决销售渠道管理混乱的问题，提升销售渠道的合规性和效率，为企业的可持续发展奠定坚实基础。

专题9：促销活动违规

案例引入

一、案例背景

传统制造业国有企业 Y（以下简称"Y 公司"），主营家电产品，近年来为提升市场份额，频繁开展各类促销活动。然而，在追求销售业绩的过程中，Y 公司忽视了促销活动的合规管理，导致了一系列违规行为的发生。以下是对一起具体案例的详细分析。

二、具体问题

1. 虚构原价

在一次年终大促活动中，Y 公司销售的某款冰箱标注"原价 5999 元，现价 3999 元"。经调查，该冰箱在促销前一个月内从未以5999元的价格销售过，其实际最高售价仅为4800元。Y公司为吸引消费者，故意虚构原价，制造大幅降价假象。虚构原价导致的直接销售额虚增约20%，但实际利润因价格水分而大打折扣。

2. 限制条件未明示

另一款洗衣机在促销宣传中标注"买就送价值500元小家电礼包"，但消费者在购买后才发现，领取礼包需满足额外条件（如购买指定型号、购买量达到一定数量等），而这些条件在促销宣传中并未明确告知。因限制条件未明示引发的消费者投诉达上百起，涉及退款金额超过50万元。

三、主要问题的影响

1. 经济损失大

由于虚构原价和限制条件未明示，Y公司不仅面临消费者的集体退货和索赔，还因违反《中华人民共和国价格法》等相关法律法规，被市场监管部门处以高额罚款，总计超过百万元。此外，企业信誉受损，导致长期客户流失和市场份额下降。

2. 财务指标下滑

促销活动违规事件曝光后，Y公司的股价在短时间内大幅下跌，市值蒸发数亿元。同时，公司的营业收入和净利润均出现下滑趋势，尤其是净利润同比下降超过30%。

3. 品牌形象受损

长期以来，Y公司一直以诚信经营著称，但此次违规事件严重损害了公司的品牌形象，消费者信任度急剧下降，影响深远。

四、结论与反思

Y公司虚假促销案是一起典型的国有企业销售与市场管理合规问题中的促销活动违规案例。该案例深刻揭示了公司在追求销售业绩的同时，忽视合规管理所带来的严重后果。为避免类似事件的发生，Y公司及类似国有企业应从以下几个方面进行反思和改进。

1. 加强合规文化建设

将合规理念融入企业文化之中，提高全体员工的合规意识和风险意识，确保销售与市场管理活动的合法合规性。

2. 完善内部管理制度

建立健全促销活动审批、执行和监督机制，明确各部门和人员的职责分工，确保促销活动方案的合规性和可执行性。

3. 强化员工培训与考核

定期对销售人员进行合规培训，提高其法律意识和职业素养。同时，将合规表现纳入员工绩效考核体系，形成有效的激励机制。

4. 建立快速反应机制

面对消费者投诉和市场监管部门的调查，企业应迅速响应，积极配合，及时采取措施纠正违规行为，减少损失和减小负面影响。

5. 加强外部沟通与协作

积极与市场监管部门、行业协会等外部机构建立沟通协作机制，及时了解相关法律法规和政策动态，为企业合规经营提供有力支持。

合规问题分析

一、业务简介

国有企业作为国家经济的重要支柱，其销售与市场管理活动不仅关乎企业自身的发展，也直接影响到国家经济的稳定与增长。在激烈的市场竞争中，促销活动作为提升产品销量、增强品牌影响力的重要手段，被广泛应用于国有企业的销售实践中。然而，随着市场竞争的加剧和法律法规的不断完善，国有企业在促销活动中的合规性问题日益凸显。

二、相关规定

国有企业在开展促销活动时，需严格遵守国家相关法律法规的规定，包括但不限于《中华人民共和国价格法》《中华人民共和国反不正当竞争法》《中华人民共和国消费者权益保护法》《规范促销行为暂行规定》等。这些法律法规对促销活动的价格标示、广告宣传、有奖销售等方面提出了明确要求，旨在维护公平竞争的市场秩序，保护消费者和经营者的合法权益。

三、合规问题具体表现

1. 价格违法

部分国有企业在进行促销活动时，常常出现虚构原价、虚假优惠折价等价格违法行为。例如，故意抬高商品原价以制造降价假象，或者在促销期间出现实际成交价并未低于促销前的价格的现象等。这些行为不仅误导了消费者，也违反了价格法的相关规定。

2. 广告宣传违规

部分国有企业在促销广告宣传中夸大其词，使用绝对化用语或无法验证的数据，误导消费者。同时，对于促销活动的限制条件、赠品信息等未能清晰、准确地告知消费者，导致消费者在购买后产生不满和投诉。

3. 有奖销售不当

有奖销售是促销活动中的常见形式，但国有企业在进行有奖销售时，可能存在最高奖金额超过法定限额、抽奖程序不透明等问题。这些问题不仅损害了消费者的合法权益，也违反了反不正当竞争法的相关规定。

4. 商业贿赂

在促销活动中，国有企业还可能面临商业贿赂的风险。例如，通过向经销商或客户提供不当利益以换取交易机会或市场份额，这种行为不仅违反了商业道德，也触犯了相关法律法规。

四、问题造成的严重影响

1. 经济损失大

促销活动违规可能导致企业面临高额罚款、退货赔偿等经济损失。同时，因违规行为导致的消费者信任度下降和品牌形象受损，将进一步影响企业的市场销售和盈利能力。

2. 面临法律风险

国有企业作为国家经济的代表，其违法违规行为不仅会受到行政处罚，还可能引发社会的广泛关注，给企业带来严重的法律风险和声誉风险。

3. 破坏市场竞争秩序

促销活动违规行为破坏了公平竞争的市场秩序，使得那些遵守法律法规的企业处于不利地位。长此以往，将严重影响整个行业的健康发展。

4. 消费者权益受损

促销活动违规行为的最大受害者是消费者。他们因受到误导而做出不理性的购买决策，导致经济损失和信任危机。这不仅损害了消费者的合法权益，也影响了社会的和谐稳定。

综上所述，国有企业在销售与市场管理合规问题中的促销活动违规现象不容忽视。企业应加强合规意识，建立健全内部管理制度，确保促销活动的合法合规性，以维护公平竞争的市场秩序和保护消费者与经营者的合法权益。

法律法规依据

一、针对价格违法问题的法律法规

1.《中华人民共和国价格法》

第十四条：经营者不得有下列不正当价格行为：……（四）利用虚假的或者使人误解的价格手段，诱骗消费者或者其他经营者与其进行交易……。

该条款直接针对国有企业促销活动中虚构原价、虚假优惠折价等价格违法行为，明确禁止利用虚假价格手段诱骗消费者。

2.《规范促销行为暂行规定》

第二十一条：经营者折价、减价，应当标明或者通过其他方便消费者认知的方式表明折价、减价的基准。未标明或者表明基准的，其折价、减价应当以同一经营者在同一经营场所内，在本次促销活动前七日内最低成交价格为基准。如果前七日内没有交易的，折价、减价应当以本次促销活动前最后一次交易价格为基准。

该条款为促销活动中的价格标示提供了具体标准，有助于防止价格欺诈行为。

二、针对广告宣传违规问题的法律法规

《中华人民共和国广告法》

第四条：广告不得含有虚假或者引人误解的内容，不得欺骗、误导消费者。广告主应当对广告内容的真实性负责。

第八条：广告中对商品的性能、功能、产地、用途、质量、成分、价格、生产者、有效期限、允诺等或者对服务的内容、提供者、形式、质量、价格、允诺等有表示的，应当准确、清楚、明白……。

第九条：广告不得有下列情形：……（三）使用"国家级""最高级""最佳"等用语……。

这些条款要求广告宣传必须真实、准确，不得夸大其词或使用绝对化用语，直接关联到国有企业促销广告宣传中的合规问题。

三、针对有奖销售不当问题的法律法规

1.《中华人民共和国反不正当竞争法》

第十条：经营者进行有奖销售不得存在下列情形：……（三）抽奖式的有奖销售，最高奖的金额超过五万元。

该条款明确规定了抽奖式有奖销售最高奖金额的限制，防止不正当竞争行为。

2.《规范促销行为暂行规定》

第十三条：经营者在有奖销售前，应当明确公布奖项种类、参与条件、参与方式、开奖时间、开奖方式、奖金金额或者奖品价格……不得变更，不得附加条件，不得影响兑奖……。

第十七条：抽奖式有奖销售最高奖的金额不得超过五万元……。

四、针对商业贿赂问题的法律法规

《中华人民共和国反不正当竞争法》

第七条：经营者不得采用财物或者其他手段贿赂下列单位或者个人，以谋取交易机会或者竞争优势：（一）交易相对方的工作人员；（二）受交易相对方委托办理相关事务的单位或者个人；（三）利用职权或者影响力影响交易的单位或者个人……。

该条款明确禁止商业贿赂行为，包括国有企业通过财物或其他手段贿赂经销商或客户以换取交易机会的行为。

综上所述，国有企业在进行销售与市场管理特别是促销活动时，必须严格遵守上述相关法律法规的规定，确保促销活动的合法合规性，以维护公平竞争的市场秩序和保护消费者与经营者的合法权益。

合规程序与方法

针对国有企业销售与市场管理合规问题中的促销活动违规现象，以下提出具体的合规程序与方法，旨在有针对性地解决问题。

一、建立健全促销活动合规管理制度

1. 制定促销活动合规政策

明确促销活动的目的、原则、范围及合规要求，确保所有促销活动均符合法律法规和企业内部规定。

2. 设立合规管理部门或岗位

指定专人负责促销活动的合规审查与监督，确保政策的有效执行。

二、加强价格标示与广告宣传的合规管理

1. 规范价格标示

严格按照《中华人民共和国价格法》及《规范促销行为暂行规定》的要求，清晰、准确地标示促销活动的原价、优惠价等信息。建立价格监测系统，定期核查促销活动前后的价格变动情况，防止虚构原价等违规行为。

2. 审核广告宣传内容

设立广告宣传内容审核流程，确保所有广告内容真实、准确、不夸大其词。加强对广告中限制条件、赠品信息等关键内容的审核，确保消费者能够理解。

三、完善有奖销售活动的合规管理

1. 明确有奖销售规则

在有奖销售活动前，详细制定并公布奖项种类、参与条件、开奖方式、奖金金额或奖品价格等信息。确保抽奖过程公开透明，避免内部操作或故意让内定人员中奖等违规行为。

2. 限制最高奖金额

严格遵守《中华人民共和国反不正当竞争法》关于抽奖式有奖销售最高奖金额不得超过五万元的规定。对超过限额的奖项进行重新设计或调整，确保合规性。

四、建立商业贿赂防范机制

1. 加强员工教育

定期对销售人员进行合规培训，强调商业贿赂的危害性和法律责任。提高员工的职业道德素养和合规意识。

2. 完善内部控制

建立健全财务审批制度，对销售费用进行严格把关，防止以促销名义进行商业贿赂。加强对销售人员与客户交往的监控，防止不正当利益输送。

五、强化合规监督与问责机制

1. 设立举报渠道

设立合规举报信箱、热线或平台，鼓励员工和第三方商业伙伴对促销活动中的违规行为进行举报。对举报信息保密并给予适当奖励。

2. 实施合规检查与审计

定期对促销活动进行合规检查与审计，及时发现并纠正违规行为。对发现的违规行为进行严肃处理，追究相关责任人的责任。

3. 建立合规评价机制

将促销活动合规情况纳入员工绩效考核体系，作为评优评先、升职加薪的重要依据。对合规表现优秀的员工给予表彰和奖励，树立合规榜样。

通过实施上述合规程序与方法，国有企业可以有效提升销售与市场管理活动中的合规性水平，防范促销活动违规行为的发生，维护公平竞争的市场秩序和保护消费者与经营者的合法权益。

专题 10：合规意识淡薄

案例引入

一、案例背景

公司 J 是一家位于国内的传统制造业国有企业，主要从事机械设备的研发、生产和销售。近年来，随着市场竞争的加剧，公司 J 为了提升市场份额，频繁开展各类促销活动。然而，由于公司内部合规意识淡薄，在开展促销活动过程中出现了诸多问题，严重影响了公司的声誉和财务状况。

二、具体问题

1. 价格欺诈行为

在一次大型促销活动中，公司 J 虚构了部分产品的原价，通过大幅度降价吸引消费者。经调查发现，这些产品的原价远高于其实际销售价格，涉嫌价格欺诈。该促销活动期间，涉及价格欺诈的产品的销售额达到了 5000 万元，占公司总销售额的 20%。

2. 广告宣传违规

公司在广告宣传中使用了绝对化用语，如"最佳性能""行业第一"等，且未对广告中的限制条件进行充分披露。违规广告覆盖多个主流媒体平台，导致大量消费者受到误导。

3. 商业贿赂

为争取更多订单，公司 J 的销售团队在与客户交往过程中存在给予回扣、提供旅游等非正当利益的行为。经内部审计发现，涉及商业贿赂的销售合同金额累计超过 1000 万元。

三、主要问题的影响

1. 经济损失大

价格欺诈行为被曝光后，公司 J 面临大量消费者投诉和退货要求，直接经济损失超过 1000 万元。同时，因商业贿赂被监管部门查处，公司被处以高额罚款，总计达到 500 万元。

2. 财务指标下滑

促销活动违规引发的信任危机导致公司 J 的品牌形象严重受损，市场份额下滑。财务报表显示，该年度公司净利润同比下降了 30%，营业收入增长率也从上一年的 15% 降至 5%。

3. 面临法律与声誉风险

公司 J 因违规行为被多家主流媒体报道，品牌形象一落千丈，投资者信心受挫，股价连续下跌。长期来看，这种合规意识的缺失将严重制约公司的可持续发展能力。

四、结论与反思

公司 J 的案例深刻揭示了国有企业销售与市场管理中合规意识淡薄所带来的严重后果。面对激烈的市场竞争，公司不应以牺牲合规为代价换取短期利益。相反，公司应建立健全的合规管理体系，加强员工合规培训，提升全员合规意识，具体可从以下方面着手。

1. 强化合规文化建设

将合规理念融入企业文化，使之成为全体员工共同遵循的行为准则。

2. 完善内部控制机制

建立健全促销活动的审批、执行、监督等内部控制流程，确保各项活动合规开展。

3. 加强合规培训与教育

定期对员工进行合规培训，特别是从事销售等关键岗位的员工，提高其合规意识和风险防控能力。

4. 建立举报与问责机制

鼓励员工举报违规行为，对违规者严肃问责，形成有效的震慑。

通过实施上述措施，国有企业可以有效提升销售与市场管理中的合规水平，保障企业的健康、可持续发展。

合规问题分析

一、业务简介

国有企业销售与市场管理涉及企业的产品推广、渠道建设、客户关系维护、品牌塑造以及市场策略制定等多个环节。这一业务领域对企业的生存与发展至关重要，它直接关系到企业的市场份额、营业收入以及品牌影响力。在激烈的市场竞争中，国有企业需要通过有效的销售与市场管理来提升自身竞争力，实现可持续发展。

二、相关规定

针对国有企业销售与市场管理的合规问题，国家制定了一系列法律法规。这些规定包括但不限于以下内容。

《中华人民共和国价格法》：禁止价格欺诈、虚构原价等不正当价格行为。

《中华人民共和国广告法》：要求广告宣传内容真实、准确，不得夸大其词或使用绝对化用语。

《中华人民共和国反不正当竞争法》：禁止商业贿赂、虚假宣传等不正当竞争行为。

以及其他与企业销售、市场管理相关的法规、规章和规范性文件。

这些规定共同构成了国有企业销售与市场管理合规的法律依据，企业必须严格遵守。

三、合规问题具体表现

在实际操作中，一些国有企业由于合规意识淡薄，存在以下具体表现。

1. 价格欺诈

价格欺诈如虚构原价、虚假优惠折价等，以吸引消费者购买。

2. 广告宣传违规

使用绝对化用语、夸大产品性能或效果、未充分披露限制条件等。

3. 商业贿赂

为争取订单或市场份额，给予客户回扣等提供非正当利益。

4. 其他不合规行为

其他不合规行为如未按规定进行促销活动审批、执行过程中存在违规行为等。

这些合规问题严重违反了国家法律法规，也损害了企业的声誉和利益。

四、问题造成的严重影响

合规意识淡薄导致的合规问题对国有企业造成了严重影响，具体表现在以下几个方面。

1. 经济损失巨大

价格欺诈、广告宣传违规等行为被曝光后，企业面临大量消费者投诉和退货要求，直接经济损失巨大。同时，因违规行为被监管部门查处，企业还需承担高额罚款等经济处罚。

2. 品牌形象受损

合规问题的存在严重损害了企业的品牌形象和声誉。消费者对企业的信任度降低，市场份额下滑，长期来看将严重影响企业的可持续发展能力。

3. 法律风险增加

合规意识淡薄使企业面临更高的法律风险。一旦违规行为被查处，企业不仅需要承担经济处罚，还可能面临法律责任和声誉损害。

4. 内部管理混乱

合规问题的存在往往反映了企业内部管理的混乱。缺乏有效的内部控制机制和合规管理体系，使得违规行为滋生和蔓延。

综上所述，国有企业销售与市场管理中的合规意识淡薄问题对企业造成了严重影响。为了提升企业的合规水平，保障企业的健康、可持续发展，国有企业必须加强合规文化建设、完善内部控制机制、加强合规培训与教育以及建立举报与问责机制等。

法律法规依据

针对国有企业销售与市场管理合规问题中合规意识淡薄的现象，以下是对相关法律法规的总结。

一、针对价格欺诈问题的法律法规

《中华人民共和国价格法》

第十四条：经营者不得有下列不正当价格行为：……（四）利用虚假的或者使人误解的价格手段，诱骗消费者或者其他经营者与其进行交易……。

二、针对广告宣传违规问题的法律法规

《中华人民共和国广告法》

第四条：广告不得含有虚假或者引人误解的内容，不得欺骗、误导消费者。

第九条：广告不得有下列情形：……（三）使用"国家级""最高级""最佳"等用语……。

三、针对商业贿赂问题的法律法规

《中华人民共和国反不正当竞争法》

第七条：经营者不得采用财物或者其他手段贿赂下列单位或者个人，以谋取交易机会或者竞争优势：（一）交易相对方的工作人员……。

四、针对内部管理混乱及合规体系缺失问题的法律法规

1.《中华人民共和国企业国有资产法》

第三十条：国家出资企业应当依照法律、行政法规以及企业章程的规定，向出资人分配利润。同时，国家出资企业也应当建立完善的内部管理制度和风险防控机制，确保企业合规运营。

2.《中华人民共和国公司法》

第一百七十九条：董事、监事、高级管理人员应当遵守法律、行政法规和公司章程。

第一百八十条：董事、监事、高级管理人员对公司负有忠实义务，应当采取措施避免自身利益与公司利益冲突，不得利用职权牟取不正当利益……。

国有企业的董事、监事、高级管理人员应当确保企业的运营符合法律法规的要求，包括销售与市场管理的合规性。

国有企业在销售与市场管理中必须严格遵守相关法律法规，防止价格欺诈、广告宣传违规、商业贿赂等不合规行为的发生。同时，企业还应建立完善的内部管理制度和风险防控机制，确保企业合规运营，维护企业的声誉和利益。

合规程序与方法

针对上述国有企业销售与市场管理合规问题中合规意识淡薄的现象，以下提出具体的合规程序与方法，旨在有针对性地解决问题。

一、建立健全合规管理制度

1. 制度制定

结合企业实际情况，制定涵盖销售、市场管理等各环节的合规管理制度，明确合规要求、责任主体、监督机制及违规处罚等内容。

2. 制度审查

组织法律、财务、审计等多部门对合规管理制度进行审查，确保其符合法律法规要求，并具备可操作性和有效性。

3. 制度发布与培训

正式发布合规管理制度，并对全体员工进行专题培训，确保每位员工都了解并遵守制度规定。

二、加强合规风险识别、评估与应对

1. 风险识别

定期对企业销售与市场管理各环节进行风险识别，特别是针对价格欺诈、广告宣传违规、商业贿赂等高风险领域。

2. 风险评估

对识别出的合规风险进行评估，确定风险等级和优先级，为后续的风险应对提供依据。

3. 风险应对

根据风险评估结果，制定相应的风险应对措施和预案，明确责任部门和人员，确保风险得到有效控制。

三、强化合规审查与监督

1. 合规审查

将合规审查作为销售与市场管理活动的前置程序，确保各项活动在合规框架内进行。

2. 内部监督

建立健全内部监督机制，包括内部审计、纪检监察等，定期对销售与市场管理活动进行合规检查。

3. 外部监督

积极接受政府监管部门、行业协会等外部监督机构的检查和指导，及时解决发现的问题。

四、提升全员合规意识与能力

1. 合规文化建设

将合规文化融入企业文化建设中，形成"人人讲合规、事事要合规"的良好氛围。

2. 合规培训

定期开展合规培训，确保合规培训覆盖全体员工，特别是销售、市场等关键岗位人员，提升其合规意识和能力。

3. 合规考核

将合规表现纳入员工绩效考核体系，对违规行为进行严肃处理，激励员工自觉遵守合规要求。

五、建立合规举报与问责机制

1. 开通举报渠道

开通合规举报热线、邮箱等渠道，鼓励员工积极举报违规行为。

2. 举报处理

对收到的举报信息进行认真核实和调查处理，确保举报人的合法权益不受侵害。

3. 问责追究

对查实的违规行为进行严肃问责追究，对相关责任人员进行处罚，形成有效的震慑。

通过实施以上合规程序与方法，国有企业可以有针对性地解决销售与市场管理合规问题中合规意识淡薄的问题，提升企业的合规管理水平，保障企业的健康、可持续发展。

第六章
国有企业生产安全与环保合规问题

专题1：安全生产管理制度不健全

案例引入

一、案例背景

传统制造业国有企业A（以下简称"企业A"），位于浙江省某市，主要从事化工产品的生产与销售。近年来，随着国家对安全生产与环保要求的不断提高，企业A面临着越来越大的合规压力。然而，由于历史遗留问题和内部管理不善，企业A的安全生产管理制度存在诸多不健全之处，最终导致了严重的安全生产事故和环保问题。

二、具体问题

1. 安全生产条件不成熟，存在安全隐患

企业A未按规定对安全生产条件进行定期评价，导致生产现场存在多处安全隐患。特种作业人员未取得相应资格便上岗作业，如电焊工、叉车司机等，增加了事故风险。企业未为从业人员提供符合国家标准的劳动防护用品，如防毒面具、安全帽等，员工在作业过程中缺乏有效保护。

2. 环保合规问题突出

危险化学品的储存不符合国家标准，部分仓库未设置防泄漏措施，存在环境污染风险。废水处理设施运行不正常，导致含有重金属的废水未经处理便直接排放至外部环境，造成严重污染。

三、主要问题的影响

1. 造成安全生产事故

2023年7月，企业A发生一起重大火灾事故，直接原因是未取得特种作业资格的电工违规操作导致电气短路。事故造成3人死亡，10人受伤，直接经济损失高达5000万元。

事故发生后，企业被迫停产整顿，生产订单大量积压，客户信任度急剧下降，市场份额萎缩。

2. 环保违规处罚

环保部门对企业A的废水排放进行了突击检查，发现废水超标排放问题严重，总镍、总铬浓度分别超过国家标准29.4倍和19.5倍。企业被处以高额罚款，共计600万元，并被责令限期整改。整改期间，企业需投入大量资金进行环保设施升级和废水处理，进一步加大了财务压力。

3. 财务指标下滑

事故和环保问题导致企业A的营业收入大幅下滑，2023年下半年营业收入同比减少了30%，企业更是亏损近2000万元。资金紧张，银行贷款难度加大，企业面临严重的生存危机。

四、结论与反思

企业 A 的安全条件不成熟，存在安全隐患突出问题，是导致重大安全生产事故和环境污染事件的根本原因。这些问题不仅给企业带来了巨大的经济损失，也严重影响了企业的社会形象和可持续发展能力。

企业应高度重视安全生产与环保合规工作，建立健全相关管理制度并严格执行。同时，加强对员工的安全生产和环保培训，提高全员合规意识。在日常管理中，应定期对安全生产条件和环保设施进行检查和维护，确保各项设备正常运行并符合国家标准。对于发现的安全隐患和环保问题，应及时消除和解决并追究相关责任人的责任，形成有效的震慑。企业还应加强与政府监管部门、行业协会等外部机构的沟通与合作，及时了解最新的法律法规要求和市场动态，确保企业合规经营。

合规问题分析

一、业务简介

国有企业作为国家经济的重要支柱，广泛涉足制造业、能源、交通、化工等多个领域，其生产活动直接关系到国家经济的稳定发展和人民生命财产的安全。在生产过程中，国有企业不仅需追求经济效益，更需严格遵守安全生产与环保法规，确保生产活动的合规性。

二、相关规定

针对国有企业生产安全与环保合规问题，国家出台了一系列法律法规和行业标准，如《中华人民共和国安全生产法》《中华人民共和国环境保护法》等，对企业的安全生产条件和环保要求进行了明确规定。这些规定要求企业建立健全安全生产管理制度，加强安全生产教育和培训，确保生产设施、设备符合安全标准，同时采取有效措施防治环境污染。

三、合规问题具体表现

1. 执行不力

即使制定了完善的安全生产管理制度，但部分企业在执行过程中存在打折扣、走形式的现象。安全检查和隐患排查不彻底，问题解决不及时，甚至存在瞒报、谎报安全事故的情况。

2. 责任落实不到位

安全生产责任制未得到有效落实，企业各级管理人员和员工的安全生产职责不明确，责任追究机制不健全。在事故发生时，往往出现推诿、责任不清的情况。

3. 教育培训不足

企业安全生产教育培训工作不到位，员工安全生产意识和技能水平不高。部分员工对安全操作规程不熟悉，缺乏应对突发事件的能力。

4. 环保合规意识淡薄

部分国有企业在追求经济效益的同时，忽视了环保合规要求。环保设施投入不足，运行维护不善，导致环境污染问题频发。

四、问题造成的严重影响

1. 经济损失

安全生产事故和环境污染事件往往给企业带来巨大的经济损失，包括直接的经济赔偿、设备损坏、停产整顿等费用。同时，事故还可能影响企业的信誉和市场竞争力，导致订单减少、客户流失等间接经济损失。

2. 人员伤亡

安全生产事故直接威胁到员工的生命安全，导致人员伤亡和家庭悲剧。这不仅给受害者及其家庭带来巨大痛苦，也对企业形象和社会稳定造成负面影响。

3. 环境破坏

环境污染问题对生态环境造成长期破坏，影响生态平衡和可持续发展。一些严重的环境污染事件还可能引发社会恐慌和公众不满，增加企业的社会压力和法律风险。

4. 法律风险

违反安全生产和环保法规的企业将面临法律制裁和行政处罚，包括高额罚款、停产整顿、吊销执照等严重后果。此外，企业还可能因违法违规行为而承担民事赔偿责任和刑事责任。

综上所述，国有企业生产安全与环保合规问题中安全生产管理制度不健全的问题亟待解决。企业应加强制度建设和责任落实、加大执行力度，提高员工安全生产意识和环保合规意识，确保生产活动的合规性和可持续性。

法律法规依据

针对国有企业生产安全与环保合规问题中安全生产管理制度不健全的问题，法律法规有相关规定，以下是对相关法律法规的总结。

一、针对安全生产管理制度不健全问题的法律法规

1.《中华人民共和国安全生产法》

该法作为安全生产领域的基本法，对生产经营单位的安全生产责任、安全生产条件、安全生产管理等方面进行了全面规定。

第十九条：生产经营单位的安全生产责任制应当明确各岗位的责任人员、责任范围和考核标准等内容。

第二十一条：生产经营单位的主要负责人对本单位安全生产工作负有下列职责：……（二）组织制定并实施本单位安全生产规章制度和操作规程……。

第二十五条：生产经营单位应当对从业人员进行安全生产教育和培训，保证从业人员具备必要的安全生产知识，熟悉有关的安全生产规章制度和安全操作规程，掌握本岗位的安全操作技能，了解事故应急处理措施，知悉自身在安全生产方面的权利和义务。未经安全生产教育和培训合格的从业人员，不得上岗作业。

2.《中华人民共和国企业国有资产法》

该法针对国有企业资产管理进行了规范，其中也涉及了国有企业应当履行的社会责任，包括安全生产责任。

第十七条：国家出资企业从事经营活动，应当遵守法律、行政法规，加强经营管理，提高经济效益，接受人民政府及其有关部门、机构依法实施的管理和监督，接受社会公众的监督，承担社会责任，对出资人负责。

二、针对环保合规问题的法律法规

1.《中华人民共和国环境保护法》

该法是我国环境保护领域的基本法，对污染防治、生态保护、环境管理等方面进行了全面规定。

第四十二条：排放污染物的企业事业单位和其他生产经营者，应当采取措施，防治在生产建设或者其他活动中产生的废气、废水、废渣、医疗废物、粉尘、恶臭气体、放射性物质以及噪声、振动、光辐射、电磁辐射等对环境的污染和危害……。

第五十九条：企业事业单位和其他生产经营者违法排放污染物，受到罚款处罚，被责令改正，拒不改正的，依法作出处罚决定的行政机关可以自责令改正之日的次日起，按照原处罚数额按日连续处罚……。

2.《中华人民共和国水污染防治法》

该法针对特定领域（如水体）的污染防治进行了详细规定。

第三十九条：禁止利用渗井、渗坑、裂隙、溶洞，私设暗管，篡改、伪造监测数据，或者不正常运行水污染防治设施等逃避监管的方式排放水污染物。

第八十三条：违反本法规定，有下列行为之一的，由县级以上人民政府环境保护主管部门责令改正或者责令限制生产、停产整治，并处十万元以上一百万元以下的罚款；情节严重的，报经有批准权的人民政府批准，责令停业、关闭：……（三）利用渗井、渗坑、裂隙、溶洞，私设暗管，篡改、伪造监测数据，或者不正常运行水污染防治设施等逃避监管的方式排放水污染物的……。

综上所述，国有企业生产安全与环保合规问题中安全生产管理制度不健全的问题，涉及了《中华人民共和国安全生产法》《中华人民共和国企业国有资产法》以及环保领域的多部法律法规。这些法律法规为企业建立健全安全生产管理制度、履行环保责任提供了明确的法律依据和行为规范。

合规程序与方法

针对国有企业生产安全与环保合规问题中安全生产管理制度不健全的问题，以下提出具体的合规程序与方法，旨在分步骤、有针对性地解决问题。

一、全面审查与评估现有制度

1.组织专项审查小组

成立由安全管理专家、环保专家及企业内部相关部门负责人组成的专项审查小组。明确审查目标、范围、标准及时间节点。

2.制度梳理与评估

对企业现有的安全生产管理制度进行全面梳理，包括但不限于安全生产责任制、操作规程、应急预案等。评估制度的完整性、可操作性、时效性及与现行法律法规的符合性。

二、制定或完善安全生产管理制度

1.新建或修订制度

根据审查结果，对缺失或不完善的制度进行新建或修订。确保新制度覆盖生产活动的各个环节和岗位，明确各层级、各岗位的安全生产职责。

2. 引入先进管理理念和技术

借鉴国内外先进企业的安全生产管理经验，引入先进的安全管理理念和技术手段。如采用智能化监控系统、建立风险分级管控和隐患排查治理双重预防机制等。

三、加强制度执行与监督

1. 制度宣传与培训

对全体员工进行安全生产管理制度的宣传和培训，确保每位员工都了解并熟悉相关制度。特别是加强对特种作业人员、关键岗位人员的专业培训。

2. 建立监督机制

设立独立的安全生产监督部门或岗位，负责日常的安全生产监督检查工作。建立定期检查和不定期抽查相结合的监督机制，确保制度得到有效执行。

四、强化责任追究与激励机制

1. 明确责任追究机制

制定安全生产责任追究制度，明确各级管理人员和员工的安全生产责任。对违反安全生产管理制度的行为进行严肃处理，形成有效的震慑。

2. 建立激励机制

设立安全生产奖励基金，对在安全生产工作中表现突出的个人和部门进行表彰和奖励。将安全生产绩效纳入员工考核体系，与晋升、薪酬等挂钩，激发员工参与安全生产的积极性。

五、持续改进与优化

1. 建立反馈与改进机制

鼓励员工提出对安全生产管理制度的改进意见和建议。定期收集并分析安全生产事故案例和隐患排查结果，总结经验教训，不断完善和优化安全生产管理制度。

2. 融入企业文化

将安全生产理念融入企业文化建设中，形成全员关注安全、参与安全的良好氛围。通过企业文化活动、安全宣传月等形式，增强员工的安全意识和责任感。

通过实施以上合规程序与方法，国有企业可以逐步建立健全安全生产管理制度体系，提高安全生产管理水平，有效防范和减少生产安全事故的发生，保障员工的生命安全和企业的可持续发展。

专题 2：员工安全意识淡薄

案例引入

一、案例背景

B 公司是一家位于某工业区的传统制造业国有企业，主要从事机械加工与设备制造。近年来，随着市场竞争的加剧和订单量的增加，B 公司在追求生产效率的同时，忽视了安全生产与环保合规的重要性。公司现有员工约 500 人，其中一线生产工人占比超过 80%。

二、具体问题

1. 安全意识淡薄

张某，B公司一名资深一线生产工人，在机床操作岗位工作超过十年，长期依赖经验操作机床，对安全生产规程置若罔闻。在日常工作中，他经常不佩戴防护眼镜、耳塞等个人防护装备，且多次违规将身体部位靠近机床旋转部件进行检查或调整。

2. 教育培训缺失

B公司对员工的安全生产教育培训流于形式，未能定期组织有效的安全知识培训和应急演练。张某及多名同事对最新的安全生产法律法规、设备操作规程知之甚少。

3. 隐患排查不力

公司安全生产管理部门对生产现场的隐患排查工作不够细致，未能及时发现并纠正张某等员工的违规操作行为。同时，生产车间的安全警示标识不明显，未能有效提醒员工注意安全。

三、主要问题的影响

某日，张某在操作一台高速数控机床时，因急于完成生产任务，未按规定佩戴防护眼镜，违规将头部靠近机床主轴进行检查。不料机床突然发生故障，主轴失控旋转，瞬间将张某的头部严重击伤。事故发生后，虽然现场同事立即进行了紧急救援并拨打了120急救电话，但张某仍因伤势过重不治身亡。

主要影响如下。

1. 直接经济损失

事故导致B公司产生直接经济损失约300万元，包括医疗费用、赔偿金、设备修复费用及停产损失等。

2. 财务指标下滑

由于事故引发停产整顿和订单延误，B公司当季营业收入同比下降了20%，净利润更是大幅下滑50%。此外，公司股价在事故消息传出后连续下跌，市值蒸发近亿元。

3. 社会声誉受损

事故在当地乃至行业内引起了广泛关注，B公司的安全生产管理问题被媒体曝光，导致公司社会声誉严重受损，客户信任度下降，部分长期合作客户考虑转投竞争对手。

4. 员工士气低落

事故发生后，B公司员工普遍感到恐惧和不安，工作积极性大受打击。部分员工甚至开始考虑离职，公司人才流失风险加剧。

四、结论与反思

B公司员工安全意识淡薄导致的生产事故，不仅给公司带来了沉重的经济损失和声誉损害，更对员工家庭和社会造成了不可挽回的伤害。可从这一案例得出以下结论与反思。

1. 安全生产无小事

任何对安全生产的忽视都可能引发严重后果。企业必须将安全生产放在首位，建立健全安全生产管理制度体系并严格执行。

2. 加强教育培训

企业应定期组织员工进行安全生产知识培训和应急演练，以提高员工的安全意识和自我保护能力。

3. 强化隐患排查

建立健全隐患排查治理机制，及时发现并消除生产现场的安全隐患，以确保生产设备的正常运行和员工的人身安全。

4. 构建安全文化

将安全生产理念融入企业文化建设中，形成全员关注安全、参与安全的良好氛围，共同维护企业的安全生产局面。

合规问题分析

一、业务简介

国有企业作为国民经济的支柱，广泛涉足制造业、能源、化工、建筑等多个领域，其生产活动直接关系到国家的经济命脉和社会稳定。然而，在生产过程中，国有企业面临着诸多安全与环保合规挑战，尤其是员工安全意识淡薄问题，这已成为制约企业可持续发展的重要因素。

二、相关规定

针对国有企业生产安全与环保合规问题，国家制定了一系列法律法规，如《中华人民共和国安全生产法》《中华人民共和国环境保护法》等。这些法律法规明确要求企业建立健全安全生产责任制，加强员工安全生产教育培训，确保生产设备设施的安全运行，同时要求企业遵守环保法规，减少污染排放，保护生态环境。

三、合规问题具体表现

1. 安全教育培训不足

部分国有企业未能定期组织员工进行安全生产知识培训，导致员工对安全操作规程、应急处置措施等缺乏了解。

2. 安全操作规程执行不力

在生产过程中，部分员工存在违规操作行为，如未佩戴个人防护装备、擅自改变生产工艺等，给安全生产带来隐患。

3. 环保意识薄弱

部分员工对环保法规了解不足，生产过程中存在浪费资源、随意排放污染物等行为，对环境造成破坏。

四、问题造成的严重影响

1. 生产安全事故频发

员工安全意识淡薄可能会导致生产安全事故频发，不仅造成人员伤亡和财产损失，还严重影响企业的正常生产秩序。

2. 环保违规风险增加

环保意识薄弱导致企业面临环保违规风险，一旦受到环保部门的处罚，企业将产生经济损失和声誉损害。

3. 企业可持续发展受阻

安全与环保问题是企业可持续发展的基石。员工安全意识淡薄和环保违规行为将严重制约企业的长期发展，甚至危及企业的生存。

4. 产生社会负面影响

生产安全事故和环保违规行为还可能引发社会公众的不满和怀疑，损害企业的社会形象和品牌价值。

综上所述，国有企业生产安全与环保合规问题中的员工安全意识淡薄是一个亟待解决的问题。企业应通过加强安全教育培训、严格执行安全操作规程等措施，切实提高员工的安全生产和环保合规意识，确保企业的安全生产和可持续发展。

法律法规依据

针对国有企业生产安全与环保合规问题中员工安全意识淡薄的问题，以下列举了相关法律法规依据。

一、针对安全生产问题的法律法规

1.《中华人民共和国安全生产法》

第三条：安全生产工作应当以人为本，坚持安全发展，坚持安全第一、预防为主、综合治理的方针，强化和落实生产经营单位的主体责任，建立生产经营单位负责、职工参与、政府监管、行业自律和社会监督的机制。

第二十一条：生产经营单位的主要负责人对本单位安全生产工作负有下列职责：……（三）组织制定并实施本单位安全生产教育和培训计划……。

第五十五条：从业人员应当接受安全生产教育和培训，掌握本职工作所需的安全生产知识，提高安全生产技能，增强事故预防和应急处理能力。

2.《中华人民共和国劳动法》

第五十二条：用人单位必须建立、健全劳动安全卫生制度，严格执行国家劳动安全卫生规程和标准，对劳动者进行劳动安全卫生教育，防止劳动过程中的事故，减少职业危害。

二、针对环保合规问题的法律法规

1.《中华人民共和国环境保护法》

第六条：一切单位和个人都有保护环境的义务。地方各级人民政府应当对本行政区域的环境质量负责。企业事业单位和其他生产经营者应当防止、减少环境污染和生态破坏，对所造成的损害依法承担责任……。

第四十一条：建设单位在编制建设项目环境影响报告书时，应当依法征求有关单位、专家和公众的意见。

2.《中华人民共和国环境影响评价法》

第二十二条：建设项目的环境影响报告书、报告表，由建设单位按照国务院的规定报有审批权的生态环境主管部门审批。海洋工程建设项目的海洋环境影响报告书的审批，依照《中华人民共和国海洋环境保护法》的规定办理。审批部门应当自收到环境影响报告书之日起六十日内，收到环境影响报告表之日起三十日内，分别作出审批决定并书面通知建设单位。国家对环境影响登记表实行备案管理。审核、审批建设项目环境影响报告书、报告表以及备案环境影响登记表，不得收取任何费用。

虽然在本案例中未直接涉及《企业会计准则第 14 号——收入》等经济法规，但处理安全生产与环保合规问题也需考虑企业经济效益与社会责任的平衡，确保合规经营不影响企业财务状况的真实、准确反映。例如，企业在计提安全生产与环保投入相关费用时，应遵循《企业会计准则》的相关规定，确保财务信息的合规性。

综上所述，国有企业在生产安全与环保合规管理中，必须严格遵守上述法律法规，加强对员工安全生产与环保意识的培养，确保企业运营符合国家规定，维护员工权益和社会公共利益。

合规程序与方法

针对国有企业生产安全与环保合规问题中员工安全意识淡薄的问题，以下提出具体的合规程序与方法，旨在分步骤、有针对性地解决问题。

一、建立健全安全生产与环保教育培训体系

1. 制定详细的培训计划

根据企业实际情况和员工岗位需求，制定涵盖安全生产知识、环保法规、应急处理技能等方面的详细培训计划。

2. 分层分类培训

针对不同岗位、不同层级的员工，分层分类进行安全生产与环保教育培训，确保培训内容的针对性和实效性。

3. 定期复训与考核

实施定期复训制度，巩固员工安全环保意识；同时，通过考核检验培训效果，对不合格者进行再培训或岗位调整。

二、完善安全生产与环保管理制度

1. 修订完善规章制度

结合国家法律法规和企业实际情况，修订完善安全生产与环保管理制度，明确各级管理人员和员工的职责与权限。

2. 建立健全隐患排查治理机制

建立健全隐患排查治理机制，定期组织安全生产与环保检查，及时发现并消除隐患。

3. 强化责任追究

对违反安全生产与环保规定的行为进行严肃处理，强化责任追究，形成有效震慑。

三、加强安全环保文化建设

1. 营造安全环保氛围

通过宣传栏、内部通信、安全环保月活动等多种形式，营造浓厚的安全环保文化氛围。

2. 树立典型示范

表彰在安全生产与环保工作中表现突出的个人和集体，树立典型示范，激励全体员工积极参与。

3. 开展互动交流

定期组织员工就安全生产与环保问题进行交流讨论，分享经验教训，共同提高安全意识。

四、实施严格的安全环保监管

1.加强现场监管

加大对生产现场的监管力度，确保员工严格遵守安全生产与环保规定。

2.引入第三方审核

定期邀请第三方机构对企业安全生产与环保管理进行审核评估，提出改进建议。

3.建立应急响应机制

制定完善的应急响应机制，定期组织应急演练，提高应对突发事件的能力。

五、强化领导责任与员工参与

1.明确领导责任

企业高层领导应高度重视安全生产与环保工作，将其纳入企业重要议事日程，明确各级领导的安全环保责任。

2.鼓励员工参与

建立员工参与机制，鼓励员工积极提出安全生产与环保方面的建议和改进意见，形成全员参与的良好局面。

3.实施激励与约束并重

建立安全生产与环保奖惩制度，对表现突出的个人和集体给予奖励；对违反规定的行为进行处罚，形成有效的激励与约束机制。

通过实施以上合规程序与方法，国有企业可以逐步解决员工安全意识淡薄的问题，提升企业的安全生产与环保合规水平，确保企业的可持续发展。

专题3：设备设施老化

案例引入

一、案例背景

传统制造业国有企业C（以下简称"C公司"），成立于20世纪80年代，主营业务为重型机械制造。随着市场需求的不断变化和技术的快速发展，C公司在市场竞争中逐渐面临挑战。近年来，公司管理层开始意识到生产安全与环保合规问题日益严峻，尤其是设备设施老化问题，已成为制约公司发展的瓶颈。

二、具体问题

1.设备设施老化情况

（1）生产线设备：C公司的主力生产线设备平均使用年限已超过20年，部分关键设备甚至接近30年。这些设备的技术标准已无法满足当前的生产需求和环保法规要求。

（2）维护保养不足：由于资金紧张和管理不到位，部分老旧设备长期缺乏必要的维护保养，导致故障频发，生产效率低下。

（3）安全隐患突出：老化的设备在运行过程中存在严重的安全隐患，如电气线路老化、机械部件磨损严重等，多次发生小范围的安全事故，虽未造成人员伤亡，但已引起员工恐慌。

2. 具体人物与数据

张工，C 公司生产线的一名资深工程师，多次向公司反映老旧设备的安全隐患问题，但因资金问题迟迟未得到解决。2022—2023 年内，因设备老化导致的非计划停机时间累计达 300 小时，直接影响产值约 500 万元；同时，因设备故障维修产生的额外费用高达 200 万元，导致公司利润率较 2022 年减少 3 个百分点。

三、主要问题的影响

1. 生产安全方面

老旧设备的安全隐患严重威胁到员工的生命安全，一旦发生重大安全事故，将给公司和员工家庭带来不可估量的损失。长期的安全隐患也影响了员工的工作积极性和团队凝聚力，降低了整体生产效率。

2. 环保合规方面

部分老旧设备因技术落后，无法满足当前的环保法规要求，多次受到环保部门的警告和处罚，影响了公司的社会形象和声誉。环保问题的频发也增加了公司的运营成本，包括污染治理费用和可能的罚款。

3. 财务指标下滑

由于生产效率低下和额外费用的增加，C 公司的财务指标出现明显下滑。利润率、净资产收益率等关键指标均低于行业平均水平，影响了公司的融资能力和市场竞争力。

四、结论与反思

C 公司设备设施老化问题严重制约了公司的生产安全与环保合规能力，导致了生产效率低下、财务成本增加、员工安全隐患突出等一系列问题。为解决这些问题，C 公司应采取以下措施。

1. 加大资金投入

优先解决关键设备老化问题，逐步淘汰更新老旧设备，提高生产效率和安全性。

2. 完善维护保养体系

建立健全设备维护保养制度，定期对设备进行检查和维护，确保设备处于良好运行状态。

3. 加强员工培训

提高员工的安全生产和环保意识，加强对设备操作和维护技能的培训，减少人为因素导致的安全事故和环保问题。

4. 积极响应政策法规

密切关注国家关于生产安全与环保的政策法规动态，及时调整公司策略和管理措施，确保公司合规运营。

通过实施以上措施，C 公司有望逐步解决设备设施老化问题，提升公司的生产安全与环保合规水平，为公司的可持续发展奠定坚实基础。

合规问题分析

一、业务简介

国有企业作为国家经济的重要组成部分，承担着推动经济发展和社会稳定的重要职责。传统制造业国有企业通常涉及重型机械制造、化工、能源等领域，这些行业的生产过程往往伴随着较高的安全风险和较大的环境压力。因此，确保生产安全与环保合规是这类企业可持续发展的基础。

二、相关规定

针对国有企业生产安全与环保合规问题，国家制定了一系列严格的法律法规，主要如下。

《中华人民共和国安全生产法》：要求企业建立健全安全生产责任制，确保设备设施的安全运行。

《中华人民共和国环境保护法》：规定企业必须采取有效措施，防止环境污染，并对老旧设备进行更新改造，以达到环保标准。

相关行业标准和规范：如机械制造行业的安全操作规程、环保排放标准等，对企业设备设施的运行和维护提出了具体要求。

三、合规问题具体表现

国有企业生产安全与环保合规问题中的设备设施老化具体如下。

1. 设备陈旧，技术落后

部分国有企业使用的设备设施年代久远，技术落后，无法满足当前的生产需求和环保法规要求。

2. 维护保养不足

由于资金、管理或意识等方面的原因，老旧设备的维护保养往往不到位，导致设备故障频发，安全隐患大。

3. 环保不达标

老旧设备在运行过程中可能产生较多的污染物，且由于技术限制，无法进行有效的污染治理，导致环保不达标。

四、问题造成的严重影响

设备设施老化对国有企业生产安全与环保合规造成的严重影响如下。

1. 生产安全隐患增加

老旧设备的安全性能下降，故障频发，容易引发生产安全事故，威胁员工生命安全和企业财产安全。

2. 环保风险加大

老旧设备环保性能差，污染物排放超标，可能引发环保部门的处罚和负面的社会舆论，损害企业形象。

3. 生产效率下降

老旧设备运行效率低下，故障停机时间长，导致生产效率下降，影响企业产值和利润。

4. 运营成本增加

为维护老旧设备的运行，企业需要投入更多的维修费用和污染治理费用，增加了企业的运营成本。

5. 市场竞争力下降

设备设施老化导致的产品质量下降、生产效率低下等问题，会影响企业的市场竞争力，甚至可能导致市场份额的丧失。

综上所述，国有企业生产安全与环保合规问题中的设备设施老化是一个亟待解决的重要问题。企业应通过加大资金投入、完善维护保养体系、加强员工培训、积极响应政策法规等措施，逐步解决设备设施老化问题，提升企业的生产安全与环保合规水平。

法律法规依据

针对国有企业生产安全与环保合规问题中设备设施老化的问题，以下是相关法律法规依据。

一、针对设备设施老化及安全生产问题的法律法规

1.《中华人民共和国安全生产法》

第十七条：生产经营单位应当具备本法和有关法律、行政法规和国家标准或者行业标准规定的安全生产条件；不具备安全生产条件的，不得从事生产经营活动。

第三十三条：安全设备的设计、制造、安装、使用、检测、维修、改造和报废，应当符合国家标准或者行业标准。生产经营单位必须对安全设备进行经常性维护、保养，并定期检测，保证正常运转。维护、保养、检测应当作好记录，并由有关人员签字。

2.《中华人民共和国企业国有资产法》

第三十三条：国家出资企业对其动产、不动产和其他财产依照法律、行政法规以及企业章程享有占有、使用、收益和处分的权利。国家出资企业依法享有的经营自主权和其他合法权益受法律保护。

企业应当加强设备管理，确保设备设施的安全与合规。

二、针对设备设施老化及环保合规问题的法律法规

1.《中华人民共和国环境保护法》

第六条：……企业事业单位和其他生产经营者应当防止、减少环境污染和生态破坏，对所造成的损害依法承担责任。

第四十一条：建设单位在建设中应当优先使用清洁能源和采取先进、适用的污染防治技术、工艺和装备，防治环境污染。禁止新建不符合国家产业政策的小型造纸、制革、印染、染料、炼焦、炼硫、炼砷、炼汞、炼油、电镀、农药、石棉、水泥、玻璃、钢铁、火电以及其他严重污染环境的生产项目。

2.《中华人民共和国循环经济促进法》

第十五条：国家鼓励和支持企业使用高效节油产品。电力、石油加工、化工、钢铁、有色金属和建材等企业，必须在国家规定的范围和期限内，以洁净煤、石油焦、天然气等清洁能源替代燃料油，停止使用不符合国家规定的燃油发电机组和燃油锅炉。

三、针对企业财务管理及设备设施更新改造的法律法规

《中华人民共和国会计法》

第十四条：会计凭证包括原始凭证和记账凭证。办理本法第十条所列的经济业务事项，必须填制或者取得原始凭证并及时送交会计机构。会计机构、会计人员必须按照国家统一的会计制度的规定对原始凭证进行审核，对不真实、不合法的原始凭证有权不予接受，并向单位负责人报告；对记载不准确、不完整的原始凭证予以退回，并要求按照国家统一的会计制度的规定更正、补充……。

设备设施更新改造的资金管理需遵循会计法的相关规定，确保资金的合法使用与合规记录。

通过以上法律法规的总结，可以看出国有企业在生产安全与环保合规方面，特别是在设备设施老化问题上，有明确的法律义务和责任。企业应当严格遵守相关法律法规，加强设备设施的管理与维护，确保生产安全与环保合规。

合规程序与方法

针对国有企业生产安全与环保合规问题中设备设施老化的问题，以下提出具体的合规程序与方法，旨在分步骤、有针对性地解决问题。

一、建立设备老化评估机制

1. 组建专业评估团队

成立由设备工程师、安全专家、环保专家等多部门人员组成的设备老化评估小组，负责对企业现有设备设施进行全面评估。

2. 制定评估标准

依据国家安全生产和环保法规、行业标准及企业实际情况，制定详细的设备老化评估标准，包括设备使用年限、技术状况、安全性能、环保排放等多个维度。

3. 实施评估

按照评估标准，对每台设备设施进行逐一评估，记录评估结果，形成设备老化评估报告。

二、制定设备更新改造计划

1. 优先排序

根据评估结果，对老化严重、安全隐患大、环保不达标的设备进行优先排序，确定更新改造的优先级。

2. 编制更新改造方案

针对每台需更新改造的设备，制定详细的更新改造方案，包括技术方案、资金预算、实施时间表等。

3. 审批与决策

将更新改造方案提交企业高层审批，确保方案符合企业战略规划和财务承受能力。

三、加强设备维护保养管理

1. 完善维护保养制度

建立健全设备维护保养制度，明确维护保养的周期、内容、责任人等，确保设备得到及时、有效的维护。

2. 强化日常巡查

增加设备日常巡查频次，及时发现并处理设备故障和安全隐患，防止小问题酿成大事故。

3. 培训操作人员

定期对设备操作人员进行培训，提高其设备操作和维护保养技能，减少人为因素导致的设备损坏和安全事故。

四、建立环保管理体系

1. 制定环保管理制度

依据国家环保法规，制定企业环保管理制度，明确环保管理职责、环保排放标准、污染治理措施等。

2. 加强环保监测

对排放污染物的设备设施安装在线监测设备，实时监测污染物排放情况，确保排放达标。

3. 开展环保宣传教育

定期组织环保宣传教育活动，提高全体员工的环保意识和责任感，形成良好的环保文化氛围。

五、持续改进与优化

1. 定期回顾与评估

定期对设备老化评估、更新改造计划、维护保养管理、环保合规管理等工作进行回顾与评估，总结经验教训，不断改进优化。

2. 引入先进技术

关注行业动态和技术发展，积极引入先进的设备设施和技术手段，提高生产效率和环保水平。

3. 建立反馈机制

建立员工反馈机制，鼓励员工对设备设施管理、安全生产、环保合规等方面的问题提出意见和建议，促进企业管理水平的持续提升。

通过实施以上合规程序与方法，国有企业可以系统地解决设备设施老化问题，提升生产安全与环保合规水平，为企业的可持续发展奠定坚实基础。

专题 4：应急管理能力不足

案例引入

一、案例背景

企业 D，位于我国东部沿海省份，是一家历史悠久的传统制造业国有企业，主营业务包括金属制品加工与表面处理。近年来，随着市场竞争的加剧和环保法规的日益严格，企业面临着转型升级的巨大压力。然而，在生产安全与环保合规方面，特别是应急管理能力上，企业 D 存在明显短板。

二、具体问题

1. 应急预案不完善

企业 D 的应急预案内容陈旧，缺乏针对新型风险和突发事件的应对措施。例如，对于化学品泄漏、火灾等潜在风险，应急预案中的处理步骤不够详细，缺乏实操性。

2. 应急演练流于形式

尽管企业 D 定期进行应急演练，但演练过程往往过于简单，未能真实模拟突发事件场景，员工参与度不高，应急反应能力未能得到有效提升。

3. 应急物资储备不足

关键应急物资，如防护服、消防器材、应急药品等储备量不足，且部分物资已过有效期，未能及时更新补充。

4. 应急响应机制不畅

企业内部各部门之间在应急响应中的沟通协调机制不畅，导致在突发事件发生时，信息传递延迟，应急资源调配效率低下。

三、主要问题的影响

1. 事故损失

2022年，企业D因化学品泄漏事故导致直接经济损失达500万元，包括设备损坏、原料浪费及清理费用等。此外，事故还造成周边环境污染，被环保部门处以高额罚款。

2. 财务指标下滑

事故发生后，企业D因停产整顿、客户流失等原因，当年第三季度净利润同比下滑30%，全年营收增长率也降至历史低位。

3. 品牌信誉受损

事故曝光后，企业D的品牌形象受到严重影响，客户信任度下降，市场份额被竞争对手蚕食。

4. 员工士气低落

事故导致部分员工受伤，全体员工对工作环境的安全感降低，工作积极性受挫，人才流失加剧。

四、结论与反思

企业D在生产安全与环保合规问题上的应急管理能力不足，是导致此次重大事故的主要原因之一。应急预案不完善、应急演练流于形式、应急物资储备不足以及应急响应机制不畅，共同构成了企业应急管理体系的薄弱环节。企业可从以下方面解决相关问题。

1. 加强应急预案建设

企业应定期更新和完善应急预案，确保其内容翔实、具有实操性，并覆盖所有潜在风险点。

2. 强化应急演练

组织定期的、真实的应急演练，提高员工的应急反应能力和团队协作水平，确保在突发事件发生时能够迅速、有效地应对。

3. 充足储备应急物资

建立健全应急物资管理制度，确保关键应急物资的充足储备和及时更新，为应急响应提供有力保障。

4. 优化应急响应机制

加强企业内部各部门的沟通协调，建立高效的应急响应机制，确保在突发事件发生时能够迅速传递信息、调配资源，有效控制事态发展。

5. 提升全员安全意识

加强安全生产与环保合规宣传教育，提高全员的安全意识和环保意识，形成人人关心安全、人人参与环保的良好氛围。

合规问题分析

针对国有企业生产安全与环保合规问题中应急管理能力不足的问题，以下是相关法律法规依据。

一、针对应急预案不完善问题的法律法规

1.《中华人民共和国安全生产法》

第十八条：生产经营单位应当建立健全生产安全事故隐患排查治理制度，采取技术、管理措施，及时发现并消除事故隐患。事故隐患排查治理情况应当如实记录，并向从业人员通报。生产经营单位应当制定本单位生产安全事故应急救援预案，与所在地县级以上地方人民政府组织制定的生产安全事故应急救援预案相衔接，并定期组织演练。

2.《中华人民共和国突发事件应对法》

第十七条：国家建立健全突发事件应急预案体系。国务院制定国家突发事件总体应急预案，组织制定国家专项应急预案；国务院有关部门根据各自的职责和国务院相关应急预案，制定国家部门应急预案。地方各级人民政府和县级以上地方各级人民政府有关部门根据有关法律、法规、规章、上级人民政府及其有关部门的应急预案以及本地区的实际情况，制定相应的突发事件应急预案。

二、针对应急演练不足问题的法律法规

《中华人民共和国安全生产法》

第八十一条：生产经营单位应当制定本单位生产安全事故应急救援预案，与所在地县级以上地方人民政府组织制定的生产安全事故应急救援预案相衔接，并定期组织演练。

三、针对应急物资储备不充分问题的法律法规

《企业安全生产费用提取和使用管理办法》具体条款因版本不同而有所差异，但通常包含关于安全生产费用使用范围的规定，其中应涵盖应急物资储备。

企业应当按照规定提取和使用安全生产费用，用于完善、改造和维护安全防护设施设备，配备必要的应急救援器材、设备和物资，进行安全生产宣传、教育、培训等。

四、针对应急响应机制不畅问题的法律法规

1.《中华人民共和国安全生产法》

第八十二条：危险物品的生产、经营、储存单位以及矿山、金属冶炼、城市轨道交通运营、建筑施工单位应当建立应急救援组织；生产经营规模较小的，可以不建立应急救援组织，但应当指定兼职的应急救援人员，并且可以与邻近的应急救援队伍签订应急救援协议。

2.《中华人民共和国突发事件应对法》

第二十六条：县级以上人民政府应当整合应急资源，建立或者确定综合性应急救援队伍。人民政府有关部门可以根据实际需要设立专业应急救援队伍。县级以上人民政府及其有关部门可以建立由成年志愿者组成的应急救援队伍。单位应当建立由本单位职工组成的专职或者兼职应急救援队伍。

五、针对应急管理能力培训缺失问题的法律法规

《中华人民共和国安全生产法》

第二十八条：生产经营单位应当对从业人员进行安全生产教育和培训，保证从业人员具备必要的安全生产知识，熟悉有关的安全生产规章制度和安全操作规程，掌握本岗位的安全操作技能，了解事故应急处理措施，知悉自身在安全生产方面的权利和义务。未经安全生产教育和培训合格的从业人员，不得上岗作业。

以上法律法规依据均针对国有企业生产安全与环保合规问题中应急管理能力不足的问题，为企业提供了明确的法律指导和规范。企业应严格遵守相关法律法规，加强应急管理能力建设，确保生产安全和环保合规目标的实现。

法律法规依据

在国有企业生产安全与环保合规的背景下，应急管理能力不足是一个关键问题。针对此问题，以下是总结的法律法规依据。

一、针对应急预案不完善问题的法律法规

《中华人民共和国安全生产法》

第七十八条：生产经营单位应当制定本单位生产安全事故应急救援预案，与所在地县级以上地方人民政府组织制定的生产安全事故应急救援预案相衔接，并定期组织演练。

二、针对应急演练流于形式问题的法律法规

《中华人民共和国安全生产法》

第七十九条：危险物品的生产、经营、储存单位以及矿山、金属冶炼、城市轨道交通运营、建筑施工单位应当建立应急救援组织；生产经营规模较小的，可以不建立应急救援组织，但应当指定兼职的应急救援人员，并且可以与邻近的应急救援队伍签订应急救援协议。生产经营单位应当定期组织应急预案演练。

三、针对应急物资储备不足问题的法律法规

《安全生产应急管理条例》

第二十条（具体条款视实际法规而定）：生产经营单位应当根据本单位可能发生的生产安全事故的特点和危害，配备必要的应急救援器材、设备和物资，并进行经常性维护、保养，保证正常运转。

注：由于《安全生产应急管理条例》并非现行全国性法规的确切名称，此处以假设条款示意，实际应参考相关地方性法规或部门规章中的具体规定。

四、针对应急响应机制不畅问题的法律法规

《中华人民共和国突发事件应对法》

第二十条、第二十二条内容摘要：县级人民政府应当对本行政区域内容易引发自然灾害、事故灾难和公共卫生事件的危险源、危险区域进行调查、登记、风险评估，定期进行检查、监控，并责令有关单位采取安全防范措施。所有单位应当建立健全安全管理制度，定期检查本单位各项安全防范措施的落实情况，及时消除事故隐患；掌握并及时处理本单位存在的可能引发社会安全事件的问题，防止矛盾激化和事态扩大；对本单位可能发生的突发事件和采取安全防范措施的情

况，应当按照规定及时向所在地人民政府或者人民政府有关部门报告。

五、针对应急管理能力培训缺失问题的法律法规

《中华人民共和国安全生产法》

第二十八条：生产经营单位应当对从业人员进行安全生产教育和培训，保证从业人员具备必要的安全生产知识，熟悉有关的安全生产规章制度和安全操作规程，掌握本岗位的安全操作技能，了解事故应急处理措施，知悉自身在安全生产方面的权利和义务。未经安全生产教育和培训合格的从业人员，不得上岗作业。

以上法律法规依据均直接关联到国有企业生产安全与环保合规问题中应急管理能力不足的问题，为企业提供了明确的法律指导和规范。企业应当严格遵守相关法律法规，确保应急预案的完善性、应急演练的充分性、应急物资的充足性、应急响应机制的顺畅性以及应急管理能力培训的有效性，从而全面提升应急管理能力，保障生产安全和环保合规。

合规程序与方法

针对国有企业生产安全与环保合规问题中应急管理能力不足的问题，以下是具体的合规程序与方法，旨在分步骤、有针对性地解决问题。

一、完善应急预案体系

1. 组织专业团队

成立由安全、环保、生产等部门组成的应急预案编制小组，确保预案的全面性和专业性。

2. 风险评估

对企业生产活动进行全面的风险评估，识别潜在的安全与环保风险点。

3. 预案编制

根据风险评估结果，结合国家相关法律法规和标准，编制详细的应急预案，包括应急响应流程、救援措施、资源调配等内容。

4. 评审与修订

组织专家对预案进行评审，确保其科学性和可操作性，并根据实际情况定期修订预案。

二、加强应急演练与培训

1. 制定演练计划

结合企业实际，制定年度应急演练计划，明确演练目的、内容、时间和参与人员。

2. 组织实战演练

定期开展实战应急演练，模拟真实场景，检验应急预案的有效性和员工的应急响应能力。

3. 培训与考核

对应急管理人员和关键岗位员工进行应急知识和技能培训，并进行考核，确保每位员工都能熟练掌握应急技能。

三、确保应急物资充足

1. 物资清单制定

根据企业实际需要，制定应急物资清单，明确所需物资的种类、数量和存放位置。

2. 物资采购与储备

按照清单要求采购应急物资，并妥善储存，确保物资在有效期内且易于取用。

3. 定期检查与维护

对应急物资进行定期检查和维护，确保其处于良好状态，能够随时投入使用。

四、优化应急响应机制

1. 明确职责分工

建立清晰的应急响应组织架构，明确各级管理人员和员工的职责分工。

2. 畅通沟通渠道

建立有效的内外部沟通渠道，确保在突发事件发生时能够迅速传递信息、协调资源。

3. 快速响应流程

制定快速响应流程，明确从接收到处置的各个环节和时间节点，确保应急响应迅速有效。

五、强化合规监督与持续改进

1. 建立监督机制

建立健全应急管理的监督机制，定期对应急管理工作进行检查和评估。

2. 问题处理与反馈

对检查中发现的问题进行及时处理，并向相关部门和人员反馈处理情况。

3. 持续改进

根据应急管理工作的实际情况和外部环境的变化，不断完善应急预案、演练计划等管理制度和流程，提升应急管理能力。

通过实施以上合规程序与方法，国有企业可以系统性地解决生产安全与环保合规问题中应急管理能力不足的问题，提升企业的应急响应能力和风险管理水平，保障企业的可持续发展。

专题5：环保手续不完备

案例引入

一、案例背景

公司D，作为一家历史悠久的传统制造业国有企业，主要从事金属表面处理及五金家具生产。近年来，随着国家对环境保护要求的日益严格，该企业面临前所未有的环保合规压力。然而，由于历史遗留问题和管理上的疏忽，公司D在环保手续方面存在明显的不完备现象，为公司的长期发展埋下了隐患。

二、具体问题

1. 环保手续缺失

公司D在运营过程中，未能及时更新和完善其环保手续。具体而言，该公司的排污许可证在有效期届满后未及时申请延续，导致在许可证过期的情况下仍继续生产并排放污染物。此外，公司在部分新建或扩建项目中也存在未依法办理环境影响评价手续的问题。

2. 排污超标

由于缺乏有效的环保监管和治理措施，公司 D 在生产过程中存在严重的超标排放现象。环保部门监测数据显示，公司排放的废水中重金属（如镍、铬）浓度远超国家标准，分别达到污水综合排放标准的 29.4 倍和 19.5 倍。同时，废气中的挥发性有机化合物（VOCs）排放也显著超标，对周边环境造成了严重影响。

3. 管理不善

公司 D 在环保管理方面存在明显不足。例如，废气治理设施未能定期维护，导致设备运行效率低下甚至停运；危险废物（如废油漆桶、漆渣）未按规定贮存和处理，而是随意露天堆放，存在严重的环境安全隐患。

三、主要问题的影响

1. 经济损失大

由于环保手续不完备和超标排放，公司 D 面临了巨额的行政处罚。根据相关法律法规，生态环境主管部门对公司 D 处以高额罚款，累计金额达数十万元。此外，环保问题导致的停产整治和限制生产措施使公司 D 的生产计划被打乱，直接经济损失巨大。同时，环保问题还影响了公司的市场信誉和品牌形象，间接经济损失难以估量。

2. 财务指标下滑

环保问题的爆发直接导致公司 D 财务指标显著下滑。一方面，高额的罚款和治理费用增加了企业的运营成本；另一方面，停产整治和限制生产措施导致产量减少和收入下降。这些因素共同作用，使得公司 D 的盈利能力受到严重削弱，财务指标如净利润、毛利率等均出现不同程度的下滑。

3. 社会影响大

环保问题的曝光不仅对公司 D 自身造成了巨大压力，还引发了社会各界的广泛关注。公众和媒体对公司的环保行为提出了严厉批评，要求公司切实履行社会责任，加强环保管理。此外，环保问题还可能引发周边居民的投诉和抗议活动，进一步加大企业的社会压力。

四、结论与反思

公司 D 的环保手续不完备事件充分暴露了传统制造业国有企业在环保合规方面的薄弱环节。公司为了追求短期经济利益而忽视了长期的环保责任和社会影响，最终导致了严重的经济损失和社会信任危机。

1. 加强环保意识

公司应从根本上树立环保意识，将环保作为公司发展战略的重要组成部分。通过加强环保培训和宣传，提高全体员工对环保工作的认识和重视程度。

2. 完善环保手续

公司应严格按照国家法律法规的要求办理和完善环保手续。在排污许可证有效期届满前及时申请延续，并确保所有新建或扩建项目依法办理环境影响评价手续。

3. 强化环保管理

公司应建立健全环保管理体系，明确各部门和岗位的环保职责。加强环保设施的维护和检修工作，确保设备正常运行并达到污染物排放标准。同时，加强危险废物的贮存和处理管理，防止环境污染事故的发生。

4. 推进绿色发展

公司应积极采用先进的环保技术和设备，降低生产过程中的能耗和排放。通过推进清洁生产和应用循环经济模式，实现经济效益和环保效益。

合规问题分析

一、业务简介

国有企业作为国民经济的支柱，广泛涉足能源、制造、化工、矿业等多个领域，其生产活动往往伴随着大量的资源消耗和环境污染风险。因此，确保生产安全与环保合规是国有企业可持续发展的重要前提。然而，在实际运营过程中，部分国有企业在环保手续方面存在不完备的问题，给企业的长远发展和社会环境带来了潜在威胁。

二、相关规定

国家对生产安全与环保合规有着明确而严格的规定。在环保方面，相关法律法规如《中华人民共和国环境保护法》《中华人民共和国大气污染防治法》《中华人民共和国水污染防治法》等，对企业的排污行为、环保设施建设、环境影响评价等方面提出了具体要求。同时，地方政府也会根据本地实际情况制定更为详细的地方性环保法规和政策。这些规定共同构成了国有企业必须遵守的环保合规框架。

三、合规问题具体表现

1. 环保手续缺失或过期

部分国有企业在运营过程中，未能及时更新和完善环保手续，如排污许可证过期未续、环境影响评价报告未通过审批等。

2. 环保设施建设不到位

一些国有企业为了节省成本或追求短期效益，忽视了对环保设施的建设和投入，导致环保设施不完善或运行不正常。

3. 超标排放

由于缺乏有效的环保监管和治理措施，部分国有企业在生产过程中存在严重的超标排放现象，对周边环境造成污染。

4. 环保意识淡薄

部分国有企业领导和员工对环保工作的重要性认识不足，缺乏必要的环保意识和责任感，导致环保工作被边缘化。

四、问题造成的严重影响

1. 经济损失

环保手续不完备和超标排放等问题可能导致企业面临行政处罚和高额的赔偿费用，增加企业的运营成本。同时，环保问题还可能影响企业的市场信誉和品牌形象，导致客户流失和市场份额减小。

2. 社会信任危机

国有企业作为公众企业，其环保行为备受社会关注。环保手续不完备和环境污染问题一旦曝光，将引发公众的强烈不满和怀疑，损害企业的社会形象和声誉。

3. 生态环境破坏

超标排放等环保问题会直接对周边环境造成污染和破坏，影响人民群众的身体健康和生活质量。长此以往，将严重制约地区的可持续发展。

4. 法律风险

随着国家环保法律法规的不断完善和执法力度的加大，环保手续不完备和环境污染问题将使企业面临更大的法律风险。一旦触犯法律红线，企业可能面临刑事责任和民事赔偿的双重压力。

综上所述，国有企业生产安全与环保合规问题中的环保手续不完备是一个亟待解决的问题。企业应从加强环保意识、完善环保手续、建设环保设施等方面入手，切实履行环保责任和社会责任，推动企业的可持续发展和社会的和谐共生。

法律法规依据

针对国有企业生产安全与环保合规问题中环保手续不完备的问题，以下相关法律法规提供了明确的规范和指导。

一、针对环保手续缺失或过期问题的法律法规

《中华人民共和国环境保护法》（以下简称《环保法》）

第六十一条：建设单位未依法提交建设项目环境影响评价文件或者环境影响评价文件未经批准，擅自开工建设的，由负有环境保护监督管理职责的部门责令停止建设，处以罚款，并可以责令恢复原状。

《中华人民共和国大气污染防治法》

第九十九条：违反本法规定，有下列行为之一的，由县级以上人民政府生态环境主管部门责令改正或者限制生产、停产整治，并处十万元以上一百万元以下的罚款；情节严重的，报经有批准权的人民政府批准，责令停业、关闭：

（一）未依法取得排污许可证排放大气污染物的；

（二）超过大气污染物排放标准或者超过重点大气污染物排放总量控制指标排放大气污染物的；

（三）通过逃避监管的方式排放大气污染物的。

二、针对环保设施建设不到位问题的法律法规

《中华人民共和国水污染防治法》

第七十二条：违反本法规定，有下列行为之一的，由县级以上人民政府环境保护主管部门责令限期改正；逾期不改正的，处一万元以上十万元以下的罚款：

（一）拒报或者谎报国务院环境保护主管部门规定的有关水污染物排放申报登记事项的；

（二）未按照规定安装水污染物排放自动监测设备或者未按照规定与环境保护主管部门的监控设备联网，并保证监测设备正常运行的；

（三）未按照规定对所排放的工业废水进行监测并保存原始监测记录的。

三、针对超标排放问题的法律法规

《中华人民共和国环境保护法》

第六十条：企业事业单位和其他生产经营者超过污染物排放标准或者超过重点污染物排放总

量控制指标排放污染物的，县级以上人民政府环境保护主管部门可以责令其采取限制生产、停产整治等措施；情节严重的，报经有批准权的人民政府批准，责令停业、关闭。

四、针对环保意识淡薄问题的法律法规

《中华人民共和国公司法》

第十九条：公司从事经营活动，必须遵守法律法规，遵守社会公德、商业道德，诚实守信，接受政府和社会公众的监督。

这要求国有企业作为公司形式的企业，必须遵守环保法律法规，承担环保社会责任。

综上所述，国有企业在生产安全与环保合规方面必须严格遵守相关法律法规，确保环保手续的完备和环保设施的到位，防止超标排放，并加强环保意识和社会责任感。违反相关法律法规将可能面临严厉的行政处罚和法律责任。

合规程序与方法

针对国有企业生产安全与环保合规问题中环保手续不完备的问题，以下是具体的合规程序与方法，旨在分步骤、有针对性地解决问题。

一、加强环保法律法规学习与培训

1. 组织专题培训

定期邀请环保领域的专家或律师，为企业领导、中层管理人员及关键岗位员工开展环保法律法规专题培训，确保全体员工对环保法规有深入的理解。

2. 编制内部手册

根据最新的环保法律法规，编制企业内部环保合规手册，明确各项环保要求、操作流程及责任分工，供员工随时查阅。

二、建立健全环保合规管理制度

1. 完善环保管理制度

制定或修订企业的环保管理制度，包括但不限于环保手续申请流程、环保设施运行维护规定、环境监测计划、应急预案等。

2. 明确责任体系

建立环保合规责任体系，明确各级管理人员及岗位员工的环保职责，确保环保工作有人管、有人负责。

三、全面梳理并更新环保手续

1. 开展自查自纠

组织专门团队对企业现有的环保手续进行全面梳理，识别缺失或过期的环保手续。

2. 及时申请或更新手续

对于缺失的环保手续，按照相关法律法规的要求及时申请；对于过期的环保手续，尽快办理续期或重新申请。

四、加强环保设施建设与管理

1. 评估现有设施

对现有环保设施进行评估，确保其符合最新的环保标准和要求。对于不符合标准的设施，制

定整改计划并限期完成。

2. 强化设施运行维护

建立健全环保设施运行维护管理制度，确保设施正常运行并达到设计效果。定期对设施进行检查、维护和保养，及时修复故障和消除隐患。

五、建立环保合规监督机制

1. 内部监督

设立环保合规监督部门或岗位，负责对企业内部环保合规情况进行日常监督和检查。对发现的问题及时解决并追究相关责任。

2. 外部沟通

加强与环保部门的沟通联系，主动汇报企业环保合规工作进展和存在的问题。接受环保部门的指导和监督，及时解决存在的问题。

3. 引入第三方审计

定期邀请第三方机构对企业环保合规情况进行全面审计，客观评估企业的环保合规水平并提出改进建议。

六、强化环保意识与文化建设

1. 加强宣传教育

通过企业内部宣传栏、网站、微信公众号等多种渠道宣传环保法律法规和环保知识，提高员工的环保意识。

2. 营造合规文化

将环保合规作为企业文化建设的重要内容，通过树立环保合规典型、表彰环保合规先进等方式营造浓厚的合规文化氛围。

通过实施以上合规程序与方法，国有企业可以有效解决生产安全与环保合规问题中环保手续不完备的问题，提升企业的环保合规水平和社会责任感。

专题6：超标排放污染物

案例引入

一、案例背景

传统制造业国有企业R（以下简称"企业R"），位于我国东部某工业重镇，主要从事钢铁冶炼与加工业务。近年来，随着国家环保政策的日益严格，企业R面临着巨大的环保压力。尽管企业高层多次强调环保合规的重要性，但在实际生产过程中，由于设备老化、管理不善等原因，仍存在超标排放污染物的现象。

二、具体问题

2023年初，当地环保部门接到群众举报，称企业R在生产过程中排放大量黑烟，疑似存在超标排放行为。随后，环保部门组织专业人员对企业R进行了突击检查，并委托第三方检测机构对排放口废气进行了采样监测。监测结果显示，企业R的烧结机废气排放口二氧化硫排放浓度高达

800 毫克 / 立方米，远超《中华人民共和国大气污染防治法》及地方标准规定的 200 毫克 / 立方米排放限值，超标 3 倍。同时，氮氧化物和颗粒物排放也存在不同程度的超标现象。

三、主要问题的影响

1. 环境污染严重

超标排放的污染物对周边环境造成了严重污染，影响了周边居民的生活质量，引发了公众的强烈不满和投诉。

2. 经济损失巨大

环保部门依据相关法律法规对企业 R 下达了行政处罚决定书，罚款金额高达数百万元。此外，企业还需承担超标排放造成的环境修复费用，进一步加重了企业的经济负担。由于环保问题频发，企业 R 的市场信誉受损，客户订单减少，导致销售收入大幅下滑，财务指标恶化。初步估算，因环保问题导致的直接和间接经济损失超过千万元。

3. 法律责任追究

企业 R 的相关责任人因未履行环保职责被环保部门约谈，并面临可能的行政处罚乃至刑事责任追究。这一事件不仅影响了企业高层的职业生涯，也严重打击了企业内部管理和员工士气。

4. 社会形象受损

超标排放事件被媒体广泛报道后，企业 R 的社会形象一落千丈。公众对企业 R 的环保意识和责任感产生了严重怀疑，影响了企业的品牌形象和市场竞争力。

四、结论与反思

本案例充分暴露了企业 R 在生产安全与环保合规方面存在的问题和不足。超标排放污染物不仅违反了国家法律法规，也对企业自身造成了严重的经济损失和社会负面影响。因此，企业 R 必须深刻反思并采取有效措施解决问题，具体如下。

1. 加强环保设施建设和维护

投入资金更新和改造环保设施，确保其正常运行并达到设计效果。同时，建立健全环保设施运行维护管理制度，加强日常巡检和维护保养工作。

2. 提升环保意识和管理水平

加强对员工的环保教育和培训，提高全员环保意识。建立健全环保合规管理制度和责任体系，明确各级管理人员和岗位员工的环保职责。

3. 强化内部监督和外部沟通

设立专门的环保合规监督部门或岗位，负责对企业内部环保合规情况进行日常监督和检查。加强与环保部门的沟通联系，主动汇报企业环保合规工作进展和存在的问题。

4. 积极应对社会舆论

对于环保问题引发的社会舆论，企业应积极回应并采取有效措施加以解决。通过公开透明的方式向公众展示企业的环保努力和成果，逐步修复受损的社会形象。

总之，企业 R 应以此为鉴，切实履行环保责任和社会责任，推动企业的可持续发展和社会的和谐共生。

合规问题分析

一、业务简介

国有企业作为国家经济的重要支柱，广泛涉足多个行业领域，其中不乏传统制造业，如钢铁、化工、有色金属冶炼等。这些行业在生产过程中往往伴随着大量的能源消耗和污染物排放，如二氧化硫、氮氧化物、颗粒物等大气污染物，以及废水、废渣等液体废物和固体废物。因此，国有企业在追求经济效益的同时，也应承担重要的环保责任。

二、相关规定

为保护环境、防治污染，我国制定了一系列环保法律法规和标准，对企业的生产行为和污染物排放限值进行了明确规定。例如，《中华人民共和国环境保护法》《中华人民共和国大气污染防治法》《中华人民共和国水污染防治法》等法律，以及各类行业排放标准和技术规范，均对企业污染物的排放提出了严格要求。国有企业作为行业内的领军企业，更应严格遵守这些规定，确保生产安全和环保合规。

三、合规问题具体表现

1. 环保设施落后或维护不善

部分国有企业由于历史原因或资金限制，环保设施相对落后，难以满足当前严格的环保要求。同时，部分企业在环保设施的日常维护和管理上存在疏忽，导致设施运行效率低下，无法有效处理生产过程中产生的污染物。

2. 环保意识淡薄

一些国有企业过于追求经济效益，忽视了环保工作的重要性。企业领导和员工对环保法规缺乏深入了解，环保意识淡薄，导致在实际生产过程中存在超标排放等违法违规行为。

3. 管理不规范

部分国有企业在环保管理方面存在漏洞，如缺乏完善的环保管理制度和责任体系、环保监测数据不准确或造假、环保问题解决不及时等。这些问题都可能导致企业无法及时发现并纠正超标排放等环保违规行为。

4. 消极应对监管

面对环保部门的监管和检查，部分国有企业采取消极应对的态度，甚至存在故意隐瞒、欺骗等行为。这不仅损害了企业的形象和信誉，也加剧了环境污染问题。

四、问题造成的严重影响

1. 环境污染加剧

超标排放污染物会加剧环境污染问题，对大气、水体、土壤等造成破坏，影响生态平衡和人类健康。

2. 经济损失严重

企业因超标排放会被环保部门处罚，需承担巨额罚款和修复费用。同时，环保问题还可能影响企业的市场信誉和竞争力，导致客户流失和订单减少，进一步加重企业的经济负担。

3. 社会形象受损

环保问题频发会严重损害企业的社会形象，降低公众对企业的信任度和好感度。这不仅会影响企业的品牌形象和市场地位，还可能引发负面的社会舆论。

4. 法律风险增加

超标排放等环保违规行为可能触犯法律法规，导致企业面临行政处罚乃至刑事责任追究的风险。这不仅会给企业带来直接的法律后果，还可能对企业的未来发展造成长期不良影响。

综上所述，国有企业生产安全与环保合规问题中的超标排放污染物问题不容忽视。企业应从加强环保设施建设、提升环保意识和管理水平、规范内部管理流程、积极应对监管等方面入手，切实履行环保责任和社会责任，推动企业的可持续发展和社会的和谐共生。

法律法规依据

针对国有企业生产安全与环保合规问题中超标排放污染物的问题，以下是相关法律法规依据。

一、《中华人民共和国环境保护法》

第五十九条：企业事业单位和其他生产经营者违法排放污染物，受到罚款处罚，被责令改正，拒不改正的，依法作出处罚决定的行政机关可以自责令改正之日的次日起，按照原处罚数额按日连续处罚……。

第六十条：企业事业单位和其他生产经营者超过污染物排放标准或者超过重点污染物排放总量控制指标排放污染物的，县级以上人民政府环境保护主管部门可以责令其采取限制生产、停产整治等措施；情节严重的，报经有批准权的人民政府批准，责令停业、关闭。

二、《中华人民共和国大气污染防治法》

第九十九条：违反本法规定，有下列行为之一的，由县级以上人民政府生态环境主管部门责令改正或者限制生产、停产整治，并处十万元以上一百万元以下的罚款；情节严重的，报经有批准权的人民政府批准，责令停业、关闭：……（二）超过大气污染物排放标准或者超过重点大气污染物排放总量控制指标排放大气污染物的……。

三、《中华人民共和国水污染防治法》

第八十三条：违反本法规定，有下列行为之一的，由县级以上人民政府环境保护主管部门责令改正或者责令限制生产、停产整治，并处十万元以上一百万元以下的罚款；情节严重的，报经有批准权的人民政府批准，责令停业、关闭：……（二）超过水污染物排放标准或者超过重点水污染物排放总量控制指标排放水污染物的……。

四、《中华人民共和国会计法》

第二十五条：各单位应当建立、健全本单位内部会计监督制度，并将其纳入本单位内部控制制度。单位内部会计监督制度应当符合下列要求：（一）记账人员与经济业务事项和会计事项的审批人员、经办人员、财物保管人员的职责权限应当明确，并相互分离、相互制约；（二）重大对外投资、资产处置、资金调度和其他重要经济业务事项的决策和执行的相互监督、相互制约程序应当明确；（三）财产清查的范围、期限和组织程序应当明确；（四）对会计资料定期进行内部审计的办法和程序应当明确；（五）国务院财政部门规定的其他要求。

这意味着企业在财务报告中应如实反映因环保违规产生的罚款和修复费用等支出。

五、《中华人民共和国公司法》

第十九条：公司从事经营活动，必须遵守法律法规，遵守社会公德、商业道德，诚实守信，接受政府和社会公众的监督。

超标排放污染物显然违反了社会责任的要求。

六、《中华人民共和国民法典》

第一千二百二十九条：因污染环境、破坏生态造成他人损害的，侵权人应当承担侵权责任。

超标排放污染物的企业需依法承担因污染造成的损害赔偿责任。

通过以上法律法规，可以清晰地看到国家对国有企业超标排放污染物行为的严厉态度和明确处罚措施。这些法律法规不仅要求企业严格遵守排放标准，还规定了超标排放的法律后果，包括罚款、停产整治、责令关闭等严厉措施，以及承担因污染造成损害的民事赔偿责任。国有企业作为行业领军者和国家经济的重要支柱，更应自觉遵守法律法规，切实履行环保责任和社会责任。

合规程序与方法

针对国有企业生产安全与环保合规问题中超标排放污染物的问题，以下提出具体的合规程序与方法，旨在有针对性地解决问题。

一、建立健全环保管理制度和机构

1. 制定和完善环保管理制度

企业应依据国家环保法律法规，结合自身实际情况，制定完善的环保管理制度，明确各级管理人员和岗位员工的环保职责，确保环保工作有章可循、有据可依。

2. 设立环保管理机构

企业应设立专门的环保管理机构或指定专人负责环保工作，负责环保政策的宣贯、环保设施的运行维护、环保数据的监测记录、环保问题的解决等。

二、加强环保设施建设和维护

1. 更新改造环保设施

对于落后或无法满足当前环保要求的环保设施，企业应加大投入，及时进行更新改造，确保设施运行稳定、处理效率高。

2. 强化日常维护管理

企业应建立健全环保设施日常维护管理制度，定期对设施进行检查、保养和维修，确保设施处于良好运行状态。同时，应加强对环保设施操作人员的培训，提高其操作技能和维护水平。

三、提升环保监测能力

1. 完善环保监测体系

企业应建立完善的环保监测体系，配备先进的监测设备和专业人员，对生产过程中产生的污染物进行实时监测和记录。

2. 确保监测数据真实准确

企业应加强对监测数据的管理，确保监测数据的真实性和准确性。对于发现的超标排放问题，应及时采取措施进行解决，并向环保部门报告。

四、加强内部监督与考核

1. 建立内部监督机制

企业应建立内部监督机制，定期对环保工作进行检查和评估，发现问题及时解决。同时，应设立举报渠道，鼓励员工积极参与环保监督，对发现的环保问题及时报告。

2. 强化环保考核

企业应将环保工作纳入绩效考核体系，对环保工作表现突出的个人和部门给予奖励，对违反环保规定、造成超标排放的个人和部门给予处罚，形成有效的激励机制。

五、加强与外部监管部门的沟通协调

1. 主动配合监管检查

企业应主动配合环保部门的监管检查，如实提供相关资料和数据，积极解决存在的问题。

2. 加强信息沟通

企业应加强与环保部门的信息沟通，及时了解环保政策动态和监管要求，确保企业环保工作符合国家和地方的环保标准。

通过实施以上合规程序与方法，国有企业可以有效提升生产安全与环保合规水平，有效避免超标排放污染物等环保违规行为的发生。同时，企业还应不断总结经验教训，持续优化环保管理体系和流程，推动企业的可持续发展和社会的和谐共生。

专题 7：环保设施运行不正常

案例引入

一、案例背景

公司 G，作为一家大型传统制造业国有企业，主要从事钢铁冶炼业务。近年来，随着国家环保政策的日益严格，公司 G 在环保方面的投入逐年增加，建设了一系列环保设施以处理生产过程中产生的废气、废水和固体废料。然而，由于内部管理不善和环保意识淡薄，公司 G 的环保设施在运行过程中出现了不正常现象，引发了严重的环保问题。

二、具体问题

1. 环保设施老化失修

公司 G 的脱硫脱硝装置因长期运行且缺乏有效维护，部分设备老化严重，处理效率明显下降。例如，2023 年度检测数据显示，该装置对二氧化硫的去除率仅为 60%，远低于设计标准。

2. 操作不当导致故障频发

环保设施操作人员技能水平参差不齐，部分员工对设备操作不熟悉，导致故障频发。据统计，2023 年上半年，公司 G 的环保设施因操作不当引发的故障多达 20 余次，严重影响了设施的正常运行。

3. 监测数据弄虚作假

为掩盖环保设施运行不正常的事实，公司 G 部分管理人员授意监测人员篡改监测数据，上报虚假排放数据给环保部门。经第三方机构核查，公司 G 实际排放的二氧化硫浓度超标天数高达 30

天，而上报数据中超标天数仅为 5 天。

三、主要问题的影响

1. 环境污染严重

由于环保设施运行不正常，公司 G 超标排放的污染物对周边环境造成了严重污染。监测结果显示，公司 G 周边区域的大气中二氧化硫浓度长期超标，对居民健康构成威胁。

2. 经济损失巨大

环保部门的处罚接踵而至，公司 G 因超标排放被处以高额罚款，累计金额达到数百万元。此外，环保问题导致公司形象受损，进而导致部分客户流失，订单减少，进一步加大了公司的经济损失。据统计，2023 年度公司 G 因环保问题导致的直接和间接经济损失超过千万元。

3. 财务指标下滑

环保问题不仅影响了公司 G 的盈利能力，还导致了财务指标的全面下滑。公司年报显示，2023 年度净利润同比下降了 30%，每股收益也大幅缩水。环保问题成为制约公司发展的重要因素之一。

四、结论与反思

本案例深刻揭示了国有企业生产安全与环保合规问题中的环保设施运行不正常现象及其严重后果。公司 G 的案例表明，国有企业必须高度重视环保工作，建立健全环保管理制度体系，加强环保设施建设和维护，提升环保监测能力，确保环保设施正常运行。同时，国有企业还应加强内部监督与考核，提高员工的环保意识和操作技能水平，杜绝监测数据弄虚作假等违法违规行为的发生。只有这样，国有企业才能在激烈的市场竞争中立于不败之地，实现可持续发展。

此外，政府监管部门也应加大对国有企业的环保监管力度，建立健全环保信用评价体系和联合惩戒机制，对违法违规行为进行严厉打击和公开曝光，形成有效的震慑作用。通过政府和企业的共同努力，推动传统制造业向绿色、低碳、循环方向发展。

合规问题分析

一、业务简介

国有企业作为国家经济的重要支柱，广泛涉足多个领域，包括能源、化工、冶金、制造等传统工业部门。这些企业在生产过程中往往伴随着大量废气、废水和固体废料的产生，对环境保护提出了严峻挑战。因此，环保设施的正常运行对国有企业实现生产安全与环保合规至关重要。

二、相关规定

为加强环境保护，国家制定了一系列法律法规和标准，要求企业在生产过程中必须采取有效的污染防治措施，确保环保设施的正常运行和污染物的排放达标。这些规定包括但不限于《中华人民共和国环境保护法》《中华人民共和国大气污染防治法》《中华人民共和国水污染防治法》等，以及相关的排放标准、技术规范和管理办法。

三、合规问题具体表现

1. 环保设施老旧落后

部分国有企业由于历史原因或资金限制，环保设施老旧落后，处理效率低下，无法满足当前的环保要求。这些设施在运行过程中频繁出现故障，导致污染物处理不彻底或直接排放。

2. 维护管理不善

一些企业对环保设施的维护管理重视不够，缺乏专业的维护团队和有效的维护计划。设施长期得不到有效维护，性能逐渐下降，甚至处于半闲置或闲置状态，无法发挥应有的环保作用。

3. 操作不当

环保设施的操作需要一定的专业知识和技能。然而，部分企业操作人员技能水平不高，对设备操作不熟悉，导致设施运行不稳定或处理效果不佳。此外，还存在人为故意操作逃避环保监管的情况。

4. 监测数据失真

为确保环保设施的正常运行和污染物的达标排放，企业需要建立完善的监测体系。然而，一些企业为了逃避环保责任，篡改或伪造监测数据，导致监管部门无法准确掌握企业的实际排放情况。

四、问题造成的严重影响

1. 环境污染加剧

环保设施运行不正常直接导致污染物超标排放，加剧了环境污染问题。废气、废水和固体废料的随意排放对大气、水体和土壤造成了严重污染，威胁了生态安全和人民健康。

2. 企业信誉受损

环保问题一旦曝光，将严重损害企业的社会形象和信誉。客户、投资者和消费者对企业的信任度降低，可能导致订单减少、融资困难等连锁反应。

3. 法律风险增加

违反环保法律法规将使企业面临巨大的法律风险。政府部门将依法对企业进行处罚，包括罚款、停产整治甚至责令关闭等严厉措施。这些处罚不仅增加了企业的经济负担，还可能影响企业的正常运营和发展。

4. 可持续发展受阻

环保设施运行不正常反映了企业在可持续发展方面的短视行为。长期忽视环保问题将制约企业的技术创新和转型升级，降低企业的核心竞争力和市场适应能力。同时，环境污染问题也将制约地区经济的可持续发展和社会进步。

综上所述，国有企业生产安全与环保合规问题中的环保设施运行不正常是一个亟待解决的问题。企业应从业务实际出发，严格遵守相关法律法规和标准要求，加强环保设施建设和维护管理，提高操作人员技能水平和环保意识水平，确保环保设施的正常运行和污染物的达标排放。同时政府监管部门也应加大监管力度和执法力度，推动企业落实环保责任，实现可持续发展目标。

法律法规依据

针对国有企业生产安全与环保合规问题中环保设施运行不正常的现象，以下是对相关法律法规的总结。

一、针对环保设施建设和运行维护问题的法律法规

1.《中华人民共和国环境保护法》

第六条：……企业事业单位和其他生产经营者应当防止、减少环境污染和生态破坏，对所造成的损害依法承担责任……。

第四十一条：建设项目中防治污染的设施，应当与主体工程同时设计、同时施工、同时投产使用。防治污染的设施应当符合经批准的环境影响评价文件的要求，不得擅自拆除或者闲置。

2.《中华人民共和国大气污染防治法》

第二十条：企业事业单位和其他生产经营者向大气排放污染物的，应当依照法律法规和国务院生态环境主管部门的规定设置大气污染物排放口……。

第一百零八条：违反本法规定，有下列行为之一的，由县级以上人民政府生态环境主管部门责令改正，处二万元以上二十万元以下的罚款；拒不改正的，责令停产整治：……（五）未按照规定设置大气污染物排放口的。

二、针对环保监测数据失真问题的法律法规

《中华人民共和国环境保护法》

第六十三条：企业事业单位和其他生产经营者有下列行为之一，尚不构成犯罪的，除依照有关法律法规规定予以处罚外，由县级以上人民政府环境保护主管部门或者其他有关部门将案件移送公安机关，对其直接负责的主管人员和其他直接责任人员，处十日以上十五日以下拘留；情节较轻的，处五日以上十日以下拘留：……（三）通过暗管、渗井、渗坑、灌注或者篡改、伪造监测数据，或者不正常运行防治污染设施等逃避监管的方式违法排放污染物的……。

综上所述，国有企业在生产安全与环保合规问题中，特别是环保设施运行不正常方面，必须严格遵守上述法律法规，确保环保设施的正常运行和污染物的达标排放，否则将面临严重的法律后果。

合规程序与方法

针对国有企业生产安全与环保合规问题中环保设施运行不正常的现象，以下提出具体的合规程序与方法，旨在分步骤、有针对性地解决问题。

一、建立健全环保管理制度体系

1. 制定详细的环保管理规章制度

明确环保设施的建设标准、运行维护要求、监测数据管理制度等，确保各项环保工作有章可循。

2. 建立环保责任制

明确企业高层、中层管理人员及一线操作人员的环保职责，形成从上至下的环保责任体系，确保责任到人。

二、加强环保设施建设与维护管理

1. 定期评估与更新环保设施

根据企业生产工艺变化及环保标准要求，定期对现有环保设施进行评估，对老旧落后、处理效率低的设施进行更新改造。

2. 强化设施维护管理

建立专业的环保设施维护团队，制定详细的维护计划，定期对设施进行检查、维修和保养，确保设施处于良好运行状态。

三、提升监测数据管理与公开透明度

1. 完善监测体系

按照国家环保标准和企业实际情况，建立完善的监测体系，确保监测数据的准确性和可靠性。

2. 加强监测数据管理

建立监测数据管理制度，明确数据记录、保存、审核和公开流程，防止数据篡改和伪造。同时，定期向环保部门和社会公开监测数据，接受公众监督。

四、加强人员培训与提升意识

1. 开展专业培训

定期对环保设施操作人员、维护人员和管理人员进行专业培训，提高其专业技能和环保意识。

2. 强化宣传教育

通过企业内部宣传栏、会议、培训等多种形式，加强对全体员工在环保法律法规和环保意识方面的宣传教育，营造全员参与环保的良好氛围。

五、建立应急响应与风险防控机制

1. 制定应急预案

针对环保设施可能发生的故障和突发环境事件，制定详细的应急预案，明确应急响应流程、责任人和应对措施。

2. 加强风险防控

定期开展环保风险评估和隐患排查工作，及时发现和解决、消除环保设施运行中的问题和隐患。同时，加强与环保部门的沟通联系，建立快速响应机制，共同应对环保风险。

六、实施合规评价与持续改进

1. 开展合规评价

定期对企业的环保合规情况进行全面评价，包括环保设施运行情况、监测数据真实性、环保管理制度执行情况等，及时发现和纠正不合规行为。

2. 持续改进

根据合规评价结果和企业实际情况，不断调整和完善环保管理制度和措施，推动环保设施运行水平的持续提升。同时，鼓励员工提出改进建议，形成全员参与、持续改进的良好机制。

通过实施上述合规程序与方法，国有企业可以有效解决环保设施运行不正常的问题，提升环保合规水平，为企业的可持续发展奠定坚实基础。

专题 8：环保信用评价低

案例引入

一、案例背景

公司 L 是一家位于中部地区的传统制造业国有企业，主营业务涉及化工产品的生产与销售。

近年来，随着国家环保政策的日益严格和公众环保意识的不断提升，公司 L 在环保合规方面面临着前所未有的挑战。然而，由于历史遗留问题、管理疏忽及资金投入不足等多重因素，公司 L 的环保设施运行不正常，导致环保信用评价持续走低，成为行业内的反面典型。

二、具体问题

1. 环保设施老旧落后

公司 L 的环保设施多建于 20 世纪 90 年代，处理工艺落后，难以满足当前的环保排放标准。尽管多次接到环保部门的整改通知，但由于资金紧张和管理层重视不足，设施更新改造进度缓慢。

2. 监测数据失真

为了应对环保检查，公司 L 存在篡改、伪造监测数据的行为。据环保部门调查，近一年内，公司 L 上报的监测数据中，有高达 30% 存在不同程度的失真情况，严重违反了环保法律法规。

3. 频繁收到环保罚单

由于环保设施运行不正常和监测数据失真，公司 L 多次被环保部门处以罚款和责令整改。据统计，近三年来，公司 L 累计收到环保罚单 20 余张，罚款总额超过 500 万元。

三、主要问题的影响

1. 财务指标下滑

环保罚款和整改投入导致公司 L 财务成本急剧上升，净利润率持续下降。公司财报显示，近三年来，公司净利润率从 10% 下降至 5%，其中环保相关支出占比逐年攀升。

2. 市场信誉受损

环保信用评价低不仅影响了公司 L 的品牌形象，还导致客户流失和市场份额萎缩。多家长期合作客户因环保担忧终止了与公司 L 的业务往来，新客户开发也面临重重困难。

3. 融资难度加大

由于环保问题频发，公司 L 在资本市场上的信誉度大幅降低，融资渠道受限。银行和其他金融机构对公司 L 的贷款申请持谨慎态度，融资成本上升，资金紧张。

4. 法律风险增加

持续的环保违法行为使公司 L 面临严重的法律风险。一旦触犯刑法规定，公司高层和管理人员可能面临刑事责任追究，进一步加剧公司的困境。

四、结论与反思

公司 L 的案例深刻揭示了传统制造业国有企业在环保合规方面所面临的严峻挑战及环保违法行为带来的严重后果。环保信用评价低不仅损害了企业的经济利益和市场竞争力，还对企业的可持续发展构成了严重威胁。

反思此案例，可以得到以下几点启示。

1. 加强环保意识

企业高层应树立强烈的环保意识，将环保合规作为企业发展的重要基石，确保环保投入与企业发展同步。

2. 完善环保设施

加大环保设施建设和更新改造力度，提升处理效率和稳定性，确保污染物排放达标。同时，建立健全环保设施维护管理制度，确保设施长期稳定运行。

3. 强化监测数据管理

建立真实、准确的监测数据管理体系，杜绝篡改、伪造监测数据的行为。加大内部监督和外部审计力度，确保监测数据的真实性和可靠性。

4. 积极应对环保挑战

面对环保政策的日益严格和公众环保意识的不断提升，企业应积极应对挑战，加强技术研发和创新能力建设，推动产业升级和转型发展。同时，加强与政府、行业协会等各方沟通合作，共同推动行业环保水平的整体提升。

合规问题分析

一、业务简介

国有企业作为国民经济的重要支柱，其生产活动涉及多个领域，包括能源、化工、冶金、建材等，这些行业往往伴随着较高的环境污染风险。随着国家对生态文明建设的重视程度不断提升，环保合规已成为国有企业日常运营中不可或缺的一部分。环保信用评价作为衡量企业环保表现的重要指标，对促进国有企业加强环保管理、提升环保水平具有重要意义。

二、相关规定

近年来，国家出台了一系列环保法律法规和政策文件，对国有企业的环保行为提出了明确要求。这些规定涵盖了环保设施建设与运行、污染物排放控制、环境监测与信息公开等多个方面。同时，环保信用评价制度也被纳入其中，通过评价企业的环保信用等级，实施差异化监管措施，激励企业自觉遵守环保法律法规，提升环保水平。

三、合规问题具体表现

1. 环保设施运行不正常

部分国有企业由于历史遗留问题、资金投入不足或管理疏忽等原因，环保设施运行不正常，导致污染物排放超标。这不仅违反了环保法律法规，也损害了企业的环保信用。

2. 监测数据失真

为了逃避环保监管和处罚，一些国有企业存在篡改、伪造监测数据的行为。这种行为严重破坏了环保信用评价制度的公正性和有效性，降低了公众对环保工作的信任。

3. 环保意识薄弱

部分国有企业高层管理人员对环保工作重视不足，环保意识薄弱，导致环保投入不足、管理松懈。这不仅影响了企业的环保表现，也限制了企业自身的可持续发展。

4. 合规管理制度不健全

一些国有企业在环保合规管理制度建设上存在缺陷，缺乏完善的内部监督机制和违规处罚措施。这使得企业难以有效应对环保合规挑战，增加了环保信用评价低的风险。

四、问题造成的严重影响

1. 损害企业形象和信誉

环保信用评价低将严重影响国有企业的品牌形象和市场信誉，降低客户信任度和市场竞争力。

2. 增加经济成本

环保违规行为将导致企业面临高额罚款、停产整顿等处罚措施，增加企业的经济成本。同时，环保投入不足也可能导致企业在环保技术研发和设施建设上落后于人，进一步加大经济负担。

3. 制约企业可持续发展

环保信用评价低将减少和削弱国有企业在融资、市场拓展、政府项目申报等方面的机会和优势，制约企业的可持续发展。同时，随着国家对环保要求的不断提高和公众环保意识的增强，环保信用评价低的企业将面临更加严峻的市场挑战和较大的生存压力。

综上所述，国有企业生产安全与环保合规问题中的环保信用评价低是一个复杂而严峻的问题。解决这一问题需要企业从加强环保意识、完善环保设施、健全合规管理制度等多个方面入手，全面提升环保水平和管理能力。同时，政府和社会各界也应加大对国有企业的环保监管和支持力度，共同推动国有企业实现绿色、可持续的发展目标。

法律法规依据

针对国有企业生产安全与环保合规问题中环保信用评价低的问题，以下是对相关法律法规的总结。

一、针对环保设施运行不正常问题的法律法规

1.《中华人民共和国环境保护法》

第六条：……企业事业单位和其他生产经营者应当防止、减少环境污染和生态破坏，对所造成的损害依法承担责任……。

第四十一条：建设项目中防治污染的设施，应当与主体工程同时设计、同时施工、同时投产使用。防治污染的设施应当符合经批准的环境影响评价文件的要求，不得擅自拆除或者闲置。

2.《中华人民共和国大气污染防治法》

第二十条：企业事业单位和其他生产经营者向大气排放污染物的，应当依照法律法规和国务院生态环境主管部门的规定设置大气污染物排放口。

第一百零八条：违反本法规定，有下列行为之一的，由县级以上人民政府生态环境主管部门责令改正，处二万元以上二十万元以下的罚款；拒不改正的，责令停产整治……（五）未按照规定设置大气污染物排放口的。

二、针对监测数据失真问题的法律法规

《中华人民共和国环境保护法》

第六十三条：企业事业单位和其他生产经营者有下列行为之一，尚不构成犯罪的，除依照有关法律法规规定予以处罚外，由县级以上人民政府环境保护主管部门或者其他有关部门将案件移送公安机关，对其直接负责的主管人员和其他直接责任人员，处十日以上十五日以下拘留；情节较轻的，处五日以上十日以下拘留：……（三）通过暗管、渗井、渗坑、灌注或者篡改、伪造监测数据，或者不正常运行防治污染设施等逃避监管的方式违法排放污染物的……。

三、针对环保意识薄弱及合规管理制度不健全问题的法律法规

1.《中华人民共和国公司法》

第十九条：公司从事经营活动，必须遵守法律法规，遵守社会公德、商业道德，诚实守信，接受政府和社会公众的监督。

2.《中华人民共和国环境保护法》

第二十四条：县级以上人民政府环境保护主管部门及其委托的环境监察机构和其他负有环境保护监督管理职责的部门，有权对排放污染物的企业事业单位和其他生产经营者进行现场检查。被检查者应当如实反映情况，提供必要的资料。实施现场检查的部门、机构及其工作人员应当为被检查者保守商业秘密。

综上所述，针对国有企业生产安全与环保合规问题中环保信用评价低的问题，相关法律法规对企业环保设施的运行、监测数据的真实性、环保意识以及合规管理制度等方面均提出了明确要求，并规定了相应的法律责任。国有企业应当严格遵守相关法律法规，加强环保管理，提升环保水平，以维护良好的环保信用评价。

合规程序与方法

针对国有企业生产安全与环保合规问题中环保信用评价低的问题，提出以下具体的合规程序与方法，旨在分步骤、有针对性地解决问题。

一、建立健全环保合规管理体系

1. 制定环保合规政策

企业应明确环保合规的重要性，制定全面的环保合规政策，并将其纳入企业文化和核心价值观中。政策应涵盖环保设施运行、污染物排放控制、环境监测与信息公开等方面，确保与国家法律法规保持一致。

2. 设立环保合规部门

成立专门的环保合规部门或指定专人负责环保合规工作，确保环保政策得到有效执行。该部门或人员应具备专业的环保知识和技能，负责监督企业环保行为，协调解决环保合规问题。

二、加强环保设施运行管理

1. 定期维护与检查环保设施

制定环保设施定期维护和检查计划，确保设施正常运行并满足环保要求。对发现的问题及时解决，并记录维护检查情况，以备环保部门审查。

2. 更新改造老旧环保设施

对老旧、低效的环保设施进行评估，制定更新改造计划，逐步淘汰落后产能，提升环保水平。争取政府资金支持和政策优惠，降低更新改造成本。

三、确保监测数据真实准确

1. 规范监测行为

建立健全环境监测制度，明确监测频次、方法和标准，确保监测数据真实准确。禁止篡改、伪造监测数据，对违规行为进行严肃处理。

2.引入第三方监测机构

委托具有资质的第三方监测机构进行环境监测，提高监测数据的公信力和准确性。定期与第三方机构沟通监测结果，及时发现问题并采取措施解决。

四、提升环保意识与组织培训

1.加强环保宣传教育

通过内部培训、宣传栏、企业网站等多种渠道，加强环保宣传教育，提升员工环保意识。鼓励员工参与环保活动，形成良好的环保氛围。

2.开展环保合规培训

对环保合规部门人员和其他关键岗位人员进行环保合规培训，提升其专业素养和合规能力。培训内容应包括国家环保法律法规、企业环保政策、环保设施运行管理等方面。

五、完善环保信用修复机制

1.建立环保信用修复流程

对因环保违规行为导致环保信用评价低的企业，建立明确的环保信用修复流程。指导企业制定整改计划，完成整改任务，并向环保部门提交修复申请。

2.加强环保信用修复后的跟踪管理

对完成环保信用修复的企业进行跟踪管理，确保其持续遵守环保法律法规，防止出现违规行为。对整改不力或再次违规的企业加大处罚力度，形成有效震慑。

通过实施以上合规程序与方法，国有企业可以系统性地解决生产安全与环保合规问题中环保信用评价低的问题，提升企业环保水平和社会责任感，实现可持续发展。

专题9：危险废物管理不当

案例引入

一、案例背景

公司J，一家位于东部沿海省份的传统制造业国有企业，主要从事金属加工与表面处理业务，拥有数十年历史，是当地经济的重要支柱之一。近年来，随着环保法规的日益严格，公司J在危险废物管理方面的短板逐渐显现，最终导致了一系列严重的环境问题。

二、具体问题

1.非法处置危险废物

（1）具体人物：公司J的环保部门负责人李某，以及危险废物处理外包商王某。

（2）问题描述：李某为节约成本，未按照国家规定将生产过程中产生的废酸液、废油漆桶等危险废物交由有资质的单位处理，而是私下与无资质的王某达成协议，非法倾倒至偏远地区。

（3）数据量化：非法倾倒的危险废物总量达500余吨，其中包括废酸液300吨、废油漆桶及漆渣200余吨。

2.管理不规范，台账缺失

（1）问题描述：公司J内部危险废物管理混乱，危险废物产生、贮存、转移台账记录不全，甚至存在伪造记录的情况。环保部门多次检查均未能及时发现并纠正这一行为。

（2）数据量化：实际产生的危险废物种类多达12种，但台账中仅记录了其中5种，漏报率高达58%。

3. 防污设施不足，环境污染严重

（1）问题描述：公司 J 的危险废物贮存场所未采取必要的防渗、防漏措施，导致部分危险废物渗入土壤和污染地下水，造成环境污染。

（2）数据量化：受污染土壤面积达到5000平方米，地下水污染物浓度超标10倍以上，初步估算环境修复费用高达数千万元。

三、主要问题的影响

1. 环境损害

非法倾倒的危险废物对当地生态环境造成了严重破坏，影响了周边居民的生活用水安全，引发了群众强烈不满和投诉。

2. 经济损失

公司 J 因违法行为被生态环境部门处以高额罚款，并需承担环境修复的全部费用，总损失超过亿元。此外，公司信誉受损，订单量锐减，经济损失巨大。

3. 法律责任

李某及王某因涉嫌污染环境罪被公安机关立案侦查，将面临刑事处罚。公司 J 也因管理不善被追究行政责任。

4. 社会影响

此案引发了社会广泛关注，成为当地乃至全国危险废物管理的反面教材，对同类企业起到了警示作用。

四、结论与反思

反思此案例，可得到以下结论。

1. 强化法律意识

企业必须严格遵守国家环保法律法规，增强法律意识和环保意识，将危险废物管理纳入企业日常管理的重要议程。

2. 完善管理制度

建立健全危险废物管理制度和台账记录制度，确保危险废物的产生、贮存、转移和处置全过程可追溯、可监控。

3. 加大投入力度

增加对环保设施的投入，确保防污设施完善有效，防止危险废物对环境的污染。

4. 加强员工培训

定期对员工进行环保法律法规和危险废物管理知识的培训，提高员工的环保意识和操作技能。

5. 建立应急机制

制定完善的环境污染应急预案，一旦发生环境污染事件能够迅速响应、有效处置，将环境损害降到最低。

通过此案，公司 J 深刻反思了自身在危险废物管理方面的不足，并采取了一系列措施加以弥补，力求在未来的发展中实现经济效益与环境保护的双赢。

合规问题分析

一、业务简介

国有企业在我国经济体系中占据重要地位，涉及众多行业领域，包括化工、冶金、制药、机械制造等。这些企业在生产过程中不可避免地会产生各种危险废物，如废酸、废碱、废油、废渣、废弃化学品容器等。危险废物因其易燃性、腐蚀性、毒性等特性，对环境和人类健康构成严重威胁，因此其管理成为国有企业生产安全与环保合规的重要内容。

二、相关规定

我国针对危险废物管理制定了一系列法律法规和技术标准，主要包括《中华人民共和国环境保护法》《中华人民共和国固体废物污染环境防治法》《国家危险废物名录》等。这些法律法规明确了危险废物的定义、分类、产生、贮存、转移、处置等各个环节的管理要求，规定了产生单位的责任和义务，以及违法行为的法律责任。

三、合规问题具体表现

1. 法律意识淡薄

部分国有企业对危险废物管理的法律法规了解不足，重视程度不够，导致在实际操作中存在违法违规行为。

2. 管理制度不健全

危险废物管理制度缺失或不完善，缺乏明确的责任分工和操作流程，使得危险废物的产生、贮存、转移、处置等环节难以得到有效控制。

3. 台账记录不规范

危险废物台账记录不全、不准确，甚至存在伪造记录的情况，导致监管部门难以掌握危险废物的真实情况，增加了环境风险。

4. 贮存设施不符合标准

危险废物贮存场所未按照国家标准建设，缺乏必要的防渗、防漏、防火、防爆等措施，存在严重的安全隐患。

5. 非法转移和处置

部分国有企业为降低成本，将危险废物非法转移给无资质的单位或个人进行处理，或擅自倾倒、填埋，严重污染环境。

6. 应急准备不足

缺乏针对危险废物污染的应急预案和应急设施，一旦发生环境污染事件，难以迅速响应和有效处置。

四、问题造成的严重影响

1. 环境污染

危险废物的不当管理直接导致土壤、水体、大气等环境污染，破坏生态平衡，影响生物多样性。

2. 健康风险

危险废物中的有毒有害物质可能通过食物链进入人体，对人体健康造成长期危害，增加患癌症、神经系统疾病等风险。

3. 经济损失

企业因违法违规行为面临高额罚款、环境修复费用等经济损失，同时信誉受损，影响市场竞争力和可持续发展能力。

4. 社会形象受损

环境污染事件容易引发社会关注和舆论谴责，损害企业形象和政府公信力，影响社会稳定和谐。

综上所述，国有企业在危险废物管理方面存在的问题不容忽视。为加强生产安全与环保合规，国有企业应提高法律意识、建立健全管理制度、加强台账记录和贮存设施建设，严格依法依规进行危险废物的转移和处置，同时做好应急准备工作，确保危险废物管理全过程的合规性和安全性。

法律法规依据

一、针对危险废物非法处置问题的法律法规

《中华人民共和国固体废物污染环境防治法》

第七十七条：产生危险废物的单位必须按照国家有关规定申报登记，制定管理计划，并采取相应防范措施。未经批准或者未采取符合要求的安全防护措施，任何单位和个人不得擅自收集、贮存、利用、处置危险废物。

第一百一十二条内容简介：违反本法规定，擅自倾倒、堆放危险废物的，由生态环境主管部门责令改正，处以罚款，没收违法所得；情节严重的，报经有批准权的人民政府批准，可以责令停业或者关闭。

二、针对危险废物管理不规范问题的法律法规

第一百一十二条内容简介：未按照国家有关规定制定危险废物管理计划或者申报危险废物有关资料的，由生态环境主管部门责令改正，处以罚款。

三、针对危险废物贮存设施不符合标准问题的法律法规

第一百一十二条内容简介：未按照国家环境保护标准贮存危险废物的，由生态环境主管部门责令改正，处以罚款。

四、针对非法转移和处置危险废物问题的法律法规

第一百一十二条内容简介：未按照国家有关规定填写、运行危险废物转移联单或者未经批准擅自转移危险废物的，由生态环境主管部门责令改正，处以罚款。

五、针对环境损害与经济损失问题的法律法规

1.《中华人民共和国刑法》

第三百三十八条：违反国家规定，排放、倾倒或者处置有放射性的废物、含传染病病原体的废物、有毒物质或者其他有害物质，严重污染环境的，处三年以下有期徒刑或者拘役，并处或者单处罚金；情节严重的，处三年以上七年以下有期徒刑，并处罚金……。

2.《中华人民共和国环境保护法》及其实施细则

相关条款规定了对环境违法行为的经济处罚措施，包括罚款、没收违法所得等，具体金额根据违法行为的情节严重程度确定。

综上所述，国有企业在生产安全与环保合规方面，特别是危险废物管理方面，必须严格遵守《中华人民共和国环境保护法》《中华人民共和国固体废物污染环境防治法》等相关法律法规的规定，确保危险废物的合法合规处置，防止环境污染和经济损失的发生。

合规程序与方法

针对国有企业生产安全与环保合规问题中危险废物管理不当的问题，以下提出具体的合规程序与方法，旨在分步骤、有针对性地解决问题。

一、建立健全危险废物管理制度

1. 制定危险废物管理制度

明确企业危险废物管理的目标和原则，确立各级管理人员在危险废物管理中的职责和权限。

2. 完善危险废物管理制度

完善危险废物产生、分类、贮存、转移、处置等各环节的操作规程和管理要求，确保每项活动都有章可循。

二、加强危险废物台账管理

1. 建立危险废物台账系统

采用电子化或纸质化台账，详细记录危险废物的种类、数量、产生时间、贮存位置、转移去向等信息。

2. 定期核查与更新台账

确保台账信息的准确性和时效性，定期对台账进行核查，及时补充和修正数据。

3. 实施双人签字确认制度

在危险废物产生、贮存、转移等关键环节，实行双人签字确认制度，确保操作的合规性。

三、规范危险废物贮存设施

1. 建设符合标准的贮存设施

按照《危险废物贮存污染控制标准》的要求，建设或改建危险废物贮存设施，确保设施具备防渗、防漏、防火、防爆等功能。

2. 设置危险废物识别标志

在贮存设施内外设置明显的危险废物识别标志，标明危险废物的种类、性质及安全注意事项。

3. 实施分类贮存

根据危险废物的性质和特性进行分类贮存，禁止混合贮存性质不相容的危险废物。

四、严格执行危险废物转移和处置程序

1. 申请危险废物转移计划并获得批准

在转移危险废物前，向环保部门提交转移计划并获得批准，确保转移活动合法合规。

2. 规范填写危险废物转移联单

在转移过程中，如实填写危险废物转移联单，确保联单信息的准确性和完整性。

3. 选择有资质的处理单位

委托具有危险废物经营许可证的单位进行处理，核实处理单位的资质和处理能力。

五、加强人员培训与做好应急准备

1. 开展危险废物管理培训

定期对管理人员和操作人员进行危险废物管理法律法规、操作规程和应急处理等方面的培训，提高人员的环保意识和操作水平。

2. 制定应急预案

根据企业实际情况，制定危险废物突发环境事件应急预案，明确应急响应程序和处置措施。

3. 配备应急设施与物资

配备必要的应急设施和物资，如防护服、防毒面具、消防器材等，确保在突发情况下能够及时有效应对。

六、实施监督与考核

1. 建立内部监督机制

设立专门的监督部门或岗位，负责对企业危险废物管理各环节进行监督检查，确保各项制度得到有效执行。

2. 实施绩效考核

将危险废物管理纳入企业绩效考核体系，对管理不善或违规操作的行为进行处罚，对表现优秀的个人或部门给予奖励。

通过实施以上合规程序与方法，国有企业可以全面提升危险废物管理水平，确保生产安全与环保合规，有效防止环境污染和经济损失。

专题 10：环保投入不足

案例引入

一、案例背景

传统制造业国有企业 G（以下简称"企业 G"），成立于 20 世纪 80 年代，主营业务为钢铁冶炼及加工。随着国家环保政策的日益严格和市场竞争的加剧，企业 G 面临着转型升级的巨大压力。然而，由于历史遗留问题、管理层环保意识薄弱以及短期经济效益的驱动，企业在环保投入方面长期不足，导致了一系列生产安全与环保合规问题。

二、具体问题

1. 环保设施老旧落后

企业 G 的环保设施多为建厂初期配备，经过数十年运行已严重老化，处理效率低下，无法满足现行环保要求。例如，企业的废水处理设施设计处理能力为每日 5000 吨，但实际处理效果仅能达标约 70%，剩余约 30% 的废水未经有效处理便直接排放，造成严重的水体污染。

2. 危险废物管理不当

由于缺乏专业的危险废物贮存和处理设施，企业 G 将生产过程中产生的废油、废酸等危险废物随意堆放在厂区角落，未采取任何防渗、防漏措施。据内部统计，2019—2024 年来，因危险废物泄漏导致的环境污染事件高达 12 起，其中一起重大泄漏事故造成的直接经济损失超过 500 万元。

3. 大气污染物排放超标

企业 G 的炼铁、炼钢等生产环节排放的大量烟尘、二氧化硫等大气污染物，因除尘设施不完善、脱硫脱硝效率低下，导致长期超标排放。环保部门监测数据显示，企业 G 的大气污染物综合排放浓度超出国家标准限值 30%。

三、主要问题的影响

1. 环境损害严重

由于环保投入不足，企业 G 的生产活动对周边环境造成了严重损害。周边河流水质恶化，鱼虾绝迹；空气质量下降，居民呼吸系统疾病发病率上升。这些环境问题不仅影响了企业的社会形象，也引发了当地居民的不满和抗议。

2. 经济损失巨大

因环保违规行为，企业 G 多次受到环保部门的处罚，累计罚款金额超过千万元。此外，环境污染事件导致的赔偿、修复费用以及生产中断带来的直接经济损失，使企业 G 的财务指标急剧下滑。财务报告显示，2021—2024 年企业 G 的净利润率平均减少 10 个百分点，市场竞争力显著减弱。

3. 法律风险增加

随着国家环保法律法规的不断完善，环保执法力度日益加大。企业 G 的环保违规行为不仅面临高额罚款，还可能被责令停产整顿，甚至追究刑事责任。这些法律风险严重威胁着企业的生存和发展。

四、结论与反思

本案例深刻揭示了企业 G 在生产安全与环保合规方面因环保投入不足所付出的惨重代价。从企业 G 的教训可知，环保投入不仅是社会责任的体现，更是企业可持续发展的基础。面对日益严峻的环保形势和市场竞争，国有企业必须提高环保意识，加大环保投入力度，完善环保设施和管理制度，确保生产活动符合国家环保标准和法律法规要求。同时，政府监管部门也应加大对国有企业的环保监管和指导力度，推动企业实现绿色发展。

合规问题分析

一、业务简介

国有企业作为国民经济的支柱，广泛涉足能源、制造、化工等多个领域，其生产活动对经济社会发展具有重要影响。然而，随着工业化的快速推进和环保要求的不断提高，国有企业在生产安全与环保合规方面面临的挑战也日益严峻。环保投入作为保障企业合规运营、促进可持续发展的重要手段，其重要性不言而喻。

二、相关规定

国家对国有企业环保投入有明确的规定和要求。例如，《中华人民共和国环境保护法》及相关配套法规要求企业采取有效措施防治污染，确保生产活动符合国家环保标准。同时，政府还通过制定一系列环保政策、标准和激励措施，引导企业加大环保投入，推动绿色发展。然而，在实际操作中，部分国有企业因各种原因未能充分履行环保责任，导致环保投入不足问题凸显。

三、合规问题具体表现

1. 环保设施滞后

部分国有企业环保设施老旧、落后，不符合现行环保标准。这些设施处理效率低、能耗高、维护成本高，严重制约了企业的环保能力和合规水平。

2. 污染治理不到位

由于环保投入不足，部分国有企业在污染治理方面存在明显短板。如废水、废气、固体废料等污染物处理不彻底，超标排放现象时有发生，对环境造成严重影响。

3. 环保管理松懈

部分国有企业在环保管理方面存在制度不健全、执行不力等问题。环保责任制落实不到位，环保监测、评估、考核等环节缺失或流于形式，难以有效保障企业的环保合规性。

4. 科技创新不足

环保投入不足还体现在科技创新方面。部分国有企业缺乏环保技术研发和应用的动力和能力，难以通过技术创新提升环保效率和效果，无法实现绿色转型和可持续发展。

四、问题造成的严重影响

1. 环境损害加剧

环保投入不足直接导致企业污染物排放增加，加剧了环境污染问题。大气污染、水污染、土壤污染等问题日益严重，对生态环境造成长期破坏，影响人民群众的身体健康和生活质量。

2. 经济损失惨重

环保违规行为不仅面临高额罚款和赔偿，还可能导致生产中断、订单取消等经济损失。同时，环境污染问题还可能引发社会舆论关注和抵制，进一步损害企业的品牌形象和市场竞争力。

3. 法律风险增加

随着环保法律法规的不断完善和执法力度的加大，环保投入不足的企业面临的法律风险也日益增加。一旦被发现存在环保违规行为，企业可能面临严厉的法律制裁和声誉损失。

4. 可持续发展受阻

环保投入不足限制了国有企业在绿色发展方面的潜力和空间。难以实现资源高效利用和循环利用，难以推动产业结构升级和转型发展，从而制约了企业的可持续发展能力。

综上所述，国有企业生产安全与环保合规问题中环保投入不足的问题不容忽视。国有企业应从制度建设、资金投入、科技创新等多个方面入手，全面提升国有企业的环保合规能力和可持续发展水平。

法律法规依据

针对国有企业生产安全与环保合规问题中环保投入不足的问题，以下是对相关法律法规的总结。

一、针对环保设施滞后问题的法律法规

1.《中华人民共和国环境保护法》

第十条：国务院环境保护行政主管部门根据国家环境质量标准和国家经济、技术条件，制定国家污染物排放标准。

省、自治区、直辖市人民政府对国家污染物排放标准中未作规定的项目，可以制定地方污染物排放标准；对国家污染物排放标准中已作规定的项目，可以制定严于国家污染物排放标准的地方污染物排放标准。地方污染物排放标准须报国务院环境保护行政主管部门备案。

凡是向已有地方污染物排放标准的区域排放污染物的，应当执行地方污染物排放标准。

第十一条：国务院环境保护行政主管部门建立监测制定，制定监测规范，会同有关部门组织监测网络，加强对环境监测的管理。

此条款要求企业必须确保环保设施的正常运行和有效监测，以符合环保标准。

2.《中华人民共和国企业国有资产法》（以下简称《企业国有资产法》）

第三十一条：国有独资企业、国有独资公司合并、分立，增加或者减少注册资本，发行债券，分配利润，以及解散、申请破产，由履行出资人职责的机构决定。

此条款表明，国有企业在做出涉及环保投入的重大决策时，需由出资人机构决定，确保环保投入的合理性。

二、针对污染治理不到位问题的法律法规

1.《中华人民共和国环境保护法》

第四十二条：排放污染物的企业事业单位和其他生产经营者，应当采取措施，防治在生产建设或者其他活动中产生的废气、废水、废渣、医疗废物、粉尘、恶臭气体、放射性物质以及噪声、振动、光辐射、电磁辐射等对环境的污染和危害……。

此条款明确要求企业必须采取有效措施进行污染治理，防止环境污染。

2.《中华人民共和国水污染防治法》（以下简称《水污染防治法》）

第十条：排放水污染物，不得超过国家或者地方规定的水污染物排放标准和重点水污染物排放总量控制指标。

此条款具体规定了企业在水污染治理方面的法律责任。

三、针对环保管理松懈问题的法律法规

1.《中华人民共和国环保法》

第二十四条：产生环境污染和其他公害的单位，必须把环境保护工作纳入计划，建立环境保护责任制度；采取有效措施，防治在生产建设或者其他活动中产生的废气、废水、废渣、粉尘、恶臭气体、放射性物质以及噪声、振动、电磁波辐射等对环境的污染和危害。

2.《中华人民共和国会计法》（以下简称《会计法》）

第九条：各单位必须根据实际发生的经济业务事项进行会计核算，填制会计凭证，登记会计账簿，编制财务会计报告……。

此条款要求企业在会计核算中必须真实反映环保投入情况，确保环保管理的财务透明度。

四、针对科技创新不足问题的法律法规

1.《中华人民共和国科学技术进步法》

第三十一条：国家鼓励企业、科学技术研究开发机构、高等学校和其他组织建立优势互补、分工明确、成果共享、风险共担的合作机制，按照市场机制联合组建研究开发平台、技术创新联盟、创新联合体等，协同推进研究开发与科技成果转化，提高科技成果转移转化成效。

2.《企业国有资产法》

第十六条：国家出资企业对其动产、不动产和其他财产依照法律、行政法规以及企业章程享有占有、使用、收益和处分的权利。

国家出资企业依法享有的经营自主权和其他合法权益受法律保护。

综上所述，针对国有企业生产安全与环保合规问题中的环保投入不足问题，相关法律法规从环保设施、污染治理、环保管理和科技创新等多个方面提出了明确要求，为国有企业加强环保合规管理提供了法律依据。

合规程序与方法

针对国有企业生产安全与环保合规问题中环保投入不足的问题，以下提出具体的合规程序与方法，旨在分步骤、有针对性地解决问题。

一、制定环保投入规划

1. 评估现有环保设施与需求

组织专业团队对现有环保设施进行全面评估，包括设施的运行状况、处理效率、维护成本等。对比国家及地方环保标准，明确环保设施升级或新建的需求。

2. 编制环保投入预算

根据评估结果，结合企业发展规划，编制详细的环保投入预算，涉及设施升级、新技术引进、人员培训等。确保环保投入预算与企业整体财务规划相协调，并争取政府补贴或税收优惠等政策支持。

二、完善环保管理制度

1. 建立健全环保责任制

明确各级管理人员和员工的环保职责，签订环保责任书，确保环保责任层层落实。设立专门的环保管理部门或岗位，负责环保工作的日常管理和监督。

2. 制定环保管理制度与操作规程

完善环保管理制度，包括污染物排放监测、环保设施运行维护、危险废物管理、应急响应等方面。制定详细的操作规程，确保各项环保措施得到有效执行。

三、加强环保技术培训与宣传

1. 开展环保技术培训

组织环保管理人员和技术人员参加专业培训，提升环保管理水平和技术能力。针对基层员工开展环保知识普及教育，提高全员环保意识。

2. 强化环保宣传

通过企业内部刊物、宣传栏、会议等多种形式，加大环保政策、法规的宣传力度。鼓励员工

参与环保活动，形成良好的环保文化氛围。

四、推进环保技术创新与应用

1. 关注环保技术动态

加强与环保科研机构、高校等单位的合作与交流，及时了解环保技术最新动态。鼓励企业内部开展环保技术研发和创新活动。

2. 引进先进环保技术和设备

根据企业实际需求，积极引进国内外先进的环保技术和设备，提升环保处理效率和效果。加强环保技术的消化吸收和再创新工作，形成具有自主知识产权的环保技术体系。

五、强化环保监督与考核

1. 建立环保监督机制

建立健全环保监督机制，包括内部监督、外部监督和社会监督等多种形式。加强与政府环保部门、行业协会等单位的沟通与协作，共同推动环保工作的开展。

2. 实施环保绩效考核

将环保工作纳入企业绩效考核体系，明确环保绩效指标和考核标准。对环保工作表现突出的部门和个人给予表彰和奖励；对环保违规行为严肃处理并追究相关责任人的责任。

通过实施以上合规程序与方法，国有企业可以有效解决生产安全与环保合规问题中环保投入不足的问题，提升企业环保合规水平，促进企业可持续发展。

专题 11：环保意识薄弱

案例引入

一、案例背景

国有企业 L（以下简称"L 企业"），位于我国中部地区，是一家拥有数十年历史的大型传统制造业企业，主要从事钢铁冶炼与加工。近年来，随着国家对环保要求的日益严格，企业面临着巨大的环保压力。然而，由于长期以来的环保意识薄弱，L 企业在环保投入和管理方面存在诸多问题。

二、具体问题

1. 环保设施落后

L 企业的环保设施大多建于 20 世纪末，技术陈旧，处理效率低下。据内部统计，废水处理设施的去除率仅为 60%，远低于国家标准规定的 80%；废气处理设施也频繁出现故障，导致排放超标。

2. 管理层环保意识淡薄

企业高层对环保工作重视不足，认为环保投入是额外的负担，影响经济效益。在一次高层会议上，当提到需要增加环保投入时，某位副总直接表示："环保是个无底洞，投再多钱也填不满。"

3. 员工环保意识缺失

由于管理层的不重视，基层员工也普遍缺乏环保意识。在生产过程中，随意倾倒废弃物、超量排放污染物等现象时有发生。据不完全统计，近一年内，因员工环保意识不强导致的环保违规事件多达 30 余起。

4. 环保管理制度形同虚设

虽然企业制定了环保管理制度，但由于执行不力，这些制度大多停留在纸面上。环保监测数据造假、环保设施空转等现象屡见不鲜。

三、主要问题的影响

1. 环境污染严重

由于环保设施落后和管理不善，L 企业周边环境污染严重。废水直接排入河流，导致水质恶化，鱼虾绝迹；废气超标排放，形成酸雨，损害农作物和建筑物。环保部门监测数据显示，企业周边区域空气质量长期不达标，PM2.5 浓度远超国家标准。

2. 经济损失巨大

环保违规问题不仅损害了企业形象，还带来了巨大的经济损失。近一年来，企业因环保违规被罚款共计 500 余万元；同时，由于环境污染导致的周边居民投诉不断，企业不得不频繁停产整顿，直接经济损失超过亿元。此外，企业股价也因环保问题持续下跌，市值蒸发数十亿元。

3. 财务指标下滑

环保问题的持续发酵严重影响了企业的财务状况。环保投入不足和管理不善导致的成本增加、产量下降等问题，使得企业的盈利能力大幅下降。财务报告显示，近两个财年内，企业的净利润率从原来的 10% 下滑至 5% 以下，远低于行业平均水平。

4. 社会影响恶劣

环保问题的曝光引发了社会广泛关注和批评。媒体纷纷报道 L 企业的环保违规行为，导致企业形象严重受损。同时，周边居民对企业的信任度大降，社会矛盾激化，影响了企业的可持续发展。

四、结论与反思

L 企业的案例深刻揭示了国有企业生产安全与环保合规问题中环保意识薄弱的严重后果。要避免类似问题的发生，企业应从以下几个方面进行反思和解决。

1. 提高管理层环保意识

企业管理层应树立正确的环保观念，将环保工作纳入企业发展战略中，切实履行环保责任。

2. 加大环保投入

企业应增加对环保设施升级、技术改造等方面的投入，提升环保处理效率和效果。

3. 完善环保管理制度

建立健全环保管理制度和监督机制，确保各项环保措施得到有效执行。

4. 加强员工环保培训

提高基层员工的环保意识和操作技能，形成全员参与环保的良好氛围。

5. 积极应对环保挑战

面对日益严格的环保要求，企业应主动作为，积极寻求解决方案，推动绿色发展。同时，加强与政府、社会等各方面的沟通与协作，共同推动环保事业进步。

合规问题分析

一、业务简介

国有企业作为国家经济的重要组成部分，承担着推动经济发展的责任和社会责任。在传统制造业领域，国有企业往往涉及大规模的生产活动，这些活动在带来经济效益的同时，也可能对环境产生显著影响。因此，环保合规对国有企业而言至关重要。

二、相关规定

针对企业环保合规，国家制定了一系列法律法规，如《中华人民共和国环境保护法》《中华人民共和国水污染防治法》等。这些法律法规对企业的环保责任、污染物排放标准、环保设施运行等方面做出了明确规定。国有企业作为国家的代表，更应严格遵守这些规定，履行环保责任。

三、合规问题具体表现

1. 环保设施滞后

部分国有企业由于历史原因或资金限制，环保设施未能及时更新换代，导致处理效率低下，无法满足当前的环保标准。

2. 管理层环保意识不足

一些国有企业的管理层对环保工作的重视程度不够，认为环保投入会增加企业成本，影响经济效益，从而忽视环保合规的重要性。

3. 员工环保培训缺失

由于管理层的不重视，基层员工往往缺乏必要的环保培训和教育，导致在日常生产活动中存在环保违规行为。

4. 环保管理制度执行不力

虽然国有企业普遍制定了环保管理制度，但在实际执行过程中往往存在走过场、形式化的问题，导致制度形同虚设。

四、问题造成的严重影响

1. 环境污染加剧

环保设施滞后和管理不善直接导致企业周边环境质量的恶化，如水质污染、空气污染等，严重影响居民的生活质量和健康。

2. 经济损失大

环保违规行为可能引发政府罚款、停产整顿等处罚措施，给企业带来直接的经济损失。同时，环境污染还可能引发周边居民的投诉和诉讼，企业或许背负经济官司从而进一步增加企业的经济负担。

3. 企业形象受损

环保问题的曝光往往会引发社会的广泛关注和批评，严重损害企业的形象和声誉。这可能导致客户流失、合作伙伴解约等连锁反应，影响企业的长期发展。

4. 社会不稳定因素增加

环境污染问题容易引发社会矛盾和冲突，如居民抗议、群体性事件等。这不仅影响企业的正常运营，还可能对社会稳定造成不良影响。

综上所述，国有企业生产安全与环保合规问题中的环保意识薄弱是一个亟待解决的重要问题。企业应全面提升所有员工的环保意识，加强环保设施建设和管理，确保环保合规工作的有效实施。

法律法规依据

针对国有企业生产安全与环保合规问题中环保意识薄弱的问题，以下是对相关法律法规的总结。

一、针对环保设施滞后问题的法律法规

1.《中华人民共和国环境保护法》

第六条：……企业事业单位和其他生产经营者应当防止、减少环境污染和生态破坏，对所造成的损害依法承担责任。

第四十一条：建设项目中防治污染的设施，应当与主体工程同时设计、同时施工、同时投产使用。防治污染的设施应当符合经批准的环境影响评价文件的要求，不得擅自拆除或者闲置。

2.《中华人民共和国水污染防治法》

第十七条：新建、改建、扩建直接或者间接向水体排放污染物的建设项目和其他水上设施，应当依法进行环境影响评价。

建设单位在江河、湖泊新建、改建、扩建排污口的，应当取得水行政主管部门或者流域管理机构同意；涉及通航、渔业水域的，环境保护主管部门在审批环境影响评价文件时，应当征求交通、渔业主管部门的意见。

建设项目的水污染防治设施，应当与主体工程同时设计、同时施工、同时投入使用。水污染防治设施应当经过环境保护主管部门验收，验收不合格的，该建设项目不得投入生产或者使用。

二、针对管理层环保意识不足问题的法律法规

《中华人民共和国公司法》

第十九条：公司从事经营活动，应当遵守法律法规，遵守社会公德、商业道德，诚实守信，接受政府和社会公众的监督。

三、针对员工环保培训缺失问题的法律法规

《中华人民共和国劳动法》

第六十八条：用人单位应当建立职业培训制度，按照国家规定提取和使用职业培训经费，根据本单位实际，有计划地对劳动者进行职业培训……。

此条款虽未直接提及环保培训，但员工培训应包含所有必要的工作技能和知识，环保知识作为生产安全的一部分，理应包含在内。

四、针对环保管理制度执行不力问题的法律法规

《中华人民共和国环境保护法》

第三十六条：建设项目的防治污染设施没有建成或者没有达到国家规定的要求，投入生产或者使用的，由批准该建设项目的环境影响报告书的环境保护行政主管部门责令停止生产或者使用，可以并处罚款。

第三十七条：未经环境保护行政主管部门同意，擅自拆除或者闲置防治污染的设施，污染物排放超过规定的排放标准的，由环境保护行政主管部门责令重新安装使用，并处罚款。

第三十八条：对违反本法规定，造成环境污染事故的企业事业单位，由环境保护行政主管部门或者其他依照法律规定行使环境监督管理权的部门根据所造成的危害后果处以罚款；情节较重的，对有关责任人员由其所在单位或者政府主管机关给予行政处分。

第三十九条：对经限期治理逾期未完成治理任务的企业事业单位，除依照国家规定加收超标准排污费外，可以根据所造成的危害后果处以罚款，或者责令停业、关闭。

前款规定的罚款由环境保护行政主管部门决定。责令停业、关闭，由作出限期治理决定的人民政府决定；责令中央直接管辖的企业事业单位停业、关闭，须报国务院批准。

综上所述，国有企业在生产安全与环保合规方面必须严格遵守相关法律法规，加强环保意识，确保环保设施的有效运行，提升管理层和员工的环保素养，并严格执行环保管理制度，以防范和解决环保合规问题。

合规程序与方法

针对国有企业生产安全与环保合规问题中环保意识薄弱的问题，以下提出具体的合规程序与方法，旨在分步骤、有针对性地解决问题。

一、加强法律法规学习与培训

1. 组织高层培训

组织企业高层管理人员参加环保法律法规的专题培训，特别是《中华人民共和国环境保护法》《中华人民共和国水污染防治法》等关键法律，确保管理层深刻理解企业的环保责任和义务。

2. 加强全员环保教育

将环保教育纳入新员工入职培训和年度培训计划，确保全体员工了解环保政策、企业环保制度及个人在环保工作中的角色与责任。

二、完善环保管理制度

1. 修订环保管理制度

根据最新的环保法律法规和企业实际情况，修订和完善企业的环保管理制度，明确各部门、各岗位的环保职责和考核标准。

2. 建立监督检查机制

设立独立的环保监督部门或岗位，由其负责定期检查和评估环保制度的执行情况，及时发现并纠正违规行为。

三、升级环保设施与技术

1. 评估现有设施

对现有环保设施进行全面评估，识别处理效率低下、无法满足环保标准的问题设施。

2. 制定升级计划

根据评估结果，制定环保设施升级计划，明确升级目标、时间表及预算，确保设施升级工作有序进行。

3. 引入先进技术

积极关注并引入国内外先进的环保技术和设备，提升企业的环保处理能力和效率。

四、强化环保绩效考核与奖惩

1. 设立环保绩效考核指标

将环保绩效纳入企业整体绩效考核体系，设立具体的环保绩效考核指标，如污染物排放量、环保设施运行效率等。

2. 实施奖惩措施

对在环保工作中表现突出的部门和个人给予表彰和奖励，对违反环保规定、造成环境污染的行为给予严厉处罚，从而形成有效的激励机制。

五、推动环保文化建设

1. 领导层示范

企业高层管理人员应率先垂范，积极参与环保活动，用实际行动展示企业对环保工作的重视。

2. 开展环保宣传活动

通过企业内部通信、宣传栏、文化活动等多种形式，广泛宣传环保理念和企业环保成就，营造浓厚的环保文化氛围。

3. 鼓励员工参与

建立员工参与环保工作的渠道和机制，鼓励员工提出环保建议和意见，共同推动企业的环保工作不断进步。

通过实施上述合规程序与方法，国有企业可以逐步解决生产安全与环保合规问题中环保意识薄弱的问题，提升企业环保管理水平，实现经济效益与环境保护的双赢。

专题 12：法律法规执行不严

案例引入

一、案例背景

公司 P 是一家位于某工业城市的大型传统制造业国有企业，主要从事金属制品的生产与加工。近年来，随着国家对环保要求的日益严格，公司 P 面临着巨大的环保合规压力。然而，管理层环保意识薄弱，环保法律法规执行不严，导致了一系列环保违规事件的发生。

二、具体问题

1. 废水超标排放

公司 P 在生产过程中产生的废水未经有效处理，直接排放至周边河流。环保部门多次检测发现，废水中的重金属含量严重超标，最高时超过国家标准 5 倍。

2. 废气无组织排放

公司 P 的冶炼车间废气收集处理系统存在缺陷，导致大量含有有害物质的废气无组织排放至大气中。环保监测数据显示，该车间周边空气中的二氧化硫、颗粒物等污染物浓度长期高于标准限值。

3. 固体废物违规处置

公司 P 在生产过程中产生的危险废物未按照国家规定进行分类、储存和处置，部分危险废物被随意倾倒或混入生活垃圾中。据调查，违规处置的危险废物总量达到数百吨。

三、主要问题的影响

1. 环境污染严重

由于公司 P 的废水、废气超标排放和固体废物的违规处置，导致周边河流水质恶化，空气质量下降，对当地居民的生活环境和身体健康造成了严重影响。据环保部门统计，受影响区域居民因环境污染导致的呼吸系统疾病发病率明显上升。

2. 经济损失巨大

公司 P 因环保违规被环保部门处以高额罚款，总额达到数千万元。此外，环境污染导致的社会舆论压力使公司品牌形象受损，客户订单减少，销售收入大幅下滑。据统计，环保违规事件发生后，公司 P 的年度净利润同比下降了 30% 以上。

3. 法律后果严重

除了经济处罚外，公司 P 的多名管理层人员因环保违规被追究刑事责任，公司面临严重的法律后果。这不仅影响了公司的正常运营，也对公司未来的发展前景造成了不利影响。

四、结论与反思

公司 P 的环保违规事件充分暴露了国有企业在生产安全与环保合规方面存在的问题。首先，管理层环保意识薄弱是导致环保违规的根本原因。其次，环保法律法规执行不严、内部监管机制缺失也是问题产生的重要原因。

为了避免类似事件的发生，国有企业应从以下几个方面进行反思和改进：一是加强管理层环保培训，提升环保意识；二是建立健全环保管理制度和内部监管机制，确保环保法律法规得到有效执行；三是加大环保投入，提升环保设施和技术水平；四是加强与环保部门的沟通与合作，及时获取环保政策信息和技术支持。

总之，国有企业作为国家经济的重要组成部分，必须严格遵守环保法律法规，切实履行环保责任，为实现经济社会的可持续发展贡献力量。

合规问题分析

一、业务简介

国有企业作为国民经济的重要支柱，广泛涉足能源、制造、化工、交通等多个领域，其生产活动往往伴随着复杂的安全与环保风险。随着国家对安全生产和环境保护要求的不断提高，国有企业需要严格遵守相关法律法规，确保生产安全与环保合规。

二、相关规定

针对国有企业生产安全与环保合规问题，国家出台了一系列法律法规和政策文件，如《中华人民共和国安全生产法》《中华人民共和国环境保护法》《中华人民共和国水污染防治法》等，明确了企业在安全生产和环境保护方面的责任和义务，规定了相应的处罚措施。

三、合规问题具体表现

1. 法律法规意识淡薄

部分国有企业管理层对安全生产和环境保护法律法规缺乏足够重视，导致在实际操作中往往忽视法律法规的要求，存在侥幸心理。

2. 内部监管机制不健全

一些国有企业虽然建立了安全生产和环保管理制度，但执行不力，内部监管机制形同虚设，无法有效发现和纠正违规行为。

3. 资金投入不足

由于安全生产和环保设施投入较大，部分国有企业为了节约成本，在安全生产和环保设施建设上投入不足，导致设施陈旧、技术落后，无法满足合规要求。

4. 培训教育不到位

员工对安全生产和环保法律法规的知晓率不高，缺乏必要的安全生产和环保知识，容易在工作中出现违规行为。

5. 信息披露不透明

部分国有企业在安全生产和环保信息披露方面存在不透明现象，隐瞒或虚报相关信息，逃避监管部门的监督。

四、问题造成的严重影响

1. 环境污染与生态破坏

法律法规执行不严导致国有企业超标排放污染物，严重污染环境和破坏生态，对人民群众的生命健康和生态环境造成长期危害。

2. 安全事故频发

安全生产合规问题突出，容易导致生产安全事故频发，造成人员伤亡和财产损失，影响企业的正常运营和社会稳定。

3. 法律风险与声誉损失

违规行为一旦被监管部门查处，企业将面临高额罚款、停产整顿等法律后果，同时损害企业形象和声誉，影响企业的市场竞争力和可持续发展能力。

4. 社会信任危机

国有企业作为公众企业，其合规问题容易引发社会广泛关注，影响公众对国有企业的信任度，进而影响整个社会的稳定和发展。

综上所述，国有企业生产安全与环保合规问题中的法律法规执行不严是一个亟待解决的问题。企业应从加强法律法规意识、完善内部监管机制、加大资金投入、加强培训教育、提高信息披露透明度等方面入手，全面提升合规管理水平，确保生产安全与环保合规。

法律法规依据

在国有企业生产安全与环保合规领域，法律法规执行不严的问题凸显了企业在遵守国家法律法规方面的不足。针对这一问题，从多个法律领域总结相关法律法规依据，以确保国有企业能够依法依规开展生产经营活动。

一、针对安全生产合规问题的法律法规

《中华人民共和国安全生产法》第九十三条：生产经营单位的安全生产管理人员未履行本法规定的安全生产管理职责的，责令限期改正；导致发生生产安全事故的，暂停或者撤销其与安全生产有关的资格；构成犯罪的，依照刑法有关规定追究刑事责任。

第九十六条：生产经营单位有下列行为之一的，责令限期改正，可以处五万元以下的罚款；逾期未改正的，处五万元以上二十万元以下的罚款，对其直接负责的主管人员和其他直接责任人员处一万元以上二万元以下的罚款；情节严重的，责令停产停业整顿；构成犯罪的，依照刑法有关规定追究刑事责任：……（四）未如实记录安全生产教育和培训情况的；（五）未将事故隐患排查治理情况如实记录或者未向从业人员通报的……。

二、针对环保合规问题的法律法规

1.《中华人民共和国环境保护法》

第六十条：企业事业单位和其他生产经营者超过污染物排放标准或者超过重点污染物排放总量控制指标排放污染物的，县级以上人民政府环境保护主管部门可以责令其采取限制生产、停产整治等措施；情节严重的，报经有批准权的人民政府批准，责令停业、关闭。

第六十一条：建设单位未依法提交建设项目环境影响评价文件或者环境影响评价文件未经批准，擅自开工建设的，由负有环境保护监督管理职责的部门责令停止建设，处以罚款，并可以责令恢复原状。

2.《中华人民共和国水污染防治法》

第八十三条：违反本法规定，有下列行为之一的，由县级以上人民政府环境保护主管部门责令改正或者责令限制生产、停产整治，并处十万元以上一百万元以下的罚款；情节严重的，报经有批准权的人民政府批准，责令停业、关闭：……（二）超过水污染物排放标准或者超过重点水污染物排放总量控制指标排放水污染物的……。

三、针对企业内部监管与信息披露问题的法律法规

1.《中华人民共和国公司法》

第一百八十九条：董事、高级管理人员有前条规定的情形的，有限责任公司的股东、股份有限公司连续一百八十日以上单独或者合计持有公司百分之一以上股份的股东，可以书面请求监事会向人民法院提起诉讼；监事有前条规定的情形的，前述股东可以书面请求董事会向人民法院提起诉讼。

这虽不直接涉及环保与安全生产，但体现了公司内部监管和股东权利，对促进企业合规运行有间接作用。

2.《中华人民共和国会计法》

第四条：单位负责人对本单位的会计工作和会计资料的真实性、完整性负责。

这间接要求企业在财务报告中如实披露环保和安全生产投入及合规情况。

四、针对刑事责任的法律法规

《中华人民共和国刑法》

第一百三十四条规定了重大责任事故罪，涉及在生产、作业中违反有关安全管理的规定，因而发生重大伤亡事故或者造成其他严重后果的行为。

第三百三十八条规定了污染环境罪，涉及违反国家规定，排放、倾倒或者处置有放射性的废物、含传染病病原体的废物、有毒物质或者其他有害物质，严重污染环境的行为。

综上所述，国有企业在生产安全与环保合规方面应严格遵守《中华人民共和国安全生产法》

《中华人民共和国环境保护法》等相关法律法规，建立健全内部监管机制，确保法律法规得到有效执行。同时，对于违反法律法规的行为，国有企业应依法承担相应的法律责任，包括行政处罚和刑事责任。

合规程序与方法

针对国有企业生产安全与环保合规问题中法律法规执行不严的问题，提出以下具体的合规程序与方法，旨在分步骤、有针对性地解决问题。

一、建立或完善合规管理体系

1. 设立合规管理部门

设立合规管理部门并明确合规管理部门的职责和权限，负责统筹协调企业的安全生产与环保合规工作。

2. 制定合规政策与流程

结合企业实际情况，制定全面的合规政策、规章制度和操作流程，确保各项合规工作有章可循。

二、加强法律法规培训与教育

1. 定期组织培训

组织全体员工定期参加安全生产与环保法律法规培训，提高员工的法律意识和合规意识。

2. 开展专项合规教育

针对关键岗位和高风险领域，开展专项合规教育，确保相关人员熟悉并掌握相关法律法规的具体要求。

三、强化内部监管与审计

1. 建立内部监督机制

设立独立的内部审计机构或岗位，负责对企业各项生产经营活动进行合规性审计和监督。

2. 实施定期审计

定期对安全生产、环保设施运行、污染物排放等情况进行审计，确保企业合规运营。

四、完善信息披露与沟通机制

1. 建立信息披露制度

按照相关法律法规要求，及时、准确、完整地披露企业安全生产与环保合规信息。

2. 加强与监管部门的沟通

主动与环保、安全监督等监管部门保持密切联系，及时了解最新政策动态，反馈企业合规情况。

五、建立奖惩机制与强化责任追究

1. 设立合规奖惩制度

对严格遵守法律法规、表现突出的个人或部门给予表彰和奖励；对违规行为严肃处理，追究相关人员的责任。

2. 强化责任追究

对于因违反法律法规导致安全生产事故或环境污染事件的，严格按照相关法律法规和企业规章制度追究相关人员的法律责任和经济责任。

六、推进技术与管理创新

1. 引入先进技术与设备

加大在安全生产和环保领域的投入，引入先进技术和设备，提升企业的合规能力。

2. 优化管理流程

结合企业实际情况，不断优化安全生产和环保管理流程，提高工作效率和合规水平。

通过实施以上合规程序与方法，国有企业可以系统性地解决生产安全与环保合规问题中法律法规执行不严的问题，确保企业合法合规运营，为企业的可持续发展奠定坚实基础。

专题 13：环保培训不足

案例引入

一、案例背景

传统制造业国有企业 F（以下简称"企业 F"），成立于 20 世纪 80 年代，主要从事化工产品的生产与销售。近年来，随着国家对环保要求的日益严格，企业 F 面临着巨大的环保合规压力。然而，由于历史遗留问题和管理层对环保培训重视不足，企业 F 在环保合规方面存在诸多问题。

二、具体问题

1. 环保培训缺失

企业 F 的环保培训制度形同虚设，2019—2024 年，仅在新员工入职时进行了简短的环保知识普及，且内容陈旧，未及时更新以反映最新的环保法规要求。现有员工中，超过 70% 的人表示未接受过系统的环保培训。

2. 管理层环保意识薄弱

企业 F 的高层管理者中，部分领导对环保法规的理解停留在表面，缺乏深入的学习和认识。在决策过程中，往往更注重经济效益而忽视环保合规要求。

3. 操作不当

由于缺乏专业的环保培训，一线操作人员对环保设施的操作规程不熟悉，导致操作不当，环保设施运行效率低下，甚至在出现故障时无法及时正确处理。据统计，2024 年内，因操作不当导致的环保设施故障次数高达 30 余次。

三、主要问题的影响

1. 环境污染事件频发

由于环保培训不足，企业 F 在生产过程中多次发生污染物超标排放事件，对周边环境造成了严重影响。其中，一次重大污染事件导致周边河流水质恶化，造成的直接经济损失超过 500 万元，企业因此被环保部门处以高额罚款，并被迫停产整顿一个月。

2. 财务指标下滑

环境污染事件不仅给企业带来了直接的经济损失，还严重影响了企业的声誉和品牌形象。客户信任度下降，订单量锐减，导致企业营业收入同比下滑 20%，净利润更是下降了 30%。此外，由于停产整顿期间的固定成本支出，企业承受了巨大的资金压力。

3. 员工健康受损

长期暴露在污染环境中，部分员工出现了不同程度的健康问题，如呼吸系统疾病、皮肤病等。这不仅增加了企业的医疗支出，还导致员工队伍不稳定，影响了企业的生产效率和士气。

四、结论与反思

企业 F 的环保培训不足问题，暴露了国有企业在环保合规方面的短板。该案例深刻启示国有企业应做好以下几点。

1. 高度重视环保培训

国有企业应将环保培训纳入企业日常管理体系，确保全体员工都能接受到系统、专业的环保知识培训，提高环保意识和操作技能。

2. 强化管理层环保意识

企业管理层应率先垂范，深入学习环保法规和政策要求，将环保理念融入企业发展战略和经营决策中。

3. 完善环保设施管理

加强对环保设施的日常维护和操作培训，确保设施高效稳定运行。同时，建立健全环保应急响应机制，及时应对突发环境事件。

4. 加强内外部监督

建立健全环保合规监督体系，加大内部自查和外部审计力度，及时发现并纠正环保违规行为。同时，加强与环保部门的沟通协作，共同推动企业环保合规工作取得实效。

合规问题分析

一、业务简介

国有企业作为国家经济的重要组成部分，涉足众多生产领域，尤其是传统制造业。传统制造业国有企业在生产过程中，往往需要使用大量的自然资源，并可能产生各种污染物。因此，确保生产安全与环保合规，对国有企业的可持续发展至关重要。环保培训作为提升企业环保意识和能力的重要手段，对实现这一目标具有不可替代的作用。

二、相关规定

国家在环保方面制定了一系列严格的法律法规，要求企业必须遵守环保标准，确保生产过程中的污染物排放符合规定。例如，《中华人民共和国环境保护法》明确规定，企业应当加强环境保护工作，采取有效措施防治污染，并对员工进行环保培训和教育。此外，还有针对特定行业的环保规定和标准《钢铁工业水污染排放标准》《水泥工业大气污染排放标准》。

三、合规问题具体表现

1. 环保培训制度缺失或不完善

部分国有企业没有建立系统的环保培训制度，或者制度内容陈旧、不全面，无法覆盖最新的环保法规和标准要求。

2. 培训执行不力

即使制定了环保培训制度，但在执行过程中往往流于形式，培训频次不足、内容单一、缺乏针对性，导致员工无法获得有效的环保知识和技能。

3. 管理层重视程度不足

部分国有企业管理层对环保培训的重视程度不够，没有将其视为提升企业环保合规能力的重要途径，导致资源投入不足、培训效果不佳。

四、问题造成的严重影响

1. 环境污染风险增加

由于员工缺乏必要的环保知识和技能，可能在生产过程中忽视环保要求，导致污染物排放超标，对环境造成严重污染。

2. 法律风险加大

环保培训不足可能导致企业违反国家环保法律法规，面临高额罚款、停产整顿等法律制裁，甚至可能引发社会舆论，给社会带来负面影响。

3. 经济损失和声誉损害

环境污染事件不仅会给企业带来直接的经济损失，如罚款、赔偿等，还可能损害企业的声誉和品牌形象，导致客户流失和市场份额减小。

4. 员工健康和安全风险增加

环保培训不足还可能导致员工在生产过程中暴露于有害物质中，增加健康和安全风险，进而影响企业的生产效率和员工士气。

法律法规依据

针对环保培训不足引发的一系列问题相关法律法规依据如下：

一、针对环保培训制度缺失或不完善问题的法律法规

1.《中华人民共和国环境保护法》

第六条：一切单位和个人都有保护环境的义务。地方各级人民政府应当对本行政区域的环境质量负责。企业事业单位和其他生产经营者应当防止、减少环境污染和生态破坏，对所造成的损害依法承担责任……。

该条款强调了企业和个人保护环境的义务，环保培训作为提升环保意识的重要手段，其制度的缺失或不完善显然违背了这一法律原则。

2.《中华人民共和国安全生产法》

第二十五条：生产经营单位应当对从业人员进行安全生产教育和培训，保证从业人员具备必要的安全生产知识，熟悉有关的安全生产规章制度和安全操作规程，掌握本岗位的安全操作技能，了解事故应急处理措施，知悉自身在安全生产方面的权利和义务。未经安全生产教育和培训合格的从业人员，不得上岗作业。

虽然该条款直接针对的是安全生产培训，但环保培训同样是企业培训体系中不可或缺的一部分，其缺失或不完善也间接影响了企业的安全生产和环保合规。

二、针对培训执行不力问题的法律法规

1.《中华人民共和国环境保护法》

第四十二条：排放污染物的企业事业单位和其他生产经营者，应当采取措施，防治在生产建设或者其他活动中产生的废气、废水、废渣、医疗废物、粉尘、恶臭气体、放射性物质以及噪声、振动、光辐射、电磁辐射等对环境的污染和危害……。

环保培训的执行不力往往会导致员工无法有效掌握污染防治技能，从而增加企业违反环保法规的风险。

2.《中华人民共和国企业国有资产法》

第十七条：国家出资企业从事经营活动，应当遵守法律、行政法规，加强经营管理，提高经济效益，接受人民政府及其有关部门、机构依法实施的管理和监督，接受社会公众的监督，承担社会责任，对出资人负责……。

国有企业作为国家出资的企业，有责任加强经营管理，包括环保培训的开展，以确保企业合规运营并承担社会责任。

三、针对管理层重视程度不足问题的法律法规

1.《中华人民共和国公司法》

第十九条：公司从事经营活动，应当遵守法律法规，遵守社会公德、商业道德，诚实守信，接受政府和社会公众的监督。

公司管理层作为公司的决策者和执行者，有责任确保公司遵守包括环保法规在内的所有法律法规，对环保培训的重视程度不足显然违背了公司的社会责任。

2.《企业环境信用评价办法（试行）》

该办法虽非直接的法律，但作为环保部门对企业环保行为进行评价的重要依据，其规定了环保部门对企业在环保方面的表现进行评分，并将评分结果公开。

管理层对环保培训的重视程度不足将直接影响企业的环保表现，进而影响企业的环保信用评价，可能给企业带来不利的社会影响和商业风险。

综上所述，国有企业生产安全与环保合规问题中的环保培训不足违反了多项法律法规的规定，企业应当高度重视环保培训工作，建立健全培训制度并确保有效执行，以提升企业整体的环保合规能力。

合规程序与方法

针对国有企业生产安全与环保合规问题中环保培训不足的问题，以下提出具体的合规程序与方法，旨在分步骤、有针对性地解决问题。

一、制定全面的环保培训制度与政策

1.明确环保培训意图

确立提升全员环保意识、确保遵守环保法律法规、提高环保操作技能的总体目标。

2.建立环保培训制度

制定详细的环保培训制度，包括培训对象、内容、频次、考核方式及责任部门等。

3.政策宣传

通过内部通知、会议等形式，向全体员工宣传环保培训的重要性和必要性，确保管理层和基层员工都充分认识到环保培训的价值。

二、制定科学合理的培训计划

1. 需求调研

通过问卷调查、座谈会等方式，收集员工对环保培训的具体需求和建议。

2. 课程设计

根据调研结果和法律法规要求，设计涵盖环保法律法规、污染防治技术、环保管理知识等多方面的培训课程。

3. 分层次培训

针对不同岗位和职责的员工，设计不同层次的培训内容，如对管理层侧重法律法规和环保战略培训，对技术人员侧重污染防治技术培训，对基层员工侧重环保操作规范和应急处理培训。

三、采用多样化的培训方式

1. 线上与线下相结合

利用网络平台开展线上培训，方便员工自主学习；同时组织线下集中培训，增加互动性和实操性。

2. 案例分析

结合行业内外环保事故案例，进行深入剖析，增强员工的警示意识和防范能力。

3. 实操演练

定期组织环保设施操作、应急处理等方面的实操演练，提升员工的实际操作技能。

四、加强培训效果评估与反馈

1. 培训考核

通过笔试、实操考核等方式，对员工的培训效果进行评估，确保培训质量。

2. 效果跟踪

培训结束后，定期对员工的行为变化、环保意识提升情况进行跟踪调查，评估培训的实际效果。

3. 持续改进

根据评估结果和员工反馈，不断优化培训内容和方式，提高培训的针对性和实效性。

五、建立健全环保培训激励机制

1. 表彰奖励

对在环保培训中表现突出、环保意识强的员工给予表彰和奖励，提高员工的积极性和参与度。

2. 职业发展关联

将环保培训成绩纳入员工职业发展规划和晋升考核体系，提高员工对环保培训的重视程度。

3. 文化营造

通过企业文化建设，营造人人关心环保、人人参与环保的良好氛围，使环保培训成为企业的常态工作。

通过实施以上合规程序与方法，国有企业可以系统性地解决环保培训不足的问题，提升全员环保意识和合规能力，确保企业的生产安全与环保合规。

专题 14：环保技术落后

案例引入

一、案例背景

P 公司，位于国内重工业基地，主要从事钢铁冶炼与加工业务，拥有数十年历史，是传统制造业的代表性国有企业之一。近年来，随着国家环保政策的日益严格和市场竞争的加剧，P 公司面临着生产安全与环保合规的双重压力。然而，由于长期忽视环保技术方面的投入与更新，P 公司在环保领域逐渐显露出诸多问题。

二、具体问题

1. 环保设施老旧

P 公司的环保设施多为建厂初期引进的，至今已运行数十年，设备老化严重，处理效率低下。例如，公司的除尘设备仅能去除约 60% 的颗粒物，远低于当前行业平均去除率（90% 以上）。

2. 废水处理技术落后

在废水处理方面，P 公司仍采用传统的化学沉淀法，无法有效去除废水中的重金属离子和有机污染物，导致废水排放长期超标。监测数据显示，公司废水中的 COD（化学需氧量）和重金属含量均超过国家排放标准的 2 倍。

3. 固体废物处理不当

P 公司在固体废物处理上缺乏科学分类和有效处置手段，大量废渣被随意堆放，不仅占用大量土地资源，还对周边环境造成严重污染。据统计，公司每年产生的固体废物量超过 10 万吨，其中仅有不到 30% 得到妥善处理。

三、主要问题的影响

1. 环境污染严重

由于环保技术落后，P 公司的生产活动对周边环境造成了严重污染，引发周边居民频繁投诉。环保部门多次对公司进行处罚，罚款总额累计超过 500 万元。

2. 经济损失巨大

除了直接的罚款外，环保问题还导致 P 公司的生产成本上升，市场竞争力下降。公司财务报表显示，2022—2024 年，因环保问题导致的额外支出（包括罚款、治理费用等）已超过 1 亿元，净利润率从原本的 8% 下滑至 5% 以下。

3. 品牌形象受损

环保问题的曝光严重影响了 P 公司的品牌形象和市场信誉，部分客户因担心供应链环保风险而取消合作，进一步加剧了公司的经营困境。

4. 员工健康风险增大

长期暴露在污染环境中，P 公司的员工也面临着较高的健康风险。近年来，公司员工因职业病（如尘肺病、皮肤病等）而申请工伤赔偿的案例逐年增多，不仅增加了公司的用工成本，也影响了员工的工作积极性和稳定性。

四、结论与反思

P公司的案例深刻揭示了国有企业在生产安全与环保合规方面面临的严峻挑战。环保技术的落后不仅会导致国有企业面临巨大的经济损失和品牌形象损害，更对员工的健康安全和周边生态环境构成了严重威胁。因此，国有企业必须高度重视环保技术的投入与更新，积极引进先进的环保设施和技术手段，确保生产活动符合国家环保法规要求，实现可持续发展。同时，政府和社会各界也应加强对企业环保行为的监督和支持，共同推动构建绿色、低碳、循环的现代产业体系。

合规问题分析

一、业务简介

国有企业作为国家经济的重要支柱，广泛涉足能源、化工、冶金、制造等多个领域，这些行业在生产过程中往往伴随着大量的资源消耗和污染物排放。随着全球环保意识的提升和我国生态文明建设的推进，国有企业承担着越来越重的环保责任。然而，在实际运营中，部分国有企业环保技术明显落后，成为制约其可持续发展的关键因素之一。

二、相关规定

针对国有企业生产安全与环保合规问题，国家和地方政府出台了一系列相关法律法规和政策文件，如《中华人民共和国环境保护法》《中华人民共和国安全生产法》《中华人民共和国大气污染防治法》《中华人民共和国水污染防治法》等，对企业的环保行为提出了明确要求。这些法律法规不仅要求企业采取有效措施防治污染，还明确了企业的环保责任、违法行为的处罚措施等，为环保技术的推广和应用提供了法律保障。

三、合规问题具体表现

1. 环保设施陈旧

部分国有企业环保设施老化严重，技术性能落后，不符合当前环保标准的要求。这些设施在运行过程中不仅处理效率低下，还可能产生二次污染，加大环境负担。

2. 技术更新滞后

面对日益严格的环保要求，一些国有企业未能及时引进和应用先进的环保技术，导致难以有效控制生产过程中的污染物排放。这种技术更新的滞后不仅影响了企业的环保合规性，也制约了企业的市场竞争力。

3. 研发投入不足

对环保技术的研发和应用需要大量的人力、物力和财力。然而，部分国有企业出于成本考虑，对环保技术的研发投入不足，导致企业在环保技术方面缺乏自主创新能力，难以形成核心竞争力。

4. 人员素质不高

环保技术的有效实施离不开高素质的专业人才。然而，一些国有企业在环保人才队伍建设方面存在不足，员工环保意识淡薄，环保技术水平有限，难以胜任复杂的环保工作。

四、问题造成的严重影响

1. 环境污染加剧

环保技术的落后导致国有企业难以有效控制生产过程中产生的污染物，加剧了环境污染问题。这不仅对生态环境造成了严重破坏，也影响了人民群众的身体健康和生活质量。

2. 经济损失严重

由于环保问题频发，国有企业可能面临高额的罚款、治理费用等经济损失。此外，环保问题还可能影响企业的品牌形象和市场信誉，导致客户流失、订单减少等间接经济损失。

3. 法律风险增加

随着环保法规的不断完善和执法力度的加大，国有企业因环保技术落后而引发的法律风险日益增加。一旦企业违法排污被查实，将可能面临严厉的行政处罚甚至被追究刑事责任。

4. 可持续发展受阻

环保技术的落后不仅制约了国有企业的当前发展，更对其长远可持续发展构成了威胁。在全球倡导绿色低碳发展的大背景下，缺乏先进环保技术的国有企业将难以适应市场变化和满足客户需求，最终会被市场淘汰。

综上所述，国有企业生产安全与环保合规问题中的环保技术落后是一个亟待解决的问题。通过加强环保设施建设、加大技术研发投入、提升人员素质等措施，国有企业可以逐步提升自身的环保技术水平，实现可持续发展。

法律法规依据

针对国有企业生产安全与环保合规问题中环保技术落后的问题，以下相关法律法规提供了明确的指导。

一、针对环保设施陈旧及技术更新滞后问题的法律法规

1.《中华人民共和国环境保护法》

第六条：……企业事业单位和其他生产经营者应当防止、减少环境污染和生态破坏，对所造成的损害依法承担责任……。

第二十五条：新建工业企业和现有工业企业的技术改造，应当采取资源利用率高、污染物排放量少的设备和工艺，采用经济合理的废弃物综合利用技术和污染物处理技术。

2.《中华人民共和国企业国有资产法》

第十七条：国家出资企业从事经营活动，应当遵守法律、行政法规，加强经营管理，提高经济效益，接受人民政府及其有关部门、机构依法实施的管理和监督，接受社会公众的监督，承担社会责任，对出资人负责……。

二、针对研发投入不足问题的法律法规

《中华人民共和国科学技术进步法》第四十一条：国家鼓励企业增加研究开发和技术创新的投入，自主确立研究开发课题，开展技术创新活动。

第三十九条：国家建立以企业为主体，以市场为导向，企业同科学技术研究开发机构、高等学校紧密合作的技术创新体系，引导和扶持企业技术创新活动，支持企业牵头国家科技攻关任务，发挥企业在技术创新中的主体作用，推动企业成为技术创新决策、科研投入、组织科研和成果转化的主体，促进各类创新要素向企业集聚，提高企业技术创新能力。国家培育具有影响力和竞争力的科技领军企业，充分发挥科技领军企业的创新带动作用。

三、针对人员素质不高问题的法律法规

1.《中华人民共和国劳动法》

第六十八条：用人单位应当建立职业培训制度，按照国家规定提取和使用职业培训经费，根据本单位实际，有计划地对劳动者进行职业培训。

2.《中华人民共和国安全生产法》

第三十条：生产经营单位的特种作业人员必须按照国家有关规定经专门的安全作业培训，取得相应资格，方可上岗作业。

综上所述，国有企业在生产安全与环保合规方面，特别是针对环保技术落后的问题，必须严格遵守相关法律法规，加强环保设施建设，及时更新技术，加大研发投入，并提升员工素质，以确保企业的可持续发展和合规经营。

合规程序与方法

针对国有企业生产安全与环保合规问题中环保技术落后的问题，以下提出具体的合规程序与方法，旨在分步骤、有针对性地解决问题。

一、制定环保技术升级计划

1.现状评估

企业应组织专业团队对现有环保设施和技术进行全面评估，明确技术落后的具体领域和程度。

2.目标设定

根据评估结果，结合国家环保法规要求及行业标准，设定环保技术升级的具体目标和时间表，制定相关计划。

3.资源调配

确保必要的资金、人力和技术资源投入，为环保技术升级提供有力支持。

二、加强技术研发与合作

1.内部研发

鼓励企业内部研发团队针对环保技术难题进行攻关，提升自主创新能力。

2.外部合作

积极寻求与高校、科研机构及先进企业的合作，引进和吸收国内外先进的环保技术和管理经验。

3.技术引进

对于关键环保技术，可直接引进国内外先进技术或设备，加速技术升级进程。

三、完善环保设施与设备管理

1.设施更新

按照环保技术升级计划，逐步淘汰老旧环保设施，引进高效、低耗的现代化环保设备。

2.设备维护

建立健全环保设备维护保养制度，确保设备处于良好运行状态，提高处理效率。

3. 信息化管理

运用物联网、大数据等现代信息技术手段，实现环保设施的远程监控和智能管理。

四、强化人员培训与提升意识

1. 专业培训

定期组织环保技术人员参加专业培训，提升其在环保技术、设备操作和维护等方面的能力。

2. 意识教育

加强对企业员工环保意识的宣传教育，通过举办讲座、展览、竞赛等形式，营造浓厚的环保文化氛围。

3. 绩效考核

将环保工作纳入员工绩效考核体系，对在环保技术升级、节能减排等方面做出突出贡献的员工给予奖励。

五、建立环保合规管理体系

1. 制度建设

建立健全企业环保合规管理制度，明确各部门、各岗位的环保职责和权限。

2. 风险评估

定期对企业环保合规风险进行评估，识别潜在的风险点和漏洞，及时采取措施加以防范和堵塞。

3. 持续改进

建立环保合规持续改进机制，鼓励员工提出环保改进建议，不断优化环保技术和管理流程。

通过实施上述合规程序与方法，国有企业可以逐步解决环保技术落后的问题，提升生产安全与环保合规水平，实现可持续发展。

第七章
国有企业资产管理合规问题

专题 1：合规管理制度不健全

案例引入

一、案例背景

A公司是一家位于我国的传统制造业国有企业，主营业务涵盖机械制造与零部件加工。随着市场竞争加剧和经济形势变化，A公司面临转型升级的压力。然而，在追求业绩增长的同时，A公司在资产管理合规方面存在严重疏漏，尤其是在合规管理制度的建设与执行上。

二、具体问题

1. 合规管理制度不完善

A公司的合规管理制度仅停留在纸面上，缺乏具体执行细则和操作流程。例如，公司虽有《资产管理规定》，但内容笼统，未明确资产购置、使用、处置等具体环节的合规要求。

缺乏专门的合规管理部门和人员，合规职责分散在财务、采购等多个部门，导致责任不清、执行不力。

2. 资产购置与配置不规范

在资产购置过程中，A公司未进行严格的市场调研和价格比较，导致部分设备采购价格明显高于市场价，造成资金浪费。例如，2020年A公司采购的一批生产设备，总价值高达5000万元，后经审计发现采购成本较市场价高出约15%。

资产配置不合理，部分生产线设备闲置率高达30%，而另一些关键工序却设备不足，影响生产效率。

3. 资产使用与监管不到位

资产使用记录缺失，日常维护保养不到位，导致设备故障频发，影响生产进度。据统计，2021年因设备故障导致的停工时间累计达到200小时，直接经济损失超过100万元。

资产管理信息系统落后，无法实现资产动态跟踪和实时监控，资产流失风险增加。

4. 资产处置随意

资产处置未经过严格的评估程序，部分仍有使用价值的设备被低价处理，造成国有资产流失。例如，2022年A公司处置的一批废旧设备，评估价值为200万元，实际处置价格仅为50万元。

三、主要问题的影响

1. 经济损失大

由于合规管理制度不健全，A公司在资产购置、使用和处置环节均存在不同程度的经济损失。据估算，2022—2024 年内因合规问题导致的直接经济损失累计超过 800 万元。

2. 财务指标下滑

资产使用效率低下和资金浪费导致 A 公司的生产成本上升，盈利能力下降。2021 年，公司净利润率较上一年度减少了 5 个百分点，总资产周转率也明显降低。

3. 企业信誉受损

频发的合规问题不仅影响了 A 公司的内部管理效率，也损害了公司的外部形象和市场信誉。部分合作伙伴和客户开始对公司的管理能力和诚信度产生怀疑。

4. 法律风险增加

由于合规管理制度缺失，A 公司在资产管理过程中存在诸多法律隐患。一旦爆发重大合规事件，公司将面临严重的法律处罚和声誉危机。

四、结论与反思

A 公司合规管理制度不健全的案例深刻揭示了传统制造业国有企业在合规管理方面存在的问题。合规管理制度不健全不仅导致经济损失和财务指标下滑，还严重损害了企业的市场信誉和法律安全。国有企业可从以下方面着手解决相关问题。

1. 建立健全合规管理制度

制定详细、具体的合规管理手册和操作流程，明确各部门和人员的合规职责。

2. 加强合规培训与教育

提高全体员工的合规意识，确保每位员工都能在日常工作中严格遵守合规要求。

3. 引入先进的信息管理系统

利用现代信息技术手段实现资产的动态跟踪和实时监控，提高资产管理效率。

4. 强化内部审计与监督

建立独立的内部审计部门，定期对资产管理合规情况进行审计和监督，确保合规管理制度得到有效执行。

5. 完善法律风险管理机制

建立健全法律风险评估和应对机制，及时识别和防范潜在的法律风险。

通过实施以上措施，A 公司可以逐步改善资产管理合规状况，提升企业管理水平和市场竞争力。

合规问题分析

一、业务简介

国有企业资产管理涉及企业资产的购置、使用、维护、处置等多个环节，是企业运营的重要组成部分。合规的资产管理不仅关乎企业的经济效益，还直接影响企业的法律风险和市场信誉。

二、相关规定

针对国有企业资产管理，国家有一系列法律法规和规章制度，如《中华人民共和国企业国有资产法》《企业财务通则》《中央企业资产损失责任追究暂行办法》等。这些规定要求国有企业必须建立健全的资产管理制度，确保资产的合法、合规、有效管理。

三、合规问题具体表现

1. 制度缺失或不完善

部分国有企业缺乏全面的资产管理制度，或现有制度过于笼统，缺乏具体操作细则，导致制度执行不力。

2. 职责不清

资产管理职责分散在多个部门，缺乏统一的协调和管理，导致责任不清、执行效率低下。

3. 资产购置与配置不规范

资产购置过程中缺乏市场调研和价格比较，导致采购成本过高；资产配置不合理，部分资产闲置浪费。

4. 资产使用与监管不到位

资产使用记录缺失，日常维护保养不到位；资产管理信息系统落后，无法实现资产的动态跟踪和实时监控。

5. 资产处置随意

资产处置未经过严格的评估程序，导致国有资产流失。

四、问题造成的严重影响

1. 造成经济损失

合规管理制度不健全导致企业在资产购置、使用和处置环节均存在不同程度的经济损失，降低了企业的盈利能力。

2. 财务指标下滑

资产使用效率低下和资金浪费导致企业的生产成本上升，总资产周转率、净利润率等财务指标下滑。

3. 企业信誉受损

频发的合规问题损害企业的外部形象和市场信誉，影响企业的合作伙伴关系和客户关系。

4. 法律风险增加

合规管理制度的缺失使企业在资产管理过程中存在诸多法律隐患，一旦爆发合规事件，企业将面临严重的法律处罚和声誉危机。

5. 管理效率低下

职责不清和执行不力导致企业管理效率低下，影响企业的整体运营效果和市场竞争力。

综上所述，国有企业资产管理合规问题中的合规管理制度不健全是一个严重的问题，它对企业的经济效益、市场信誉、法律安全和管理效率都造成了深远的影响。因此，国有企业必须高度重视合规管理制度的建设和完善，确保资产的合法、合规、有效管理。

法律法规依据

在国有企业资产管理过程中，合规管理制度不健全是一个常见问题，这不仅可能导致资产流失，还可能影响企业的正常运营和国有资产的保值增值。针对这一问题，可以从多个法律领域总结相关法律法规依据。

一、《中华人民共和国企业国有资产法》

第四条：国务院和地方人民政府依照法律、行政法规的规定，分别代表国家对国家出资企业履行出资人职责，享有出资人权益。

这明确了国有资产管理中的出资人职责和权益，强调了管理制度的必要性和重要性。

第七条：国家采取措施，推动国有资本向关系国民经济命脉和国家安全的重要行业和关键领域集中，优化国有经济布局和结构，推进国有企业的改革和发展，提高国有经济的整体素质，增强国有经济的控制力、影响力。

这一条款强调了国有资产管理的重要性，要求建立健全的管理制度以支持国有经济的健康发展。

二、《企业国有资产监督管理暂行条例》

第七条：各级人民政府应当严格执行国有资产管理法律、法规，坚持政企分开，所有权与经营权分离的原则，依法履行出资人职责，促进企业国有资产的保值增值，防止国有资产流失。

此条款强调了政企分开和所有权与经营权分离的原则，要求建立有效的监督管理制度以防止国有资产流失。

三、《中华人民共和国会计法》

第四条：单位负责人对本单位的会计工作和会计资料的真实性、完整性负责。

这一条款虽未直接涉及合规管理制度，但强调了单位负责人对会计工作的责任，间接要求建立健全的资产管理制度，以确保会计信息的准确性和完整性。

第二十五条：各单位应当建立、健全本单位内部会计监督制度。单位内部会计监督制度应当符合下列要求：（一）记账人员与经济业务事项和会计事项的审批人员、经办人员、财物保管人员的职责权限应当明确，并相互分离、相互制约；（二）重大对外投资、资产处置、资金调度和其他重要经济业务事项的决策和执行的相互监督、相互制约程序应当明确；（三）财产清查的范围、期限和组织程序应当明确；（四）对会计资料定期进行内部审计的办法和程序应当明确。（五）国务院财政部门规定的其他要求。

这一条款直接涉及单位内部会计监督制度的建立，要求明确职责权限和相互制约机制，是合规管理制度的重要组成部分。

四、《企业会计准则第 14 号——收入》

第一条：为了规范收入的确认、计量和相关信息的披露，根据《企业会计准则——基本准则》，制定本准则。

虽然该准则主要关注收入的确认和计量，但它体现了会计准则对企业管理活动规范性的要求，间接强调了建立健全合规管理制度的重要性。

第四条至第六条详细规定了企业确认收入的条件和程序，这些规定要求企业在日常经营活动中必须严格遵循会计准则，从侧面反映了合规管理制度在保障财务信息真实性和完整性方面的作用。

综上所述，针对国有企业资产管理合规问题中合规管理制度不健全的问题，相关法律法规，如《中华人民共和国企业国有资产法》《企业国有资产监督管理暂行条例》《中华人民共和国会计法》《企业会计准则第 14 号——收入》等，均从不同角度强调了建立健全合规管理制度的必要性和具体要求。企业应依据这些法律法规，不断完善和优化自身的资产管理制度，以确保国有资产的安全、完整和保值增值。

合规程序与方法

针对国有企业资产管理合规问题中合规管理制度不健全的问题，以下提出具体的合规程序与方法，旨在分步骤、有针对性地解决问题。

一、制定和完善合规管理制度体系

1. 全面梳理现有制度

企业应组织专业团队对现有资产管理制度进行全面梳理，识别存在的漏洞和不足之处。

2. 制定或修订合规管理制度

根据梳理结果，结合国家法律法规和企业实际情况，制定或修订合规管理制度。制度应涵盖资产管理的各个环节，包括采购、入库、领用、调拨、处置、报废等，并明确各环节的职责权限和操作流程。

3. 构建分级分类的合规管理制度体系

根据制度的重要性和适用范围，构建分级分类的合规管理制度体系，确保各项制度之间协调一致，形成有机整体。

二、强化合规意识与培训

1. 加强合规意识教育

通过召开专题会议、发放宣传资料等形式，加强对全体员工的合规意识教育，使其充分认识到合规管理的重要性。

2. 定期开展合规培训

定期组织合规培训，内容涵盖国家法律法规、企业规章制度、案例分析等，提高员工的合规操作能力和风险防范意识。

3. 实施合规考核与激励

将合规管理纳入员工绩效考核体系，对合规表现优异的员工给予奖励，对违规行为进行严肃处理，形成正向激励机制。

三、建立合规风险识别与评估机制

1. 全面梳理合规风险

对企业资产管理活动中的合规风险进行全面梳理，识别潜在的风险点和薄弱环节。

2. 建立合规风险数据库

建立并定期更新合规风险数据库，对风险发生的可能性、影响程度、潜在后果等进行分析，为制定应对措施提供依据。

3. 实施风险预警与应对

对典型、普遍或者可能产生严重后果的风险及时预警，并制定具体的应对措施和预案，确保风险得到有效控制。

四、加强合规审查与监督

1. 将合规审查嵌入业务流程

将合规审查作为必经程序嵌入资产管理业务流程中，确保各项决策和操作符合法律法规和企业规章制度的要求。

2. 建立违规举报与处理机制

设立违规举报平台，鼓励员工积极举报违规行为。对举报的问题及时进行调查和处理，对违规行为进行严肃问责。

3. 加强内部审计与监督

定期开展内部审计工作，对资产管理活动的合规性进行监督检查。及时解决发现的问题，确保合规管理制度得到有效执行。

五、利用科技手段提升合规管理效能

1. 引入合规管理软件

采用先进的合规管理软件系统，对资产管理活动进行实时监控和数据分析，提高合规管理的效率和准确性。

2. 建立数字化合规管理体系

通过数字化手段整合优化合规管理相关制度和工作流程，实现合规管理的信息化、自动化和智能化。

3. 加强数据保护

在利用科技手段提升合规管理效能的同时，应注重数据保护与安全工作，防止敏感信息泄露和他人非法访问。

通过实施上述合规程序与方法，国有企业可以逐步建立健全的合规管理制度体系，提升资产管理活动的合规性和规范性，有效防范和控制合规风险的发生。

专题2：合规管理意识薄弱

案例引入

一、案例背景

B公司，一家位于东部沿海地区的传统制造业国有企业，主要从事金属制品的生产与销售。近年来，随着市场竞争的加剧和国内外法规要求的日益严格，B公司在资产管理合规方面逐渐暴露出诸多问题。尤其是管理层合规管理意识薄弱，导致了一系列严重后果。

二、具体问题

1. 员工合规意识淡薄

B公司虽然制定了较为完善的合规管理制度，但在实际操作中，这些制度往往被束之高阁，未能得到有效执行。例如，公司关于采购、库存管理和废物处理的合规流程明确规定了审批程序和记录要求，但实际操作中，员工常常因图方便而跳过审批环节，甚至伪造记录。

2. 管理层合规意识淡薄

B公司的高层管理人员对合规管理的重要性认识不足，往往将业绩和利润作为首要追求目标，

而忽视了合规风险的存在。在一次重大采购项目中，公司负责人未经充分市场调研和合规审查，便匆忙决定与一家信誉不佳的供应商合作，结果供应商提供的原材料存在质量问题，进而导致生产线停工数周，直接经济损失高达数百万元。

3. 员工合规培训缺失

B公司在员工合规培训方面存在明显不足，新员工入职时仅进行简单的制度宣讲，未进行深入的合规意识和操作技能培训。老员工也长期缺乏系统性的合规知识更新，导致整个公司的合规氛围差。

三、主要问题的影响

1. 经济损失大

由于合规管理不善，B公司频繁遭遇供应商欺诈、产品质量问题和环保违规等事件，直接导致经济损失累计超过千万元。同时，生产线停工、产品召回等后果也进一步加大了公司的财务压力。

2. 财务指标恶化

合规问题频发严重影响了B公司的经营效率和盈利能力。近年来，公司的营业收入和净利润增长率均出现显著下滑，与同行业标杆企业的差距逐渐拉大。此外，公司的资产负债率持续上升，财务风险加剧。

3. 品牌形象受损

多起合规事件被媒体曝光后，B公司的品牌形象受到严重损害。客户信任度下降，市场份额被竞争对手蚕食。同时，公司还面临来自政府监管部门的处罚和舆论压力，这进一步加剧了公司的困境。

四、结论与反思

B公司的案例深刻揭示了国有企业资产管理合规问题中合规管理意识薄弱的严重后果。合规不仅是企业规避法律风险、保障资产安全的重要手段，更是提升企业核心竞争力、实现可持续发展的重要基石。针对B公司存在的问题，以下几点建议尤为重要。

1. 加强合规文化建设

企业应从高层做起，树立强烈的合规意识，将合规文化融入企业的核心价值观和日常管理中。通过定期举办合规培训、设立合规奖励机制等方式，提升全体员工的合规意识和操作能力。

2. 完善合规管理制度

结合企业实际情况和法律法规要求，制定科学、合理、可行的合规管理制度。同时，建立有效的监督机制，确保制度得到有效执行。对于违反合规制度的行为，应严肃追究责任，形成有效的震慑。

3. 利用科技手段提升合规管理水平

引入先进的合规管理软件和技术手段，对资产管理活动进行实时监控和数据分析。通过数字化手段优化合规管理流程，提高合规管理的效率和准确性。

4. 强化外部沟通与协作

积极与政府部门、行业协会等外部机构保持沟通协作，及时了解最新的法规政策和市场变化。同时，加强与供应商、客户等利益相关方的合规合作，共同构建良好的合规生态。

合规问题分析

一、业务简介

国有企业资产管理是确保国有资产安全、完整和有效运用的重要环节，涉及采购、储存、使用、处置等多个方面。合规管理则是指企业在经营过程中，遵守国家法律法规、行业准则和企业内部规章制度的行为。在国有企业资产管理领域，合规管理尤为重要，它直接关系到国有资产的保值增值和国家的经济利益。

二、相关规定

针对国有企业资产管理，国家制定了一系列法律法规和规章制度，如《中华人民共和国企业国有资产法》《企业国有资产监督管理暂行条例》等。这些规定明确要求国有企业必须建立健全的资产管理制度，确保资产管理的合规性。同时，相关法律法规还规定了国有企业资产管理的具体要求和操作程序，如资产采购、入库、领用、调拨、处置等环节的合规要求。

三、合规问题具体表现

在实际操作中，国有企业资产管理合规问题中的合规管理意识薄弱问题时有发生，具体表现如下。

1. 管理制度不健全或执行不力

部分国有企业虽然制定了资产管理制度，但制度内容不完善、执行不严格，导致资产管理存在漏洞和风险。

2. 管理层合规意识淡薄

部分国有企业管理层对合规管理的重要性认识不足，往往将业绩和利润作为首要追求目标，而忽视了合规风险的存在。

3. 员工培训缺失

部分国有企业缺乏系统性的合规培训，导致员工对合规要求不了解、不熟悉，无法有效执行合规管理制度。

四、问题造成的严重影响

国有企业资产管理合规问题中合规管理意识薄弱的问题对企业和国家都造成了严重影响，具体如下。

1. 经济损失大

合规管理不善可能导致国有企业遭受经济损失，如因采购不合规导致的原材料质量问题、因资产管理不善导致的资产流失等。

2. 财务指标恶化

合规问题频发会影响国有企业的经营效率和盈利能力，导致财务指标恶化，如营业收入增长率和净利润增长率下降、资产负债率上升等。

3. 品牌形象受损

合规问题可能导致国有企业品牌形象受损，降低客户信任度和减小市场份额，进而影响企业的长期发展。

4. 法律风险增加

合规管理意识薄弱可能使国有企业面临更多的法律风险，如因违反法律法规而受到行政处罚等。

综上所述，国有企业资产管理合规问题中合规管理意识薄弱是一个需要高度重视的问题。为了解决这一问题，国有企业应加强合规文化建设、完善合规管理制度、加强员工培训、强化外部沟通与协作等，以确保资产管理的合规性和企业的健康发展。

法律法规依据

针对国有企业资产管理合规问题中合规管理意识薄弱的问题，以下是对相关法律法规依据的总结。

一、针对管理制度不健全或执行不力问题的法律法规

1.《中华人民共和国企业国有资产法》

第六条：国务院和地方人民政府应当按照政企分开、社会公共管理职能与国有资产出资人职能分开、不干预企业依法自主经营的原则，依法履行出资人职责。

该条款强调了政府在管理国有资产时应遵循的原则，为建立健全的资产管理制度提供了法律基础。

第十一条：国务院国有资产监督管理机构和地方人民政府按照国务院的规定设立的国有资产监督管理机构，根据本级人民政府的授权，代表本级人民政府对国家出资企业履行出资人职责。

此条款明确了国有资产监督管理机构的职责，要求其代表政府履行出资人职责，包括建立健全的资产管理制度。

2.《企业国有资产监督管理暂行条例》

第二十一条：国有资产监督管理机构依照法定程序决定其所出资企业中的国有独资企业、国有独资公司的分立、合并、破产、解散、增减资本、发行公司债券等重大事项……。

此条款要求国有资产监督管理机构在决定企业重要事项时，必须遵循法定程序，这间接要求了资产管理制度的完善和合规执行。

二、针对管理层合规意识淡薄问题的法律法规

1.《中华人民共和国公司法》

第一百七十九条：董事、监事、高级管理人员应当遵守法律、行政法规和公司章程。

第一百八十条：董事、监事、高级管理人员对公司负有忠实义务，应当采取措施避免自身利益与公司利益冲突，不得利用职权牟取不正当利益……。

此条款要求公司管理层必须遵守法律法规，对公司负有忠实和勤勉义务，这涵盖了合规管理的要求。

2.《中华人民共和国企业国有资产法》

第二十六条：国家出资企业的董事、监事、高级管理人员，应当遵守法律、行政法规以及企业章程，对企业负有忠实义务和勤勉义务，不得利用职权收受贿赂或者取得其他非法收入和不当利益，不得侵占、挪用企业资产，不得超越职权或者违反程序决定企业重大事项，不得有其他侵害国有资产出资人权益的行为。

此条款进一步强调了国有企业管理层的合规义务，包括不得侵占、挪用企业资产等。

三、针对员工培训缺失问题的法律法规

1.《中华人民共和国劳动法》

第六十八条：用人单位应当建立职业培训制度，按照国家规定提取和使用职业培训经费，根据本单位实际，有计划地对劳动者进行职业培训……。

此条款要求用人单位建立职业培训制度，包括合规培训，以提升员工的职业技能和合规意识。

2.《中华人民共和国安全生产法》

虽然该法律主要关注安全生产，但其中的培训要求也可类比应用于合规管理。

第二十八条：生产经营单位应当对从业人员进行安全生产教育和培训，保证从业人员具备必要的安全生产知识，熟悉有关的安全生产规章制度和安全操作规程，掌握本岗位的安全操作技能，了解事故应急处理措施，知悉自身在安全生产方面的权利和义务。未经安全生产教育和培训合格的从业人员，不得上岗作业。

此条款强调了用人单位对员工的培训义务，虽然主要针对安全生产，但合规管理培训也应遵循类似的原则。

综上所述，国有企业资产管理合规问题中合规管理意识薄弱的问题涉及多个法律法规的约束。为了加强合规管理，国有企业应严格遵守相关法律法规，建立健全的资产管理制度，并加强对管理层和员工的合规培训。

合规程序与方法

针对国有企业资产管理合规问题中合规管理意识薄弱的问题，以下提出具体的合规程序与方法，旨在分步骤、有针对性地解决问题。

一、建立健全国有企业资产管理合规体系

制定完善的合规管理制度，梳理现有资产管理制度，查找漏洞与不足。

参照《中华人民共和国企业国有资产法》《企业国有资产监督管理暂行条例》等法律法规，制定或修订合规管理制度，确保制度内容的全面性、合法性和可操作性。明确资产采购、入库、领用、调拨、处置等各环节的操作流程、审批权限和责任追究机制。

二、强化管理层合规意识

定期组织高层管理人员参加合规管理培训，邀请法律专家、行业资深人士授课，增强管理层的合规意识和风险防范能力。将合规管理纳入管理层绩效考核体系，设立合规管理考核指标（与业绩指标并重），确保管理层在追求业绩的同时重视合规管理。

三、加强员工合规教育与培训

制定并实施全员合规培训计划，确保每位员工都能接受到与合规知识相关的教育和培训。培训内容应涵盖法律法规、企业规章制度、职业道德、案例分析等方面，以提高员工的合规意识和实际操作能力。鼓励员工参与合规知识竞赛、合规文化月等活动，营造浓厚的合规氛围。

四、建立健全内部监督与问责机制

1.设立独立的合规监督部门

在企业内部设立独立的合规监督部门,负责监督合规管理制度的执行情况,及时发现并纠正违规行为。合规监督部门应直接向董事会或高级管理层报告工作,确保其独立性和权威性。

2.完善问责机制

制定明确的问责机制,对违反合规管理制度的行为进行严肃处理,追究相关责任人的责任。问责机制应公开透明,公平公正,避免包庇和纵容违规行为。

五、引入科技手段提升合规管理效率

引入先进的资产管理信息系统,实现资产信息的实时录入、查询、统计和分析,提高资产管理的透明度和准确性。利用大数据、人工智能等技术手段,对资产管理过程中的合规风险进行预警和监控,及时发现并解决问题。

六、加强外部沟通与协作

与国有资产监督管理机构、审计署等监管机构建立定期沟通机制,及时了解最新的法律法规和政策动态,确保企业合规管理方向正确。在遇到重大合规问题时,及时向监管机构报告并寻求指导和支持。

通过实施以上合规程序与方法,国有企业可以有效提升资产管理合规水平,增强管理层和员工的合规意识,降低合规风险,保障国有资产的安全和有效运用。

专题3:资产账实不符

案例引入

一、案例背景

公司C,是一家历史悠久的传统制造业国有企业,主要生产机械零部件,拥有员工数千人,年营业额数十亿元。近年来,随着市场竞争的加剧和内部管理问题的积累,公司C在资产管理方面暴露出严重问题,特别是资产账实不符的现象频发,严重影响了公司的财务状况和经营效率。

二、具体问题

1.盘点差异大

在最近一次年度资产盘点中,张经理(公司C的财务部经理,负责公司的日常财务管理和资产盘点工作)发现公司账面上的固定资产总额与实物资产存在巨大差异。经详细核查,发现有多台高价值机床在账面上有记录,但实物已因技术落后被淘汰多年,且未按规定进行报废处理;同时,部分新购入的设备虽已投入使用,但因流程问题未及时入账。账实不符导致的盘亏资产总价值超过5000万元,占公司总资产的5%。由于资产账实不符,公司财务报表中的总资产、净资产、折旧费用等多个关键指标均出现失真。净利润率因此减少了2个百分点,从原本的8%降至6%。

2.存在管理漏洞

(1)制度执行不力:公司虽制定了完善的资产管理制度,但在实际操作中执行不严,如资产报废、新增入账等流程存在走过场现象。

（2）资产管理系统老旧：资产管理系统老旧，无法实时反映资产变动情况，导致数据滞后和不准确。

三、主要问题的影响

1. 经济损失大

直接经济损失高达 5000 万元，不仅减少了企业的净资产，还影响了后续的融资能力和市场信誉。

2. 财务信誉受损

财务报表失真可能导致投资者、银行和其他金融机构对公司的信任度下降，进而影响融资成本和业务拓展。

3. 决策失误

基于失真的财务数据做出的经营决策可能偏离实际情况，导致资源浪费和战略方向错误。

4. 面临法律风险

资产账实不符还可能触发监管机构的关注，甚至面临行政处罚和法律诉讼的风险。

四、结论与反思

公司 C 的资产账实不符问题暴露了公司在资产管理合规方面的严重漏洞，不仅造成了巨大的经济损失，还对公司的财务状况、经营效率和市场信誉产生了深远影响，可从以下几方面着手解决。

1. 加强制度建设与执行

必须建立健全的资产管理制度，并确保制度得到有效执行。对于违反制度的行为，应严肃追究责任，形成有效的震慑。

2. 升级信息系统

引入先进的资产管理信息系统，实现资产信息的实时录入、查询、统计和分析，提高资产管理的透明度和准确性。

3. 强化培训与监督

加强对财务、资产管理等相关人员的培训，提高其合规意识和业务能力。同时，建立健全内部监督机制，确保资产管理工作的规范性和合规性。

4. 建立反馈与改进机制

定期对资产管理工作进行评估和反馈，及时发现问题并采取措施加以解决。同时，鼓励员工提出改进建议，形成全员参与、持续改进的良好氛围。

合规问题分析

一、业务简介

国有企业作为国民经济的重要支柱，其资产管理直接关系到国有资产的保值增值和企业的持续健康发展。资产管理业务涵盖资产的购置、验收、使用、维护、调拨、处置等多个环节，涉及财务、采购、生产、后勤等多个部门，是一项复杂而系统的工作。

二、相关规定

针对国有企业资产管理，国家和地方政府制定了一系列法律法规和规章制度，如《中华人民共和国企业国有资产法》《企业国有资产监督管理暂行条例》《企业会计准则》等，对资产的确认、计量、记录、报告以及管理流程等方面进行了明确规定。这些规定旨在确保国有资产的账实相符，防止资产流失和浪费。

三、合规问题具体表现

在国有企业资产管理过程中，资产账实不符的合规问题具体表现如下。

1. 账有物无

账面上存在某项资产的记录，但实际盘点时却发现该资产已不存在或已被处置，但未及时在财务账面上进行相应处理。这可能是资产报废、丢失、被盗或违规处置等导致的。

2. 物有账无

实物资产存在，但在财务账面上却没有相应的记录。这可能是资产购置后未及时入账、无偿调入或接受捐赠未进行账务处理、账外资产未纳入管理范围等造成的。

3. 账实不符

账面上的资产信息与实物资产在数量、规格、价值等方面存在差异。这可能是计量错误、记录不准确、资产调拨未及时更新信息等导致的。

4. 管理流程不规范

资产管理的各个环节缺乏明确的操作流程和审批权限，导致资产管理混乱、责任不清。例如，资产报废、处置未经过必要的审批程序，或审批流于形式；资产调拨未办理相关手续，导致资产使用地点和部门与实际不符。

四、问题造成的严重影响

资产账实不符问题对国有企业造成的严重影响主要体现在以下几个方面。

1. 经济损失大

账实不符导致国有资产流失，企业净资产减少，影响企业的融资能力和市场竞争力。同时，资产信息不准确，可能导致企业在投资决策、资源配置等方面出现偏差，造成资源浪费和经济效益下降。

2. 面临财务风险

财务报表失真使投资者、债权人等利益相关方对企业的财务状况产生误解，影响企业的信誉和融资成本。此外，还可能触发监管机构的关注，面临行政处罚和法律诉讼的风险。

3. 管理混乱

资产账实不符反映出企业管理层对资产管理的重视程度不够，管理制度不健全或执行不力。这种管理混乱不仅影响资产的安全和完整，还可能滋生腐败行为，损害企业的形象和声誉。

4. 决策失误

基于失真的财务数据做出的经营决策可能偏离实际情况，导致企业战略方向错误，错失发展机遇或陷入经营困境。

综上所述，国有企业资产管理合规问题中资产账实不符是一个亟待解决的严重问题。企业应加强制度建设、完善管理流程、提高信息化水平、强化监督与问责机制，确保资产管理的合规性和有效性。

法律法规依据

针对国有企业资产管理合规问题中的资产账实不符现象，以下是总结的相关法律法规依据。

一、会计法依据

《中华人民共和国会计法》

第三条：各单位必须依法设置会计账簿，并保证其真实、完整。

固定资产账实不符违反了该条款，未能真实反映企业的财务状况。

第九条：各单位必须根据实际发生的经济业务事项进行会计核算，填制会计凭证，登记会计账簿，编制财务会计报告……。

账实不符表明企业在进行会计核算时未遵循这一原则，可能会导致会计信息失真。

第四十条：违反本法规定，有下列行为之一的，由县级以上人民政府财政部门责令限期改正，给予警告、通报批评，对单位可以并处二十万元以下的罚款，对其直接负责的主管人员和其他直接责任人员可以处五万元以下的罚款；情节严重的，对单位可以并处二十万元以上一百万元以下的罚款，对其直接负责的主管人员和其他直接责任人员可以处五万元以上五十万元以下的罚款；属于公职人员的，还应当依法给予处分：

（一）不依法设置会计账簿的；

（二）私设会计账簿的；

（三）未按照规定填制、取得原始凭证或者填制、取得的原始凭证不符合规定的；

（四）以未经审核的会计凭证为依据登记会计账簿或者登记会计账簿不符合规定的；

（五）随意变更会计处理方法的；

（六）向不同的会计资料使用者提供的财务会计报告编制依据不一致的；

（七）未按照规定使用会计记录文字或者记账本位币的；

（八）未按照规定保管会计资料，致使会计资料毁损、灭失的；

（九）未按照规定建立并实施单位内部会计监督制度或者拒绝依法实施的监督或者不如实提供有关会计资料及有关情况的；

（十）任用会计人员不符合本法规定的。

有前款所列行为之一，构成犯罪的，依法追究刑事责任。

会计人员有第一款所列行为之一，情节严重的，五年内不得从事会计工作。

有关法律对第一款所列行为的处罚另有规定的，依照有关法律的规定办理。

二、企业法及经济法中的相关规定

1.《中华人民共和国企业国有资产法》

第十七条：国家出资企业从事经营活动，应当遵守法律、行政法规，加强经营管理，提高经济效益，接受人民政府及其有关部门、机构依法实施的管理和监督，接受社会公众的监督，承担社会责任，对出资人负责……。

资产账实不符违反了企业加强经营管理、接受监督的基本要求。

第六十六条：国务院和地方人民政府应当依法向社会公布国有资产状况和国有资产监督管理工作情况，接受社会公众的监督。任何单位和个人有权对造成国有资产损失的行为进行检举和控告。

2.《企业国有资产监督管理暂行条例》

第二十一条：国有资产监督管理机构依照法定程序决定其所出资企业中的国有独资企业、国有独资公司的分立、合并、破产、解散、增减资本、发行公司债券等重大事项……。

资产账实不符可能影响这些重大事项的决策依据，损害国有资产安全。

三、其他相关法律法规

1.《中央行政事业单位国有资产管理办法》

第十五条：中央行政事业单位应当定期或者不定期对资产进行盘点、对账，每年至少盘点一次。出现资产盘盈盘亏的，应当按照财务、会计和国有资产管理有关制度规定及时处理，做到账实相符、账卡相符、账账相符。

2.《内部会计控制规范——基本规范（试行）》

该规范强调了单位应建立健全内部会计控制制度，确保会计信息的真实性和完整性。资产账实不符表明企业内部会计控制存在缺陷，未能有效防止和纠正错误及舞弊行为。

综上所述，国有企业资产管理合规问题中的资产账实不符现象违反了《中华人民共和国会计法》《中华人民共和国企业国有资产法》等多部法律法规的相关规定。这些法律法规为企业资产管理的合规性提供了明确的法律依据和处罚措施，企业应严格遵守相关法律法规要求，加强资产管理内部控制和审计监督，确保资产账实相符，维护国有资产的安全和完整。

合规程序与方法

针对国有企业资产管理合规问题中的资产账实不符现象，以下提出具体的合规程序与方法，旨在分步骤、有针对性地解决问题。

一、建立健全资产管理制度

1.制定详细的资产管理规定

结合企业实际情况，制定涵盖资产购置、验收、使用、维护、调拨、处置等全过程的详细资产管理规定，明确各环节的操作流程、审批权限和责任主体。

2.完善内部控制制度

建立健全内部控制制度，确保资产管理的各项流程符合法律法规和企业规章制度的要求。加强对关键环节的监督和控制，防止资产流失和浪费。

二、加强资产盘点与核查

1.定期盘点资产

建立定期资产盘点制度，至少每年进行一次全面盘点，确保账实相符。盘点过程中应详细记录资产的数量、规格、价值等信息，并与财务账面数据进行核对。

2.实施突击盘点

在常规盘点的基础上，不定期进行突击盘点，以检验日常资产管理的真实性和有效性。突击盘点应重点关注高价值资产和易流失资产。

三、优化资产管理信息系统

1.引入先进的资产管理信息系统

采用先进的资产管理信息系统，实现资产信息的实时录入、查询、统计和分析。系统应具备自动预警功能，对即将到期报废、丢失或异常变动的资产进行及时提醒。

2. 确保数据准确性

加强对资产管理信息系统的维护和更新工作，确保系统数据的准确性和完整性。定期对系统数据进行核对和校验，防止数据错误和遗漏。

四、加强人员培训与管理

1. 提高管理人员素质

加强对资产管理人员和财务人员的培训和管理，提高其合规意识和业务能力。培训内容应包括资产管理法律法规、内部控制制度、信息系统操作等方面。

2. 明确岗位职责

明确资产管理各个环节的岗位职责和权限范围，确保责任到人。对违反规定的行为进行严肃处理，形成有效的震慑。

五、强化监督与问责机制

1. 建立监督机制

建立健全资产管理的内部监督和外部审计机制，定期对资产管理情况进行监督检查。内部审计部门应独立行使职权，对发现的问题及时提出处理意见并跟踪落实情况。

2. 实施问责机制

对资产账实不符等违规行为进行严肃问责，追究相关责任人的法律责任。同时，将资产管理情况纳入企业绩效考核体系，与员工的薪酬和晋升挂钩，激励员工积极参与资产管理工作。

通过实施以上合规程序与方法，国有企业可以有效解决资产管理中的资产账实不符问题，提高资产管理的合规性和有效性，保障国有资产的安全和完整。

专题 4：资产处置不规范

案例引入

一、案例背景

传统制造业国有企业 D（以下简称"D 公司"），长期以来在行业内占据一定市场份额，但随着市场竞争的加剧和技术的飞速发展，企业面临着转型升级的压力。近年来，D 公司为了优化资产结构、提高运营效率，开始着手进行大规模的资产处置工作。然而，在资产处置过程中，管理不善、程序不规范等问题频发，导致了一系列严重后果。

二、具体问题

1. 未经审批擅自处置资产

D 公司的某部门负责人张某，在未获得上级主管部门批准的情况下，擅自将一批价值约 500 万元的闲置生产设备以远低于市场价的价格（仅 150 万元）出售给了一家关联企业。这一行为严重违反了公司资产管理规定和国有资产处置流程。

2. 资产评估不严谨

在另一项资产处置项目中，D 公司委托的第三方评估机构对拟处置的资产进行了评估，但评估过程流于形式，未充分考虑资产的实际价值和市场潜力。结果导致一批价值约 300 万元的优质资产被低估为 100 万元进行处置，造成了巨大的国有资产流失。

3. 处置信息不透明

D 公司在资产处置过程中，未公开透明地发布处置信息，导致部分潜在买家无法获取处置资产的相关信息，从而失去了参与竞买的机会。同时，这也为内部人员操纵资产处置提供了便利条件。

三、主要问题的影响

1. 经济损失大

由于未经审批擅自处置和资产评估不严谨等问题，D 公司直接经济损失高达约 550 万元 [（500-150）+（300-100）=550]。这不仅严重侵蚀了企业利润，还影响了企业的现金流和后续发展能力。

2. 财务指标恶化

资产处置不规范导致 D 公司出现资产负债率上升、净资产收益率下降等财务指标不利变化。20×× 年度，公司的资产负债率较上一年度增加了 5 个百分点，净资产收益率减少了 3 个百分点，进一步加大了企业的财务压力。

3. 内部管理混乱

资产处置不规范问题暴露了 D 公司内部管理存在的严重漏洞。部门间协作不畅、审批流程形同虚设、监督机制失效等问题凸显，严重影响了企业的整体运营效率和管理水平。

4. 信誉受损

资产处置过程中的不规范行为还损害了 D 公司的市场信誉和品牌形象。潜在客户和合作伙伴对 D 公司的信任度降低，可能导致合作机会减少和市场份额减小。

四、结论与反思

1. 加强制度建设

D 公司应建立健全资产管理制度和处置流程，明确审批权限和责任主体，确保资产处置工作依法依规进行。

2. 严格资产评估

在处置资产前，应委托具有资质的第三方评估机构进行严谨、公正的资产评估工作，确保资产价值得到合理体现。

3. 提高信息透明度

公开透明地发布资产处置信息，吸引更多潜在买家参与竞买，提高资产处置的公平性和效率。

4. 强化内部监督

建立健全内部监督机制，加大对资产处置工作的审计和检查力度，及时发现和纠正违规行为。

5. 加强员工培训

提高管理人员和财务人员的合规意识和业务能力，确保其在资产管理工作中能够严格遵守法律法规和企业规章制度的要求。

通过实施以上措施，D公司可以逐步解决资产管理合规问题中资产处置不规范的问题，提高企业的整体运营效率和管理水平，保障国有资产的安全和完整。

合规问题分析

一、业务简介

国有企业资产处置是国有企业资产管理的重要环节，涉及资产的报废、出售、转让、租赁等多种方式。合理的资产处置能够优化企业资产结构，提高资产使用效率，促进企业的可持续发展。然而，在实际操作过程中，由于多种原因，国有企业资产处置往往存在不合规的问题。

二、相关规定

针对国有企业资产处置，国家和地方政府出台了一系列相关法律法规和政策文件，如《中华人民共和国企业国有资产法》《企业国有资产交易监督管理办法》等。这些规定明确了资产处置的审批程序、评估标准、信息披露要求等内容，旨在保障国有资产的安全和完整，防止国有资产流失。

三、合规问题具体表现

1. 审批程序不规范

部分国有企业在资产处置过程中，未严格按照规定的审批程序进行，存在越权审批、先斩后奏等现象。这不仅违反了法律法规的要求，也破坏了企业的内部治理结构和决策机制。

2. 资产评估不严谨

资产评估是资产处置的重要环节，直接关系到处置价格的公正性和合理性。然而，一些国有企业在资产评估过程中存在走过场、低估资产价值等问题，导致国有资产流失或处置收益受损。

3. 信息披露不充分

资产处置信息的不充分披露是又一个常见问题。部分国有企业未能按照规定公开处置资产的相关信息，如资产状况、评估结果、处置方式等，导致潜在买家无法全面了解处置资产的情况，影响了处置的公平性和效率。

4. 内部交易和利益输送

在资产处置过程中，一些国有企业存在内部交易和利益输送的现象。通过关联交易、低价转让等方式，将优质资产转移给关联方或特定对象，损害了国家和企业的利益。

四、问题造成的严重影响

1. 国有资产流失

资产处置不合规最直接的影响就是国有资产流失。由于审批程序不规范、资产评估不严谨等原因，大量国有资产被低价处置或无偿转让，给国家财政造成了巨大损失。

2. 损害企业形象和信誉

资产处置不合规会损害国有企业的形象和信誉。公众和投资者对企业的不信任感增加，可能导致合作机会减少、融资成本上升等不利后果。

3. 影响企业可持续发展

不合理的资产处置不仅浪费了企业资源，还可能影响企业的可持续发展能力。优质资产的流失导致企业竞争力下降，而低效资产的长期占用则增加了企业的运营成本和维护负担。

4.滋生腐败现象

资产处置过程中的不合规行为还为腐败提供了温床。一些管理人员利用职权谋取私利，通过内部交易、利益输送等方式中饱私囊，严重破坏了企业的内部治理结构和市场秩序。

综上所述，国有企业资产管理合规问题中的资产处置不规范是一个亟待解决的问题。只有加强制度建设、完善审批程序、强化信息披露和内部监督等，才能有效遏制资产处置不合规行为的发生，保障国有资产的安全和完整，促进企业的可持续发展。

法律法规依据

针对国有企业资产管理合规问题中资产处置不规范的现象，以下是对相关法律法规依据的总结。

一、针对审批程序不规范问题的法律法规

1.《中华人民共和国企业国有资产法》

第三十条：国家出资企业合并、分立、改制、上市，增加或者减少注册资本，发行债券，进行重大投资，为他人提供大额担保，转让重大财产，进行大额捐赠，分配利润，以及解散、申请破产等重大事项，应当遵守法律、行政法规以及企业章程的规定，不得损害出资人和债权人的权益。

该条款强调了资产处置应遵循的审批程序。

2.《企业国有资产交易监督管理办法》

第六条：企业国有资产交易应当严格执行"三重一大"决策机制。国有资产监督管理机构、国有及国有控股企业、国有实际控制企业转让其对企业各种形式出资所形成权益的重大资产交易事项，应当按照企业内部管理制度履行相应决策程序后，向同级国有资产监督管理机构报告。

此条款明确了资产处置的内部审批和报告要求。

二、针对资产评估不严谨问题的法律法规

1.《中华人民共和国企业国有资产法》

第四十七条：国有独资企业、国有独资公司和国有资本控股公司合并、分立、改制，转让重大财产，以非货币财产对外投资，清算或者有法律、行政法规以及企业章程规定应当进行资产评估的其他情形的，应当按照规定对有关资产进行评估。

该条款强调了资产评估的必要性。

2.《国有资产评估管理办法》

第三条：国有资产占有单位（以下简称占有单位）有下列情形之一的，应当进行资产评估：（一）资产拍卖、转让；（二）企业兼并、出售、联营、股份经营；（三）与外国公司、企业和其他经济组织或者个人开办外商投资企业；（四）企业清算；（五）依照国家有关规定需要进行资产评估的其他情形。

此条款详细列举了需要进行资产评估的情形。

三、针对信息披露不充分问题的法律法规

《企业国有资产交易监督管理办法》第十三条：产权转让应当通过产权交易机构网站对外披露产权转让信息，公开披露信息时间不得少于 20 个工作日。信息披露内容包括但不限于转让方、

转让标的、受让方资格条件、交易条件、价款支付方式、交易保证金设置等内容。

此条款规定了资产处置信息的披露要求和披露内容。

四、针对内部交易和利益输送问题的法律法规

1.《中华人民共和国公司法》

第一百八十一条：董事、监事、高级管理人员不得有下列行为：（一）侵占公司财产、挪用公司资金；（二）将公司资金以其个人名义或者以其他个人名义开立账户存储；（三）利用职权贿赂或者收受其他非法收入；（四）接受他人与公司交易的佣金归为己有；（五）擅自披露公司秘密；（六）违反对公司忠实义务的其他行为。

此条款对董事、监事、高级管理人员的禁止行为进行了规定，包括内部交易和利益输送。

2.《中华人民共和国民法典》

第八十五条：营利法人的权力机构、执行机构作出决议或者决定，出现下列情形之一，致使营利法人遭受严重损失或者有其他严重后果的，法人或者法人的成员可以请求人民法院撤销该决议或者决定，但是营利法人依据该决议或者决定与善意相对人形成的民事法律关系不受影响：（一）决议或者决定的内容违反法律、行政法规；（二）决议或者决定的程序违反法律、行政法规或者法人章程，或者决议、决定的内容违反法人章程。

此条款为因内部交易和利益输送导致法人受损提供了法律救济途径。

综上所述，针对国有企业资产管理合规问题中资产处置不规范的现象，相关法律法规已经提供了明确的指导和规范。国有企业应严格遵守相关法律法规的要求，确保资产处置的合规性和有效性。

合规程序与方法

针对上述国有企业资产管理合规问题中资产处置不规范的问题，提出以下具体的合规程序与方法，以有针对性地解决问题。

一、明确审批权限与流程

1. 制定详细的审批制度

企业应制定详细的审批制度，包括不同类别、不同价值资产的审批层级和审批部门。确保所有资产处置事项均经过相应的审批程序。

2. 建立多级审批机制

对于重大资产处置事项，应建立多级审批机制，从部门内部审批到公司高层审批，再到国有资产监督管理机构的备案或审批，确保决策的审慎性和合规性。

二、强化资产评估管理

1. 选择专业评估机构

企业应委托具有相应资质的专业评估机构进行资产评估，确保评估结果的客观性和公正性。

2. 严格评估程序

评估过程中，企业应要求评估机构遵循严格的评估程序和方法，对资产进行全面、细致的评估，避免低估或高估资产价值。

3. 审核评估报告

企业应组织专业人员对评估报告进行审核，确保评估结果的真实性和准确性。对于评估报告中的疑问或不合理之处，应及时与评估机构沟通并要求调整。

三、完善信息披露制度

1. 明确信息披露内容

企业应制定详细的信息披露制度，明确资产处置需要披露的信息内容，包括资产状况、评估结果、处置方式、交易价格等。

2. 拓宽信息披露渠道

通过产权交易机构网站、企业官网等多种渠道公开披露资产处置信息，确保潜在买家能够及时获取相关信息。

3. 设置合理的披露期限

根据相关规定设置合理的信息披露期限，确保潜在买家有足够的时间了解资产情况并做出决策。

四、加强内部监督与审计

1. 建立内部监督机制

企业应设立专门的内部监督部门或岗位，负责对资产处置过程进行全程监督，确保审批程序、评估过程和信息披露等环节的合规性。

2. 定期审计与检查

组织内部审计部门或聘请外部审计机构对资产处置情况进行定期审计和检查，发现问题及时解决并追究相关责任人的责任。

五、推进信息化建设与数据共享

1. 建立资产管理系统

利用现代信息技术手段建立资产管理系统，实现资产的信息化管理。通过该系统对资产进行登记、盘点、评估、处置等全生命周期管理。

2. 实现数据共享与协同

加强企业内部各部门之间的数据共享与协同工作，确保资产处置过程中各部门之间的信息畅通和数据一致。同时，与国有资产监督管理机构等外部机构实现数据对接与共享，提高监管效率和透明度。

通过实施以上合规程序与方法，国有企业可以有效解决资产管理合规问题中资产处置不规范的问题，保障国有资产的安全和完整，促进企业的可持续发展。

专题5：盲目投资与低效率

案例引入

一、案例背景

C企业，曾是国内知名的传统机械制造业国有企业，主营业务涵盖重型机械、汽车零部件等多个领域。在追求规模扩张和多元化发展的战略导向下，C企业在过去几年中进行了大规模的盲目投资，尤其是在新能源、房地产等非主营业务领域。这些投资决策往往缺乏充分的市场调研和科学论证，导致企业资源分散，主营业务受到严重影响。

二、具体问题

1. 盲目做出投资决策

C企业的管理层在追求业绩快速增长的压力下，未经充分论证便决定投资多个看似前景广阔但实则风险极高的项目。例如，斥资数十亿元进入新能源汽车行业，然而该行业技术门槛高、竞争激烈，C企业缺乏核心技术和市场竞争力，导致项目进展缓慢，资金回笼无望。

2. 资源配置效率低

由于盲目投资，C企业大量资金被非主营业务占用，导致在技术升级、设备更新等关键领域投入不足。同时，企业内部管理混乱，资源配置效率低下，部分生产线长期闲置，产能利用率不足50%。

3. 财务指标恶化

由于投资失败和主营业务盈利能力下降，C企业的财务指标迅速恶化。数据显示，近三年来，企业营业收入年均增长率仅为2%，远低于行业平均水平；净利润连续下滑，2022年甚至出现亏损，亏损额达到5亿元；资产负债率持续攀升，已接近80%的警戒线。

三、主要问题的影响

1. 企业竞争力下降

由于主营业务投入不足，C企业的产品技术落后，市场竞争力明显下降。部分老客户流失，新客户拓展困难，市场份额逐年萎缩。

2. 资金紧张

盲目投资导致企业资金紧张，融资难度加大，融资成本上升。为维持日常运营和投资需求，C企业不得不高息借贷，进一步加大了财务负担。

3. 员工士气低落

企业经营状况的恶化直接影响到员工收入和工作稳定性，导致员工士气低落，人才流失严重。部分关键岗位人员离职，进一步削弱了企业的研发和生产能力。

4. 社会影响负面

作为国有企业，C企业的经营状况恶化不仅影响了自身的发展，也对社会造成了负面影响。投资者信心受挫，合作伙伴关系紧张，甚至可能引发连锁反应，影响整个产业链的稳定发展。

四、结论与反思

C企业的案例深刻揭示了国有企业资产管理合规问题中盲目投资与低效率的问题。这些问题不仅导致了企业经济损失惨重，更损害了企业的长远发展和社会形象。反思此案例，可以得出以下结论。

1. 强化投资决策的科学性和合规性

企业应建立健全投资决策机制，确保所有投资项目均经过充分的市场调研和科学论证。同时，加强合规管理，确保投资决策符合法律法规和企业内部规章制度的要求。

2. 优化资源配置，聚焦主营业务

企业应明确战略定位，聚焦主营业务发展，优化资源配置，提高资源使用效率。避免盲目扩张和多元化投资，确保主营业务的核心竞争力不断提升。

3. 加强财务管理和风险控制

建立健全财务管理体系，加强对投资项目的财务监控和风险评估。及时发现并应对潜在风险，确保企业财务状况稳健可控。

4. 提升员工素质和管理水平

加强员工培训和管理，提高员工的专业素质和管理水平。建立激励机制和人才流动机制，激发员工的积极性和创造力，为企业发展提供有力的人才保障。

合规问题分析

一、业务简介

国有企业作为国民经济的重要组成部分，承担着推动经济发展、服务社会的重要职责。在资产管理方面，国有企业需要合理配置和利用资源，确保资产的安全、完整和有效使用。然而，在实际运营中，部分国有企业存在盲目投资与低效率的问题，严重影响了企业的稳健发展和国有资产的保值增值。

二、相关规定

针对国有企业资产管理，国家制定了一系列法律法规和规章制度，如《中华人民共和国企业国有资产法》《企业国有资产监督管理暂行条例》等。这些规定要求国有企业必须建立健全资产管理制度，明确资产管理的责任和义务，确保资产的合规使用和有效运营。同时，对于投资决策，也要求企业进行充分的市场调研和科学论证，避免盲目投资和低效运营。

三、合规问题具体表现

1. 盲目投资

部分国有企业在投资决策过程中，缺乏充分的市场调研和科学论证，仅凭领导主观判断或因追求短期利益而盲目投资。这种投资决策往往导致资金浪费、项目失败和国有资产损失。

2. 低效率

部分国有企业在资源配置上存在低效率问题，如资金、人力、物力等资源配置不合理，导致主营业务发展受阻，市场竞争力下降。同时，内部管理混乱也加剧了资源配置的低效率。

四、问题造成的严重影响

1. 国有资产损失

盲目投资和低效率运营直接导致国有资产损失，如资金浪费、项目失败等。这不仅损害了国有企业的经济利益，也影响了国有资产的保值增值。

2. 企业竞争力下降

由于资源配置不合理和内部管理混乱，国有企业的主营业务发展受阻，市场竞争力下降。这可能导致市场份额丢失、客户流失等严重后果，进而影响企业的长期发展。

3. 社会形象受损

国有企业作为国民经济的重要组成部分，其运营状况直接影响到社会形象和公众信任度。盲目投资和低效率运营可能导致负面的社会舆论，损害国有企业的社会形象和公信力。

4.法律法规风险增加

违规操作可能导致国有企业面临法律法规风险，如受到监管机构的处罚、承担法律责任等。这不仅会给企业带来经济损失，也可能影响企业的声誉和信誉。

综上所述，国有企业资产管理合规问题中的盲目投资与低效率问题对企业和社会都造成了严重影响。因此，国有企业必须加强资产管理合规意识，建立健全资产管理制度和投资决策机制，确保资产的合规使用和有效运营。同时，监管机构也应加强对国有企业的监督和指导，推动国有企业实现稳健发展和国有资产的保值增值。

法律法规依据

针对国有企业资产管理合规问题中盲目投资与低效率的问题，以下是对相关法律法规依据的总结。

一、针对盲目投资问题的法律法规

1.《中华人民共和国企业国有资产法》

第三十条：国家出资企业合并、分立、改制、上市，增加或者减少注册资本，发行债券，进行重大投资，为他人提供大额担保，转让重大财产，进行大额捐赠，分配利润，以及解散、申请破产等重大事项，应当遵守法律、行政法规以及企业章程的规定，不得损害出资人和债权人的权益。

本条明确了国有企业在进行重大投资时必须遵守法律法规，不得损害出资人和债权人的权益，为盲目投资行为提供了法律约束。

2.《中华人民共和国公司法》

第一百八十一条：董事、监事、高级管理人员不得有下列行为：

（一）侵占公司财产、挪用公司资金；

（二）将公司资金以其个人名义或者以其他个人名义开立账户存储；

（三）利用职权贿赂或者收受其他非法收入；

（四）接受他人与公司交易的佣金归为己有；

（五）擅自披露公司秘密；

（六）违反对公司忠实义务的其他行为。

本条规定了公司董事、高级管理人员的职责，防止其利用职权进行盲目投资或损害公司利益。

二、针对低效率问题的法律法规

1.《企业会计准则——基本准则》

第九条：企业应当以权责发生制为基础进行会计确认、计量和报告。

第十四条：企业应当对收入的实现进行合理的确认和计量，确保收入的确认和计量符合会计准则的要求，不得提前或延后确认收入。

这些条款要求企业按照权责发生制进行会计处理，确保收入的合理确认和计量，从而规范企业的财务管理，提高运营效率。

2.《企业国有资产监督管理暂行条例》

第二十一条：国有资产监督管理机构依照法定程序决定其所出资企业中的国有独资企业、国有独资公司的分立、合并、破产、解散、增减资本、发行公司债券等重大事项。其中，重要的国有独资企业、国有独资公司分立、合并、破产、解散的，应当由国有资产监督管理机构审核后，报本级人民政府批准。

本条规定了国有资产监督管理机构对国有企业的监管职责，包括对其重大事项的决策权，以确保国有企业的运营效率和资产安全。

综上所述，针对国有企业资产管理合规问题中盲目投资与低效率的问题，相关法律法规提供了明确的约束和规范。国有企业必须严格遵守这些法律法规，确保资产管理的合规性和运营效率的提升。

合规程序与方法

针对上述国有企业资产管理合规问题中盲目投资与低效率的问题，以下提出具体的合规程序与方法，旨在分步骤、有针对性地解决问题。

一、建立健全投资决策机制

1.明确投资决策权限与责任

制定清晰的投资决策流程，明确各级管理层在投资决策中的权限与责任。对于重大投资项目，必须经过董事会或股东会的审议批准，确保决策的科学性和合规性。

2.加强市场调研与可行性分析

在投资决策前，必须进行深入的市场调研和可行性分析，评估项目的市场前景、竞争态势、技术可行性、经济效益等因素，确保投资决策基于充分的信息。

二、优化资源配置与利用效率

1.制定科学的资源配置计划

根据企业发展战略和市场需求，制定科学合理的资源配置计划，确保资源向主营业务和重点项目倾斜，避免资源的无效占用和浪费。

2.推行精细化管理

加强对企业内部的精细化管理，优化生产流程，提高生产效率。同时，加强对资产的清查和管理，确保资产账实相符，避免资产闲置和浪费。

三、强化内部控制与风险管理

1.建立健全内部控制制度

完善企业内部控制体系，明确各岗位的职责和权限，加强对关键环节的监控和管理。采用将内部审计和外部审计相结合的方式，定期对内部控制的有效性进行评估和改进。

2.加强风险管理

建立全面的风险管理体系，对可能面临的各种风险进行识别和评估，制定相应的风险应对措施。特别是对投资风险，要建立健全的风险预警机制和应急预案，确保在风险发生时能够及时应对和控制。

四、提升财务透明度与合规性

1. 加强财务管理与监督

建立健全财务管理制度，确保企业财务信息的真实、准确和完整。加强对财务活动的监督和审计，防止财务舞弊和违规行为的发生。

2. 提高财务透明度

定期向社会公开企业的财务状况和经营成果，接受社会公众和监管机构的监督。通过提高财务透明度，增强企业的公信力和树立良好的社会形象。

五、加强人员培训与合规文化建设

1. 开展合规培训

定期对企业员工进行合规培训，提高员工的合规意识和风险意识。培训内容应包括相关法律法规、企业内部规章制度以及合规操作流程等方面。

2. 培育合规文化

将合规文化融入企业的日常管理和经营活动中，形成全员参与、共同维护的合规氛围。通过树立合规榜样、表彰合规行为等方式，激发员工的合规积极性。

通过实施以上合规程序与方法，国有企业可以有效解决资产管理合规问题中盲目投资与低效率的问题，提升企业的管理水平和经济效益。

专题6：改制过程资产流失

案例引入

一、案例背景

F公司，是一家历史悠久的传统制造业国有企业，曾是国内某行业领域的领军企业。随着市场经济的深入发展和行业竞争加剧，F公司面临转型升级的压力。为寻求新的发展路径，F公司于20××年启动了企业改制工作，旨在通过引入社会资本和现代化管理机制，焕发企业活力。然而，在改制过程中，一系列资产管理合规问题逐渐暴露，特别是资产流失问题尤为严重。

二、具体问题

1. 资产评估不实

在改制初期，F公司委托某资产评估机构对资产进行全面评估。然而，由于评估机构与F公司内部人员存在利益关联，评估结果严重偏离实际价值。特别是对无形资产（如专利、商标、品牌等）的评估，评估价大幅低于实际价值，直接导致国有资产在改制后的企业中占比大幅下降。据估算，无形资产被低估的价值高达数亿元。

2. 内部人控制问题

在改制过程中，F公司的部分高层管理人员利用职权之便，通过关联交易、虚假交易等手段转移公司资产。例如，某高层管理人员亲属所控制的企业与F公司签订了大额采购合同，但采购价格明显高于市场价，导致F公司大量资金外流。同时，还有部分资产被以低价或无偿方式转让给个人或关联方。

3. 改制方案不透明

F公司的改制方案在制定过程中缺乏透明度，未充分征求员工和中小股东的意见。改制方案中的关键条款，如资产处置、股权分配等，均由少数高层管理人员决定，存在明显的利益输送嫌疑。

三、主要问题的影响

1. 公司损失巨大

由于资产评估不实和内部人控制等问题，F公司在改制过程中流失了大量国有资产。初步统计，改制完成后，F公司的国有资产净值较改制前减少了近50%，直接经济损失高达数十亿元。

2. 财务指标大幅下滑

改制后的F公司，由于资产流失严重，加之未能有效整合新引入的社会资本，导致企业整体经营状况恶化。营业收入、净利润等关键财务指标均出现大幅下滑，企业信用评级也随之下调。

3. 社会影响恶劣

F公司作为国有企业改制的典型案例，其资产流失问题引起了社会各界的广泛关注。这不仅损害了国有企业的形象和公信力，也对其他正在进行或计划进行改制的国有企业产生了负面影响。

四、结论与反思

F公司改制过程中的资产流失案例，深刻揭示了国有企业资产管理合规问题的重要性和紧迫性。为防止类似问题发生，应从以下几个方面进行改进。

1. 加强资产评估监管

建立健全资产评估监管机制，确保评估机构的独立性和公正性。对资产评估结果进行严格审核和复核，防止因利益关联导致评估结果失真。

2. 完善公司治理结构

建立健全公司治理结构，明确董事会、监事会和管理层的职责和权限。加强内部监督机制建设，防止内部人控制问题的发生。

3. 提高改制方案透明度

在改制过程中充分征求员工和中小股东的意见和建议，确保改制方案的公开、公平和公正。对改制方案中的关键条款进行充分论证和披露，防止利益输送问题的发生。

4. 加强法律法规建设

完善相关法律法规体系，加大对国有企业改制过程中违法违规行为的惩处力度。提高违法成本，形成有效的震慑作用。

实施以上措施，可以有效防止国有企业改制过程中的资产流失问题，保障国有资产的安全完整和有效使用。

合规问题分析

针对国有企业改制过程中资产流失问题，国家在经济法、企业法、会计法、商法、民法等多个领域制定了相关法律法规，为防范和治理资产流失提供了法律依据。以下是对相关法律法规的总结。

一、针对资产评估不准确问题的法律法规

1.《中华人民共和国企业国有资产法》

第四十七条：国有独资企业、国有独资公司和国有资本控股公司合并、分立、改制，转让重大财产，以非货币财产对外投资，清算或者有法律、行政法规以及企业章程规定应当进行资产评估的其他情形的，应当按照规定对有关资产进行评估。

第五十五条：国有资产转让应当以依法评估的、经履行出资人职责的机构认可或者由履行出资人职责的机构报经本级人民政府核准的价格为依据，合理确定最低转让价格。

2.《企业国有资产评估管理暂行办法》（国务院国有资产监督管理委员会令第 12 号）

第四条：企业国有资产评估项目实行核准制和备案制。经各级人民政府批准经济行为的事项涉及的资产评估项目，分别由其国有资产监督管理机构负责核准。

第六条：企业有下列行为之一的，应当对相关资产进行评估：（一）整体或者部分改建为有限责任公司或者股份有限公司；（二）以非货币资产对外投资；（三）合并、分立、破产、解散；（四）非上市公司国有股东股权比例变动；（五）产权转让；（六）资产转让、置换；（七）整体资产或者部分资产租赁给非国有单位；（八）以非货币资产偿还债务；（九）资产涉讼；（十）收购非国有单位的资产；（十一）接受非国有单位以非货币资产出资；（十二）接受非国有单位以非货币资产抵债；（十三）法律、行政法规规定的其他需要进行资产评估的事项。

二、针对内部人控制问题的法律法规

1.《中华人民共和国公司法》

第一百七十九条：董事、监事、高级管理人员应当遵守法律、行政法规和公司章程。

第一百八十条：董事、监事、高级管理人员对公司负有忠实义务，应当采取措施避免自身利益与公司利益冲突，不得利用职权牟取不正当利益。

第一百四十八条：董事、高级管理人员不得有下列行为：……（三）违反公司章程的规定，未经股东会、股东大会或者董事会同意，将公司资金借贷给他人或者以公司财产为他人提供担保；……（五）未经股东会或者股东大会同意，利用职务便利为自己或者他人谋取属于公司的商业机会，自营或者为他人经营与所任职公司同类的业务。

2.《中华人民共和国刑法》

第一百六十九条：国有公司、企业或者其上级主管部门直接负责的主管人员，徇私舞弊，将国有资产低价折股或者低价出售，致使国家利益遭受重大损失的，处三年以下有期徒刑或者拘役；致使国家利益遭受特别重大损失的，处三年以上七年以下有期徒刑。

三、针对改制方案不透明问题的法律法规

1.《中华人民共和国企业国有资产法》

第十一条：国有资产受法律保护，任何单位和个人不得侵害。履行出资人职责的机构依照法律、行政法规以及企业章程的规定，向其所出资企业或者其他出资企业的出资人履行出资人职责，享有出资人权益。

第十二条：国务院国有资产监督管理机构和地方人民政府按照国务院的规定设立的国有资产监督管理机构，根据本级人民政府的授权，代表本级人民政府对国家出资企业履行出资人职责。

2.《企业国有资产监督管理暂行条例》（国务院令第 378 号）

第十九条：国有资产监督管理机构依照公司法的规定，任免或者建议任免国家出资企业的下列人员：（一）任免国有独资企业的经理、副经理、财务负责人和其他高级管理人员；（二）任免国有独资公司的董事长、副董事长、董事、监事会主席和监事；（三）向国有资本控股公司、国有资本参股公司的股东会、股东大会提出董事、监事人选。国家出资企业中应当由职工代表出任的董事、监事，依照有关法律、行政法规的规定由职工民主选举产生。

四、针对法律法规执行不力问题的法律法规

1.《中华人民共和国行政处罚法》

相关规定：对于违反相关法律法规，未履行或未正确履行国有资产管理和监督职责的行为，相关监管部门有权依法给予行政处罚。

2.《中华人民共和国行政诉讼法》

相关规定：公民、法人或者其他组织认为行政机关和行政机关工作人员的行政行为侵犯其合法权益，有权依照本法向人民法院提起诉讼。这有助于监督行政机关依法履行职责，防止法律法规执行不力。

综上所述，针对国有企业改制过程中资产流失问题，国家已经制定了一系列相关法律法规，为防范和治理资产流失提供了明确的法律依据。在实际工作中，应严格遵守相关法律法规，确保国有企业改制过程的合规性和国有资产的安全完整。

法律法规依据

针对国有企业改制过程中资产流失的问题，以下是总结的法律法规依据。

一、针对资产评估不准确问题的法律法规

《中华人民共和国企业国有资产法》

第四十七条：国有独资企业、国有独资公司和国有资本控股公司合并、分立、改制，转让重大财产，以非货币财产对外投资，清算或者有法律、行政法规以及企业章程规定应当进行资产评估的其他情形的，应当按照规定对有关资产进行评估。

第五十五条：国有资产转让应当以依法评估的、经履行出资人职责的机构认可或者由履行出资人职责的机构报经本级人民政府核准的价格为依据，合理确定最低转让价格。

二、针对内部人控制问题的法律法规

1.《中华人民共和国刑法》

第一百六十九条：国有公司、企业或者其上级主管部门直接负责的主管人员，徇私舞弊，将国有资产低价折股或者低价出售，致使国家利益遭受重大损失的，处三年以下有期徒刑或者拘役；致使国家利益遭受特别重大损失的，处三年以上七年以下有期徒刑。

2.《中华人民共和国公司法》

第一百七十九条：董事、监事、高级管理人员应当遵守法律、行政法规和公司章程。

第一百八十条：董事、监事、高级管理人员对公司负有忠实义务，应当采取措施避免自身利益与公司利益冲突，不得利用职权牟取不正当利益……。

第一百八十一条：董事、监事、高级管理人员不得有下列行为：

（一）侵占公司财产、挪用公司资金；

（二）将公司资金以其个人名义或者以其他个人名义开立账户存储；

（三）利用职权贿赂或者收受其他非法收入；

（四）接受他人与公司交易的佣金归为己有；

（五）擅自披露公司秘密；

（六）违反对公司忠实义务的其他行为。

三、针对改制方案不透明问题的法律法规

《中华人民共和国企业国有资产法》

第十五条：履行出资人职责的机构对本级人民政府负责，向本级人民政府报告履行出资人职责的情况，接受本级人民政府的监督和考核，对国有资产的保值增值负责。

履行出资人职责的机构应当按照国家有关规定，定期向本级人民政府报告有关国有资产总量、结构、变动、收益等汇总分析的情况。

第十七条：国家出资企业从事经营活动，应当遵守法律、行政法规，加强经营管理，提高经济效益，接受人民政府及其有关部门、机构依法实施的管理和监督，接受社会公众的监督，承担社会责任，对出资人负责……。

虽然直接针对改制方案透明度的具体条款可能不那么明确，但上述条款强调了国有资产保值增值的责任、接受监督的义务以及社会责任的承担，间接要求改制方案的制定和执行过程应当公开透明。

四、针对法律法规执行不力问题的法律法规

1.《中华人民共和国监察法》

第十一条：监察委员会依照本法和有关法律规定履行监督、调查、处置职责：

（一）对公职人员开展廉政教育，对其依法履职、秉公用权、廉洁从政从业以及道德操守情况进行监督检查；

（二）对涉嫌贪污贿赂、滥用职权、玩忽职守、权力寻租、利益输送、徇私舞弊以及浪费国家资财等职务违法和职务犯罪进行调查；

（三）对违法的公职人员依法作出政务处分决定；对履行职责不力、失职失责的领导人员进行问责；对涉嫌职务犯罪的，将调查结果移送人民检察院依法审查、提起公诉；向监察对象所在单位提出监察建议。

2.《中华人民共和国行政诉讼法》

第二条：公民、法人或者其他组织认为行政机关和行政机关工作人员的行政行为侵犯其合法权益，有权依照本法向人民法院提起诉讼……。

这些条款提供了对行政机关及其工作人员执行法律法规情况的监督和追责机制，确保相关法律法规得到有效执行。

综上所述，针对国有企业改制过程中资产流失的问题，相关法律法规从资产评估、内部人控制、改制方案透明度以及法律法规执行等多个方面提供了明确的依据和保障。在实际操作中，国有企业应严格遵守这些法律法规，确保改制过程的合规性和国有资产的安全完整。

合规程序与方法

针对国有企业资产管理合规问题中改制过程资产流失的问题，提出以下具体的合规程序与方法，旨在分步骤、有针对性地解决问题。

一、完善资产评估机制

1. 选择独立评估机构

确保评估机构具有相应资质，且与改制企业及管理层无利益关系，以保证评估的独立性和公正性。

2. 明确评估标准和方法

依据《企业国有资产评估管理暂行办法》等规定，明确评估基准日、评估范围、评估方法及重要参数的选取，确保评估过程科学、规范。

3. 强化评估监督

国资监管部门应加强对评估过程的监督，对评估报告进行实质性审核，必要时可聘请第三方机构进行复核，确保评估结果的真实性和准确性。

二、加强内部人控制监管

1. 建立健全内部控制体系

完善企业内部控制制度，明确各岗位职责和权限，防止内部人利用职权进行违规操作。

2. 实施任期经济责任审计

在改制前对法定代表人及关键岗位人员进行任期经济责任审计，确保其在职期间无损害国有资产的行为。

3. 加强员工教育培训

提高员工的职业道德和法律意识，明确告知违规行为的后果，建立举报奖励机制，鼓励员工积极参与监督。

三、确保改制方案公开透明

1. 制定详细的改制方案

改制方案应明确改制目的、方式、步骤及预期效果，充分听取职工、债权人等利益相关方的意见。

2. 公开披露信息

按照《企业国有产权转让管理暂行办法》等规定，公开披露改制信息，包括资产评估结果、转让条件、受让方资格等，确保信息透明。

3. 实施进场交易

企业国有产权的转让必须在依法设立的产权交易机构中公开进行，通过竞价等方式确定转让价格，防止暗箱操作。

四、建立健全监督制约机制

1. 设立专门监督机构

国资监管部门应设立专门机构或委托第三方机构对改制过程进行全程监督，确保各项规定得到有效执行。

2. 加强跨部门协作

与财务、审计、司法等部门建立联动机制，共同打击改制过程中的违法违规行为。

3. 引入社会监督

借助媒体和公众的力量，对改制过程进行监督，鼓励社会各界积极参与，形成监督合力。

五、完善责任追究制度

1. 明确责任主体

明确改制过程中各参与方的责任和义务，特别是国资监管部门、改制企业及其管理层的责任和义务。

2. 制定责任追究制度

依据《中华人民共和国企业国有资产法》等法律法规，制定严格的责任追究制度，对造成国有资产流失的行为依法追究责任。

3. 加大惩处力度

对违法违规行为实行零容忍，依法依规严肃处理相关责任人，形成有效震慑。

通过实施以上合规程序与方法，国有企业可以有效防止改制过程中的资产流失问题，确保国有资产的安全完整和保值增值。

专题 7：资产闲置与低效使用

案例引入

一、案例背景

传统制造业国有企业 R（以下简称"企业 R"），成立于 20 世纪 80 年代，主营业务为机械制造与加工。随着市场需求的变化和技术迭代，企业 R 的部分生产线和设备逐渐落后，无法满足市场的新需求。近年来，由于市场竞争激烈、订单减少，企业 R 面临巨大的经营压力，资产管理问题日益凸显，特别是资产闲置与低效使用问题尤为严重。

二、具体问题

1. 资产闲置

企业 R 拥有大量老旧的生产线和设备，由于市场需求减少和技术升级，这些资产长期处于闲置状态。据统计，截至 2023 年底，企业 R 闲置资产总额达到 5 亿元，占总资产的 30%，其中包括生产线 20 条、机器设备 400 余台。

2. 低效使用

除了直接闲置的资产外，还有一部分资产虽然在使用中，但效率低下。例如，某些生产线因缺乏维护和技术改造，产能利用率仅为 50%，远低于行业平均水平。这不仅增加了生产成本，还影响了产品质量和市场竞争力。

3. 人员管理问题

由于资产闲置和低效使用，企业 R 不得不裁减部分员工以降低成本。然而，这进一步加剧了人才流失和技术断层问题。据统计，近三年来，企业 R 技术和管理人员流失率达到 20%，关键技术岗位出现空缺。

三、主要问题的影响

1. 经济损失大

资产闲置和低效使用直接导致企业 R 经济效益下滑。财务数据显示，2023 年企业 R 因资产闲置和低效使用造成的直接经济损失超过 1 亿元，占当年利润总额的 60%。此外，由于产能利用率低，单位产品成本上升，进一步压缩了利润空间。

2. 财务指标下滑

受资产闲置和低效使用问题影响，企业 R 的多项财务指标出现下滑。例如，总资产周转率从 2021 年的 0.8 次下降至 2023 年的 0.5 次；净资产收益率也从同期的 5% 下降至 3%。这些指标的下滑不仅反映了企业运营效率的低下，也影响了投资者的信心和资本市场的评价。

3. 市场竞争力下降

由于产品成本上升和质量不稳定，企业 R 在市场上的竞争力明显下降。部分客户流失，订单量减少，进一步加剧了企业的经营困境。同时，由于技术和设备的落后，企业 R 在新产品开发和市场拓展方面也面临诸多困难。

四、结论与反思

本案例揭示了企业 R 在资产管理方面存在的严重问题——资产闲置与低效使用。这些问题不仅导致了巨大的经济损失和财务指标下滑，还严重影响了企业的市场竞争力和可持续发展能力。

反思这一案例，可以得出以下几点启示。

1. 加强市场调研和预测

企业应密切关注市场需求变化和技术发展趋势，及时调整产品结构和生产布局，避免盲目投资和资产闲置。

2. 推进技术改造和升级

针对老旧生产线和设备，企业应加大技术改造和升级力度，提高资产使用效率和产品质量。同时，积极引进先进技术和设备，提升企业核心竞争力。

3. 优化人力资源配置

在资产管理和运营过程中，企业应注重人才的引进和培养，建立健全激励机制和培训体系，提高员工的专业素质和工作积极性。

4. 建立健全资产管理制度

企业应建立和完善资产管理制度，明确资产管理责任主体和操作流程，落实资产清查和盘点工作，确保资产账实相符、安全完整。同时，加大对闲置和低效使用资产的监管和处置力度，避免资源浪费和资产流失。

合规问题分析

一、业务简介

国有企业作为国家经济的重要组成部分，承担着推动社会经济发展、保障维护公共利益的重要职责。在资产管理方面，国有企业拥有大量的固定资产、流动资产和其他形式的资产，这些资产的有效管理和利用直接关系到企业的经济效益和社会责任。然而，在实际运营中，国有企业普遍面临资产闲置与低效使用的问题，这不仅影响了企业的运营效率和经济效益，还可能引发一系列合规风险。

二、相关规定

针对国有企业资产管理合规问题中资产闲置与低效使用的问题，国家出台了一系列相关法律法规和规章制度，如《中华人民共和国企业国有资产法》《企业国有资产监督管理暂行条例》等。这些规定明确要求国有企业应当加强资产管理，提高资产使用效率，防止资产闲置和浪费；同时，规定了资产管理的基本原则、程序和责任追究机制，为国有企业资产管理的合规性提供了法律保障。

三、合规问题具体表现

1. 资产闲置现象普遍

由于市场需求变化、技术更新迭代或经营策略调整等原因，部分国有企业的部分资产长期处于闲置状态。这些闲置资产不仅无法为企业创造经济效益，还占用了大量的资金和资源，增加了企业的运营成本。

2. 资产使用效率低下

除了直接闲置的资产外，还有部分资产虽然在使用中，但利用效率低下。这可能是设备老化、技术落后、管理不善等原因造成的。低效使用的资产不仅增加了生产成本，还可能影响产品质量和市场竞争力。

3. 资产管理制度不健全

部分国有企业在资产管理方面缺乏完善的制度保障，导致资产管理流程不规范、责任不明确。这使得企业在面对资产闲置和低效使用问题时缺乏有效的应对措施和管理手段。

4. 监管不到位

由于国有企业资产规模庞大、分布广泛，监管部门难以做到全面、有效的监管。部分企业在资产管理方面存在违规行为，如擅自处置资产、隐瞒资产状况等，这些问题得不到及时发现和解决，进一步加剧了资产闲置和低效使用的问题。

四、问题造成的严重影响

1. 经济损失大

资产闲置和低效使用直接导致企业经济效益下滑。闲置资产无法产生收益，而低效使用的资产则增加了生产成本，降低了企业的盈利能力。长期来看，这将影响企业的可持续发展能力。

2. 资源浪费

大量资产闲置和低效使用意味着资源的浪费。这些资源本可以用于更有价值的生产，但由于管理不善而无法得到有效利用。这不仅损害了企业的利益，也浪费了社会公共资源。

3. 合规风险增加

资产闲置和低效使用问题可能引发一系列合规风险。例如，企业可能因未按规定处置闲置资产而面临法律处罚；或因资产管理不善而导致资产流失或损失，进而承担赔偿责任。这些合规风险将给企业带来额外的负担和损失。

4.市场竞争力下降

资产闲置和低效使用导致企业运营效率低下、成本上升、产品质量不稳定等问题，进而影响企业的市场竞争力。在激烈的市场竞争中，这些问题可能使企业失去市场份额和客户信任，最终陷入经营困境。

综上所述，国有企业资产管理合规问题中资产闲置与低效使用的问题亟待解决。企业应从制度建设、流程优化、加强监管等方面入手，全面提高资产管理水平，确保资产的有效利用和合规管理。

法律法规依据

针对国有企业资产管理合规问题中资产闲置与低效使用的问题，以下是对相关法律法规的总结。

一、针对资产闲置问题的法律法规

1.《中华人民共和国企业国有资产法》

第十六条：国家出资企业对其动产、不动产和其他财产依照法律、行政法规以及企业章程享有占有、使用、收益和处分的权利……。

企业应当加强资产管理，防止资产闲置和浪费。

2.《企业国有资产监督管理暂行条例》

第二十一条：国有资产监督管理机构依照法定程序决定其所出资企业中的国有独资企业、国有独资公司的分立、合并、破产、解散、增减资本、发行公司债券等重大事项……。

对于因经营不善导致的资产闲置，国有资产监督管理机构有权要求企业进行整改或采取其他必要措施。

二、针对资产低效使用问题的法律法规

1.《中华人民共和国会计法》

第十三条：会计凭证、会计账簿、财务会计报告和其他会计资料，必须符合国家统一的会计制度的规定……。

对于因资产低效使用导致的会计记录不准确或虚假记录，企业应承担相应的法律责任。

2.《中华人民共和国公司法》

第一百七十九条：董事、监事、高级管理人员应当遵守法律、行政法规和公司章程。

第一百八十条：董事、监事、高级管理人员对公司负有忠实义务，应当采取措施避免自身利益与公司利益冲突，不得利用职权牟取不正当利益……。

对于因管理不善导致的资产低效使用，相关管理人员应承担相应的责任。

3.《中华人民共和国民法典》

第二百七十二条：业主对其建筑物专有部分享有占有、使用、收益和处分的权利。业主行使权利不得危及建筑物的安全，不得损害其他业主的合法权益。

虽然此条主要针对建筑物，但类比到国有企业资产管理，也强调了资产使用的合法性和不得损害其他方（如国家、其他股东）的权益。

三、综合性法律法规

《企业财务通则》

第十一条：企业应当建立财务预算管理制度，以现金流为核心，按照实现企业价值最大化等财务目标的要求，对资金筹集、资产营运、成本控制、收益分配、重组清算等财务活动，实施全面预算管理。

这要求企业对资产进行有效管理，避免闲置和低效使用。

从上述法律法规可以看出国有企业在资产管理方面需承担明确的法律责任。国有企业必须遵守相关法律法规，加强资产管理，防止资产闲置和低效使用，以确保国有资产的保值增值和企业合规运营。

合规程序与方法

针对国有企业资产管理合规问题中资产闲置与低效使用的问题，以下提出具体的合规程序与方法，旨在分步骤、有针对性地解决问题。

一、开展全面资产清查与评估

1. 组织专业团队

成立由财务、资产管理、技术和法律等专业人员组成的清查小组，负责全面清查企业资产。

2. 制定清查方案

明确清查范围、标准、方法和时间表，确保清查工作有序进行。

3. 实施清查工作

对各类资产进行全面盘点，包括流动资产、固定资产、无形资产等，记录资产现状、使用情况、价值等信息。

4. 资产评估

聘请专业评估机构对清查出的资产进行评估，确定资产的实际价值和潜在利用价值。

二、分类管理与处置策略制定

1. 资产分类

根据清查和评估结果，将资产分为闲置资产、低效使用资产和有效使用资产三类。

2. 制定处置策略

针对不同类型的资产，制定相应的处置策略。对于闲置资产，考虑出租、出售、转让或再利用；对于低效使用资产，探索技术改造、升级或优化使用方式的可能性。

三、优化资产使用与管理制度

1. 完善管理制度

建立健全资产管理制度，明确资产管理职责、流程和考核标准，确保资产管理的规范性和有效性。

2. 加强日常管理

实施资产定期盘点、维护和保养制度，及时发现并解决资产使用中的问题，提高资产使用效率。

3. 推广信息化管理

利用现代信息技术手段，建立资产管理信息系统，实现资产管理的信息化、智能化和动态化。

四、强化监督与考核

1. 建立监督机制

设立独立的监督部门或岗位，负责对资产管理工作的监督和检查，确保各项制度得到有效执行。

2. 实施绩效考核

将资产管理纳入企业绩效考核体系，对资产管理部门和人员进行定期考核和奖惩，激励其积极履行资产管理职责。

五、推动资产盘活与再利用

1. 探索多元化利用途径

鼓励企业创新思维，探索多元化利用途径。例如，将闲置土地用于公共设施建设、商业开发或绿化改造等。

2. 加强内外部合作

积极寻求与外部企业、机构或政府部门的合作机会，共同开发利用闲置和低效资产。

3. 政策扶持与引导

争取政府相关政策的扶持，如税收优惠政策、财政补贴等，降低资产盘活成本，提高资产利用效率。

通过实施以上合规程序与方法，国有企业可以系统性地解决资产管理中的闲置与低效使用问题，提高资产使用效率和管理水平，促进企业可持续发展。

专题 8：内部控制与风险管理不足

案例引入

一、案例背景

传统制造业国有企业 G（以下简称"G 公司"），成立于 20 世纪 80 年代，主要从事机械设备制造。近年来，随着市场竞争的加剧和行业技术的快速迭代，G 公司面临前所未有的挑战。尽管公司规模庞大，但内部控制与风险管理机制却未能跟上时代步伐，导致资产管理合规问题频发。

二、具体问题

1. 内部控制缺失

G 公司财务部门与资产管理部门之间存在信息沟通不畅的现象。财务部门主要负责会计核算，而资产管理部门则侧重于资产采购与日常管理，两者之间缺乏有效的沟通与协作机制。例如，财务部门往往只能看到资产的原值和折旧情况，而对资产的实际使用效率和状态一无所知；资产管理部门则可能因缺乏财务支持而无法有效推进资产盘活工作。

2. 风险管理意识薄弱

公司高层对资产管理的风险认识不足，未将资产闲置与低效使用视为重大风险点。在决策过程中，更多关注短期经济效益和市场份额的争夺，而忽视了长期资产利用率的提升和风险管理的重要性。例如，某项目负责人为了追求业绩指标，盲目采购了大量高端设备，但项目结束后这些设备便长期处于闲置状态，造成了巨大的资源浪费。

3. 具体人员与数据

以 G 公司某生产线为例，该生产线负责人张经理在未经充分市场调研和风险评估的情况下，决定引进一套价值 5000 万元的先进生产设备。然而，由于市场需求变化和技术更新迅速，该设备在投入使用后不久便面临淘汰风险。据统计，该设备自引进以来，年均使用率仅为 30%，直接导致公司每年需承担高达 1500 万元的折旧和维护费用。此外，由于设备闲置，还占用了大量的生产场地和流动资金，进一步加大了公司的财务压力。

三、主要问题的影响

1. 经济损失巨大

G 公司因内部控制与风险管理不足导致的直接经济损失巨大。据不完全统计，过去一年内，公司因此而浪费的资金超过 1 亿元，相当于公司年利润的 30%。这些资金本可用于研发投入、市场拓展或债务偿还等更具战略意义的领域。

2. 财务指标下滑

内部控制与风险管理不足还直接影响了 G 公司的财务指标。公司的总资产周转率、净资产收益率等关键指标均出现不同程度的下滑，反映出公司存在资产运营效率低下和盈利能力减弱的问题。此外，高额的折旧和维护费用也进一步压缩了公司的利润空间。

3. 市场竞争力下降

由于内部控制与风险管理不足，G 公司在市场竞争中逐渐失去优势。竞争对手纷纷通过技术创新和资产优化提升产品性能和服务质量，而 G 公司却因资产负担沉重而难以跟上市场步伐。长此以往，公司的市场份额和品牌影响力将受到严重冲击。

四、结论与反思

G 公司的案例深刻揭示了国有企业在资产管理合规问题中内部控制与风险管理不足的危害性。为了避免类似问题的发生，国有企业应从以下几个方面进行改进。

1. 加强内部控制建设

建立健全内部控制体系，明确各部门职责分工和协作机制，确保资产管理的各个环节得到有效控制。同时，加强信息化建设，实现财务与资产管理部门的无缝对接和数据共享。

2. 提高风险管理意识

公司高层应树立正确的风险管理理念，将资产闲置与低效使用视为重大风险点加以防范。在决策过程中充分考虑风险因素，避免盲目投资和资源浪费。

3. 优化资产配置与使用

通过定期资产清查和评估工作，及时发现并处置闲置和低效资产。同时探索多元化利用途径和技术改造升级方案，提高资产使用效率和经济效益。

4. 加强监督与考核

建立健全监督机制和绩效考核体系，对资产管理工作的执行情况进行定期检查和评估。对违反规定和造成损失的行为严肃追责问责，确保资产管理制度得到有效执行。

合规问题分析

一、业务简介

国有企业作为国家经济的支柱，承担着推动社会经济发展、保障国计民生的重要使命。在资产管理方面，国有企业涉及资产种类繁多、规模庞大，包括固定资产、流动资产、无形资产等多个领域。有效的资产管理对保障国有资产安全、提高资产使用效率、促进企业可持续发展具有重要意义。

二、相关规定

针对国有企业资产管理，国家出台了一系列法律法规和政策文件，如《中华人民共和国企业国有资产法》《企业国有资产监督管理暂行条例》等，对国有资产的管理、使用、处置等方面进行了明确规定。这些规定要求国有企业建立健全内部控制体系，加强风险管理，确保资产管理的合规性和有效性。

三、合规问题具体表现

1. 内部控制制度不健全

部分国有企业内部控制体系不完善，存在制度缺失、流程不畅、执行不力等问题。例如，资产管理部门与财务部门之间缺乏有效的沟通与协作机制，导致信息孤岛现象严重；资产采购、验收、使用、处置等环节缺乏明确的操作规范和审批流程，存在违规操作的风险。

2. 风险管理意识薄弱

一些国有企业对资产管理中的风险认识不足，缺乏系统性的风险评估和防控机制。管理层往往更关注短期经济效益和市场份额的争夺，而忽视了对长期资产利用率提升和风险管理的投入。这导致企业在面对市场变化、技术更新等外部风险时缺乏足够的应对能力。

3. 资产闲置与低效使用

由于内部控制和风险管理的不足，部分国有企业存在大量的闲置资产和低效使用资产。这些资产不仅占用了企业的宝贵资源，还增加了企业的运营成本和维护费用。同时，资产闲置和低效使用也反映了企业在资产配置和使用方面的决策失误和管理不善。

4. 信息沟通与披露不畅

部分国有企业在资产管理过程中存在信息沟通与披露不畅的问题。企业内部各部门之间缺乏有效的信息共享和沟通机制，导致资产管理决策缺乏全面性和准确性；同时，在对外披露资产管理信息时也存在不及时、不准确甚至隐瞒不利事实的情况，损害了企业的公信力和投资者利益。

四、问题造成的严重影响

1. 经济损失巨大

内部控制与风险管理不足直接导致国有企业面临巨大的经济损失。内部控制与风险管理不足不仅浪费了企业的宝贵资源，还增加了企业的运营成本和维护费用；同时，因违规操作和信息披露不实而引发的法律纠纷和赔偿也进一步加重了企业的经济负担。

2.市场竞争力下降

资产管理合规问题的存在削弱了国有企业的市场竞争力。由于资产使用效率低下和资源配置不合理，企业在产品性能、服务质量等方面难以与竞争对手抗衡；同时，因违规操作和信息披露不实而引发的负面舆论也损害了企业的品牌形象和市场信誉。

3.可持续发展受阻

长期来看，内部控制与风险管理不足将严重阻碍国有企业的可持续发展。资产管理的合规性问题不仅影响企业的当前经营绩效和市场地位，还可能对企业的战略规划、投资决策和创新能力产生深远影响。如果这些问题得不到及时解决，国有企业将面临更加严峻的挑战和困境。

综上所述，国有企业资产管理合规问题中的内部控制与风险管理不足是一个亟待解决的问题。只有建立健全内部控制体系、加强风险管理、提高合规意识并不断优化资产配置和使用方式，才能确保国有资产的安全和有效使用，推动企业的健康可持续发展。

法律法规依据

针对国有企业资产管理合规问题中内部控制与风险管理不足的问题，以下是对相关法律法规的总结。

一、针对内部控制制度不健全问题的法律法规

《中华人民共和国企业国有资产法》

第八条：国家建立健全企业国有资产监督管理制度，依法履行出资人职责，保障出资人权益，落实企业国有资产保值增值责任。企业应当完善内部控制体系，确保国有资产的安全和有效使用。

二、针对风险管理意识薄弱问题的法律法规

1.《中华人民共和国企业国有资产法》

第十七条：国家出资企业应当依法建立和完善法人治理结构，建立健全内部监督管理和风险控制制度。

2.《中央企业全面风险管理指引》

第四条：中央企业应当建立全面风险管理体系，明确风险管理策略、风险理财措施、风险管理的组织职能体系、风险管理信息系统和内部控制系统，从而为实现风险管理的总体目标提供合理保证。

三、针对资产闲置与低效使用问题的法律法规

《中华人民共和国企业国有资产法》

第十八条：国家出资企业应当依照法律、行政法规以及企业章程的规定，向出资人分配利润。

四、针对信息沟通与披露不畅问题的法律法规

1.《中华人民共和国会计法》

第九条：各单位必须根据实际发生的经济业务事项进行会计核算，填制会计凭证，登记会计账簿，编制财务会计报告。

任何单位不得以虚假的经济业务事项或者资料进行会计核算。

2.《中华人民共和国公司法》

第一百四十条：上市公司应当依法披露股东、实际控制人的信息，相关信息应当真实、准确、完整……。

第一百六十六条：上市公司应当依照法律、行政法规的规定披露相关信息。

综上所述，针对国有企业资产管理合规问题中内部控制与风险管理不足的问题，相关法律法规从多个方面提供了明确的指导。国有企业应当严格遵守这些法律法规，建立健全内部控制体系，加强风险管理，确保资产管理的合规性和有效性。

合规程序与方法

针对国有企业资产管理合规问题中内部控制与风险管理不足的问题，以下提出具体的合规程序与方法，旨在分步骤、有针对性地解决问题。

一、建立健全内部控制体系

1. 明确岗位职责与权限

国有企业应明确资产管理相关部门和岗位的职责与权限，确保不相容职务分离，避免权责不清。通过制定详细的岗位说明书，明确各岗位的职责范围、工作流程和审批权限。

2. 优化资产管理流程

梳理和优化资产管理流程，包括资产采购、验收、登记、使用、维护、处置等各个环节，确保流程清晰、规范、高效。建立标准化的操作指南和审批流程，减少人为操作风险。

3. 强化信息系统建设

利用现代信息技术手段，建立集成化的资产管理信息系统，实现资产信息的实时录入、查询、统计和分析。通过该系统自动化处理，减少人为错误和降低舞弊风险，提高资产管理效率。

二、加强风险管理

1. 建立风险评估机制

定期对资产管理活动进行风险评估，识别潜在的风险点和薄弱环节。根据风险评估结果，制定相应的风险应对措施和预案，确保将风险控制在可接受范围内。

2. 实施风险监控与预警

建立风险监控与预警系统，对关键指标进行实时监控和预警。一旦发现异常情况，立即启动应急响应机制，迅速采取措施防范和化解风险。

3. 加强合规文化建设

将合规理念融入企业文化中，通过培训、宣传等方式提高全体员工的合规意识。建立举报和奖惩机制，鼓励员工积极参与合规管理，对违规行为进行严肃处理。

三、提高资产使用效率

1. 定期盘点与清查

定期对资产进行盘点与清查，确保账实相符，及时发现并处理闲置和低效使用的资产。通过盘活闲置资产，提高资产使用效率和经济效益。

2. 优化资产配置结构

根据企业发展战略和市场需求，合理规划和配置资产。通过资产重组、租赁、出售等方式，优化资产配置结构，降低运营成本和提高盈利能力。

四、加强信息沟通与披露

1.建立信息共享机制

加强资产管理部门与财务部门、业务部门之间的沟通与协作，建立信息共享机制。确保各部门及时、准确地掌握资产信息，为决策提供有力支持。

2.完善信息披露制度

建立健全信息披露制度，按照法律法规和监管要求及时、准确、完整地披露资产管理相关信息。加强与投资者、监管机构和社会公众的沟通与交流，提升企业的透明度和公信力。

五、引入第三方监督与审计

1.聘请专业机构进行审计

定期聘请会计师事务所等第三方专业机构对资产管理活动进行审计和评估。通过外部审计发现潜在问题和风险点，提出处理建议和措施。

2.建立合规顾问制度

聘请合规顾问或法律顾问为企业提供专业的合规咨询和法律服务。通过专业指导帮助企业建立健全合规管理体系，提高合规管理水平和风险防范能力。

综上所述，国有企业应从建立健全内部控制体系、加强风险管理、提高资产使用效率、加强信息沟通与披露以及引入第三方监督与审计等方面入手，全面提升资产管理合规水平，确保国有资产的安全和有效使用。

专题9：合规文化建设滞后

案例引入

一、案例背景

L公司是一家位于中部地区的传统制造业国有企业，主营业务涵盖机械制造与加工。近年来，随着市场竞争的加剧和监管要求的提升，L公司在资产管理合规方面面临的挑战日益严峻。然而，由于历史原因和企业文化惯性，L公司的合规文化建设严重滞后，成为制约企业可持续发展的重要因素。

二、具体问题

1.合规意识淡薄

L公司内部从上至下普遍存在对合规管理重视不足的问题。管理层往往更关注生产效益和市场拓展，而忽视对合规风险的管理与控制。员工也普遍缺乏合规意识，认为合规是束缚手脚的规定，而非保障企业稳健运行的基石。

2.制度执行不力

尽管L公司制定了一系列资产管理合规制度，但在实际执行过程中往往流于形式。例如，资产采购、验收、处置等环节存在违规操作现象，审批流程被随意简化甚至绕过。

3. 信息沟通不畅

L公司内部各部门之间缺乏有效的信息共享和沟通机制，导致资产管理信息孤岛现象严重。资产管理部门与财务部门、业务部门之间的数据不一致，使得管理层难以做出准确的决策判断。

三、主要问题的影响

1. 财务损失巨大

由于合规文化建设滞后，L公司在资产管理和财务报告中存在多处违规行为，导致公司遭受了巨大的经济损失。据不完全统计，近三年来，因违规操作导致的直接经济损失超过5000万元，严重侵蚀了企业利润。

2. 财务指标下滑

受合规问题影响，L公司的多项财务指标出现下滑趋势。例如，资产周转率、应收账款周转率等指标明显低于行业平均水平，反映出公司在资产管理效率方面的不足。同时，由于违规行为被曝光，公司的信用评级也受到影响，融资成本上升。

3. 市场声誉受损

合规问题的频发不仅损害了L公司的经济利益，还严重损害了公司的市场声誉。客户、供应商和投资者对公司的信任度下降，导致业务合作减少、市场份额萎缩。此外，监管部门也多次对L公司进行处罚和通报批评，进一步加剧了公司的困境。

四、结论与反思

L公司的案例深刻揭示了国有企业资产管理合规问题中合规文化建设滞后所带来的严重后果。合规不仅是企业稳健运行的保障，更是企业可持续发展的基石。因此，国有企业必须高度重视合规文化建设，从管理层到基层员工都要树立强烈的合规意识。具体措施如下。

1. 加强合规培训

定期开展合规培训和教育活动，提高全员合规意识和能力。通过案例分析、角色扮演等方式加深员工对合规要求的理解。

2. 完善制度建设

建立健全资产管理合规制度体系，明确各项业务流程和操作规范。确保制度的有效执行和持续改进。

3. 强化信息沟通

建立跨部门信息共享和沟通机制，确保资产管理信息的准确性和一致性。通过信息化手段提高数据处理的效率和准确性。

4. 加大监督力度

建立健全内部监督和外部审计机制，对资产管理合规情况进行定期检查和评估。对违规行为进行严肃处理并公开通报以警示他人。

总之，国有企业必须深刻认识到合规文化建设的重要性并付诸实践以确保企业稳健运行和可持续发展。

合规问题分析

一、业务简介

国有企业资产管理是指对国有企业所拥有或控制的资产进行有效管理、运用和保护的过程。这些资产包括流动资产、固定资产、无形资产等，是企业运营和发展的重要物质基础。资产管理合规则是指企业在资产管理过程中，必须遵守国家法律法规、监管要求以及企业内部规章制度，确保资产管理的合法、合规和有效。

二、相关规定

针对国有企业资产管理合规问题，国家出台了一系列法律法规和监管要求。例如，《中华人民共和国企业国有资产法》明确规定，国家建立健全企业国有资产监督管理制度，保障出资人权益，落实企业国有资产保值增值责任。此外，还有《企业内部控制基本规范》《中央企业全面风险管理指引》等法规，要求企业建立和实施全面的内部控制体系，加强风险管理，确保资产管理的合规性。

三、合规问题具体表现

在实际操作中，国有企业资产管理合规问题中的合规文化建设滞后问题表现突出，主要体现在以下几个方面。

1. 合规意识淡薄

企业员工对合规管理的重要性认识不足，往往将合规视为束缚手脚的规定，而非保障企业稳健运行的基石。

2. 制度执行不力

尽管企业制定了资产管理合规制度，但在实际执行过程中往往流于形式，审批流程被随意简化甚至绕过。

3. 信息沟通不畅

企业内部各部门之间缺乏有效的信息共享和沟通机制，导致资产管理信息孤岛现象严重，管理层难以做出准确的决策判断。

四、问题造成的严重影响

合规文化建设滞后对国有企业资产管理造成了严重影响，主要体现在以下几个方面。

1. 经济损失巨大

合规问题导致的直接经济损失巨大，如违规操作、资产闲置或低效使用等，严重侵蚀了企业利润。

2. 财务指标下滑

受合规问题影响，企业的多项财务指标出现下滑趋势，如资产周转率、应收账款周转率等，反映出企业在资产管理效率方面的不足。

3. 市场声誉受损

合规问题频发不仅损害了企业的经济利益，还严重损害了企业的市场声誉。客户、供应商和投资者对企业的信任度下降，导致业务合作减少、市场份额萎缩。

4. 监管风险增加

由于合规文化建设滞后，企业面临更大的监管风险。一旦违规行为被监管部门发现，将可能面临严厉的处罚和通报批评，进一步加剧企业的困境。

综上所述，国有企业资产管理合规问题中合规文化建设滞后的问题亟待解决。企业必须高度重视合规文化建设，从管理层到基层员工都要树立强烈的合规意识，加大制度建设和执行力度，确保资产管理的合规性和有效性。

法律法规依据

针对国有企业资产管理合规问题中合规文化建设滞后的问题，以下是对相关法律法规的总结。

一、针对合规意识淡薄问题的法律法规

1.《中华人民共和国企业国有资产法》

第十七条：国家出资企业从事经营活动，应当遵守法律、行政法规，加强经营管理，提高经济效益，接受人民政府及其有关部门、机构依法实施的管理和监督，接受社会公众的监督，承担社会责任，对出资人负责。

国家出资企业应当依法建立和完善法人治理结构，建立健全内部监督管理和风险控制制度。

2.《中华人民共和国公司法》

第十九条：公司从事经营活动，应当遵守法律法规，遵守社会公德、商业道德，诚实守信，接受政府和社会公众的监督。

此条款要求公司必须遵守法律法规，诚实守信，强调了合规文化的重要性。

二、针对制度执行不力问题的法律法规

1.《企业内部控制基本规范》

第三条：企业实施内部控制的目标是合理保证企业经营管理合法合规。

此条款要求企业建立和实施内部控制体系，确保经营管理的合法合规，包括资产管理的合规性。

2.《中华人民共和国会计法》

第九条：各单位必须根据实际发生的经济业务事项进行会计核算，填制会计凭证，登记会计账簿，编制财务会计报告。任何单位不得以虚假的经济业务事项或者资料进行会计核算。

此条款要求企业必须根据实际发生的经济业务事项进行会计核算，强调了会计信息的真实性和合规性。

三、针对信息沟通不畅问题的法律法规

1.《中华人民共和国企业国有资产法》

第十八条：国家出资企业应当依照法律、行政法规以及企业章程的规定，向出资人分配利润。

此条款虽然主要关注利润分配，但也隐含了企业内部信息沟通的重要性，确保出资人能够及时了解企业运营状况，包括资产管理情况。

2.《中华人民共和国公司法》

第一百二十九条：公司应当定期向股东披露董事、监事、高级管理人员从公司获得报酬的情况。

此条款要求公司定期向股东披露相关信息，强调了信息披露的重要性，此条款对资产管理信息的沟通也有指导意义。

综上所述，国有企业资产管理合规问题中合规文化建设滞后的问题涉及多个法律法规。企业应加强合规文化建设，提高全员合规意识，确保资产管理的合法合规性，并遵守相关法律法规的披露要求。

合规程序与方法

针对国有企业资产管理合规问题中合规文化建设滞后的问题，以下提出具体的合规程序与方法，旨在分步骤、有针对性地解决问题。

一、强化合规意识教育

1. 组织高层培训

对企业管理层进行合规意识强化培训，使其深刻理解合规管理的重要性和必要性，树立合规经营的理念。

2. 全员合规培训

开展全员合规培训，确保每位员工都能理解合规要求，明确自身在合规管理中的职责和角色。

3. 定期复训与考核

建立定期复训机制，结合绩效考核，对员工的合规知识掌握情况进行评估和反馈，确保合规意识的持续提升。

二、完善合规管理制度

1. 梳理现有制度

全面梳理企业现有的资产管理合规制度，识别存在的漏洞和不足之处。

2. 修订与完善现有制度

根据法律法规的最新要求和企业实际情况，修订和完善现有制度，确保制度的科学性、系统性和可操作性。

3. 明确执行标准

制定详细的执行标准和操作流程，确保制度的有效执行。

三、建立合规风险评估与监控机制

1. 识别合规风险

对企业资产管理过程中可能存在的合规风险进行全面识别，包括内部风险和外部风险。

2. 评估风险等级

对识别出的合规风险进行评估，确定风险等级，明确优先处理顺序。

3. 建立监控机制

建立合规风险监控机制，定期对合规风险进行评估和监控，确保风险得到及时控制。

四、加强信息沟通与协作

1.建立信息共享平台

搭建跨部门的信息共享平台，确保资产管理信息的及时传递和共享。

2.定期组织沟通会议

定期组织沟通会议，邀请相关部门负责人参加，就资产管理合规问题进行深入交流和讨论。

3.强化内部协作

明确各部门在合规管理中的职责和分工，加强部门间的协作与配合，形成合力。

五、建立合规奖惩机制

1.制定合规奖惩标准

结合企业实际情况，制定科学合理的合规奖惩标准，明确奖励和惩罚的条件和措施。

2.实施奖惩措施

对在合规管理中表现突出的个人和部门进行表彰和奖励；对违反合规要求的行为进行严肃处理，追究相关责任人的责任。

3.公开透明地执行制度

确保奖惩机制的公开透明执行，增强员工对合规管理的认同感和信任感。

通过实施以上合规程序与方法，国有企业可以逐步解决资产管理合规问题中的合规文化建设滞后问题，提升企业的合规管理水平，保障企业的稳健运营和可持续发展。

专题10：监督与问责机制不完善

案例引入

一、案例背景

传统制造业国有企业A（以下简称"A公司"），主营业务涵盖机械制造与零部件加工，长期在国内市场占据一定份额。近年来，随着行业竞争加剧和市场需求变化，A公司面临转型升级的压力。然而，在资产管理和合规运营方面，A公司存在明显的监督与问责机制不完善的问题，为企业的持续健康发展埋下了隐患。具体案例涉及A公司原采购部经理李某。李某利用职务之便，长期与供应商串通，通过虚报采购价格、收受回扣等方式谋取私利。由于监督机制不到位，李某的违规行为长达数年未被发现。据初步调查，李某涉及的违规金额高达数千万元，严重损害了公司利益。

二、具体问题

1.监督机制形同虚设

A公司的内部审计部门独立性不强，受管理层影响较大，导致监督职能难以有效发挥。同时，资产管理部门与财务部门之间的信息沟通不畅，存在信息孤岛现象，使得资产管理过程中的违规行为难以被及时发现和纠正。

2.问责机制不严格

A公司对资产管理违规行为的问责处理往往流于形式，对责任人的处罚力度不够，甚至存在包庇纵容的情况。这种宽松的问责环境助长了部分员工的违规心理，进一步加剧了资产管理合规问题。

三、主要问题的影响

1. 经济损失巨大

李某的违规行为直接导致 A 公司采购成本大幅上升，经济损失高达数千万元。这不仅侵蚀了公司的利润空间，还影响了公司的市场竞争力和可持续发展能力。

2. 财务指标下滑

受资产管理合规问题影响，A 公司的多项财务指标出现下滑趋势。例如，应收账款周转率下降，反映出公司在应收账款管理方面的不足；存货周转率降低，表明公司在库存管理上存在问题。这些财务指标的下滑进一步加剧了公司的经营困境。

3. 市场声誉受损

违规行为的曝光对 A 公司的市场声誉造成了严重损害。客户、供应商和投资者对公司的信任度下降，导致业务合作减少、市场份额萎缩。同时，监管部门也对 A 公司进行了严厉处罚，进一步加剧了公司的困境。

四、结论与反思

A 公司资产管理合规问题中监督与问责机制不完善的案例深刻揭示了国有企业在资产管理合规方面面临的严峻挑战。为了避免类似问题的发生，国有企业应采取以下措施。

1. 建立健全监督机制

提高内部审计部门的独立性，确保其能够客观公正地履行监督职能。同时，建立跨部门的信息共享机制，打破信息孤岛，提高资产管理的透明度和可追溯性。

2. 严格问责机制

对资产管理违规行为必须实行零容忍政策，对责任人进行严肃处理并公开通报。通过加大问责力度来震慑潜在的违规行为者，维护公司的合规运营环境。

3. 加强合规文化建设

通过培训、宣传等多种方式提高员工的合规意识和职业道德水平。建立健全合规管理制度体系并加大执行力度，确保合规要求真正落实到每一个工作环节中。

4. 完善内部控制体系

以风险为导向建立健全内部控制体系，对关键业务环节和岗位进行重点监控和风险防范。通过持续改进内部控制体系来提高公司的风险管理水平和合规运营能力。

合规问题分析

一、业务简介

国有企业作为国家经济的重要支柱，承担着推动经济发展、保障社会民生等多重责任。在资产管理方面，国有企业拥有庞大的资产规模，涉及众多业务领域，包括但不限于生产制造、资源开发、基础设施建设等。有效的资产管理对确保国有资产保值增值、提升企业竞争力具有重要意义。

二、相关规定

为规范国有企业资产管理行为，国家出台了一系列法律法规和政策文件，如《中华人民共和国企业国有资产法》《企业内部控制基本规范》等。这些规定明确了国有企业资产管理的基本原则、程序和要求，强调了监督与问责机制的重要性。国有企业应建立健全资产管理合规体系，确保资产管理的合法合规性。

三、合规问题具体表现

1. 监督机制不健全

部分国有企业内部监督机制存在缺陷，如内部审计部门独立性不足、监督力量分散、监督手段单一等。这导致对资产管理过程的监督不够全面深入，难以及时发现和纠正违规行为。

2. 问责机制不严格

在问责方面，一些国有企业存在问责力度不够、问责程序不规范、问责结果不透明等问题。这导致对资产管理违规行为的惩处力度不够，难以形成有效的震慑作用。

3. 信息沟通不畅

资产管理部门与其他相关部门之间的信息沟通不畅也是合规问题的一个重要表现。信息孤岛现象导致资产管理过程中的重要信息无法及时传递和共享，增加了违规操作的风险。

4. 合规意识淡薄

部分国有企业员工对合规管理的认识不足，缺乏合规意识。在日常工作中，他们可能忽视合规要求，甚至故意违规操作以谋取私利。

四、问题造成的严重影响

1. 经济损失大

监督与问责机制不完善直接导致国有企业资产管理过程中的违规行为频发，造成经济损失。这些损失可能包括资金流失、资源浪费、投资失败等，严重侵蚀了企业的利润和资产价值。

2. 经营风险增加

合规问题不仅会导致经济损失，还会增加企业的经营风险。违规操作可能引发法律纠纷、信誉危机等连锁反应，进一步加剧企业的经营困境。

3. 社会影响恶劣

国有企业作为国家经济的重要组成部分，其合规问题不仅关乎企业自身利益，还关系到国家形象和社会稳定。合规问题的曝光会对国有企业的社会形象造成损害，影响公众对国有企业的信任和支持。

4. 发展动力受阻

长期存在的合规问题会削弱国有企业的竞争力和发展动力。在激烈的市场竞争中，合规问题可能成为制约企业发展的瓶颈，影响企业的转型升级和可持续发展。

综上所述，国有企业资产管理合规问题中的监督与问责机制不完善是一个亟待解决的问题。采取加强监督机制建设、严格执行问责机制、畅通信息沟通渠道、提升合规意识等措施，可以有效防范和化解合规风险，保障国有企业的健康稳定发展。

法律法规依据

针对国有企业资产管理合规问题中监督与问责机制不完善的问题，以下是对相关法律法规依据的总结。

一、针对监督机制不健全问题的法律法规

1.《中华人民共和国公司法》

第一百七十九条：董事、监事、高级管理人员应当遵守法律、行政法规和公司章程。

第一百八十条：董事、监事、高级管理人员对公司负有忠实义务，应当采取措施避免自身利益与公司利益冲突，不得利用职权牟取不正当利益。

2.《中华人民共和国会计法》

第二十五条：各单位应当建立、健全本单位内部会计监督制度，并将其纳入本单位内部控制制度。单位内部会计监督制度应当符合下列要求：……（四）对会计资料定期进行内部审计的办法和程序应当明确……。

二、针对问责机制不严格问题的法律法规

1.《中华人民共和国企业国有资产法》

第七十一条：国家出资企业的董事、监事、高级管理人员有下列行为之一，造成国有资产损失的，依法承担赔偿责任；属于国家工作人员的，并依法给予处分：（一）利用职权收受贿赂或者取得其他非法收入和不当利益的；（二）侵占、挪用企业资产的；（三）在企业改制、财产转让等过程中，违反法律、行政法规和公平交易规则，将企业财产低价转让、低价折股的；（四）违反本法规定与本企业进行交易的；（五）不如实向资产评估机构、会计师事务所提供有关情况和资料，或者与资产评估机构、会计师事务所串通出具虚假资产评估报告、审计报告的；（六）违反法律、行政法规和企业章程规定的决策程序，决定企业重大事项的；（七）有其他违反法律、行政法规和企业章程执行职务行为的……。

2.《中华人民共和国公司法》

第一百八十八条：董事、监事、高级管理人员执行职务违反法律、行政法规或者公司章程的规定，给公司造成损失的，应当承担赔偿责任。

3.《中华人民共和国民法典》

第一百八十六条：因当事人一方的违约行为，损害对方人身权益、财产权益的，受损害方有权选择请求其承担违约责任或者侵权责任。

三、针对信息沟通不畅问题的法律法规

《中华人民共和国会计法》

第九条：各单位必须根据实际发生的经济业务事项进行会计核算，填制会计凭证，登记会计账簿，编制财务会计报告。任何单位不得以虚假的经济业务事项或者资料进行会计核算。

第十五条：会计账簿登记，必须以经过审核的会计凭证为依据，并符合有关法律、行政法规和国家统一的会计制度的规定。会计账簿包括总账、明细账、日记账和其他辅助性账簿。

四、针对合规意识淡薄问题的法律法规

1.《中华人民共和国企业国有资产法》

第六条：国务院和地方人民政府应当按照政企分开、社会公共管理职能与国有资产出资人职能分开、不干预企业依法自主经营的原则，依法履行出资人职责。

2.《中华人民共和国公司法》

第十九条：公司从事经营活动，应当遵守法律法规，遵守社会公德、商业道德，诚实守信，接受政府和社会公众的监督。

从以上法律法规可以看出，国有企业在资产管理合规问题中监督与问责机制不完善的问题涉及多部法律法规的规定和要求。国有企业应当严格遵守相关法律法规，建立健全监督与问责机制，确保资产管理的合法合规性。

合规程序与方法

针对国有企业资产管理合规问题中监督与问责机制不完善的问题，以下提出具体的合规程序与方法，旨在分步骤、有针对性地解决问题。

一、建立健全独立的内部审计体系

1.设立独立的内部审计部门

确保内部审计部门在组织结构上独立于管理层，直接对董事会或监事会负责，以保障审计工作的独立性和客观性。

2.明确审计职责与权限

制定详细的内部审计工作规程，明确内部审计部门的职责范围、审计权限和报告路径，确保审计工作能够全面覆盖资产管理的各个环节。

3.加大审计资源投入

增加内部审计岗位，提升审计人员专业素质，配备必要的审计工具和技术手段，提高审计工作的效率和效果。

二、完善问责机制，强化责任追究

1.明确责任主体

根据资产管理流程，明确各个环节的责任主体，包括部门负责人、直接责任人等，确保责任到人。

2.建立问责制度

制定详细的问责制度，明确违规行为的认定标准、问责程序和问责方式，确保问责工作有据可依、有章可循。

3.严格责任追究

对发现的违规行为，严格按照问责制度进行责任追究，对责任人进行严肃处理，并公开通报处理结果，形成有效震慑。

三、加强信息沟通与共享

1.建立信息共享平台

利用现代信息技术手段，建立跨部门的信息共享平台，实现资产管理相关信息的实时传递和

共享。

2. 定期召开协调会议

组织相关部门定期召开资产管理协调会议，沟通工作进展，协调解决存在的问题，确保资产管理工作的顺畅进行。

3. 加强员工培训

定期对员工进行资产管理合规培训，提高员工的信息沟通意识和能力，确保信息能够及时、准确地传递和共享。

四、提升合规意识，营造合规文化

1. 加强合规宣传

通过内部刊物、宣传栏、网站等多种渠道，广泛宣传资产管理合规知识，提高员工的合规意识。

2. 开展合规教育

组织员工参加合规教育培训，学习相关法律法规和规章制度，了解合规管理的重要性和具体要求。

3. 树立合规典型

表彰在资产管理合规方面表现突出的部门和个人，树立合规典型，引导全体员工自觉遵守合规要求。

五、建立风险管理机制，防范合规风险

1. 识别合规风险

对资产管理过程中的各个环节进行风险评估，识别潜在的合规风险点，制定风险清单。

2. 制定防控措施和应急预案

针对识别出的合规风险点，制定相应的防控措施和应急预案，确保风险能够得到有效控制和应对。

3. 持续监控与评估

建立合规风险持续监控机制，定期对合规风险进行评估和审计，确保防控措施的有效性和合规管理的持续加强。

通过实施以上合规程序与方法，国有企业可以有效解决资产管理合规问题中监督与问责机制不完善的问题，提升资产管理的合规性和有效性。

第八章
国有企业投资与并购合规问题

专题1：产权不清晰

案例引入

一、案例背景

传统制造业国有企业A（以下简称"A企业"），作为国内领先的机械制造企业，长期以来一直保持着稳定的市场份额和盈利能力。为了进一步扩大业务规模，提升市场竞争力，A企业决定通过并购方式整合行业内资源。目标企业为B公司，B公司同样是一家在特定机械制造领域具有一定影响力的民营企业。此次并购由A企业的首席执行官李明负责，旨在通过并购实现双方资源的优势互补，共同开拓新市场。

二、具体问题

在并购过程中，A企业面临了一个关键性问题——产权不清晰。具体而言，B公司的股权结构复杂，存在多层嵌套持股现象，且部分股权存在争议。尽管在并购谈判初期，双方对股权结构进行了初步梳理，但并未深入调查潜在的法律风险和产权纠纷。随着并购进程的推进，这些问题逐渐浮出水面，对并购工作造成了严重影响。

1. 股权争议

B公司某部分股权的实际持有人与登记持有人不符，导致在并购过程中出现了多方主张权益的情况，增加了并购的法律风险和不确定性。

2. 资产评估失真

由于产权不清晰，B公司的资产评估工作难以准确进行，部分关键资产的价值被低估或高估，影响了并购对价的合理确定。

3. 决策延误

产权问题的复杂性导致并购决策过程反复拖延，错过了最佳的市场进入时机，增加了并购成本和市场风险。

三、主要问题的影响

1. 经济损失大

由于并购进程受阻，A企业已投入的并购准备费用高达5000万元，且因错过市场机遇，预计未来一年的潜在市场收益将减少约1亿元。

2. 财务指标下滑

并购的不确定性导致A企业的投资者信心下降，股价在并购消息公布后连续下跌，市值缩水约3%。同时，由于并购占用了资金，A企业的流动比率和速动比率均出现下滑，短期偿债能力受到一定影响。

3. 引发法律诉讼风险

因产权纠纷引发的法律诉讼不仅增加了额外的法律费用支出（超过 1000 万元），还可能影响 A 企业的声誉和品牌形象。

4. 市场竞争力减弱

并购的失败使得 A 企业未能如期整合 B 公司的资源和技术优势，错失了在特定市场领域扩大份额的机会，导致竞争对手趁机抢占市场。

5. 内部管理压力增大

并购进程的反复和不确定性给 A 企业的内部管理团队带来了巨大压力，影响了员工的工作积极性和团队稳定性。

6. 战略调整难度增加

由于并购未能达成预期目标，A 企业需要重新评估和调整其发展战略，这无疑增加了战略调整的难度和成本。

四、结论与反思

企业 A 在投资与并购过程中因产权不清晰而遭遇重大挫折，不仅造成了巨大的经济损失和财务指标下滑，还影响了企业的市场竞争力和内部管理稳定性。这一案例深刻揭示了产权清晰性在国有企业并购中的重要性，本案例带来的反思如下。

1. 加强尽职调查

在并购前应对目标企业的股权结构、资产状况等进行全面深入的尽职调查，确保产权清晰、无争议。

2. 完善风险评估机制

建立健全并购风险评估机制，对潜在的法律风险、财务风险等进行全面评估并制定应对措施。

3. 强化内部管理

加大对并购团队的专业培训和内部管理力度，提高并购决策的科学性和合理性。

4. 注重法律合规

在并购过程中严格遵守相关法律法规和监管要求，确保并购活动的合法合规性。

A 企业应从中吸取教训并在未来的并购活动中更加注重产权清晰性和风险评估工作，以确保并购活动的顺利进行和企业的长远发展。

合规问题分析

一、业务简介

国有企业投资与并购是国有企业战略发展的重要手段，旨在通过资源整合、优势互补，实现企业的规模扩张、产业升级和市场竞争力提升。然而，在这一过程中，产权清晰性成为影响并购成功与否的关键因素之一。产权清晰性不仅关乎并购双方的权益保障，还直接影响到并购后的整合效果和企业的长远发展。

二、相关规定

在我国，国有企业产权管理受到一系列法律法规的严格规范。例如，《中华人民共和国企业国有资产法》《中华人民共和国公司法》等法律均对国有企业产权的界定、转让、保护等方面做出了明确规定。同时，国家相关部门也出台了一系列政策措施，以加强对国有企业产权交易的监管和指导，确保产权交易的合法合规性。

三、合规问题具体表现

在国有企业投资与并购过程中，产权清晰性方面的合规问题主要表现为以下几种。

1. 产权界定不清

部分国有企业在并购前未能对目标企业的产权结构进行清晰界定，导致并购过程中存在产权争议和法律风险。例如，目标企业的股权结构复杂，存在多层嵌套持股或隐名股东等情况，增加了并购的难度和不确定性。

2. 资产评估失真

由于产权不清晰，目标企业的资产评估工作难以准确进行。部分关键资产的价值可能被低估或高估，导致并购对价不合理，损害并购双方的利益。

3. 决策机制不完善

部分国有企业在并购决策过程中缺乏完善的决策机制，导致决策过程不够透明、科学。特别是在涉及产权问题时，容易受到政府干预、内部人控制等因素的影响，偏离市场化原则。

4. 信息披露不充分

在并购过程中，部分国有企业未能充分披露与产权相关的关键信息，导致投资者和利益相关者无法全面了解并购情况，增加了并购失败的风险。

四、问题造成的严重影响

产权清晰性方面的合规问题对国有企业投资与并购造成了严重影响，主要表现在以下几个方面。

1. 经济损失大

产权争议、资产评估失真等问题导致并购失败或并购成本增加，给国有企业带来直接的经济损失。同时，并购失败还可能影响国有企业的市场声誉和品牌形象。

2. 战略受阻

并购是国有企业实现战略发展的重要途径之一。然而，产权清晰性方面的合规问题可能导致并购进程受阻或并购失败，进而影响国有企业的战略布局和发展规划。

3. 管理混乱

产权不清晰还可能导致并购后的整合工作难以顺利进行。例如，股权结构复杂、管理权不明确等导致并购后企业治理结构混乱、管理效率低下等。

4. 引发法律风险

产权清晰性方面的合规问题还可能引发法律纠纷和诉讼风险。这不仅可能会增加国有企业的法律费用支出和诉讼成本，还可能对企业的正常运营和发展造成不利影响。

综上所述，国有企业投资与并购过程中的产权清晰性问题不容忽视。为了确保并购活动的合法合规性和成功开展，国有企业应加强对目标企业产权结构的尽职调查、完善决策机制和信息披露制度、加强内部管理和法律合规意识等方面的工作。

法律法规依据

针对国有企业投资与并购合规问题中产权清晰性的问题，以下是对相关法律法规的总结。

一、针对产权界定不清问题的法律法规

1.《中华人民共和国企业国有资产法》

第三十条：国家出资企业合并、分立、改制、上市，增加或者减少注册资本，发行债券，进行重大投资，为他人提供大额担保，转让重大财产，进行大额捐赠，分配利润，以及解散、申请破产等重大事项，应当遵守法律、行政法规以及企业章程的规定，不得损害出资人和债权人的权益。

此条款要求国有企业在进行并购等重大事项时，必须清晰界定产权，确保不损害出资人和债权人的权益，从而规避产权界定不清的问题。

2.《中华人民共和国公司法》

第二百二十条：公司合并，应当由合并各方签订合并协议，并编制资产负债表及财产清单。公司应当自作出合并决议之日起十日内通知债权人，并于三十日内在报纸上或者国家企业信用信息公示系统公告。债权人自接到通知之日起三十日内，未接到通知的自公告之日起四十五日内，可以要求公司清偿债务或者提供相应的担保。

此条款规定了公司合并时的程序和要求，包括签订合并协议、编制资产负债表及财产清单等，这些要求有助于确保产权的清晰界定。

二、针对资产评估失真问题的法律法规

《中华人民共和国企业国有资产法》

第五十五条：国有资产转让应当以依法评估的、经履行出资人职责的机构认可或者由履行出资人职责的机构报经本级人民政府核准的价格为依据，合理确定最低转让价格。

此条款要求国有资产转让必须依据依法评估的价格，确保资产评估的准确性，从而避免资产评估失真问题。

三、针对决策机制不完善问题的法律法规

《中华人民共和国企业国有资产法》

第三十一条：国有独资企业、国有独资公司合并、分立，增加或者减少注册资本，发行债券，分配利润，以及解散、申请破产，由履行出资人职责的机构决定。

此条款规定了国有独资企业、国有独资公司在进行并购等重大事项时的决策机制，要求由履行出资人职责的机构决定，有助于完善决策机制。

第一百二十四条：董事会会议应当有过半数的董事出席方可举行。董事会作出决议，必须经全体董事的过半数通过……。

这些条款规定了公司董事会的职权和决策程序，要求董事会会议有过半数的董事出席，决议必须经全体董事的过半数通过，有助于完善国有企业的决策机制。

四、针对信息披露不充分问题的法律法规

1.《中华人民共和国证券法》

第七十八条：发行人、上市公司依法披露的信息，必须真实、准确、完整，不得有虚假记载、误导性陈述或者重大遗漏。

此条款要求上市公司披露的信息必须真实、准确、完整，不得有虚假记载或重大遗漏，这同样适用于国有企业在并购过程中的信息披露。

2.《中华人民共和国企业国有资产法》

第十八条：国家出资企业应当依照法律、行政法规以及企业章程的规定，向出资人分配利润。

虽然此条款主要规定利润分配，但隐含了国有企业需按照法律法规和企业章程进行信息披露的要求，以确保出资人的知情权。

综上所述，国有企业在投资与并购过程中应严格遵守相关法律法规，确保产权的清晰界定、资产评估的准确性、决策机制的完善以及信息披露的充分性，以规避合规风险并实现成功并购。

合规程序与方法

针对国有企业投资与并购合规问题中的产权不清晰，以下提出具体的合规程序与方法，旨在分步骤、有针对性地解决问题。

一、明确产权

1.尽职调查

在并购前期，国有企业应组织专业团队对目标企业进行尽职调查，重点核查目标企业的股权结构、实际控制人、资产权属等关键信息，确保产权清晰无争议。

2.法律审查

聘请专业律师团队对目标企业的法律文件、合同、协议等进行审查，确认产权的法律地位和保护情况，识别潜在的法律风险和产权纠纷。

3.产权登记查询

通过相关政府部门或登记机构查询目标企业的产权登记信息，确认产权的归属和变动情况，确保信息的准确性和完整性。

二、规范资产评估流程

1.选择专业评估机构

委托具有资质的资产评估机构对目标企业的资产进行评估，确保评估机构的独立性和专业性。

2.明确评估范围、方法和标准

与评估机构明确评估的范围、方法和标准，确保评估结果的科学性和公正性。重点关注关键资产的评估价值，避免低估或高估。

3.审核评估报告

对评估机构出具的评估报告进行认真审核，确保评估结果的准确性和合理性。如有异议，应及时与评估机构沟通并重新评估。

三、完善决策机制

1. 建立科学决策体系

国有企业应建立完善的投资决策体系，明确决策机构、决策程序和决策责任。涉及重大并购事项时，应提交董事会或股东会审议，确保决策的科学性和民主性。

2. 强化内部审批流程

制定严格的内部审批流程，确保并购事项在决策前经过充分的论证和审批。特别是涉及产权问题的重大事项，应经过多级审批和集体决策。

3. 引入专家咨询机制

在决策过程中引入专家咨询机制，邀请行业专家、法律顾问等参与决策咨询，提供专业意见和建议，提高决策的专业性和准确性。

四、加强信息披露管理

1. 制定信息披露制度

国有企业应制定完善的信息披露制度，明确信息披露的内容、方式、时间和责任人。确保并购过程中的关键信息能够及时、准确、完整地披露给投资者和利益相关者。

2. 强化信息披露监督和管理

加强对信息披露工作的监督和管理，确保信息披露的真实性和合规性。对于违反信息披露规定的行为，应严肃追究相关责任人的责任。

五、建立风险防控机制

1. 识别潜在风险

在并购过程中，国有企业应全面识别潜在的风险因素，特别是与产权清晰性相关的风险，如产权纠纷、资产评估失真等。

2. 制定风险防控措施

针对识别出的潜在风险，制定具体的风险防控措施和应急预案。确保在风险发生时能够及时应对、有效控制风险和减少损失。

3. 持续监控和评估

建立风险持续监控和评估机制，定期对并购项目的风险状况进行评估和分析。根据评估结果及时调整风险防控措施和应对策略，确保并购项目的顺利进行和成功实施。

通过实施以上合规程序与方法，国有企业可以有效提升投资与并购过程中的产权清晰性，降低合规风险，保障并购项目的成功实施和企业的长远发展。

专题2：法律不合规

案例引入

一、案例背景

B公司是一家大型传统制造业国有企业，主营业务涵盖机械制造、汽车零部件生产等多个领域。为扩大市场份额和提升技术实力，B公司决定通过并购方式整合行业资源。目标企业为一家民营汽车零部件生产商，拥有一定的市场份额和技术专利。经过初步谈判，双方达成了并购意向，并开始推进并购流程。在并购过程中，B 公司未能严格遵守相关法律法规和并购程序，导致了一系列法律不合规问题。

二、具体问题

1. 产权调查不充分

B 公司在并购前未对目标企业的产权状况进行全面深入的调查，仅依赖于目标企业提供的有限资料。事后发现，目标企业存在多笔未披露的抵押和担保事项，涉及金额高达数亿元。

2. 资产评估失真

由于产权调查不充分，B 公司在资产评估环节未能准确评估目标企业的真实价值。评估机构在缺乏充分信息的情况下出具了评估报告，导致 B 公司支付了过高的并购对价。

3. 信息披露违规

在并购过程中，B 公司未按照相关法律法规要求及时、准确、完整地披露并购信息，特别是关于目标企业产权状况和资产评估结果的关键信息。这引发了市场投资者的怀疑和不满。

4. 决策程序不规范

B 公司在并购决策过程中存在程序不规范的问题。部分关键决策未经董事会或股东会审议通过，而是由少数高层管理人员擅自决定。这违反了公司治理结构和决策程序的要求。

三、主要问题的影响

上述法律不合规问题给 B 公司带来了严重的后果和影响，具体如下。

1. 经济损失巨大

由于支付了过高的并购对价并承担了目标企业的未披露债务，B 公司直接经济损失高达数亿元。这不仅侵蚀了公司的利润空间，还对公司的现金流造成了巨大压力。

2. 财务指标恶化

并购后，B 公司的财务指标明显恶化。净利润率、资产回报率等关键指标均低于行业平均水平。同时，公司的资产负债率也大幅上升，增加了企业的财务风险。

3. 市场信誉受损

信息披露违规导致 B 公司在市场上的信誉受损。投资者和消费者对企业的信任度降低，影响了公司的品牌形象和市场地位。

4. 法律纠纷不断

由于产权不清和评估失真等问题引发的法律纠纷不断，B 公司不得不投入大量人力、物力和财力应对诉讼和仲裁案件，这进一步加剧了公司的经营困境。

四、结论与反思

B 公司并购案是国有企业投资与并购合规问题中的典型案例。该案例充分暴露了国有企业在并购过程中存在的法律不合规问题及其严重后果。为避免类似问题的发生，国有企业应深刻反思并采取以下措施。

1. 加强法律法规学习

提高企业管理层和员工的法律法规意识，确保并购活动在合法合规的框架内进行。

2. 完善尽职调查程序

建立全面的尽职调查机制，对目标企业的产权状况、财务状况、法律风险等关键信息进行深入调查和分析。

3. 规范资产评估流程

选择具有资质的评估机构进行资产评估，确保评估结果的准确性和公正性。同时加强对评估过程的监督和审查。

4. 强化信息披露管理

按照相关法律法规要求及时、准确、完整地披露并购信息，保障投资者和利益相关者的知情权。

5. 完善公司治理结构

建立健全的公司治理结构和决策程序，确保并购决策的科学性和民主性。同时加强对决策过程的监督和制约机制建设。

合规问题分析

一、业务简介

国有企业投资与并购是其在市场经济环境下实现战略扩张、资源整合、产业升级的重要手段。通过投资与并购，国有企业能够迅速扩大市场份额、提升技术实力、优化资源配置，从而增强企业的核心竞争力和可持续发展能力。然而，在这一过程中，合规性问题成为影响并购成功与否的关键因素之一。

二、相关规定

国有企业在进行投资与并购活动时，必须严格遵守国家相关法律法规和政策规定。这些规定包括但不限于《中华人民共和国公司法》《中华人民共和国证券法》《中华人民共和国企业国有资产法》《中华人民共和国反垄断法》以及国务院国资委发布的《企业国有资产交易监督管理办法》等。这些法律法规和政策对国有企业的并购行为提出了明确要求，包括并购程序的合法性、信息披露的充分性、资产评估的公正性、反垄断审查的必要性等方面。

三、合规问题具体表现

1. 程序不合规

部分国有企业在并购过程中未能按照法定程序进行，如未经充分论证和审批擅自实施并购、未履行信息披露义务等。这不仅违反了法律法规的要求，也损害了投资者和利益相关者的合法权益。

2. 信息披露不充分

在并购过程中，信息披露的充分性和准确性是保障市场公平、公正的重要基础。然而，一些国有企业存在信息披露不充分、不及时甚至虚假披露的问题，误导了投资者和公众的判断，影响了市场的稳定。

3. 资产评估失真

资产评估是并购过程中的重要环节，其公正性和准确性直接关系到并购对价的合理性。然而，部分国有企业在并购过程中未能委托具有资质的评估机构进行资产评估，或者评估机构在评估过程中存在主观臆断、评估方法不当等问题，导致资产评估结果失真。

4.忽视反垄断审查

在涉及市场份额较大或具有行业影响力的并购案中，反垄断审查是不可或缺的一环。然而，一些国有企业出于自身利益的考虑，忽视了反垄断审查的重要性，甚至采取规避审查的手段进行并购，这不仅违反了反垄断法的规定，也破坏了市场的公平竞争秩序。

5.法律风险管理不足

投资与并购活动涉及的法律风险多种多样，包括但不限于产权纠纷、合同纠纷、诉讼风险等。然而，部分国有企业在并购过程中未能充分识别和评估这些法律风险，也未制定相应的风险防范措施和应急预案，导致在风险发生时无法及时应对和有效控制。

四、问题造成的严重影响

1.经济损失巨大

法律不合规行为可能导致国有企业面临巨额的经济损失。例如，因程序不合规或信息披露不充分而被监管部门处罚、因资产评估失真而支付过高的并购对价等。

2.市场信誉受损

法律不合规行为会严重损害国有企业的市场信誉和品牌形象，投资者和公众对国有企业的信任度降低，进而影响其融资能力和市场竞争力。

3.法律风险持续存在

未解决的法律合规问题可能成为国有企业未来发展的隐患。例如，产权纠纷可能导致企业资产被查封或冻结、诉讼风险可能引发长期的法律纠纷和赔偿责任等。

4.影响国资监管效果

国有企业作为国有资产的重要组成部分，其投资与并购行为受到国资监管部门的严格监管。法律不合规行为不仅损害了国有企业的自身利益，也影响了国资监管的效果和权威性。

综上所述，国有企业投资与并购合规问题中的法律不合规现象不容忽视。为降低法律风险、保障并购活动的顺利进行和企业的可持续发展，国有企业必须加强对相关法律法规的学习和理解，完善并购合规管理体系和内部控制机制，确保并购活动的合法性和合规性。

法律法规依据

一、针对程序不合规问题的法律法规

1.《中华人民共和国公司法》

第八条：公司以其主要办事机构所在地为住所。

第五条：设立公司应当依法制定公司章程。公司章程对公司、股东、董事、监事、高级管理人员具有约束力。

公司并购需遵循公司章程及相关法律规定，确保并购程序的合法性。

2.《企业国有资产交易监督管理办法》

第五条：企业国有资产交易应当遵守国家法律法规和政策规定，有利于国有经济布局和结构的战略性调整，防止国有资产损失，发挥市场配置资源决定性作用，维护出资人合法权益。

该办法明确了国有资产交易应遵循的程序和原则，确保并购活动的合规性。

二、针对信息披露不充分问题的法律法规

1.《中华人民共和国证券法》

第八十条：发生可能对上市公司股票交易价格产生较大影响的重大事件，投资者尚未得知时，上市公司应当立即将有关该重大事件的情况向国务院证券监督管理机构和证券交易所报送临时报告，并予公告，说明事件的起因、目前的状态和可能产生的法律后果。

上市公司在并购过程中需及时、准确、完整地披露相关信息，保障投资者的知情权。

2.《上市公司信息披露管理办法》

第二条：信息披露义务人应当真实、准确、完整、及时地披露信息，不得有虚假记载、误导性陈述或者重大遗漏。

该办法进一步细化了上市公司信息披露的具体要求，确保并购信息的充分披露。

三、针对资产评估失真问题的法律法规

1.《国有资产评估管理办法》

第三条：国有资产占有单位（以下简称占有单位）有下列情形之一的，应当进行资产评估：（一）资产拍卖、转让；（二）企业兼并、出售、联营、股份经营；（三）与外国公司、企业和其他经济组织或者个人开办外商投资企业；（四）企业清算；（五）依照国家有关规定需要进行资产评估的其他情形。

该办法明确了国有资产评估的适用情形和程序，确保评估结果的公正性和准确性。

2.《资产评估基本准则》

第四条：资产评估机构及其资产评估专业人员开展资产评估业务应当遵守法律、行政法规的规定，坚持独立、客观、公正的原则。

该准则强调了资产评估应遵循的基本原则和职业道德要求，防止评估失真。

四、针对忽视反垄断审查问题的法律法规

1.《中华人民共和国反垄断法》

第二十六条：经营者集中达到国务院规定的申报标准的，经营者应当事先向国务院反垄断执法机构申报，未申报不得实施集中……。

该法明确了经营者集中的反垄断审查要求，确保并购活动不违反反垄断法规定。

2.《经营者集中审查规定》

第二条：经营者集中是指下列情形：（一）经营者合并；（二）经营者通过取得股权或者资产的方式取得对其他经营者的控制权；（三）经营者通过合同等方式取得对其他经营者的控制权或者能够对其他经营者施加决定性影响。

该规定细化了经营者集中的具体情形和审查标准，指导并购活动的反垄断审查工作。

五、针对法律风险管理不足问题的法律法规

《中央企业全面风险管理指引》

虽然该指引并非法律法规，但作为国务院国资委发布的规范性文件，对中央企业法律风险管理具有指导意义。

该指引要求中央企业建立健全法律风险管理体系，加强法律风险的识别、评估、监控和应对

工作，提高法律风险管理水平。

综上所述，国有企业在进行投资与并购活动时，应严格遵守相关法律法规和政策规定，确保并购活动的合法性和合规性。同时，应加强法律风险管理意识，建立健全法律风险管理体系，防范和控制潜在的法律风险。

合规程序与方法

针对国有企业投资与并购合规问题中的法律不合规，以下是具体的合规程序与方法，旨在分步骤、有针对性地解决问题。

一、建立健全并购合规管理体系

1.制定并购合规政策

明确并购合规的基本原则、目标、范围和责任分工，确保并购活动遵循法律法规和内部规章制度。

2.设立合规管理部门

成立专门的合规管理部门或指定专人负责并购合规工作，由其负责监督并购活动的合规性，提供合规咨询和指导。

二、开展并购前尽职调查

1.详细审查目标企业

对目标企业的财务状况、法律状况、业务资质、市场地位等进行尽职调查，确保信息的真实性和完整性。特别关注目标企业的产权清晰度、负债情况、诉讼纠纷等潜在法律风险点。

2.评估并购合规风险

基于尽职调查结果，评估并购过程中可能面临的合规风险，包括反垄断风险、信息披露风险、资产评估风险等。

三、完善并购程序与审批流程

1.明确并购程序

制定详细的并购流程图和时间表，明确各阶段的任务、责任人和完成时限。确保并购程序符合《中华人民共和国公司法》《中华人民共和国证券法》等相关法律法规的要求。

2.强化审批流程

建立严格的内部审批机制，确保并购方案经过充分论证和审批。涉及重大资产重组或上市公司并购的，需按规定向相关监管机构报备并公告。

四、规范信息披露与资产评估

1.完善信息披露制度

确保并购过程中的信息披露及时、准确、完整，遵守《中华人民共和国证券法》及信息披露相关规定。对于可能影响投资者决策的重大信息，应及时向投资者和社会公众披露。

2.确保资产评估公正性

委托具有资质的资产评估机构进行资产评估，确保评估方法科学、合理，评估结果公正、准确。加强对资产评估机构的监督和管理，防范评估失真风险。

五、加强反垄断审查与合规培训

1. 主动进行反垄断审查

对于可能涉及反垄断问题的并购案，应主动向反垄断执法机构申报，接受反垄断审查。确保并购活动不违反《中华人民共和国反垄断法》及相关规定。

2. 加强合规培训

定期对并购团队及相关人员进行合规培训，提高合规意识和能力。培训内容应包括法律法规解读、并购合规实务操作、案例分析等。

六、建立法律风险管理机制

1. 识别与评估法律风险

在并购过程中持续识别潜在的法律风险点，并进行评估和分析。确定法律风险的等级和优先级，制定相应的风险应对策略。

2. 制定风险应对措施

根据法律风险的性质和严重程度，制定具体的风险应对措施和应急预案。确保在风险发生时能够及时、有效地应对和控制风险。

通过实施以上合规程序与方法，国有企业可以系统地解决投资与并购过程中法律不合规的问题，提高并购活动的合规性和成功率。

专题3：财务审计与资产评估不规范

案例引入

一、案例背景

传统制造业国有企业C（以下简称"C公司"），为扩大市场份额和提升技术实力，决定并购同行业某民营企业。并购前，C公司组建了专项并购团队，并委托了第三方财务审计和资产评估机构对目标企业进行尽职调查。然而，财务审计与资产评估过程中的不规范操作，最终导致了并购后的一系列问题。

二、具体问题

1. 财务审计不规范

（1）问题描述：C公司委托的审计机构在审计过程中，未能对目标企业的应收账款、存货等进行充分核实，仅依赖于企业提供的财务报表进行审计。同时，对于潜在的或有负债和隐性债务也未进行深入调查。

（2）具体数据：审计报告中未揭示目标企业存在约2亿元的隐性债务，该债务在并购后迅速暴露，导致C公司需额外承担较大的偿债压力。

2. 资产评估失真

（1）问题描述：资产评估机构在对目标企业的固定资产、无形资产进行评估时，采用了不恰当的评估方法，且未能充分考虑市场变化和技术折旧等因素。特别是对目标企业拥有的专利技术和品牌价值等无形资产，评估价值严重偏低。

（2）具体数据：评估报告显示目标企业的整体价值为 10 亿元，而市场公允价值实际上远高于此，至少达到 15 亿元。由于评估失真，C 公司以低于市场价的价格完成了并购，直接经济损失高达 5 亿元。

三、主要问题的影响

1. 经济损失巨大

C 公司因财务审计与资产评估不规范导致的直接经济损失达 7 亿元（隐性债务 2 亿元＋低估资产 5 亿元）。

并购后，C 公司的财务指标出现显著下滑，净利润率同比减少了 20 个百分点，现金流紧张，影响了企业的正常运营和发展。

2. 市场信誉受损

由于并购过程中的不合规行为被媒体曝光，C 公司的市场信誉受到严重影响，投资者和客户的信心下降，进一步加剧了公司的困境。

3. 法律风险增加

目标企业的原股东因对并购价格不满，提起了法律诉讼，要求 C 公司赔偿损失。这一诉讼不仅增加了 C 公司的法律成本，还可能对公司的声誉造成长期负面影响。

四、结论与反思

本案例充分暴露了国有企业在投资与并购过程中财务审计与资产评估不规范所带来的严重后果。为确保并购活动的合规性和成功性，国有企业应采取以下措施。

1. 加强对财务审计与资产评估的监管

选择具有资质和信誉的第三方机构进行财务审计和资产评估，确保其独立性和专业性。对审计和评估过程进行全程监督，确保所有操作符合法律法规和行业标准。

2. 完善尽职调查流程

制定详细的尽职调查计划和流程，对目标企业的财务状况、法律状况、业务资质等进行全面深入的调查。特别关注潜在的法律风险和财务风险点，确保并购决策的科学性和合理性。

3. 强化内部控制和风险管理

建立健全内部控制体系，加强对并购活动的风险管理。建立快速响应机制，及时应对并购过程中出现的问题和挑战。

4. 提升合规意识和能力

加强对并购团队及相关人员的合规培训和教育，提升其合规意识和能力。建立健全合规文化，确保所有员工在并购活动中严格遵守法律法规和内部规章制度。

合规问题分析

一、业务简介

国有企业投资与并购是国有企业战略调整、资源配置优化和产业升级的重要手段。通过并购，国有企业可以快速获取新技术、新市场和新资源，增强企业竞争力和可持续发展能力。然而，在投资与并购过程中，财务审计与资产评估作为关键环节，其规范性和准确性直接关系到并购的成败和企业的利益。

二、相关规定

为了规范国有企业投资与并购行为，保障国有资产安全，我国制定了一系列相关法律法规和政策文件，如《中华人民共和国公司法》《中华人民共和国证券法》《国有资产评估管理办法》《中央企业全面风险管理指引》等。这些规定对财务审计与资产评估的程序、标准、责任等方面提出了明确要求，旨在确保并购活动的合规性和公正性。

三、合规问题具体表现

1. 财务审计不规范

（1）审计独立性缺失：审计机构或审计人员受到被审计单位或其他利益方的干扰，在审计时无法保持独立客观的态度。

（2）审计范围不全面：审计范围未能充分覆盖关键财务指标和潜在风险点，导致审计结果存在遗漏或偏差。

（3）审计方法不科学：采用不恰当的审计方法或过于依赖企业提供的财务报表，未能有效揭示潜在问题。

2. 资产评估失真

（1）评估方法不当：评估机构在选择评估方法时未充分考虑资产的实际状况和市场环境，导致评估结果偏离市场公允价值。

（2）评估程序不规范：评估过程中存在随意性大、透明度低等问题，未能严格按照规定的程序和标准进行评估。

（3）利益输送风险：部分评估机构可能与被评估单位存在利益关系，导致评估结果失真以谋取不正当利益。

四、问题造成的严重影响

1. 国有资产流失

财务审计与资产评估的不规范操作可能导致国有企业低估被并购企业的价值或未能充分揭示潜在风险，从而在并购过程中支付过高的对价或承担额外风险，造成国有资产流失。

2. 企业决策失误

基于不准确的财务审计和资产评估结果做出的并购决策可能偏离企业的实际需求和战略目标，导致并购后整合困难、业绩下滑甚至并购失败。

3. 法律风险增加

不合规的财务审计与资产评估可能引发法律纠纷和诉讼风险，损害企业的市场信誉和品牌形象。

4. 市场信心下降

投资者和利益相关者对企业并购活动的合规性产生怀疑，导致市场信心下降，影响企业的融资能力和业务拓展。

综上所述，国有企业投资与并购合规问题中财务审计与资产评估不规范的问题不容忽视。为防范和化解这些问题带来的风险和挑战，国有企业应加大对并购活动的合规管理和监督力度，确保财务审计与资产评估的规范性和准确性。同时，相关监管部门也应加大对并购活动的监管和指导力度，推动国有企业并购活动的健康有序发展。

法律法规依据

针对国有企业投资与并购合规问题中财务审计与资产评估不规范的问题，以下是对相关法律法规依据的总结。

一、针对财务审计不规范问题的法律法规

1.《中华人民共和国会计法》

第二十条：财务会计报告应当根据经过审核的会计账簿记录和有关资料编制，并符合本法和国家统一的会计制度关于财务会计报告的编制要求、提供对象和提供期限的规定；其他法律、行政法规另有规定的，从其规定……。

违反此规定可能导致审计报告的编制不符合法定要求，进而影响并购决策的准确性。

2.《中华人民共和国公司法》

第二百零八条：公司应当在每一会计年度终了时编制财务会计报告，并依法经会计师事务所审计……。

若公司未依法进行审计，或审计机构未能独立、客观、公正地进行审计，将违反此规定。

3.《企业国有资产监督管理暂行条例》

第三十条：国有资产监督管理机构依照国家有关规定组织协调所出资企业中的国有独资企业、国有独资公司的分立、合并、破产、解散、增减资本、申请破产等重大事项。

国有企业在并购过程中若未按规定进行财务审计，可能违反此条关于重大事项管理的规定。

二、针对资产评估失真问题的法律法规

1.《国有资产评估管理办法》

第三条：国有资产占有单位（以下简称占有单位）有下列情形之一的，应当进行资产评估：（一）资产拍卖、转让……。

第七条：国有资产评估应当遵循真实性、科学性、可行性原则，依照国家规定的标准、程序和方法进行评定和估算。

若国有企业在资产评估过程中未遵循真实性、科学性、可行性原则，或评估方法不当，将违反此规定。

2.《中华人民共和国公司法》

第二百二十条：公司合并，应当由合并各方签订合并协议，并编制资产负债表及财产清单。公司应当自作出合并决议之日起十日内通知债权人，并于三十日内在报纸上或者国家企业信用信息公示系统公告。债权人自接到通知之日起三十日内，未接到通知的自公告之日起四十五日内，可以要求公司清偿债务或者提供相应的担保。

若资产评估失真，则可能导致编制的资产负债表及财产清单不准确，进而影响债权人的权益。

3.《中华人民共和国民法典》

第一百五十三条：违反法律、行政法规的强制性规定的民事法律行为无效。但是，该强制性规定不导致该民事法律行为无效的除外……。

若资产评估过程中的违规行为违反了法律、行政法规的强制性规定，则可能导致并购行为无效或部分无效。

综上所述，国有企业在投资与并购过程中必须严格遵守相关法律法规的规定，确保财务审计与资产评估的规范性和准确性。任何违反法律法规的行为都可能引发严重的法律后果和经济损失。

合规程序与方法

针对国有企业投资与并购合规问题中财务审计与资产评估不规范的问题，以下是具体的合规程序与方法，旨在有针对性地解决问题。

一、建立独立的财务审计与资产评估机构选择机制

1. 设立专业评审委员会

成立由独立董事、外部专家及企业内部审计部门代表组成的评审委员会，负责评估和选择具有资质、信誉良好的财务审计和资产评估机构。

2. 公开招标或比选

通过公开招标或比选方式，邀请多家机构参与竞争，确保选择过程的透明度和公正性。

3. 利益冲突审查

在选择机构前，进行严格的利益冲突审查，排除与被审计或评估单位存在潜在利益关系的机构。

二、强化财务审计的独立性与全面性

1. 明确审计范围与要求

在审计委托合同中明确审计范围、审计标准、审计程序及报告要求，确保审计工作的全面性和深入性。

2. 保障审计独立性

企业高层不得干预审计机构的独立审计工作，审计机构应直接向董事会或审计委员会报告。

3. 实施双重审计或复核

对关键审计领域或高风险事项，可实施双重审计或聘请第三方进行复核，以提高审计结果的可靠性。

三、规范资产评估程序与方法

1. 明确评估标准与程序

依据《国有资产评估管理办法》等相关法规，制定详细的资产评估标准和程序，确保评估工作的规范性和科学性。

2. 采用多种评估方法

根据资产类型、市场状况及企业特点，灵活运用市场法、收益法、成本法等多种评估方法，确保评估结果的准确性和合理性。

3. 加强评估过程监督

对资产评估过程进行全程监督，确保评估机构按照既定程序和标准进行评估，防止人为操纵和利益输送。

四、建立健全信息披露与沟通机制

1. 加强信息披露

及时、准确、完整地披露并购过程中的财务审计和资产评估信息，接受公众和监管机构的监督。

2. 建立沟通机制

与被审计或评估单位建立有效的沟通机制，及时了解并核实相关情况，确保信息的真实性和完整性。

3. 回应公众关切

及时回应公众和媒体关注的热点问题并说明情况，维护企业形象和信誉。

五、完善内部控制与责任追究机制

1. 建立健全内部控制体系

完善企业内部控制机制，加强对并购活动的风险管理和内部控制，确保并购活动的合规性和有效性。

2. 明确责任分工与追究

明确财务审计、资产评估及相关决策人员的责任分工和追究机制，对违规行为进行严肃处理。

3. 开展合规培训与教育

定期对员工进行合规培训和教育，提高员工的合规意识和能力，营造良好的合规文化氛围。

通过实施上述合规程序与方法，国有企业可以有效防范和解决投资与并购过程中的财务审计与资产评估不规范问题，确保并购活动的合规性和成功性。

专题 4：劳动用工不当

案例引入

一、案例背景

公司 D 是一家位于东部沿海地区的传统制造业国有企业，主营业务涵盖机械制造与加工。近年来，为扩大生产规模和提高市场占有率，公司 D 决定通过并购方式整合行业内的一家民营企业 E。并购完成后，公司 D 在整合过程中遭遇了劳动用工不当的严重问题，不仅影响了企业的正常运营，还造成了重大的经济损失。

二、具体问题

1. 劳动合同管理混乱

并购后，公司 D 未能及时对原企业 E 的员工劳动合同进行全面梳理和重新签订。部分员工仍持有原企业的劳动合同，合同内容与公司 D 的规章制度存在冲突，导致管理上的混乱。据统计，约有 30% 的员工劳动合同状态不明确，存在潜在的法律风险。

2. 薪酬福利体系不统一

公司 D 与原企业 E 在薪酬福利体系上存在显著差异。并购后，公司 D 未能及时调整薪酬福利政策，导致同岗不同酬现象严重。部分原企业 E 的员工因薪酬待遇下降而产生不满情绪，工作

积极性受挫。数据显示，并购后首季度员工流失率达到 15%，较并购前增加了近 7.5 个百分点。

3. 工作环境与安全保障不足

原企业 E 在生产环境与安全保障方面存在诸多问题，如车间通风不良、安全防护设施陈旧等。并购后，公司 D 未能及时投入资金进行整改，导致员工工作环境恶劣，安全事故频发。据不完全统计，并购后半年内共发生安全生产事故 5 起，直接经济损失达 500 万元。

4. 劳动关系紧张且出现罢工事件

由于上述问题，公司 D 与员工之间的劳动关系日益紧张。2024 年 6 月，部分员工因不满薪酬待遇和工作环境，组织了一次大规模的罢工活动。罢工持续一周时间，导致生产线全面停产，订单无法按时交付，公司直接经济损失超过 2000 万元，且市场信誉受到严重影响。

三、主要问题的影响

1. 经济损失巨大

罢工事件及给公司 D 带来了巨大的经济损失，直接经济损失合计超过 2500 万元。此外，由于订单延误和客户流失，间接经济损失难以估量。

2. 市场信誉受损

罢工事件被媒体广泛报道，公司 D 的市场信誉受到严重损害，部分客户因此取消合作或减少订单量。

3. 员工士气低落

劳动关系的紧张和不公平待遇导致员工士气低落，工作积极性下降，进一步影响了企业的生产效率和产品质量。

4. 法律风险增加

劳动合同管理混乱和薪酬福利体系不统一等问题可能引发劳动纠纷和法律诉讼，增加企业的法律风险。

四、结论与反思

公司 D 在并购过程中遇到的劳动用工不当问题，充分暴露了国有企业在整合民营企业时面临的复杂性和挑战。为避免类似问题发生，国有企业应采取以下措施。

1. 开展并购前的尽职调查

在并购前对目标企业的劳动用工情况进行全面深入的尽职调查，了解潜在的劳动纠纷和法律风险。

2. 统一劳动合同和薪酬福利体系

并购后应及时对员工的劳动合同进行梳理和重新签订，统一薪酬福利体系，确保公平合理。

3. 加大安全生产投入

重视生产环境和安全保障问题，加大安全生产投入，进行整改和提升，确保员工的人身安全。

4. 建立健全沟通机制

建立与员工的有效沟通机制，及时了解员工诉求和反馈意见，维护良好的劳动关系。

通过实施上述措施，国有企业可以更好地应对并购过程中的劳动用工挑战，确保并购活动的顺利进行和企业的长远发展。

合规问题分析

一、业务简介

国有企业在投资与并购活动中，往往涉及对目标企业资产、业务及人员的全面整合。这一过程不仅关乎企业战略目标的实现，还直接影响到企业的人力资源管理和劳动关系和谐。劳动用工合规作为并购活动中的重要环节，对保障员工权益、维护企业稳定运营具有重要意义。

二、相关规定

国有企业在进行投资与并购时，必须严格遵守国家关于劳动用工的法律法规，包括但不限于《中华人民共和国劳动合同法》《中华人民共和国社会保险法》《企业民主管理规定》等。这些法律法规对企业并购中的劳动合同处理、员工安置、社会保险缴纳、职工参与决策等方面做出了明确规定，为国有企业并购中的劳动用工合规提供了法律依据。

三、合规问题具体表现

1. 劳动合同处理不当

并购过程中，部分国有企业未能妥善处理原企业员工的劳动合同，如未及时变更或续签劳动合同，导致劳动关系不明确，存在法律风险。

2. 员工安置方案缺失或不合理

并购后，国有企业往往需要对员工进行岗位调整或裁员。然而，部分企业在制定员工安置方案时缺乏前瞻性或合理性，未能充分考虑员工的实际需求和利益，导致员工不满和劳动争议。

3. 社会保险缴纳不规范

部分国有企业在并购后未能及时为员工缴纳社会保险，或缴纳标准不符合法律规定，侵犯了员工的合法权益。

4. 职工参与决策机制缺失

在涉及职工切身利益的重大决策中，部分国有企业未能充分听取职工意见，未通过职工代表大会或其他形式保障职工的知情权、参与权和监督权，导致劳动关系紧张。

5. 劳动用工管理制度不健全

部分国有企业在并购后未能及时建立和完善劳动用工管理制度，导致劳动用工管理混乱，出现违规用工、超时加班等问题。

四、问题造成的严重影响

1. 经济损失巨大

劳动用工不当可能引发劳动争议和诉讼，导致企业面临巨额赔偿和经济损失。同时，员工流失和招聘成本增加也会进一步加重企业的经济负担。

2. 企业形象受损

劳动用工违规行为一旦被曝光，将严重损害企业的社会形象和声誉，影响企业的品牌价值和市场竞争力。

3. 劳动关系紧张

劳动用工不当会加剧企业与员工之间的矛盾和冲突，导致劳动关系紧张，影响企业的稳定运营和长远发展。

4.法律风险增加

违反劳动法律法规将使企业面临法律制裁和处罚的风险，增加企业的法律成本和不确定性。

综上所述，国有企业在投资与并购过程中应高度重视劳动用工合规问题，建立健全相关制度和机制，确保并购活动的顺利进行和企业的可持续发展。

法律法规依据

针对国有企业投资与并购合规问题中劳动用工不当的问题，以下是相关法律法规依据。

一、针对劳动合同处理不当问题的法律法规

《中华人民共和国劳动合同法》第三十三条：用人单位变更名称、法定代表人、主要负责人或者投资人等事项，不影响劳动合同的履行。

第三十四条：用人单位发生合并或者分立等情况，原劳动合同继续有效，劳动合同由承继其权利和义务的用人单位继续履行。

二、针对员工安置方案缺失或不合理问题的法律法规

《中华人民共和国劳动合同法》

第四十一条：有下列情形之一，需要裁减人员二十人以上或者裁减不足二十人但占企业职工总数百分之十以上的，用人单位提前三十日向工会或者全体职工说明情况，听取工会或者职工的意见后，裁减人员方案经向劳动行政部门报告，可以裁减人员……。

三、针对社会保险缴纳不规范问题的法律法规

《中华人民共和国社会保险法》

第五十八条：用人单位应当自用工之日起三十日内为其职工向社会保险经办机构申请办理社会保险登记。未办理社会保险登记的，由社会保险经办机构核定其应当缴纳的社会保险费……。

四、针对职工参与决策机制缺失问题的法律法规

1.《中华人民共和国公司法》

第十七条：公司职工依照《中华人民共和国工会法》组织工会，开展工会活动，维护职工合法权益。公司应当为本公司工会提供必要的活动条件。公司工会代表职工就职工的劳动报酬、工作时间、休息休假、劳动安全卫生和保险福利等事项依法与公司签订集体合同。

2.《企业民主管理规定》

第七条：企业应当保障职工代表大会依法行使职权，保障职工依法享有知情权、参与权、表达权和监督权。

五、针对劳动用工管理制度不健全问题的法律法规

1.《中华人民共和国劳动法》

第四条：用人单位应当依法建立和完善规章制度，保障劳动者享有劳动权利和履行劳动义务。

2.《中华人民共和国劳动合同法》

第四条：用人单位应当依法建立和完善劳动规章制度，保障劳动者享有劳动权利、履行劳动义务。用人单位在制定、修改或者决定有关劳动报酬、工作时间、休息休假、劳动安全卫生、保险福利、职工培训、劳动纪律以及劳动定额管理等直接涉及劳动者切身利益的规章制度或者重大事项时，应当经职工代表大会或者全体职工讨论，提出方案和意见，与工会或者职工代表平等协商确定……。

综上所述，国有企业在投资与并购过程中应严格遵守上述法律法规，确保劳动用工的合规性，维护员工的合法权益，促进企业的稳定发展。

合规程序与方法

针对国有企业投资与并购合规问题中的劳动用工不当，以下提出具体的合规程序与方法，旨在有针对性地解决问题。

一、明确并购前尽职调查中的劳动用工合规审查

1. 组建专业团队

成立包含法律、人力资源及并购专家的尽职调查小组。

2. 详细审查劳动合同

对目标企业的劳动合同进行全面审查，包括但不限于合同期限、工作内容、工作地点、薪酬福利、违约责任等条款。

3. 评估员工安置风险

分析并购对员工可能产生的影响，评估潜在的安置风险。

二、制定详细的员工安置方案

1. 沟通协商

与目标企业员工代表进行沟通，了解员工诉求和期望。

2. 制定方案

结合企业实际情况和员工诉求，制定公平、合理的员工安置方案，包括岗位调整、薪酬福利保障、培训转岗计划等。

3. 方案公示与反馈

将安置方案向全体员工公示，收集反馈意见并进行调整完善。

三、完善劳动合同管理

1. 合同变更与续签

根据并购后的实际情况，及时与员工协商变更或续签劳动合同，明确双方权利义务。

2. 建立档案系统

建立健全劳动合同档案系统，确保每位员工的合同信息准确无误。

四、强化社会保险缴纳与福利保障

1. 社会保险核查与补缴

对目标企业的社会保险缴纳情况进行核查，如有欠缴情况及时补缴。

2. 福利政策整合

整合并购双方的福利政策，确保员工享受公平合理的福利待遇。

五、建立健全职工参与决策机制

1. 完善职工代表大会制度

建立健全职工代表大会制度，确保职工在重大决策中的知情权、参与权和监督权。

2. 建立沟通渠道

设立专门的沟通渠道，如意见箱、热线电话等，方便员工表达意见和建议。

3. 定期召开会议

定期召开职工代表大会或员工大会，通报并购进展及员工安置方案等重要事项，听取员工意见并做出回应。

六、加强并购后的劳动用工合规培训

1. 组织专题培训

针对并购后可能出现的新情况、新问题，组织专题培训，提高员工的合规意识和法律意识。

2. 建立合规文化

通过培训、宣传等方式，营造积极向上的合规文化氛围，确保企业各项规章制度得到有效执行。

通过实施以上合规程序与方法，国有企业可以更加有效地解决投资与并购过程中出现的劳动用工不当问题，保障员工的合法权益，促进企业的稳定发展。

专题 5：税务合规性不当

案例引入

一、案例背景

传统制造业国有企业 E（以下简称"E 企业"），作为国内知名的机械制造商，近年来为扩大市场份额和增强竞争力，决定通过并购方式整合行业资源。2022 年，E 企业成功并购了另一家具有先进生产技术的民营企业 F（以下简称"F 企业"）。然而，在并购后的整合过程中，E 企业忽视了税务合规的重要性，导致了一系列税务问题的爆发。

二、具体问题

1. 并购前税务尽职调查不足

E 企业在并购前未对 F 企业的税务状况进行全面深入的尽职调查，未能发现 F 企业存在长期虚开增值税专用发票、偷逃税款等严重税务违规行为。

2. 并购后税务整合不力

并购完成后，E 企业未及时整合 F 企业的税务管理体系，导致 F 企业继续沿用原有的不合规税务操作模式，如虚列成本、隐瞒收入等。

3. 关联交易税务处理不当

E 企业与 F 企业之间存在大量的关联交易，但 E 企业在处理这些交易时未能遵循独立交易原则，通过不合理的定价机制转移利润，逃避税收。

三、主要问题的影响

1. 直接经济损失巨大

由于 F 企业的税务违规行为被税务机关查处，E 企业不得不承担 F 企业需补缴的税款、滞纳金及罚款，总额高达数千万元。这一突如其来的财务负担严重影响了 E 企业的现金流和财务状况。

2. 财务指标下滑

税务问题曝光后，E 企业的信用评级下降，融资成本上升，加之补缴税款、支付滞纳金和罚款导致的资金流出，使得 E 企业的净利润、总资产周转率等关键财务指标明显下降。

3. 法律风险大于声誉受损

税务违规行为不仅触犯了国家法律，还严重损害了 E 企业的社会形象和品牌信誉。媒体曝光后，E 企业面临来自投资者、客户及合作伙伴的怀疑和信任危机。

4. 内部管理与流程问题暴露

税务合规性不当问题的出现，暴露了 E 企业在并购整合过程中内部管理和流程控制方面的薄弱环节，如决策机制不健全、风险管理不到位等。

四、结论与反思

本案例深刻揭示了国有企业在投资与并购过程中忽视税务合规性的严重后果。为避免类似问题发生，E 企业应从以下几个方面进行反思和改进。

1. 加强并购前税务尽职调查

在并购前对目标企业进行全面深入的税务尽职调查，确保充分了解其税务状况和风险点。

2. 完善并购后税务整合机制

并购完成后，及时整合目标企业的税务管理体系，确保其税务操作符合法律法规要求。

3. 强化关联交易税务管理

处理关联交易时遵循独立交易原则，确保定价合理、透明，避免利用关联交易逃避税收。

4. 提升内部管理与风险控制能力

建立健全内部控制体系，加强风险管理，确保企业决策科学、流程规范、执行到位。

5. 加强税务合规文化建设

提高全员税务合规意识，营造积极向上的税务合规文化氛围，确保企业各项规章制度得到有效执行。

通过实施以上措施，E 企业可以逐步解决当前面临的税务合规性问题，恢复企业信誉和市场地位，为未来的可持续发展奠定坚实基础。

合规问题分析

一、业务简介

国有企业投资与并购作为企业战略扩张和资源配置的重要手段，对提升国有企业竞争力、优化产业结构具有重要意义。然而，在复杂的并购交易过程中，税务合规性往往成为一个容易被忽视但至关重要的环节。税务合规性不仅关乎企业的直接经济利益，还涉及法律风险和声誉影响。

二、相关规定

国有企业在投资与并购过程中，必须严格遵守国家税收法律法规，包括但不限于《中华人民共和国税收征收管理法》《中华人民共和国企业所得税法》及其实施条例等。这些法律法规对企业的税务登记、纳税申报、税款缴纳、税务稽查等方面都做出了明确规定。此外，针对并购重组的特殊性，国家税务总局还发布了多项关于企业重组税收处理的规范性文件，如《财政部 国家税务总局关于企业重组业务企业所得税处理若干问题的通知》（财税〔2009〕59 号）等。

三、合规问题具体表现

1.并购前税务尽职调查不充分

部分国有企业在并购前未对目标企业进行全面深入的税务尽职调查，导致对目标企业的税务状况和风险点了解不足，为后续环节埋下隐患。

2.并购重组税务处理不合规

在并购重组过程中，存在未正确适用税收优惠政策、未按规定进行特殊性税务处理等问题，导致企业面临补缴税款、支付滞纳金及罚款的风险。

3.关联交易税务处理不当

国有企业与目标企业之间可能存在大量的关联交易，若未遵循独立交易原则进行税务处理，可能构成转移定价逃税行为，引发税务争议和法律风险。

4.税务筹划过度或违法

部分国有企业为追求短期经济利益，过度进行税务筹划甚至违法操作，如虚开发票、隐瞒收入、偷逃税款等，严重损害企业声誉和长远利益。

5.并购后税务整合不到位

并购完成后，未及时整合双方税务管理体系和流程，导致税务管理混乱、合规风险增加。

四、问题造成的严重影响

1.经济损失大

税务合规性问题可能导致企业面临补缴税款、支付滞纳金及罚款等直接经济损失，影响企业的现金流和财务状况。

2.面临法律风险

税务违规行为将使企业面临法律制裁和行政处罚的风险，甚至可能构成犯罪行为，给企业的正常运营带来巨大威胁。

3.声誉受损

税务合规性问题一旦曝光，将严重损害企业的社会形象和品牌信誉，影响企业与投资者、客户及合作伙伴的关系。

4.内部管理混乱

税务合规性问题往往暴露出企业在内部管理、流程控制等方面的薄弱环节，影响企业的整体运营效率和竞争力。

综上所述，国有企业在投资与并购过程中应高度重视税务合规性问题，采取加强并购前税务尽职调查、规范并购重组税务处理、完善关联交易税务处理、避免过度或违法进行税务筹划以及加强并购后税务整合等措施，确保企业的税务行为合法合规，降低税务风险，保障企业的可持续发展。

法律法规依据

针对国有企业投资与并购合规问题中税务合规性不当的问题，以下是对相关法律法规依据的总结。

一、针对并购前税务尽职调查不充分问题的法律法规

1.《中华人民共和国税收征收管理法》

第五条：……地方各级人民政府应当依法加强对本行政区域内税收征收管理工作的领导或者协调，支持税务机关依法执行职务，依照法定税率计算税额，依法征收税款……。

国有企业在进行并购前，应依法对目标企业的税务状况进行尽职调查，确保了解目标企业的税务风险和合规状况。

2.《中华人民共和国企业所得税法》

第五十七条：本法公布前已经批准设立的企业，依照当时的税收法律、行政法规规定，享受低税率优惠的，按照国务院规定，可以在本法施行后五年内，逐步过渡到本法规定的税率；享受定期减免税优惠的，按照国务院规定，可以在本法施行后继续享受到期满为止，但因未获利而尚未享受税收优惠的，优惠期限从本法施行年度起计算。

此条款虽不直接涉及尽职调查，但强调了企业税收政策的连续性和稳定性，提示企业在并购前应充分考虑税收政策变化对尽职调查的影响。

二、针对并购重组税务处理不合规问题的法律法规

1.《财政部 国家税务总局关于企业重组业务企业所得税处理若干问题的通知》

第一条：本通知所称企业重组，是指企业在日常经营活动以外发生的法律结构或经济结构重大改变的交易，包括企业法律形式改变、债务重组、股权收购、资产收购、合并、分立等。

该通知详细规定了企业重组的税务处理原则和方法，国有企业在并购过程中应严格遵循相关规定，确保税务处理的合规性。

2.《中华人民共和国企业所得税法》

第二十六条：企业的下列收入为免税收入：

（一）国债利息收入；

（二）符合条件的居民企业之间的股息、红利等权益性投资收益；

（三）在中国境内设立机构、场所的非居民企业从居民企业取得与该机构、场所有实际联系的股息、红利等权益性投资收益；

（四）符合条件的非营利组织的收入。

三、针对关联交易税务处理不当问题的法律法规

《中华人民共和国企业所得税法》

第四十一条：企业与其关联方之间的业务往来，不符合独立交易原则而减少企业或者其关联方应纳税收入或者所得额的，税务机关有权按照合理方法调整……。

此条款明确规定了关联交易的税务处理原则，即必须遵循独立交易原则，国有企业在进行关联交易时应严格遵守此规定。

四、针对税务筹划过度或违法问题的法律法规

《中华人民共和国税收征收管理法》

第六十三条：纳税人伪造、变造、隐匿、擅自销毁账簿、记账凭证，或者在账簿上多列支出或者不列、少列收入，或者经税务机关通知申报而拒不申报或者进行虚假的纳税申报，不缴或者少缴应纳税款的，是偷税。对纳税人偷税的，由税务机关追缴其不缴或者少缴的税款、滞纳金，并处不缴或者少缴的税款百分之五十以上五倍以下的罚款；构成犯罪的，依法追究刑事责任。

此条款严厉打击了税务筹划中的违法行为，国有企业在进行税务筹划时应确保合法合规。

五、针对并购后税务整合不到位问题的法律法规

《中华人民共和国公司法》

第二百二十条：公司合并，应当由合并各方签订合并协议，并编制资产负债表及财产清单。公司应当自作出合并决议之日起十日内通知债权人，并于三十日内在报纸上或者国家企业信用信息公示系统公告。债权人自接到通知之日起三十日内，未接到通知的自公告之日起四十五日内，可以要求公司清偿债务或者提供相应的担保。

此条款虽然主要规定了公司合并的程序，但也间接强调了并购后税务整合的重要性，即确保债权人的权益得到妥善安排，避免因税务问题引发债务纠纷。

综上所述，国有企业在投资与并购过程中应严格遵守相关法律法规，确保税务合规性，降低税务风险，保障企业的可持续发展。

合规程序与方法

针对国有企业投资与并购合规问题中税务合规性不当的问题，以下提出具体的合规程序与方法，旨在分步骤、有针对性地解决问题。

一、建立健全税务尽职调查机制

1. 组建专业团队

在并购前，国有企业应组建包含税务专家、财务顾问、法律顾问在内的专业尽职调查团队。

2. 明确调查范围

制定详细的尽职调查清单，包括但不限于目标企业的税务登记情况、纳税申报记录、税务优惠政策享受情况、关联交易税务处理、历史税务争议及处罚等。

3. 深入分析评估

对收集到的税务信息进行深入分析，评估目标企业的税务合规风险，并形成书面尽职调查报告。

二、规范并购重组税务处理流程

1. 明确税务处理原则

依据《财政部 国家税务总局关于企业重组业务企业所得税处理若干问题的通知》（财税〔2009〕59号）等文件，明确并购重组的税务处理原则和方法。

2. 制定税务筹划方案

在合法合规的前提下，制定税务筹划方案，充分利用税收优惠政策，降低并购重组的税务成本。

3. 提交审批与备案

按照税法规定，将并购重组的税务处理方案提交税务机关审批或备案，确保税务处理的合规性。

三、加强关联交易税务管理

1. 遵循独立交易原则

确保关联交易遵循独立交易原则，避免通过不合理的定价机制转移利润，逃避税收。

2. 定期审计与核查

对关联交易进行定期审计与核查，确保交易的真实性和合理性。

3. 完善信息披露制度

按照相关法律法规要求，及时、准确、完整地披露关联交易信息，接受公众监督。

四、强化税务风险防控机制

1. 建立税务风险预警系统

通过数据分析、风险评估等手段，建立税务风险预警系统，及时发现和应对潜在的税务风险。

2. 制定应急预案

针对可能发生的税务争议和处罚，制定应急预案，明确应对措施和责任分工。

3. 定期员工培训

定期对员工进行税务法律法规培训，提高员工的税务合规意识和风险防范能力。

五、完善并购后税务整合工作

1. 统一税务管理体系

并购完成后，及时整合双方税务管理体系和流程，确保税务管理的统一性和规范性。

2. 优化税务资源配置

根据并购后的实际情况，优化税务资源配置，提高税务管理的效率和效果。

3. 持续跟踪与评估

对并购后的税务整合效果进行持续跟踪与评估，及时发现问题并采取措施加以解决。

通过实施上述合规程序与方法，国有企业可以系统性地解决投资与并购过程中税务合规性不当的问题，降低税务风险，保障企业的合法权益和可持续发展。

专题6：反垄断审查不严

案例引入

一、案例背景

大型制造业国有企业F（以下简称"F公司"），长期以来在国内某传统制造业领域占据领先地位。为进一步扩大市场份额，提升竞争力，F公司计划通过并购方式整合行业内一家知名企业——G公司。此次并购涉及金额巨大，预期将显著提升和扩大F公司的生产能力和市场份额。然而，在并购过程中，F公司反垄断审查不严，导致了一系列合规问题。

二、具体问题

1. 反垄断申报不充分

F公司在提交反垄断申报材料时，未全面、准确地披露并购交易对市场竞争可能产生的影响。

特别是未充分评估并购后 F 公司与 G 公司在相关市场的市场份额、市场集中度以及潜在的市场进入障碍等关键指标。

2. 内部合规机制不健全

F 公司内部缺乏完善的反垄断合规机制，对并购交易的反垄断风险识别、评估和控制能力不足。在并购筹备和实施阶段，未组织专业的反垄断法律团队进行深入分析和论证。

3. 与竞争对手存在不当接触

在并购过程中，F 公司高层管理人员与行业内其他竞争对手存在不当接触，讨论并购策略和市场划分等敏感信息，涉嫌违反反垄断法中关于禁止经营者达成垄断协议的规定。

三、主要问题的影响

1. 监管处罚

由于反垄断审查不严，国家市场监督管理总局最终认定此次并购交易具有排除、限制竞争的效果，违反了《中华人民共和国反垄断法》的相关规定。F 公司因此受到了高额罚款，罚款金额达到并购交易额的 5%，直接经济损失高达数亿元。

2. 市场份额缩减

并购交易被叫停后，F 公司失去了通过并购快速扩大市场份额的机会。同时，由于并购消息的泄露和反垄断调查的公开，竞争对手趁机加强市场攻势，因此 F 公司的相关市场份额减小。

3. 财务指标恶化

受反垄断处罚和市场份额缩减的双重打击，F 公司的财务状况出现恶化。并购失败和罚款支出导致公司净利润大幅下滑，现金紧张，对后续的投资和运营计划产生了不利影响。

4. 声誉损失

此次反垄断审查不严的事件对 F 公司的品牌形象和声誉造成了严重损害。公众和投资者对 F 公司的合规管理能力产生怀疑，影响了公司的市场信誉和融资能力。

四、结论与反思

1. 加强反垄断合规意识

国有企业在进行投资和并购活动时，必须高度重视反垄断合规问题，建立健全反垄断合规机制，确保交易符合法律法规要求。

2. 完善内部合规机制

企业应设立专业的反垄断法律团队，对并购交易进行全面的反垄断风险评估和合规审查。同时，加强内部培训，提高全体员工的反垄断合规意识。

3. 强化信息披露义务

在提交反垄断申报材料时，企业应全面、准确地披露交易信息，充分评估并购对市场竞争可能产生的影响，确保申报材料的真实性和完整性。

4. 避免不当竞争行为

企业在并购过程中应严格遵守反垄断法律法规，避免与竞争对手达成垄断协议或进行其他不当竞争行为，以维护公平竞争的市场环境。

通过对本案例进行反思和总结，国有企业应深刻认识到反垄断合规的重要性，切实提升合规管理能力，确保投资和并购活动的合法性和合规性。

合规问题分析

一、业务简介

国有企业作为国民经济的支柱，其投资和并购活动对推动产业升级、优化资源配置、增强国际竞争力具有重要意义。然而，随着市场竞争的加剧和法规环境的不断变化，国有企业在投资和并购过程中面临的合规风险也日益凸显，其中反垄断审查不严是一个值得关注的问题。

二、相关规定

反垄断审查是确保市场竞争公平有序的重要手段。《中华人民共和国反垄断法》及相关配套法规对经营者集中（包括企业合并、股权收购、资产收购等行为）的申报、审查及处罚做出了明确规定。国有企业作为重要的市场主体，在进行投资和并购活动时，必须严格遵守这些规定，确保交易行为符合反垄断法的要求。

三、合规问题具体表现

1. 反垄断意识淡薄

部分国有企业对反垄断法律法规的重要性认识不足，缺乏必要的合规意识和风险防控机制。在投资和并购过程中，往往只注重经济效益而忽视反垄断合规问题。

2. 申报不充分或漏报

有的国有企业在达到反垄断申报标准时，未按规定及时、全面地向反垄断执法机构提交申报材料。有的企业甚至故意隐瞒重要信息或进行选择性披露，以规避反垄断审查。

3. 内部合规机制不健全

部分国有企业内部缺乏完善的反垄断合规管理制度和流程，对投资和并购活动的反垄断风险评估和控制能力不足。同时，合规培训不到位，员工对反垄断法律法规的了解和掌握程度有限。

4. 竞争行为不当

在投资和并购过程中，部分国有企业可能与竞争对手达成垄断协议或进行其他不当竞争行为，以获取市场优势地位。这些行为不仅违反了反垄断法律法规，也损害了市场的公平竞争环境。

四、问题造成的严重影响

1. 法律处罚

反垄断审查不严的国有企业可能面临反垄断执法机构的严厉处罚，包括高额罚款、限制或禁止交易等。这些处罚措施将直接增加企业的运营成本和经济负担。

2. 市场份额损失

反垄断审查未通过或交易被禁止，国有企业可能失去通过投资和并购扩大市场份额的机会。同时，竞争对手可能趁机加强市场攻势，进一步压缩国有企业的市场空间。

3. 品牌形象受损

反垄断审查不严的事件一旦被曝光，将对国有企业的品牌形象和声誉造成严重影响。公众和投资者会对国有企业的合规管理能力产生怀疑，进而影响企业的市场信誉和融资能力。

4.市场竞争环境扭曲

部分国有企业通过不当竞争手段获取市场优势地位的行为将破坏市场的公平竞争环境，阻碍创新和技术进步，最终损害整个行业的健康发展。

综上所述，国有企业投资与并购合规问题中的反垄断审查不严是一个亟待解决的问题。国有企业应提高反垄断合规意识，完善内部合规机制，加强反垄断风险评估和控制能力，确保投资和并购活动符合法律法规要求，维护市场的公平竞争环境。

法律法规依据

在国有企业投资与并购过程中，反垄断审查不严可能导致一系列合规问题，严重影响企业的市场份额及品牌形象。针对此类问题，我国现行法律法规体系中有多部法律法规提供了明确的规范与指导。以下是对相关法律法规依据的总结。

一、针对反垄断审查不严问题的主要法律法规

1.《中华人民共和国反垄断法》

第二条：中华人民共和国境内经济活动中的垄断行为，适用本法；中华人民共和国境外的垄断行为，对境内市场竞争产生排除、限制影响的，适用本法。

第二十六条：经营者集中达到国务院规定的申报标准的，经营者应当事先向国务院反垄断执法机构申报，未申报的不得实施集中……。

第五十八条：经营者违反本法规定实施集中，且具有或者可能具有排除、限制竞争效果的，由国务院反垄断执法机构责令停止实施集中、限期处分股份或者资产、限期转让营业以及采取其他必要措施恢复到集中前的状态，处上一年度销售额百分之十以下的罚款；不具有排除、限制竞争效果的，处五百万元以下的罚款。

2.《国务院关于经营者集中申报标准的规定》

该规定明确了经营者集中的申报标准，包括参与集中的经营者在全球和中国境内的营业额门槛，为国有企业进行投资和并购时的反垄断申报提供了具体指导。

3.《企业国有资产监督管理暂行条例》

该法规的相关条款虽未直接提及反垄断审查，但强调了国有企业应遵守国家法律法规，维护国有资产安全，间接要求国有企业在投资和并购活动中注重合规性。

二、其他相关法律法规的补充支持

1.《中华人民共和国公司法》

虽然《中华人民共和国公司法》主要规范公司的组织和行为，但国有企业在投资和并购过程中，作为公司法人主体，其行为需符合《中华人民共和国公司法》的规定，确保决策程序的合法性和合规性。

2.《中华人民共和国会计法》

虽然直接关联不大，但《中华人民共和国会计法》要求企业提供真实、完整的会计信息，这有助于反垄断执法机构在审查过程中评估企业的财务状况和市场地位，间接支持反垄断审查的顺利进行。

3.《中华人民共和国民法典》

虽然《中华人民共和国民法典》不直接针对反垄断问题，但其确立的诚实信用、公平正义等基本原则为所有民事活动提供了行为准则，国有企业在进行投资和并购时也应遵循这些原则，确保交易行为的合法性和正当性。

综上所述，国有企业在进行投资和并购活动时，必须严格遵守《中华人民共和国反垄断法》及相关配套法规的规定，确保反垄断审查的合规性。同时，《中华人民共和国公司法》《中华人民共和国会计法》《中华人民共和国民法典》等法律法规也为国有企业的合规经营提供了必要的法律支持和保障。

合规程序与方法

针对国有企业投资与并购合规问题中反垄断审查不严的问题，提出以下具体的合规程序与方法，旨在分步骤、有针对性地解决问题。

一、建立健全反垄断合规管理体系

在国有企业内部设立独立的反垄断合规部门，负责统筹管理和监督企业的反垄断合规工作。该部门人员应具备专业的法律知识和丰富的实践经验，能够为企业投资和并购活动提供全面的反垄断合规指导。

二、加强反垄断法律法规培训

定期组织企业员工参加反垄断法律法规培训，特别是针对高层管理人员和投资并购团队。培训内容应涵盖反垄断法的基本原理、申报流程、审查要点及违规后果等，确保员工对反垄断合规要求有清晰的认识。

三、完善申报前的风险评估与尽职调查

1. 建立风险评估机制

在投资和并购项目启动初期即开展反垄断风险评估工作。通过收集和分析相关数据，评估交易可能对市场竞争产生的影响，判断是否达到反垄断申报标准。

2. 加强尽职调查

在申报前，对目标企业进行全面深入的尽职调查，包括但不限于市场地位、财务状况、业务范围、竞争关系等方面。确保申报材料的真实性和完整性，避免漏报或误报。

四、规范申报流程与准备材料

1. 明确申报流程

制定详细的反垄断申报流程指南，明确各个环节的时间节点、责任部门及所需材料清单。确保申报工作有序进行，避免因流程不清导致的延误或遗漏。

2. 精心准备申报材料

根据反垄断执法机构的要求，精心准备申报材料。确保材料内容准确、完整，能够充分说明交易对市场竞争的影响。同时，注意保护商业秘密和敏感信息，避免泄露。

五、加强申报后的沟通与配合

1. 主动与反垄断执法机构沟通

在申报后，积极与反垄断执法机构保持联系，及时了解审查进展和反馈意见。对于审查过程中提出的问题和要求，及时响应并提供补充材料或解释说明。

2. 配合审查调查

如反垄断执法机构决定对交易进行进一步审查或调查，国有企业应积极配合，提供所需资料和信息。同时，对于审查或调查过程中发现的问题和漏洞，及时解决和堵塞并完善内部合规机制。

六、建立违规处理与责任追究机制

1. 制定违规处理办法

对于违反反垄断法律法规的行为，国有企业应制定明确的违规处理办法。根据违规情节的轻重程度，给予相应的纪律处分或经济处罚，并追究相关责任人的法律责任。

2. 强化责任追究

建立健全责任追究机制，确保反垄断合规责任落实到人。对于因个人疏忽或故意违规导致的反垄断风险事件，严格追究相关人员的责任，形成有效的震慑作用。

通过实施上述合规程序与方法，国有企业可以显著提升在投资与并购活动中的反垄断合规水平，有效避免反垄断审查不严带来的法律风险和经济损失。

专题 7：环保与安全生产失当

案例引入

一、案例背景

国有企业 G（以下简称"G 企业"），作为国内传统制造业的领军企业之一，近年来积极通过投资和并购扩大产能和市场份额。在一次对某地方企业（以下简称"被并购企业"）的并购过程中，G 企业未能充分评估被并购企业的环保与安全生产状况，导致并购后一系列问题爆发，给企业造成了重大损失。

二、具体问题

1. 环保问题

被并购企业在生产过程中长期存在废水、废气未经处理便直接排放的问题。并购前，G 企业虽然进行了尽职调查，但由于环保意识不足和评估方法不当，未能及时发现并解决这些问题。

并购后，随着生产规模的扩大，环保问题越发严重，多次被当地环保部门查处，并面临高额罚款。据统计，并购后第一年，G 企业因环保违规被罚款金额高达 500 万元，占当年净利润的 5%。

2. 安全生产问题

被并购企业的安全生产管理制度不健全，存在多处安全隐患。并购后，G 企业未能及时对被并购企业的安全生产体系进行整合和提升，导致安全事故频发。

其中一起重大安全事故发生在并购后第三个月，因设备老化、操作不当引发火灾，造成直接经济损失 2000 万元，间接损失（如停产损失、品牌信誉损失等）难以估量。此外，事故还导致 3 名员工重伤，社会影响恶劣。

三、主要问题的影响

1. 财务指标下滑

环保罚款和安全生产事故导致的经济损失对 G 企业的财务状况产生了冲击。并购后第一年，G 企业的净利润同比下降了 10%，净资产收益率也从并购前的 12% 下降至 8%。

后续几年，由于需要持续投入资金进行环保设施改造和安全生产体系建设，G 企业的资本支出大幅增加，进一步压缩了利润空间。

2. 市场信誉受损

环保和安全生产问题的曝光严重影响了 G 企业的市场信誉和品牌形象。部分客户因担忧供应链风险而选择减少或终止与 G 企业的合作，导致 G 企业的市场份额减小。

同时，投资者信心受挫，G 企业的股价在并购后持续低迷，市值蒸发数亿元。

3. 法律风险和合规成本增加

除了直接的经济损失外，G 企业还面临着巨大的法律风险和合规成本。为应对环保部门的持续监管和可能的法律诉讼，G 企业需要聘请专业律师团队，并投入大量时间和资源进行应诉和整改工作。

四、结论与反思

本案例深刻揭示了国有企业在投资和并购过程中忽视环保与安全生产合规性的严重后果。环保和安全生产不仅是企业的社会责任，更是影响企业可持续发展的重要因素。

G 企业在并购前应对被并购企业的环保和安全生产开展尽职调查，确保全面了解其合规状况。

并购后，G 企业应迅速整合和提升被并购企业的环保和安全生产管理体系，确保符合国家和地方的相关法律法规要求。同时，G 企业应建立健全内部合规机制，加强员工环保和安全生产培训，提高全员合规意识，确保企业稳健发展。

希望本案例能为国有企业投资和并购过程提供有益的借鉴和警示。

合规问题分析

一、业务简介

国有企业作为国家经济的重要支柱，其投资与并购活动不仅关乎企业自身的发展壮大，也直接影响国家经济的整体布局和资源配置。在传统制造业领域，国有企业往往通过并购来扩大产能、优化产业链布局，以提升市场竞争力。然而，在这一过程中，环保与安全生产合规问题不容忽视。

二、相关规定

针对环保与安全生产，我国已建立了较为完善的法律法规体系。环保方面，有《中华人民共和国环境保护法》《中华人民共和国水污染防治法》等一系列法律法规，对企业的排污行为、污染治理等提出了明确要求。安全生产方面，则有《中华人民共和国安全生产法》等法律法规，规定了企业安全生产的基本要求和责任。此外，针对特定行业，还有更为详细的行业标准和规范。

三、合规问题具体表现

1. 环保合规问题

（1）环保意识薄弱：部分国有企业在投资与并购过程中，过于追求经济效益，忽视了环保问题，忽视了被并购企业存在的环保违规历史遗留问题。

（2）尽职调查不充分：在并购前，未能对被并购企业的环保状况进行全面深入的尽职调查，或尽职调查流于形式，未能及时发现环保隐患。

（3）整改措施不到位：并购后，即使发现了环保问题，也未能采取有效措施解决，或整改力度不够，无法从根本上解决问题。

2. 安全生产合规问题

（1）安全生产管理体系不健全：被并购企业的安全生产管理制度不完善，存在管理漏洞和安全隐患。

（2）安全生产投入不足：为降低成本，部分企业在安全生产方面的投入不足，导致设备老化、维护不及时等问题频发。

（3）员工安全培训缺失：员工缺乏必要的安全生产知识和技能，违章操作现象普遍，增加了安全事故的风险。

四、问题造成的严重影响

1. 经济损失大

环保违规和安全事故可能导致企业面临高额罚款、赔偿等经济损失，严重影响企业的财务状况和盈利能力。

2. 品牌信誉受损

环保和安全生产问题的曝光会损害企业的品牌形象和市场信誉，引发客户流失、投资者信心下降等连锁反应。

3. 面临法律风险

企业可能因违反相关法律法规而面临法律诉讼和监管处罚的风险，增加企业的法律成本和合规难度。

4. 社会影响严重

环保和安全生产事故还可能对周边环境和居民生活造成严重影响，引发社会舆论的广泛关注和批评，给企业带来巨大的社会压力。

综上所述，国有企业在投资与并购过程中应高度重视环保与安全生产合规问题，实施加强尽职调查、完善管理体系、加大投入力度、强化员工培训等措施，确保企业稳健发展和履行社会责任。

法律法规依据

针对国有企业投资与并购合规问题中环保与安全生产失当的问题，以下是对相关法律法规的总结。

一、针对环保合规问题的法律法规

1.《中华人民共和国环境保护法》

第六条：……企业事业单位和其他生产经营者应当防止、减少环境污染和生态破坏，对所造成的损害依法承担责任……。

第二十四条：产生环境污染和其他公害的单位，必须把环境保护工作纳入计划，建立环境保护责任制度；采取有效措施，防治在生产建设或者其他活动中产生的废气、废水、废渣、粉尘、恶臭气体、放射性物质以及噪声、振动、电磁波辐射等对环境的污染和危害。

2.《中华人民共和国水污染防治法》

第十条：排放水污染物，不得超过国家或者地方规定的水污染物排放标准和重点水污染物排放总量控制指标。

第八十三条：违反本法规定，有下列行为之一的，由县级以上人民政府环境保护主管部门责令改正或者责令限制生产、停产整治，并处十万元以上一百万元以下的罚款；情节严重的，报经有批准权的人民政府批准，责令停业、关闭。

二、针对安全生产合规问题的法律法规

1.《中华人民共和国安全生产法》

第四条：生产经营单位必须遵守本法和其他有关安全生产的法律、法规，加强安全生产管理，建立健全全员安全生产责任制和安全生产规章制度，加大对安全生产资金、物资、技术、人员的投入保障力度，改善安全生产条件，加强安全生产标准化、信息化建设，构建安全风险分级管控和隐患排查治理双重预防机制，健全风险防范化解机制，提高安全生产水平，确保安全生产……。

第一百一十四条：发生生产安全事故，对负有责任的生产经营单位除要求其依法承担相应的赔偿等责任外，由应急管理部门依照下列规定处以罚款：

（一）发生一般事故的，处三十万元以上一百万元以下的罚款；

（二）发生较大事故的，处一百万元以上二百万元以下的罚款；

（三）发生重大事故的，处二百万元以上一千万元以下的罚款；

（四）发生特别重大事故的，处一千万元以上二千万元以下的罚款；

发生生产安全事故，情节特别严重、影响特别恶劣的，应急管理部门可以按照前款罚款数额的二倍以上五倍以下对负有责任的生产经营单位处以罚款。

2.《中华人民共和国企业国有资产法》

第十七条：国家出资企业从事经营活动，应当遵守法律、行政法规，加强经营管理，提高经济效益，接受人民政府及其有关部门、机构依法实施的管理和监督，接受社会公众的监督，承担社会责任，对出资人负责……。

三、其他相关法律法规

1.《中华人民共和国公司法》

第十九条：公司从事经营活动，应当遵守法律法规，遵守社会公德、商业道德，诚实守信，接受政府和社会公众的监督。

2.《中华人民共和国民法典》

第一千二百二十九条：因污染环境、破坏生态造成他人损害的，侵权人应当承担侵权责任。

通过对上述法律法规的梳理，可以看出国有企业在投资与并购过程中，必须严格遵守环保和安全生产方面的法律法规，建立健全合规管理体系，确保并购活动的合法性和合规性，避免因此类问题给自身和社会带来不良影响。

合规程序与方法

针对国有企业投资与并购合规问题中环保与安全生产失当的问题，提出以下具体的合规程序与方法，以有针对性地解决问题。

一、加强尽职调查

1. 组建专业尽职调查团队

在投资与并购前，组建包含环保、安全生产、法律、财务等多领域专家的尽职调查团队，确保调查的全面性和专业性。

2. 制定详细的尽职调查清单

根据环保和安全生产法律法规要求，制定详细的尽职调查清单，包括但不限于环保设施运行情况、污染物排放记录、安全生产管理制度、事故隐患排查记录等。

3. 实地核查与资料审查相结合

通过实地走访、查阅资料、访谈员工等多种方式，对被并购企业的环保和安全生产状况进行全面深入的核查。

二、完善合规评估机制

1. 建立合规风险评估模型

基于尽职调查结果，建立环保和安全生产合规风险评估模型，对被并购企业的合规风险进行量化评估。

2. 制定整改方案

针对评估出的合规风险，制定详细的整改方案，明确整改责任部门、整改措施、整改期限等，确保风险得到有效控制。

三、强化并购后整合管理

1. 建立统一管理体系

并购后，将被并购企业的环保和安全生产管理体系纳入国有企业整体管理体系中，实现统一管理。

2. 加强人员培训与考核

对被并购企业的员工进行环保和安全生产知识培训，提高员工的合规意识和操作技能。同时，建立考核机制，定期对员工进行考核，确保培训效果。

四、实施持续监控与审计

1. 建立监控机制

通过安装在线监测设备、定期巡查等方式，对被并购企业的环保和安全生产状况进行持续监控。

2. 开展定期审计

聘请第三方机构对被并购企业的环保和安全生产管理情况进行定期审计，确保各项合规措施得到有效执行。

五、建立应急响应机制

1. 制定应急预案

针对可能发生的环保和安全生产事故，制定详细的应急预案，明确应急响应流程、应急物资储备、应急队伍建设等。

2. 组织应急演练

定期组织应急演练，提高员工应对突发事件的能力和效率，确保在事故发生时能够迅速、有效地进行处置。

通过实施以上合规程序与方法，国有企业可以在投资与并购过程中有效防范环保和安全生产失当风险，确保并购活动的合法性和合规性，为企业的可持续发展奠定坚实基础。

专题 8：业务资质与合规性不足

案例引入

一、案例背景

国有企业 A 计划通过并购传统制造业企业 H，来扩大其在机械设备制造领域的市场份额并增强技术实力。H 企业以其特定的生产技术和设备在行业内享有一定知名度，但近年来因管理不善和市场竞争加剧，经营状况有所下滑。国有企业 A 在未经充分尽职调查的情况下，急于完成并购，以快速整合资源，导致了一系列问题。

二、具体问题

1. 业务资质不全

在并购过程中，国有企业 A 未对 H 企业的业务资质进行详尽核查。事后发现，H 企业的某项关键生产设备未取得国家强制要求的生产许可证，且部分产品的环保认证也已过期。

2. 合规管理体系缺失

H 企业的合规管理体系严重不健全，安全生产制度形同虚设，环保投入严重不足。近年来，H 企业因环保违规和安全生产事故多次受到行政处罚，但均未引起足够重视。

3. 财务数据造假

为提升并购估值，H 企业造假了提交给国有企业 A 的财务报告，虚增了营业收入和利润，隐瞒了高额负债和不良资产。

三、主要问题的影响

1. 经济损失大

并购完成后不久，因 H 企业业务资质不全，导致部分产品无法合法销售，直接经济损失高达数千万元。同时，因环保和安全生产问题频发，H 企业被责令停产整改，进一步加大了经济损失。

2.财务指标下滑

国有企业 A 因并购 H 企业，其合并报表中的营业收入、净利润等关键财务指标均出现大幅下滑。特别是净利润，同比下降超过 50%，对国有企业的整体业绩造成了严重影响。

3.品牌形象受损

H 企业的环保和安全生产问题被媒体曝光后，引发了社会广泛关注和负面舆论。国有企业 A 作为并购方，其品牌形象也受到了牵连，市场信誉度大幅下降。

4.面临法律风险

因财务数据造假和环保违规等问题，H 企业面临多起法律诉讼，国有企业 A 作为股东需承担连带责任。这不仅增加了国有企业 A 的法律成本，还可能对国有企业 A 的未来发展产生长远的不利影响。

四、结论与反思

本案例深刻揭示了国有企业在投资与并购过程中存在的业务资质与合规性不足问题。国有企业在进行并购时，必须高度重视尽职调查工作，对目标企业的业务资质、合规管理体系、财务状况等进行全面深入的核查。同时，建立健全的合规管理体系，加强对并购后企业的整合与管理，确保并购活动的合法性和合规性。此外，国有企业还应加强对并购风险的评估与监控，及时发现并妥善应对潜在风险，以保障企业的稳健发展。

通过本案例，国有企业应深刻认识到合规经营的重要性，应不断提升自身的合规意识和能力，以应对日益复杂的市场环境和监管要求。

合规问题分析

一、业务简介

国有企业投资与并购是企业扩张、资源整合、增强竞争力的重要手段。在传统制造业、高新技术产业等多个领域，国有企业通过并购可以快速获取目标企业的技术、市场、品牌等资源，实现战略目标。然而，在这一过程中，进行业务资质与合规性调查成为不可忽视的关键环节。

二、相关规定

国有企业在进行投资与并购时，必须严格遵守国家相关法律法规和行业规范，确保并购活动的合法性和合规性。具体而言，涉及业务资质方面的规定主要包括《中华人民共和国行政许可法》、行业准入管理规定等，要求企业在特定领域内从事生产经营活动前，必须取得相应的行政许可或业务资质。同时，合规性方面则涵盖了《中华人民共和国公司法》《中华人民共和国反不正当竞争法》《中华人民共和国环境保护法》等多部法律法规，对企业的市场行为、竞争策略、环境保护等方面提出了明确要求。

三、合规问题具体表现

1.业务资质不全或过期

部分国有企业在并购过程中，未对目标企业的业务资质进行充分核查，导致并购后发现目标企业关键业务资质不全或已过期，无法合法开展生产经营活动。

2.合规管理体系缺失

一些目标企业缺乏健全的合规管理体系，内部管理制度混乱，存在违法违规行为。国有企在并购后，若未能及时建立健全的合规管理体系，可能导致合规风险持续存在。

3.法律意识淡薄

部分国有企业管理层对法律法规缺乏深入了解，合规意识淡薄，在并购过程中忽视合规要求，导致并购活动存在法律隐患。

4.信息不透明与不对称

在并购过程中，由于信息不对称，国有企业可能难以全面了解目标企业的真实情况，包括业务资质、合规记录等方面的问题，从而增加合规风险。

四、问题造成的严重影响

1.经济损失大

业务资质与合规性不足可能导致并购后的企业无法合法开展业务，进而造成经济损失。例如，因未取得必要行政许可而无法销售产品、因环保违规被罚款等。

2.品牌信誉受损

合规问题一旦被曝光，将严重影响国有企业的品牌信誉和市场形象，降低客户、投资者和合作伙伴的信任度。

3.引发法律纠纷与诉讼

合规问题可能引发法律纠纷和诉讼，增加企业的法律成本和经营风险。同时，败诉还可能导致企业承担巨额赔偿。

4.战略目标受阻

并购本是企业实现战略目标的重要手段，但业务资质与合规性不足可能导致并购后的企业无法有效整合资源、发挥协同效应，进而阻碍战略目标的实现。

综上所述，国有企业在进行投资与并购时，必须高度重视业务资质与合规性问题，加强尽职调查工作，确保并购活动的合法性和合规性。同时，建立健全的合规管理体系，加强对并购后企业的整合与管理，以防范合规风险的发生。

法律法规依据

在国有企业投资与并购过程中，业务资质与合规性不足往往涉及多个法律领域，以下是总结的相关法律法规依据。

一、针对业务资质不全或过期问题的法律法规

1.《中华人民共和国行政许可法》

第二条：本法所称行政许可，是指行政机关根据公民、法人或者其他组织的申请，经依法审查，准予其从事特定活动的行为。

国有企业并购时，应确保目标企业具备从事特定业务所需的行政许可。在并购尽职调查中，应核查目标企业是否持有有效的业务资质证书，如未持有或已过期，需考虑其对并购后业务运营的影响。

2.行业特定法规（如《中华人民共和国药品管理法》《安全生产许可证条例》等）

各行业可能制定特定的业务资质要求，如药品生产企业需取得药品生产许可证，危险化学品生产企业需取得安全生产许可证等。国有企业应根据并购目标企业所在行业的特定法规，核查其是否具备相应的业务资质。

二、针对合规管理体系缺失问题的法律法规

1.《中华人民共和国公司法》

第一百八十一条：董事、监事、高级管理人员不得有下列行为：（一）侵占公司财产、挪用公司资金；（二）将公司资金以其个人名义或者以其他个人名义开立账户存储；（三）利用职权贿赂或者收受其他非法收入；（四）接受他人与公司交易的佣金归为己有；（五）擅自披露公司秘密；（六）违反对公司忠实义务的其他行为。

此条款虽未直接提及合规管理体系，但强调了董事、监事、高级管理人员应遵守的忠实勤勉义务，间接要求企业建立健全合规管理体系。国有企业并购后，应整合目标企业的合规管理体系，确保董事、监事、高级管理人员遵守法律法规和公司章程，维护公司和股东利益。

2.《中央企业合规管理办法》

第三条：本办法所称合规，是指企业经营管理行为和员工履职行为符合国家法律法规、监管规定、行业准则和国际条约、规则，以及公司章程、相关规章制度等要求。

此条款明确规定了中央企业应建立健全合规管理体系。国有企业可参照该办法，建立健全并购后的合规管理体系，确保企业经营管理行为合规。

三、针对法律意识淡薄和信息不透明与不对称问题的法律法规

1.《中华人民共和国会计法》

第五条：会计机构、会计人员依照本法规定进行会计核算，实行会计监督。

该条款强调了会计机构和会计人员在确保企业财务信息真实、完整方面的责任。在并购尽职调查中，会计机构和会计人员应充分利用专业知识，核查目标企业的财务信息，减小信息不对称带来的风险。

2.《中华人民共和国证券法》

第七十八条：发行人及法律、行政法规和国务院证券监督管理机构规定的其他信息披露义务人，应当及时依法履行信息披露义务。信息披露义务人披露的信息，应当真实、准确、完整，简明清晰，通俗易懂，不得有虚假记载、误导性陈述或者重大遗漏。证券同时在境内境外公开发行、交易的，其信息披露义务人在境外披露的信息，应当在境内同时披露。

综上所述，国有企业在进行投资与并购时，应全面了解和遵守相关法律法规，特别是与业务资质不全、合规管理体系缺失、法律意识淡薄和信息不透明与不对称等问题直接相关的法律法规。国有企业应通过建立健全的合规管理体系、加强尽职调查和信息披露工作，确保并购活动的合法性和合规性。

合规程序与方法

针对国有企业投资与并购合规问题中业务资质与合规性不足的问题，以下提出具体的合规程序与方法，旨在分步骤、有针对性地解决问题。

一、加强尽职调查工作

1.组建专业尽职调查团队

组建包括法律、财务、技术等多领域专家的专业尽职调查团队，确保尽职调查的全面性和专

业性。

2. 明确尽职调查范围

尽职调查范围包括但不限于目标企业的业务资质、合规记录、财务状况、法律纠纷、知识产权等方面。

3. 实施详尽调查

通过查阅档案、访谈管理层和员工、实地考察等方式，收集并分析相关信息。

4. 形成尽职调查报告

详细记录调查过程和发现的问题，提出风险评估和建议。

二、严格审查业务资质

1. 核对资质证书

验证目标企业是否持有有效的业务资质证书，确保其符合相关法律法规和行业规范的要求。

2. 关注资质证书的有效期

检查资质证书的有效期，避免并购后因资质过期而无法合法开展业务。

3. 评估资质价值

分析资质对企业未来业务发展的重要性，评估其市场价值和潜在风险。

三、建立健全合规管理体系

1. 制定合规政策

明确企业合规管理的目标和原则，规定员工行为准则和违规处罚措施。

2. 设立合规管理部门

建立独立的合规管理部门，负责企业合规管理的日常工作和监督执行。

3. 开展合规培训

定期对员工进行合规培训，提高员工的合规意识和能力。

4. 建立合规报告机制

鼓励员工报告合规问题，确保合规信息能够及时传达和处理。

四、加强信息披露与沟通

1. 完善信息披露制度

确保并购过程中的信息披露真实、准确、完整，避免信息不对称带来的风险。

2. 建立沟通机制

与目标企业、监管机构、投资者等各方保持密切沟通，及时解答疑问。

3. 遵循公开透明原则

在并购过程中遵循公开透明原则，确保各方利益得到公平对待。

五、强化法律风险评估与应对

1. 进行法律风险评估

在并购前对可能涉及的法律风险进行全面评估，包括合规性风险、诉讼风险等。

2. 制定风险应对预案

针对评估出的法律风险制定具体的应对预案和措施，确保风险可控。

3. 聘请专业法律顾问团队

聘请专业法律顾问团队为并购提供法律支持和服务，确保并购活动的合法性和合规性。

通过实施以上合规程序与方法，国有企业可以更加有效地解决投资与并购过程中业务资质与合规性不足的问题，降低合规风险，保障并购活动的顺利进行和企业的稳健发展。

专题 9：信息披露与透明度不足

案例引入

一、案例背景

大型传统制造业国有企业 K（以下简称"K 企业"），近年来为扩大市场份额和增强竞争力，积极寻求并购机会。在一次对民营企业 L（以下简称"L 企业"）的并购过程中，由于信息披露与透明度不足，引发了一系列合规问题。

K 企业并购项目负责人张经理在尽职调查过程中多次与 L 企业负责人李总沟通，要求其提供完整、真实的信息，但李总总是以各种理由推脱或提供不完整的数据。并购完成后，K 企业发现 L 企业的实际负债远超披露金额，高达 2 亿元，导致 K 企业需额外承担巨额债务。此外，L 企业还存在多起未披露的法律纠纷，涉及金额共计 5000 万元。

二、具体问题

1. 信息披露不充分

在并购谈判初期，L 企业未能全面、真实地披露其财务状况、法律纠纷、环保违规记录等关键信息。尽管 K 企业的尽职调查团队多次要求 L 企业提供所有数据，但 L 企业始终含糊其词，仅提供了部分经过美化的数据。

2. 透明度缺失

并购过程中，L 企业拒绝提供关键合同、客户名单、供应商关系等敏感信息，导致 K 企业无法深入了解其业务运营的真实情况。同时，L 企业内部管理混乱，财务信息不透明，进一步增加了并购的不确定性。

三、主要问题的影响

1. 财务指标恶化

由于并购带来的额外负债和法律纠纷赔偿，K 企业的财务状况迅速恶化。并购后首年，K 企业的净利润同比下滑 30%，资产负债率上升至行业警戒线以上。

2. 市场份额受损

由于并购后整合不顺利，K 企业在市场上的竞争力削弱。部分重要客户因对 L 企业的不信任而转向竞争对手，导致 K 企业的市场份额减小。

3. 企业信誉受损

信息披露与透明度不足的问题被媒体曝光后，K 企业的市场形象和信誉受到严重损害。投资者和合作伙伴对 K 企业的管理能力产生怀疑，进一步影响了企业的融资能力和业务拓展。

因信誉受损，K 企业在并购后一年内未能成功完成任何一笔大额融资，错过了多个重要的市场扩张机会。

四、结论与反思

本案例充分暴露了国有企业在投资与并购过程中信息披露与透明度不足所带来的严重后果。为避免类似问题发生，国有企业应采取以下措施。

1. 加大尽职调查力度

组建专业的尽职调查团队，对目标企业进行全面、深入的调查，确保获取真实、完整的信息。

2. 提高信息披露要求

在并购合同中明确信息披露的标准和范围，要求目标企业严格遵守，并对隐瞒或虚假披露的行为设定严厉的违约责任。

3. 建立透明化管理机制

推动企业内部管理透明化，加强与监管机构、投资者和合作伙伴的沟通，及时披露重要信息，维护企业信誉。

4. 加强合规文化建设

将合规意识融入企业文化中，提高员工的合规意识和能力，确保企业经营活动合法合规。

通过实施以上措施，国有企业可以有效提升投资与并购过程中的信息披露与透明度水平，降低合规风险，保障企业的稳健发展。

合规问题分析

一、业务简介

国有企业投资与并购是企业战略扩张、资源整合的重要手段，对提升企业竞争力、推动产业升级具有重要意义。然而，在投资与并购过程中，信息披露与透明度问题成为影响合规性的关键因素之一。信息披露的充分性和准确性直接关系到投资者的决策质量、市场公平性以及企业的长期稳定发展。

二、相关规定

在国有企业投资与并购领域，关于信息披露与透明度的规定散见于多部法律法规中，主要包括但不限于以下几部。

《中华人民共和国公司法》：要求公司必须依法披露重要信息，保障股东和其他利益相关者的知情权。

《中华人民共和国证券法》：详细规定了上市公司信息披露的内容、格式、时间等要求，确保信息披露的真实、准确、完整、及时。

《中央企业合规管理办法》：强调中央企业应建立健全合规管理体系，加强信息披露管理，防范合规风险。

此外，各行业主管部门还可能根据行业特点制定更为具体的信息披露要求。

三、合规问题具体表现

1. 信息披露不充分

国有企业在投资与并购过程中，可能出于保护商业秘密、避免股价波动等考虑，故意隐瞒或不完全披露关键信息，如财务状况、法律纠纷、环保问题等。

2.信息披露不准确

部分国有企业可能存在夸大业绩、粉饰报表等行为，导致披露的信息与实际情况存在偏差，误导投资者和其他利益相关者。

3.信息披露不及时

在并购谈判、实施及后续整合过程中，国有企业未能按照法定或约定的时间要求及时披露重要信息，增加了市场的不确定性和风险。

4.透明度缺失

企业内部管理不透明，决策过程缺乏公开性，导致外部难以了解企业真实运营状况和未来发展战略。

四、问题造成的严重影响

1.损害投资者利益

信息披露与透明度不足使得投资者难以做出明智的投资决策，增加了投资风险，甚至可能导致投资者遭受重大损失。

2.影响市场公平性

不充分、不准确的信息披露破坏了市场的公平竞争环境，使得部分知情者能够利用信息优势进行内幕交易等违法违规行为。

3.降低企业信誉

信息披露问题一旦被曝光，将严重损害企业的市场形象和信誉，影响企业的融资能力和业务拓展。

4.阻碍企业长远发展

长期的信息披露与透明度不足将削弱企业的内部管理和外部监督机制，不利于企业的健康稳定发展。

综上所述，国有企业投资与并购合规问题中的信息披露与透明度不足是一个亟待解决的问题。为提升合规性、保障投资者利益、维护市场公平性和促进企业长远发展，国有企业应严格遵守相关法律法规和行业规范的要求，加强信息披露管理，提高透明度。

法律法规依据

针对国有企业投资与并购过程中信息披露与透明度不足的问题，以下相关法律法规提供了明确的规范和指导。

一、针对信息披露不充分问题的法律法规

《中华人民共和国证券法》

第七十八条：发行人及法律、行政法规和国务院证券监督管理机构规定的其他信息披露义务人，应当及时依法履行信息披露义务。

此条款强调了信息披露的及时性和法律义务。

二、针对信息披露不准确问题的法律法规

1.《中华人民共和国会计法》

第九条：各单位必须根据实际发生的经济业务事项进行会计核算，填制会计凭证，登记会计

账簿，编制财务会计报告。任何单位不得以虚假的经济业务事项或者资料进行会计核算。

此条款要求会计信息具有真实性，防止信息披露不准确。

2.《企业会计准则——基本准则》

第十二条：企业应当以实际发生的交易或者事项为依据进行会计确认、计量和报告，如实反映符合确认和计量要求的各项会计要素及其他相关信息，保证会计信息真实可靠、内容完整。

此条款同样强调了会计信息的真实性要求。

三、针对信息披露不及时问题的法律法规

《中华人民共和国证券法》

第八十六条：依法披露的信息，应当在证券交易场所的网站和符合国务院证券监督管理机构规定条件的媒体发布，同时将其置备于公司住所、证券交易场所，供社会公众查阅。

四、针对透明度缺失问题的法律法规

《中华人民共和国公司法》

第一百二十九条：公司应当定期向股东披露董事、监事、高级管理人员从公司获得报酬的情况。

此条款虽具体针对报酬披露，但体现了公司应增加内部管理透明度的精神。

综上所述，国内现行的多部法律法规均对国有企业投资与并购过程中的信息披露与透明度提出了明确要求，国有企业应严格遵守这些规定，确保投资与并购活动的合规性。

合规程序与方法

针对国有企业投资与并购合规问题中信息披露与透明度不足的问题，提出以下具体的合规程序与方法，旨在分步骤、有针对性地解决问题。

一、建立健全信息披露制度

1.制定详细的信息披露政策

明确信息披露的范围、内容、格式、时间等要求，确保所有关键信息均得到及时、准确、完整披露。

2.设立专门的信息披露部门或岗位

负责统筹协调企业的信息披露工作，确保信息披露政策得到有效执行。

3.定期培训与考核

对负责信息披露的人员进行定期培训，提升其专业能力和合规意识，并定期进行考核，确保信息披露质量。

二、加大尽职调查力度

1.组建专业的尽职调查团队

尽职调查团队成员应具备财务、法律、行业研究等多领域专业知识，能够全面、深入地挖掘目标企业的真实情况。

2.制定详尽的尽职调查清单

明确需要收集的信息类型、来源和验证方式，确保尽职调查的全面性和准确性。

3. 严格审核尽职调查报告

对尽职调查报告进行多层级审核，确保所披露信息的真实性和完整性。

三、实施透明化管理机制

1. 建立公开透明的决策流程

确保并购决策过程公开透明，重要决策应经过董事会或股东会审议，并及时披露决策结果。

2. 加强与投资者的沟通

定期举办投资者交流会、业绩说明会等活动，及时解答投资者疑问，增强市场信心。

3. 利用现代信息技术提升透明度

通过官方网站、社交媒体等渠道及时发布企业动态、公告等信息，确保信息的广泛传播和及时获取。

四、强化监督与审计

1. 建立内部审计机制

定期对信息披露工作进行内部审计，检查信息披露政策的执行情况，及时发现并解决问题。

2. 设立合规举报渠道

鼓励员工积极举报违反信息披露规定的行为，保护举报人权益，形成有效的内部监督机制。

3. 加强与外部监管机构的合作

积极配合证监会等外部监管机构的监督检查工作，及时解决发现的问题。

五、完善合规考核与激励机制

1. 将信息披露合规性纳入绩效考核体系

将信息披露的及时性、准确性、完整性作为关键考核指标，将员工绩效与考核结果挂钩。

2. 建立合规激励机制

对在信息披露工作中表现突出的个人或团队给予表彰和奖励，激发员工的合规积极性。

3. 严肃处理违规行为

对于违反信息披露规定的行为，严格按照企业制度和法律法规进行处理，形成有效的威慑。

通过实施以上合规程序与方法，国有企业可以显著提升投资与并购过程中的信息披露水平与透明度，降低合规风险，保障企业的健康稳定发展。

专题 10：公司治理结构失当

案例引入

一、案例背景

公司 L 是一家历史悠久的传统制造业国有企业，长期专注于机械制造领域。近年来，为应对市场竞争压力，公司 L 启动了多元化战略，计划通过一系列投资与并购活动拓展业务版图。然而，在公司治理结构方面，公司 L 存在显著问题，引发了合规风险。

二、具体问题

1. 董事会构成不合理

公司 L 的董事会成员多为在公司内部长期任职的高管，缺乏外部独立董事的参与。这种内部人控制现象导致决策过程缺乏独立性和专业性，管理层的不当行为层出不穷。

2. 监事会形同虚设

监事会作为公司内部监督机构，本应发挥对董事会和管理层的监督作用。但在公司 L 中，监事会成员往往由董事会提名产生，其独立性受到怀疑，导致监事会监督职能弱化，无法及时发现和解决公司治理结构中的问题。

3. 高管激励机制扭曲

公司 L 的高管薪酬与公司业绩挂钩，但考核指标设置不合理，过于强调短期利润增长，忽视了长期发展和合规风险。这种扭曲的激励机制促使高管在投资与并购决策中追求高风险、高回报项目，忽视合规要求。

三、主要问题的影响

1. 投资并购失败率高

由于缺乏有效的公司治理结构和监督机制，公司 L 在投资与并购过程中频繁出现决策失误。据公开数据，近五年来，公司 L 共发起 10 余项并购项目，但成功率不足 30%，大量资金被浪费在低效或失败的项目上。

2. 公司财务指标显著下滑

投资并购的失利直接影响了公司 L 的财务状况。自多元化战略实施以来，公司营业收入增长率逐年下降，净利润更是出现负增长。截至最近一个财年，公司净利润同比下滑超过 20%，总资产周转率也降至行业平均水平以下。

3. 合规风险频发

由于公司治理结构失当，公司 L 在投资与并购过程中多次触犯法律法规，导致合规风险频发。其中，一起因信息披露不充分而被证监会处罚的案件，直接导致公司股价大幅下跌，市值蒸发数十亿元，投资者信心严重受损。

四、结论与反思

公司 L 的案例深刻揭示了国有企业投资与并购合规问题中公司治理结构失当的严重后果。有效的公司治理结构是保障企业合规运营、实现可持续发展的基石。针对公司 L 存在的问题，提出以下建议。

1. 优化董事会构成

引入更多外部独立董事，增强董事会的独立性和专业性，确保决策过程的科学性和公正性。

2. 强化监事会监督职能

确保监事会成员的独立性，赋予其更多实质性的监督权，有效发挥对董事会和管理层的监督作用。

3. 完善高管激励机制

建立科学合理的薪酬考核体系，将合规指标纳入高管绩效考核范围，引导高管注重长期发展和合规经营。

4. 加强合规文化建设

将合规理念融入企业文化之中，提升全体员工的合规意识，构建全员参与的合规管理体系。

通过实施以上措施，国有企业可以有效提升公司治理水平，降低合规风险，为企业的健康稳定发展奠定坚实基础。

合规问题分析

一、业务简介

国有企业作为国家经济的重要支柱，其投资与并购活动不仅关乎企业自身发展，还对社会经济稳定具有深远影响。随着市场经济体制改革的深入，国有企业通过投资与并购实现资源优化配置、产业升级和规模扩张已成为常态。然而，在这一过程中，公司治理结构的合理性与有效性直接关系到企业的合规经营与可持续发展。

二、相关规定

公司治理结构是现代企业制度的核心，旨在通过合理的制度安排，确保公司各利益相关者之间的权力与责任得到平衡。针对国有企业，《中华人民共和国公司法》《中华人民共和国证券法》及相关行政法规均对公司治理结构提出了明确要求，包括董事会、监事会、股东会等机构的设置与运作，以及高管人员的选聘、激励与约束等。此外，针对国有企业投资与并购活动，还有《企业国有资产交易监督管理办法》等专项法规进行规范。

三、合规问题具体表现

1. 董事会结构失衡

国有企业董事会中，内部董事比例过高，外部独立董事比例不足，导致决策过程缺乏独立性和专业性。同时，董事会与经营管理层人员重叠，使得董事会难以有效监督管理层行为。

2. 监事会监督失效

监事会成员多由公司内部人员担任，缺乏独立性，且监事会职权行使缺乏必要的物质和法律保障，导致监事会监督职能弱化，无法及时发现和解决公司治理结构中的问题。

3. 高管激励机制扭曲

国有企业高管薪酬与企业业绩挂钩的激励机制存在缺陷，过于强调短期利润增长，忽视长期发展和合规风险。这种扭曲的激励机制促使高管在投资与并购决策中追求高风险项目，忽视合规要求。

4. 信息披露不透明

部分国有企业在投资与并购过程中，信息披露不及时、不充分、不准确，甚至存在虚假披露现象，严重损害了投资者利益和市场信心。

四、问题造成的严重影响

1. 投资决策失误

公司治理结构失当导致投资决策过程缺乏科学性和民主性，容易出现盲目扩张、重复建设等问题，造成国有资产流失和企业经营风险增加。

2. 合规风险频发

由于治理结构不完善，国有企业在投资与并购过程中容易触犯法律法规，面临合规处罚和诉讼风险，影响企业声誉和正常运营。

3.市场信心受损

信息披露不透明和合规问题频发会严重损害投资者对国有企业的信心，导致股价波动、市值下降等负面影响。

4.可持续发展受阻

长期存在的公司治理结构问题会制约国有企业的可持续发展能力，影响企业的技术创新、产业升级和市场竞争力提升。

综上所述，国有企业投资与并购合规问题中的公司治理结构失当是一个亟待解决的问题。采取优化董事会结构、强化监事会监督职能、完善高管激励机制和加强信息披露透明度等措施，可以有效提升国有企业治理水平，降低合规风险，促进企业健康稳定发展。

法律法规依据

针对国有企业投资与并购合规问题中公司治理结构失当的问题，以下是对相关法律法规的总结。

一、针对董事会结构失衡问题的法律法规

1.《中华人民共和国公司法》

第一百三十条：股份有限公司设监事会，本法第一百二十一条第一款、第一百三十三条另有规定的除外。监事会成员为三人以上。监事会成员应当包括股东代表和适当比例的公司职工代表，其中职工代表的比例不得低于三分之一，具体比例由公司章程规定。监事会中的职工代表由公司职工通过职工代表大会、职工大会或者其他形式民主选举产生……。

2.《关于在上市公司建立独立董事制度的指导意见》

第一条：（一）上市公司应当建立独立董事制度。……（二）独立董事对上市公司及全体股东负有诚信与勤勉义务。独立董事应当按照相关法律法规、本指导意见和公司章程的要求，认真履行职责，维护公司整体利益，尤其要关注中小股东的合法权益不受损害。

此条款要求上市公司（包括国有上市公司）设立独立董事，以增强董事会的独立性和专业性。

二、针对监事会监督失效问题的法律法规

1.《中华人民共和国公司法》

第七十六条至第八十三条详细规定了监事会的设立、职权、义务等。其中，第七十八条规定，监事会、不设监事会的公司的监事行使下列职权：……（二）对董事、高级管理人员执行公司职务的行为进行监督，对违反法律、行政法规、公司章程或者股东会决议的董事、高级管理人员提出解任建议……。

此条款赋予了监事会监督董事会和管理层的职权。

2.《企业国有资产监督管理暂行条例》

第十七条：国有资产监督管理机构依照公司法的规定，任免或者建议任免所出资企业的企业负责人。

此条款强调了国有资产监督管理机构对监事会成员的提名和任免权力，但实际操作中需确保

监事会成员的独立性。

三、针对高管激励机制扭曲问题的法律法规

1.《中华人民共和国公司法》

第一百七十九条：董事、监事、高级管理人员应当遵守法律、行政法规和公司章程。

第一百八十条：董事、监事、高级管理人员对公司负有忠实义务，应当采取措施避免自身利益与公司利益冲突，不得利用职权牟取不正当利益……。

这些条款要求高管在履行职责时考虑公司的长期发展和合规风险。

2.《中央企业负责人经营业绩考核办法》

第四条：年度经营业绩考核和任期经营业绩考核应当采取由国资委主任或者其授权代表与企业负责人签订经营业绩责任书的方式进行。

此条款规定了国有企业高管经营业绩考核的方式，但实际操作中需完善考核指标，避免过于强调短期利润增长。

四、针对信息披露不透明问题的法律法规

《中华人民共和国证券法》

第七十八条：发行人及法律、行政法规和国务院证券监督管理机构规定的其他信息披露义务人，应当及时依法履行信息披露义务……。

此条款要求国有企业在进行投资与并购活动时，及时、充分、准确地披露相关信息。

综上所述，针对国有企业投资与并购合规问题中公司治理结构失当的问题，相关法律法规提供了明确的指导。国有企业应当严格遵守相关法律法规的规定，完善公司治理结构，降低合规风险，促进企业的健康稳定发展。

合规程序与方法

针对国有企业投资与并购合规问题中公司治理结构失当的问题，以下提出具体的合规程序与方法，旨在分步骤、有针对性地解决问题。

一、优化董事会结构，增强独立性

1.明确独立董事比例

根据企业规模和业务需求，明确规定董事会中独立董事的最低比例，并确保其独立性和专业性。独立董事的选聘应经过严格程序，避免内部人推荐。

2.建立独立董事提名委员会

设立由独立董事主导的提名委员会，负责独立董事的提名、筛选和推荐工作，确保提名过程的公正性和透明度。

3.强化独立董事职能

明确独立董事在企业决策中的具体职权，如重大投资项目的独立审核权、对管理层行为的监督权等，确保独立董事能够充分发挥作用。

二、加强监事会监督职能

1.确保监事会独立性

监事会成员应由股东会选举产生，避免政府或管理层干预。监事会中应有一定比例的外部监

事，以增强独立性和客观性。

2. 完善监事会职权

在法律和企业章程中明确规定监事会的职权范围，包括但不限于对企业财务的监督、对董事会和管理层行为的监督等。同时，赋予监事会在特定情况下代位行使董事会职权的权利。

3. 建立监事会常设机构

设立监事会常设机构，负责监事会的日常工作和与董事会、管理层的沟通协调，确保监事会职能的有效发挥。

三、完善高管激励机制，平衡短期与长期利益

1. 设计科学合理的薪酬体系

将高管的薪酬与企业的长期发展目标相结合，设置合理的业绩考核指标，避免过于强调短期利润增长。可以考虑引入股权激励等长期激励措施。

2. 建立合规问责机制

明确高管在合规方面的责任和义务，对违反合规规定的行为进行严厉问责。通过制度约束和道德引导，促使高管在追求业绩的同时注重合规经营。

四、提高信息披露透明度，提升市场信心

1. 完善信息披露制度

制定详细的信息披露规范和流程，确保企业在投资与并购过程中的信息披露及时、准确、完整。特别是对重大投资项目和并购活动，应提前进行充分的信息披露和风险提示。

2. 加强投资者关系管理

建立健全的投资者关系管理机制，加强与投资者的沟通和交流，及时回应投资者的关切和疑问。通过公开透明的信息披露和积极的投资者互动，提升市场对企业的信心和认可度。

五、建立合规审查与监督机制

1. 设立合规部门

在企业内部设立专门的合规部门，由其负责对企业各项业务的合规性进行审查和监督。合规部门应具有独立性，直接向董事会或监事会报告工作。

2. 开展定期合规培训

定期组织全体员工进行合规培训，提高员工的合规意识和风险防控能力。培训内容应包括相关法律法规、企业合规政策、案例分析等。

3. 建立合规风险评估与应对机制

对企业的投资与并购活动进行合规风险评估，识别潜在的合规风险点，并制定相应的应对措施和预案。一旦发现合规问题，应立即启动应对机制，防止风险扩大和蔓延。

通过实施以上合规程序与方法，国有企业可以有效解决投资与并购合规问题中公司治理结构失当的问题，提升公司治理水平，降低合规风险，促进企业的健康稳定发展。

第九章
国有企业知识产权管理合规问题

专题1：知识产权意识薄弱

案例引入

一、案例背景

A公司是一家位于东部沿海地区的传统制造业国有企业，主要从事机械设备制造与销售。近年来，随着市场竞争的加剧和技术创新的不断推进，A公司面临着转型升级的巨大压力。然而，由于历史原因和管理惯性，A公司在知识产权管理方面存在严重短板，尤其是知识产权意识极为薄弱。

二、具体问题

1.管理层忽视知识产权

A公司的高层管理者长期以来将主要精力集中在生产和销售环节，对知识产权的重要性认识不足。公司没有设立专门的知识产权管理部门，知识产权管理工作由法务部门兼管，且人员配备不足，专业能力有限。

2.员工知识产权意识淡薄

A公司的研发人员和销售人员普遍缺乏知识产权基础知识，对专利、商标、著作权等概念模糊不清。在日常工作中，A公司经常出现技术秘密泄露、商标侵权等违规行为，但员工却没意识到。

3.知识产权保护制度缺失

A公司没有建立完善的知识产权保护制度，对研发成果的专利申请、商标注册、版权登记等工作缺乏系统规划和有效执行。同时，对外部侵权行为的监测和应对机制也不健全。

三、主要问题的影响

1.技术泄露导致市场竞争力下降

由于知识产权意识薄弱，A公司的核心技术在研发过程中多次被泄露给竞争对手。据不完全统计，近五年来，A公司因技术泄露直接导致的市场份额损失超过10%，销售额年均下滑5%。

2.侵权诉讼频发，财务负担加重

由于缺乏有效的知识产权保护，A公司频繁遭遇外部侵权诉讼。据统计，近三年来，A公司共涉及知识产权侵权案件20余起，累计赔偿金额超过5000万元，占公司年净利润的15%以上。这不仅给公司带来了沉重的财务负担，还严重损害了公司的品牌形象和市场声誉。

3.创新能力受限，转型升级受阻

由于知识产权管理不善，A公司的创新成果难以得到有效保护，研发人员的积极性受到严重打击。同时，公司在转型升级过程中因缺乏自主知识产权的支撑，难以突破技术瓶颈，错失市场机遇。

四、结论与反思

A公司的案例深刻揭示了国有企业在知识产权管理合规方面存在的普遍问题，即知识产权意识薄弱、管理制度缺失、保护措施不力等。这些问题不仅导致公司市场竞争力下降、财务负担加重，还严重制约了公司的创新能力和阻碍了公司转型升级进程。

针对上述问题，A公司及其同类企业应深刻反思并采取以下措施解决。

1. 增强知识产权意识

公司管理层和全体员工应加强对知识产权重要性的认识，树立尊重和保护知识产权的理念。

2. 完善管理制度

建立健全知识产权管理制度，明确各部门和人员的职责分工，确保知识产权管理工作有章可循、有据可查。

3. 加大保护力度

加大对研发成果的专利申请、商标注册、版权登记等工作的投入力度，建立健全外部侵权行为的监测和应对机制。

4. 提升创新能力

加强研发团队建设，提高自主研发能力，形成具有自主知识产权的核心技术体系，为企业转型升级提供有力支撑。

通过实施以上措施，国有企业可以逐步摆脱知识产权管理合规方面的困境，提升市场竞争力，实现可持续发展。

合规问题分析

一、业务简介

国有企业作为国家经济的重要支柱，广泛涉足制造业、能源、交通、通信等多个领域，其业务活动往往涉及大量的技术创新和知识产权积累。知识产权作为企业的无形资产，对提升企业核心竞争力、促进技术创新和产业升级具有重要意义。然而，在国有企业知识产权管理实践中，知识产权意识薄弱成为一个普遍存在的问题。

二、相关规定

我国对知识产权的保护和管理有一系列明确的法律法规和政策规定，如《中华人民共和国专利法》《中华人民共和国商标法》《中华人民共和国著作权法》等，以及《国家知识产权战略纲要》《关于强化知识产权保护的意见》等政策性文件。这些法律法规要求企业建立健全知识产权管理制度，加强知识产权的创造、运用、保护和管理，提高知识产权的创造质量和运用效益。

三、合规问题具体表现

1. 管理层重视不足

部分国有企业高层管理者对知识产权的重要性认识不足，将主要精力集中在生产经营和短期利润上，忽视了对知识产权的长期投入和管理。

2. 制度缺失或不完善

许多国有企业没有建立或完善知识产权管理制度，导致知识产权管理工作缺乏系统性、规范性和有效性。部分国有企业即使建立了相关制度，也往往缺乏执行力和可操作性。

3. 员工意识淡薄

企业员工普遍缺乏知识产权基础知识，对专利、商标、著作权等概念模糊不清，缺乏保护知识产权的自觉性和主动性。在日常工作中，容易出现技术秘密泄露、商标侵权等违规行为。

4. 保护意识不强

部分国有企业在面对外部侵权行为时，缺乏积极应对的态度和有效的保护手段。它们往往因为怕麻烦、担心成本高昂或担心影响合作关系而选择息事宁人，导致侵权行为得不到有效遏制，企业利益受损。

5. 运用能力不足

一些国有企业在拥有大量知识产权的情况下，缺乏对其进行有效运用的能力和策略。它们不知道如何将这些知识产权转化为实际的经济效益和市场竞争力，导致知识产权的价值得不到充分发挥。

四、问题造成的严重影响

1. 创新能力受限

知识产权意识薄弱导致国有企业对技术创新的投入不足，创新能力受限。这不仅影响了企业的技术进步和产品升级，还限制了企业在国际市场上的竞争力。

2. 经济损失严重

由于知识产权得不到有效保护和管理，国有企业频繁遭遇外部侵权诉讼和内部技术泄露等问题，导致经济损失严重。这些损失不仅包括直接的赔偿金额和市场份额减小，还包括因品牌形象受损和市场声誉下降而带来的间接损失。

3. 法律风险增加

知识产权意识薄弱还可能导致国有企业面临法律风险。一旦企业因知识产权问题被起诉或调查，将可能面临高额罚款、商誉损失甚至刑事责任等严重后果。

4. 可持续发展受阻

长期来看，知识产权意识薄弱将严重制约国有企业的可持续发展能力。若缺乏自主知识产权的支撑和有效的知识产权管理体系，企业将难以在激烈的市场竞争中保持领先地位并实现可持续发展目标。

综上所述，国有企业知识产权管理合规问题中的知识产权意识薄弱是一个亟待解决的问题。通过实施加强管理层重视、完善制度建设、提高员工意识、强化保护意识和提升运用能力等措施，国有企业可以逐步提升知识产权管理水平并推动企业的持续健康发展。

法律法规依据

在国有企业知识产权管理合规问题中，知识产权意识薄弱是一个核心问题，它涉及企业管理的多个方面，包括知识产权的创造、保护、运用和管理等。针对这一问题，我国现行法律法规提供了明确的指导和规范。以下是总结的相关法律法规依据。

一、针对知识产权创造与保护问题的法律法规

1.《中华人民共和国专利法》

该法明确规定了专利权的授予条件、申请程序、权利内容以及侵权行为的法律责任等，为国有企业加强专利创造和保护提供了法律基础。

2.《中华人民共和国商标法》

该法规范了商标的注册、使用、管理和保护，要求企业加强商标注册意识，防止商标侵权。

如第五十七条关于侵犯注册商标专用权的行为，第六十三条关于侵权赔偿的规定等。

3.《中华人民共和国著作权法》

该法旨在保护文学、艺术和科学作品作者的著作权以及与著作权有关的权益，鼓励作品的创作和传播。

如第十条关于著作权人的权利，第五十四条关于侵权赔偿的计算方式等。

二、针对企业知识产权管理合规问题的法律法规

1.《中华人民共和国公司法》

虽然公司法直接关于知识产权的条款不多，但它对公司治理结构和管理制度做出了基本要求，为国有企业建立健全知识产权管理体系提供了组织保障。

如第三条关于公司合法权益受法律保护的原则性规定，第四十六条关于公司章程应载明的事项（可间接影响知识产权管理条款的制定）。

2.《企业国有资产监督管理暂行条例》

该条例旨在加强对国有资产的监督管理，防止国有资产流失。在知识产权作为重要国有资产的情况下，国有企业应依据该条例加强知识产权管理。

如第六条关于国有资产监督管理机构职责的规定（虽不直接针对知识产权，但强调了对国有资产进行全面管理）。

三、间接相关的法律法规

虽然会计法（如《中华人民共和国会计法》）与知识产权管理的直接关联性不强，但企业的财务报告中可能会体现知识产权的价值和相关的诉讼成本，从而间接影响企业的财务管理和决策。此外，商法和民法中的一般原则（如诚实信用原则、公平原则等）也为企业知识产权管理提供了基本的法律准则。

综上所述，国有企业知识产权管理合规问题中的知识产权意识薄弱涉及多方面的法律法规依据。企业应当充分了解和运用这些法律法规，建立健全知识产权管理制度，提高知识产权意识和管理水平，以维护企业的合法权益和竞争优势。

合规程序与方法

针对国有企业知识产权管理合规问题中知识产权意识薄弱的问题，以下提出具体的合规程序与方法，旨在分步骤、有针对性地解决问题。

一、提升管理层知识产权意识

1.组织高层培训

邀请知识产权专家或律师为企业管理层举办专题培训，讲解知识产权的重要性、相关法律法

规及国内外知识产权管理最佳实践。增强管理层对知识产权价值的认识，明确其在企业发展战略中的核心地位。

2. 制定知识产权发展战略

管理层应基于培训成果，结合企业实际情况，制定知识产权发展战略，明确知识产权创造、保护、运用和管理的目标和措施。确保知识产权战略与企业整体战略相融合，成为企业决策的重要依据。

二、建立健全知识产权管理制度

1. 设立专门部门或岗位

在企业内部设立专门的知识产权管理部门或岗位，负责统筹协调知识产权管理工作。聘请具有专业知识产权背景的人员担任关键职务，确保管理工作的专业性和有效性。

2. 制定完善的管理制度

结合企业实际情况，制定涵盖知识产权创造、申请、维护、运用、保护及纠纷处理等方面的管理制度。确保制度得到有效执行，定期对制度执行情况进行评估和调整。

三、加强员工知识产权教育与培训

1. 开展全员培训

针对全体员工开展知识产权基础知识培训，提高员工对知识产权的认知度和保护意识。采取线上课程、专题讲座、内部宣传等多种形式，确保培训内容的广泛传播，让员工深入理解培训内容。

2. 建立激励机制

设立知识产权奖励制度，对在知识产权创造、保护和管理方面做出突出贡献的员工给予表彰和奖励。激发员工参与知识产权管理工作的积极性和创造性。

四、强化知识产权创造与保护

1. 加大研发投入

增加对研发活动的资金投入和加大支持力度，鼓励技术创新和知识产权创造。确保企业拥有一定数量的高质量知识产权，为市场竞争提供有力支撑。

2. 加强知识产权监控与维权

建立健全知识产权监控体系，及时发现并应对侵权行为。与专业的知识产权代理机构或律师事务所建立合作关系，为维权工作提供专业支持。

五、提升知识产权运用效益

1. 优化知识产权运用策略

对企业现有的知识产权进行全面梳理和分析，评估其价值和应用潜力。制定有针对性的知识产权运用策略，如许可、转让、质押融资等，实现知识产权价值的最大化。

2. 加强知识产权与业务融合

推动知识产权与企业业务的深度融合，将知识产权管理贯穿产品研发、生产、销售等各个环节。提升企业的市场竞争力和可持续发展能力。

通过实施以上合规程序与方法，国有企业可以逐步解决知识产权意识薄弱的问题，建立健全知识产权管理体系，提升知识产权创造、保护、运用和管理的整体水平。

专题 2：管理体系不健全

案例引入

一、案例背景

公司 B 是一家位于我国中部的传统制造业国有企业，主要从事机械设备生产与销售。近年来，随着市场竞争的加剧和技术的创新，公司 B 面临着转型升级的巨大压力。然而，在知识产权管理方面，公司 B 却存在明显的短板，管理体系不健全，导致了一系列问题的发生。

二、具体问题

1.知识产权管理制度缺失

公司 B 内部没有建立系统的知识产权管理制度，知识产权管理工作缺乏明确的职责分工和流程规范。知识产权的申请、维护、运用和保护等环节均处于无序状态。

2.管理层重视不足

公司高层对知识产权的重要性认识不足，将主要精力集中在生产销售和短期利润上，对知识产权的投入和管理持忽视态度。

3.员工知识产权意识淡薄

公司员工普遍缺乏知识产权基础知识，不理解专利、商标等知识产权的概念，没有认识到其重要性。在日常工作中，经常出现技术秘密泄露、商标使用不规范等问题。

4.知识产权申请与维护滞后

由于管理体系不健全，公司 B 的知识产权申请工作严重滞后。许多具有创新性的技术成果未能及时申请专利保护，导致技术被竞争对手模仿甚至超越。同时，已获得的专利权也因缺乏有效维护而面临失效风险。

三、主要问题的影响

1.经济损失大

由于知识产权被侵权，公司 B 直接经济损失高达数千万元。其中，一起重大专利侵权案件导致公司某款主打产品市场份额大幅减小，销售收入同比减少近30%。

2.财务指标下滑

受知识产权问题影响，公司 B 的净利润率从之前的8%下滑至5%，毛利率也减少了近2个百分点。同时，研发投入占比下降，进一步削弱了公司的创新能力。

3.品牌形象受损

知识产权纠纷频发使得公司 B 的品牌形象受到严重损害。客户对公司的信任度降低，部分长期合作伙伴开始寻求与其他供应商合作。

4.市场竞争力下降

在知识产权保护不力的背景下，公司 B 的核心竞争力受到严重削弱。面对拥有强大技术壁垒的竞争对手，公司在市场拓展和产品定价方面均处于不利地位。

四、结论与反思

公司 B 的知识产权管理体系不健全问题凸显了传统制造业国有企业在转型升级过程中面临的严峻挑战。为了解决这一问题，公司 B 必须从以下几个方面入手。

1. 提升管理层知识产权意识

加强对管理层的知识产权培训，使其充分认识到知识产权在企业发展中的重要作用和价值。

2. 建立健全知识产权管理制度

制定系统的知识产权管理制度和流程规范，明确各部门和岗位的职责分工，确保知识产权管理工作有序进行。

3. 加强员工知识产权教育与培训

提高员工的知识产权意识和专业素养，使其在日常工作中自觉遵守知识产权法律法规和公司规章制度。

4. 加大知识产权投入与保护力度

加大对知识产权的投入力度，及时申请专利保护技术创新成果；同时加强知识产权维权工作，对侵权行为采取有力措施予以打击。

通过实施以上措施，公司 B 有望逐步建立健全知识产权管理体系，提升知识产权创造、保护、运用和管理的整体水平，为公司的可持续发展奠定坚实基础。

合规问题分析

一、业务简介

国有企业作为国家经济的重要组成部分，承担着推动技术创新、产业升级和经济发展的重要使命。在知识产权日益成为企业核心竞争力的今天，国有企业知识产权管理工作显得尤为重要。然而，部分国有企业在知识产权管理体系建设方面存在明显短板，导致了一系列合规问题的发生。

二、相关规定

针对国有企业知识产权管理，国家出台了一系列相关法律法规和政策文件，如《中华人民共和国专利法》《中华人民共和国商标法》《企业国有资产监督管理暂行条例》《关于加强中央企业知识产权工作的指导意见》等。这些规定和政策要求国有企业必须建立健全知识产权管理制度，加强知识产权创造、保护、运用和管理，确保企业合法权益不受侵犯。

三、合规问题具体表现

1. 管理制度缺失

部分国有企业内部没有建立系统的知识产权管理制度，导致知识产权管理工作缺乏明确的职责分工和流程规范。

2. 管理层重视不足

一些国有企业高层对知识产权的重要性认识不足，将主要精力集中在生产销售和短期利润上，忽视了对知识产权的投入和管理。

3. 员工意识淡薄

国有企业员工普遍缺乏知识产权基础知识，没有认识到专利、商标等知识产权的概念和重要性，容易在日常工作中出现违规行为。

4. 申请与维护滞后

由于管理体系不健全，部分国有企业在知识产权申请和维护方面存在严重滞后现象，导致技术成果被侵权、专利权失效等问题频发。

四、问题造成的严重影响

1. 经济损失巨大

知识产权被侵犯导致国有企业直接经济损失巨大，部分侵权案件甚至可能导致企业面临生存危机。

2. 市场竞争力下降

知识产权管理体系不健全导致国有企业核心竞争力受损，难以在市场竞争中占据有利地位。

3. 品牌形象受损

知识产权纠纷频发会严重损害国有企业的品牌形象，降低客户信任度和市场竞争力。

4. 创新动力减弱

由于知识产权得不到有效保护和管理，国有企业创新动力减弱，不利于企业长期发展和国家创新驱动发展战略的实施。

综上所述，国有企业知识产权管理合规问题中的管理体系不健全问题表现多样、影响深远。为了解决这一问题，国有企业必须增加对知识产权管理的重视程度，建立健全知识产权管理制度和流程规范，提高员工知识产权意识和专业素养，并加大知识产权投入与保护力度。

法律法规依据

针对国有企业知识产权管理合规问题中管理体系不健全的问题，以下是总结的相关法律法规依据。

一、针对管理制度缺失问题的法律法规

1.《中华人民共和国专利法》

第一条：为了保护专利权人的合法权益，鼓励发明创造，推动发明创造的应用，提高创新能力，促进科学技术进步和经济社会发展，制定本法。

此条款强调了国家鼓励专利保护的重要性，国有企业作为重要经济主体，应建立健全知识产权管理制度，确保专利得到有效保护。

2.《企业国有资产监督管理暂行条例》

第二十一条：国有资产监督管理机构依照法定程序决定其所出资企业中的国有独资企业、国有独资公司的分立、合并、破产、解散、增减资本、发行公司债券等重大事项。其中，重要的国有独资企业、国有独资公司分立、合并、破产、解散的，应当由国有资产监督管理机构审核后，报本级人民政府批准。

虽然此条款直接涉及的是企业重大事项决策，但间接说明了国有企业在处理包括知识产权在内的重大资产时，需要有健全的管理体系和决策流程。

二、针对管理层重视不足问题的法律法规

《关于加强中央企业知识产权工作的指导意见》指出："企业是知识产权创造、运用、保护和管理的主体。要切实增强企业知识产权意识，引导企业建立和完善知识产权管理制度，加强知识产权创造、运用、保护和管理能力建设。"

该政策直接针对企业管理层，强调了其对知识产权管理的重要责任，要求企业建立健全知识产权管理制度，提升知识产权管理水平。

三、针对员工意识淡薄问题的法律法规

虽然《中华人民共和国劳动法》本身不直接涉及知识产权管理，但其第八条关于"劳动者依照法律规定，通过职工大会、职工代表大会或者其他形式，参与民主管理或者就保护劳动者合法权益与用人单位进行平等协商"的规定，可间接理解为鼓励员工参与企业包括知识产权在内的各项管理制度的制定和执行。

四、针对申请与维护滞后问题的法律法规

1.《中华人民共和国商标法》

第四条：自然人、法人或者其他组织在生产经营活动中，对其商品或者服务需要取得商标专用权的，应当向商标局申请商标注册。不以使用为目的的恶意商标注册申请，应当予以驳回……。

此条款强调了商标注册的重要性，国有企业应及时申请商标注册，避免因申请滞后而导致商标权丧失。

2.《中华人民共和国专利法》

第四十二条：发明专利权的期限为二十年，实用新型专利权的期限为十年，外观设计专利权的期限为十五年，均自申请日起计算。

此条款说明了专利权的保护期限，国有企业应确保在专利权有效期内进行有效维护，避免因维护滞后而导致的专利权失效。

综上所述，国有企业知识产权管理合规问题中的管理体系不健全涉及多个法律法规。企业应严格遵守相关法律法规和政策要求，建立健全知识产权管理制度和流程规范，提升管理层和员工的知识产权意识和管理水平，确保知识产权得到有效保护和管理。

合规程序与方法

针对国有企业知识产权管理合规问题中管理体系不健全的问题，以下提出具体的合规程序与方法，旨在分步骤、有针对性地解决问题。

一、建立健全知识产权管理制度

1. 制定管理制度框架

组织专业团队，结合企业实际情况，制定包括知识产权申请、保护、运用、管理在内的全面管理制度框架。确保管理制度覆盖专利、商标、著作权等各类知识产权，并明确各项工作的责任主体、流程标准和时间节点。

2. 细化操作指南

在制度框架基础上，细化各项工作的具体操作指南，如专利申请流程、商标使用规范、侵权应对策略等。确保操作指南具有可操作性和实用性，便于员工理解和执行。

二、提升管理层和员工知识产权意识

1. 开展专项培训

定期组织管理层和员工参加知识产权专项培训，包括法律法规、案例分享、实操技巧等内容。强调知识产权对企业发展的重要性，提升全员知识产权意识。

2. 建立激励机制

设立知识产权奖励制度，对在知识产权创造、保护、运用等方面表现突出的个人或团队给予表彰和奖励。通过激励机制激发员工的创新热情和知识产权保护意识。

三、落实知识产权申请与维护工作

1. 设立专门部门或岗位

在企业内部设立专门的知识产权管理部门或岗位，负责知识产权的申请、维护、监控等工作。确保部门或岗位具有足够的专业性和独立性，能够高效运作。

2. 制定申请与维护计划

根据企业技术创新成果和市场发展需求，制定知识产权申请与维护计划。定期对计划执行情况进行评估和调整，确保知识产权得到有效保护和管理。

四、完善知识产权风险防控机制

1. 建立风险预警系统

利用信息化手段建立知识产权风险预警系统，实时监测市场动态和竞争对手行为。对可能存在的知识产权风险进行预警和评估，为决策提供支持。

2. 制定应急响应预案

针对可能发生的知识产权纠纷和侵权行为，制定详细的应急响应预案。明确责任主体、应对措施和时间节点，确保在发生风险时能够迅速、有效地应对。

五、制定知识产权战略，推动其与企业战略融合

1. 制定知识产权战略

结合企业整体发展战略和市场环境，制定具有前瞻性和可操作性的知识产权战略。明确知识产权在企业发展中的地位和作用，为知识产权管理工作提供方向指导。

2. 推动战略融合

将知识产权战略与企业战略有机融合，确保知识产权管理工作与企业发展目标保持一致。在企业决策和资源配置中充分考虑知识产权因素，提升知识产权管理的战略地位和价值贡献。

通过实施以上合规程序与方法，国有企业可以逐步建立健全知识产权管理体系，提升知识产权管理水平，为企业的可持续发展提供有力保障。

专题 3：不严格遵守法律法规

案例引入

一、案例背景

传统制造业国有企业 C（以下简称"企业 C"），长期专注于机械零部件的生产与销售，在

国内市场占有一定的份额。然而，在快速发展的知识经济时代，企业C在知识产权管理方面的合规意识相对滞后，没有严格遵守法律法规，导致了一系列知识产权违规事件的发生。

二、具体问题

1. 专利侵权未察觉

（1）人物：企业C研发部门负责人李经理。

（2）事件：李经理在主导开发一款新型机械零件时，未进行充分的市场调研和专利检索，导致研发出来的产品侵犯了某外资企业的两项核心专利。

（3）数据：侵权产品上市仅半年，销售量达5万台，销售额超过2000万元。

2. 商标使用不规范

（1）人物：市场营销部张经理。

（2）事件：张经理为提升产品市场认知度，未经授权擅自将某知名品牌的商标图案稍作修改后用于企业C的产品包装上，进行市场推广。

（3）影响：违规使用商标期间，产品销量虽有短暂提升，但随后收到商标权人发出的侵权警告函，要求赔偿经济损失及公开道歉。

3. 商业秘密泄露

（1）人物：技术部核心员工王工。

（2）事件：王工因个人原因离职，并私自携带了企业C的核心技术资料跳槽至竞争对手处。

（3）数据：该商业秘密泄露导致企业C失去了与多家重要客户的合作机会，直接经济损失超过500万元，且预计未来几年内市场份额将大幅减小。

三、主要问题的影响

1. 经济损失大

（1）专利侵权赔偿：企业C最终被判定侵权成立，需赔偿外资企业经济损失及合理费用共计800万元。

（2）商标违规处罚：因商标违规使用，企业C被处以罚款100万元，并需公开道歉，品牌形象严重受损。

（3）商业秘密泄露损失：除直接经济损失外，企业C还面临长期的市场竞争压力和技术优势丧失的风险。

2. 财务指标下滑

由于知识产权管理合规问题，企业C的年度财务报告显示，净利润同比下降了30%，市场份额也有所减小。研发投入比例被迫减小，进一步限制了企业的技术创新能力和长远发展潜力。

3. 法律后果严重

企业C及其相关责任人面临法律诉讼和行政处罚的双重压力，企业声誉严重受损，影响后续融资和业务拓展。

四、结论与反思

本案例深刻揭示了传统制造业国有企业在知识产权管理合规方面的严重问题。企业C因未严格遵守法律法规，导致专利侵权、商标使用不规范和商业秘密泄露等一系列严重后果。这不仅给企业带来了巨大的经济损失和导致了财务指标下滑，还严重损害了企业的品牌形象和市场竞争力。

企业应高度重视知识产权管理工作，建立健全知识产权管理制度和合规体系。加强员工知识产权培训，提升全员合规意识，确保各项知识产权活动依法依规进行。强化知识产权风险防控机制，定期进行风险评估和预警，及时发现并应对潜在的知识产权风险。加大对知识产权违规行为的惩处力度，形成有效的震慑作用，维护企业的合法权益和市场秩序。

合规问题分析

一、业务简介

国有企业作为国家经济的重要支柱，其业务范围广泛覆盖制造、能源、交通、通信、科技等多个领域。在全球化竞争日益激烈的背景下，国有企业不仅承担着推动经济发展的重任，还面临着知识产权保护方面的重要挑战。知识产权作为企业的核心资产之一，对提升企业的核心竞争力、促进技术创新和产业升级具有关键作用。

二、相关规定

我国针对知识产权管理制定了一系列法律法规和政策文件，包括《中华人民共和国专利法》《中华人民共和国商标法》《中华人民共和国著作权法》《中华人民共和国反不正当竞争法》《企业知识产权管理规范》（GB/T 29490—2023）等。这些法律法规明确了知识产权的取得、保护、运用和管理等方面的具体要求，为国有企业知识产权管理提供了法律依据和行为准则。

三、合规问题具体表现

1. 知识产权意识淡薄

部分国有企业对知识产权的重要性认识不足，缺乏知识产权战略规划和管理体系。员工知识产权意识不强，容易忽视知识产权的申请、保护和维权工作。

2. 管理制度不健全

知识产权管理制度缺失或不完善，无法有效指导和规范企业的知识产权活动。知识产权管理制度执行不力，存在形式主义现象，导致制度形同虚设。

3. 风险防控机制不完善

缺乏有效的知识产权风险预警和应对机制，无法及时发现和消除潜在的知识产权风险。在面对知识产权纠纷时，缺乏专业的法律团队和应对策略，导致企业利益受损。

四、问题造成的严重影响

1. 经济损失巨大

因知识产权侵权而被判赔偿巨额经济损失，严重影响企业的财务状况和盈利能力。因知识产权管理不善导致的技术秘密泄露和市场份额减小，进一步加大了企业的经济压力。

2. 品牌形象受损

知识产权违规行为一旦被曝光，将严重损害企业的品牌形象和声誉，影响消费者的信任度和忠诚度。长此以往，将导致企业在市场竞争中处于不利地位，难以吸引优质客户和合作伙伴。

3. 法律风险增加

频繁的知识产权违规行为将使企业面临更大的法律诉讼和行政处罚风险，增加企业的法律成本和经营风险。在国际市场上，知识产权违规还可能引发国际贸易摩擦和争端，影响企业的国际化进程。

4. 创新动力减弱

知识产权管理不合规将削弱企业的创新动力和保护意识，降低企业的研发投入和创新能力。在长期缺乏有效知识产权保护的环境下，企业的技术创新成果难以得到有效转化和应用，影响企业的可持续发展能力。

综上所述，国有企业知识产权管理合规问题中的不严格遵守法律法规是一个亟待解决的问题。企业需要落实加强知识产权意识培养、完善管理制度建设、强化法律法规遵守和建立健全风险防控机制等方面的工作，以提升知识产权管理合规水平，保障企业的健康稳定发展。

法律法规依据

针对国有企业知识产权管理合规问题中不严格遵守法律法规的问题，以下是总结的相关法律法规依据。

一、针对知识产权意识淡薄问题的法律法规

1.《中华人民共和国专利法》

第三条：国务院专利行政部门负责管理全国的专利工作；统一受理和审查专利申请，依法授予专利权……。

该条款强调了国家对专利工作的管理职责。企业应增强专利意识，积极参与专利申请与保护。

2.《企业知识产权合规管理体系要求》

该标准为企业提供了知识产权管理的框架并提出了要求，特别是强调了知识产权合规管理的重要性。企业应依据此标准建立健全知识产权管理体系，提升全员知识产权意识。

二、针对管理制度不健全问题的法律法规

1.《中华人民共和国公司法》

第十三条：公司可以设立子公司。子公司具有法人资格，依法独立承担民事责任……。

虽然该条款直接关联的是子公司的设立，但从公司治理结构的角度，强调了规范管理和独立承担责任的重要性，适用于指导国有企业建立健全知识产权管理制度。

2.《企业知识产权合规管理体系要求》

该标准详细规定了企业知识产权管理体系的建立、运行、监视、审查、改进等方面的要求。

三、针对不严格遵守法律法规问题的法律法规

1.《中华人民共和国专利法》

第十一条：发明和实用新型专利权被授予后，除本法另有规定的以外，任何单位或者个人未经专利权人许可，都不得实施其专利，即不得为生产经营目的制造、使用、许诺销售、销售、进口其专利产品，或者使用其专利方法以及使用、许诺销售、销售、进口依照该专利方法直接获得的产品……。

该条款明确规定了专利权的保护范围，企业必须严格遵守，不得侵犯他人专利权。

2.《中华人民共和国商标法》

第五十七条：有下列行为之一的，均属侵犯注册商标专用权：（一）未经商标注册人的许可，在同一种商品上使用与其注册商标相同的商标的……。

该条款列举了商标侵权的多种情形，企业应严格遵守，避免商标侵权行为的发生。

3.《中华人民共和国反不正当竞争法》

第二条：……本法所称的不正当竞争行为，是指经营者在生产经营活动中，违反本法规定，扰乱市场竞争秩序，损害其他经营者或者消费者的合法权益的行为……。

虽然该条款未直接提及知识产权，但知识产权侵权往往构成不正当竞争行为，企业应遵守反不正当竞争法的相关规定，维护公平竞争的市场环境。

四、针对风险防控机制不完善问题的法律法规

《企业知识产权合规管理体系要求》中关于知识产权风险管理的章节详细规定了企业应如何识别、评估、应对和监控知识产权风险。企业应依据此标准建立健全知识产权风险防控机制，确保及时发现和有效应对潜在的知识产权风险。

综上所述，国有企业在知识产权管理合规方面应严格遵守《中华人民共和国专利法》《中华人民共和国商标法》《中华人民共和国反不正当竞争法》等相关法律法规以及《企业知识产权合规管理体系要求》等国家标准的要求，提升知识产权意识、完善管理制度建设、强化法律法规遵守和建立健全风险防控机制，以提升企业知识产权管理合规水平。

合规程序与方法

针对国有企业知识产权管理合规问题中不严格遵守法律法规的问题，以下是具体的合规程序与方法，旨在有针对性地解决案例中的问题。

一、加强知识产权意识培养

1. 组织培训

邀请知识产权专家或律师，定期为企业高层管理人员、研发人员、市场销售人员及法务人员开展知识产权法律法规、案例分析及应对策略的培训。采取线上直播、线下研讨会、工作坊等形式，确保信息传达全面且深入。

2. 建立激励机制

将知识产权创造、保护和管理成效纳入员工绩效考核体系，对表现突出的个人或团队给予奖励，激发全员参与知识产权管理的积极性。

二、完善知识产权管理制度

1. 制定或修订知识产权管理制度

依据《企业知识产权合规管理体系要求》等标准，结合企业实际情况，制定或修订知识产权管理制度，明确知识产权的申请、维护、运用、保护及风险防控等流程和要求。

2. 明确职责分工

设立专门的知识产权管理部门或岗位，明确各部门及岗位在知识产权管理中的职责和权限，确保制度得到有效执行。

三、加强对法律法规遵守情况的审查与监控

1. 建立合规审查机制

在产品研发、市场推广、合作研发等关键环节，实施知识产权合规审查，确保各项活动符合法律法规要求。流程通常为：提交审查申请—资料收集与分析—合规性评估—反馈与整改—审查通过。

2. 加强外部合作与监控

与专业的知识产权服务机构合作，定期进行知识产权风险扫描和监控，及时发现并应对潜在的侵权风险。

四、建立健全风险防控机制

1. 识别与评估风险

运用 SWOT 分析、PEST 分析等工具，结合企业实际情况，全面识别知识产权风险，并进行定量或定性评估。

2. 制定风险应对策略

针对不同类型的风险，制定相应的应对策略，包括预防措施、应对措施和恢复措施等，确保风险得到有效控制。

3. 建立应急响应机制

制定知识产权应急响应预案，明确应急响应流程、责任人和资源保障等，确保在发生知识产权纠纷时能够迅速响应并妥善处理。

五、加强内部监督与考核

1. 建立监督体系

设立知识产权管理监督小组或岗位，定期对知识产权管理制度的执行情况进行监督检查，确保制度得到有效执行。

2. 实施绩效考核

将知识产权管理合规情况纳入部门和员工的绩效考核体系，对违反法律法规和制度规定的行为进行严肃处理，强化合规意识。

通过实施以上合规程序与方法，国有企业可以逐步解决知识产权管理合规问题中不严格遵守法律法规的问题，提升企业的知识产权管理水平和市场竞争力。

专题 4：知识产权布局不合理

案例引入

一、案例背景

传统制造业国有企业 D（以下简称"D 公司"），长期专注于机械设备生产，拥有一定的市场份额和技术积累。近年来，随着行业技术的快速发展和市场竞争的加剧，D 公司意识到知识产权的重要性，开始加强知识产权管理工作。然而，由于历史原因和管理经验不足，D 公司在知识产权布局上存在明显不合理之处，导致了一系列问题。

二、具体问题

1. 核心技术保护不足

D公司的核心技术在行业内处于领先地位，但由于缺乏系统的专利布局，许多关键技术点未得到有效保护。例如，公司研发部门负责人李工带领团队开发的一项关键技术，因未及时申请专利，被竞争对手抢先注册，导致D公司在该领域的竞争优势被削弱。

2. 专利布局质量不高

D公司在追求专利数量的同时，忽视了专利质量。据统计，2020—2023年内，D公司共申请专利100余项，但其中有效专利占比不足50%，且多数为实用新型和外观设计专利，发明专利占比较低。这种低质量的专利布局难以形成有效的技术壁垒，也无法为公司带来显著的经济效益。

3. 知识产权管理混乱

D公司的知识产权管理工作由法务部兼管，缺乏专业的知识产权管理人员和团队。在专利申请、维护、运营等各个环节中，存在流程不清晰、责任不明确、信息共享不畅等问题。此外，公司对外部知识产权风险的监控和应对能力不足，多次陷入知识产权纠纷。

三、主要问题的影响

1. 经济损失大

由于核心技术被侵犯，D公司在相关市场的销售额大幅下滑。据统计，2023年内，涉及侵权的核心技术产品销售额减少了30%，直接经济损失超过5000万元。同时，为了应对知识产权纠纷，D公司还支付了高额的律师费和赔偿款，进一步加大了公司的财务压力。

2. 市场竞争力下降

知识产权布局的不合理导致D公司在市场竞争中处于被动地位。竞争对手利用抢注的专利发起专利战，限制了D公司相关产品的市场推广和销售。此外，由于专利质量不高，D公司在参与行业标准制定、技术合作等方面也面临诸多困难，影响了公司的行业地位和品牌形象。

3. 研发积极性受挫

知识产权管理混乱和侵权频发使得D公司的研发人员积极性受挫。他们担心自己的创新成果无法得到有效保护，甚至可能为他人"做嫁衣"。这种负面情绪影响了公司的整体创新氛围和研发效率，进一步制约了公司的长远发展。

四、结论与反思

D公司知识产权布局不合理的问题暴露了传统制造业企业在知识产权管理方面的诸多问题。为了解决这些问题，D公司需要从以下几个方面着手。

1. 加强知识产权战略规划

制定符合公司实际情况的知识产权战略规划，明确知识产权管理的目标和方向。

2. 提升专利申请质量

注重对发明专利的申请和保护，提高专利质量和技术含量，形成有效的技术壁垒。

3. 完善知识产权管理体系

建立专业的知识产权管理团队和机构，明确职责分工和流程规范，确保知识产权管理工作的有效性和规范性。

4.加强外部风险监控和应对

建立健全的知识产权风险监控和应对机制，及时发现并妥善处理潜在的知识产权风险。

通过实施以上措施，D公司可以逐步解决知识产权布局不合理的问题，提升公司的知识产权管理水平和市场竞争力，为公司的长远发展奠定坚实的基础。

合规问题分析

一、业务简介

国有企业作为国家经济的重要组成部分，承担着技术创新和产业升级的重任。在知识产权管理方面，国有企业需要进行完善的知识产权布局，以保护其核心技术、品牌形象和市场份额。然而，在实际操作中，一些国有企业存在知识产权布局不合理的问题，这直接影响了企业的竞争力和可持续发展。

二、相关规定

针对国有企业知识产权管理，国家出台了一系列相关法律法规，如《中华人民共和国专利法》《企业知识产权管理规范》等。这些规定要求国有企业建立健全知识产权管理制度，加强对知识产权的创造、保护、运用和管理，以提升企业的核心竞争力。

三、合规问题具体表现

1.缺乏战略规划

一些国有企业在知识产权布局上缺乏长远规划和战略考虑，导致专利申请和保护工作缺乏系统性和针对性。

2.重数量轻质量

部分国有企业过于追求专利数量，而忽视了专利的质量和实际价值，导致专利布局质量不高，无法形成有效的技术壁垒。

3.管理混乱

知识产权管理工作涉及多个部门和环节，但一些国有企业存在职责不清、流程不畅等问题，导致知识产权管理效率低下。

4.风险防控不足

部分国有企业对外部知识产权风险的监控和应对能力不足，容易陷入知识产权纠纷，给企业带来经济损失和声誉损害。

四、问题造成的严重影响

1.经济损失大

知识产权布局不合理可能导致国有企业的核心技术被侵犯，市场份额被抢占，从而带来直接的经济损失。

2.竞争力下降

缺乏有效的知识产权布局会使国有企业在市场竞争中处于被动地位，难以维护其技术优势和品牌形象。

3.创新受阻

知识产权管理混乱和侵权频发会挫伤国有企业的创新积极性，影响研发人员的创新动力和企业的整体创新氛围。

4.法律风险增加

不合理的知识产权布局可能使国有企业面临更多的知识产权法律纠纷，增加企业的法律风险和诉讼成本。

综上所述，国有企业知识产权管理合规问题中的知识产权布局不合理问题表现多样，且对企业造成的严重影响不容忽视。为了提升国有企业的竞争力和可持续发展能力，必须重视并解决这一问题。

法律法规依据

针对国有企业知识产权管理合规问题中知识产权布局不合理的问题，以下是对相关法律法规的总结。

一、针对缺乏战略规划问题的法律法规

《企业知识产权合规管理体系要求》

该标准作为国家标准，虽然没有法律约束力，但为企业建立完善的知识产权管理体系提供了参照标准，包括知识产权战略规划的制定。

二、针对重数量轻质量问题的法律法规

1.《规范申请专利行为的规定》

该文件旨在规范专利申请行为，强调专利申请的质量而非数量。国有企业应遵循该规定，提升专利申请质量，避免盲目追求数量而忽视专利的实际价值。

2.《中华人民共和国专利法》

该法虽未直接提及"质量"，但专利授权标准、无效宣告程序等间接要求了专利应具备实质性创新和技术价值。

三、针对管理混乱问题的法律法规

1.《中华人民共和国公司法》

公司法（如第一百二十六条、第一百八十条）要求公司高级管理人员应勤勉尽责，管理好公司事务，包括知识产权管理工作。国有企业作为公司法人，其管理人员有责任确保知识产权管理体系的顺畅运行。

2.《企业知识产权合规管理体系要求》

该标准详细规定了企业知识产权管理的组织体系、制度体系、运行体系等，为国有企业解决管理混乱问题提供了具体指导。

四、针对风险防控不足问题的法律法规

1.《中华人民共和国专利法》

专利法规定了专利侵权的法律责任和纠纷处理方式，国有企业应加强知识产权风险防控，避免陷入侵权纠纷。

2.《企业国有资产监督管理暂行条例》

该条例要求建立健全国有资产保值增值责任制度，国有企业因知识产权管理不善导致国有资产损失的，相关人员应承担相应责任。这间接要求国有企业加强知识产权风险防控。

综上所述，国有企业知识产权管理合规问题中知识产权布局不合理的问题涉及多方面法律法规的约束和指导。国有企业应严格遵守相关法律法规，加强知识产权战略布局、提升专利申请质量、完善管理体系并强化风险防控能力，以确保企业的持续健康发展。

合规程序与方法

针对国有企业知识产权管理合规问题中知识产权布局不合理的问题，以下是具体的合规程序与方法，旨在分步骤、有针对性地解决问题。

一、制定知识产权战略规划

1. 明确目标

国有企业应明确知识产权管理的总体目标，包括提升核心竞争力、保护核心技术、促进技术创新等。

2. 市场与技术趋势分析

进行市场和技术趋势分析，识别关键技术和潜在竞争对手，为知识产权布局提供依据。

3. 制定策略

基于分析结果，制定详细的知识产权战略规划，包括专利申请策略、技术秘密保护策略、商标品牌策略等。

二、提升专利申请质量

1. 建立评审机制

建立专利申请内部评审机制，对拟申请的专利从技术先进性、市场价值等多维度进行评估。

2. 组建或聘请专业团队

组建或聘请专业的知识产权顾问团队，为专利申请提供技术支持和法律咨询。

3. 注重发明专利

重点申请发明专利，提高专利组合的含金量和技术壁垒。

三、完善知识产权管理体系

1. 设立专门机构

成立独立的知识产权管理部门，负责知识产权的创造、保护、运用和管理。

2. 明确职责分工

制定知识产权管理制度，明确各部门和人员在知识产权管理中的职责和分工。

3. 建立流程规范

优化知识产权管理流程，确保专利申请、维护、运营等各个环节的顺畅运行。

四、加强知识产权风险防控

1. 监控外部风险

建立知识产权风险监控机制，定期跟踪行业动态和竞争对手的专利布局情况。

2. 开展内部培训

进行员工知识产权意识培训，提升全员对知识产权风险的识别和防范能力。

3. 制定应急响应预案

制定侵权应急响应预案，确保在发生侵权事件时能够迅速应对并有效维权。

五、利用信息化手段提升管理效率

1. 建立知识产权信息平台

利用信息化手段建立知识产权信息平台，实现对专利、商标等知识产权信息的集中管理和共享。

2. 数据分析与决策支持

运用大数据分析技术，对知识产权数据进行深度挖掘和分析，为决策提供科学依据。

3. 应用智能化工具

引入并应用智能检索、智能预警等智能化工具，提高知识产权管理的自动化水平和效率。

通过实施以上合规程序与方法，国有企业可以逐步解决知识产权布局不合理的问题，构建完善的知识产权管理体系，提升企业的核心竞争力和可持续发展能力。

专题 5：专利文献利用不足

案例引入

一、案例背景

公司 E 是一家位于东部沿海省份的传统制造业国有企业，主要从事机械制造与精密加工业务。近年来，随着行业竞争的加剧和技术的快速迭代，公司 E 面临着转型升级的压力。然而，在公司内部，知识产权管理尤其是专利文献的利用存在显著不足，影响了公司的创新能力和市场竞争力。

二、具体问题

1. 专利文献搜集与整理缺失

公司 E 没有设立专门的知识产权管理部门，专利文献的搜集和整理工作主要由研发部兼职完成。由于缺乏专业性和系统性，专利文献的搜集范围狭窄，局限于国内少数几个知名数据库，且未能及时更新，导致大量有价值的国际专利文献被忽视。

研发部经理李某表示，团队每月仅能从有限的资源中筛选出约 20 篇相关专利文献，而据行业报告，同类领先企业每月平均搜集并分析超过 100 篇专利文献。

2. 专利分析与应用能力薄弱

即便搜集到部分专利文献，公司 E 也未能充分利用这些资源进行深入分析，以指导产品研发和规避侵权风险。专利分析工作停留在表面，未能深入挖掘专利背后的技术趋势和市场潜力。

在某次新产品开发过程中，研发团队因未对关键技术进行充分的专利分析，导致产品上市后不久即被竞争对手指控侵权，公司被迫下架产品并支付高额赔偿，直接经济损失达 500 万元。

3. 知识产权意识淡薄

公司 E 内部普遍存在对知识产权重视不足的问题，从高层管理人员到一线员工，均未能充分认识到专利文献在公司创新和发展中的重要作用。知识产权意识淡薄进一步阻碍了对专利文献的有效利用。

三、主要问题的影响

1. 技术创新受阻

由于专利文献利用不足，公司 E 在新技术研发方面缺乏前瞻性和针对性，导致技术创新步伐缓慢，产品同质化严重，市场竞争力下降。

过去三年，公司 E 的新产品上市数量比行业平均水平低 30%，且新产品的市场接受度普遍不高，销售额占比逐年下降。

2. 财务指标下滑

专利侵权事件频发不仅给公司带来了直接的经济损失，还严重影响了公司的品牌形象和市场信誉，导致订单减少，客户流失。

侵权事件后一年内，公司 E 的营业收入同比下降了 15%，净利润更是下滑了 25%，多项关键财务指标亮起红灯。

3. 长期发展受限

从长远来看，专利文献利用不足将严重制约公司 E 的可持续发展能力。在日益激烈的市场竞争中，缺乏核心技术和自主知识产权的公司将难以立足。

四、结论与反思

公司 E 在知识产权管理尤其是专利文献利用方面存在严重问题，这些问题直接导致了技术创新受阻、财务指标下滑和长期发展受限。加强对专利文献的搜集、整理、分析和应用已成为公司亟待解决的关键问题，公司 E 可从以下方面入手。

1. 建立专业团队

公司应设立专门的知识产权管理部门，配备具有专业知识和实践经验的人员，负责专利文献的搜集、整理和分析工作。

2. 制定和完善知识产权管理制度

制定和完善知识产权管理制度，明确各部门和人员的职责分工，确保专利文献利用工作的系统化、规范化和常态化。

3. 提升员工意识

通过内部培训、宣传教育等方式，提升全体员工对知识产权的重视程度，形成良好的知识产权保护氛围。

4. 加强合作与交流

积极与行业协会、专业机构等建立合作关系，参与行业交流，了解最新技术动态和市场趋势，为公司的技术创新和产品研发提供有力支持。

合规问题分析

一、业务简介

国有企业作为国民经济的重要支柱，承担着技术创新、产业升级和国家战略实施等多重任务。在知识经济时代，知识产权已成为企业核心竞争力的重要组成部分，而专利文献作为技术创新的重要依据，对其进行有效利用对企业的研发创新、市场布局和风险防范具有至关重要的作用。然而，在国有企业的知识产权管理中，专利文献的利用往往存在不足，影响了企业的整体竞争力和合规水平。

二、相关规定

近年来,国家和地方政府出台了一系列关于知识产权管理和保护的政策法规,明确了企业在知识产权管理方面的合规要求。其中,针对专利文献的利用,相关法律法规强调了以下几点:一是企业应建立完善的专利文献搜集、整理和分析机制;二是加强对专利文献的利用,以指导企业技术研发和市场布局;三是提高知识产权保护意识,防范专利侵权风险。这些规定为企业合理利用专利文献提供了明确的指导和依据。

三、合规问题具体表现

1. 专利文献搜集与整理机制不健全

许多国有企业没有建立专门的知识产权管理部门或团队,专利文献的搜集、整理和分析工作缺乏系统性和专业性。即使设立了相关部门,也往往因人员配置不足、制度不完善等导致专利文献利用效率低下。

2. 专利文献利用意识淡薄

部分国有企业对专利文献的重要性认识不足,缺乏主动搜集和利用专利文献的意识。管理层和研发人员往往更关注短期经济效益和研发成果,而忽视了专利文献在技术创新和市场布局中的长期价值。

3. 专利文献利用资源投入不足

专利文献的搜集和利用需要投入大量的人力、物力和财力。然而,部分国有企业在这方面的投入不足,导致专利文献的搜集范围狭窄、更新不及时,难以满足企业技术创新的需求。

4. 专利文献分析能力有限

即便搜集到一定数量的专利文献,部分国有企业也缺乏深入分析和有效应用的能力。专利文献的分析工作往往停留在表面,未能充分挖掘其背后的技术趋势和市场潜力,难以为企业技术研发和市场布局提供有力支持。

四、问题造成的严重影响

1. 技术创新受阻

专利文献利用不足导致企业难以获取最新的技术信息和市场动态,从而影响了企业的技术创新能力和产品竞争力。长期来看,这将严重制约企业的可持续发展。

2. 市场布局滞后

缺乏专利文献的支撑容易导致企业在市场布局时盲目跟风或错失良机,难以形成独特的竞争优势。同时,企业也可能因不了解竞争对手的专利布局而陷入侵权纠纷。

3. 合规风险增加

专利文献利用不足还可能增加企业的合规风险。在技术研发和产品上市过程中,若未能充分分析相关专利文献并规避侵权风险,一旦涉及专利侵权纠纷,将给企业带来巨大的经济损失和导致企业品牌形象受损。

4. 经济效益下滑

专利文献利用不足最终将导致企业的经济效益下滑。这不仅表现为产品销售收入减少和市场份额萎缩，还可能影响到企业的融资能力和投资吸引力。

综上所述，国有企业知识产权管理合规问题中的专利文献利用不足是一个亟待解决的问题。企业需要提高认识、完善机制、加大投入并提升分析能力，以充分利用专利文献资源推动企业的技术创新和合规发展。

法律法规依据

在国有企业知识产权管理合规问题中，专利文献利用不足是一个关键议题，涉及多个法律法规。

一、针对专利文献搜集与整理机制不健全的法律法规

1.《中华人民共和国专利法》

第十二条：任何单位或者个人实施他人专利的，应当与专利权人订立实施许可合同，向专利权人支付专利使用费。被许可人无权允许合同规定以外的任何单位或者个人实施该专利。

此条款强调了专利权的保护及实施许可的必要性，暗示企业应建立健全的专利文献搜集与整理机制，避免在技术研发和市场布局中侵犯他人专利权。

2.《企业知识产权合规管理体系要求》

该标准明确规定了企业应建立知识产权信息管理制度，包括专利文献的搜集、整理和分析。虽然该标准并非法律，但作为国家标准，它为企业知识产权管理提供了具体指导，特别是专利文献的利用方面。

二、针对专利文献利用意识淡薄的法律法规

《中华人民共和国促进科技成果转化法》

第十七条：国家鼓励研究开发机构、高等院校采取转让、许可或者作价投资等方式，向企业或者其他组织转移科技成果。

此条款鼓励科技成果的转化，暗示企业应重视专利文献的利用，以推动技术创新和成果转化。专利文献作为科技成果的重要载体，其有效利用对提升企业的核心竞争力至关重要。

三、针对专利文献利用资源投入不足的法律法规

《中华人民共和国公司法》虽然未直接提及专利文献利用的资源投入，但关于"公司投资决策"的规定，可以间接理解为公司应合理分配资源，包括在知识产权管理方面的投入。公司应根据自身发展需要，合理安排资金、人力等资源，确保知识产权管理工作的有效开展，包括专利文献的搜集、整理和利用。

四、针对专利文献分析能力有限的法律法规

《中华人民共和国专利法实施细则》

第六十七条：国务院专利行政部门进行复审后，认为复审请求不符合专利法和本细则有关规定或者专利申请存在其他明显违反专利法和本细则有关规定情形的，应当通知复审请求人，要求其在指定期限内陈述意见。期满未答复的，该复审请求视为撤回；经陈述意见或者进行修改后，国务院专利行政部门认为仍不符合专利法和本细则有关规定的，应当作出驳回复审请求的复审决定。

国务院专利行政部门进行复审后，认为原驳回决定不符合专利法和本细则有关规定的，或者

认为经过修改的专利申请文件消除了原驳回决定和复审通知书指出的缺陷的，应当撤销原驳回决定，继续进行审查程序。

综上所述，国有企业知识产权管理合规问题中专利文献利用不足的问题涉及多个法律法规和标准。企业应依据相关法律法规和标准要求，建立健全的专利文献搜集、整理和分析机制，提高专利文献的利用效率，以推动企业的技术创新和合规发展。

合规程序与方法

针对国有企业知识产权管理合规问题中专利文献利用不足的问题，以下提出具体的合规程序与方法，旨在分步骤、有针对性地解决问题。

一、提高专利文献利用意识

1. 组织管理层参加培训

组织企业高层管理人员参加知识产权管理与专利文献利用专题培训，增强其对专利文献重要性的认识，使管理层意识到专利文献在技术创新、市场布局和风险防范中的关键作用。

2. 全员宣传

通过内部会议、宣传栏、企业内网等多种渠道，向全体员工普及专利文献利用的有关知识和重要性，营造重视专利文献利用的企业文化氛围。

二、建立专利文献管理机制

1. 设立专门部门或岗位

在企业内部设立专门的知识产权管理部门或岗位，负责专利文献的搜集、整理和分析工作。确保专利文献管理工作的专业性和系统性。

2. 制定专利文献管理制度

制定专利文献管理制度，明确搜集范围、整理标准、分析流程等，确保工作的规范性和效率，为专利文献利用提供制度保障。

三、加大资源投入

1. 预算分配

在年度预算中专门设立专利文献利用专项经费，用于购买数据库、参加专业培训、聘请专家顾问等。确保专利文献利用工作的资金需求得到满足。

2. 人才引进与培养

引进具有专利分析经验的专业人才，同时加强对现有员工的培训，提升其专利文献分析和利用能力。建立一支高素质的专业团队，支持专利文献利用工作。

四、优化专利文献分析流程

1. 定期搜集与更新

设定固定的专利文献搜集周期，及时获取最新的专利信息，并进行分类整理。确保专利文献的时效性和完整性。

2. 深入分析与应用

运用专业的专利分析工具和方法，对搜集到的专利文献进行深入分析，挖掘技术趋势、市场潜力等信息，并应用于企业的技术研发和市场布局中。提升专利文献的利用价值，为企业决策提供有力支持。

五、建立评估与反馈机制

1. 效果评估

定期对专利文献利用工作的效果进行评估，包括搜集数量、分析质量、应用成果等方面。了解工作成效，发现问题并及时解决。

2. 持续改进

根据评估结果，不断调整和完善专利文献利用工作的流程和制度，引入新的工具和方法，提高工作效率和质量。形成持续改进的良性循环，不断提升企业的知识产权管理合规水平。

通过实施以上合规程序与方法，国有企业可以有效解决专利文献利用不足的问题，提升知识产权管理水平，增强企业的核心竞争力和市场适应能力。

专题 6：知识产权保护力度不够

案例引入

一、案例背景

公司 F 是一家拥有数十年历史的大型传统制造业国有企业，专注于机械设备的设计与制造。近年来，随着市场竞争的加剧和技术的快速发展，公司 F 逐渐意识到知识产权对企业核心竞争力的重要性。然而，由于历史遗留问题和管理机制不足，公司 F 在知识产权保护方面存在明显短板，尤其是针对专利技术的保护力度严重不足。

二、具体问题

1. 专利布局缺失

公司 F 在过去几十年中积累了大量技术创新成果，但由于缺乏系统的专利布局策略，许多关键技术并未及时申请专利保护。据统计，公司 F 现有有效专利数量仅占其实际可申请专利数量的30%，大量创新成果未得到有效保护。

2. 侵权应对不力

当公司 F 发现其专利技术被竞争对手非法使用时，由于缺乏有效的维权机制和专业的法律团队，往往选择沉默或妥协。例如，在一次重大侵权事件中，公司 F 的核心技术被某竞争对手直接复制并应用于其产品中，而公司 F 仅通过私下协商获得了一笔微不足道的赔偿，未能有效遏制侵权行为的蔓延。

3. 知识产权保护意识淡薄

公司 F 内部的知识产权保护意识淡薄，员工在离职时未签署保密协议或员工未严格执行保密规定的情况时有发生。这导致公司 F 的一些核心技术和商业秘密被泄露给竞争对手，进一步削弱了公司的市场竞争力。

三、主要问题的影响

1. 经济损失巨大

由于专利保护不力，公司 F 的核心技术被竞争对手非法使用，导致公司市场份额被严重侵蚀。据初步估算，2022—2024 年，因专利侵权导致的直接经济损失超过 5 亿元，间接影响了公司的整体盈利能力。

2. 财务指标下滑

随着市场份额的减小和盈利能力的下降，公司 F 的财务指标出现了明显下滑。净利润率从三年前的 10% 下降至当前的 5%，营业收入增长率也连续两个季度为负。这些财务指标的恶化进一步加大了公司的经营压力。

3. 品牌信誉受损

知识产权侵权事件的频发不仅损害了公司 F 的经济利益，还严重影响了公司的品牌信誉。消费者对公司 F 的信任度降低，部分长期合作客户也开始寻求替代供应商。这种品牌信誉的受损对公司 F 的长远发展构成了巨大威胁。

四、结论与反思

公司 F 的案例深刻揭示了国有企业在知识产权管理合规问题中知识产权保护力度不足所带来的严重后果。为了避免类似问题的发生，国有企业应从以下几个方面着手。

1. 加强专利布局

企业应建立完善的专利布局策略，及时申请并维护有效专利，确保技术创新成果得到充分保护。

2. 提升维权能力

建立专业的法律团队和有效的维权机制，积极应对侵权行为，维护企业的合法权益。

3. 强化内部管理

加强对知识产权保护的培训和员工知识产权意识提升工作，确保内部管理制度的严格执行，防止核心技术和商业秘密被泄露。

4. 完善激励机制

建立与知识产权保护成效挂钩的激励机制，鼓励员工积极参与技术创新和知识产权保护工作，提升企业的整体竞争力。

通过实施以上措施，国有企业可以逐步解决知识产权保护力度不足的问题，为企业的可持续发展奠定坚实基础。

合规问题分析

一、业务简介

国有企业作为国民经济的重要支柱，其业务范围广泛覆盖制造业、能源、交通、通信等多个关键领域。在全球化竞争日益激烈的背景下，知识产权已成为国有企业提升核心竞争力、实现可持续发展的重要因素。然而，由于历史原因、管理机制及外部环境等多方面因素，国有企业在知识产权管理合规方面，特别是知识产权保护力度上，仍存在诸多不足。

二、相关规定

我国对知识产权保护有一系列明确的法律法规和政策文件作为支撑，如《中华人民共和国专利法》《中华人民共和国商标法》《中华人民共和国著作权法》《关于强化知识产权保护的意见》等。这些法律法规和政策文件不仅规定了知识产权的权利内容、保护范围及侵权责任，还明确了政府、企业和个人在知识产权保护中的责任和义务。国有企业作为重要的市场主体，应严格遵守这些规定，确保知识产权得到有效保护。

三、合规问题具体表现

1. 保护意识薄弱

部分国有企业对知识产权的重要性认识不足，缺乏主动保护知识产权的意识和动力。管理层和员工往往更关注对有形资产的管理和短期经济效益，而忽视了知识产权这类无形资产的价值。

2. 管理机制不健全

许多国有企业尚未建立健全的知识产权管理制度和流程，导致知识产权的申请、维护、利用和维权等环节存在漏洞。专利布局不合理、商标注册不及时、版权登记缺失等问题时有发生。

3. 资源投入不足

知识产权保护需要投入大量的人力、物力和财力，但部分国有企业在资源分配上未给予知识产权足够重视。这导致知识产权保护的硬件设施、专业团队和经费支持等存在明显短板。

4. 国际合作受限

在全球化的背景下，国有企业需要积极参与国际知识产权合作与交流。然而，由于语言障碍、法律差异和文化差异等因素，部分国有企业在国际知识产权保护方面存在困难，难以有效应对跨国知识产权纠纷。

四、问题造成的严重影响

1. 经济损失巨大

知识产权保护力度不够直接导致国有企业面临巨大的经济损失。一方面，侵权行为的发生使得企业的市场份额和盈利能力受到严重影响；另一方面，企业在维权过程中需要投入大量的人力、物力和财力，进一步加重了经济负担。

2. 品牌形象受损

知识产权侵权事件频发不仅损害了国有企业的经济利益，还严重影响了企业的品牌形象和声誉。消费者和合作伙伴对企业的信任度降低，可能导致市场份额的进一步流失。

3. 创新能力受限

知识产权保护力度不够还会抑制国有企业的创新能力。由于担心创新成果被侵权或无法得到有效保护，企业可能减少在研发方面的投入和努力，从而限制了技术创新和产业升级的步伐。

4. 国际竞争力下降

在全球化的市场竞争中，知识产权已成为衡量企业国际竞争力的重要指标之一。国有企业如果无法在国际知识产权保护方面取得突破和进展，将难以在全球市场中占据有利地位并实现长远发展。

综上所述，国有企业知识产权管理合规问题中的知识产权保护力度不够是一个亟待解决的问题。通过实施加强保护意识、完善管理机制、加大资源投入和加强国际合作等措施，国有企业可以逐步提升知识产权保护水平，为企业的可持续发展奠定坚实基础。

法律法规依据

针对国有企业知识产权管理合规问题中知识产权保护力度不够的问题，以下是对相关法律法规依据的总结。

一、针对保护意识薄弱问题的法律法规

《中华人民共和国专利法》

第一条：为了保护专利权人的合法权益，鼓励发明创造，推动发明创造的应用，提高创新能力，促进科学技术进步和经济社会发展，制定本法。

第六条：执行本单位的任务或者主要是利用本单位的物质技术条件所完成的发明创造为职务发明创造。职务发明创造申请专利的权利属于该单位，申请被批准后，该单位为专利权人。该单位可以依法处置其职务发明创造申请专利的权利和专利权，促进相关发明创造的实施和运用。

二、针对管理机制不健全问题的法律法规

1.《中华人民共和国商标法》

第六条：法律、行政法规规定必须使用注册商标的商品，必须申请商标注册，未经核准注册的，不得在市场销售。

第二十二条：商标注册申请人应当按规定的商品分类表填报使用商标的商品类别和商品名称，提出注册申请……。

2.《中华人民共和国著作权法》

第十条：著作权包括下列人身权和财产权：……（五）复制权，即以印刷、复印、拓印、录音、录像、翻录、翻拍、数字化等方式将作品制作一份或者多份的权利；……。著作权人可以许可他人行使前款第五项至第十七项规定的权利，并依照约定或者本法有关规定获得报酬……。

三、针对资源投入不足问题的法律法规

《中华人民共和国公司法》

第十九条：公司从事经营活动，应当遵守法律法规，遵守社会公德、商业道德，诚实守信，接受政府和社会公众的监督。

第一百七十九条：董事、监事、高级管理人员应当遵守法律、行政法规和公司章程。

第一百八十条：董事、监事、高级管理人员对公司负有忠实义务，应当采取措施避免自身利益与公司利益冲突，不得利用职权牟取不正当利益。

在知识产权保护方面，要求管理层确保公司有足够的资源投入。

四、针对国际合作受限问题的法律法规

《中华人民共和国对外贸易法》

第二十九条：国家依照有关知识产权的法律、行政法规，保护与对外贸易有关的知识产权。进口货物侵犯知识产权，并危害对外贸易秩序的，国务院对外贸易主管部门可以采取在一定期限内禁止侵权人生产、销售的有关货物进口等措施。

综上所述，针对国有企业知识产权管理合规问题中知识产权保护力度不够的问题，我国已有一系列相关法律法规作为支撑和保障。国有企业应严格遵守这些法律法规，加大知识产权保护力度，确保企业的合法权益得到有效维护。

合规程序与方法

针对国有企业知识产权管理合规问题中知识产权保护力度不够的问题，以下是具体的合规程序与方法，旨在分步骤、有针对性地解决问题。

一、增强知识产权保护意识

1. 开展全员培训

组织全体员工参加知识产权保护专题培训，特别是管理层和技术人员，提高其对知识产权重要性的认识。培训内容应包括知识产权基础知识、法律法规、案例分析及应对策略等。

2. 建立宣传机制

通过企业内部刊物、网站、公告栏等多种渠道，定期发布知识产权保护的相关信息和动态，营造良好的知识产权文化氛围。

二、完善知识产权管理制度

1. 制定管理制度

结合企业实际情况，制定详细的知识产权管理制度，明确知识产权的申请、维护、利用和维权等各个环节的具体操作流程和责任部门。

2. 设立专门机构

成立专门的知识产权管理部门或指定专人负责知识产权管理工作，确保知识产权管理的专业性和系统性。

三、加大资源投入

1. 增加知识产权保护预算

增加知识产权保护预算，确保有足够的资金支持知识产权的申请、维护、利用和维权等工作。

2. 引进专业人才

招聘具有法律、技术和管理背景的专业人才加入知识产权管理团队，提升团队的整体素质和能力。

四、加强国际合作与交流

1. 了解国际规则

组织相关人员学习国际知识产权法律法规，了解不同国家和地区的知识产权保护制度和实践经验。

2. 建立国际合作网络

积极参与世界知识产权组织、行业协会等机构组织的活动，建立广泛的国际合作网络，共同应对跨国知识产权纠纷。

五、强化风险管理与应对

1. 建立风险预警机制

定期对企业的知识产权状况进行评估和分析，及时发现潜在的知识产权风险，并制定相应的应对策略。

2. 完善维权机制

建立健全的知识产权维权机制，包括收集证据、提起诉讼、协商和解等多种手段，确保在发生侵权事件时能够迅速、有效地维护企业的合法权益。

3.加强保密管理

加强对企业内部商业秘密和技术秘密的保护，建立健全的保密制度和流程，防止核心技术和商业秘密被泄露。

通过实施以上合规程序与方法，国有企业可以逐步提升其知识产权管理合规水平，有效解决知识产权保护力度不够的问题，为企业的可持续发展奠定坚实基础。

专题 7：知识产权流失风险

案例引入

一、案例背景

公司 G 是一家拥有数十年历史的大型传统制造业国有企业，主要从事机械设备的设计与制造。在行业内享有较高的知名度，产品销往国内外。然而，近年来，随着市场竞争的加剧和技术的快速发展，公司 G 在知识产权管理合规方面暴露出严重问题，特别是知识产权流失风险日益凸显。

二、具体问题

1.商标被抢注

公司 G 的核心产品品牌商标 JG 在国内外市场享有较高声誉。然而，由于知识产权管理疏忽，该商标被国外市场的一家竞争对手抢注。公司 G 在发现这一问题时，已错过最佳维权时机，不得不花费巨额资金通过法律途径尝试赎回商标权，最终以数百万美元的高价购回原本价值仅数千美元的商标权。

2.核心技术泄露

公司 G 的研发团队经过多年努力，成功研发出一项具有自主知识产权的核心技术，该技术在提高产品性能、降低成本方面具有显著优势。然而，由于公司内部保密措施不严，一名关键技术人员离职后携带该技术加入竞争对手公司，导致公司 G 的这项核心技术泄露。这不仅使公司 G 失去了市场先机，还面临被起诉侵权的风险。

三、主要问题的影响

1.经济损失巨大

商标被抢注事件直接导致公司 G 支付高昂的赎回费用，加之因商标无法正常使用而导致的市场份额减小，公司当年净利润同比下降了 30%。核心技术泄露则使公司 G 在高端市场的竞争力大幅削弱，订单量锐减，预计未来三年内因此而产生的累计损失超过亿元。

2.品牌声誉受损

商标被抢注事件引起了公司 G 的客户和合作伙伴的广泛关注和怀疑，严重损害了公司的品牌形象和声誉。部分长期客户因担心法律纠纷而选择暂停合作或转向竞争对手，这进一步加剧了公司的市场困境。

3.创新动力受阻

知识产权流失事件对公司 G 的研发团队士气造成沉重打击，创新积极性受到严重抑制。同时，由于担心研发成果再次被泄露，公司在后续研发投入上变得谨慎和保守，影响了公司的长远发展。

四、结论与反思

公司 G 的案例深刻揭示了国有企业在知识产权管理合规方面存在的严重问题及其可能带来的严重后果。为了避免类似事件的发生，国有企业应从以下几个方面进行反思和改进。

1. 增强知识产权保护意识

企业管理层和全体员工应充分认识到知识产权的重要性，将其视为企业的核心资产并加以保护。

2. 完善知识产权管理制度

建立健全的知识产权管理制度，明确各环节的责任部门和人员，确保知识产权的申请、维护、利用和维权等工作得到有效执行。

3. 加大资源投入

增加知识产权保护经费，引进专业人才和技术手段，提升知识产权管理的专业性和有效性。

4. 加强风险预警与应对

建立完善的知识产权风险预警机制，及时发现并应对潜在的知识产权流失风险。同时，制定详细的应急预案和处置流程，确保在发生侵权事件时能够迅速、有效地维护企业的合法权益。

5. 推动国际合作与交流

积极参与国际知识产权组织和行业协会组织的活动，了解国际知识产权法律法规和规则动态，加强与国际同行的交流与合作，共同应对跨国知识产权纠纷。

合规问题分析

一、业务简介

国有企业作为国家经济的重要组成部分，广泛涉足制造业、能源、交通、通信等多个关键领域，拥有大量核心技术、专利、商标和商业秘密等知识产权。这些知识产权不仅是企业创新能力的体现，也是其市场竞争力的核心要素。因此，加强知识产权合规管理，防止知识产权流失，对国有企业的持续发展和国家经济安全具有重要意义。

二、相关规定

我国在知识产权保护方面已建立了相对完善的法律体系，包括《中华人民共和国专利法》《中华人民共和国商标法》《中华人民共和国著作权法》等法律法规，以及《企业知识产权管理规范》等国家标准。这些法律法规和标准对知识产权的申请、维护、利用和维权等方面提出了明确要求，为国有企业知识产权管理合规提供了法律依据和指导。

三、合规问题具体表现

1. 知识产权保护意识薄弱

部分国有企业对知识产权的重要性认识不足，缺乏主动保护知识产权的意识和动力。这导致企业在日常经营中忽视知识产权的登记、申请和维护工作，为知识产权流失埋下隐患。

2. 管理制度不健全

一些国有企业虽然制定了知识产权管理制度，但制度内容不完善、执行不到位，形同虚设。这使得企业在知识产权管理方面缺乏系统性、规范性和有效性，难以有效防范知识产权流失风险。

3. 人才流动中的知识产权流失

随着人才市场的日益活跃，国有企业面临着严重的人才流失问题。部分关键技术人员在离职时可能携带企业的核心技术或商业秘密加入竞争对手公司，导致企业知识产权流失。此外，企业与员工签订的劳动合同缺乏知识产权保护条款或未与员工签订竞业限制协议，这也加剧了知识产权流失的风险。

4. 商业秘密保护不力

商业秘密是企业重要的无形资产，但部分国有企业在商业秘密保护方面存在明显不足。例如，企业未对商业秘密采取必要的保密措施，导致商业秘密被泄露或窃取；在对外合作和交流中未严格遵守保密协议，造成商业秘密的流失。

四、问题造成的严重影响

1. 经济利益受损

知识产权流失直接导致国有企业经济利益受损。例如，商标被抢注、专利权被侵犯等事件可能使企业失去市场份额和竞争优势，造成销售收入和利润的下降。此外，企业还需花费大量资金开展法律维权和赎回知识产权等工作，进一步加重了经济负担。

2. 品牌声誉受损

知识产权流失还可能对国有企业的品牌形象和声誉造成负面影响。例如，商标被抢注或侵权可能导致消费者对品牌产生怀疑和不满，影响企业的市场信誉和消费者忠诚度。

3. 创新动力受阻

知识产权流失会削弱国有企业的创新能力和动力。一方面，知识产权流失可能使企业失去对核心技术的掌控权，导致后续研发投入不足和创新能力下降；另一方面，知识产权流失事件可能使研发团队士气受挫，影响企业的创新氛围和研发人员的积极性。

4. 国家安全风险增加

部分国有企业的涉及国家安全和关键领域的技术秘密和商业秘密的流失还可能对国家安全造成潜在威胁。这些泄露的知识产权可能被敌对势力利用，对国家安全和社会稳定造成不利影响。

综上所述，国有企业知识产权管理合规问题中的知识产权流失风险不容忽视。企业应从增强保护意识、完善管理制度、加强人才管理、强化商业秘密保护等方面入手，全面提升知识产权管理合规水平，有效防范知识产权流失风险。

法律法规依据

一、针对知识产权保护意识薄弱问题的法律法规

1.《中华人民共和国专利法》

第一条：为了保护专利权人的合法权益，鼓励发明创造，推动发明创造的应用，提高创新能力，促进科学技术进步和经济社会发展，制定本法。

2.《企业知识产权合规管理体系要求》

该标准由国家市场监督管理总局、国家标准化管理委员会发布，旨在指导企业建立完善的知识产权管理体系。该标准明确了企业知识产权管理的目标和原则，包括增强企业全体员工的知识

产权保护意识，确保知识产权得到有效保护和管理。

二、针对管理制度不健全问题的法律法规

1.《中华人民共和国商标法》

该法旨在加强商标管理，保护商标专用权，促使生产、经营者保证商品和服务质量，维护商标信誉，以保障消费者和生产、经营者的利益，促进社会主义市场经济的发展。第七条要求商标使用人应当对其使用商标的商品质量负责。各级工商行政管理部门应当通过商标管理，制止欺骗消费者的行为。

2.《中华人民共和国公司法》

作为公司行为的基本法律框架，公司法要求公司建立健全内部管理制度。

第六十七条：有限责任公司设董事会，本法第七十五条另有规定的除外。

董事会行使下列职权：

（一）召集股东会会议，并向股东会报告工作；

（二）执行股东会的决议；

（三）决定公司的经营计划和投资方案；

（四）制订公司的利润分配方案和弥补亏损方案；

（五）制订公司增加或者减少注册资本以及发行公司债券的方案；

（六）制订公司合并、分立、解散或者变更公司形式的方案；

（七）决定公司内部管理机构的设置；

（八）决定聘任或者解聘公司经理及其报酬事项，并根据经理的提名决定聘任或者解聘公司副经理、财务负责人及其报酬事项；

（九）制定公司的基本管理制度；

（十）公司章程规定或者股东会授予的其他职权。

公司章程对董事会职权的限制不得对抗善意相对人。

三、针对人才流动中的知识产权流失问题的法律法规

《中华人民共和国劳动合同法》旨在明确劳动合同双方当事人的权利和义务，保护劳动者的合法权益，构建和发展和谐稳定的劳动关系。第二十三条：用人单位与劳动者可以在劳动合同中约定保守用人单位的商业秘密和与知识产权相关的保密事项。对负有保密义务的劳动者，用人单位可以在劳动合同或者保密协议中与劳动者约定竞业限制条款，并约定在解除或者终止劳动合同后，在竞业限制期限内按月给予劳动者经济补偿。劳动者违反竞业限制约定的，应当按照约定向用人单位支付违约金。

四、针对商业秘密保护不力问题的法律法规

《中华人民共和国反不正当竞争法》旨在保障社会主义市场经济持续健康发展，鼓励和保护公平竞争，制止不正当竞争行为，保护经营者和消费者的合法权益。第九条明确规定了商业秘密的定义及侵犯商业秘密的行为，包括以盗窃、贿赂、欺诈、胁迫、电子侵入或者其他不正当手段获取权利人的商业秘密；披露、使用或者允许他人使用以前项手段获取的权利人的商业秘密；等等。

综上所述，国有企业知识产权管理合规问题中的知识产权流失风险涉及多方面的法律法规依据，包括《中华人民共和国专利法》《中华人民共和国商标法》《中华人民共和国公司法》《中华人民共和国劳动合同法》《中华人民共和国反不正当竞争法》等。这些法律法规为国有企业加强知识产权管理、防止知识产权流失提供了有力的法律保障。

合规程序与方法

针对国有企业知识产权管理合规问题中的知识产权流失风险，提出以下具体的合规程序与方法，旨在有针对性地解决问题。

一、增强知识产权保护意识

1. 开展全员培训

组织全体员工参加知识产权保护培训，让大家认识到知识产权的重要性。培训内容应包括知识产权基础知识、法律法规、企业政策、案例分析等。

2. 建立宣传机制

通过企业内部网站、公告栏、电子邮件等多种渠道定期发布与知识产权相关的资讯和案例，营造尊重和保护知识产权的企业文化氛围。

二、完善知识产权管理制度

1. 制定或修订制度

根据企业实际情况和国家法律法规要求，制定或修订知识产权管理制度，明确知识产权的申请、维护、利用和维权等流程和要求。

2. 明确责任分工

设立专门的知识产权管理部门或岗位，明确各部门和人员在知识产权管理方面的职责和权限，确保制度得到有效执行。

3. 实施定期审查

定期对知识产权管理制度的执行情况进行审查，发现问题及时解决，确保制度的有效性和适应性。

三、加强人才流动管理

1. 签订保密协议和竞业限制协议

与关键技术人员签订保密协议和竞业限制协议，明确其在职期间和离职后的保密义务和竞业限制要求。

2. 建立离职审计制度

对即将离职的关键技术人员进行离职审计，检查其是否存在泄露企业商业秘密或侵犯知识产权的行为。

四、强化商业秘密保护

1. 识别商业秘密

对企业内部的商业秘密进行全面梳理和识别，明确哪些信息属于商业秘密范畴。

2. 采取保密措施

对商业秘密采取必要的保密措施，如加密存储、限制访问权限、物理隔离等，防止商业秘密被泄露或窃取。

3. 加强合同管理

在对外合作和交流中，严格审查合同条款，确保对方承担保密责任和履行义务，防止商业秘密在合作过程中泄露。

五、建立知识产权风险预警机制

1. 收集风险信息

建立知识产权风险信息收集机制，密切关注行业动态、竞争对手动态以及法律法规变化等可能对企业知识产权造成影响的信息。

2. 评估风险等级

对收集到的风险信息进行评估，确定风险等级和影响程度，为制定应对措施提供依据。

3. 制定应对措施

根据风险评估结果，制定应对措施，如加强监控、提前布局、通过法律途径维权等，确保在风险发生时能够迅速响应和有效应对。

通过实施以上合规程序与方法，国有企业可以有效提升知识产权管理合规水平，降低知识产权流失风险，保障企业的核心竞争力和可持续发展能力。

专题8：商业秘密保护不足

案例引入

一、案例背景

传统制造业国有企业H（以下简称"H企业"），主要从事高端机械设备的研发与生产，拥有多项核心技术和商业秘密。近年来，随着市场竞争的加剧，H企业在知识产权管理方面的短板逐渐显现，特别是在商业秘密保护方面存在严重不足。

二、具体问题

1. 保密意识薄弱

H企业全体员工的商业秘密保护意识普遍不强，员工普遍认为只要完成工作任务即可，忽视了保密的重要性。在部分关键岗位员工离职时未进行严格的离职审计，导致商业秘密随人员流动而外泄。

2. 保密制度缺失

H企业虽然制定了知识产权管理制度，但针对商业秘密的具体保密措施不够完善，缺乏系统性的保密制度和流程。例如，对重要研发资料和生产数据的存储、传输和使用没有明确的保密规定，也未对涉密人员进行严格的权限管理和监督。

3. 人员管理失控

H企业在招聘、录用和离职等人力资源管理环节存在漏洞，未对关键岗位员工进行充分的背景调查和保密培训。部分关键技术人员在离职前利用职务之便，复制或泄露了企业的核心技术和商业秘密。

三、主要问题的影响

1.经济损失巨大

由于商业秘密的泄露，H企业的核心技术被竞争对手掌握，导致H企业在市场竞争中处于被动地位。据不完全统计，H企业因商业秘密泄露而产生的经济损失高达数千万元，市场份额显著减小。

2.财务指标下滑

商业秘密的泄露对H企业的财务状况产生了严重影响。由于销售额下降和维权成本增加，企业的营业收入和净利润均出现大幅下滑。同时，为了弥补市场损失和恢复竞争力，H企业不得不加大研发投入和市场推广力度，进一步加大了财务压力。

3.品牌形象受损

商业秘密的泄露不仅损害了H企业的经济利益，还对其品牌形象造成了负面影响。消费者对H企业的信任度降低，部分长期客户流失，给企业的市场地位和声誉带来了沉重打击。

四、结论与反思

本案例深刻揭示了国有企业知识产权管理合规问题中商业秘密保护不足的严重后果。为避免类似问题发生，H企业应从以下几个方面着手。

1.增强保密意识

加强对全体员工的保密教育和培训，提高大家的保密意识和责任感，使员工明确商业秘密的重要性和泄露的后果。

2.完善保密制度

建立健全商业秘密保密制度和管理流程，明确保密范围、保密措施和保密责任。对重要研发资料和生产数据进行加密存储和权限管理，确保商业秘密的安全可控。

3.加强人员管理

在招聘、录用和离职等人力资源管理环节加强对关键岗位员工的背景调查和保密培训。签订保密协议和竞业限制协议，明确员工的保密义务和竞业限制要求。对离职员工进行严格的离职审计和保密提醒，防止商业秘密随人员流动而外泄。

4.建立健全维权机制

建立健全商业秘密维权机制，及时发现和制止侵权行为。对侵犯商业秘密的行为采取法律手段进行维权，维护企业的合法权益和市场秩序。

通过实施以上措施，H企业有望提升知识产权管理合规水平，加大商业秘密保护力度，为企业的可持续发展提供有力保障。

合规问题分析

一、业务简介

国有企业作为国民经济的支柱，其业务涵盖领域广泛，如能源、交通、通信、高端制造、信息技术等领域。在这些业务中，商业秘密作为企业核心竞争力的重要组成部分，对维护企业的市场地位、促进技术创新和保障经济效益具有关键作用。然而，随着市场竞争的加剧和国际环境的复杂化，国有企业商业秘密保护不足的问题日益凸显。

二、相关规定

我国法律法规对商业秘密保护有相关规定，主要包括《中华人民共和国反不正当竞争法》《中华人民共和国公司法》《中华人民共和国劳动合同法》《企业知识产权管理规范》等。这些法律法规明确了商业秘密的定义、保护范围、保密义务以及侵权责任等内容，为国有企业加强商业秘密保护提供了法律依据。然而，尽管有这些规定，但在实际操作中仍存在诸多不足。

三、合规问题具体表现

1. 保护意识薄弱

部分国有企业的商业秘密保护意识不强，未能充分认识到商业秘密在企业竞争中的重要性。管理层和员工普遍缺乏保密意识，导致商业秘密在不经意间被泄露。

2. 制度不健全

一些国有企业虽然制定了知识产权管理制度，但针对商业秘密的具体保护措施不够完善。制度执行不力，缺乏有效的监督机制和责任追究机制，使得商业秘密保护成为一纸空文。

3. 人员管理失控

在人才流动日益频繁的今天，国有企业面临商业秘密随人员流动而泄露的风险。部分国有企业在关键岗位员工离职前未进行严格的离职审计和保密提醒，导致商业秘密被泄露给竞争对手。

4. 技术手段落后

随着信息技术的飞速发展，商业秘密的存储、传输和使用方式发生了巨大变化。然而，部分国有企业未能跟上技术发展的步伐，采用落后的技术手段来保护商业秘密，使得商业秘密面临被泄露的风险。

四、问题造成的严重影响

1. 经济损失大

商业秘密的泄露会直接导致国有企业的核心技术和经营策略被竞争对手掌握，进而失去市场优势地位。这不仅会导致销售额下降、利润减少等直接经济损失，还可能影响企业的长期发展潜力和市场价值。

2. 品牌形象受损

商业秘密的泄露往往伴随着负面舆论，导致国有企业的品牌形象受损。消费者对企业的信任度降低，合作伙伴和投资者的信心动摇，进而影响企业的整体形象和声誉。

3. 引发法律风险

商业秘密的泄露还可能引发法律纠纷和诉讼案件。国有企业可能因侵犯他人商业秘密而面临巨额赔偿和法律责任；同时，也可能因自身商业秘密被泄露而需要采取法律手段进行维权，增加企业的法律成本和风险。

综上所述，国有企业知识产权管理合规问题中的商业秘密保护不足是一个亟待解决的问题。为了加大商业秘密保护力度，国有企业需要从提高保护意识、完善制度建设、加强人员管理和提升技术手段等方面入手，全面提升商业秘密保护水平。

法律法规依据

一、针对保护意识薄弱问题的法律法规

1.《中华人民共和国反不正当竞争法》

第九条：明确规定了商业秘密的定义，即"不为公众所知悉、具有商业价值并经权利人采取相应保密措施的技术信息、经营信息等商业信息"。这一条款强调了商业秘密的重要性，为企业加强保护意识提供了法律基础。

2.《中华人民共和国劳动法》

第三条和第四条虽然未直接提及商业秘密，但根据其中规定的劳动者应遵守职业道德、履行劳动义务的原则，可以间接要求员工对在工作中接触到的商业秘密负有保密义务，增强员工的保密意识。

二、针对制度不健全问题的法律法规

1.《企业知识产权合规管理体系要求》

该标准为企业建立知识产权管理体系提供了全面指导，其中包括商业秘密的管理要求。企业应依据该标准建立健全商业秘密保护制度，明确保密范围、保密措施和保密责任等。

2.《中华人民共和国公司法》

第一百八十条：董事、监事、高级管理人员对公司负有忠实义务，应当采取措施避免自身利益与公司利益冲突，不得利用职权牟取不正当利益。董事、监事、高级管理人员对公司负有勤勉义务，执行职务应当为公司的最大利益尽到管理者通常应有的合理注意……。

其中忠实义务包括不得泄露公司秘密。这要求公司在制定商业秘密保护制度时，应明确董事、监事、高级管理人员的保密责任。

三、针对人员管理失控问题的法律法规

1.《中华人民共和国劳动合同法》

第二十三条：用人单位与劳动者可以在劳动合同中约定保守用人单位的商业秘密和与知识产权相关的保密事项。对负有保密义务的劳动者，用人单位可以在劳动合同或者保密协议中与劳动者约定竞业限制条款，并约定在解除或者终止劳动合同后，在竞业限制期限内按月给予劳动者经济补偿。劳动者违反竞业限制约定的，应当按照约定向用人单位支付违约金。

这一条款为企业在人员流动中保护商业秘密提供了法律依据。

2.《中华人民共和国反不正当竞争法》

第九条：……经营者以外的其他自然人、法人和非法人组织实施前款所列违法行为的，视为侵犯商业秘密。

这要求企业在与员工签订保密协议时，应明确保密义务和违约责任。

四、针对技术手段落后问题的法律法规

虽然直接针对技术手段的法律法规较少，但根据以下条款，企业可采取必要的技术措施保护商业秘密。

《中华人民共和国网络安全法》

第二十一条：国家实行网络安全等级保护制度。网络运营者应当按照网络安全等级保护制度

的要求，履行下列安全保护义务，保障网络免受干扰、破坏或者未经授权的访问，防止网络数据泄露或者被窃取、篡改：（一）制定内部安全管理制度和操作规程，确定网络安全负责人，落实网络安全保护责任；（二）采取防范计算机病毒和网络攻击、网络侵入等危害网络安全行为的技术措施；（三）采取监测、记录网络运行状态、网络安全事件的技术措施，并按照规定留存相关的网络日志不少于六个月；（四）采取数据分类、重要数据备份和加密等措施；（五）法律、行政法规规定的其他义务。

综上所述，国有企业在加强商业秘密保护时，应依据上述法律法规建立完善的保护制度和管理体系，提高保护意识和技术手段水平，以有效应对知识产权管理合规问题中商业秘密保护不足的问题。

合规程序与方法

针对国有企业知识产权管理合规问题中商业秘密保护不足的问题，提出以下具体的合规程序与方法，旨在分步骤、有针对性地解决问题。

一、增强全员保密意识

1. 开展保密教育培训

定期组织全体员工参加保密教育培训，通过案例分析、法律法规解读等方式提高员工对商业秘密重要性的认识，增强保密意识。

2. 建立保密文化

将保密理念融入企业文化，通过内部宣传、表彰保密工作先进个人等方式营造浓厚的保密氛围。

二、完善商业秘密保护制度

1. 制定详细的保密制度

依据《企业知识产权管理规范》等标准，结合企业实际情况，制定详细的商业秘密保护制度，明确保密范围、保密措施、保密责任等内容。

2. 建立保密审查机制

对涉及商业秘密的文件、资料、项目等进行严格的保密审查，确保商业秘密在传递、存储、处理过程中不被泄露。

三、加强人员管理

1. 签订保密协议

与全体员工签订保密协议，明确保密义务、违约责任等条款；与关键岗位员工签订竞业限制协议，规定其在离职后的一定期限内不得从事与本企业有竞争关系的工作。

2. 实施离职审计

对离职员工进行严格的离职审计，检查其是否归还了所有涉及商业秘密的文件、资料等，确保商业秘密不外泄。

四、提升技术手段

1. 采用加密技术

对涉及商业秘密的电子文件、数据库等进行加密处理，防止未经授权的访问。

2.建立访问控制系统

设置严格的访问权限，确保只有经过授权的人员才能访问涉及商业秘密的信息系统。

3.加强网络安全防护

部署防火墙、入侵检测系统等网络安全设备，防范黑客攻击等网络安全威胁。

五、建立应急响应机制

1.制定应急预案

针对商业秘密泄露等突发事件，制定详细的应急预案，明确应急响应流程、责任分工等。

2.开展应急演练

定期组织应急演练，检验应急预案的可行性和有效性，提高应对突发事件的能力。

六、加强监督与考核

1.建立监督机制

设立专门的监督部门或岗位，负责监督商业秘密保护制度的执行情况，及时发现并解决问题。

2.纳入绩效考核

将商业秘密保护工作纳入员工绩效考核体系，对保密工作表现突出的个人或部门给予奖励，对违反保密规定的行为进行严肃处理。

通过实施以上合规程序与方法，国有企业可以系统性地加大商业秘密保护力度，提升知识产权管理合规水平，有效应对市场竞争中的挑战和风险。

专题9：知识产权资本化运作不足

案例引入

一、案例背景

传统制造业国有企业K（以下简称"K企业"），长期专注于机械制造领域，拥有多项核心技术和专利。然而，在市场竞争日益激烈的背景下，K企业虽然拥有丰富的知识产权资源，但在知识产权资本化运作方面却不足。

二、具体问题

1.知识产权评估缺失

K企业未对拥有的专利、商标等知识产权进行全面、专业的评估，导致这些无形资产的价值被严重低估。企业在做出融资、合作等决策时，往往忽视知识产权的潜在价值，仅评估有形资产。

2.资本化渠道有限

K企业在知识产权资本化运作方面缺乏创新，主要通过传统的银行贷款方式获取资金，未能有效利用知识产权质押融资、证券化等新型金融工具。这限制了企业利用知识产权获取更大规模、更低成本的资金的能力。

3. 内部管理机制不完善

K 企业内部缺乏专门的知识产权管理部门和人才，知识产权的管理和维护工作分散在各个部门，导致管理效率低下，知识产权的价值未能得到充分发掘和利用。

三、主要问题的影响

1. 财务指标下滑

由于知识产权资本化运作不足，K 企业在研发投入、市场开拓等方面的资金支持受限，导致新产品开发速度缓慢，市场竞争力下降。近年来，企业的营业收入和净利润均出现不同程度的下滑，相关报告显示：过去三年内，K 企业的营业收入年均增长率仅为 3%，远低于行业平均水平；净利润率也逐年下降，从 5% 降至 3%。

2. 市场竞争力减弱

由于资金短缺，K 企业在技术研发、产品升级等方面投入不足，导致产品性能和技术含量逐渐落后于竞争对手，进而导致市场份额被逐步侵蚀，客户忠诚度下降，企业品牌形象受损。

3. 无形资产流失

由于知识产权管理不善，K 企业部分核心技术和专利面临被侵权的风险。同时，由于未能有效进行知识产权的许可和转让，部分有价值的核心技术和专利被闲置或过期失效，造成无形资产方面的巨大浪费。

四、结论与反思

K 企业的案例深刻揭示了传统制造业国有企业在知识产权资本化运作方面的不足及其带来的严重后果。为了避免类似问题的发生，国有企业应提高对知识产权的重视和加强管理，具体措施如下。

1. 建立专业团队

成立专门的知识产权管理部门，引进和培养具备专业知识和经验的管理人才，负责知识产权的评估、申请、维护、许可和转让等工作。

2. 拓宽资本化渠道

积极探索知识产权质押融资、证券化等新型金融工具，拓宽资金渠道，降低融资成本，提高资金使用效率。

3. 完善内部管理机制

建立健全的知识产权管理制度和流程，确保知识产权的申请、审查、维护等环节规范有序运行。同时，加强内部培训和教育，提高全体员工的知识产权意识和保护能力。

4. 将知识产权纳入战略规划

将知识产权纳入企业的整体战略规划中，制定明确的知识产权发展战略和目标，确保知识产权与企业的发展战略相协调、相一致。

通过实施以上措施，国有企业可以有效提升知识产权资本化运作水平，增强企业的创新能力和市场竞争力，为企业的长期发展奠定坚实基础。

合规问题分析

一、业务简介

国有企业作为国家经济的重要支柱，往往拥有大量的知识产权资源，包括专利、商标、著作权、商业秘密等。这些知识产权不仅是企业技术创新成果的法律体现，更是企业核心竞争力的重要组成部分。然而，在知识产权管理合规方面，许多国有企业面临着知识产权资本化运作不足的问题。

二、相关规定

知识产权资本化运作涉及多方面的法律法规和政策规定。从国家层面来看，《中华人民共和国专利法》《中华人民共和国商标法》等法律法规为知识产权的申请、保护、运用提供了基本框架。此外，国家还出台了一系列政策文件，鼓励企业加强知识产权管理，推动知识产权资本化运作，如知识产权质押融资、知识产权证券化等。

三、合规问题具体表现

1. 知识产权评估体系不健全

许多国有企业缺乏完善的知识产权评估体系，无法准确评估知识产权的市场价值和潜在收益，导致在融资、合作等决策中未能充分利用知识产权的价值。

2. 资本化渠道有限

国有企业在知识产权资本化运作方面往往依赖于传统的融资方式，如银行贷款等，而忽视了对知识产权质押融资、证券化等新型金融工具的运用，限制了知识产权资本化运作的广度和深度。

3. 内部管理机制不完善

部分国有企业内部缺乏专门的知识产权管理部门和人才，知识产权的管理和维护工作分散在各个部门，导致管理效率低下，知识产权资本化运作难以有效推进。

4. 战略规划不足

一些国有企业在制定发展战略时，未能将知识产权纳入其中，导致知识产权资本化运作缺乏明确的目标和计划，难以形成系统的知识产权管理和运用体系。

四、问题造成的严重影响

1. 资金短缺

由于知识产权资本化运作不足，国有企业难以通过知识产权获取更多资金支持，导致研发投入不足、市场开拓受限等问题，进而影响企业的长期发展。

2. 市场竞争力下降

知识产权是企业核心竞争力的关键要素之一。知识产权资本化运作不足将导致企业在技术创新、产品升级等方面缺乏资金支持，难以保持市场领先地位，甚至可能被竞争对手超越。

3. 无形资产流失

缺乏有效的知识产权管理和运用机制，部分国有企业将面临知识产权被侵权的风险，同时部分有价值的专利、商标等无形资产可能因闲置或过期失效而流失。

4.法律风险增加

在知识产权管理和运用过程中，若企业未能遵守相关法律法规和政策规定，可能会面临法律纠纷和处罚风险，给企业带来损失和负面影响。

综上所述，国有企业知识产权管理合规问题中的知识产权资本化运作不足是一个亟待解决的问题。通过采取建立健全的知识产权评估体系、拓宽资本化渠道、完善内部管理机制和加强战略规划等措施，国有企业可以有效提升知识产权资本化运作水平，增强企业的创新能力和市场竞争力。

法律法规依据

一、针对知识产权评估体系不健全问题的法律法规

《中华人民共和国资产评估法》规定了资产评估的基本原则、评估机构及评估专业人员的资质要求，以及评估报告的编制和审核等，为国有企业建立健全知识产权评估体系提供了法律依据。

适用说明：国有企业在进行知识产权资本化运作前，应依据《中华人民共和国资产评估法》的要求，委托具有资质的评估机构对知识产权进行全面、专业的评估，确保评估结果的客观性和准确性。

二、针对资本化渠道有限问题的法律法规

《中华人民共和国专利法》明确了专利权人的权利，包括专利权的转让、许可等，为国有企业通过专利权质押融资等新型金融工具进行资本化运作提供了法律基础。

适用说明：国有企业可以依据专利法的规定，将专利权作为质押物向金融机构申请贷款，拓宽融资渠道，降低融资成本。

三、针对内部管理机制不完善问题的法律法规

《中华人民共和国公司法》规定了公司董事会的职权，包括制定公司的基本管理制度等，为国有企业建立专门的知识产权管理部门提供了法律依据。

适用说明：国有企业应根据公司法的规定，在董事会层面明确知识产权管理的重要性和必要性，设立专门的知识产权管理部门或岗位，负责知识产权的申请、维护、运用和管理工作。

四、针对战略规划不足问题的法律法规

《国家创新驱动发展战略纲要》作为国家层面的战略部署，强调了创新驱动发展的重要性，鼓励企业加强知识产权创造、保护和运用，推动知识产权资本化运作。

适用说明：国有企业在制定发展战略时，应积极响应国家创新驱动发展战略的号召，将知识产权纳入企业整体战略规划中，明确知识产权资本化运作的目标和计划，确保知识产权与企业发展战略相协调、相一致。

综上所述，针对国有企业知识产权管理合规问题中知识产权资本化运作不足的问题，可以从《中华人民共和国资产评估法》《中华人民共和国专利法》《中华人民共和国商业银行法》《中华人民共和国公司法》以及国家相关政策文件中找到相应的法律法规依据和政策支持。这些法律法规和政策文件为国有企业加强知识产权管理、推动知识产权资本化运作提供了有力的法律保障和政策指导。

合规程序与方法

针对国有企业知识产权管理合规问题中知识产权资本化运作不足的问题，以下提出具体的合规程序与方法，旨在分步骤、有针对性地解决问题。

一、建立全面的知识产权评估体系

1. 组建专业评估团队

聘请具有资质的资产评估机构或在内部组建由法律、技术、财务等多领域专家组成的评估团队，对国有企业的知识产权进行全面评估。

2. 明确评估标准与流程

依据《中华人民共和国资产评估法》及相关准则，制定详细的知识产权评估标准和流程，确保评估结果的客观性和准确性。

3. 定期复评与更新

根据市场变化和技术发展，定期对知识产权进行复评，及时更新评估结果，为资本化运作提供最新依据。

二、拓宽知识产权资本化渠道

1. 探索新型金融工具

积极研究并尝试知识产权质押融资、证券化等新型金融工具，与金融机构建立合作关系，拓宽融资渠道。

2. 制定融资策略

结合企业实际情况和市场需求，制定切实可行的知识产权融资策略，明确融资目的、规模、期限等关键要素。

3. 加强风险防控

在融资过程中，建立健全的风险防控机制，对可能出现的法律风险、市场风险等进行充分评估和有效应对。

三、完善内部管理机制

1. 设立专门管理部门

在国有企业内部设立专门的知识产权管理部门或岗位，明确职责分工，确保知识产权管理工作的专业性和高效性。

2. 建立健全知识产权管理制度

依据《中华人民共和国公司法》等相关法律法规，制定完善的知识产权管理制度，包括知识产权的申请、维护、运用和保护等方面。

3. 加强人员培训

定期对知识产权管理人员进行专业培训，提高其法律素养、技术水平和市场意识，确保知识产权管理工作的顺利开展。

四、制定知识产权资本化战略规划

1. 明确战略目标

结合企业整体发展战略，明确知识产权资本化的战略目标，包括提升市场竞争力、促进技术创新、实现可持续发展等。

2. 制定实施计划

根据战略目标，制定详细的知识产权资本化实施计划，包括时间安排、资源配置、风险评估等关键环节。

3. 加强监督与考核

建立知识产权资本化工作的监督与考核机制，定期对实施情况进行评估和总结，及时调整策略，确保目标的实现。

五、强化法律合规意识与应对能力

1. 加强法律法规培训

定期对全体员工进行知识产权法律法规培训，提高法律合规意识，防范法律风险。

2. 建立应对机制

针对可能出现的法律纠纷和侵权行为，建立健全的应对机制，包括证据收集、诉讼准备、危机公关等方面。

3. 加强与政府及行业协会的沟通

积极与政府部门和行业协会保持沟通联系，及时了解政策法规动态和市场信息，为企业知识产权资本化运作提供有力支持。

通过实施以上合规程序与方法，国有企业可以逐步解决知识产权资本化运作不足的问题，提升知识产权管理和运用的水平，增强企业的核心竞争力和市场地位。

专题 10：国际化知识产权管理能力不足

案例引入

一、案例背景

传统制造业国有公司 L（以下简称"L 公司"），长期以来在国内市场占据一定份额，但近年来随着全球化竞争的加剧，企业开始向海外市场拓展。然而，在国际化进程中，L 公司面临因国际化知识产权管理能力不足而导致的巨大挑战。

二、具体问题

1. 缺乏全球专利布局

L 公司在进入国际市场前，未充分评估目标市场的专利环境，也未在全球范围内进行系统的专利布局。据统计，L 公司在海外市场的关键技术领域仅拥有少量专利，远远低于其主要竞争对手。

2. 知识产权预警机制缺失

由于缺乏有效的知识产权预警机制，L 公司在产品出口到海外市场后，频繁遭遇专利侵权指控。据不完全统计，在过去两年内，L 公司因专利侵权被提起的诉讼案件多达 20 起，涉及金额高达数亿元。

3. 国际知识产权保护意识薄弱

L 公司的管理层及研发团队对国际化知识产权保护的重要性认识不足，导致在产品研发、市场推广等环节未能充分考虑知识产权因素。例如，某款明星产品在未经充分专利检索的情况下即投入生产，最终在海外市场被竞争对手以专利侵权为由提起诉讼。

三、主要问题的影响

1. 经济损失巨大

频繁的专利侵权诉讼不仅导致 L 公司直接支付高额的赔偿费用，还导致 L 公司因产品被禁售或下架而损失大量市场份额和销售收入。财务数据显示，由于知识产权问题，L 公司在海外市场的销售额同比下降了 30%，净利润更是大幅下滑了 50%。

2. 品牌信誉受损

连续的专利侵权纠纷严重影响了 L 公司的品牌形象和市场信誉，客户信任度大幅下降，合作伙伴关系也趋于紧张。这对一个正在寻求国际化发展的企业来说，无疑是致命的打击。

3. 研发创新受阻

面对严峻的知识产权形势，L 公司的研发团队士气低落，创新动力受到严重抑制。长此以往，企业的核心竞争力和可持续发展能力将受到严重威胁。

四、结论与反思

L 公司的案例深刻揭示了国有企业在国际化进程中面临的知识产权管理合规问题，特别是国际化知识产权管理能力不足所带来的严重后果。这要求国有企业在走向国际市场时，必须高度重视知识产权工作，进行全球专利布局、建立健全知识产权预警机制、提升知识产权保护意识。同时，国有企业还应加大对知识产权管理人才的培养和引进力度，提升整体知识产权管理水平，以应对日益激烈的国际竞争环境。

通过此案例，国有企业应认识到知识产权不仅是法律层面的保护手段，更是企业核心竞争力和市场地位的重要保障。在未来的国际化进程中，必须将知识产权管理纳入企业战略层面进行统筹规划和管理。

合规问题分析

一、业务简介

随着全球化的深入发展，国有企业越来越多地参与到国际市场竞争中，其业务范围不局限于国内，还拓展至全球多个国家和地区。在这一过程中，知识产权作为企业核心竞争力的关键要素，对其进行管理和保护显得尤为重要。然而，由于国际化经营环境的复杂性和多变性，国有企业在知识产权管理合规方面面临着诸多挑战，其中国际化知识产权管理能力不足是一个亟待解决的问题。

二、相关规定

在国际化经营中，国有企业需要遵守的国际知识产权法律法规众多，包括但不限于《巴黎公约》、《专利合作条约》（PCT）、《与贸易有关的知识产权协议》（TRIPs）以及各国具体的专利法、商标法、著作权法等。这些法律法规对知识产权的申请、保护、运用及争议解决等做出了详细规定，为国有企业在国际市场上开展知识产权管理提供了法律框架和指引。

三、合规问题具体表现

1. 全球专利布局不足

国有企业在进入国际市场时，往往缺乏对目标市场专利环境的深入分析和评估，导致在全球专利布局上存在空白或重叠，难以有效保护自身的创新成果。

2. 知识产权预警机制缺失

缺乏有效的知识产权预警机制，使得国有企业在面临国际知识产权纠纷时反应迟钝，无法及时采取应对措施，增加了被侵权的风险和损失。

3. 国际化知识产权保护意识薄弱

部分国有企业对国际化知识产权保护的重要性认识不足，缺乏专业的知识产权管理团队和人才，导致在产品研发、市场推广等环节未能充分考虑知识产权因素。

4. 跨国知识产权争议解决能力不足

在跨国知识产权争议解决过程中，国有企业往往因缺乏经验、资源和专业知识而处于不利地位，难以有效维护自身权益。

四、问题造成的严重影响

1. 经济损失大

国际化知识产权管理能力不足直接导致国有企业面临高额的侵权赔偿费用、市场份额损失以及品牌信誉损害等经济损失。

2. 市场竞争力下降

缺乏有效的知识产权保护和管理，国有企业的创新成果容易被竞争对手模仿和超越，导致市场竞争力下降。

3. 国际形象受损

频繁的知识产权纠纷不仅影响国有企业在国际市场的声誉和形象，还可能引发贸易伙伴和消费者的不信任，影响企业的长远发展。

4. 创新动力减弱

知识产权管理不善会挫伤企业研发团队的积极性和创新动力，影响企业的持续创新能力和核心竞争力。

综上所述，国有企业知识产权管理合规问题中的国际化知识产权管理能力不足是一个复杂而严峻的问题，需要企业从战略高度出发，进行全球专利布局、建立健全知识产权预警机制、提升国际化知识产权保护意识以及增强跨国知识产权争议解决能力等，全面提升国际化知识产权管理水平。

法律法规依据

针对国有企业知识产权管理合规问题中国际化知识产权管理能力不足的问题，以下是对相关法律法规的梳理与总结。

一、针对全球专利布局不足问题的法律法规

1.《中华人民共和国专利法》

第十九条：任何单位或者个人将在中国完成的发明或者实用新型向外国申请专利的，应当事

先报经国务院专利行政部门进行保密审查。

此条规定强调了在中国完成的发明或实用新型在向外申请专利前的保密审查义务，为国有企业全球专利布局提供了法律指导。

2.《中华人民共和国专利法实施细则》

第八条：专利法第十九条所称在中国完成的发明或者实用新型，是指技术方案的实质性内容在中国境内完成的发明或者实用新型。

任何单位或者个人将在中国完成的发明或者实用新型向外国申请专利的，应当按照下列方式之一请求国务院专利行政部门进行保密审查：

（一）直接向外国申请专利或者向有关国外机构提交专利国际申请的，应当事先向国务院专利行政部门提出请求，并详细说明其技术方案；

（二）向国务院专利行政部门申请专利后拟向外国申请专利或者向有关国外机构提交专利国际申请的，应当在向外国申请专利或者向有关国外机构提交专利国际申请前向国务院专利行政部门提出请求。

向国务院专利行政部门提交专利国际申请的，视为同时提出了保密审查请求。

二、针对知识产权预警机制缺失问题的法律法规

1.《中华人民共和国企业国有资产法》

第十七条：国家出资企业应当依法建立和完善法人治理结构，建立健全内部监督管理和风险控制制度。

此条规定要求国有企业建立和完善内部监督管理和风险控制制度，为建立知识产权预警机制提供了法律依据。

2.《中华人民共和国公司法》

第十九条：公司从事经营活动，应当遵守法律法规，遵守社会公德、商业道德，诚实守信，接受政府和社会公众的监督。

此条强调了公司在经营活动中必须遵守法律、行政法规，包括与知识产权相关的法律法规，为建立知识产权预警机制提供了法律指导。

三、针对国际化知识产权保护意识薄弱问题的法律法规

1.《中华人民共和国民法典》

第一百二十三条：民事主体依法享有知识产权。知识产权是权利人依法就下列客体享有的专有的权利：（一）作品；（二）发明、实用新型、外观设计；（三）商标；（四）地理标志；（五）商业秘密；（六）集成电路布图设计；（七）植物新品种；（八）法律规定的其他客体。

此条明确了民事主体依法享有知识产权，为增强国有企业国际化知识产权保护意识提供了法律基础。

2.《中华人民共和国专利法》

第十一条：发明和实用新型专利权被授予后，除本法另有规定的以外，任何单位或者个人未经专利权人许可，都不得实施其专利，即不得为生产经营目的制造、使用、许诺销售、销售、进口其专利产品，或者使用其专利方法以及使用、许诺销售、销售、进口依照该专利方法直接获得的产品……。

此条强调了未经专利权人许可，不得实施其专利，为国有企业保护自身知识产权提供了法律依据。

四、针对跨国知识产权争议解决能力不足问题的法律法规

1.《中华人民共和国涉外民事关系法律适用法》

第五十条：知识产权的侵权责任，适用被请求保护地法律，当事人也可以在侵权行为发生后协议选择适用法院地法律。

此条为国有企业解决跨国知识产权争议提供了法律适用指导。

2.《中华人民共和国民事诉讼法》

第二百九十三条：人民法院对申请或者请求承认和执行的外国法院作出的发生法律效力的判决、裁定，依照中华人民共和国缔结或者参加的国际条约，或者按照互惠原则进行审查后，认为不违反中华人民共和国法律的基本原则或者国家主权、安全、社会公共利益的，裁定承认其效力，需要执行的，发出执行令，依照本法的有关规定执行。违反中华人民共和国法律的基本原则或者国家主权、安全、社会公共利益的，不予承认和执行。

此条为国有企业申请或请求承认和执行外国法院作出的知识产权判决、裁定提供了法律依据。

综上所述，对国有企业在国际化知识产权管理能力不足方面面临的问题，《中华人民共和国专利法》《中华人民共和国企业国有资产法》《中华人民共和国公司法》《中华人民共和国民法典》等多部法律法规均提供了相关依据和指导，为国有企业加强国际化知识产权管理提供了法律支撑。

合规程序与方法

针对国有企业知识产权管理合规问题中国际化知识产权管理能力不足的问题，以下提出具体的合规程序与方法，旨在分步骤、有针对性地解决问题。

一、建立全面的国际化知识产权管理策略

1. 制定国际化知识产权战略

将知识产权管理纳入企业整体战略中，明确国际化知识产权管理的目标和重点，包括专利布局、商标保护、版权管理等。

2. 组建专业团队

成立专门的知识产权管理部门或团队，负责全球范围内的知识产权事务，包括申请、维护、监控和争议解决等。

二、加强全球专利布局与预警

1. 深入市场研究

在进入新市场前，进行详尽的市场和专利环境研究，识别潜在的知识产权风险。

2. 制定全球专利布局计划

根据市场研究和企业战略，制定全球专利布局计划，确保在关键技术和产品领域拥有足够的专利储备。

3. 建立预警机制

利用专利数据库和预警系统，实时监控竞争对手的专利动态，及时发现并应对潜在的侵权风险。

三、提升知识产权保护意识与能力

1. 加强内部培训

定期对员工进行知识产权保护意识培训，提高全员对知识产权重要性的认识。

2. 完善内部管理制度

建立健全的知识产权管理制度和流程，确保研发、生产、销售等各个环节都符合知识产权法律法规要求。

3. 加强国际合作

与国际知识产权组织、专业机构建立合作关系，获取最新的知识产权信息和政策动态，提升企业的国际化知识产权保护能力。

四、增强跨国知识产权争议解决能力

1. 建立快速响应机制

面对跨国知识产权争议，企业应迅速组建专业团队，制定应对策略，及时采取法律措施。

2. 探索多元化争议解决途径

探索多元化争议解决途径，如谈判、调解、仲裁等，降低诉讼成本和时间成本。

3. 积累实战经验

积极参与跨国知识产权诉讼和争议解决，积累实战经验，提升企业应对复杂知识产权问题的能力。

五、优化资源配置与激励机制

1. 加大投入

增加对国际化知识产权管理的资金投入，确保有足够的资源支持专利布局、预警、保护等工作。

2. 建立激励机制

建立合理的激励机制，鼓励员工积极参与知识产权创造和保护工作，如设立专利奖、创新奖等。

3. 绩效考核

将知识产权管理纳入绩效考核体系，将知识产权成果作为评价员工和部门工作成效的重要指标之一。

通过实施以上合规程序与方法，国有企业可以逐步提升其国际化知识产权管理能力，有效应对国际市场竞争中的知识产权挑战，保障企业的核心竞争力和促进企业可持续发展。

第十章
国有企业信息化建设合规问题

专题 1：基础设施建设不足与管理混乱

案例引入

一、案例背景

传统制造业国有企业 A，成立于 20 世纪 80 年代，主营业务为机械制造与加工。随着市场竞争的加剧和行业技术的快速迭代，企业 A 意识到信息化建设对提升生产效率、优化管理流程的重要性，于是启动了大规模的信息化建设项目。然而，由于历史遗留问题、管理理念滞后及资源分配不当等原因，企业 A 在信息化建设过程中遭遇了基础设施建设不足与管理混乱的双重挑战。

二、具体问题

1. 基础设施建设不足

（1）设备老化：企业 A 的信息化设备多为早期采购，包括计算机、服务器、网络设备等，普遍存在性能低下、故障频发的问题。据统计，超过 60% 的设备使用年限超过 10 年，已无法满足当前信息化应用的需求。

（2）布局不合理：设备在办公场所的布置缺乏科学规划，导致网络线路杂乱无章，不仅影响了办公环境的整洁度，还降低了数据传输的稳定性和效率。

（3）投入不足：尽管企业 A 在信息化建设上有所投入，但仍低于行业平均水平。财务数据显示，2020—2024 五年来企业在信息化硬件和软件上的总投入仅占年度营收的 1.5%，远低于行业平均水平。

2. 管理混乱

（1）制度缺失：企业 A 缺乏完善的信息化管理制度和流程，导致各部门在信息化建设中各自为政，缺乏统一协调。例如，IT 部门负责硬件采购和维护，而业务部门则负责软件选型和应用，两者之间缺乏有效沟通，导致资源浪费和重复建设。

（2）人才短缺：企业内部缺乏专业的信息化人才，特别是在网络、安全、数据库管理等领域。据统计，企业 A 的 IT 部门员工中，拥有高级技术职称的比例不足 10%，远低于行业平均水平。

（3）培训不足：企业对员工的信息化培训重视不够，培训内容单一且缺乏针对性，导致员工对信息化系统的操作不熟练，甚至存在抵触情绪。据调查，超过 70% 的员工表示对当前使用的信息化系统不满意或不了解其全部功能。

三、主要问题的影响

1. 生产效率下降

由于设备老化和管理混乱，企业 A 的生产流程中频繁出现数据传输延迟、系统故障等问题，导致生产效率大幅下降。据生产部门统计，过去一年内因信息化问题导致的生产延误和返工损失高达数千万元。

2. 财务指标下滑

信息化建设不足直接影响了企业的运营成本和市场竞争力，导致企业 A 的营收和利润增长放缓。财务报表显示，2019—2022 四年间企业的净利润率从行业平均水平的 8% 下降至 5%，远低于竞争对手。

3. 错失市场机会

由于信息化建设滞后，企业 A 在快速响应市场变化、开发新产品和服务方面明显落后于行业先进水平，导致多次错失市场机会。例如，在某次大型项目竞标中，因信息化系统无法支持高效的数据分析和报告生成，最终未能中标。

四、结论与反思

企业 A 在信息化建设过程中遭遇的基础设施建设不足与管理混乱问题，严重制约了企业的发展步伐和市场竞争力。为此，企业应从以下几个方面进行反思和改进。

1. 加大投入，优化基础设施

企业应充分认识到信息化建设的重要性，加大在硬件和软件上的投入力度，优化设备布局和网络环境，确保信息化系统的稳定运行。

2. 完善制度，规范管理流程

建立健全的信息化管理制度和流程，明确各部门职责和协作机制，确保信息化建设的有序推进和高效运行。

3. 培养人才，提升员工素质

加强信息化人才的引进和培养工作，提升员工的信息化素养和操作技能，为企业的信息化建设提供有力的人才保障。

4. 加强培训，促进知识更新

定期开展信息化培训活动，通过邀请专家授课或组织内部交流分享会等形式促进员工对信息化系统的深入了解和掌握新知识、新技术。

通过实施上述措施，企业 A 有望逐步解决信息化建设中的瓶颈问题，提升企业的核心竞争力和市场地位。

合规问题分析

一、业务简介

国有企业信息化建设是指国有企业利用现代信息技术手段，对企业内部的生产、经营、管理等活动进行全面数字化、网络化和智能化改造的过程。这一过程旨在提升企业的运营效率、降低成本、增强市场竞争力，并为企业战略决策提供有力支持。然而，在实际推进过程中，基础设施建设不足与管理混乱成为制约国有企业信息化建设成效的两大关键问题。

二、相关规定

国有企业信息化建设应遵循国家相关法律法规及政策要求，如《中华人民共和国网络安全法》等，这些规定对信息化建设的规划、实施、运维及安全管理等方面提出了明确要求。同时，国有企业还需遵循行业标准和规范，确保信息化建设工作的合规性和有效性。

三、合规问题具体表现

1. 基础设施建设不足

（1）设备老化与落后：部分国有企业信息化建设起步较早，但后续投入不足，导致现有设备老化严重，性能无法满足当前业务需求。

（2）网络覆盖不全：部分区域或部门网络覆盖不足，影响数据传输速度和稳定性，制约了信息化应用的普及和深化。

（3）缺少信息安全设施：在信息安全方面投入不足，缺少必要的信息安全防护设备和措施，增加了企业数据泄露和发生网络安全事件的风险。

2. 管理混乱

（1）制度不健全：缺乏完善的信息化管理制度和流程，导致信息化建设工作缺乏统一规划和指导，各部门各自为政，资源浪费严重。

（2）人才短缺：专业的信息化人才匮乏，现有员工技能水平参差不齐，难以满足信息化建设和运维的需求。

（3）培训不足：对员工的信息化培训重视不够，培训内容缺乏针对性和实用性，导致员工对信息化系统的操作不熟练，影响了系统的使用效果。

四、问题造成的严重影响

1. 运营效率下降

基础设施建设不足和管理混乱直接导致企业运营效率低下，生产流程不畅，影响了产品的交付周期和客户满意度。

2. 成本增加

由于设备老化、网络不稳定等问题频发，企业需要投入更多资源进行维护和修复工作，增加了运营成本。同时，管理混乱导致的资源浪费也进一步增加了成本。

3. 市场竞争力减弱

信息化建设滞后使得国有企业在市场竞争中处于不利地位，难以快速响应市场变化和客户需求，影响了企业的市场份额和品牌形象。

4. 安全风险增加

缺少信息安全设施使得企业面临更高的数据泄露和发生网络安全事件的风险，一旦发生将对企业造成重大损失甚至使企业面临法律纠纷。

综上所述，国有企业信息化建设合规问题中的基础设施建设不足与管理混乱不仅影响了企业的运营效率和市场竞争力，还增加了企业的运营成本和安全风险。因此，国有企业应高度重视信息化建设工作，加大投入力度，完善管理制度和流程，加强人才培养和培训工作，以确保信息化建设的合规性和有效性。

法律法规依据

一、针对基础设施建设不足问题的法律法规

1.《中华人民共和国企业国有资产法》

第十七条：国家出资企业应当加强内部监督和风险控制，依照国家有关规定建立健全财务、审计、企业法律顾问和职工民主监督等制度。

该条款要求国有企业建立健全相关制度，确保资金合理投入，包括信息化基础设施建设。

2.《中华人民共和国会计法》

第二十三条：各单位对会计凭证、会计账簿、财务会计报告和其他会计资料应当建立档案，妥善保管。会计档案的保管期限、销毁、安全保护等具体管理办法，由国务院财政部门会同有关部门制定。

二、针对管理混乱问题的法律法规

1.《中华人民共和国公司法》

第六十七条：……董事会行使下列职权：……（三）决定公司的经营计划和投资方案……。

2.《中华人民共和国网络安全法》

第二十一条：国家实行网络安全等级保护制度。网络运营者应当按照网络安全等级保护制度的要求，履行下列安全保护义务，保障网络免受干扰、破坏或者未经授权的访问，防止网络数据泄露或者被窃取、篡改等。

此条款要求企业加强网络安全管理，包括信息化建设中的安全管理，防止因管理混乱导致的安全风险。

3.《中华人民共和国民法典》

第一百二十条：民事权益受到侵害的，被侵权人有权请求侵权人承担侵权责任。

此条款强调了企业应加强管理，避免给他人造成损害。

综上所述，国有企业在信息化建设过程中，必须遵循相关法律法规的要求，加强基础设施建设，完善管理制度，确保信息化建设的合规性和有效性。若违反相关法律法规，则企业可能面临法律责任和风险。

合规程序与方法

针对国有企业信息化建设合规问题中的基础设施建设不足与管理混乱，以下提出具体的合规程序与方法，旨在分步骤、有针对性地解决问题。

一、制定全面的信息化建设规划

1.明确建设目标

结合企业发展战略，明确信息化建设的长期和短期目标，确保信息化建设与企业整体发展方向一致。

2.进行需求调研

深入调研企业内部各部门对信息化建设的具体需求，确保规划方案符合实际需求。

3.制定详细的信息化建设规划

基于调研结果，制定详细的信息化建设规划，包括基础设施建设、软件系统选型、人员培训

等方面。

二、加大基础设施建设投入

1. 更新升级设备

评估现有信息化设备的使用状况，对老化、性能低下的设备进行更新升级，确保设备性能满足业务需求。

2. 扩大网络覆盖范围

优化企业网络布局，确保所有区域和部门都能实现稳定、高速的网络连接。

3. 加强安全防护

投资建设必要的安全防护设备和系统，如防火墙、入侵检测系统、数据加密设备等，确保企业数据的安全。

三、建立健全管理制度和流程

1. 制定信息化管理制度

结合企业实际情况，制定完善的信息化管理制度，明确各部门在信息化建设中的职责和协作机制。

2. 优化管理流程

对信息化建设过程中的各个环节进行优化，确保流程顺畅、高效。例如，建立信息化项目审批流程、系统运维流程等。

3. 加强监督考核

建立信息化建设的监督考核机制，定期对信息化建设项目进行评估和考核，确保项目按计划推进并取得实效。

四、加强人才队伍建设

1. 引进专业人才

积极引进具有丰富经验和专业技能的信息化人才，为企业的信息化建设提供有力支持。

2. 加强内部培训

定期开展信息化培训活动，提升现有员工的信息化素养和操作技能。培训内容应紧密结合企业实际需求，注重实用性和针对性。

3. 建立激励机制

建立合理的激励机制，鼓励员工积极参与信息化建设和运维工作，提高工作积极性和创造力。

五、加强合规意识和风险管理

1. 加强合规宣传

通过内部宣传、培训等方式，提高全体员工的合规意识，确保信息化建设过程中的各项活动符合相关法律法规要求。

2. 建立风险评估机制

定期对信息化建设过程中的风险进行评估和识别，制定相应的风险应对措施和预案，确保信息化建设过程中的风险可控。

3.加强数据保护

建立健全的数据保护机制，确保企业数据在采集、存储、传输和使用过程中的安全性和保密性。同时，加强对第三方服务商的监督和管理，防止数据泄露和非法使用。

通过实施以上合规程序与方法，国有企业可以逐步解决信息化建设中基础设施建设不足与管理混乱的问题，提升信息化建设的合规性和有效性，为企业的发展提供有力支撑。

专题 2：信息化普及意识薄弱

案例引入

一、案例背景

公司 B 是一家历史悠久的传统制造业国有企业，主要从事重型机械的生产与销售。随着市场竞争的加剧和技术的快速发展，公司 B 逐渐意识到信息化对提升生产效率、优化管理流程的重要性。然而，由于长期以来的传统观念和惯性思维，公司 B 员工的信息化普及意识普遍薄弱。

二、具体问题

1.管理层认识不足

公司 B 的多数高层管理者非技术出身，对信息技术了解有限，认为信息化建设是锦上添花而非雪中送炭，因此在资源分配上未能给予足够重视。

2.员工存在抵触情绪

一线员工习惯于传统的工作方式，对信息化系统持怀疑态度，认为新系统操作复杂、学习成本高，且担心失业风险，因此抵触情绪强烈。

3.基础设施落后

由于长期忽视信息化建设，公司 B 的信息化基础设施严重落后，网络带宽不足、服务器性能低下、软件版本陈旧，难以满足现代化生产管理的需求。

4.缺乏专业团队

公司 B 内部缺乏专业的信息化团队，现有 IT 人员数量不足且技能水平有限，难以支撑起复杂的信息化建设任务。

三、主要问题的影响

1.生产效率低下

由于信息化水平低下，公司 B 的生产流程缺乏透明度，生产计划调整不及时，导致生产效率远低于行业平均水平。据统计，公司 B 的产能利用率仅为 60%，远低于行业平均水平的 80%。

2.成本上升

落后的管理模式和信息系统导致公司 B 在原材料采购、库存管理、物流配送等环节存在大量浪费。财务数据显示，公司 B 的库存周转率仅为 3 次／年，高于行业平均水平（6 次／年），直接增加了资金占用成本和仓储费用。

3.市场竞争力下降

在客户响应速度、产品质量追溯、售后服务等方面，公司 B 均因信息化水平不足而处于劣势。这导致公司在竞标大型项目时频繁失利，市场份额逐年减小。据市场部门统计，过去三年内公司 B 的市场占有率从 15% 下降至 10%。

4. 财务指标恶化

受生产效率低下和成本上升的影响，公司 B 的财务状况持续恶化。净利润率从 5% 下降至 3%，总资产周转率也明显下降。这些财务指标的恶化直接反映了公司在信息化建设方面的滞后所带来的负面影响。

四、结论与反思

公司 B 的案例深刻揭示了传统制造业国有企业在信息化建设合规问题中面临的信息化普及意识薄弱的问题。这不仅影响了企业的生产效率和市场竞争力，还直接导致了财务指标的恶化。因此，国有企业必须高度重视信息化建设的重要性，加强对管理层和员工的信息化培训，提升全员的信息化素养；同时加大投入力度，完善信息化基础设施和专业团队建设；并通过制定科学合理的信息化建设规划和管理制度来确保信息化建设的顺利推进和合规实施。只有这样才能在新一轮的科技革命和产业变革中立于不败之地。

合规问题分析

一、业务简介

国有企业作为国家经济的重要支柱，其业务范围广泛，涵盖了能源、交通、通信、制造等多个领域。在信息化时代，国有企业的信息化建设对提升企业管理效率、优化资源配置、增强市场竞争力具有重要意义。然而，部分国有企业在信息化建设过程中，面临着信息化普及意识薄弱的问题。

二、相关规定

针对国有企业信息化建设，国家出台了一系列相关规定，如《国家信息化发展战略纲要》《企业信息化技术规范》等。这些规定明确了企业信息化建设的目标、任务和要求，强调了信息化在企业发展中的重要性。同时，相关法律法规也对企业信息化建设的合规性提出了要求，如《中华人民共和国网络安全法》等。

三、合规问题具体表现

管理层对信息化建设的重视程度不足，缺乏明确的信息化发展战略和规划。员工对信息化系统的接受度低，缺乏必要的信息化技能培训。信息化基础设施投入不足导致设备老化、网络带宽不足等问题频发。信息化建设过程中合规意识薄弱，如数据安全、系统稳定性等方面存在隐患。

四、问题造成的严重影响

1. 生产效率低下

信息化普及意识薄弱导致企业生产效率低下，无法充分利用现代信息技术提升生产流程和管理效率。

2. 资源浪费

由于缺乏有效的信息化管理系统，企业在原材料采购、库存管理、物流配送等环节存在大量浪费，增加了运营成本。

3. 市场竞争力下降

信息化水平不足使企业在客户响应速度、产品质量追溯、售后服务等方面处于劣势，导致市场竞争力下降。

4.合规风险增加

信息化建设过程中的合规问题可能会引发数据安全、系统稳定性等方面的风险，给企业带来法律纠纷和经济损失。

5.战略发展受阻

信息化普及意识薄弱还可能影响企业的战略发展，使企业在数字化转型和产业升级中错失良机。

综上所述，国有企业信息化建设中的信息化普及意识薄弱是一个需要高度重视的合规问题。它不仅影响了企业的生产效率和市场竞争力，还可能带来严重的合规风险和导致企业战略发展受阻。因此，国有企业应加深对信息化建设的重视程度，提升全员的信息化素养和技能水平，加大信息化基础设施投入力度，并注重合规管理，以确保信息化建设的顺利推进和企业的可持续发展。

法律法规依据

一、针对管理层对信息化建设的重视程度不足问题的法律法规

1.《中华人民共和国企业国有资产法》

第三条：国有资产属于国家所有即全民所有。国务院代表国家行使国有资产所有权。

此条款强调了国家对国有企业资产的管理要求，信息化建设作为提升企业资产管理效率的重要手段，应得到管理层的足够重视。

2.《中华人民共和国公司法》

第六十七条：董事会行使下列职权：……（三）决定公司的经营计划和投资方案……。

董事会应制定合理的经营计划和投资方案，其中包括对信息化建设的规划和投入，以体现管理层对信息化建设的重视。

二、针对员工对信息化系统的接受度低问题的法律法规

1.《中华人民共和国劳动法》

第六条：国家提倡劳动者参加社会义务劳动，开展劳动竞赛和合理化建议活动，鼓励和保护劳动者进行科学研究、技术革新和发明创造，表彰和奖励劳动模范和先进工作者。

企业应鼓励员工学习和掌握新技能，包括信息化系统的使用，以提升工作效率。

2.《中华人民共和国职业教育法》

第四条：职业教育必须坚持中国共产党的领导，坚持社会主义办学方向，贯彻国家的教育方针，坚持立德树人、德技并修，坚持产教融合、校企合作，坚持面向市场、促进就业，坚持面向实践、强化能力，坚持面向人人、因材施教。

实施职业教育应当弘扬社会主义核心价值观，对受教育者进行思想政治教育和职业道德教育，培育劳模精神、劳动精神、工匠精神，传授科学文化与专业知识，培养技术技能，进行职业指导，全面提高受教育者的素质。

三、针对信息化基础设施投入不足问题的法律法规

1.《中华人民共和国企业国有资产法》

第三十条：国家出资企业合并、分立、改制、上市，增加或者减少注册资本，发行债券，进行重大投资，为他人提供大额担保，转让重大财产，进行大额捐赠，分配利润，以及解散、申请破产等重大事项，应当遵守法律、行政法规以及企业章程的规定，不得损害出资人和债权人的权益。

企业在进行重大投资时，应考虑信息化基础设施的投入，以确保企业资产的有效利用和增值。

2.《中华人民共和国会计法》

第二十三条：各单位对会计凭证、会计账簿、财务会计报告和其他会计资料应当建立档案，妥善保管。会计档案的保管期限、销毁、安全保护等具体管理办法，由国务院财政部门会同有关部门制定。

四、针对信息化建设过程中合规意识薄弱问题的法律法规

1.《中华人民共和国网络安全法》

第二十一条：国家实行网络安全等级保护制度。网络运营者应当按照网络安全等级保护制度的要求，履行下列安全保护义务，保障网络免受干扰、破坏或者未经授权的访问，防止网络数据泄露或者被窃取、篡改……。

企业在信息化建设过程中必须遵守网络安全法规，确保数据安全和系统稳定性。

2.《中华人民共和国民法典》

第一百二十条：民事权益受到侵害的，被侵权人有权请求侵权人承担侵权责任。

若因信息化建设中的合规问题导致企业数据泄露或遭受网络攻击，企业可能需承担侵权责任，此条款强调了企业应加强合规意识，避免给他人造成损害。

综上所述，国有企业在信息化建设过程中必须遵循相关法律法规的要求，提高管理层对信息化建设的重视程度、提升员工对信息化系统的接受度、加大信息化基础设施投入力度并注重合规管理，以确保信息化建设的合规性和有效性。

合规程序与方法

针对国有企业信息化建设合规问题中信息化普及意识薄弱的问题，提出以下具体的合规程序与方法，旨在分步骤、有针对性地解决问题。

一、制定全面的信息化战略规划

1.组织高层研讨会

组织企业高层管理人员参加信息化战略规划研讨会，明确信息化建设的重要性和紧迫性，达成共识。

2.专业咨询与评估

聘请专业咨询公司对企业现有信息化水平进行全面评估，识别差距和需求，制定符合企业实际的信息化战略规划。

3.制定目标与实施路线图

根据评估结果，制定清晰的信息化建设目标和实施路线图，明确各阶段的任务、责任人和完成时间。

二、加强管理层信息化培训

1.定期组织培训课程

为管理层安排定期的信息化培训课程，内容涵盖信息化趋势、最佳实践、案例分析等，提升管理人员对信息化建设的认识和理解。

2.实地考察与交流

组织管理层参观信息化建设成效显著的同行企业，进行实地考察与交流，借鉴先进经验。

3.建立考核机制

将信息化建设成效纳入管理层的绩效考核体系，激励其积极参与和推动信息化建设。

三、提升员工信息化技能与意识

1.开展全员信息化技能培训

开展全员信息化技能培训，特别是针对一线员工，确保他们掌握基本的信息化系统操作技能。

2.建立学习平台

搭建企业内部信息化学习平台，提供丰富的在线学习资源，鼓励员工自主学习和提升。

3.实施激励机制

对在信息化建设中表现突出的员工给予表彰和奖励，激发其积极性和创造力。

四、加大信息化基础设施投入与更新

1.预算规划与审批

根据信息化战略规划，制定详细的信息化基础设施投入预算，并经过严格审批程序以确保资金到位。

2.设备采购与升级

按照预算规划采购先进的信息化设备和软件系统，并对现有老旧设备进行升级或更新。

3.加强网络安全防护

加强网络安全防护，部署防火墙、入侵检测系统等安全设备，确保信息化系统的稳定运行和数据安全。

五、建立健全的信息化管理制度与流程

1.完善管理制度

制定和完善企业信息化管理制度，明确各部门在信息化建设中的职责和权限，确保各项工作有序进行。

2.优化业务流程

结合信息化建设需求，对现有业务流程进行重组和优化，确保信息化系统能够高效支撑企业运营。

3. 建立监督机制

建立信息化建设的监督机制，定期对信息化建设进展情况进行检查和评估，及时发现问题并采取措施加以解决。

通过实施以上合规程序与方法，国有企业可以有效解决信息化建设合规问题中信息化普及意识薄弱的问题，推动信息化建设向更高水平迈进。

专题 3：技术操作能力不足

案例引入

一、案例背景

制造业国有企业 C，长期专注于传统机械零部件的生产与加工，拥有员工数千人，年销售额数十亿元。随着市场竞争的加剧和数字化转型，企业高层决定推进信息化建设以提升管理效率和竞争力。然而，在实施过程中，技术操作能力不足的问题逐渐暴露出来，成为制约信息化建设的关键因素。

二、具体问题

1. 技术人员匮乏

企业 C 的 IT 部门仅有不到 50 名员工，且大多数人员负责基础的网络维护和设备采购工作，缺乏专业的系统开发和维护人才。在推进实施 ERP（企业资源计划）系统时，企业不得不依赖外部咨询公司进行定制化开发，但内部技术人员对系统理解不足导致沟通效率低下，需求频繁变更。

2. 员工培训不到位

尽管企业为一线员工组织了多次 ERP 系统操作培训，但培训内容过于理论化，缺乏实战演练，加之员工自身计算机水平参差不齐，导致培训效果不理想。实际操作中，员工频繁遇到操作难题，系统使用效率低下。

3. 系统集成困难

企业 C 原有的生产管理系统、财务系统等多个系统之间存在数据孤岛现象，ERP 系统需要与这些系统进行数据对接和集成。然而，由于技术操作能力不足，系统集成工作进展缓慢，多次出现数据不一致、流程中断等问题。

三、主要问题的影响

1. 项目延期

原计划一年内完成的 ERP 系统实施项目，因技术操作能力不足导致项目延期近半年，严重影响了企业的整体信息化进程。

2. 成本超支

由于项目延期和外部咨询费用增加，企业信息化建设成本超支近 30%，给企业财务指标带来较大压力。

3. 生产效率下降

ERP 系统未能如期上线，导致企业内部信息传递不畅、生产流程管理混乱，生产效率下降约

15%，部分订单因延期交付被客户取消，造成直接经济损失数百万元。

4. 员工士气低落

频繁的系统故障和操作难题导致员工对信息化建设的信心下降，部分员工甚至产生抵触情绪，影响了团队凝聚力和员工的工作积极性。

四、结论与反思

本案例充分暴露了国有企业在信息化建设过程中技术操作能力不足的问题及其严重后果。为避免类似问题发生，企业应采取以下措施。

1. 加强人才引进与培养

加大引进 IT 专业人才的力度，同时建立内部培训体系，提升现有技术人员的专业能力。

2. 优化培训方式

结合企业实际情况，制定切实可行的培训计划，注重实战演练和个性化指导，确保员工能够熟练掌握系统操作技能。

3. 强化系统集成能力

在信息化建设初期就充分考虑系统集成问题，引入具有丰富集成经验的咨询公司和技术团队，确保系统间数据顺畅流通。

4. 建立应急响应机制

针对可能出现的系统故障和操作难题，建立快速应急响应机制，确保问题能够得到及时解决，减少对生产运营的影响。

通过实施以上措施，企业 C 有望逐步提升信息化建设的技术操作能力，推动信息化建设向更高水平迈进。

合规问题分析

一、业务简介

国有企业信息化建设是指国有企业利用现代信息技术手段，对企业生产、经营、管理等方面进行全面的改造和升级，以提高企业的竞争力和市场适应能力。这一过程中，技术操作能力是重要支撑，它直接关系到信息化建设的成功与否。

二、相关规定

关于国有企业信息化建设，国家有一系列的相关规定和政策要求。例如，《国家信息化发展战略纲要》明确指出，要加强信息化人才队伍建设，提高国民信息技术应用能力。此外，各行业也有针对性规定，如要求企业在推进信息化建设时必须确保系统的安全性、稳定性以及数据的准确性等。

三、合规问题具体表现

1. 技术人员短缺

许多国有企业缺乏专业的信息化技术人员，导致在信息化建设过程中难以有效地进行系统开发、维护和优化。

2. 缺乏操作技能

员工缺乏与信息系统相关的操作技能，且企业未向员工提供必要的培训和实践机会，导致员工在实际操作中频繁出错。

3. 系统集成能力弱

企业在推进信息化建设时，往往面临多个系统之间的集成问题。由于技术操作能力不足，系统集成难度大，容易出现数据不一致、流程中断等问题。

四、问题造成的严重影响

1. 信息化建设进度受阻

技术操作能力不足导致信息化建设项目延期，影响企业整体信息化进程和战略目标的实现。

2. 成本增加

由于项目延期和外部依赖增加，信息化建设成本上升，给企业带来财务压力。

3. 生产效率下降

信息化系统无法有效支撑企业生产运营，导致生产效率下降，订单交付延期，客户满意度降低。

4. 数据安全风险

技术操作能力不足可能导致信息系统存在安全隐患，增加数据泄露、被篡改等风险。

5. 员工士气受挫

频繁的系统故障和操作难题导致员工对信息化建设的信心下降，影响团队凝聚力和工作积极性。

综上所述，国有企业信息化建设合规问题中的技术操作能力不足是一个需要高度重视的问题。它不仅影响信息化建设的进度和成本，还可能对企业的生产效率、数据安全以及员工士气等方面造成严重影响。因此，国有企业应采取有效措施加强对员工技术操作能力的培养和提升，以确保信息化建设的顺利进行和企业的持续健康发展。

法律法规依据

针对国有企业信息化建设合规问题中技术操作能力不足的问题，以下是总结的相关法律法规依据。

一、针对技术人员短缺问题的法律法规

1.《中华人民共和国劳动法》

该法强调了国家发展职业培训事业，提高劳动者的素质，建立、健全职业技能培训制度，加强职业培训教材的开发和使用。

第十四条：国家建立、健全职业教育制度，发展各种形式的职业教育，促进劳动就业，提高劳动者的素质。

2.《中华人民共和国就业促进法》

该法旨在促进就业，规定政府、企业和社会各方面在促进就业中的责任。

第二十条：国家实行有利于促进就业的财政政策，加大资金投入，改善就业环境，扩大就业。

《中华人民共和国就业促进法》中虽然直接提及技术操作人员的条款不多，但整体政策导向支持企业提升员工技能，有助于解决技术人员短缺问题。

二、针对缺乏操作技能问题的法律法规

1.《中华人民共和国职业教育法》

该法旨在推动职业教育发展，提高劳动者素质和技术技能水平。

第十五条：企业应当根据本单位的实际，有计划地对本单位的职工和准备录用的人员实施职业教育。

这要求企业在推进信息化建设的同时，必须重视并加强员工的信息化技能培训。

2.《中华人民共和国安全生产法》

该法为间接依据，虽然该法主要关注安全生产，但信息化建设中的技术操作同样涉及安全生产问题，特别是数据安全和生产流程的稳定性。

三、针对系统集成能力弱问题的法律法规

1.《中华人民共和国网络安全法》

该法强调网络运行安全，要求网络运营者采取技术措施和其他必要措施，保障网络安全、稳定运行，有效应对网络安全事件，防范网络违法犯罪活动。

第二十一条：国家实行网络安全等级保护制度。网络运营者应当按照网络安全等级保护制度的要求，履行下列安全保护义务，保障网络免受干扰、破坏或者未经授权的访问，防止网络数据泄露或者被窃取、篡改。

系统集成作为信息化建设的重要组成部分，其安全性同样受到该法的保护。

2.《信息安全技术 网络安全等级保护基本要求》

该标准虽然不是法律，但作为我国信息安全等级保护工作的基础性标准文件，对信息系统的安全保护提出了具体要求，包括系统集成过程中的安全控制措施。

四、针对信息化建设成本增加及生产效率下降问题的间接相关法律法规

1.《中华人民共和国会计法》

该法要求单位建立健全内部会计监督制度，加强对经济活动的财务监督和控制。虽然不直接针对信息化建设成本增加和生产效率下降问题，但加强财会监督有助于企业合理控制信息化建设成本，提高资金使用效率。

2.《中华人民共和国公司法》

该法要求公司建立健全内部控制制度，保障公司资产安全，提高经营效率。信息化建设的有效推进离不开公司内部控制制度的支持，从而间接影响信息化建设的成本和效率。

综上所述，国有企业信息化建设合规问题中的技术操作能力不足涉及多方面的法律法规依据，企业应当全面遵守相关法律法规要求，加强技术操作人员队伍建设、操作技能培训、系统集成能力建设以及成本控制和效率提升等方面的工作。

合规程序与方法

针对国有企业信息化建设合规问题中技术操作能力不足的问题，提出以下具体的合规程序与方法，旨在分步骤、有针对性地解决问题。

一、明确技术操作能力建设目标

1. 组织评估

企业应组织专家团队对现有技术操作能力进行全面评估，识别技术短板和潜在风险。

2. 设定目标

根据评估结果，结合企业信息化建设的长远规划，明确技术操作能力建设的具体目标和阶段性目标。

二、加强技术人员引进与培养

1. 人才引进

制定有吸引力的人才引进政策，吸引具备丰富信息化项目经验和较强技术操作能力的专业人才加入企业。

2. 内部培训

建立系统的内部培训体系，针对不同岗位和技术需求，开展定制化培训课程，提升现有技术人员的操作能力和问题解决能力。

3. 激励机制

建立技术人员职业发展通道和激励机制，鼓励技术人员持续学习以提升技能水平、增强团队凝聚力。

三、优化操作技能培训流程

1. 需求分析

深入了解员工在信息化系统操作中的实际需求和痛点，制定有针对性的培训计划。

2. 实战演练

在培训中增加实战演练环节，通过模拟真实工作场景，提高员工的实际操作能力和应对突发情况的能力。

3. 效果评估

培训结束后，通过考核和反馈机制评估培训效果，及时调整和优化培训方案。

四、强化系统集成能力

1. 制定详细的规划

在信息化建设初期，制定详细的系统集成规划，明确各系统间的数据接口和交互方式。

2. 专业支持

引入具备丰富系统集成经验的专业团队或咨询公司，为企业提供技术支持和解决方案。

3. 持续测试与优化

在系统集成过程中，进行持续的测试和优化，确保各系统间数据流通顺畅、流程高效。

五、建立健全合规管理体系

1. 完善制度

根据相关法律法规和企业实际情况，制定和完善信息化建设合规管理制度，明确技术操作能力的标准和要求。

2. 开展合规培训

定期对员工进行合规培训，增强员工的合规意识和操作技能合规性。

3. 监督与审计

建立内部监督与审计机制，对信息化建设过程中的技术操作进行定期检查和审计，确保合规性。

六、推动技术创新与应用

1. 关注前沿技术

密切关注云计算、大数据、人工智能等前沿技术的发展动态，评估其对企业信息化建设的潜在影响。

2. 试点应用

在可控范围内开展新技术试点应用，验证其可行性和效果，逐步推广至全企业。

3. 持续改进

根据新技术应用效果和市场反馈，不断调整和优化信息化建设策略，提升技术操作能力。

通过实施以上合规程序与方法，国有企业可以系统性地解决信息化建设合规问题中技术操作能力不足的问题，提升信息化建设水平，为企业可持续发展提供有力支撑。

专题 4：技术环境落后和制度不完善

案例引入

一、案例背景

传统制造业国有企业 D（以下简称"D 企业"），成立于 20 世纪 50 年代，长期以来一直是国内某行业的领军企业。随着市场竞争的加剧和信息技术的发展，D 企业意识到信息化建设的重要性，于 2010 年开始大规模推进企业信息化进程，旨在通过数字化手段提升生产效率、优化管理流程。然而，在信息化建设过程中，D 企业面临着技术环境落后和制度不完善的问题，这些问题对企业运营产生了深远影响。

二、具体问题

1. 技术环境落后

（1）D 企业在信息化建设初期，虽然投入了大量资金购买先进的软硬件设备，但由于缺乏专业的 IT 团队和系统规划，设备配置不合理，系统间兼容性差。

（2）生产线上部分老旧设备无法与新系统进行有效集成，数据孤岛现象严重，无法实现生产数据的实时采集与分析。

（3）网络架构设计不合理，安全防护措施无效，企业多次遭受网络攻击，导致生产数据泄露和生产线短暂瘫痪。

2. 制度不完善

（1）D 企业在推进信息化建设时，未同步建立完善的信息化管理制度，导致项目管理混乱，责任不清。

（2）缺乏统一的技术标准和操作规范，不同部门间信息化应用水平参差不齐，信息流通不畅。

（3）培训机制缺失，员工对信息化系统的操作不熟练，频繁出现误操作，影响生产效率。

三、主要问题的影响

1. 生产效率下降

由于系统间兼容性差和存在数据孤岛现象，D企业的生产计划调整不及时，生产线频繁停工待料，生产效率较信息化前下降了约20%。

2. 财务成本增加

信息化设备采购和维护成本高昂，但由于使用效率低下，投入产出比远低于预期。据统计，信息化项目前三年累计投入超过亿元，但年均净利润增长率仅为3%，远低于行业平均水平。

3. 市场竞争力减弱

由于信息化水平落后，D企业在产品研发、客户服务等方面无法与竞争对手保持同步，市场份额逐渐被侵蚀。

4. 数据安全问题频发

网络攻击导致的数据泄露事件不仅损害了企业声誉，还导致企业面临巨额赔偿风险。据统计，一次大规模网络攻击导致D企业直接经济损失超过500万元，间接损失难以估量。

四、结论与反思

D企业的案例深刻揭示了国有企业信息化建设过程中技术环境落后和制度不完善所带来的严重后果。为避免类似问题发生，国有企业应高度重视以下几点。

1. 加强顶层设计与规划

在信息化建设初期，应制定科学合理的整体规划，明确建设目标和路径，确保各项工作有序推进。

2. 建立专业IT团队

引入和培养具备专业技能的IT人才，负责信息化系统的规划、实施和维护，确保系统的稳定性和安全性。

3. 完善信息化管理制度

建立健全的信息化管理制度，明确各部门职责和操作流程，确保信息化建设的规范性和有效性。

4. 注重员工培训与考核

加强对员工的信息化技能培训，提高员工的操作熟练度和信息化素养，同时建立考核机制，确保培训效果。

5. 强化数据安全管理

建立完善的数据安全防护体系，加强对网络攻击的防范和应对能力，确保企业数据的安全性和完整性。

通过实施以上措施，国有企业可以有效提升信息化建设水平，为企业可持续发展奠定坚实基础。

合规问题分析

一、业务简介

国有企业信息化建设是指国有企业利用现代信息技术，对企业生产、经营、管理等各个环节进行全面改造和升级的过程。这一过程旨在提高国有企业的运营效率、降低成本、增强市场竞争力。信息化建设涉及多个方面，包括硬件设备的采购与配置、软件系统的开发与集成、数据的安全与管理等。

二、相关规定

针对国有企业信息化建设，国家相关部门制定了一系列法律法规和政策文件，以规范企业的信息化建设行为。这些法律法规包括但不限于以下几种。

《中华人民共和国网络安全法》，要求企业加强网络安全保护，防止网络数据泄露或被窃取、篡改。

《中华人民共和国数据安全法》，强调数据的保护、管理和使用，要求企业建立健全数据安全管理制度。

三、合规问题具体表现

尽管有上述法律法规和政策文件的指导，但国有企业在信息化建设过程中仍面临技术环境落后和制度不完善的问题，具体表现如下。

1. 技术环境落后

硬件设备采购与配置不合理，导致系统性能低下，无法满足业务需求。软件系统开发与集成存在缺陷，系统间兼容性差，数据孤岛现象严重。网络安全防护措施无效，导致企业容易受到网络攻击和存在数据泄露的风险。

2. 制度不完善

缺乏统一的信息化管理制度和标准，导致项目管理混乱，责任不清。培训机制缺失，员工对信息化系统的操作不熟练，无法充分利用系统功能。数据安全管理制度不健全，存在数据泄露和滥用的风险。

四、问题造成的严重影响

国有企业信息化建设合规问题中技术环境落后和制度不完善的问题对企业运营和发展造成了严重影响。

1. 运营效率下降

由于系统性能低下和存在数据孤岛现象，企业的生产计划、物流配送等关键环节受到阻碍，导致运营效率下降。

2. 成本增加

不合理的硬件设备和软件系统配置导致维护成本高昂，同时因运营效率下降而增加的运营成本也进一步加重了企业的负担。

3. 市场竞争力减弱

信息化建设滞后导致企业在产品研发、客户服务等方面无法与竞争对手保持同步，市场份额逐渐被侵蚀。

4.法律风险增加和声誉受损

无效的网络安全防护措施可能导致数据泄露和网络攻击事件频发，企业面临法律诉讼和承担巨额赔偿的风险，同时声誉也受到了严重损害。

综上所述，国有企业信息化建设合规问题中技术环境落后和制度不完善的问题对企业运营和发展造成了严重影响。为解决这些问题，企业应实施加强顶层设计与规划、建立专业 IT 团队、完善信息化管理制度、注重员工培训与考核以及强化数据安全管理等措施。

法律法规依据

一、针对技术环境落后问题的法律法规

1.《中华人民共和国网络安全法》

第二十一条：国家实行网络安全等级保护制度。网络运营者应当按照网络安全等级保护制度的要求，履行下列安全保护义务，保障网络免受干扰、破坏或者未经授权的访问，防止网络数据泄露或者被窃取、篡改……。

该条款要求国有企业作为网络运营者，在信息化建设过程中必须采取必要的技术措施和管理措施，确保网络系统的安全性，防止因技术环境不完善导致的网络攻击和数据泄露问题。

2.《中华人民共和国数据安全法》

第二十七条：开展数据处理活动应当依照法律、法规的规定，建立健全全流程数据安全管理制度，组织开展数据安全教育培训，采取相应的技术措施和其他必要措施，保障数据安全……。

该条款强调了数据处理活动的全流程管理，要求国有企业在信息化建设过程中建立完善的数据安全管理制度，确保数据在采集、存储、使用、加工、传输、提供、公开等全生命周期内的安全性，避免因技术环境不完善导致的数据泄露和滥用问题。

二、针对制度不完善问题的法律法规

1.《中华人民共和国公司法》

第九条：公司的经营范围由公司章程规定。公司可以修改公司章程，变更经营范围。公司的经营范围中属于法律、行政法规规定须经批准的项目，应当依法经过批准。

虽然此条款直接针对的是公司的经营范围，但可间接应用于信息化建设中的制度完善。国有企业在进行信息化建设时，应根据公司章程和法律规定，制定相应的信息化管理制度，确保制度的合法性和有效性。

2.《企业内部控制基本规范》

虽然该规范并非法律文件，但由财政部、证监会、审计署、银保监会联合发布，对企业内部控制具有指导意义。该规范要求企业建立健全内部控制体系，包括信息技术控制。国有企业应依据该规范，完善信息化建设中的各项管理制度和操作流程，确保内部控制的有效性，避免因制度不完善导致的运营风险和管理漏洞。

3.《中华人民共和国会计法》

第二十五条：各单位应当建立、健全本单位内部会计监督制度。单位内部会计监督制度应当符合下列要求：……（四）对会计资料定期进行内部审计的办法和程序应当明确。

虽然该条款直接针对的是会计资料的内部监督，但可类比应用于信息化建设中的制度监督。

国有企业应建立对信息化建设项目的定期审计和评估机制，确保信息化管理制度的有效执行和持续改进。

综上所述，针对国有企业信息化建设合规问题中技术环境落后和制度不完善的问题，相关法律法规如《中华人民共和国网络安全法》《中华人民共和国数据安全法》《中华人民共和国公司法》《企业内部控制基本规范》等提供了明确的指导。国有企业应依据这些法律法规，加强技术环境的建设和制度的完善工作，确保信息化建设的合规性和有效性。

合规程序与方法

针对国有企业信息化建设合规问题中技术环境落后和制度不完善的问题，提出以下合规程序与方法，旨在分步骤、有针对性地解决问题。

一、制定全面的信息化建设规划

1. 需求调研与分析

组织跨部门团队，深入调研各业务部门对信息化建设的具体需求，包括硬件、软件、网络等方面的需求。

2. 制定规划方案

基于调研结果，结合企业发展战略，制定全面的信息化建设规划方案，明确建设目标、时间表、预算及责任分工。

3. 评审与审批

组织专家对规划方案进行评审，确保方案的合理性和可行性，并提交企业高层审批通过后实施。

二、加强技术环境建设与管理

1. 统一技术标准与规范

明确信息系统建设的技术标准和规范，包括硬件、软件、网络接口等方面，确保系统间的兼容性和数据交换的顺畅性。

2. 优化网络架构设计

采用先进的网络架构技术，提高网络系统的稳定性和安全性，同时加强网络安全防护措施的部署，防范网络攻击和数据泄露。

3. 建立 IT 运维体系

组建专业的 IT 运维团队，负责信息系统的日常维护、监控和故障处理，确保系统稳定运行。

三、完善信息化管理制度与流程

1. 制定信息化管理制度

结合企业实际情况，制定完善的信息化管理制度，包括项目管理、数据安全、权限管理等，明确各部门和岗位的职责和权限。

2. 优化业务流程

对业务流程进行梳理和优化，确保信息化系统与业务流程紧密结合，提高工作效率。

3. 建立审批与监督机制

对信息化建设项目实行严格的审批和监督机制，确保项目按规划实施，并及时发现并解决实施过程中出现的问题。

四、加强员工培训与考核

1.制定培训计划

根据员工的不同岗位和需求，制定有针对性的信息化培训计划，包括系统操作、数据分析、网络安全等方面的培训。

2.实施培训并评估效果

组织专业培训师授课，确保培训质量；培训结束后进行效果评估，了解员工掌握情况，并根据评估结果调整培训计划。

3.建立考核机制

将信息化技能应用纳入员工绩效考核体系，激励员工积极学习和应用信息化技术。

五、强化数据安全与合规管理

1.加强数据加密与访问控制

对敏感数据进行加密存储和传输，并建立严格的访问控制机制，防止数据泄露和滥用。

2.建立数据备份与恢复机制

定期备份重要数据，并建立灾难恢复计划，确保在数据丢失或损坏时能够及时恢复。

3.开展合规性审查与审计

定期对信息化建设项目进行合规性审查，确保项目符合相关法律法规和企业内部规定；同时开展内部审计工作，发现并解决潜在的问题。

通过实施以上合规程序与方法，国有企业可以逐步解决信息化建设合规问题中技术环境落后和制度不完善的问题，提升信息化建设的合规性和有效性，为企业的可持续发展提供有力支撑。

专题5：信息安全与数据隐私保护不足

案例引入

一、案例背景

H公司是一家位于某工业城市的传统制造业国有企业，主营业务包括机械设备制造与销售。随着市场竞争的加剧，H公司决定加速信息化建设，以提升生产效率和管理水平。然而，在推进信息化建设的过程中，H公司忽视了信息安全与数据隐私保护的重要性，最终导致了严重的后果。

二、具体问题

1.系统漏洞未及时修复

H公司的信息化系统存在多个已知安全漏洞，但由于缺乏专业的安全维护团队和有效的漏洞管理机制，这些漏洞长期未得到修复。黑客利用这些漏洞成功侵入了H公司的内部网络。

2.敏感数据未加密

H公司的客户数据、财务数据及生产数据等敏感信息在存储和传输过程中均未进行加密处理，使得这些数据在遭受攻击时极易被窃取。

3. 权限管理混乱

公司内部员工权限分配不合理，部分员工拥有超出其职责范围的访问权限，且缺乏有效的权限审计机制。这导致了一名离职员工在离职后仍能访问公司敏感数据，并利用这些数据对公司进行恶意攻击。

三、主要问题的影响

1. 数据泄露

黑客成功窃取了 H 公司近 5 年的客户信息、财务报表及生产数据，数据量高达数 TB。这些数据包含了客户的个人敏感信息、公司的财务状况及核心生产技术，对公司和客户均造成了巨大损失。

2. 经济损失巨大

数据泄露事件导致 H 公司直接经济损失超过 1 亿元，其中包括赔偿客户损失、修复系统漏洞及加强安全防护措施的费用。此外，由于客户信任度下降，公司订单量锐减，市场份额遭受严重侵蚀。

3. 财务指标下滑

受数据泄露事件影响，H 公司年度财务报告显示，净利润同比下滑超过 30%，营业收入增长率也降至历史低点。公司股价在事件曝光后连续多日跌停，市值蒸发数十亿元。

4. 面临法律诉讼与声誉受损

H 公司因数据泄露事件面临多起法律诉讼，包括客户索赔、监管处罚等。同时，公司的品牌形象和声誉受到严重损害，长期积累的客户信任和公司的市场地位岌岌可危。

四、结论与反思

H 公司信息化建设合规问题中信息安全与数据隐私保护不足的问题，深刻揭示了国有企业在推进信息化建设过程中忽视安全合规的严重后果。为避免类似事件的发生，国有企业应高度重视信息安全与数据隐私保护工作，可采取以下措施。

1. 建立健全信息安全管理体系

制定完善的信息安全管理制度和操作流程，明确各部门和岗位的职责与权限，确保信息安全工作的有序开展。

2. 采取技术防护措施

投入必要的人力、物力和财力，加强信息化系统的安全防护，包括漏洞扫描与修复、数据加密与备份、入侵检测与防御等。

3. 提升员工安全意识与技能

定期开展信息安全教育和培训活动，提高员工对信息安全的认识和重视程度，同时加强对员工信息系统操作技能的培训，确保员工能够正确、安全地使用系统。

4. 强化合规监管与审计

建立合规监管机制和数据审计制度，对信息化建设项目进行全程监管和定期审计；及时发现并解决和消除存在的问题和隐患，确保信息化建设工作的合规性和有效性。

合规问题分析

一、业务简介

国有企业作为国家经济的重要支柱，其信息化建设不仅关乎企业自身的竞争力，还直接影响到国家经济的安全与稳定。随着信息技术的飞速发展，国有企业普遍加快了信息化建设的步伐，旨在通过数字化手段提升管理效率、优化资源配置、增强市场竞争力。然而，在信息化建设过程中，信息安全与数据隐私保护问题日益凸显，成为制约国有企业信息化建设合规性的关键因素。

二、相关规定

针对国有企业信息化建设合规问题中信息安全与数据隐私保护的问题，国家出台了一系列相关法律法规和标准规范，如《中华人民共和国网络安全法》《中华人民共和国数据安全法》《中华人民共和国个人信息保护法》等。这些法律法规明确要求企业建立健全信息安全管理制度，加强数据分类分级管理，实施数据加密与备份措施，确保个人信息和企业数据的安全。同时，相关法律法规还规定了企业在数据处理活动中的合规义务和责任追究机制。

三、合规问题具体表现

1. 制度不健全

部分国有企业缺乏完善的信息安全管理制度和数据隐私保护政策，导致信息化建设过程中缺乏明确的指导和规范。

2. 技术防护措施不力

部分企业在信息化建设过程中，在信息安全技术防护措施方面的投入不足，导致技术防护措施不力，如未部署防火墙、入侵检测系统等安全设备，未对数据进行加密存储和传输等。

3. 员工安全意识淡薄

部分企业员工对信息安全与数据隐私保护的认识不足，缺乏必要的安全意识和技能，存在内部安全风险。

4. 第三方风险管理不到位

在信息化建设过程中，国有企业往往需要与第三方服务商合作。然而，部分企业在选择第三方服务商时未进行充分的风险评估和安全审核，导致第三方服务商成为潜在的安全隐患。

5. 合规监管缺失

部分国有企业在信息化建设过程中缺乏有效的合规监管机制和数据审计制度，难以及时发现并解决存在的合规问题。

四、问题造成的严重影响

1. 经济损失大

信息安全与数据隐私保护不足可能导致企业敏感数据泄露或被非法利用，进而引发经济损失，包括赔偿客户损失、修复系统漏洞及加强安全防护的费用等。

2. 声誉受损

数据泄露等安全事件将严重损害企业的品牌形象和声誉，导致客户信任度下降，市场份额遭受侵蚀。

3. 面临法律风险

违反信息安全与数据隐私保护相关法律法规将使企业面临法律诉讼和监管处罚的风险，甚至可能导致企业被吊销相关执照。

4. 业务中断

信息安全事件可能导致企业信息系统瘫痪或业务中断，严重影响企业的正常运营和生产活动。

5. 国家安全受威胁

国有企业掌握着大量国家敏感信息和关键基础设施数据，一旦泄露将对国家安全构成严重威胁。

综上所述，国有企业信息化建设合规问题中的信息安全与数据隐私保护不足是一个亟待解决的问题。国有企业应高度重视信息安全与数据隐私保护工作，建立健全相关管理制度和技术防护措施，加强员工安全意识和技能培训，完善第三方风险管理机制，并建立健全合规监管和数据审计制度，以确保信息化建设的合规性和安全性。

法律法规依据

针对国有企业信息化建设合规问题中信息安全与数据隐私保护不足的问题，以下是对相关法律法规依据的总结。

一、针对制度不健全问题的法律法规

1.《中华人民共和国网络安全法》

第二十一条：国家实行网络安全等级保护制度。网络运营者应当按照网络安全等级保护制度的要求，履行下列安全保护义务，保障网络免受干扰、破坏或者未经授权的访问，防止网络数据泄露或者被窃取、篡改……。

2.《中华人民共和国数据安全法》

第二十七条：开展数据处理活动应当依照法律、法规的规定，建立健全全流程数据安全管理制度，组织开展数据安全教育培训，采取相应的技术措施和其他必要措施，确保数据安全……。

二、针对技术防护措施不力问题的法律法规

1.《中华人民共和国网络安全法》

第二十一条：国家实行网络安全等级保护制度。网络运营者应当按照网络安全等级保护制度的要求，履行下列安全保护义务，保障网络免受干扰、破坏或者未经授权的访问，防止网络数据泄露或者被窃取、篡改：（一）制定内部安全管理制度和操作规程，确定网络安全负责人，落实网络安全保护责任；（二）采取防范计算机病毒和网络攻击、网络侵入等危害网络安全行为的技术措施；（三）采取监测、记录网络运行状态、网络安全事件的技术措施，并按照规定留存相关的网络日志不少于六个月；（四）采取数据分类、重要数据备份和加密等措施；（五）法律、行政法规规定的其他义务。

2.《中华人民共和国个人信息保护法》

第五十一条：个人信息处理者应当根据个人信息的处理目的、处理方式、个人信息的种类以及对个人权益的影响、可能存在的安全风险等，采取下列措施确保个人信息处理活动符合法律、

行政法规的规定，并防止未经授权的访问以及个人信息泄露、篡改、丢失：（一）制定内部管理制度和操作规程；（二）对个人信息实行分类管理；（三）采取相应的加密、去标识化等安全技术措施等。

三、针对员工安全意识淡薄问题的法律法规

《中华人民共和国网络安全法》

第二十五条：网络运营者应当制定网络安全事件应急预案，及时处置系统漏洞、计算机病毒、网络攻击、网络侵入等安全风险；在发生危害网络安全的事件时，立即启动应急预案，采取相应的补救措施，并按照规定向有关主管部门报告。

同时，企业应定期组织网络安全教育和培训，提高员工网络安全意识和技能。

四、针对第三方风险管理不到位问题的法律法规

《中华人民共和国数据安全法》

第三十二条：任何组织、个人收集数据，应当采取合法、正当的方式，不得窃取或者以其他非法方式获取数据。处理数据的组织、个人应当对数据处理活动负责，并采取必要的安全保护措施，确保数据安全，防止数据泄露、篡改、丢失或者毁损。

这要求国有企业在选择第三方服务商时，必须确保其具备合法处理数据的能力，并采取必要的安全措施。

五、针对合规监管缺失问题的法律法规

《中华人民共和国网络安全法》

第五十九条：网络运营者不履行本法第二十一条、第二十五条规定的网络安全保护义务的，由有关主管部门责令改正，给予警告；拒不改正或者导致危害网络安全等后果的，处一万元以上十万元以下罚款，对直接负责的主管人员处五千元以上五万元以下罚款……。

这要求国有企业必须建立健全合规监管机制，确保信息化建设过程中的合规性。

综上所述，国有企业在信息化建设过程中必须严格遵守相关法律法规，建立健全信息安全与数据隐私保护制度，加强技术防护措施，提高员工安全意识，加强第三方风险管理，并建立健全合规监管机制，以确保信息化建设的合规性和安全性。

合规程序与方法

针对国有企业信息化建设合规问题中信息安全与数据隐私保护不足的问题，以下提出具体的合规程序与方法，旨在分步骤、有针对性地解决问题。

一、建立健全信息安全与数据隐私保护管理制度

1. 制定详细政策

制定有关企业信息安全与数据隐私保护的政策，明确信息安全和数据隐私保护的目标、原则、责任分工及违规处理机制。政策内容需涵盖数据分类分级、访问控制、加密存储与传输、备份与恢复、第三方管理、安全审计与监控等方面。

2. 完善信息安全管理制度

建立信息安全管理制度，包括系统维护、漏洞管理、应急响应等具体流程。明确各级员工在信息安全与数据隐私保护中的职责和权限，确保责任到人。

二、加强技术防护

1. 部署安全设备

在网络边界部署防火墙、入侵检测系统（IDS）、入侵防御系统（IPS）等安全设备，防止外部攻击。在内部网络关键节点部署安全网关，实现访问控制和流量监控。

2. 实施数据加密

对敏感数据进行分类，并采用合适的加密算法进行加密存储和传输。确保所有涉及敏感数据的系统、应用和数据库均实施加密措施。

3. 定期进行安全评估与漏洞扫描

定期进行系统安全评估和漏洞扫描，及时发现并消除潜在的安全隐患。引入第三方安全服务机构进行渗透测试，模拟攻击以检验系统防御能力。

三、提升员工安全意识与技能

1. 开展安全培训

定期组织信息安全与数据隐私保护培训，提高员工的安全意识和技能水平。培训内容应包括最新安全威胁、防护措施、应急响应流程等。

2. 实施安全意识考核

通过定期的安全意识考核，检验员工对信息安全知识的掌握程度。将考核结果与员工绩效挂钩，激励员工积极参与安全培训和学习。

四、加强第三方风险管理

1. 建立第三方评估机制

制定第三方服务商评估标准，对服务商的资质、技术实力、安全管理体系等进行全面评估。在签订合作协议前，确保服务商符合企业的信息安全与数据隐私保护要求。

2. 实施数据流转监控

对第三方服务商之间的数据流转进行实时监控和审计，确保数据在流转过程中的安全性和合规性。要求服务商签署保密协议，明确数据使用范围和责任追究机制。

五、建立合规审计与监控机制

1. 设立合规审计部门

成立专门的合规审计部门或指定专人负责合规审计工作。定期对企业的信息安全与数据隐私保护状况进行审计，确保各项制度得到有效执行。

2. 实施安全监控

部署安全监控系统，实时监控网络流量、系统日志、数据库操作等关键信息。通过安全监控及时发现异常行为并采取相应的应对措施，防止安全事件的发生和影响扩大。

3. 持续改进与优化

根据审计和监控结果，定期评估信息安全与数据隐私保护工作的效果，及时发现并解决存在的问题。持续关注最新的安全威胁和技术发展趋势，不断完善和优化企业的信息安全与数据隐私保护体系。

通过实施以上合规程序与方法，国有企业可以系统地解决信息化建设合规问题中信息安全与数据隐私保护不足的问题，提升企业的合规水平和整体安全防御能力。

专题6：资金与资源投入不足

案例引入

一、案例背景

公司 L 是一家位于东部沿海地区的传统制造业国有企业，主要从事汽车零部件的生产与销售。近年来，随着市场竞争的加剧和客户需求的变化，公司 L 意识到信息化建设对提升企业管理效率和产品竞争力的重要性。然而，在推进信息化建设的过程中，公司 L 遭遇了资金与资源投入不足的问题。

负责信息化建设的项目经理张某在面对资金和资源双重压力的情况下，不得不频繁调整项目计划，削减不必要的开支，并尝试通过内部培训和外部合作的方式弥补技术资源的不足。然而，这些措施并不能从根本上解决问题，导致项目进度严重滞后，部分关键系统未能如期上线。

二、具体问题

1. 资金短缺

公司 L 在信息化建设的初期，虽然制定了详细的规划和预算，但由于受到宏观经济环境、企业内部资金调配等多方面因素的影响，实际投入的资金远低于预期。据统计，原计划投入信息化建设的资金为 5000 万元，实际到位资金仅为 3000 万元，资金缺口高达 40%。

2. 资源匮乏

除了资金不足外，公司 L 在信息化建设过程中还面临着人力资源和技术资源匮乏的问题。企业内部缺乏专业的 IT 人才，无法独立承担信息化项目的规划、实施和运维工作。同时，由于预算有限，公司 L 无法购买到先进的信息化设备和软件，只能采用一些性能较低、功能有限的替代品。

三、主要问题的影响

1. 财务指标下滑

由于信息化建设进展缓慢，公司 L 的管理效率和生产效率未能得到有效提升，公司 L 反而因系统不稳定、数据不准确等问题而面临客户投诉增多、订单量下滑的情形。据统计，信息化建设受阻后的半年内，公司 L 的销售额同比下降了 15%，净利润率减少了 8 个百分点。

2. 市场竞争力下降

在信息化时代，竞争对手纷纷通过数字化转型提升产品质量和服务水平，而公司 L 却因信息化建设滞后，无法及时响应市场变化，导致市场竞争力明显下降。部分重要客户因此转向竞争对手，进一步加剧了公司的经营困境。

3. 内部管理混乱

信息化建设不足还导致公司 L 内部管理混乱，信息孤岛现象严重。各部门之间数据不共享、流程不协同，决策效率低下，影响了公司的整体运营效率。

四、结论与反思

公司 L 在信息化建设过程中遇到的资金与资源投入不足问题，严重制约了公司的数字化转型进程，导致了财务指标下滑、市场竞争力下降和内部管理混乱等一系列严重后果。公司 L 应从以下方面着手解决上述问题。

1. 加强顶层设计

国有企业在进行信息化建设时，应高度重视顶层设计，制定科学合理的规划和预算，确保有充足的资金与资源投入。

2. 多元化融资渠道

积极探索多元化融资渠道，如政府补助、银行贷款、社会资本合作等，减小资金压力。

3. 加大人才培养与引进力度

加大人才培养和引进力度，建立专业的 IT 团队，为信息化建设提供有力的人才支撑。

4. 优化资源配置

在资源有限的情况下，应优先保障关键系统的建设和运维，避免"撒胡椒面"式的投资方式。

5. 强化风险意识

充分认识到信息化建设过程中的风险和挑战，建立健全的风险管理机制，确保项目顺利推进。

合规问题分析

一、业务简介

国有企业信息化建设是企业现代化转型的重要组成部分，旨在通过应用先进的信息技术提升企业管理效率、优化资源配置、增强市场竞争力。这一过程涵盖了从基础设施建设、系统集成、数据治理到业务流程再造等多个方面，需要持续的资金和资源投入。

二、相关规定

在国有企业信息化建设的合规性方面，国家及行业出台了一系列相关法律法规和标准，如《中华人民共和国网络安全法》《信息安全技术 网络安全等级保护基本要求》等。这些法律法规和标准对信息化建设的资金投入、资源配置、安全管理等方面提出了明确要求，企业应遵守这些法律法规和标准，以确保信息化建设的合法合规性。

三、合规问题具体表现

1. 资金投入不足

国有企业在进行信息化建设时，往往面临资金紧张的困境。一方面，由于历史原因和体制限制，部分国有企业资金积累不足；另一方面，信息化建设的投资回报周期长、见效慢，使得企业在资金分配上倾向于短期效益明显的项目。因此，信息化建设往往因资金短缺而无法充分展开。

2. 资源配置不合理

在资源有限的情况下，部分国有企业在信息化建设过程中存在资源配置不合理的问题。一方面，过度追求技术先进性和系统全面性，导致资源分散，难以形成有效的信息化合力；另一方面，忽视了对人才、培训等软资源的投入，使得信息化建设缺乏持续的动力和支撑。

3. 合规意识淡薄

部分国有企业在推进信息化建设时，合规意识淡薄，未能严格遵守相关法律法规和标准。

例如，在数据保护、网络安全等方面存在漏洞和隐患，给企业的稳定运营和长远发展带来潜在风险。

四、问题造成的严重影响

1. 管理效率低下

信息化建设不足导致企业管理手段落后，信息传递不畅，决策效率低下。这不仅增加了企业的运营成本，还影响了企业的市场响应速度和竞争力。

2. 经营风险增加

信息化建设滞后使得企业在面对市场变化时缺乏足够的灵活性和适应性，容易错失发展机遇。同时，由于数据保护不力、存在网络安全隐患等，企业还可能面临法律诉讼、声誉损失等经营风险。

3. 制约企业转型升级

信息化建设是企业转型升级的重要驱动力。资金与资源投入不足将严重阻碍企业的数字化转型进程，使企业难以适应新经济时代的发展要求。

综上所述，国有企业信息化建设合规问题中的资金与资源投入不足是一个亟待解决的问题。企业应从加强顶层设计、拓宽融资渠道、优化资源配置、提升合规意识等方面入手，确保信息化建设的顺利推进和合规实施。

法律法规依据

针对国有企业信息化建设合规问题中资金与资源投入不足的问题，以下是针对这一问题的法律法规总结。

一、《中华人民共和国企业国有资产法》

相关条款：第十六条。

内容摘要：国家建立健全国有资产基础管理制度，对国有资产实行统计监测，对国有资产保值增值情况进行监管。国有企业应当加强内部管理，建立健全财务、审计、企业法律顾问和职工民主监督等制度，维护国有资产安全，防止国有资产流失。

与案例的关联：该条款强调了国有企业负有促进国有资产保值增值的责任，资金与资源投入不足可能导致国有资产流失，与案例中提到的资金紧张、投入不足问题直接相关。

二、《中华人民共和国会计法》

相关条款：第九条、第二十六条。

内容摘要：第九条规定，各单位必须根据实际发生的经济业务事项进行会计核算，填制会计凭证，登记会计账簿，编制财务会计报告。

第二十六条规定，单位负责人应当保证会计机构、会计人员依法履行职责，不得授意、指使、强令会计机构、会计人员违法办理会计事项。

与案例的关联：资金投入不足可能导致会计信息失真，影响会计资料的真实性和完整性，违反会计法规定。同时，单位负责人有责任确保会计工作的正常进行，资金投入不足问题也反映了管理层在履行职责方面的不足。

三、《中华人民共和国预算法》

相关条款：第四十五条、第五十六条。

内容摘要：各级政府、各部门、各单位的支出必须按照预算执行，不得虚假列支。各级预算收入和支出实行收付实现制。各级政府预算预备费的动用方案，由本级政府财政部门提出，报本级政府决定。各级政府、各部门、各单位应当加强对预算支出的管理，严格执行预算和财政制度，不得擅自扩大支出范围、提高开支标准；严格按照预算规定的支出用途使用资金。

与案例的关联：资金与资源投入不足问题可能与预算安排和执行有关。预算法要求各级政府、部门和单位严格按照预算执行，不得擅自扩大支出范围或提高开支标准，这与企业因资金紧张而削减信息化建设投入的情况相呼应。

四、《企业内部控制基本规范》

内容摘要：内部控制的目标是合理保证企业经营管理合法合规、资产安全、财务报告及相关信息真实完整，提高经营效率和效果，促进企业实现发展战略。企业应当合理确定内部控制目标和职责分工，采取适当的控制措施，对内部控制的实施情况进行持续监督与定期评价。

与案例的关联：内部控制规范强调了企业对资产安全、财务报告真实性的责任。资金与资源投入不足可能导致内部控制失效，影响企业经营管理的合法合规性和财务报告的真实性，从而违反内部控制规范的要求。

上述法律法规从不同角度对国有企业信息化建设合规问题中资金与资源投入不足的问题提出了指导。企业在进行信息化建设时，应严格遵守相关法律法规，确保资金与资源的充足投入，保障信息化建设的顺利进行和合规实施。同时，政府监管部门也应加强对国有企业信息化建设的监管和指导，促进企业合规经营和可持续发展。

合规程序与方法

针对国有企业信息化建设合规问题中资金与资源投入不足的问题，提出以下合规程序与方法，旨在分步骤、有针对性地解决问题。

一、明确信息化建设战略规划与预算

1. 制定信息化建设战略规划

结合企业发展战略，明确信息化建设的目标和方向，确保信息化建设与企业整体发展相协调。

2. 编制详细预算

根据战略规划，编制详细的信息化建设预算，包括硬件采购、软件开发、人员培训、运维费用等各项开支，并充分考虑项目的长期性和持续性。

二、拓宽融资渠道，确保资金充足

1. 合理调配内部资金

优化企业内部资金结构，合理调配现有资金，确保满足信息化建设的资金需求。

2. 寻求外部融资

积极寻求外部融资渠道，如银行贷款、政府补助、社会资本合作等，减小资金压力。同时，探索引入战略投资者，共同推进信息化建设。

三、优化资源配置，提高使用效率

1. 全面进行资源评估

对现有资源进行全面评估，明确资源优势和不足，为资源优化配置提供依据。

2. 优先保障关键领域

在资源有限的情况下，优先保障信息化建设的关键领域和核心系统，确保信息化建设的关键环节不受影响。

3. 共享与协同

推动企业内部各部门之间的资源共享和协同工作，避免资源浪费，提高资源使用效率。

四、提升合规意识，完善内部控制

1. 提升合规意识

通过培训、宣传等方式，增强企业管理层和员工的合规意识，使其充分认识到信息化建设合规性的重要性。

2. 完善内部控制

建立健全内部控制制度，明确信息化建设的审批流程、资金使用规定、项目管理要求等，确保信息化建设的各个环节都符合法律法规和企业内部规定。

五、建立持续监督与评估机制

1. 设立监督机构

成立专门的监督机构或指定专人负责信息化建设的监督工作，确保项目按计划推进、资金合理使用。

2. 定期评估与反馈

定期对信息化建设进展情况进行评估，及时发现问题并采取措施解决。同时，建立反馈机制，鼓励员工对信息化建设提出意见和建议，促进项目持续改进。

六、培养与引进人才

1. 内部培养

加强对现有员工的信息化培训，提升其专业技能和综合素质，为信息化建设提供有力的人才支撑。

2. 外部引进

积极引进高素质的信息化专业人才，特别是具有丰富项目管理经验和专业技能的复合型人才，为信息化建设注入新的活力。

通过实施以上合规程序与方法，国有企业可以有效解决信息化建设合规问题中资金与资源投入不足的问题，推动信息化建设顺利进行，提升企业整体竞争力和可持续发展能力。

专题 7：企业名称不符合有关法律规定

案例引入

一、案例背景

公司 A 作为国内知名的传统制造业国有企业，长期以来在行业内占据重要地位。然而，随着信息技术的飞速发展，市场竞争日益激烈，公司 A 逐渐意识到信息化建设对提升竞争力的重要性。然而，在推进信息化建设的过程中，公司 A 因资金与资源投入不足以及企业名称合规性问题频发，导致项目进展缓慢，甚至引发了一系列严重问题。

二、具体问题

1. 公司名称合规性问题

在信息化建设初期，公司 A 未充分重视相关法律法规对企业名称使用的规定，导致在注册域名、开发软件及对外宣传时使用了不符合规定的公司名称简称或变体，违反了《企业名称登记管理规定》等相关法律法规。

2. 资金与资源投入不足

公司 A 在编制预算时，对信息化建设的重视程度不够，仅划拨了有限的资金用于硬件采购和初期软件开发，而忽视了后续的系统升级、人员培训及运维费用。同时，公司内部资源也未得到有效整合，各部门间存在信息孤岛现象，导致资源浪费和效率低下。

3. 信息化建设进度缓慢

由于资金和资源不足，公司 A 的信息化建设进度远低于预期。原计划一年内完成的 ERP 系统上线项目，因多次延期和功能缩减，最终耗时近三年才勉强完成，且系统性能远未达到预期目标。

三、主要问题的影响

1. 经济损失大

直接经济损失方面，因信息化建设延期导致的额外成本增加超过 500 万元，包括额外的软件开发费用、运维成本以及因系统性能不佳而增加的手工操作成本。

间接经济损失更为严重，由于信息化水平滞后，公司 A 在市场响应速度、生产效率等方面明显落后于竞争对手，导致市场份额减小，年度营业收入同比减少约 8%，净利润下滑 12%。

2. 财务指标下滑

从财务指标来看，公司 A 的流动比率、速动比率等短期偿债能力指标均有所下降，反映出公司现金流紧张、偿债能力减弱的问题。同时，总资产周转率、应收账款周转率等营运能力指标也呈现下滑趋势，表明公司资产利用效率低下、资金回笼速度放缓。

3. 面临法律风险与声誉受损

因公司名称使用不合规引发的法律纠纷，不仅给公司 A 带来了额外的法律费用支出，还严重损害了公司的品牌形象和声誉。部分客户因此对公司 A 的专业性和合规性产生怀疑，导致合作意向减弱或合作取消。

四、结论与反思

公司 A 的信息化建设合规问题案例深刻揭示了资金与资源投入不足以及合规意识淡薄对企业发展的严重影响。为避免类似问题发生，国有企业应高度重视信息化建设的合规管理，加强对相关法律法规的学习与培训；同时，应合理规划预算、确保资金充足并有效整合资源；此外，还应建立健全内部监督机制，确保信息化建设项目的顺利推进和合规实施。只有实施这些措施，国有企业才能在激烈的市场竞争中保持领先地位并实现可持续发展。

合规问题分析

一、业务简介

国有企业作为国家经济发展的重要支柱，其信息化建设不仅是提升内部管理效率、优化资源配置的关键手段，也是增强市场竞争力、实现转型升级的重要途径。在信息化建设过程中，企业名称作为企业形象的重要组成部分，其合规性直接关系到企业的法律风险和品牌信誉。

二、相关规定

根据《中华人民共和国公司法》《企业名称登记管理规定》等相关法律法规，企业名称的使用需遵循一系列严格规定，包括但不限于：不得损害国家尊严或利益、不得妨碍社会公共秩序、不得含有淫秽色情等不良内容、不得误导公众或导致公众产生误解等。此外，企业名称的注册、变更及使用均需经过相关行政部门的审核批准，以确保其合法合规。

三、合规问题具体表现

1. 名称不规范

部分国有企业在信息化建设过程中，为追求简洁或独特，擅自使用未经注册的简称、缩写或变体作为企业名称，导致名称与注册信息不符。

2. 误导性使用

一些企业可能故意或在无意中使用容易引人误解的名称，如夸大企业规模等，以获取不正当竞争优势。

3. 违法内容

极少数企业的企业名称中可能包含违法违规内容，如涉及政治敏感词汇、民族歧视、色情暴力等，严重违反法律法规和社会公德。

4. 忽视变更手续

在企业名称发生变更后，未及时办理相关变更手续，导致在信息化建设过程中继续使用旧名称，造成法律风险和管理混乱。

四、问题造成的严重影响

1. 面临法律风险

名称不合规可能导致企业面临行政处罚、法律诉讼等风险，不仅增加企业运营成本，还可能损害企业声誉和企业形象。

2. 品牌信誉受损

包含误导性或违法内容的名称将严重损害企业的品牌信誉和降低消费者信任，影响企业的长期发展。

3. 管理混乱

名称使用不规范可能导致企业内部管理混乱，如文件归档、合同签署等环节出现错误，增加管理成本和难度。

4. 市场竞争力下降

在信息化时代，企业名称作为企业的重要标识之一，其合规性直接影响到企业的市场认知度和竞争力。名称不合规将削弱企业的市场竞争力，限制其业务拓展和发展空间。

综上所述，国有企业在信息化建设过程中应高度重视企业名称的合规问题，严格遵守相关法律法规规定，确保企业名称的规范使用和及时变更。同时，国有企业应加强内部管理和外部监督，防止因名称不合规而引发的法律风险和品牌信誉损失。

法律法规依据

针对国有企业信息化建设合规问题中企业名称不符合有关法律规定的问题，以下是对相关法律法规依据的总结。

一、针对企业名称使用及合规问题的法律法规

1.《中华人民共和国公司法》

第七条：依照本法设立的有限责任公司，应当在公司名称中标明有限责任公司或者有限公司字样。依照本法设立的股份有限公司，应当在公司名称中标明股份有限公司或者股份公司字样。

第四十六条：有限责任公司章程应当载明下列事项：（一）公司名称和住所；（二）公司经营范围；（三）公司注册资本；（四）股东的姓名或者名称；（五）股东的出资额、出资方式和出资日期；（六）公司的机构及其产生办法、职权、议事规则；（七）公司法定代表人的产生、变更办法；（八）股东会认为需要规定的其他事项。股东应当在公司章程上签名或者盖章。

2.《企业名称登记管理规定》

第四条：企业只准使用一个名称，在登记主管机关辖区内不得与已登记注册的同行业企业名称相同或者近似。

第十一条：企业名称不得含有下列内容和文字：（一）有损于国家、社会公共利益的；（二）可能对公众造成欺骗或者误解的；（三）外国国家（地区）名称、国际组织名称；（四）政党名称、党政军机关名称、群众组织名称、社会团体名称及部队编号；（五）汉语拼音字母（外文名称中使用的除外）、数字；（六）其他法律、行政法规规定禁止的。

3.《中华人民共和国反不正当竞争法》

第六条：经营者不得实施下列混淆行为，引人误认为是他人商品或者与他人存在特定联系：（一）擅自使用与他人有一定影响的商品名称、包装、装潢等相同或者近似的标识；（二）擅自使用他人有一定影响的企业名称（包括简称、字号等）、社会组织名称（包括简称等）、姓名（包括笔名、艺名、译名等）……。

二、针对企业信息化建设及合规管理问题的法律法规

1.《中华人民共和国会计法》

该法关于企业会计信息的真实性、完整性要求，间接影响企业信息化建设中与财务相关的合规性。

2.《中华人民共和国民法典》

第一百二十条：民事权益受到侵害的，被侵权人有权请求侵权人承担侵权责任。

综上所述，国有企业在信息化建设过程中，必须严格遵守《中华人民共和国公司法》《企业名称登记管理规定》等法律法规关于企业名称使用的规定，确保企业名称的合法合规，避免因名称问题引发的法律风险和管理混乱。同时，在信息化建设中也应遵循《中华人民共和国会计法》《中华人民共和国民法典》等相关法律法规的要求，确保信息化建设的整体合规性。

合规程序与方法

针对国有企业信息化建设合规问题中企业名称不符合有关法律规定的问题，以下提出具体的合规程序与方法，以分步骤、有针对性地解决问题。

一、合规程序

1.建立合规审查流程

设立专门的合规审查团队或部门，负责在信息化建设过程中对企业名称的使用进行合规性审查。

制定合规审查流程，明确审查步骤、责任人和时间节点，确保在信息化建设前、中、后期均有合规审查。

2.法律法规培训与宣导

定期对员工进行相关法律法规的培训，特别是关于企业名称使用的法律法规，提高员工的合规意识。

编制合规手册或指南，明确企业名称使用的合规标准和要求，供员工随时查阅。

3.名称使用申请与审批制度

建立企业名称使用申请与审批制度，任何部门或个人在信息化建设中使用企业名称前，均需提交申请并经过合规审查团队的审批。

审批过程中，要严格核对名称是否符合法律法规的要求，是否存在误导性或违法内容。

4.定期进行合规自查与整改

设立定期的合规自查机制，对企业名称在信息化建设中的使用情况进行全面检查。

发现不合规问题，立即启动整改程序，包括更正名称、修改相关文件、通知相关方等，确保问题得到及时解决。

5.合规风险监测与应对

建立合规风险监测机制，关注外部法律法规的变化，以及企业内部名称使用的新情况、新问题。

针对可能出现的合规风险，制定应对策略和预案，确保在风险发生时能够迅速、有效地应对。

二、具体方法

1.使用合规审查清单

制定合规审查清单，列出使用企业名称时应遵循的所有法律法规要求。在每次使用企业名称前，对照清单进行逐项审查，确保名称的合规性。

2. 引入外部法律咨询服务

与专业的法律咨询服务机构合作，为企业名称的合规性提供外部专业意见。在重要或复杂的信息化建设项目中，邀请外部法律顾问进行合规性评估和指导。

3. 建立合规举报与奖励机制

鼓励员工积极举报发现的合规问题，特别是关于企业名称使用的不合规情况。对举报有功的员工给予奖励，激发员工参与合规管理的积极性。

4. 加强与合作伙伴的合规沟通

在与合作伙伴进行信息化建设时，明确双方关于企业名称使用的合规要求和责任。定期对合作伙伴进行合规培训和沟通，确保其在合作过程中遵守相关法律法规。

5. 实施合规信息化建设

利用信息技术手段，建立合规管理信息系统，实现企业名称使用的合规性自动化监测和管理。通过数据分析、预警等，提高合规管理的效率和准确性。

综上所述，通过建立合规程序、实施具体方法，国有企业可以有效解决信息化建设过程中企业名称不符合有关法律规定的问题，确保企业名称的合规性使用，降低法律风险和管理混乱的风险。

专题 8：软件选型与适用性问题

案例引入

一、案例背景

传统制造业国有企业 C（以下简称"企业 C"），作为国内知名的机械制造企业，近年来致力于通过信息化建设提升企业管理效率和市场竞争力。企业 C 决定引入一套先进的 ERP（企业资源计划）系统，以期实现生产、财务、销售等各个环节的全面集成和管理优化。在软件选型过程中，企业 C 高层受到国外某知名品牌软件的高市场占有率和先进功能宣传的影响，决定采购该软件，而忽视了该软件是否符合企业的实际需求和法律法规要求。

二、具体问题

1. 软件适用性不足

引入软件后，企业 C 发现该 ERP 系统虽然功能强大，但许多模块并不符合国内企业的业务流程和管理习惯。例如，系统中的财务处理流程与我国会计准则存在差异，导致财务数据处理复杂且易出错。

生产管理模块未能与企业的实际生产线紧密联系，导致生产计划与实际生产脱节，生产效率低下。

2. 数据合规问题

该 ERP 系统中包含的部分功能涉及数据传输和存储，但未充分考虑我国的数据安全和个人信息保护法律法规要求。在实际使用过程中，企业 C 多次因数据合规问题被监管部门约谈和警告。

3. 实施成本高昂

由于软件适用性不足，企业 C 不得不投入大量资源进行二次开发和定制化改造，导致项目延期并超出预算。据统计，项目实际成本较原计划增加了约 30%，达到数百万元。

4. 人员培训困难

国外软件的操作界面和逻辑与国内用户的习惯差异较大，企业 C 的员工在培训过程中遇到诸多困难。即使经过长时间培训，仍有部分员工无法熟练掌握相关技能，影响工作效率。

三、主要问题的影响

1. 财务指标恶化

由于生产效率低下和财务数据处理错误频发，企业 C 的运营成本显著增加，利润空间受到挤压。财务报告显示，引入 ERP 系统后的首个财年，企业 C 的净利润同比下降了约 15%。

2. 市场竞争力下降

由于内部管理混乱和响应速度缓慢，企业 C 的市场竞争力受到严重影响。部分重要客户因不满企业 C 的服务质量而转向企业 C 的竞争对手。

3. 企业信誉受损

多次因数据合规问题被监管部门约谈和警告导致企业 C 的企业形象和信誉受到严重损害。这不仅影响了企业 C 在行业内的地位，也对其未来的融资和合作产生了不利影响。

四、结论与反思

企业 C 在信息化建设过程中，因忽视软件选型与适用性问题，导致了严重的财务损失和市场竞争力下降。这充分说明，在国有企业信息化建设中，软件选型必须符合企业的实际需求和法律法规要求，不能盲目追求品牌和市场占有率。

在未来的信息化建设中，企业应建立科学的软件选型机制，充分调研和评估不同软件产品的适用性和合规性。同时，加强对内部员工的技能培训，确保新系统能够顺利落地并发挥实效。

此外，企业还应建立健全的合规管理体系，密切关注国内外法律法规的变化，确保信息化建设过程中的各项活动均符合合规要求。通过实施这些措施，企业可以有效避免类似问题的发生，实现信息化建设的可持续发展。

合规问题分析

一、业务简介

国有企业信息化建设是企业转型升级、提升竞争力的关键途径之一。国有企业引入先进的信息化系统的目的是实现业务流程的优化、管理效率的提升以及决策支持能力的增强。在信息化建设过程中，软件选型作为核心环节之一，直接关系到信息化项目的成败。

二、相关规定

国有企业在进行信息化建设时，需遵循一系列相关法律法规和行业标准。这些规定包括但不限于以下几种。

《中华人民共和国网络安全法》：要求企业采取技术措施和其他必要措施，保障网络安全、稳定运行，有效应对网络安全事件，防范网络违法犯罪活动。

《中华人民共和国数据安全法》：强调数据保护和利用的平衡，要求企业建立健全数据安全管理制度，保障数据安全。

《中华人民共和国个人信息保护法》：规范个人信息的收集、存储、使用、加工、传输、提供、公开、删除等行为，保护个人信息权益。

行业标准与规范：如国家关于信息化系统建设的标准、指南等，为企业提供技术选型和实施的指导。

三、合规问题具体表现

1. 软件适用性不足

选型过程中未充分考虑企业的实际需求和管理现状，导致所选软件与企业业务流程不匹配，无法有效发挥作用。

软件功能过于复杂或过于简单，无法满足企业的特定需求，造成资源浪费或效率低下。

2. 合规性风险

所选软件未经过必要的安全评估和认证，存在数据泄露、被非法入侵等安全风险。软件中的数据处理流程不符合国家法律法规要求，如个人信息处理不当、数据跨境传输未经批准等。

3. 技术依赖与自主可控

过度依赖国外软件产品，存在供应链安全风险和技术受制于人的问题。在国家推动信创（信息技术应用创新）的背景下，未能积极响应国家政策，推进信息化系统的国产化改造。

4. 实施难度与成本

软件实施过程复杂，需要投入大量人力、物力和时间进行定制化开发和培训。实施成本超出预算，导致企业财务压力增大，甚至影响其他业务的正常开展。

四、问题造成的严重影响

1. 管理效率下降

不适用的信息化系统无法有效支持企业的业务流程和管理需求，导致管理效率低下，决策失误增多。

2. 财务风险增加

信息化项目超支、延期等问题可能导致企业财务状况恶化，影响企业的持续经营能力。

3. 市场竞争力削弱

由于管理效率低下和财务风险增加，企业在市场上的竞争力可能受到削弱，导致市场份额减小和客户流失。

4. 法律合规风险

数据泄露、个人信息保护不当等问题可能引发法律诉讼和监管处罚，损害企业声誉和信誉。

5. 国家安全风险

过度依赖国外软件产品可能威胁到国家的信息安全和数据主权，增加国家安全风险。

综上所述，国有企业在信息化建设过程中应高度重视软件选型与适用性问题，确保所选软件既符合企业实际需求和管理现状，又符合国家法律法规和行业标准要求。同时，国有企业应积极推进信息化系统的国产化改造，提升自主可控能力，为企业的可持续发展和国家安全保驾护航。

法律法规依据

一、针对软件适用性不足问题的法律法规

1.《中华人民共和国企业国有资产法》

第十七条：国家出资企业应当加强内部管理和风险控制，依照法律、行政法规以及企业章程的规定，建立健全财务、会计、审计、统计等制度，保证企业资产的安全完整。

此条款要求国有企业建立健全的财务、会计等制度，确保资产安全。软件选型应考虑与现有财务、会计制度的适配性，避免因软件不适用而导致的管理漏洞和资产风险。

2.《中华人民共和国公司法》

第十九条：公司从事经营活动，应当遵守法律法规，遵守社会公德、商业道德，诚实守信，接受政府和社会公众的监督。

公司在进行信息化建设时，应遵守法律法规，选择适合自身经营活动的软件，确保经营活动的合规性。

二、针对合规性风险问题的法律法规

1.《中华人民共和国网络安全法》

第二十一条：国家实行网络安全等级保护制度。网络运营者应当按照网络安全等级保护制度的要求，履行下列安全保护义务，保障网络免受干扰、破坏或者未经授权的访问，防止网络数据泄露或者被窃取、篡改……。

国有企业在选择信息化软件时，必须确保软件符合网络安全等级保护制度的要求，防止数据泄露、被窃取或篡改，保障网络安全。

2.《中华人民共和国数据安全法》

第二十七条：开展数据处理活动应当依照法律、法规的规定，建立健全全流程数据安全管理制度，组织开展数据安全教育培训，采取相应的技术措施和其他必要措施，保障数据安全……。

国有企业在信息化建设过程中，应建立健全的数据安全管理制度，确保所选软件的数据处理活动符合法律法规要求，保障数据安全。

3.《中华人民共和国个人信息保护法》

第五条：处理个人信息应当遵循合法、正当、必要和诚信原则，不得通过误导、欺诈、胁迫等方式处理个人信息。

国有企业在选择信息化软件时，应确保软件的个人信息处理功能符合个人信息保护法的原则，不得侵犯个人信息的合法权益。

三、针对技术依赖与自主可控问题的法律法规

《国家信息化发展战略纲要》强调要坚持自主创新和开放合作相结合，加强核心技术自主创新和基础设施建设，提升信息采集、处理、传输、利用、安全能力，更好惠及民生，服务经济社会发展。

国有企业在信息化建设过程中，应积极响应国家信息化发展战略，推进信息化系统的国产化改造，提升自主可控能力。

四、针对实施难度与成本问题的法律法规

《中华人民共和国合同法》

第六条：当事人行使权利、履行义务应当遵循诚实信用原则。

在信息化建设项目合同中，双方应诚实信用地履行合同义务，包括按照约定的预算和实施难度进行项目实施，避免因实施难度和成本超出预期而导致的合同纠纷。

综上所述，国有企业在信息化建设过程中应严格遵守相关法律法规要求，确保软件选型与适用性的合规性。这不仅有助于提升企业管理效率和市场竞争力，还能有效防范法律风险和国家安全风险。

合规程序与方法

针对国有企业信息化建设合规问题中的软件选型与适用性问题，提出以下具体的合规程序与方法，旨在分步骤、有针对性地解决问题。

一、明确需求与规划

1. 需求调研与分析

（1）执行者：信息化部门、业务部门。

（2）内容：全面收集和分析各部门对信息化系统的具体需求，包括业务流程优化、管理效率提升、数据安全性等方面的要求。

（3）输出：编制详细的需求分析报告，明确系统应具备的功能模块和性能指标。

2. 制定信息化建设规划

（1）执行者：高层管理者、信息化部门。

（2）内容：基于需求分析报告，制定信息化建设的整体规划和阶段目标，明确项目预算、时间表和人员配置。

（3）输出：编制信息化建设规划书，将其作为项目实施的指导性文件。

二、遵循法律法规与标准

1. 研究法律法规与标准

（1）执行者：法务部门、信息化部门。

（2）内容：深入研究《中华人民共和国网络安全法》《中华人民共和国数据安全法》《中华人民共和国个人信息保护法》等相关法律法规，以及行业标准和企业内部规章制度。

（3）输出：编制合规性分析报告，列出信息化建设过程中需要遵守的法律法规和标准条款。

2. 合规性审查

（1）执行者：法务部门、信息化部门、第三方评估机构。

（2）内容：对拟选软件进行合规性审查，确保软件功能、数据处理流程等符合法律法规和标准要求。

（3）输出：编制合规性审查报告，提出修改建议或推荐符合要求的软件产品。

三、开展软件选型与评估

1. 进行软件市场调研

（1）执行者：信息化部门、采购部门。

（2）内容：广泛收集市场上同类软件产品的信息，包括功能、性能、价格、用户评价等。

（3）输出：编制软件市场调研报告，列出备选软件清单。

2.软件选型与评估

（1）执行者：信息化部门、业务部门、法务部门。

（2）内容：组织专家团队对备选软件进行详细评估，综合考虑软件的功能适用性、技术先进性、成本效益、合规性等因素。

（3）输出：编制软件选型与评估报告，确定最终选用的软件产品。

四、实施与监控

1.制定实施方案

（1）执行者：信息化部门、项目管理部门。

（2）内容：根据软件选型和评估结果，制定详细的实施方案，包括项目组织、任务分配、时间进度、质量控制等。

（3）输出：编制项目实施计划书。

2.项目实施与监控

（1）执行者：项目团队、监理机构（如有）。

（2）内容：按照实施计划开展软件开发、部署、测试等工作，同时建立监控机制，确保项目按时、保质、保量完成。

（3）输出：编制项目实施过程中的各类文档和报告。

五、培训、持续优化与合规复审

1.用户培训

（1）执行者：培训部门、信息化部门。

（2）内容：对系统用户进行系统的操作培训，确保用户能够熟练掌握系统的使用方法和注意事项。

（3）输出：编制用户培训记录。

2.持续优化与合规复审

（1）执行者：信息化部门、业务部门、法务部门。

（2）内容：在系统运行一段时间后，收集用户反馈，对系统进行持续优化和升级。同时，定期进行合规复审，确保系统持续符合法律法规和标准要求。

（3）输出：编制系统优化升级计划和合规复审报告。

通过实施以上合规程序与方法，国有企业可以有效解决信息化建设过程中的软件选型与适用性问题，确保信息化建设项目的合规性、有效性和可持续性。

专题9：部门间信息共享与协同不足

案例引入

一、案例背景

国有企业O（以下简称"O企业"），作为国内知名的传统制造业巨头，拥有员工数千人，业务覆盖多条产品线。近年来，随着市场竞争的加剧和数字化转型的推进，O企业开始重视信息化建设，以期通过技术手段提升管理效率和市场竞争力。然而，在信息化建设过程中，O企业遭遇了部门间信息共享与协同不足的问题，严重制约了企业的整体发展。

二、具体问题

1. 信息孤岛现象严重

O企业在信息化建设初期，由于缺乏统一规划和协调，各部门各自为政，分别引进了不同的信息系统。这些系统之间缺乏有效的接口和数据交换机制，导致数据无法顺畅流通，形成了多个信息孤岛。例如，生产部门使用的MES（制造执行系统）与销售部门的CRM（客户关系管理）系统互不联通，生产数据无法及时反馈给销售部门，影响了市场预测和订单处理的准确性。

2. 跨部门协同效率低下

由于信息孤岛的存在，O企业在开展跨部门协同工作时遇到了巨大障碍。例如，在产品开发过程中，设计部门、生产部门和质量部门需要频繁沟通协作，但由于各自使用不同的软件工具，数据交换和版本控制变得异常复杂和耗时。据统计，某次新产品开发周期因跨部门协同不畅而延长了30%，直接导致错失市场机会。

3. 决策支持不足

由于缺乏全面、准确的数据支持，O企业的高层管理者在做出重大决策时往往依据不足。例如，在制定年度生产计划时，由于无法获取实时、全面的市场需求和生产能力数据，计划与实际脱节，库存积压和缺货现象频发。这不仅增加了企业的运营成本，还影响了客户满意度和市场竞争力。

三、主要问题的影响

1. 财务指标下滑

部门间信息共享与协同不足导致O企业管理效率低下和决策失误，财务指标出现了明显下滑。据统计，过去一年内，企业的库存周转率下降了20%，应收账款周转率下降了15%，而运营成本则上升了10%。这些财务指标的变化直接反映了企业运营效率的低下和市场竞争力的减弱。

2. 市场竞争力下降

随着市场竞争的加剧，客户对产品和服务的需求越来越多样化、个性化。然而，由于O企业内部信息共享与协同不足，企业无法快速响应市场变化和客户需求。这使得企业在与竞争对手的较量中处于劣势地位，市场份额逐渐被侵蚀。市场调研数据显示，过去一年内，O企业主要产品的市场份额减少了5个百分点。

3. 员工士气受挫

部门间信息共享与协同不足还导致了员工工作负担的增加和工作效率的降低。由于需要花费大量时间和精力在数据交换和沟通协调上，员工普遍感到工作压力增大、成就感降低。这不仅影响了员工的工作积极性和创造力，还加剧了企业内部的矛盾和冲突。

四、结论与反思

O企业在信息化建设过程中遇到的部门间信息共享与协同不足问题是一个典型的合规问题。它不仅制约了企业的管理效率和市场竞争力，还导致了财务指标的下滑和员工士气的受挫。因此，解决这一问题对 O 企业的可持续发展和转型升级具有重要意义。

1. 加强顶层设计与统一规划

在未来的信息化建设中，O 企业应高度重视顶层设计与统一规划工作，确保各部门在系统选型、数据标准、接口设计等方面保持一致性和协同性。

2. 推动数据共享与流程整合

O 企业应通过构建统一的数据平台和业务流程管理系统，打破部门壁垒，实现数据的顺畅流通和业务的无缝对接。同时，O 企业应加强跨部门沟通和协作机制建设，提升整体运营效率。

3. 强化培训与支持

针对员工在信息系统使用和数据共享方面的困惑和问题，O 企业应加大培训和支持力度，提升员工的信息化素养和协同能力。同时，O 企业应建立有效的激励机制和考核机制，激发员工的工作积极性和创造力。

4. 持续改进与优化

信息化建设是一个持续的过程而非一蹴而就的任务。O 企业应建立持续改进与优化的机制，定期对信息化建设成果进行评估和反馈，及时调整和优化策略措施，确保信息化建设始终符合企业发展战略和市场需求。

合规问题分析

一、业务简介

国有企业信息化建设是指国有企业利用现代信息技术，对企业生产、经营、管理等各个环节进行改造和提升的过程。其目的是通过信息化手段提高企业运营效率、降低成本、增强市场竞争力。信息化建设涉及多个部门，包括信息化部门、业务部门、法务部门等，需要各部门之间紧密协作和信息共享。

二、相关规定

针对国有企业信息化建设，国家出台了一系列相关法律法规，如《中华人民共和国网络安全法》《中华人民共和国数据安全法》《中华人民共和国个人信息保护法》等。这些法律法规对国有企业信息化建设中的信息共享、数据处理、系统安全等方面提出了明确要求。国有企业必须遵守这些规定，确保信息化建设的合规性。

三、合规问题具体表现

在国有企业信息化建设中，部门间信息共享与协同不足是一个突出的合规问题。具体表现如下。

1. 形成信息孤岛

各部门各自为政，分别引进不同的信息系统，导致数据无法顺畅流通，形成多个信息孤岛。

2. 跨部门协同效率低下

由于存在信息孤岛，跨部门协同工作遇到巨大障碍，数据交换和版本控制复杂耗时。

3. 决策依据不足

缺乏全面、准确的数据支持，导致高层管理者在做重大决策时依据不足。

四、问题造成的严重影响

部门间信息共享与协同不足对国有企业信息化建设造成了严重影响，主要体现在以下几个方面。

1. 管理效率低下

信息孤岛和跨部门协同不畅导致企业管理效率低下，增加了运营成本和时间成本。

2. 决策失误风险增加

缺乏全面、准确的数据支持，导致企业高层管理者在做出重大决策时可能出现失误，给企业带来重大损失。

3. 市场竞争力下降

无法快速响应市场变化和客户需求，导致企业在市场竞争中处于劣势地位，市场份额逐渐减小。

4. 合规风险增加

信息共享与协同不足可能导致企业在数据处理、系统安全等方面存在合规隐患，增加企业面临法律风险和监管处罚的可能性。

综上所述，部门间信息共享与协同不足是国有企业信息化建设中亟须解决的合规问题。企业应高度重视这一问题，加强顶层设计与统一规划，推动数据共享与流程整合，强化培训与支持，并持续改进与优化信息化建设成果，以确保信息化建设的合规性和有效性。

法律法规依据

针对国有企业信息化建设合规问题中部门间信息共享与协同不足的问题，以下相关法律法规提供了重要的合规依据和指导。

一、针对形成信息孤岛问题的法律法规

1.《中华人民共和国网络安全法》

第九条：网络运营者开展经营和服务活动，必须遵守法律、行政法规，尊重社会公德，遵守商业道德，诚实信用，履行网络安全保护义务，接受政府和社会的监督，承担社会责任。

2.《中华人民共和国企业国有资产法》

第十六条：国家出资企业对其动产、不动产和其他财产依照法律、行政法规以及企业章程享有占有、使用、收益和处分的权利。国有企业应确保信息化资产（包括数据）的有效利用，避免信息孤岛导致的资源浪费。

二、针对跨部门协同效率低下问题的法律法规

《中华人民共和国公司法》

第一百七十九条：董事、监事、高级管理人员应当遵守法律、行政法规和公司章程。

第一百八十条：董事、监事、高级管理人员对公司负有忠实义务，应当采取措施避免自身利益与公司利益冲突，不得利用职权牟取不正当利益……。

这要求企业高层管理人员积极推动部门间协同，提高管理效率。

三、针对决策依据不足问题的法律法规

1.《企业国有资产监督管理暂行条例》

第二十一条：国有资产监督管理机构依照法定程序决定其所出资企业中的国有独资企业、国有独资公司的分立、合并、破产、解散、增减资本、发行公司债券等重大事项……。

这要求国有企业在做出重大决策时，必须有充分、准确的数据支持，而部门间信息共享与协同是确保数据准确性的关键。

2.《中华人民共和国民法典》

第一百三十六条：民事法律行为自成立时生效，但是法律另有规定或者当事人另有约定的除外……。

企业内部的协同和数据共享机制可以视为一种内部约定，必须得到有效执行，以确保企业决策的合法性和有效性。

综上所述，国有企业在信息化建设过程中，必须严格遵守相关法律法规，确保部门间信息共享与协同的合规性。这不仅有助于提高企业管理效率和市场竞争力，还能有效防范合规风险，保障企业的长期健康发展。

合规程序与方法

针对国有企业信息化建设合规问题中部门间信息共享与协同不足的问题，以下提出具体的合规程序与方法，旨在有针对性地解决问题。

一、制定统一的信息化建设规划

1.组织跨部门规划小组

成立由信息化部门、业务部门、法务部门等多部门组成的信息化建设规划小组，负责整体规划和实施信息化建设。

2.明确信息化目标

根据企业战略目标和业务需求明确信息化建设的具体目标，确保信息化规划与企业长远发展相契合。

3.制定详细的规划方案

在充分调研和需求分析的基础上，制定详细的信息化建设规划方案，包括系统选型、数据标准、接口设计等内容，确保各部门在信息化建设过程中保持一致性和协同性。

二、建立统一的数据管理平台

1.整合现有信息系统

对现有信息系统进行全面梳理和评估，整合功能重复、数据孤立的系统，避免产生信息孤岛现象。

2.构建统一的数据管理平台

建立统一的数据管理平台，实现数据的集中存储、处理和分析，确保数据的一致性和准确性。

3.制定数据共享机制

明确各部门数据共享的范围、方式和责任，建立数据共享申请、审批和反馈机制，确保数据

在合法、合规的前提下顺畅流通。

三、强化跨部门协同工作机制

1. 建立跨部门协同小组

针对关键业务流程，成立跨部门协同小组，负责协调解决和清除跨部门协同中的问题和障碍。

2. 制定协同工作流程

明确跨部门协同的具体工作流程和职责分工，确保各部门在协同过程中有章可循、有序进行。

3. 定期召开协同会议

定期组织召开跨部门协同会议，通报工作进展、讨论问题和解决方案，加强部门间的沟通和协作。

四、加强信息化培训与考核

1. 开展信息化培训

针对员工在信息化系统使用和数据共享方面的困惑和问题，定期开展信息化培训，提升员工的信息化素养和协同能力。

2. 建立考核机制

将信息化建设和协同工作纳入员工绩效考核体系，建立明确的考核标准和奖惩机制，激发员工的工作积极性和创造力。

五、完善信息安全与合规管理体系

1. 加强信息安全防护

建立健全的信息安全管理体系，采取有效的安全防护措施，确保信息化系统的稳定性和数据的安全性。

2. 定期进行合规审查

定期对信息化建设成果进行合规审查，确保各项工作符合相关法律法规和企业规章制度。

3. 建立应急响应机制

针对可能发生的信息安全事件和合规风险，建立应急响应机制，确保在突发事件发生时能够迅速、有效地应对。

通过实施以上合规程序与方法，国有企业可以有效解决部门间信息共享与协同不足的问题，提升信息化建设的合规性和有效性，为企业的长远发展奠定坚实基础。

专题 10：合规体系与风险管理机制缺失

案例引入

一、案例背景

公司 Z 是一家传统制造业国有企业，长期专注于机械制造领域。随着市场竞争的加剧和行业数字化转型的推进，公司 Z 决定启动信息化建设项目，以提升生产效率和市场竞争力。然而，在信息化建设过程中，由于合规体系与风险管理机制的缺失，公司 Z 遭遇了一系列合规问题，给公司带来了严重的经济损失和信誉危机。

二、具体问题

1. 合规体系不健全

公司 Z 在启动信息化建设时，未建立完善的合规体系，缺乏明确的合规政策和流程。各部门在信息化建设过程中各自为政，未形成统一的合规标准和监督机制。

2. 数据共享与协同不足

由于合规体系缺失，公司 Z 内部各部门之间存在严重的信息壁垒，数据共享与协同不畅。生产、销售、财务等部门的数据无法有效整合，导致决策支持不足，管理效率低下。

3. 存在信息安全隐患

信息化建设过程中，公司 Z 忽视了信息安全的重要性，未采取有效的安全防护措施。外部攻击和内部泄露事件频发，导致客户数据、生产机密等重要信息被非法获取和利用。

三、主要问题的影响

1. 经济损失大

由于数据泄露和信息安全事件频发，公司 Z 不得不投入大量资金进行补救和赔偿。据统计，仅在过去一年内，公司 Z 因信息安全问题导致的直接经济损失就高达 500 万元。

2. 财务指标下滑

信息化建设不仅未能有效提升公司运营效率和市场竞争力，反而因合规问题和信息安全隐患导致管理成本上升、客户信任度下降。公司净利润同比下降 20%，市场份额也有所减小。

3. 产生信誉危机

多起信息安全事件被媒体曝光后，公司 Z 的品牌形象受到严重损害，客户信任度急剧下降。部分长期合作伙伴因此终止合作，进一步加剧了公司的经营困境。

4. 法律诉讼

因未履行合规义务，公司 Z 还面临多起法律诉讼，其中包括因数据泄露被客户起诉侵犯隐私权、因违反网络安全法被监管部门处罚等。这些法律诉讼不仅增加了公司 Z 的法律成本，还进一步损害了公司的社会声誉。

四、结论与反思

公司 Z 的案例充分暴露了国有企业在信息化建设过程中合规体系与风险管理机制缺失的严重后果。为了避免类似问题的发生，国有企业应高度重视合规体系建设和风险管理机制的建立。

1. 建立健全合规体系

制定明确的合规政策和流程，确保信息化建设过程中的各项活动符合法律法规和企业规章制度的要求。

2. 加强部门间信息共享与协同

打破信息壁垒，建立统一的数据管理平台，实现数据的集中存储、处理和分析，提升管理效率和决策支持能力。

3. 强化信息安全防护

采取有效的安全防护措施，确保信息系统的稳定性和数据的安全性。同时加强员工信息安全意识培训，防止内部泄露事件的发生。

4. 完善风险管理机制

建立风险识别、评估、监控和应对机制，及时发现并妥善解决和消除各类合规风险和信息安全隐患。同时加强与外部监管机构的沟通和协作，确保企业合规运营。

通过实施以上措施，国有企业可以有效提升信息化建设过程中的合规性和风险管理水平，为企业的长远发展奠定坚实基础。

合规问题分析

一、业务简介

国有企业信息化建设是企业转型升级、提升竞争力的重要途径。它涵盖了企业运营管理的各个方面，包括但不限于 ERP、CRM、SCM（供应链管理）等系统的部署与应用。通过信息化手段，国有企业能够实现业务流程的优化、数据的集中管理与分析，从而提升决策效率和运营效果。

二、相关规定

国有企业在信息化建设过程中，应遵循法律法规和监管要求，这些规定包括但不限于《中华人民共和国网络安全法》《中华人民共和国数据安全法》《中华人民共和国个人信息保护法》等，以及行业合规标准和指南。此外，国有企业还需遵循国家关于国有资产管理、内部控制、风险管理等方面的规章制度，确保信息化建设活动合法合规。

三、合规问题具体表现

1. 合规体系不健全

部分国有企业在启动信息化建设时，未建立完善的合规体系，缺乏明确的合规政策和流程。这导致信息化建设过程中的各项活动缺乏统一的合规标准和监督机制，容易出现违规行为。

2. 风险管理缺失

风险管理是信息化建设不可或缺的一环。然而，一些国有企业忽视了风险管理的重要性，未建立有效的风险识别、评估、监控和应对机制。这导致国有企业在面对信息安全、数据泄露等风险时，无法及时采取有效措施进行防范和应对。

3. 数据共享与协同不畅

信息化建设本应促进企业内部各部门之间的信息共享与协同。然而，由于合规体系不健全和风险管理机制缺失，部分国有企业内部存在严重的信息壁垒和数据孤岛现象。这不仅影响了管理效率和决策支持能力，还可能因数据不一致导致合规风险增加。

4. 存在信息安全隐患

信息化建设过程中，信息安全问题尤为突出。一些国有企业未采取有效的安全防护措施，导致系统易受外部攻击和存在数据泄露风险。这不仅可能给企业带来直接的经济损失，还可能损害企业的品牌形象和信誉度。

四、问题造成的严重影响

1. 经济损失大

合规问题和风险管理缺失可能导致企业面临罚款、赔偿等直接经济损失。同时，因信息泄露等事件导致的客户流失和市场份额减小也会进一步加大企业的经济压力。

2. 运营效率和竞争力下降

数据共享与协同不畅会影响企业的运营效率和管理效果。各部门之间的信息壁垒和数据孤岛现象会导致决策支持不足、资源浪费等问题，从而降低企业的整体竞争力。

3. 品牌形象受损

存在信息安全隐患和合规问题频发会严重损害企业的品牌形象和信誉度。企业一旦被曝出存在信息安全事件或违规行为，将难以获得客户和合作伙伴的信任和支持。

4. 法律风险增加

合规体系不健全和风险管理缺失会使企业面临更大的法律风险。一旦企业因违规行为被监管部门查处或起诉至法院，将可能面临严重的法律后果和声誉损失。

综上所述，国有企业信息化建设中合规体系与风险管理机制缺失的问题不容忽视。企业应从建立健全合规体系、加强风险管理、促进数据共享与协同、强化信息安全防护等方面入手，全面提升信息化建设过程中的合规性和风险管理水平。

法律法规依据

针对国有企业信息化建设合规问题中合规体系与风险管理机制缺失的问题，以下是对相关法律法规的总结。

一、针对合规体系不健全问题的法律法规

1.《中华人民共和国网络安全法》

第九条：网络运营者开展经营和服务活动，必须遵守法律、行政法规，尊重社会公德，不得损害国家利益、公共利益和他人合法权益。

第二十一条：国家实行网络安全等级保护制度。网络运营者应当按照网络安全等级保护制度的要求，履行下列安全保护义务，保障网络免受干扰、破坏或者未经授权的访问，防止网络数据泄露或者被窃取、篡改……。

2.《中华人民共和国企业国有资产法》

第十七条：国家出资企业应当加强内部监督和风险控制，依照国家有关规定建立健全财务、审计、企业法律顾问和职工民主监督等制度。

二、针对风险管理缺失问题的法律法规

1.《中华人民共和国公司法》

第一百七十九条：董事、监事、高级管理人员应当遵守法律、行政法规和公司章程。

第一百八十条：董事、监事、高级管理人员对公司负有忠实义务，应当采取措施避免自身利益与公司利益冲突，不得利用职权牟取不正当利益……。

在履行职责时，董事、监事、高级管理人员应充分考虑公司的风险管理需求。

2.《中华人民共和国会计法》

第二十五条：各单位应当建立、健全本单位内部会计监督制度，并将其纳入本单位内部控制制度。单位内部会计监督制度应当符合下列要求：……（四）对会计资料定期进行内部审计的办法和程序应当明确……。

三、针对数据共享与协同不畅问题的法律法规

1.《中华人民共和国数据安全法》

第八条：开展数据处理活动，应当遵守法律、法规，尊重社会公德和伦理，遵守商业道德和职业道德，诚实守信，履行数据安全保护义务，承担社会责任，不得危害国家安全、公共利益，不得损害个人、组织的合法权益。

2.《中华人民共和国个人信息保护法》

第五十一条：个人信息处理者应当根据个人信息的处理目的、处理方式、个人信息的种类以及对个人权益的影响、可能存在的安全风险等，采取下列措施确保个人信息处理活动符合法律、行政法规的规定，并防止未经授权的访问以及个人信息泄露、篡改、丢失：（一）制定内部管理制度和操作规程；（二）对个人信息实行分类管理；（三）采取相应的加密、去标识化等安全技术措施……。

四、针对存在信息安全隐患问题的法律法规

1.《中华人民共和国网络安全法》

第二十五条：网络运营者应当制定网络安全事件应急预案，及时处置系统漏洞、计算机病毒、网络攻击、网络侵入等安全风险；在发生危害网络安全的事件时，立即启动应急预案，采取相应的补救措施，并按照规定向有关主管部门报告。

2.《中华人民共和国数据安全法》

第二十七条：开展数据处理活动应当依照法律、法规的规定，建立健全全流程数据安全管理制度，组织开展数据安全教育培训，采取相应的技术措施和其他必要措施，保障数据安全……。

综上所述，国有企业在进行信息化建设时，必须严格遵守上述法律法规，建立健全合规体系和风险管理机制，确保各项活动的合法合规，并有效防范和控制各类风险。

合规程序与方法

针对国有企业信息化建设合规问题中合规体系与风险管理机制缺失的问题，以下提出具体的合规程序与方法，旨在分步骤、有针对性地解决问题。

一、建立健全合规体系

1.制定合规政策与流程

组织专业团队，结合企业实际情况和行业法规要求，制定全面的合规政策与操作流程。明确信息化建设过程中涉及的合规领域、责任部门及具体执行步骤，包括但不限于数据安全、隐私保护、知识产权保护、网络安全等方面的具体规定。

2.设立合规管理部门

成立专门的合规管理部门或指定专人负责，确保合规政策的有效执行，同时还负责合规政策的宣贯、培训、执行监督及违规行为的调查与处理。

二、加强风险管理

1.风险识别与评估

定期（如每季度）组织风险识别与评估活动，识别信息化建设过程中可能存在的合规风险。采用问卷调查、专家访谈、案例分析等方式，结合企业实际情况，对风险进行量化评估，确定风

险等级。

2. 制定风险应对措施

针对识别出的合规风险，制定具体的应对措施和应急预案，包括风险规避、减轻、转移和接受等策略，以及应急响应计划、资源调配方案等。

三、促进数据共享与协同

1. 建立数据共享机制

明确各部门在信息化建设中的数据共享职责和权限，建立统一的数据管理平台或数据交换中心。制定数据共享目录和接口标准，确保各部门之间数据的顺畅流通和一致性。

2. 加强跨部门沟通与协作

定期组织跨部门会议或研讨会，就信息化建设中的合规问题进行深入交流和探讨。增强部门间的理解和信任，促进信息共享和协同工作。

四、强化信息安全防护

1. 完善信息安全管理制度

结合《中华人民共和国网络安全法》《中华人民共和国数据安全法》等法律法规要求，制定和完善企业的信息安全管理制度，包括网络安全防护、数据分类管理、访问控制、加密传输、定期审计等方面的具体规定。

2. 实施安全技术措施

采用先进的安全技术和设备，如防火墙、入侵检测系统、数据加密技术等，提升信息系统的安全防护能力。定期对员工进行信息安全意识培训和技术技能培训，提高其应对信息安全事件的能力。

五、持续监督与改进

1. 建立合规审计机制

设立合规审计岗位或委托第三方审计机构，定期对信息化建设过程进行合规性审计，以发现问题、提出解决方案并跟踪处理情况，确保合规政策的有效执行。

2. 持续改进合规体系

根据审计结果、外部监管要求和企业内部实际情况的变化，及时调整和完善合规体系；建立合规管理持续改进机制，鼓励员工提出合规改进建议并予以采纳和实施。

通过实施以上合规程序与方法，国有企业可以有效解决信息化建设过程中合规体系与风险管理缺失的问题，提升企业的合规管理水平和风险防范能力。

第十一章
国有企业反腐败与廉政建设合规问题

专题1：思想认识不到位

案例引入

一、案例背景

公司 A 是一家拥有数十年历史的传统制造业国有企业，长期在行业内占据领先地位。然而，随着市场竞争的加剧和企业规模的扩大，公司 A 在反腐败与廉政建设方面的思想认识逐渐出现偏差，为企业的持续健康发展埋下了隐患。

二、具体问题

1.思想认识不到位

张总（公司 A 的前任总经理，长期负责公司日常运营和重大决策）及部分高层管理人员认为，抓经济效益是企业发展的首要任务，而反腐败与廉政建设是软指标，不会直接影响企业利润。这种观念导致公司在反腐倡廉教育、制度建设等方面投入不足。

2.监督机制形同虚设

公司 A 虽然设立了纪检监察部门，但由于高层领导的不重视，该部门人员配备不足，且缺乏独立性和权威性，难以有效发挥监督作用。一些关键岗位如采购、财务等，缺乏有效的内部监督和制衡机制。

3.制度执行不力

公司虽有反腐败和廉政建设的相关制度，但由于思想认识不到位，这些制度往往停留在纸面上，未得到严格执行。例如，在物资采购过程中，存在围标串标、违规审批等现象。

三、主要问题的影响

1.经济损失大

由于采购环节存在腐败问题，公司 A 在原材料采购上支付了远高于市场价的费用。据统计，仅 2019 年至 2021 年，因腐败导致的采购成本增加就高达数千万元。

2.财务指标下滑

受腐败问题影响，公司 A 的净利润率逐年下降，从 2019 年的 8% 下滑至 2021 年的 5%。同时，由于资金被非法占用，公司 A 的现金流状况也日趋紧张。

3.品牌形象受损

腐败问题的曝光不仅损害了公司 A 的声誉，还导致客户信任度下降，部分长期合作客户流失。据调查，因腐败问题导致的客户流失率上升了约 30%。

4. 员工士气低落

腐败现象的存在让员工感到不公和失望，影响了工作积极性和团队凝聚力。

5. 法律风险增加

随着对腐败问题的深入调查，公司 A 面临被监管部门处罚的风险，进一步加剧了公司的困境。

四、结论与反思

公司 A 的案例深刻揭示了国有企业反腐败与廉政建设中思想认识不到位所带来的严重后果。高层管理人员对反腐败工作的忽视和错误认识，不仅导致了巨大的经济损失和财务指标下滑，还严重损害了公司的品牌形象和员工士气，甚至可能引发法律风险。国有企业应从以下方面着手解决问题。

1. 提高思想认识

国有企业必须深刻认识到反腐败与廉政建设对企业持续健康发展的重要性，将其作为公司发展战略的重要组成部分。

2. 完善监督机制

建立健全独立的纪检监察部门，加强内部监督和制衡机制建设，确保各项制度得到有效执行。

3. 强化制度执行

对与反腐败和廉政建设相关的制度进行全面梳理和完善，加大制度执行力度，对违规行为实行零容忍。

4. 加强教育引导

定期开展反腐倡廉教育和警示教育活动，提高全体员工的廉洁自律意识和法律素养。

5. 建立长效机制

将反腐败与廉政建设纳入公司日常管理考核体系，与干部任用、绩效管理等方面挂钩，形成长效机制。

合规问题分析

一、业务简介

国有企业作为国家经济的重要组成部分，承担着推动经济发展、服务社会的重要职责。在国有企业的运营过程中，反腐败与廉政建设是确保企业健康、可持续发展的关键环节。这不仅关乎企业的经济效益，更关乎国家的形象和人民的利益。

二、相关规定

为了加强国有企业的反腐败与廉政建设，国家出台了一系列相关法律法规和政策文件，如《中华人民共和国监察法》《国有企业领导人员廉洁从业若干规定》等。这些规定明确要求国有企业必须建立健全反腐败和廉政建设制度，加强内部监督，确保企业运营过程中的廉洁自律。

三、合规问题具体表现

1. 思想认识有偏差

部分国有企业领导人员对反腐败与廉政建设的重要性认识不足，将其视为软任务，认为只要经济效益好，其他都可以忽略。

2. 制度执行不力

虽然企业制定了相关的反腐败和廉政建设制度，但这些制度在实际执行过程中往往流于形式，缺乏有效的监督和制约机制。

3. 监督机制缺失

部分国有企业纪检监察部门独立性不足，难以有效发挥监督作用，导致腐败现象滋生。

四、问题造成的严重影响

1. 经济损失大

思想认识不到位导致的腐败现象会严重损害企业的经济利益，如采购环节的腐败会导致采购成本上升，影响企业的盈利能力。

2. 品牌形象受损

腐败问题的曝光会严重损害企业的品牌形象和声誉，导致客户信任度下降，影响企业的市场竞争力。

3. 法律风险增加

腐败现象的存在会增加企业面临法律风险的可能性，一旦被发现，企业可能面临严重的法律处罚和巨大的经济损失。

4. 员工士气低落

腐败现象的存在会让员工感到不公和失望，影响员工的工作积极性和团队凝聚力，进而影响企业的整体运营效率。

综上所述，国有企业反腐败与廉政建设合规问题中思想认识不到位是一个严重的问题，它会导致一系列合规问题的出现，并给企业带来严重的经济损失，并会导致企业品牌形象受损、法律风险增加以及员工士气低落等。因此，国有企业必须高度重视反腐败与廉政建设工作，加强思想认识，加强制度执行和完善监督机制，确保企业的健康、可持续发展。

法律法规依据

在国有企业反腐败与廉政建设的合规实践中，思想认识不到位是一个核心问题，它直接关联到企业内部制度的执行、监督机制的有效性以及企业文化的塑造。针对这一问题，可以从多部国内现行法律法规中找到相应的法律依据，以指导和规范国有企业的反腐败与廉政建设工作。

一、针对思想认识有偏差问题的法律法规

1.《中华人民共和国监察法》

第三条：各级监察委员会是行使国家监察职能的专责机关，依照本法对所有行使公权力的公职人员（以下称公职人员）进行监察，调查职务违法和职务犯罪，开展廉政建设和反腐败工作，维护宪法和法律的尊严。

这一条款强调了反腐败与廉政建设是国家监察机关的重要职责，间接要求国有企业及其领导人员必须提高思想认识，积极配合监察工作。

2.《中国共产党纪律处分条例》

该条例虽非直接针对企业，但国有企业领导人员多为党员，该条例对其具有重要的指导意义。如第四条："党的纪律处分工作应当遵循下列原则：……（二）党纪面前一律平等。对违犯党纪的党组织和党员必须严肃、公正执行纪律，党内不允许有任何不受纪律约束的党组织和党员。"

这强调了纪律的普遍适用性和严肃性，要求所有党员包括国有企业领导人员都必须提高思想认识，自觉遵守党纪国法。

二、针对制度执行不力问题的法律法规

1.《中华人民共和国公司法》

第二十一条：公司股东应当遵守法律、行政法规和公司章程，依法行使股东权利，不得滥用股东权利损害公司或者其他股东的利益……。

这条规定虽然直接针对股东行为，但也间接要求公司管理层（包括国有企业领导人员）必须严格执行公司制度，维护公司利益，防止腐败行为的发生。

2.《国有企业领导人员廉洁从业若干规定》

该规定明确了对国有企业领导人员在廉洁从业方面的具体要求，如第四条："国有企业领导人员应当切实维护国家和出资人利益。不得有滥用职权、损害国有资产权益的下列行为……。"这直接关联到制度执行的问题，要求领导人员提高思想认识，确保各项制度得到有效执行。

三、针对监督机制缺失问题的法律法规

1.《中华人民共和国审计法》

第二十五条：审计机关对国有企业、国有金融机构和国有资本占控股地位或者主导地位的企业、金融机构的资产、负债、损益以及其他财务收支情况，进行审计监督。

这一条款强调了审计机关对国有企业的监督职责，间接要求国有企业必须建立健全内部监督机制，防止内部监督机制缺失导致的腐败问题。

2.《中央企业全面风险管理指引》

该指引虽然不是法律，但具有指导意义。该指引要求中央企业建立全面的风险管理体系，包括内部控制和风险管理等方面。

这要求国有企业在反腐败与廉政建设方面也要建立健全的内部监督机制，确保各项制度的有效执行和腐败行为的及时发现与纠正。

综上所述，针对国有企业反腐败与廉政建设合规问题中思想认识不到位的问题，可以从《中华人民共和国监察法》《中国共产党纪律处分条例》《中华人民共和国公司法》《国有企业领导人员廉洁从业若干规定》《中华人民共和国审计法》等多部法律法规中找到相应的法律依据。这些法律法规不仅为国有企业的反腐败与廉政建设工作提供了明确的指导方向，也强调了提高思想认识、严格执行制度、建立健全监督机制的重要性。

合规程序与方法

针对国有企业反腐败与廉政建设合规问题中思想认识不到位的问题，以下提出具体的合规程序与方法，旨在分步骤、有针对性地解决问题。

一、加强教育培训，提升思想认识

1.制定培训计划

企业应制定长期的反腐倡廉教育培训计划，将廉政教育纳入年度工作计划和考核体系。

2.丰富培训内容

培训内容应涵盖国家法律法规、企业规章制度、廉洁从业典型案例等，增强教育的针对性和实效性。

3.创新培训方式

采用线上线下相结合的方式，通过专题讲座、案例分析、互动讨论等形式，提高培训的吸引力和参与度。

4.强化领导带头

企业领导人员应率先垂范，积极参加培训，并带头宣讲廉洁从业理念，形成良好的示范效应。

二、完善制度建设，强化制度执行

1.建立健全制度

企业应根据国家法律法规和自身实际情况，建立健全反腐败与廉政建设相关制度，如廉洁从业规定、内部监督制度等。

2.明确责任分工

明确各级领导人员和关键岗位人员的廉政责任，实行"一岗双责"，确保责任到人。

3.加强制度宣传

通过内部网站、宣传栏等渠道广泛宣传制度内容，提高员工的制度意识和遵守制度的自觉性。

4.严格制度执行

建立健全制度执行情况的监督检查机制，对违反制度的行为严肃处理，确保制度得到有效执行。

三、建立健全监督机制，确保监督到位

1.强化内部监督

建立健全纪检监察机构，配备专职纪检监察人员，加强对企业生产经营活动的全过程监督。

2.拓宽监督渠道

鼓励员工积极参与监督，开通举报电话、举报邮箱等渠道，畅通员工反映问题的途径。

3.加强外部监督

积极接受政府监管部门、行业协会等外部机构的监督，及时解决存在的问题。

4.实施定期审计

对关键岗位和重点环节实施定期审计，及时发现和解决存在的问题，防范腐败风险。

四、推进企业文化建设，营造廉洁氛围

1.弘扬廉洁文化

将廉洁文化融入企业文化建设中，通过举办廉洁文化活动、制作廉洁文化宣传品等形式，营造浓厚的廉洁氛围。

2.发挥示范作用

表彰奖励廉洁从业的先进典型，发挥示范引领作用，激励广大员工自觉践行廉洁理念。

3.加强警示教育

定期组织员工观看警示教育片、参观警示教育基地等，以案为鉴，警钟长鸣，增强员工的廉洁自律意识。

五、强化考核、问责机制，并定期评估反馈

1.建立考核机制

将反腐败与廉政建设工作纳入企业年度考核体系，与领导人员的业绩评定、奖励惩处、选拔任用挂钩。

2.实施问责制度

对在反腐败与廉政建设工作中失职渎职的领导人员进行严肃问责，形成有力震慑。

3.定期评估反馈

定期对企业反腐败与廉政建设工作进行评估和反馈，及时发现问题并采取措施解决。

通过实施以上合规程序与方法，国有企业可以有效解决反腐败与廉政建设合规问题中思想认识不到位的问题，推动企业廉洁从业水平不断提升。

专题2：教育方式不新颖

案例引入

一、案例背景

公司B，作为国内知名的传统制造业国有企业，长期以来在行业内占据重要地位。然而，随着市场竞争的加剧和公司规模的扩大，公司B在反腐败与廉政建设方面的教育方式却显得相对滞后，未能跟上时代发展的步伐。公司B的高层管理者多为老一辈工业专家，他们虽然拥有丰富的行业经验，但在反腐败与廉政教育的理念和方法上较为传统，缺乏创新和针对性。

二、具体问题

1.教育方式单一

公司B的反腐败与廉政教育主要采用传统的讲座、文件传达等形式，内容枯燥乏味，难以引起员工的兴趣和共鸣。据统计，过去一年中，公司组织的廉政教育活动平均参与率仅为60%，且多为被动参与。

2.缺乏互动性

教育过程中缺乏有效的互动环节，员工往往只是被动接收信息，缺乏主动思考和讨论的机会。这导致教育效果大打折扣，员工对廉政规定的理解和认识停留在表面。

3.针对性不强

教育内容未能紧密结合公司实际和岗位特点，缺乏针对性和实效性。不同岗位、不同层级的员工面临的风险点和挑战各不相同，但公司却采用"一刀切"的教育方式，难以满足不同员工的需求。

三、主要问题的影响

1.经济损失显著

由于反腐败与廉政教育不到位，公司内部滋生了一些腐败现象。据统计，近三年来，公司因

腐败问题导致的直接经济损失累计超过 5000 万元，间接影响了企业的市场竞争力和品牌形象。

2. 财务指标下滑

腐败问题的存在严重影响了公司的正常运营和财务表现。近年来，公司的利润率持续下降，从原来的 10% 降至当前的 6%，净资产收益率也明显下滑。这些财务指标的下滑直接反映了公司在管理上存在问题，尤其是反腐败与廉政建设方面存在不足。

3. 员工士气低落

腐败问题的曝光和处理不当导致员工对公司管理层的信任度下降，士气低落。一些优秀员工因不满公司环境而选择离职，进一步加剧了公司的人才流失问题。据统计，过去一年中，公司关键岗位人员流失率达到 15%，远高于行业平均水平。

4. 社会声誉受损

腐败问题的曝光不仅损害了公司的经济利益，还严重地损害了公司的社会声誉。客户、供应商和投资者对公司的信任度下降，合作意愿减弱，给公司的长期发展带来了不利影响。

四、结论与反思

公司 B 的反腐败与廉政建设合规问题中的教育方式不新颖是产生一系列问题的根本原因之一。传统的教育方式已无法适应现代企业的发展需求，必须进行改进和创新。未来，公司 B 应从以下几个方面入手。

1. 创新教育方式

引入案例分析、角色扮演、在线学习等多元化教育方式，提高教育的趣味性和互动性，激发和提升员工的学习兴趣和参与度。

2. 增强针对性

结合公司实际和岗位特点，制定个性化的教育计划和内容，确保教育活动的针对性和实效性。

3. 强化制度建设

建立健全反腐败与廉政建设相关制度，明确责任分工和奖惩机制，确保制度得到有效执行。

4. 加强监督检查

建立健全监督检查机制，定期对反腐败与廉政建设工作进行评估和反馈，及时发现问题并采取措施解决。

通过实施以上措施，公司 B 有望解决当前存在的反腐败与廉政建设合规问题，推动企业健康、可持续发展。

合规问题分析

一、业务简介

国有企业作为国家经济的重要组成部分，承担着推动经济发展、保障民生等多重责任。在国有企业运营过程中，反腐败与廉政建设是确保企业健康、可持续发展的关键环节。然而，当前一些国有企业在反腐败与廉政建设的教育方式上存在不新颖的问题，这直接影响了教育效果和企业合规水平。

二、相关规定

为了加强国有企业的反腐败与廉政建设，国家出台了一系列相关法律法规，如《中华人民共和国监察法》《国有企业领导人员廉洁从业若干规定》等。这些规定明确要求国有企业必须建立健全反腐败与廉政建设制度，加强教育培训，提高员工的廉洁自律意识。然而，一些国有企业在执行这些规定时，在教育方式上缺乏创新和针对性，导致教育效果不佳。

三、合规问题具体表现

1. 教育方式单一

一些国有企业仍然采用传统的讲座、文件传达等方式进行反腐败与廉政教育，这些方式往往枯燥乏味，难以引起员工的兴趣和共鸣。

2. 缺乏互动性

教育过程中缺乏有效的互动环节，员工只是被动接收信息，缺乏主动思考和讨论的机会，导致教育效果大打折扣。

3. 针对性不强

教育内容未能紧密结合企业实际和岗位特点，缺乏针对性和实效性。不同岗位、不同层级的员工面临的风险点和挑战各不相同，但企业却采用统一的教育方式，难以满足员工的个性化需求。

四、问题造成的严重影响

1. 教育效果不佳

由于教育方式不新颖，员工对反腐败与廉政规定的理解和认识停留在表面，难以形成廉洁自律意识。这导致企业在实际运营中难以有效防范腐败风险。

2. 腐败问题频发

教育方式的不新颖直接导致了企业反腐败与廉政建设工作执行不到位，进而使得腐败问题在企业内部频发。这不仅损害了企业的经济利益，还严重影响了企业的社会声誉和品牌形象。

3. 制度执行不力

由于员工对反腐败与廉政规定认识不足，企业在执行相关制度时往往面临困难。一些员工可能因缺乏足够的廉洁意识而违反规定，导致制度形同虚设。

4. 长期发展受阻

腐败问题的存在和制度执行的不力将严重影响企业的长期发展。它不仅会损害企业的经济利益，还会破坏企业的内部环境和文化氛围，使得企业在市场竞争中处于不利地位。

综上所述，国有企业反腐败与廉政建设合规问题中的教育方式不新颖是一个亟待解决的问题。为了加强国有企业的反腐败与廉政建设工作，提高员工的廉洁自律意识，企业必须创新教育方式，提高教育的针对性和实效性。

法律法规依据

针对国有企业反腐败与廉政建设合规问题中教育方式不新颖的问题，相关法律法规为企业提供了明确的指导。以下是对相关法律法规的总结。

一、针对国有企业反腐败与廉政建设教育方式的法律法规

1.《中华人民共和国企业国有资产法》

第十七条：国家出资企业应当加强内部监督和风险控制，依照国家有关规定建立健全财务、审计、企业法律顾问和职工民主监督等制度。

这一条款要求国有企业建立健全内部监督制度，其中包括对反腐败与廉政建设的监督和教育，以确保企业的合规运营。

2.《国有企业领导人员廉洁从业若干规定》

第四条：国有企业领导人员应当切实维护国家和出资人利益。不得有滥用职权、损害国有资产权益的下列行为：……。

此条款虽未直接提及教育方式，但强调了国有企业领导人员的廉洁从业责任，为探索教育方式提供了目标和方向。

第九条：国有企业应当依据本规定制定规章制度或者将本规定的要求纳入公司章程，建立健全监督制约机制，保证本规定的贯彻执行。国有企业党委（党组）书记、董事长、总经理为本企业实施本规定的主要责任人。

这一条款要求国有企业将廉洁从业规定纳入公司章程，并建立健全监督制约机制，其中应包括有效的教育方式。

3.《中华人民共和国监察法》

第十一条：监察机关调查权的适用范围包括……（三）国有企业管理人员贪污贿赂、滥用职权、玩忽职守、权力寻租、利益输送、徇私舞弊以及浪费国家资财等职务违法和职务犯罪。

这一条款明确了监察机关对国有企业管理人员的监督职责，包括对其在反腐败与廉政建设方面的表现进行监察，间接要求国有企业加强反腐败与廉政建设方面的教育。

二、针对国有企业合规运营与制度建设的法律法规

《中华人民共和国公司法》

第十九条：公司从事经营活动，必须遵守法律法规，遵守社会公德、商业道德，诚实守信，接受政府和社会公众的监督。

这一条款要求公司（包括国有企业）在经营活动中遵守法律法规和商业道德，其中应包括反腐败与廉政建设的合规要求。

综上所述，相关法律法规对国有企业反腐败与廉政建设方面的教育方式提出了明确要求，强调国有企业应当建立健全相关制度，加强内部监督和风险控制，确保企业在合规的基础上健康发展。这些法律法规为国有企业改进教育方式、提高合规水平提供了有力的法律支撑。

合规程序与方法

针对国有企业反腐败与廉政建设合规问题中教育方式不新颖的问题，以下提出具体的合规程序与方法，旨在分步骤、有针对性地解决问题。

一、明确教育目标与内容

制定详细的教育计划，根据企业实际情况和岗位特点，明确反腐败与廉政教育的目标和内容。确保教育内容既符合国家法律法规要求，又贴近企业实际运营情况。

二、创新教育方式方法

1. 引入多元化教育形式

采用案例分析、角色扮演、在线学习、微课堂等多种形式，增加教育的趣味性和互动性。通过生动具体的案例，让员工深刻理解腐败行为的危害性和廉政建设的重要性。

2. 利用现代科技手段

借助大数据、人工智能等技术，开发智能化的学习平台，根据员工的学习进度和反馈，个性化推送教育内容，提高教育的针对性和实效性。

三、强化互动交流与实践

1. 组织专题研讨会和分享会

定期举办反腐败与廉政建设专题研讨会，邀请专家学者、企业内部优秀代表等进行分享交流。鼓励员工积极参与讨论，提出自己的见解和建议，形成良好的学习氛围。

2. 开展实践活动

将教育寓于丰富多彩的实践活动中，如廉洁文化月、廉政知识竞赛、廉洁书画展等。通过实践活动，加深员工对廉政规定的理解和认识，增强廉洁自律意识。

四、建立健全监督机制

1. 完善内部监督机制

建立健全内部监督机制，明确监督职责和流程。加强对关键岗位和重点环节的监督，确保反腐败与廉政建设工作有效落实。

2. 鼓励员工举报

建立畅通的举报渠道，保护举报人的合法权益。鼓励员工积极举报腐败行为，对举报属实的给予奖励，形成全员参与反腐败的良好氛围。

五、加强制度建设与考核评估

1. 完善相关规章制度

根据企业实际情况和国家法律法规要求，完善反腐败与廉政建设相关规章制度。确保制度具有可操作性和针对性，为教育工作提供有力保障。

2. 定期考核评估

定期对反腐败与廉政教育工作进行考核评估，检查教育计划的执行情况、教育效果以及员工的廉洁自律意识等。根据考核评估结果，及时调整教育策略和方法，确保教育工作持续改进和优化。

通过实施以上合规程序与方法，国有企业可以有效解决反腐败与廉政建设合规问题中教育方式不新颖的问题，提高员工的廉洁自律意识，确保企业在合规的基础上健康发展。

专题 3：内部监督不到位

案例引入

一、案例背景

公司 C 是一家位于东部沿海地区的传统制造业国有企业，主要从事汽车零部件的生产与销售。作为行业内的领军企业，公司 C 拥有数千名员工，年营业额超过十亿元。然而，随着公司规模的扩大，内部管理问题逐渐显现，特别是在反腐败与廉政建设方面，内部监督机制的缺失成为公司发展的隐忧。

二、具体问题

1. 滥用职权，收受贿赂

张某（公司 C 的高级采购经理）在负责原材料采购的过程中，多次利用职权之便，与供应商达成私下交易，收受巨额回扣。据统计，2019—2024 年间张某累计收受供应商贿赂超过 500 万元。

2. 内部监督机制形同虚设

公司 C 的纪委及内部审计部门未能有效履行职责，对张某的腐败行为长期视而不见。纪委及内部审计部门的日常监督流于形式，缺乏实质性的审查和核查，导致张某的腐败行为得以长期隐瞒。

3. 财务指标异常下滑

由于张某在采购环节的不正当操作，公司采购成本大幅上升，直接影响了产品的市场竞争力。财务数据显示，公司 C 在这段时间内的毛利率减少了近 5 个百分点，净利润减少了近 3000 万元。

三、主要问题的影响

1. 经济损失巨大

直接经济损失方面，由于采购成本上升和市场竞争力下降，公司 C 在短短两年内就损失了近亿元。此外，由于产品质量问题频发，客户信任度下降，进一步影响了公司的经济效益。

2. 公司内部管理混乱

张某的腐败行为不仅破坏了公司的公平竞争环境，还引发了内部员工的不满和信任危机。一些员工开始效仿张某的行为，公司内部管理陷入混乱状态，严重影响了公司的凝聚力和战斗力。

3. 法律后果严重

张某的腐败行为被揭露并受到法律制裁。公司 C 也因此受到相关监管部门的严厉处罚，包括高额罚款、限制市场准入等，进一步加剧了公司的困境。

四、结论与反思

公司 C 内部监督不到位的事件深刻揭示了国有企业在反腐败与廉政建设方面存在严重问题。缺乏有效的内部监督机制、纪委工作不力以及财务管理混乱是导致该事件发生的根本原因，公司应从以下方面着手解决。

1. 加强内部监督机制建设

企业应建立健全内部监督机制，确保纪委和内部审计部门能够独立、有效地履行职责。同时，加大对关键岗位和重点环节的监督力度，防止腐败行为的发生。

2. 提高党员干部的思想认识

加强党风廉政建设教育，提高党员干部的思想认识和法律意识。使党员干部自觉抵制腐朽思想的侵蚀，树立正确的价值观和权力观。

3. 完善财务管理制度

建立健全财务管理制度，加大对采购、销售等关键环节的财务监管力度。确保财务数据的真实性和准确性，及时发现和纠正财务违规行为。

4. 加大打击力度

对腐败行为零容忍，一旦发现坚决查处。通过严厉的打击措施形成强大的震慑，营造风清气正的企业环境。

综上所述，公司 C 内部监督不到位的事件为国有企业敲响了警钟。国有企业必须高度重视反腐败与廉政建设工作，建立健全内部监督机制和管理制度，确保企业健康稳定发展。

合规问题分析

一、业务简介

国有企业作为国家经济发展的重要支柱，承担着保障国家经济安全、推动产业升级、促进社会就业等多重责任。在运营过程中，国有企业需遵循国家法律法规、行业规范及企业内部管理制度，确保业务活动的合法合规性。

二、相关规定

为了加强国有企业反腐败与廉政建设，国家出台了一系列法律法规和政策文件，如《中国共产党纪律处分条例》《国有企业领导人员廉洁从业若干规定》等。这些规定明确了国有企业领导人员应遵守的廉洁从业准则，要求建立健全内部监督机制，加强对权力运行的制约和监督，防止腐败行为的发生。

三、合规问题具体表现

1. 内部监督机制不健全

部分国有企业内部监督机制形同虚设，纪委、审计等部门缺乏独立性，难以有效履行职责。监督过程流于形式，对关键岗位和重点环节的监督力度不足，导致腐败行为滋生。

2. 责任追究不到位

在发现腐败线索或问题时，部分国有企业存在责任追究不力的情况。有的企业为了维护形象或出于其他考虑，对腐败行为采取姑息迁就的态度，未能严格按照规定进行查处和责任追究。

3. 信息不透明，沟通不畅

企业内部信息沟通机制不畅，导致一些腐败行为难以被及时发现和纠正。同时，部分员工对反腐败工作缺乏了解和认识，不敢或不愿参与监督举报，使得腐败行为得以长期隐藏。

4. 制度执行不严

虽然国家和企业层面制定了诸多反腐败和廉政建设制度，但在实际操作中，部分制度未能得到有效执行。一些关键岗位人员利用制度漏洞或执行不严的空隙，进行权力寻租和利益输送。

四、问题造成的严重影响

1. 经济损失大

内部监督不到位直接导致国有企业经济损失。腐败行为如贪污受贿、挪用公款等，直接侵蚀企业资产，影响企业经济效益和可持续发展能力。

2. 破坏企业形象

腐败行为严重损害国有企业形象和声誉。一旦腐败案件曝光，不仅会引起社会的广泛关注和谴责，还会影响企业的信誉和客户信任度，进而影响企业的市场竞争力和业务拓展能力。

3. 削弱企业凝聚力

内部监督不力导致企业内部管理混乱、纪律松弛，员工对企业管理层和制度失去信心。这种不信任感会削弱企业的凝聚力和战斗力，影响企业的稳定和发展。

4. 阻碍改革进程

腐败行为的存在会阻碍国有企业改革的深入推进。改革过程中国有企业往往需要打破利益固化的藩篱、调整利益格局，而腐败行为的存在会加剧利益冲突和矛盾，增加改革阻力和难度。

综上所述，国有企业反腐败与廉政建设合规问题中的内部监督不到位是一个亟待解决的问题。只有建立健全内部监督机制、加强责任追究、提高信息透明度和制度执行力，才能有效遏制腐败行为的发生，保障国有企业的健康稳定发展。

法律法规依据

针对国有企业反腐败与廉政建设合规问题中内部监督不到位的问题，以下是对相关法律法规依据的总结。

一、针对内部监督机制不健全问题的法律法规

1.《中华人民共和国企业国有资产法》

第十八条：国家出资企业应当依照法律、行政法规和国务院财政部门的规定，建立健全财务、会计制度，设置会计账簿，进行会计核算，依照法律、行政法规以及企业章程的规定向出资人提供真实、完整的财务、会计信息。

国家出资企业应当依照法律、行政法规以及企业章程的规定，向出资人分配利润。

2.《中华人民共和国公司法》

第七十八条：监事会行使下列职权：（一）检查公司财务；（二）对董事、高级管理人员执行职务的行为进行监督，对违反法律、行政法规、公司章程或者股东会决议的董事、高级管理人员提出解任的建议……。

该条款为国有企业内部监督提供了法律依据。

二、针对责任追究不到位问题的法律法规

1.《中华人民共和国刑法》

第一百六十三条至第一百六十九条规定了公司、企业人员受贿罪、行贿罪、对非国家工作人员行贿罪等，明确了企业人员腐败行为的刑事责任，为追究国有企业内部腐败责任提供了刑法依据。

2.《中华人民共和国监察法》

第十一条：监察委员会依照本法和有关法律规定履行监督、调查、处置职责：（一）对公职人员开展廉政教育，对其依法履职、秉公用权、廉洁从政从业以及道德操守情况进行监督检查；（二）对涉嫌贪污贿赂、滥用职权、玩忽职守、权力寻租、利益输送、徇私舞弊以及浪费国家资财等职务违法和职务犯罪进行调查；（三）对违法的公职人员依法作出政务处分决定；对履行职责不力、失职失责的领导人员进行问责；对涉嫌职务犯罪的，将调查结果移送人民检察院依法审查、提起公诉；向监察对象所在单位提出监察建议。

三、针对信息不透明、沟通不畅问题的法律法规

1.《企业信息公示暂行条例》

第八条：企业应当于每年1月1日至6月30日，通过国家企业信用信息公示系统向市场监督管理部门报送上一年度年度报告，并向社会公示……。

此条款要求企业信息透明，虽然主要针对的是工商信息，但也对企业内部管理的透明度提出了要求。

2.《中华人民共和国会计法》

第十五条：会计账簿登记，必须以经过审核的会计凭证为依据，并符合有关法律、行政法规和国家统一的会计制度的规定。会计账簿包括总账、明细账、日记账和其他辅助性账簿……。

该条款要求企业财务信息具有真实性和准确性，这有助于防止腐败行为。

四、针对制度执行不严问题的法律法规

1.《企业内部控制基本规范》

第五条详细规定了企业内部控制的基本要素，包括内部环境、风险评估、控制活动、信息与沟通、内部监督等，为企业建立健全内部控制制度提供了指导。

2.《中华人民共和国审计法》

第二十二条：审计机关对国有资本占控股地位或者主导地位的企业、金融机构的审计监督，由国务院规定。

此条款授权国务院对国有企业进行审计监督，确保国有企业财务和管理活动的合规性。

综上所述，国有企业反腐败与廉政建设合规问题中内部监督不到位的问题，违反了多个法律法规。国有企业应当严格遵守这些法律法规，建立健全内部监督机制，加强责任追究，提高信息透明度，严格执行制度，以确保企业的健康稳定发展。

合规程序与方法

针对国有企业反腐败与廉政建设合规问题中内部监督不到位的问题，以下提出具体的合规程序与方法，旨在分步骤、有针对性地解决问题。

一、建立健全内部监督机制

1.明确监督职责与组织架构

成立独立的纪检监察部门，直接对董事会或上级纪委负责，确保其独立性和权威性。明确纪检监察部门的职责范围、权限及工作流程，确保监督工作的系统性和规范性。

2. 完善监督制度

制定和完善内部监督相关规章制度，《国有企业领导人员廉洁从业若干规定》等，明确监督标准、程序和奖惩措施。定期对监督制度进行评估和修订，确保其适应企业发展和反腐败斗争的新形势、新要求。

二、强化责任追究机制

1. 建立责任追究体系

明确各级管理人员在反腐败与廉政建设中的责任，实行"一岗双责"制度，将反腐败工作与业务工作同部署、同检查、同考核。建立健全责任追究档案，记录各级管理人员在反腐败工作中的表现和责任落实情况。

2. 严格责任追究

对发现的腐败行为，无论涉及何人，一律依纪依法严肃处理，绝不姑息迁就。对责任追究不到位的单位和个人，实行倒查问责，确保责任追究的严肃性和有效性。

三、提高信息透明度与沟通效率

1. 完善信息披露制度

建立健全企业信息披露制度，确保财务、采购、销售等关键环节的信息公开透明。利用企业官网、内部刊物等渠道，定期发布企业运营情况、反腐败工作进展等信息，接受员工和社会监督。

2. 建立畅通的沟通机制

开通举报热线、邮箱等渠道，鼓励员工积极参与反腐败斗争，及时反映腐败线索和问题。建立健全举报人保护制度，确保举报人的合法权益不受侵害。

四、加强制度执行与监督效果评估

1. 强化制度执行

加强对制度执行情况的监督检查，确保各项制度得到有效落实。对制度执行不力的单位和个人，进行通报批评、责令整改或追究责任。

2. 建立监督效果评估机制

定期对内部监督工作进行评估，分析存在的问题和不足，提出应对措施。将监督效果评估结果纳入企业绩效考核体系，作为评价各级管理人员工作业绩的重要依据。

五、推动廉洁文化建设与教育培训

1. 营造廉洁文化氛围

将廉洁文化融入企业文化建设中，通过举办廉洁教育讲座、编发廉洁文化手册等方式，增强员工的廉洁意识和自律能力。树立廉洁典型，表彰先进，发挥榜样引领作用。

2. 加强教育培训

定期对领导干部和关键岗位人员进行廉洁从业教育培训，提高其法律意识和职业道德水平。引入外部专家、学者进行专题讲座和案例分析，拓宽员工的视野和知识面。

通过实施以上合规程序与方法，国有企业可以逐步解决反腐败与廉政建设合规问题中内部监督不到位的问题，推动企业健康稳定发展。

专题 4：考核奖惩不及时

案例引入

一、案例背景

公司 D 是一家拥有数十年历史的传统制造业国有企业，主营业务涵盖机械设备制造与出口。近年来，随着市场竞争的加剧和国际环境的变化，公司 D 面临着转型升级的压力。然而，在内部管理上，尤其是在反腐败与廉政建设方面，公司 D 暴露出了一系列问题，其中考核奖惩不及时尤为突出。

二、具体问题

1.考核体系滞后

公司 D 的考核体系多年未更新，仍沿用传统的年度考核方式，且考核标准模糊，缺乏量化指标。特别是在党风廉政建设和反腐败工作方面，仅有简单的自评和上级评价，难以真实反映实际情况。例如，对关键岗位人员的廉洁从业情况，缺乏具体、可操作的考核标准。

2.奖惩机制失灵

由于考核体系的不完善，公司 D 的奖惩机制也未能有效发挥作用。对于在党风廉政建设和反腐败工作中表现突出的个人或部门，缺乏及时、有力的奖励措施；而对于违反廉洁纪律、参与腐败行为的个人，则往往因证据不足或处理不及时而未能给予应有的惩处。这种奖惩不明的状况，严重挫伤了员工的积极性和正义感。

三、主要问题的影响

1.经济损失大

由于考核奖惩不及时，公司 D 内部滋生了腐败行为。据不完全统计，近五年来，公司因腐败行为导致的直接经济损失超过 5000 万元，涉及物资采购、工程承包等多个领域。这些损失不仅侵蚀了企业利润，还影响了企业的市场竞争力和可持续发展能力。

2.财务指标下滑

腐败问题的频发使得公司 D 的财务指标持续下滑，净利润率从五年前的 8% 下降至当前的 5%，营业收入增长率也远低于行业平均水平。同时，应收账款周转率下降，资金回笼速度减慢，进一步加大了公司的财务压力。

3.员工士气低落

考核奖惩的不及时和不公平，导致公司内部员工士气低落。优秀员工感到付出与回报不成正比，纷纷离职；而一些存在腐败行为的员工则因未受到应有惩处而更加嚣张。这种恶性循环严重影响了公司的凝聚力和战斗力。

4.企业形象受损

腐败问题的曝光使公司 D 的企业形象严重受损。合作伙伴和客户对公司的信任度下降，订单减少；媒体和公众对公司的负面评价增多，进一步加剧了公司的困境。

四、结论与反思

公司 D 的案例深刻揭示了国有企业反腐败与廉政建设合规问题中考核奖惩不及时所带来的严

重后果。为避免类似问题的发生，国有企业应高度重视内部管理和监督机制的完善。

1. 完善考核体系

建立科学、合理的考核体系，明确考核标准和量化指标，确保考核工作的公正、透明和有效。

2. 强化奖惩机制

建立健全奖惩机制，对表现突出的个人或部门给予及时、有力的奖励；对违反廉洁纪律、存在腐败行为的个人给予严肃处理，绝不姑息迁就。

3. 加强内部监督

建立健全内部监督机制，加大对关键岗位和重点环节的监督力度，确保权力在阳光下运行。

4. 营造廉洁文化

积极营造廉洁从业的企业文化氛围，提高员工的廉洁意识和自律能力，形成风清气正的良好环境。

通过实施以上措施，国有企业可以有效提升反腐败与廉政建设合规水平，为企业的健康稳定发展提供坚实保障。

合规问题分析

一、业务简介

国有企业作为国家经济发展的重要支柱，承担着推动产业升级、技术创新和社会责任等多重使命。在业务运营过程中，国有企业不仅需关注经济效益的提升，还需高度重视反腐败与廉政建设工作，确保企业健康、可持续发展。然而，在实际操作中，部分国有企业在反腐败与廉政建设的考核奖惩方面存在明显不足，影响了企业的整体合规水平。

二、相关规定

针对国有企业反腐败与廉政建设，国家出台了一系列法律法规和政策文件，如《中华人民共和国企业国有资产法》《中华人民共和国监察法》《国有企业领导人员廉洁从业若干规定》等，对国有企业反腐败与廉政建设提出了明确要求。这些规定强调建立健全考核奖惩机制，确保反腐败与廉政建设工作的有效落实。

三、合规问题具体表现

1. 考核体系不完善

部分国有企业反腐败与廉政建设的考核体系存在缺陷，如考核标准模糊、缺乏量化指标、考核周期过长等。这导致考核工作难以真实反映实际情况，无法准确评估各级管理人员在反腐败与廉政建设方面的表现。

2. 奖惩机制不健全

奖惩机制是激励和约束管理人员行为的重要手段。然而，部分国有企业在反腐败与廉政建设方面奖惩机制不健全，存在奖励不及时、惩处不到位等问题。这不仅挫伤了优秀员工的积极性，还为腐败行为提供了滋生空间。

3. 监督执行不力

监督执行是确保考核奖惩机制有效落实的关键环节。但部分国有企业在监督执行方面存在不足，如监督机构设置不合理、监督力量薄弱、监督手段单一等。这导致监督工作难以深入开展，考核奖惩机制形同虚设。

四、问题造成的严重影响

1. 损害企业利益

考核奖惩不及时导致反腐败与廉政建设工作难以有效落实，为腐败行为提供了可乘之机。腐败行为的频发不仅侵蚀了企业利润，还影响了企业的市场竞争力和可持续发展能力。

2. 破坏企业形象

腐败问题的曝光会严重损害国有企业的社会形象，降低公众和合作伙伴对企业的信任度。这不仅会影响企业的业务拓展和市场开拓，还可能引发一系列连锁反应，如股价下跌、客户流失等。

3. 削弱员工士气

考核奖惩不及时和不公平会挫伤员工的积极性和正义感，导致员工士气低落。优秀员工因付出与回报不成正比而离职；存在腐败行为的员工则因未受到应有惩处而更加嚣张。这种恶性循环会严重削弱企业的凝聚力和战斗力。

4. 阻碍法治建设

国有企业作为国家经济的重要组成部分，其反腐败与廉政建设工作的成效直接关系到国家法治建设的进程。考核奖惩不及时等问题不仅损害了企业的自身利益，还可能对国家法治建设造成负面影响，破坏社会公平正义的基石。

综上所述，国有企业反腐败与廉政建设合规问题中的考核奖惩不及时是一个亟待解决的问题。通过实施完善考核体系、健全奖惩机制、加强监督执行等措施，国有企业可以有效提升合规水平，为企业的健康、可持续发展提供有力保障。

法律法规依据

针对国有企业反腐败与廉政建设合规问题中考核奖惩不及时的问题，以下是总结的法律法规依据。

一、《中华人民共和国企业国有资产法》

第八条：履行出资人职责的机构应当建立健全国有资产保值增值考核和责任追究制度，定期对国有资产保值增值状况进行监督和考核。具体办法由国务院规定。

该条款强调了国有企业需建立健全国有资产保值增值的考核和责任追究制度，虽然直接针对的是国有资产保值增值，但考核奖惩机制作为管理监督的重要手段，同样适用于反腐败与廉政建设领域，以确保各项合规要求的落实。

二、《中华人民共和国公司法》

第七十九条：监事可以列席董事会会议，并对董事会决议事项提出质询或者建议。监事会发现公司经营情况异常，可以进行调查；必要时，可以聘请会计师事务所等协助其工作，费用由公司承担。

虽然该条款主要规定了监事会的职权，但其中提到的针对经营情况异常的调查权，可间接理解为对包括反腐败与廉政建设在内的各项管理活动进行监督。考核奖惩不及时作为管理不善的一种表现，理应受到监事会的关注与监督。

三、《中华人民共和国会计法》

第二十五条：各单位应当建立、健全本单位内部会计监督制度，并将其纳入本单位内部控制制度。单位内部会计监督制度应当符合下列要求：……（四）对会计资料定期进行内部审计的办法和程序应当明确……。

虽然会计法主要规范会计行为和会计资料的真实性、完整性，但考核奖惩机制往往涉及对财务数据的运用和评估。因此，建立健全内部会计监督制度，确保考核奖惩数据的真实可靠，是防止考核奖惩不及时等问题的关键措施之一。

四、《中央企业负责人经营业绩考核办法》

虽然该办法不是直接的法律，但作为国务院国资委发布的重要规范性文件，对中央企业负责人的经营业绩考核进行了详细规定。该办法强调了对中央企业负责人经营业绩的定期考核和奖惩机制，虽然主要针对的是经营业绩，但其考核奖惩的理念和原则同样适用于反腐败与廉政建设领域。建立健全考核奖惩机制，可以有效激励和约束国有企业管理人员在反腐败与廉政建设方面的行为。

综上所述，针对国有企业反腐败与廉政建设合规问题中考核奖惩不及时的问题，相关法律法规提供了明确的依据和指导。国有企业应依据相关法律法规的要求，建立健全考核奖惩机制，确保反腐败与廉政建设工作的有效落实。

合规程序与方法

针对国有企业反腐败与廉政建设合规问题中考核奖惩不及时的问题，以下提出具体的合规程序与方法，旨在分步骤、有针对性地解决问题。

一、明确考核标准与量化指标

1. 梳理考核内容

结合企业实际情况，全面梳理反腐败与廉政建设工作的关键领域和重点环节，如物资采购、工程项目、资金管理、干部任用等。

2. 制定考核标准

针对每个考核领域，制定具体、可操作的考核标准，确保标准清晰明确、易于执行。

3. 量化考核指标

尽可能将考核标准量化为具体指标，如违规次数、损失金额、整改完成率等，以便客观评估考核对象的合规表现。

二、建立定期考核与即时奖惩机制

1. 设定考核周期

根据企业实际情况，设定合理的考核周期，如季度考核、半年考核或年度考核，确保考核工作的连续性和及时性。

2. 实施即时奖惩

对于在考核中发现的问题，及时采取相应的奖惩措施。对表现优秀的个人或部门给予表彰和奖励；对存在问题的个人或部门则依据规定进行严肃处理。

三、加大监督与检查力度

1. 建立监督机制

建立健全内部监督机制，明确监督职责和权限，确保监督工作的独立性和有效性。

2. 开展定期检查

定期组织对反腐败与廉政建设工作的专项检查，重点检查考核奖惩机制的落实情况、制度执行效果等。

3. 鼓励举报与反馈

建立举报和反馈渠道，鼓励员工积极参与反腐败与廉政建设工作，及时反映存在的问题和隐患。

四、完善内部控制体系

1. 优化权力配置

对企业内部权力进行合理配置和制衡，明确各级管理人员的职责和权限，防止权力滥用和腐败行为的发生。

2. 建立健全内部控制制度

根据企业实际情况，建立健全内部控制制度，包括财务管理、采购管理、工程管理、干部任用等多个方面，确保各项工作的合规性和有效性。

五、强化教育培训与文化建设

1. 开展教育培训

定期组织反腐败与廉政建设方面的教育培训活动，提高员工的合规意识和拒腐防变能力。

2. 营造廉洁文化

通过宣传栏、内部网站、文化活动等多种形式，积极营造廉洁从业的企业文化氛围，引导员工树立正确的价值观和道德观。

通过实施以上合规程序与方法，国有企业可以有效解决反腐败与廉政建设合规问题中考核奖惩不及时的问题，提升企业的合规管理水平，保障企业的健康、可持续发展。

专题5：反腐体制机制不健全

案例引入

一、案例背景

传统制造业国有企业E（以下简称"E公司"），作为国内行业内的领军企业，长期以来在技术创新、市场拓展方面表现突出。然而，随着企业规模的扩大和业务的复杂化，E公司逐渐暴露出反腐败与廉政建设方面的体制机制不健全的问题。尤其是近年来，公司内部腐败案件频发，严重损害了公司的形象和利益。

二、具体问题

1. 监督机构形同虚设

E公司虽设有纪检监察部门，但由于监督机构独立性不足，加之人员配置和经费保障不到位，导致监督工作难以深入开展。部分监督人员甚至与企业内部腐败分子存在利益关联，监督效果大打折扣。

2. 审批流程不规范

在重大项目审批、物资采购、资金拨付等关键环节，E公司缺乏严格的审批流程和监督机制。部分管理人员利用职权便利，违规插手项目审批和物资采购，为亲属和利益关联方谋取私利。例如，公司原采购部经理李某，利用其职权之便，在采购原材料时与供应商串通，以次充好，导致公司产品质量下降，客户投诉增多。

3. 考核奖惩机制缺失

E公司在反腐败与廉政建设方面的考核奖惩机制不健全，对发现的腐败问题往往处理不及时、不严格。这导致部分员工心存侥幸，认为腐败行为不会受到严厉惩处，进而加剧了腐败问题。

三、主要问题的影响

1. 经济损失巨大

据不完全统计，由于腐败问题的存在，E公司在过去三年内因原材料采购不当、工程项目违规操作等造成的直接经济损失高达数千万元。此外，由于产品质量问题导致的客户投诉和退货，也进一步加大了公司的财务压力。

2. 市场信誉受损

腐败案件的频发严重损害了E公司的市场信誉和品牌形象。客户对公司的信任度下降，合作伙伴开始重新审视与公司的合作关系，导致公司业务拓展受阻，市场份额下滑。

3. 员工士气低落

腐败问题的存在使得公司内部员工士气低落，员工对管理层的信任度降低。优秀员工的积极性和工作热情受到打击，部分员工甚至选择离职。这进一步削弱了公司的凝聚力和战斗力。

四、结论与反思

E公司的案例深刻揭示了国有企业反腐败与廉政建设合规问题中反腐体制机制不健全的严重后果。为了避免类似问题的发生，国有企业应从以下几个方面进行反思和改进。

1. 加强监督机构建设

确保监督机构的独立性和权威性，提高监督人员的专业素质和责任意识。同时，加大对监督工作的经费保障和人员配置力度，确保监督工作能够深入开展。

2. 完善审批流程和监督机制

建立健全重大项目审批、物资采购、资金拨付等关键环节的审批流程和监督机制，确保权力在阳光下运行。加大对审批流程的监控和审计力度，及时发现和纠正违规行为。

3. 建立健全考核奖惩机制

制定科学合理的考核标准和奖惩措施，对发现的腐败问题实行零容忍政策。确保考核奖惩机制的公正性和严肃性，激励员工积极参与反腐败与廉政建设工作。

4. 加强企业文化建设

营造风清气正的企业文化氛围，弘扬廉洁从业的价值观念。通过宣传教育、典型示范等方式引导员工树立正确的价值观和道德观，提高员工的廉洁自律意识。

合规问题分析

一、业务简介

国有企业作为国家经济的重要支柱，承担着推动经济发展、保障民生福祉的重要使命。在业务运营过程中，国有企业涉及多个领域，包括能源、交通、通信、制造等，这些业务往往涉及大量资金流动和资源配置。因此，建立健全的反腐败与廉政建设合规机制对保障国有企业健康、可持续发展具有重要意义。

二、相关规定

为了加强国有企业反腐败与廉政建设，国家和地方政府出台了一系列相关法律法规和政策文件，如《中华人民共和国企业国有资产法》《国有企业领导人员廉洁从业若干规定》等。这些规定明确了国有企业反腐败与廉政建设的基本要求、责任主体、监督机制和处罚措施，为国有企业建立健全反腐体制机制提供了法律依据和制度保障。

三、合规问题具体表现

1. 监督机构独立性不足

部分国有企业纪检监察部门在人员配置、经费保障等方面受制于企业管理层，导致监督工作难以独立开展。此外，监督机构内部也存在职责不清、相互推诿等问题，影响了监督效果。

2. 审批流程不规范

在重大项目审批、物资采购、资金拨付等关键环节，部分国有企业缺乏严格的审批流程和监督机制。这导致部分管理人员利用职权便利进行违规操作，为亲属和利益关联方谋取私利。

3. 考核奖惩机制不健全

部分国有企业在反腐败与廉政建设方面的考核奖惩机制不完善，对发现的腐败问题处理不及时、不严格。这导致部分员工对腐败行为持纵容态度，甚至参与其中，进而加剧了腐败问题。

4. 内部控制制度缺失或执行不力

部分国有企业在内部控制制度建设方面存在不足，制度之间缺乏关联性和协调性，难以形成有效的监督合力。同时，部分企业在执行内部控制制度时存在走形式、走过场等问题，导致制度形同虚设。

5. 廉洁文化建设滞后

部分国有企业在廉洁文化建设方面投入不足，宣传教育形式单一、内容空洞，难以引起员工的共鸣。这导致企业内部正气不彰，腐败文化滋生蔓延。

四、问题造成的严重影响

1. 经济损失大

反腐体制机制不健全导致国有企业内部腐败问题频发，造成大量国有资产流失和浪费。这不仅损害了企业的经济利益，也影响了国家财政收入的稳定增长。

2. 市场信誉受损

腐败问题的曝光严重损害了国有企业的市场信誉和品牌形象。客户对企业的信任度下降，合作伙伴开始重新审视与企业的合作关系，导致企业业务拓展受阻，市场份额下滑。

3. 员工士气低落

腐败问题的存在使得企业内部员工士气低落，员工对管理层的信任度降低。优秀员工的积极性和工作热情受到打击，部分员工甚至选择离职。这进一步削弱了企业的凝聚力和战斗力。

4. 社会负面影响

国有企业作为国家经济的重要支柱和社会责任的承担者，其腐败问题的频发不仅损害了企业自身形象，也对社会风气产生了不良影响。这可能导致公众对国有企业乃至整个政府体系的信任度下降，影响社会稳定和发展大局。

综上所述，国有企业反腐败与廉政建设合规问题中反腐体制机制不健全的问题亟待解决。实施加强监督机构建设、完善审批流程和监督机制、建立健全考核奖惩机制、强化内部控制制度建设以及推进廉洁文化建设等措施，国有企业可以有效提升反腐败与廉政建设水平，保障企业健康、可持续发展。

法律法规依据

一、针对监督机构独立性不足问题的法律法规

1.《中华人民共和国监察法》

该法明确了国家监察委员会和地方各级监察委员会是行使国家监察职能的专责机关，依法对所有行使公权力的公职人员进行监察，调查职务违法和职务犯罪，开展廉政建设和反腐败工作，维护宪法和法律的尊严。该法律强调了监察机构的独立性和权威性，为国有企业建立健全独立的纪检监察机构提供了法律依据。

2.《国有企业监事会暂行条例》

该条例规定了监事会由国有资产监督管理机构委派人员组成，负责对国有独资企业、国有独资公司的资产保值增值状况实施监督，并依法独立行使监督权。该条例明确了国有企业监事会的职责和独立性，有助于加强企业内部监督，防止腐败问题的发生。

二、针对审批流程不规范问题的法律法规

1.《中华人民共和国公司法》

第十五条：公司向其他企业投资或者为他人提供担保，按照公司章程的规定，由董事会或者股东会决议；公司章程对投资或者担保的总额及单项投资或者担保的数额有限额规定的，不得超过规定的限额……。

虽然此条款未直接针对审批流程，但强调了公司决策程序的规范性和股东对管理层行为的监督权，间接要求国有企业建立健全审批流程，防止权力滥用。

2.《中央企业投资监督管理办法》

相关条款：第八条至第十三条。详细规定了中央企业投资决策程序、风险防控、责任追究等方面的要求，确保投资决策科学、规范、透明。

分析：该办法直接针对国有企业投资审批流程，为建立健全审批机制提供了具体指导。

三、针对考核奖惩机制不健全问题的法律法规

1.《国有企业领导人员廉洁从业若干规定》

第五条至第八条明确了国有企业领导人员在廉洁从业方面的具体要求，包括禁止利用职权谋

取私利、不得接受可能影响公正执行公务的礼品礼金等。

该规定为国有企业建立健全考核奖惩机制提供了依据，要求企业加强对领导人员的监督和管理，确保廉洁从业。

2.《中华人民共和国公务员法》

该法虽主要针对公务员，但对企业管理人员有借鉴意义。第五十六条至第六十五条规定了公务员应当遵守的纪律和行为规范，以及违反规定的处理措施。虽然该法主要针对公务员，但其关于纪律处分和考核奖惩的规定对国有企业管理人员同样具有借鉴意义，有助于国有企业建立健全相应的管理机制。

四、针对内部控制制度缺失或执行不力问题的法律法规

1.《中华人民共和国会计法》

第二十五条至第二十九条规定了单位内部会计监督制度的要求，包括会计事项相关人员的职责权限、记账规则、对账制度以及财产清查制度等。该法律强调了单位内部会计监督的重要性，要求国有企业建立健全内部控制制度，确保会计信息的真实性和完整性。

2.《企业内部控制基本规范》

该规范提出了企业内部控制的五要素（内部环境、风险评估、控制活动、信息与沟通、内部监督）和具体控制措施，要求企业根据自身情况建立健全内部控制体系。该规范为国有企业建立和完善内部控制制度提供了全面指导，有助于提升企业内部管理水平和风险防范能力。

五、针对廉洁文化建设滞后问题的法律法规

《中央宣传部 国务院 国资委关于加强和改进新形势下国有及国有控股企业思想政治工作的意见》强调了加强国有企业思想政治工作的重要性，要求企业把廉洁文化建设作为思想政治工作的重要内容之一，营造风清气正的企业文化氛围。虽然该意见未直接规定法律责任，但它为国有企业加强廉洁文化建设提供了政策导向和支持。

综上所述，针对国有企业反腐败与廉政建设合规问题中反腐体制机制不健全的问题，相关法律法规从监督机构独立性、审批流程规范、考核奖惩机制、内部控制制度以及廉洁文化建设等多个方面提供了依据和指导。国有企业应当认真学习和贯彻这些法律法规精神，建立健全相关机制和制度，确保反腐败与廉政建设工作的有效开展。

合规程序与方法

针对国有企业反腐败与廉政建设合规问题中反腐体制机制不健全的问题，以下提出具体的合规程序与方法，旨在分步骤、有针对性地解决问题。

一、提高纪检监察机构的独立性和权威性

1. 明确机构定位与职责

明确纪检监察机构在企业治理结构中的独立地位，确保其不受企业管理层的不当干预。制定详细的纪检监察机构职责清单，明确其监督范围、权限和程序。

2. 优化人员配置与资源保障

配备专业性强、素质高的纪检监察人员，确保他们有足够的能力和资源履行职责。为纪检监察机构提供独立的经费保障，确保工作的顺利开展。

3. 强化内部监督与协作

建立纪检监察机构与其他内部监督部门（如审计部门、法务部门等）的协作机制，形成监督合力。定期对纪检监察机构的工作进行评估，确保其独立性和权威性得到有效维护。

二、完善审批流程与监督机制

1. 梳理关键审批环节

对企业内部的重大项目审批、物资采购、资金拨付等关键环节进行全面梳理，识别潜在的腐败风险点。

2. 制定标准化审批流程

针对每个关键审批环节，制定标准化、透明化的审批流程，明确审批权限、条件和时限。

3. 强化过程监督与结果评估

建立对审批过程的监督机制，确保审批流程的严格执行。对审批结果进行定期评估，及时发现并解决问题。

三、建立健全考核奖惩机制

1. 制定考核标准与指标体系

根据企业实际情况，制定科学合理的考核标准和指标体系，确保考核工作的公正性和有效性。

2. 实施定期考核与评估

对领导干部和关键岗位人员实施定期考核与评估，及时发现并解决廉洁从业方面的问题。

3. 严格奖惩措施

对考核中发现的问题进行严肃处理，对表现优异的个人给予表彰和奖励，形成正向激励和反向约束相结合的机制。

四、加强内部控制制度建设与执行

1. 完善内部控制制度体系

根据国家法律法规和企业实际情况，完善内部控制制度体系，确保制度的全面性和有效性。

2. 加强制度宣传与培训

组织全体员工学习内部控制制度，提高制度执行意识。定期对关键岗位人员进行制度培训，确保他们熟练掌握制度要求。

3. 强化制度执行与监督

建立对内部控制制度执行情况的监督机制，确保制度得到有效执行。对制度执行不力的行为进行严肃处理，形成制度执行的刚性约束。

五、深化廉洁文化建设

1. 制定廉洁文化建设规划

制定符合企业实际的廉洁文化建设规划，明确建设目标、任务和措施。

2. 开展形式多样的廉洁教育活动

组织开展廉洁教育讲座、案例分析、警示教育等活动，提高员工的廉洁意识和自律能力。

3. 营造廉洁文化氛围

通过宣传栏、内部刊物、企业网站等渠道广泛宣传廉洁文化理念，营造风清气正的企业文化氛围。鼓励员工积极参与廉洁文化建设活动，形成全员参与、共同监督的良好局面。

通过实施以上合规程序与方法，国有企业可以逐步解决反腐败与廉政建设合规问题中反腐体制机制不健全的问题，提升企业的廉洁从业水平和治理效能。

专题6：民主集中制落实不到位

案例引入

一、案例背景

传统制造业国有企业F，作为国内知名的机械制造企业，长期以来在行业内占据领先地位。然而，近年来，随着企业规模的扩大和市场竞争的加剧，企业F在内部管理上逐渐暴露出诸多问题，尤其是民主集中制落实不到位的问题日益凸显，严重影响了企业的健康发展。

二、具体问题

1. 决策过程缺乏民主参与

企业F的决策机制长期由少数高层领导主导，重大事项的决策往往未经充分讨论和民主投票，而是由个别领导拍板决定。例如，2022年的一次设备采购项目，涉及金额高达5000万元，但该决策仅由公司总经理和几位高层领导私下商议后做出，未经过董事会或相关部门的充分论证和讨论。

2. 干部选拔任用不透明

企业F在干部选拔任用方面也存在严重问题。据内部员工反映，一些关键岗位的任命往往基于领导的个人喜好或关系，而非能力和业绩。例如，某部门副经理的职位空缺后，最终由一位与总经理有亲属关系的员工担任，尽管该员工在专业技能和管理经验上均存在明显不足。

3. 监督机制形同虚设

企业F的监督机制未能有效发挥作用。纪检监察部门在企业内部地位不高，缺乏独立性和权威性，对高层领导的监督显得力不从心。同时，员工对内部腐败行为的举报渠道不畅，导致一些违规违纪行为得不到及时查处。

三、主要问题的影响

1. 经济损失巨大

由于决策失误和腐败行为频发，企业F遭受了巨大的经济损失。以2022年的设备采购项目为例，由于未经充分论证和比价，采购的设备不仅性能达不到预期，而且价格远高于市场价，导致企业直接经济损失超过1000万元。此外，由于腐败行为的侵蚀，企业每年的运营成本也居高不下，进一步加大了企业的财务压力。

2. 财务指标下滑

随着内部管理问题的不断累积，企业F的财务指标开始出现明显下滑。2021年至2023年，企业的营业利润率从10%下降至6%，净利润率也从5%下降至2%。同时，企业的应收账款周转率、存货周转率等关键财务指标也均呈现下降趋势，反映出企业运营效率和管理水平的低下。

3. 员工士气低落

内部管理的不公和腐败现象的蔓延严重挫伤了员工的积极性和工作热情。据内部调查，超过60%的员工对企业当前的管理状况表示不满，认为企业的民主集中制落实不到位是导致这些问题的根本原因之一。员工士气低落进一步影响了企业的生产效率和创新能力。

四、结论与反思

企业F的案例深刻揭示了国有企业反腐败与廉政建设合规问题中民主集中制落实不到位的严重后果。为了避免类似问题的发生，国有企业必须深刻反思并采取有效措施解决，具体可从以下方面着手。

1. 加强制度建设

建立健全民主决策机制和干部选拔任用制度，确保决策过程的透明度和公正性。

2. 强化监督机制

提升纪检监察部门的独立性和权威性，畅通员工举报渠道，加大对违规违纪行为的查处力度。

3. 加强教育引导

通过开展廉洁教育活动等方式提高员工的廉洁意识和自律能力。

4. 完善考核体系

将民主集中制落实情况作为企业考核体系的重要指标之一，形成正向激励和反向约束相结合的机制。

通过实施这些措施，国有企业可以逐步解决民主集中制落实不到位的问题，为企业的健康发展提供有力保障。

合规问题分析

一、业务简介

国有企业作为国家经济的重要支柱，承担着推动经济社会发展、保障民生福祉等多重任务。在国有企业运营过程中，反腐败与廉政建设是确保企业健康可持续发展的重要环节。民主集中制作为党的根本组织原则和领导制度，在国有企业内部管理中同样具有核心地位，它要求企业在决策过程中既要发挥集体智慧，又要确保决策的集中统一。

二、相关规定

根据《中国共产党章程》和相关党内法规，国有企业应当严格落实民主集中制，确保企业决策的科学性、民主性和集中性。这包括建立健全党内议事决策规则，明确决策权限和程序；加强党内民主生活，保障党员和一般员工的民主权利；强化党内监督，防止权力滥用和腐败行为的发生等。

三、合规问题具体表现

1. 决策过程缺乏民主参与

一些国有企业在重大事项决策时，未能充分听取和吸纳各方意见，而是由个别领导或少数高层拍板决定。这种"一言堂"式的决策方式违背了民主集中制的基本原则，容易导致决策失误和腐败问题的发生。

2. 干部选拔任用不透明

在干部选拔任用方面，一些国有企业存在任人唯亲、拉帮结派的现象，未能按照德才兼备、以德为先的标准进行选拔。这种不透明的选拔任用机制削弱了民主集中制的权威性和公信力，也影响了企业的凝聚力和战斗力。

3. 监督机制形同虚设

部分国有企业内部监督机制不健全或执行不力，导致对领导干部的监督存在盲区。一些领导干部利用手中的权力谋取私利，甚至公然违纪违法，而纪检监察部门却未能及时发现和查处。这种监督缺失的情况严重损害了民主集中制的严肃性和有效性。

4. 基层民主权利受限

在国有企业内部，基层员工和党员的民主权利往往得不到充分保障。一些企业存在信息不透明、沟通渠道不畅等问题，导致基层员工难以参与企业决策和管理过程。这种基层民主权利受限不仅挫伤了员工的积极性和创造性，也削弱了民主集中制的群众基础。

四、问题造成的严重影响

1. 经济损失巨大

由于决策失误和腐败行为频发，国有企业往往遭受巨大的经济损失。这不仅影响了企业的经济效益和市场竞争力，还可能引发金融风险和社会稳定问题。

2. 信誉受损

国有企业作为国家形象的重要代表，其腐败问题的曝光将严重损害国家的形象和信誉。这不仅会影响国内外投资者对国有企业的信心和投资意愿，还可能引发公众对国有企业整体的不信任感。

3. 团队士气低落

内部管理不公和腐败现象的蔓延将严重挫伤员工的积极性和工作热情。员工对企业管理层的不信任和对腐败行为的不满将降低团队凝聚力和战斗力，影响企业的整体运营效率和创新能力。

4. 制度失效

民主集中制作为国有企业内部管理的核心制度之一，其落实不到位将导致整个企业管理体系失效。这不仅会削弱企业的决策能力和执行能力，还可能引发一系列连锁反应，如管理混乱、效率低下等问题。

综上所述，国有企业反腐败与廉政建设合规问题中的民主集中制落实不到位是一个亟待解决的问题。只有采取加强制度建设、完善监督机制、保障基层民主权利等措施，才能有效遏制腐败现象，确保国有企业健康可持续发展。

法律法规依据

针对国有企业反腐败与廉政建设合规问题中民主集中制落实不到位的问题，以下是对相关法律法规依据的总结。

一、针对决策过程缺乏民主参与问题的法律法规

1.《中华人民共和国公司法》

第六十七条：……董事会行使下列职权：……（三）决定公司的经营计划和投资方案……。

董事会应当制定基本的投资决策程序，确保决策的民主性和科学性。

2.《中国共产党章程》

第十条：党是根据自己的纲领和章程，按照民主集中制组织起来的统一整体。……（五）党的各级委员会实行集体领导和个人分工负责相结合的制度。凡属重大问题都要按照集体领导、民主集中、个别酝酿、会议决定的原则，由党的委员会集体讨论，作出决定。

二、针对干部选拔任用不透明问题的法律法规

1.《中华人民共和国企业国有资产法》

第二十二条：履行出资人职责的机构依照法律、行政法规以及企业章程的规定，任免或者建议任免国家出资企业的下列人员：（一）任免国有独资企业的经理、副经理、财务负责人和其他高级管理人员；（二）任免国有独资公司的董事长、副董事长、董事、监事会主席和监事；（三）向国有资本控股公司、国有资本参股公司的股东会、股东大会提出董事、监事人选……。

选拔任用应遵循公平、公正、公开的原则。

2.《党政领导干部选拔任用工作条例》

第二条："选拔任用党政领导干部，必须坚持下列原则：……（五）民主集中制；……。"

三、针对监督机制形同虚设问题的法律法规

1.《中华人民共和国监察法》

第十一条：监察机关调查权的适用范围是：……（二）贪污贿赂、滥用职权、玩忽职守、权力寻租、利益输送、徇私舞弊以及浪费国家资财等职务违法和职务犯罪进行调查。国有企业中的监察工作应受此法律约束，确保监督有效。

2.《中华人民共和国会计法》

第五条：会计机构、会计人员依照本法规定进行会计核算，实行会计监督。任何单位或者个人不得以任何方式授意、指使、强令会计机构、会计人员伪造、变造会计凭证、会计账簿和其他会计资料，提供虚假财务会计报告……。

会计监督是防止腐败的重要手段。

四、针对基层民主权利受限问题的法律法规

1.《中华人民共和国劳动法》

第八十八条：各级工会依法维护劳动者的合法权益，对用人单位遵守劳动法律、法规的情况进行监督……。

劳动者有权参与企业管理，提出合理化建议。

2.《中华人民共和国全民所有制工业企业法》

第五十一条：职工代表大会是企业实行民主管理的基本形式，是职工行使民主管理权力的机构……。

企业应保障基层员工的民主权利。

综上所述，国有企业反腐败与廉政建设合规问题中民主集中制落实不到位的问题，涉及多个法律法规的约束和规定。国有企业必须严格遵守相关法律法规，加强内部管理，确保民主集中制的有效落实。

合规程序与方法

针对国有企业反腐败与廉政建设合规问题中民主集中制落实不到位的问题，以下提出具体的合规程序与方法，旨在分步骤、有针对性地解决问题。

一、建立健全民主决策机制

1. 明确决策权限和程序

制定详细的决策权限划分表，明确各级管理层在重大事项决策中的权责。建立规范的决策程序，包括议题提出、资料准备、会议讨论、表决通过等环节，确保决策过程的透明度和公正性。

2. 扩大民主参与范围

鼓励员工和基层党组织积极参与企业决策过程，通过设立意见箱、召开座谈会等方式收集各方意见。对于涉及员工切身利益的重大事项，必须提交职工代表大会讨论审议，保护员工的知情权和参与权。

二、完善干部选拔任用制度

1. 制定公平透明的选拔标准

明确干部选拔任用的具体条件和标准，如学历、工作经验、业绩成果等，确保选拔过程公开、公平、公正。加强对选拔过程的监督，防止任人唯亲、拉帮结派等不正之风的发生。

2. 实施民主推荐和考察

在干部选拔过程中引入民主推荐机制，让员工和基层党组织参与推荐候选人。对候选人进行全面考察，包括工作能力、道德品质、廉洁自律等方面，确保选拔出德才兼备的干部。

三、强化内部监督机制

1. 建立健全纪检监察体系

加强对纪检监察部门的建设，提高其独立性和权威性，确保其对领导干部的有效监督。建立健全信访举报制度，畅通员工举报渠道，对违纪违法行为进行严肃查处。

2. 实施定期审计和评估

对企业的财务状况、业务运营等方面进行定期审计，及时发现和解决问题。对领导干部的工作业绩和廉洁自律情况进行定期评估，将评估结果作为选拔任用和奖惩的重要依据。

四、保障基层民主权利

1. 加强基层党组织建设

强化基层党组织在企业内部管理中的作用，确保其能够充分发挥战斗堡垒作用。加强对基层党员的教育和培训，提高其民主意识和参与能力。

2. 完善职工代表大会制度

确保职工代表大会的合法地位和权威性，保障员工的知情权和参与权。定期对职工代表大会的运作情况进行检查和评估，确保其能够充分发挥作用。

五、加强合规文化建设和培训

1. 开展合规文化建设

在企业内部营造浓厚的合规文化氛围，倡导诚信守法、廉洁从业的价值观。通过举办合规知识竞赛、廉洁从业主题活动等方式，提高员工的合规意识和自律能力。

2. 加强合规培训

定期对领导干部和员工进行合规培训，包括法律法规、企业规章制度、职业道德等方面的内容。对新入职员工进行入职合规教育，确保其在入职之初就树立正确的合规观念。

通过实施以上合规程序与方法，国有企业可以逐步解决民主集中制落实不到位的问题，推动反腐败与廉政建设工作的深入开展，为企业健康、可持续发展提供有力保障。

专题 7：重点领域腐败行为频发

案例引入

一、案例背景

公司 G 是一家位于东部沿海地区的传统制造业国有企业，主要从事机械制造与出口业务。近年来，随着国内外市场竞争的加剧，公司 G 在追求业绩增长的同时，内部管理问题逐渐暴露，特别是腐败现象频发，严重影响了公司的健康发展。

二、具体问题

1. 高层领导腐败问题

公司 G 前任总经理李某，在任期间利用职权之便，在设备采购、工程承包等关键环节大肆收受贿赂。据调查，李某通过虚构合同、抬高采购价格等手段，为供应商谋取不正当利益，并从中收受回扣高达数千万元。此外，李某还违规干预人事任免，安插亲信，严重破坏了公司的正常管理秩序。

2. 招投标环节腐败问题

公司 G 在多个大型工程项目招投标过程中，存在严重的围标串标现象。部分中层管理人员与特定供应商勾结，通过提前泄露标底、操纵评标委员会等方式，确保特定供应商中标。这不仅导致项目成本虚高，还排挤了其他有实力的竞争对手，严重影响了市场竞争秩序。据统计，仅在近三年内，公司 G 因招投标腐败行为导致的直接经济损失就超过亿元。

3. 财务管理漏洞

公司 G 的财务管理制度形同虚设，存在大量违规报销、虚开发票等行为。部分员工利用职务之便，虚构差旅费、招待费等以套取现金，用于个人消费或非法投资。同时，一些关键岗位人员还擅自挪用公款，进行高风险投资，最终导致资金无法收回，给公司造成巨大财务损失。

三、主要问题的影响

1. 经济损失惨重

由于腐败问题频发，公司 G 的经济损失惨重。除上述直接经济损失外，公司还因信誉受损导致订单减少、客户流失，进一步加剧了经营困境。据公司财务数据，近三年来，公司净利润同比下滑超过 30%，部分关键财务指标已处于行业末位。

2. 管理混乱

腐败问题的滋生蔓延导致公司管理混乱不堪。高层领导的腐败行为严重破坏了公司的决策机制，中层管理人员的违规行为则使得基层员工失去信任和支持，整个公司处于一种无序状态。这种管理混乱不仅影响了公司的日常运营，还严重削弱了公司的市场竞争力。

3.社会影响恶劣

作为国有企业，公司G的腐败问题不仅损害了企业的自身形象，还对社会造成了恶劣影响。公众对国有企业的信任度下降，对国有企业的改革和发展产生了怀疑。同时，腐败问题还容易引发群体性事件和社会不稳定因素，对社会和谐稳定构成威胁。

四、结论与反思

公司G的案例深刻揭示了国有企业反腐败与廉政建设合规问题的重要性。要有效遏制腐败行为，必须从以下几个方面入手。

1.加强制度建设

建立健全企业内部管理制度和反腐倡廉机制，确保权力在阳光下运行。

2.强化监督执纪

加大对关键岗位和重点环节的监督力度，对违纪违法行为进行严肃查处和公开曝光。

3.提升员工素质

加强员工的思想道德教育和业务培训，提高员工的合规意识和职业素养。

4.推动文化建设

营造风清气正的企业文化氛围，倡导诚信守法、廉洁从业的价值观。

通过实施以上措施，国有企业可以逐步解决腐败问题频发的问题，推动企业健康可持续发展。同时，这也为其他国有企业提供了有益的借鉴和参考。

合规问题分析

一、业务简介

国有企业作为国家经济的重要支柱，广泛涉及能源、交通、通信、制造等多个关键领域。这些企业在推动国家经济发展、保障社会民生方面发挥着不可替代的作用。然而，随着市场经济的深入发展，国有企业在拓展业务和扩大规模的同时，也面临着复杂多变的内外部环境和严峻的反腐败挑战。

二、相关规定

为加强国有企业反腐败与廉政建设，国家出台了一系列法律法规和政策文件，如《中华人民共和国监察法》《国有企业领导人员廉洁从业若干规定》等。这些规定明确了国有企业领导人员廉洁从业的行为准则，对权力运行、财务管理、招投标管理、人事任免等重点领域提出了严格的合规要求。

三、合规问题具体表现

1.权力寻租与利益输送

部分国有企业领导人员利用手中的权力和资源，在物资采购、工程承包、项目审批等环节进行权钱交易，为特定供应商或承包商谋取不正当利益，严重破坏了市场公平竞争秩序。

2.财务管理漏洞

一些国有企业财务管理制度不健全或执行不力，存在违规报销、虚开发票、挪用公款等行为。这些行为不仅导致了企业资产的流失，还为企业内部腐败提供了温床。

3. 招投标违规操作

在招投标过程中，部分国有企业存在围标串标、暗箱操作等问题。一些企业领导人员与特定投标人勾结，通过泄露标底、操纵评标委员会等手段确保特定投标人中标，严重损害了其他投标人的合法权益。

4. 人事任免不公

国有企业人事任免制度的不透明和不规范也是腐败频发的原因之一。部分领导人员利用职权干预人事任免工作，安插亲信、排斥异己，破坏了企业的正常管理秩序和人才队伍建设。

四、问题造成的严重影响

1. 经济损失大

腐败行为直接导致了国有资产的流失和企业经济效益的下降。据统计，每年因腐败问题给国有企业造成的经济损失高达数百亿元甚至更多。

2. 管理混乱

腐败问题频发严重破坏了国有企业的管理秩序和决策机制。高层领导的腐败行为使得企业决策偏离正轨，中层管理人员的违规行为则导致基层管理失控，整个企业处于无序状态。

3. 社会信任度下降

作为国家经济的重要支柱和社会责任的承担者，国有企业的腐败问题不仅损害了自身的形象和信誉，还降低了公众对国有企业的信任度和支持度。这不利于国有企业的改革和发展以及社会和谐稳定。

4. 阻碍高质量发展

腐败问题的存在严重阻碍了国有企业的高质量发展。它削弱了企业的创新能力和市场竞争力，使得企业在面对国内外市场竞争时处于不利地位。同时，腐败问题还容易引发企业内部矛盾和社会不稳定因素，进一步加剧企业的困境。

综上所述，国有企业反腐败与廉政建设合规问题中的重点领域腐败行为频发是一个复杂而严峻的问题。要有效遏制腐败现象的滋生蔓延，必须从制度建设、监督执纪、员工素质提升和文化氛围营造等多个方面入手，形成全方位、多层次的反腐败与廉政建设体系。

法律法规依据

针对国有企业反腐败与廉政建设合规问题中重点领域腐败行为频发的问题，以下是对相关法律法规依据的总结。

一、针对权力寻租与利益输送问题的法律法规

1.《中华人民共和国企业国有资产法》

第二十六条：国家出资企业的董事、监事、高级管理人员应当遵守法律、行政法规以及企业章程，对企业负有忠实义务和勤勉义务，不得利用职权收受贿赂或者取得其他非法收入和不当利益，不得侵占、挪用企业资产，不得超越职权或者违反程序决定企业重大事项，不得有其他侵害国有资产出资人权益的行为。

2.《中华人民共和国刑法》

第一百六十三条：公司、企业或者其他单位的工作人员，利用职务上的便利，索取他人财物

或者非法收受他人财物，为他人谋取利益，数额较大的，处三年以下有期徒刑或者拘役，并处罚金；数额巨大或者有其他严重情节的，处三年以上十年以下有期徒刑，并处罚金；数额特别巨大或者有其他特别严重情节的，处十年以上有期徒刑或者无期徒刑，并处罚金……。

二、针对财务管理漏洞问题的法律法规

1.《中华人民共和国会计法》

第九条：各单位必须根据实际发生的经济业务事项进行会计核算，填制会计凭证，登记会计账簿，编制财务会计报告。任何单位不得以虚假的经济业务事项或者资料进行会计核算。

第四十一条：伪造、变造会计凭证、会计账簿，编制虚假财务会计报告，隐匿或者故意销毁依法应当保存的会计凭证、会计账簿、财务会计报告的，由县级以上人民政府财政部门责令限期改正，给予警告、通报批评，没收违法所得，违法所得二十万元以上的，对单位可以并处违法所得一倍以上十倍以下的罚款，没有违法所得或者违法所得不足二十万元的，可以并处二十万元以上二百万元以下的罚款；对其直接负责的主管人员和其他直接责任人员可以处十万元以上五十万元以下的罚款，情节严重的，可以处五十万元以上二百万元以下的罚款；属于公职人员的，还应当依法给予处分；其中的会计人员，五年内不得从事会计工作；构成犯罪的，依法追究刑事责任。

2.《中华人民共和国企业国有资产法》

第十八条：国家出资企业应当依照法律、行政法规和国务院财政部门的规定，建立健全财务、会计制度，设置会计账簿，进行会计核算，依照法律、行政法规以及企业章程的规定向出资人提供真实、完整的财务、会计信息。

国家出资企业应当依照法律、行政法规以及企业章程的规定，向出资人分配利润。

三、针对招投标违规操作问题的法律法规

《中华人民共和国招标投标法》

第五十条：招标代理机构违反本法规定，泄露应当保密的与招标投标活动有关的情况和资料的，或者与招标人、投标人串通损害国家利益、社会公共利益或者他人合法权益的，处五万元以上二十五万元以下的罚款；对单位直接负责的主管人员和其他直接责任人员处单位罚款数额百分之五以上百分之十以下的罚款；有违法所得的，并处没收违法所得；情节严重的，禁止其一年至二年内代理依法必须进行招标的项目并予以公告，直至由工商行政管理机关吊销营业执照；构成犯罪的，依法追究刑事责任。给他人造成损失的，依法承担赔偿责任。

前款所列行为影响中标结果的，中标无效。

四、针对人事任免不公问题的法律法规

1.《中华人民共和国公司法》

第一百七十八条：有下列情形之一的，不得担任公司的董事、监事、高级管理人员：（一）无民事行为能力或者限制民事行为能力；（二）因贪污、贿赂、侵占财产、挪用财产或者破坏社会主义市场经济秩序，被判处刑罚，或者因犯罪被剥夺政治权利，执行期满未逾五年，被宣告缓刑的，自缓刑考验期满之日起未逾二年；（三）担任破产清算的公司、企业的董事或者厂长、经理，对该公司、企业的破产负有个人责任的，自该公司、企业破产清算完结之日起未逾三

年；（四）担任因违法被吊销营业执照、责令关闭的公司、企业的法定代表人，并负有个人责任的，自该公司、企业被吊销营业执照、责令关闭之日起未逾三年；（五）个人因所负数额较大债务到期未清偿被人民法院列为失信被执行人。

违反前款规定选举、委派董事、监事或者聘任高级管理人员的，该选举、委派或者聘任无效。

董事、监事、高级管理人员在任职期间出现本条第一款所列情形的，公司应当解除其职务。

2.《中华人民共和国企业国有资产法》

第二十二条：履行出资人职责的机构依照法律、行政法规以及企业章程的规定，任免或者建议任免国家出资企业的下列人员：（一）任免国有独资企业的经理、副经理、财务负责人和其他高级管理人员；（二）任免国有独资公司的董事长、副董事长、董事、监事会主席和监事；（三）向国有资本控股公司、国有资本参股公司的股东会、股东大会提出董事、监事人选。国家出资企业中应当由职工代表出任的董事、监事，依照有关法律、行政法规的规定由职工民主选举产生。

综上所述，针对国有企业反腐败与廉政建设合规问题中重点领域腐败行为频发的问题，国家已经出台了一系列相关法律法规进行规范和制约。这些法律法规为打击腐败行为、维护国有资产安全、保障企业健康发展提供了有力的法律武器。

合规程序与方法

针对国有企业反腐败与廉政建设合规问题中重点领域腐败行为频发的问题，以下提出具体的合规程序与方法，旨在有针对性地解决问题。

一、建立健全内部控制体系

1. 风险评估与识别

对企业各业务领域进行全面风险评估，识别出腐败风险高发区域，如物资采购、工程招投标、财务管理、人事任免等。制定腐败风险清单，明确风险点、责任部门和防控措施。

2. 制度设计与完善

根据风险评估结果，设计或完善相关内部控制制度，如《采购管理制度》《招投标管理办法》《财务管理规定》《人事任免程序》等。确保制度内容具体、可操作性强，明确权力运行流程、审批权限和责任追究机制。

3. 执行与监督

加大制度执行力度，确保各项制度得到有效落实。建立独立的内部审计或纪检监察部门，对制度执行情况进行定期检查和评估。

二、强化权力制约与监督

1. 分解与制衡权力

对关键岗位和重点领域的管理权力进行合理分解，避免权力过于集中。实行决策、执行、监督三权分立，确保权力相互制衡。

2. 公开透明运作

推行阳光工程，公开与员工利益相关的各类事项，确保员工有知情权、参与权和监督权。利用现代信息技术手段，如建立电子审批系统、公开招投标平台等，提高权力运行的透明度。

三、加强廉洁教育与培训

1. 制定教育计划

制定年度廉洁教育计划，明确教育目标、内容、方式和对象。教育内容应涵盖法律法规、职业道德、廉洁从业要求等方面。

2. 实施多样化教育

采用讲座、研讨会、案例分析、警示教育等多种形式开展廉洁教育。组织参观监狱、旁听庭审等活动，增强教育的震撼力和感染力。

3. 跟踪评估效果

对廉洁教育效果进行跟踪评估，及时调整教育计划和方法。将廉洁教育纳入绩效考核体系，确保教育取得实效。

四、完善监督举报机制

1. 畅通举报渠道

设立举报电话、举报邮箱、举报信箱等多种举报方式，方便员工举报腐败行为。对举报人信息严格保密，保护举报人合法权益。

2. 及时处理举报线索

对收到的举报线索进行认真核查，及时查处腐败行为。对举报有功人员进行奖励，激励更多人参与反腐败斗争。

五、严格责任追究与处罚

1. 明确责任追究机制

制定腐败案件责任追究制度，明确责任主体、追责程序和处罚标准。对发生腐败案件的责任部门和责任人进行严肃追责。

2. 加大处罚力度

对查实的腐败行为依法依规进行严肃处理，给予党纪政纪处分或移送司法机关追究刑事责任。对腐败行为造成的经济损失进行追偿，确保国有资产不受损失。

通过实施以上合规程序与方法，国有企业可以有效遏制反腐败与廉政建设合规问题中重点领域腐败行为频发的问题，推动国有企业健康稳定发展。

专题 8：选人用人不透明

案例引入

一、案例背景

公司 K，作为一家具有悠久历史的传统制造业国有企业，长期在国内市场上占据领先地位。然而，近年来，随着市场竞争的加剧和企业内部改革的深入，公司 K 在选人用人方面的不透明问题逐渐暴露，严重影响了公司的健康发展。

2018 年，公司 K 计划招聘一名技术总监，负责推动公司的技术创新和产品升级。然而，公司最终并未通过社会招聘或校园招聘等正规渠道挑选，而是由公司某位高层领导的亲属直接从事该岗位。这位亲属虽然有一定的技术背景，但缺乏实际管理经验和创新能力，上任后未能有效推动技术革新，导致公司多项重点项目延期，技术竞争力明显下降。

二、具体问题

1. 高层干预人事任免

公司K的高层管理人员，特别是几位关键领导，经常直接干预中层及基层管理人员的任免。这种干预往往基于个人喜好、关系亲疏而非能力和业绩，导致许多有才华但无关系的员工被埋没，而一些能力平平却擅长搞关系的人员被提拔至重要岗位。

2. 招聘流程不规范

在招聘新员工时，公司K的招聘流程也存在严重问题。部分关键岗位并未通过公开、公平、公正的竞争机制选拔人才，而是由内部推荐或直接指定。这种做法不仅损害了公司的形象，也导致了人才流失和团队士气下降。

三、主要问题的影响

1. 经济损失巨大

由于选人用人不透明，公司K在关键岗位上错失了多位具有真才实学的优秀人才，同时提拔了一批能力不匹配的人员。这些人员在任职期间，不仅未能为公司创造价值，反而因决策失误、管理不善等原因造成了巨大的经济损失。据统计，仅2019年至2021年，因选人用人不当导致的项目失败、客户投诉等直接经济损失就高达数千万元。

2. 财务指标下滑

选人用人不透明问题还间接影响了公司K的财务指标。由于关键岗位人员能力不足，企业运营效率下降、成本控制不力、市场竞争力减弱。这些因素共同作用，使得公司K的营业收入、净利润等关键财务指标出现连续下滑趋势。公司年报显示，2021年公司净利润同比下降了超过20%。

3. 团队士气与企业文化受损

更为严重的是，选人用人不透明问题严重损害了公司K的团队士气和企业文化。员工普遍感到不公平、不公正，对企业的归属感和忠诚度大幅下降。同时，这种不良风气也助长了企业内部的不正之风，进一步恶化了企业的政治生态和工作环境。

四、结论与反思

公司K在选人用人方面不透明的问题，是其反腐败与廉政建设合规问题中的一个突出表现。这一问题不仅导致了公司经济损失和财务指标下滑，更严重损害了公司的团队士气、企业文化和市场竞争力。因此，必须采取有效措施加以解决。

1. 加强制度建设

建立健全选人用人制度，明确选拔标准、程序和责任追究机制，确保选人用人的公开、公平、公正。

2. 推进信息化建设

利用现代信息技术手段，如建立人才管理系统、推行在线招聘等，提高选人用人的透明度和效率。

3. 强化监督与问责

加大对选人用人过程的监督力度，对违规干预人事任免的行为进行严肃查处和问责。同时，鼓励员工积极参与监督举报工作，形成全员参与、共同监督的良好氛围。

4. 营造廉洁文化

加大廉洁从业教育和培训力度，引导员工树立正确的价值观和职业道德观。通过举办廉洁文化活动、宣传廉洁典型事迹等方式营造风清气正的企业文化氛围。

合规问题分析

一、业务简介

国有企业作为国家经济的重要支柱，承担着推动经济发展、保障民生福祉等多重使命。选人用人作为国有企业运营管理的关键环节，直接关系到企业的核心竞争力、治理效能和可持续发展能力。然而，在实际操作中，选人用人不透明问题一直是国有企业反腐败与廉政建设合规领域的一大难题。

二、相关规定

针对国有企业选人用人不透明的问题，国家和地方政府制定了一系列法律法规和规章制度，旨在规范国有企业的选人用人行为，确保选人用人过程的公开、公平、公正。这些规定包括但不限于《中华人民共和国公司法》《中华人民共和国企业国有资产法》《党政领导干部选拔任用工作条例》等，它们明确了选人用人的原则、程序、标准和监督机制，为国有企业选人用人提供了法律保障。

三、合规问题具体表现

1. 高层干预与权力寻租

部分国有企业高层管理人员利用手中权力直接干预人事任免，为自己或亲友谋取私利，导致选人用人过程失去公正性。这种干预往往基于个人喜好、关系亲疏而非能力和业绩，严重破坏了企业的用人环境。

2. 招聘流程不规范

一些国有企业在招聘新员工时，未严格遵循公开、公平、公正的原则，而是通过内部推荐、暗箱操作等方式确定人选。这种做法不仅损害了企业的形象，也剥夺了其他符合条件者的公平竞争机会。

3. 评价标准不明确

选人用人过程中缺乏明确、科学的评价标准，往往以领导的主观判断为主，忽视了对候选人综合素质、实际能力和工作业绩的客观评估。这种评价标准的不明确性为权力寻租和腐败行为提供了空间。

4. 监督机制不健全

国有企业内部监督机制不完善，对选人用人过程的监督力度不足。纪检监察部门在履行职责时可能受到各种因素的干扰和制约，难以有效发挥监督作用。同时，外部监督也缺乏有效渠道和机制，难以对国有企业选人用人过程形成有效制约。

四、问题造成的严重影响

1. 损害企业竞争力

选人用人不透明导致优秀人才流失，同时使得一些能力不足的人员占据关键岗位，影响企业的决策质量和运营效率，进而削弱企业的市场竞争力。

2. 破坏企业形象和信誉

选人用人不透明容易引发公众对国有企业管理水平和公正性的怀疑，损害企业的形象和信誉。这种负面影响可能进一步影响到企业的业务发展和市场拓展。

3. 滋生腐败行为

选人用人过程中的权力寻租和暗箱操作为腐败行为提供了温床。一些人员通过不正当手段获得职位和利益，不仅损害了企业的利益，也败坏了社会风气。

4. 影响员工士气和工作积极性

选人用人不透明导致员工感到不公平、不公正，降低了他们对企业的归属感和忠诚度。这种负面情绪可能进一步影响到员工的工作积极性和创造力，不利于企业的长远发展。

综上所述，国有企业反腐败与廉政建设合规问题中选人用人不透明的问题具有多方面的表现和严重影响。为了解决这一问题，需要国有企业采取建立健全选人用人制度、加强监督与问责、营造廉洁文化等措施，确保选人用人过程的公开、公平、公正。

法律法规依据

国有企业反腐败与廉政建设合规问题中选人用人不透明的问题，违反了我国多个法律法规。以下是对相关法律法规依据的总结。

一、针对高层干预与权力寻租问题的法律法规

1.《中华人民共和国公司法》

第一百二十五条：董事会会议，应由董事本人出席；董事因故不能出席，可以书面委托其他董事代为出席，委托书应载明授权范围。董事应当对董事会的决议承担责任。董事会的决议违反法律、行政法规或者公司章程、股东大会决议，致使公司遭受严重损失的，参与决议的董事对公司负赔偿责任。但经证明在表决时曾表明异议并记载于会议记录的，该董事可以免除责任。

此条款虽未直接提及选人用人，但强调了董事责任，间接约束了高层的不当干预。

2.《中华人民共和国企业国有资产法》

第二十二条：履行出资人职责的机构依照法律、行政法规以及企业章程的规定，任免或者建议任免国家出资企业的下列人员：（一）任免国有独资企业的经理、副经理、财务负责人和其他高级管理人员；（二）任免国有独资公司的董事长、副董事长、董事、监事会主席和监事；（三）向国有资本控股公司、国有资本参股公司的股东会、股东大会提出董事、监事人选。国家出资企业中应当由职工代表出任的董事、监事，依照有关法律、行政法规的规定由职工民主选举产生。

此条款规定了高层管理人员的任免程序，防止随意干预。

二、针对招聘流程不规范问题的法律法规

1.《中华人民共和国劳动法》

第三条：劳动者享有平等就业和选择职业的权利、取得劳动报酬的权利、休息休假的权利、获得劳动安全卫生保护的权利、接受职业技能培训的权利、享受社会保险和福利的权利、提请劳动争议处理的权利以及法律规定的其他劳动权利。劳动者应当完成劳动任务，提高职业技能，执行劳动安全卫生规程，遵守劳动纪律和职业道德。

此条款强调了平等就业权，要求招聘流程公正。

2.《中华人民共和国就业促进法》

第三条：劳动者依法享有平等就业和自主择业的权利。劳动者就业，不因民族、种族、性别、宗教信仰等不同而受歧视。

此条款禁止就业歧视，要求招聘过程公平。

三、针对评价标准不明确问题的法律法规

《党政领导干部选拔任用工作条例》

第二条：选拔任用党政领导干部，必须坚持下列原则：（一）党管干部；（二）德才兼备、以德为先，五湖四海、任人唯贤；（三）事业为上、人岗相适、人事相宜；（四）公道正派、注重实绩、群众公认；（五）民主集中制；（六）依法依规办事。

此条款虽针对党政领导干部，但对国有企业选人用人也有借鉴意义，强调德才兼备和实绩。

四、针对监督机制不健全问题的法律法规

1.《中华人民共和国监察法》

第十一条：监察委员会依照本法和有关法律规定履行监督、调查、处置职责：（一）对公职人员开展廉政教育，对其依法履职、秉公用权、廉洁从政从业以及道德操守情况进行监督检查；（二）对涉嫌贪污贿赂、滥用职权、玩忽职守、权力寻租、利益输送、徇私舞弊以及浪费国家资财等职务违法和职务犯罪进行调查；（三）对违法的公职人员依法作出政务处分决定；对履行职责不力、失职失责的领导人员进行问责；对涉嫌职务犯罪的，将调查结果移送人民检察院依法审查、提起公诉；向监察对象所在单位提出监察建议。

2.《中华人民共和国企业国有资产法》

第十七条：国家出资企业从事经营活动，应当遵守法律、行政法规，加强经营管理，提高经济效益，接受人民政府及其有关部门、机构依法实施的管理和监督，接受社会公众的监督，承担社会责任，对出资人负责。

国家出资企业应当依法建立和完善法人治理结构，建立健全内部监督管理和风险控制制度。

第二十一条：国家出资企业对其所出资企业依法享有资产收益、参与重大决策和选择管理者等出资人权利。

国家出资企业对其所出资企业，应当依照法律、行政法规的规定，通过制定或者参与制定所出资企业的章程，建立权责明确、有效制衡的企业内部监督管理和风险控制制度，维护其出资人权益。

综上所述，国有企业反腐败与廉政建设合规问题中选人用人不透明的问题，违反了多个法律

法规。这些法律法规为国有企业选人用人提供了明确的法律依据和操作指南，有助于推动国有企业选人用人工作的公开、公平、公正。

合规程序与方法

针对国有企业反腐败与廉政建设合规问题中选人用人不透明的问题，以下是具体、分步骤的合规程序与方法，旨在有针对性地解决问题。

一、明确选人用人标准与流程

1. 制定详细的选人用人标准

明确岗位职责和任职要求，包括专业技能、工作经验、道德品质等方面的要求。制定量化评价指标，确保评价标准客观、公正、可衡量。

2. 公开招聘流程

通过企业官网、招聘平台等渠道公开发布招聘信息，明确招聘职位、条件、程序和时间安排。设立专门的招聘委员会或小组，负责整个招聘过程的组织实施和监督。

二、加强高层管理与监督

1. 建立高层管理人员用人决策机制

明确高层管理人员在选人用人方面的权责，避免个人随意干预。重大人事任免事项应提交党委会或董事会集体讨论决定，确保决策过程民主、透明。

2. 实施高层管理人员任期制和轮岗制

对关键岗位的高层管理人员实行任期制，避免长期任职导致的权力固化。对关键部门、关键岗位实行定期轮岗制，减少腐败风险。

三、强化内部监督机制

设立独立的纪检监察部门，负责对企业选人用人过程进行全程监督。鼓励员工举报选人用人过程中的违规行为，保护举报人合法权益。定期对选人用人过程进行内部审计和评估，及时发现问题并解决。

四、推动信息公开透明

公开招聘结果、人事任免决定等关键信息，接受员工和社会监督。建立企业信息公开平台，定期发布选人用人相关政策和执行情况。

五、加强教育培训与文化建设

1. 开展反腐倡廉教育培训

将学习党章党纪、反腐倡廉知识作为员工入职培训和日常教育的重要内容。通过案例分析、警示教育等方式，增强员工的法纪意识和廉洁自律意识。

2. 营造风清气正的企业文化

倡导诚信、公正、廉洁的企业文化，树立正面典型，发挥榜样引领作用。加强与员工的沟通交流，了解员工对选人用人工作的意见和建议，不断改进工作方法和流程。

通过实施上述合规程序与方法，国有企业可以有效解决反腐败与廉政建设合规问题中选人用人不透明的问题，推动国有企业选人用人工作的公开、公平、公正，为企业健康发展提供有力保障。

专题 9：利益输送问题突出

案例引入

一、案例背景

传统制造业国有企业 L（以下简称"L 公司"），作为国内某领域的领军企业，长期以来在行业内占据重要地位。然而，近年来随着市场竞争的加剧和企业内部管理的松懈，L 公司逐渐暴露出反腐败与廉政建设合规方面的问题，特别是利益输送问题尤为突出。

二、具体问题

1. 案例主角

王某：L 公司采购部负责人，利用职权进行利益输送的关键人物。

张某：某原材料供应商老板，与王某长期存在不正当利益关系。

2. 具体问题描述

自 2018 年起，王某利用担任 L 公司采购部负责人的职务便利，在原材料采购过程中，多次向张某倾斜，以明显高于市场价格的价格采购原材料。同时，王某还收受张某提供的回扣和礼品，金额高达数百万元。

三、主要问题的影响

1. 对财务数据的影响

（1）采购成本增加：由于采购价格虚高，L 公司每年因此多支付采购成本约 5000 万元。

（2）利润下滑：高额采购成本直接导致 L 公司利润率下降，净利润从 2017 年的 5% 下滑至 2020 年的 2%。

（3）市场份额减小：由于成本上升，L 公司产品在市场上的价格优势不再明显，销量下滑，市场份额被竞争对手蚕食。

2. 其他影响

（1）员工士气低落：员工对企业管理层的不信任感增强，工作积极性下降，人才流失严重。

（2）品牌形象受损：媒体曝光后，L 公司的品牌形象严重受损，客户信任度降低。

（3）面临法律风险：王某和张某的行为涉嫌受贿罪和行贿罪，面临法律制裁，同时 L 公司也可能因内部管理不善受到相关监管部门的处罚。

四、结论与反思

L 公司利益输送问题的严重性不仅体现在直接的经济损失上，还体现在对公司长远发展造成的深远影响上。国有企业必须高度重视反腐败与廉政建设合规问题，建立健全内部监督机制，防止权力滥用和利益输送行为的发生。国有企业应从以下方面着手解决相关问题。

1. 加强制度建设

完善采购管理制度，明确采购流程、标准和监督机制，确保采购过程公开、透明、公正。

2. 强化内部监督

设立独立的纪检监察部门，对关键岗位和关键环节进行重点监督，及时发现并纠正违规行为。

3. 提高员工素质

加强员工职业道德和法纪教育，提高员工的廉洁自律意识，营造良好的企业文化氛围。

4. 加大惩处力度

对查实的利益输送行为依法依规严肃处理，绝不姑息迁就，形成有力震慑。

5. 完善信息披露

建立健全信息披露机制，及时公开企业重要经营信息和反腐倡廉工作进展，接受社会监督。

通过实施以上措施，国有企业有望从根本上解决反腐败与廉政建设合规问题中利益输送的问题，推动企业实现健康、可持续发展。

合规问题分析

一、业务简介

国有企业作为国家经济的重要支柱，广泛涉足能源、交通、通信、制造业等多个关键领域，承担着保障国计民生、推动经济社会发展的重任。在日常运营中，国有企业涉及大量的采购、销售、投资等经济活动，这些活动往往伴随着资金、资源的流动和权力的行使。

二、相关规定

为规范国有企业经营行为，防止腐败现象发生，国家制定了一系列法律法规和规章制度，对国有企业的反腐败与廉政建设工作提出了明确要求。这些规定包括但不限于《中华人民共和国企业国有资产法》《国有企业领导人员廉洁从业若干规定》等，它们明确禁止国有企业及其工作人员利用职务之便进行利益输送等腐败行为。

三、合规问题具体表现

在国有企业反腐败与廉政建设合规问题中，利益输送问题尤为突出，具体表现如下。

1. 直接利益输送

国有企业工作人员通过直接收受回扣、礼品、礼金等方式，将企业的经济利益非法转移给个人或特定关系人。例如，在采购过程中，采购人员故意抬高采购价格，从中获取差价；在销售过程中，销售人员与客户勾结，降低销售价格以换取个人好处。

2. 间接利益输送

通过关联交易、投资入股等方式进行利益输送。一些国有企业管理人员利用职权，将企业的资产、业务、机会等资源转移给与自己有特定关系的企业或个人，从中谋取私利。这属于间接利益输送，难以被察觉。

3. 权力寻租与设租

国有企业工作人员利用手中的权力和资源，为企业或个人谋取不正当利益，同时从中收取好处费、咨询费等。这种行为不仅破坏了市场公平竞争秩序，还严重损害了国有企业的形象和利益。

四、问题造成的严重影响

利益输送问题对国有企业造成了严重的负面影响，主要体现在以下几个方面。

1. 国有资产流失

利益输送行为直接导致国有资产的非法流失，削弱了国有企业的经济实力和市场竞争力。

2.损害企业声誉

腐败行为一旦被曝光，将严重损害国有企业的声誉和形象，影响企业的品牌价值和市场信任度。

3.破坏市场秩序

利益输送行为破坏了市场公平竞争秩序，扰乱了正常的市场经济环境，阻碍了行业的健康发展。

4.削弱员工士气

腐败现象的存在使员工对企业管理层产生不信任感，影响员工的工作积极性和忠诚度，甚至导致人才流失。

5.增加法律风险

利益输送行为涉嫌违法犯罪，一旦查实将受到严厉的法律制裁，给企业带来重大的法律风险和经济损失。

综上所述，国有企业反腐败与廉政建设合规问题中利益输送问题突出是一个亟待解决的重要课题。只有实施加强制度建设、完善监督机制、提高员工素质等措施，才能有效遏制腐败行为的产生，保障国有企业的健康、可持续发展。

法律法规依据

针对国有企业反腐败与廉政建设合规问题中利益输送问题突出的现象，以下是对相关法律法规依据的总结。

一、针对利益输送行为的直接禁止性规定

1.《中华人民共和国刑法》

第三百八十五条：国家工作人员利用职务上的便利，索取他人财物的，或者非法收受他人财物，为他人谋取利益的，是受贿罪。国家工作人员在经济往来中，违反国家规定，收受各种名义的回扣、手续费，归个人所有的，以受贿论处。

此条款直接适用于国有企业工作人员利用职务便利收受回扣、礼品等行为，明确界定为受贿罪。

2.《中华人民共和国企业国有资产法》

第二十六条：国家出资企业的董事、监事、高级管理人员，应当遵守法律、行政法规以及企业章程，对企业负有忠实义务和勤勉义务，不得利用职权收受贿赂或者取得其他非法收入和不当利益，不得侵占、挪用企业资产，不得超越职权或者违反程序决定企业重大事项，不得有其他侵害国有资产出资人权益的行为。

二、涉及会计与财务监督的规定

《中华人民共和国会计法》

第二十五条：各单位应当建立、健全本单位内部会计监督制度，并将其纳入本单位内部控制制度。单位内部会计监督制度应当符合下列要求：……（四）对会计资料定期进行内部审计的办法和程序应当明确……。

建立健全内部会计监督制度，加强对会计资料的审计，有助于发现和防止利益输送行为。

第四十条：违反本法规定，有下列行为之一的，由县级以上人民政府财政部门责令限期改正，给予警告、通报批评，对单位可以并处二十万元以下的罚款，对其直接负责的主管人员和其他直接责任人员可以处五万元以下的罚款；情节严重的，对单位可以并处二十万元以上一百万元以下的罚款，对其直接负责的主管人员和其他直接责任人员可以处五万元以上五十万元以下的罚款；属于公职人员的，还应当依法给予处分：（一）不依法设置会计账簿的；（二）私设会计账簿的；（三）未按照规定填制、取得原始凭证或者填制、取得的原始凭证不符合规定的；（四）以未经审核的会计凭证为依据登记会计账簿或者登记会计账簿不符合规定的；（五）随意变更会计处理方法的；（六）向不同的会计资料使用者提供的财务会计报告编制依据不一致的；（七）未按照规定使用会计记录文字或者记账本位币的；（八）未按照规定保管会计资料，致使会计资料毁损、灭失的；（九）未按照规定建立并实施单位内部会计监督制度或者拒绝依法实施的监督或者不如实提供有关会计资料及有关情况的；（十）任用会计人员不符合本法规定的。

此条款对伪造、变造会计凭证等行为进行了处罚规定，有助于打击通过财务造假进行利益输送的行为。

三、涉及企业管理和治理结构的规定

1.《中华人民共和国公司法》

第一百七十九条：董事、监事、高级管理人员应当遵守法律、行政法规和公司章程。

第一百八十条：董事、监事、高级管理人员对公司负有忠实义务，应当采取措施避免自身利益与公司利益冲突，不得利用职权牟取不正当利益……。

这些条款强调了公司高级管理人员对公司和股东的忠实义务，禁止利益输送行为。

2.《国有企业领导人员廉洁从业若干规定》

第四条：国有企业领导人员应当切实维护国家和出资人利益。不得有滥用职权、损害国有资产权益的下列行为：（一）违反决策原则和程序决定企业生产经营的重大决策、重要人事任免、重大项目安排及大额度资金运作事项；（二）违反规定办理企业改制、兼并、重组、破产、资产评估、产权交易等事项；（三）违反规定投资、融资、担保、拆借资金、委托理财、为他人代开信用证、购销商品和服务、招标投标等；（四）未经批准或者经批准后未办理保全国有资产的法律手续，以个人或者其他名义用企业资产在国（境）外注册公司、投资入股、购买金融产品、购置不动产或者进行其他经营活动；（五）授意、指使、强令财会人员进行违反国家财经纪律、企业财务制度的活动；（六）未经履行国有资产出资人职责的机构和人事主管部门批准，决定本级领导人员的薪酬和住房补贴等福利待遇；（七）未经企业领导班子集体研究，决定捐赠、赞助事项，或者虽经企业领导班子集体研究但未经履行国有资产出资人职责的机构批准，决定大额捐赠、赞助事项；（八）其他滥用职权、损害国有资产权益的行为。

有前款所列行为之一，构成犯罪的，依法追究刑事责任。

会计人员有第一款所列行为之一，情节严重的，五年内不得从事会计工作。

有关法律对第一款所列行为的处罚另有规定的，依照有关法律的规定办理。

该规定直接对国有企业领导人员在投资、融资、担保等经济活动中可能发生的利益输送行为进行了详细列举和禁止。

综上所述，针对国有企业反腐败与廉政建设合规问题中利益输送问题突出的现象，我国现行法律法规提供了全面的规范和处罚依据，涵盖了刑法、会计法、公司法等多个领域，为打击腐败行为、保护国有资产安全提供了坚实的法律保障。

合规程序与方法

针对国有企业反腐败与廉政建设合规问题中利益输送问题突出的情况，提出以下具体的合规程序与方法，旨在分步骤、有针对性地解决问题。

一、建立健全内部控制体系

1. 识别关键风险点

对采购、销售、投资等易发生利益输送的业务环节进行全面梳理，识别关键风险点。

2. 制定内部控制措施

针对识别出的风险点，制定详细的内部控制措施，包括但不限于采购审批流程、供应商评估机制、投资决策程序等。

3. 实施并持续优化

将内部控制措施嵌入企业日常运营中，并定期进行审计和评估，根据评估结果持续优化内部控制体系。

二、加强内部审计与监督

1. 设立独立的内部审计部门

成立独立的内部审计部门，直接向董事会或监事会报告，确保审计工作的独立性和权威性。

2. 实施定期审计与专项审计

对关键业务环节和重点岗位实施定期审计，同时针对特定问题进行专项审计，及时发现并纠正违规行为。

3. 建立举报与反馈机制

设立举报热线或邮箱，鼓励员工积极举报腐败行为，并建立快速响应机制，对举报内容进行核实和处理。

三、完善公司治理结构

1. 明确职责与权限

清晰界定董事会、监事会、管理层的职责与权限，确保各层级之间形成有效的制衡机制。

2. 提高董事会独立性

提高独立董事比例，确保董事会能够独立、客观地履行职责，对管理层进行有效监督。

3. 强化监事会职能

赋予监事会更多监督权力和手段，确保监事会能够及时发现并纠正管理层的不当行为。

四、加强员工教育与培训

1. 开展廉洁从业教育

定期对全体员工开展廉洁从业教育，增强员工的法治观念和道德意识，树立正确的价值观。

2. 开展案例警示教育

结合实际案例，对员工进行警示教育，让员工深刻认识到腐败行为的严重后果和危害。

3. 建立职业道德档案

为每位员工建立职业道德档案，记录其廉洁从业情况，将其作为晋升、奖惩的重要依据。

五、建立公开透明的信息披露机制

1. 完善信息披露制度

制定完善的信息披露制度，明确披露内容、范围、时间和方式，确保信息披露的及时性、准确性和完整性。

2. 加强媒体沟通与引导

积极与媒体沟通，及时回应社会关切和热点问题，增强企业的透明度和公信力。

3. 推动利益相关方参与监督

邀请供应商、客户、投资者等利益相关方参与企业的监督活动，形成多方共治的良好局面。

通过实施以上合规程序与方法，国有企业可以有效防范和打击利益输送等腐败行为，提升企业的合规水平和竞争力，为企业的健康、可持续发展奠定坚实基础。

专题 10：财务管理不规范

案例引入

一、案例背景

公司 Z 是一家位于某工业城市的大型传统制造业国有企业，主要从事机械设备制造与销售。近年来，随着市场竞争的加剧和内部管理的不善，公司 Z 逐渐暴露出财务管理不规范的问题，特别是与反腐败和廉政建设紧密相关的利益输送和财务舞弊现象频发，严重影响了公司的健康发展。

二、具体问题

1. 虚构交易与套取资金

公司 Z 的财务部门在主管会计李某的操纵下，通过虚构销售合同和采购订单伪造交易凭证，套取公司资金高达 5000 万元。这些资金被李某私下转入其个人及其亲属控制的账户中，用于个人消费和投资。

2. 违规报销与滥发福利

公司高层管理人员与财务部门串通，利用职务之便违规报销个人费用，包括高档消费品、旅游费用等，总额超过 300 万元。同时，公司还以各种名义滥发福利，如发放未经审批的奖金、补贴等，总额近 800 万元，严重侵蚀了公司利润。

3. 关联交易与利益输送

公司 Z 与其关联企业之间存在大量不透明的关联交易，如高价采购原材料、低价销售产品等，导致公司利润大量流失至关联企业。据统计，仅一年时间内，通过关联交易流失的利润就超过 2000 万元。此外，公司高层还通过关联企业间接持有公司股份，进一步加剧了利益输送问题。

三、主要问题的影响

1. 经济损失惨重

由于财务管理不规范和利益输送问题严重，公司 Z 在短短几年内的累计损失就超过 8000 万元，直接导致企业净利润大幅下滑，从行业领先水平跌至中下游。

2. 财务指标恶化

公司的资产负债率持续上升，流动比率下降，显示出公司偿债能力减弱和运营风险增加。同时，由于利润被严重侵蚀，公司的净资产收益率和总资产周转率等关键财务指标也大幅下降，市场估值和投资者信心受到严重影响。

3. 企业形象受损

财务管理不规范和腐败问题的曝光，严重损害了公司 Z 的企业形象和品牌信誉。客户、供应商和合作伙伴对公司的信任度降低，业务合作受到严重影响。此外，公司还面临来自监管机构的调查和处罚风险，进一步加剧了公司的困境。

四、结论与反思

公司 Z 的案例深刻揭示了国有企业反腐败与廉政建设合规问题中财务管理不规范的严重性和危害性。为了防止类似问题的发生，国有企业应采取以下措施。

1. 加强内部控制体系建设

建立健全财务管理制度和内部控制体系，明确岗位职责和权限划分，加强对关键业务环节的监督和审计。

2. 提高财务管理人员素质

加强对财务管理人员的职业道德教育和业务培训，提高其法律意识和专业素养，确保财务工作的规范性和合法性。

3. 强化监督与问责机制

建立独立的内部审计和监督机构，加强对财务管理工作的日常监督和定期检查。同时，对发现的违规行为和腐败问题要严肃查处并追究相关人员的责任。

4. 推动信息公开与透明化

加强企业财务信息的公开和透明化建设，及时向社会公布企业的财务状况和经营成果，接受社会各界的监督和评价。

通过实施以上措施，国有企业可以有效防范和解决财务管理不规范和腐败问题，保障企业的健康、可持续发展。

合规问题分析

一、业务简介

国有企业作为国家经济的重要支柱，承担着促进经济发展、保障民生福祉等多重任务。财务管理作为国有企业管理体系的核心组成部分，直接关系到企业的资金安全、经营效率和可持续发展能力。然而，在反腐败与廉政建设的背景下，国有企业财务管理不规范的问题日益凸显，成为制约企业健康发展的重要因素。

二、相关规定

针对国有企业财务管理不规范的问题，国家制定了一系列相关法律法规和规章制度，旨在规范企业财务行为，防止腐败现象的发生。这些规定包括但不限于《中华人民共和国会计法》《中华人民共和国企业国有资产法》《企业内部控制基本规范》以及国资委发布的各类财务管理指导意见等。这些规定明确了企业财务管理的原则、要求、程序和责任，为国有企业财务管理提供了法律保障和制度基础。

三、合规问题具体表现

1. 会计核算不规范

虚假记账、账务混乱、账实不符等问题频发，导致财务报表失真，无法真实反映企业的经营状况。资产负债表、利润表等核心财务报表的编制存在随意性，缺乏必要的审核和审计程序。

2. 内部控制不健全

内部控制制度建设滞后，关键控制点缺失，导致难以有效防范和控制财务风险。审批流程不规范，权限划分不明确，存在越权审批、违规操作等现象。

3. 资金管理松散

资金收支管理不严，存在挪用公款、私设"小金库"等问题。资金使用效率低下，资金沉淀现象严重，影响企业的资金流动性和经营效益。

4. 利益输送与腐败

通过关联交易、虚假合同等手段进行利益输送，损害国家和企业的利益。管理人员利用职务之便收受回扣、礼品等贿赂，形成腐败链条。

5. 监督与问责机制缺失

内部监督机制不完善，审计部门独立性不强，难以有效发挥监督作用。对违规行为和腐败问题的查处力度不够，问责机制形同虚设。

四、问题造成的严重影响

1. 损害企业信誉和形象

财务管理不规范导致企业财务报表失真，影响投资者和债权人的信心，损害企业的市场信誉和品牌形象。

2. 影响企业经营效益

会计核算不准确、内部控制不健全等问题导致企业决策失误，增加经营风险，降低经营效益。

3. 造成国有资产流失

资金管理松散、利益输送等问题导致国有资产被非法侵占和流失，损害国家和人民的利益。

4. 破坏市场公平竞争秩序

关联交易等不正当竞争手段扰乱市场秩序，破坏公平竞争环境，影响行业的健康发展。

5. 阻碍企业可持续发展

财务管理不规范问题长期得不到解决，将严重制约企业的转型升级和可持续发展能力。

综上所述，国有企业反腐败与廉政建设合规问题中财务管理不规范的问题亟待解决。企业应从完善制度建设、加强内部控制、强化资金管理、加大监督问责力度等方面入手，全面提升财务管理的合规性和有效性，为企业的健康、可持续发展提供有力保障。

法律法规依据

针对国有企业反腐败与廉政建设合规问题中财务管理不规范的问题，以下是对相关法律法规依据的总结。

一、针对会计核算不规范问题的法律法规

1.《中华人民共和国会计法》

第九条：各单位必须根据实际发生的经济业务事项进行会计核算，填制会计凭证，登记会计账簿，编制财务会计报告。任何单位不得以虚假的经济业务事项或者资料进行会计核算。

2.《企业会计准则——基本准则》

第十二条：企业应当以实际发生的交易或者事项为依据进行会计确认、计量和报告，如实反映符合确认和计量要求的各项会计要素及其他相关信息，保证会计信息真实可靠、内容完整。

二、针对内部控制不健全问题的法律法规

1.《中华人民共和国企业国有资产法》

第四十九条：国有独资企业、国有独资公司、国有资本控股公司及其董事、监事、高级管理人员应当向资产评估机构如实提供有关情况和资料，不得与资产评估机构串通评估作价。

2.《企业内部控制基本规范》

第六条：企业应当根据有关法律法规、本规范及其配套办法，制定本企业的内部控制制度并组织实施。

第七条：企业应当运用信息技术加强内部控制，建立与经营管理相适应的信息系统，促进内部控制流程与信息系统的有机结合，实现对业务和事项的自动控制，减少或消除人为操纵因素。

三、针对资金管理松散问题的法律法规

1.《中华人民共和国企业国有资产法》

第三十一条：国有独资企业、国有独资公司合并、分立，增加或者减少注册资本，发行债券，分配利润，以及解散、申请破产，由履行出资人职责的机构决定。

2.《中华人民共和国会计法》

第十五条：会计账簿登记，必须以经过审核的会计凭证为依据，并符合有关法律、行政法规和国家统一的会计制度的规定。会计账簿包括总账、明细账、日记账和其他辅助性账簿。

四、针对利益输送与腐败问题的法律法规

1.《中华人民共和国刑法》

第一百六十三条：公司、企业或者其他单位的工作人员，利用职务上的便利，索取他人财物或者非法收受他人财物，为他人谋取利益，数额较大的，处三年以下有期徒刑或者拘役，并处罚金；数额巨大或者有其他严重情节的，处三年以上十年以下有期徒刑，并处罚金；数额特别巨大或者有其他特别严重情节的，处十年以上有期徒刑或者无期徒刑，并处罚金。

公司、企业或者其他单位的工作人员在经济往来中，利用职务上的便利，违反国家规定，收受各种名义的回扣、手续费，归个人所有的，依照前款的规定处罚。

国有公司、企业或者其他国有单位中从事公务的人员和国有公司、企业或者其他国有单位委派到非国有公司、企业以及其他单位从事公务的人员有前两款行为的，依照本法第三百八十五条、第三百八十六条的规定定罪处罚。

2.《中华人民共和国反不正当竞争法》

第七条：经营者不得采用财物或者其他手段贿赂下列单位或者个人，以谋取交易机会或者竞争优势：……（三）利用职权或者影响力影响交易的单位或者个人……。

五、针对监督与问责机制缺失问题的法律法规

《中华人民共和国公司法》

第一百八十九条：董事、高级管理人员有前条规定的情形的，有限责任公司的股东、股份有限公司连续一百八十日以上单独或者合计持有公司百分之一以上股份的股东，可以书面请求监事会向人民法院提起诉讼；监事有前条规定的情形的，前述股东可以书面请求董事会向人民法院提起诉讼。

综上所述，国有企业在反腐败与廉政建设合规问题中财务管理不规范的问题，违反了《中华人民共和国会计法》《中华人民共和国企业国有资产法》《企业会计准则——基本准则》《企业内部控制基本规范》《中华人民共和国刑法》《中华人民共和国反不正当竞争法》等相关法律法规的规定。国有企业应严格遵守相关法律法规，加强财务管理和内部控制，防止腐败现象的发生，保障国家和企业的利益。

合规程序与方法

针对国有企业反腐败与廉政建设合规问题中财务管理不规范的问题，以下是具体的合规程序与方法，旨在分步骤、有针对性地解决问题。

一、促进会计核算规范化

1. 建立严格的会计核算制度

明确会计科目的设置、会计凭证的填制、会计账簿的登记以及财务会计报告的编制要求，确保所有经济业务事项真实、准确、完整地反映在会计资料中。

2. 实施定期审计与复核

聘请专业的第三方审计机构或内部审计部门，定期对企业的会计核算工作进行审计与复核，及时发现并纠正错误和违规行为。

3. 加强会计人员培训

定期组织会计人员参加专业培训，提高其业务水平和职业道德素养，确保会计工作的准确性和合规性。

二、完善相关内部控制制度

1. 制定全面的内部控制制度

制定内部控制制度，涵盖资金管理、采购管理、销售管理、资产管理等各个环节，明确各岗位职责、权限和业务流程，形成相互制约、相互监督的内部控制机制。

2. 强化风险评估与预警

建立风险评估体系，定期对企业面临的各种风险进行评估，及时制定应对措施；同时，建立风险预警机制，对可能发生的风险进行预警和防范。

3. 实施内部控制自我评价

定期开展内部控制自我评价工作，对内部控制制度的执行情况进行全面检查，发现问题及时解决，确保内部控制制度的有效执行。

三、强化资金管理

1.实行资金集中管理

建立资金集中管理制度，将企业的所有资金纳入统一账户管理，确保资金的安全和有效使用。

2.严格审批流程

明确资金使用的审批权限和流程，所有资金支出必须经过严格的审批程序，防止资金被挪用或滥用。

3.加强资金监管

利用现代信息技术手段，建立资金监管系统，实时监控资金流向和使用情况，确保资金使用的合规性和效益性。

四、建立健全监督与问责机制

1.设立独立的监督机构

成立独立的内部审计部门或监事会，负责对企业各项经济活动进行监督和检查，确保企业运营活动的合规性和有效性。

2.建立举报与投诉机制

设立举报与投诉渠道，鼓励员工和社会公众积极举报企业内部的腐败行为和不合规现象，对举报人给予保护和奖励。

3.实施严格的问责制度

对违反法律法规和企业规章制度的行为进行严肃查处，追究相关责任人的责任，形成有效的震慑作用。

五、加强廉洁文化建设

1.开展廉洁教育

定期组织廉洁教育活动，通过讲座、培训、案例分析等形式，提高员工的廉洁意识和职业道德素养。

2.营造廉洁氛围

通过宣传栏、企业内部网站等渠道，广泛宣传廉洁文化，营造风清气正的工作氛围。

3.建立廉洁档案

为每位员工建立廉洁档案，记录其廉洁从业情况，作为员工晋升、评优评先的重要依据。

通过实施以上合规程序与方法，国有企业可以逐步解决财务管理不规范的问题，加强反腐败与廉政建设，促进企业健康、可持续发展。

第十二章
国有企业法律风险防控合规问题

专题 1: 法律服务机构职能不强

案例引入

一、案例背景

公司 A, 一家历史悠久的传统制造业国有企业, 主营业务涵盖机械制造与重工业装备生产。近年来, 随着市场竞争的加剧和外部环境的变化, 公司 A 面临着转型升级的巨大压力。然而, 在追求经济效益的同时, 公司 A 的法律风险防控体系却未能同步完善, 尤其是其法律服务机构职能薄弱, 成为制约公司发展的关键问题。

二、具体问题

1. 机构设置不健全

公司 A 的法律部门长期隶属于行政管理部门, 缺乏独立性和专业性。法律部门人员配置不足, 仅有两名兼职法律顾问负责全公司的法律事务, 且均无制造业法律背景, 难以应对复杂的合同审核、合规审查及诉讼应对工作。

2. 职能履行不到位

由于人员和专业能力的限制, 法律部门在合同审查、项目论证、工程招投标等重要经济活动中参与度极低。据统计, 2024 年内, 有近 30% 的重要合同未经法律部门审核即直接签署, 导致合同中存在多处法律漏洞和潜在风险。

3. 风险意识薄弱

公司 A 的管理层及业务部门普遍缺乏法律风险意识, 对法律服务的重视程度不足。例如, 在一次大型设备采购项目中, 由于未进行充分的法律尽职调查, 导致采购的设备存在知识产权纠纷, 最终引发诉讼, 公司因此支付了高达 500 万元的赔偿金。

4. 应对机制缺失

面对突发的法律事件, 公司 A 缺乏快速有效的应对机制。在某次因产品质量问题引发的集体诉讼中, 由于反应迟缓、策略不当, 公司不仅支付了巨额赔偿, 还导致品牌形象严重受损, 市场份额大幅减小。

三、主要问题的影响

1. 经济损失巨大

直接经济损失方面, 因法律服务机构职能不强, 公司 A 支付了近千万元的赔偿金, 严重影响了公司的财务状况。间接经济损失方面, 市场份额减小和品牌形象受损, 进一步削弱了公司的盈利能力和市场竞争力。

2. 财务指标下滑

受法律风险事件影响，公司 A 的净利润率、总资产周转率等关键财务指标均出现不同程度的下滑。特别是净利润率，从上一财年（2023 年）的 5% 下降至本财年的 3%，降幅显著。

3. 内部管理混乱

法律风险频发也暴露了公司 A 内部管理存在问题。法律部门的职能弱化，导致其他部门在决策过程中缺乏法律支持，增加了违规操作的风险。同时，内部沟通不畅、责任不明等问题也进一步加剧了管理混乱的局面。

4. 市场信任度降低

连续的法律风险事件严重影响了公司 A 的市场信誉和客户信任度。部分长期合作伙伴开始重新评估合作关系，新客户拓展也面临诸多困难。

四、结论与反思

公司 A 的案例深刻揭示了国有企业法律风险防控合规问题中法律服务机构职能不强的严重后果。面对日益复杂的市场环境和激烈的竞争态势，国有企业必须高度重视法律风险的防控工作，加强法律服务机构的建设和职能发挥，具体措施如下。

1. 健全法律服务机构

设立独立的法律部门，配备具有专业背景和丰富实践经验的法律顾问团队。

2. 提升职能履行能力

提升法律部门在合同审查、合规审查、诉讼应对等方面的参与度，确保企业经济活动合法合规。

3. 增强风险意识

通过培训、宣传等方式提高管理层和业务部门的法律风险意识，形成全员参与的风险防控氛围。

4. 完善应对机制

建立快速有效的法律事件应对机制，确保在突发事件发生时能够迅速做出反应并妥善处理。

总之，国有企业只有不断加强法律风险防控合规工作，才能有效应对市场挑战，实现可持续发展。

合规问题分析

一、业务简介

国有企业作为国民经济的重要支柱，其业务涉及多个领域，包括基础设施建设、能源开发、制造业、金融服务等。其业务活动不仅规模庞大，而且往往涉及复杂的法律关系和合规要求。因此，国有企业需要建立健全的法律风险防控体系，以确保其经营活动的合法性和合规性。

二、相关规定

国有企业在进行业务活动时，必须遵守国家法律法规、行业规范以及企业内部规章制度。这些规定不仅涵盖了企业日常运营的各个方面，还对企业的法律事务管理提出了明确要求。例如，国有企业应设立专门的法律事务机构，配备专业的法律人员，负责企业的法律咨询、合同审查、合规审查等工作。同时，企业还应建立健全的法律风险防控机制，确保能够及时识别和应对潜在的法律风险。

三、合规问题具体表现

在国有企业法律风险防控合规问题中，法律服务机构职能不强的问题主要表现在以下几个方面。

1. 法律服务机构设置不健全

部分国有企业尚未建立独立的法律服务机构，或者虽然建立了机构但人员配置不足，导致法律工作难以有效开展。

2. 职能履行不到位

法律服务机构在企业中的地位和作用未能得到充分发挥，法律人员往往被边缘化，难以参与企业的重大决策和日常经营活动。这导致法律审查、合规审查等环节缺失，增加了企业的法律风险。

3. 专业素质不高

部分国有企业的法律人员缺乏必要的专业素质和实践经验，难以应对复杂的法律问题和合规要求。这导致企业在处理法律事务时往往效率低下，甚至出现错误和疏漏。

4. 缺乏协同机制

法律服务机构与其他部门之间缺乏有效的沟通和协作机制，导致信息不畅、工作重复等问题频发。这不仅浪费了企业资源，还影响了法律风险防控工作的整体效果。

四、问题造成的严重影响

国有企业法律服务机构职能不强的问题，将对企业造成以下严重影响。

1. 经济损失

由于法律风险防范不足，企业可能面临诉讼、仲裁等法律纠纷，导致经济损失。同时，因合同漏洞、违规操作等问题引发的赔偿、罚款等也将给企业带来沉重的经济负担。

2. 声誉损害

法律风险事件的发生将严重损害企业的声誉和形象，影响企业的品牌价值和市场竞争力。特别是在全球化背景下，企业的国际形象更容易受到损害。

3. 经营受阻

法律问题频发将严重影响企业的正常经营活动。例如，合同违约可能导致供应链中断、项目延期等问题，合规问题可能引发监管部门的处罚和限制措施等。

4. 发展受限

长期存在的法律风险防控合规问题将制约企业的可持续发展。企业难以吸引投资、拓展市场、开展国际合作等，从而影响其长远发展目标的实现。

综上所述，国有企业必须高度重视法律服务机构职能不强的问题，采取有效措施加强法律风险防控合规工作，确保企业的健康稳定发展。

法律法规依据

针对国有企业法律风险防控合规问题中法律服务机构职能不强的问题，以下是总结的相关法律法规依据。

一、针对法律服务机构设置不健全问题的法律法规

1.《中华人民共和国公司法》

第五条：设立公司必须依法制定公司章程。公司章程对公司、股东、董事、监事、高级管理人员具有约束力。

公司章程应明确法律服务机构的设立及其职责，确保法律服务机构在企业内部具有合法地位和明确职能。

2.《中央企业合规管理办法》

该办法要求中央企业建立健全合规管理体系，明确合规管理部门及其职责。国有企业作为特殊形式的企业，应参照此办法设立专门的法律服务机构或合规管理部门，强化法律风险防控。

二、针对职能履行不到位问题的法律法规

1.《中华人民共和国企业国有资产法》

第十七条：国家出资企业从事经营活动，应当遵守法律、行政法规，加强经营管理，提高经济效益，接受人民政府及其有关部门、机构依法实施的管理和监督，接受社会公众的监督，承担社会责任，对出资人负责……。

国有企业法律服务机构应积极参与企业经营活动，履行法律审查、合规审查等职责，确保企业经营活动合法合规。

2.《中华人民共和国民法典》

第四百六十四条：合同是民事主体之间设立、变更、终止民事法律关系的协议……。

法律服务机构应严格审查企业合同，确保合同条款合法、有效，防范合同风险。

三、针对专业素质不高问题的法律法规

《中华人民共和国律师法》虽不直接适用于企业内部法律人员，但可参考其对律师执业资格和素质的要求。国有企业应鼓励和支持法律人员参加专业培训，提升专业素质，确保其能够胜任复杂的法律工作。

四、针对缺乏协同机制问题的法律法规

1.《企业内部控制基本规范》

第四条：企业建立与实施内部控制，应当遵循下列原则：（一）全面性原则。内部控制应当贯穿决策、执行和监督全过程，覆盖企业及其所属单位的各种业务和事项。（二）重要性原则。内部控制应当在全面控制的基础上，关注重要业务事项和高风险领域。（三）制衡性原则。内部控制应当在治理结构、机构设置及权责分配、业务流程等方面形成相互制约、相互监督，同时兼顾运营效率。（四）适应性原则。内部控制应当与企业经营规模、业务范围、竞争状况和风险水平等相适应，并随着情况的变化及时加以调整。（五）成本效益原则。内部控制应当权衡实施成本与预期效益，以适当的成本实现有效控制。

法律服务机构应与企业内部其他部门建立有效的沟通和协作机制，确保法律风险防控工作贯穿企业经营活动全过程。

2.《中央企业全面风险管理指引》

该指引要求企业建立全面的风险管理体系，明确各部门在风险管理中的职责和协作机制。国

有企业应参照此指引，构建法律风险防控与其他风险管理工作的协同机制，形成合力，共同应对企业面临的法律风险。

请注意，以上法律法规依据仅为参考，实际应用时需根据具体情况查找并引用具体的法律条文。同时，由于法律法规的不断更新和完善，建议在实际操作中参考最新的法律法规版本。

合规程序与方法

针对国有企业法律风险防控合规问题中法律服务机构职能不强的问题，以下是具体的合规程序与方法，旨在分步骤、有针对性地解决问题。

一、建立健全法律服务机构

1. 明确法律服务机构定位

确定法律服务机构在企业内部的重要性和独立性，确保其能够直接参与企业的重大决策和日常经营活动。

2. 完善机构设置

设立独立的法律服务部门或合规管理部门，明确其职责范围和工作流程。根据企业规模和业务需求，合理配置专职法律人员，确保人员数量和专业素质满足工作需要。

二、强化职能履行与提升专业能力

1. 明确职责范围

制定法律服务机构职责清单，明确其在合同审查、合规审查、法律咨询、诉讼应对等方面的具体职责。

2. 加强专业培训

定期组织法律人员进行专业培训，提升其法律素养和专业技能。培训内容可涵盖最新法律法规、典型案例分析、专业技能提升等。

3. 建立绩效考核机制

将法律服务机构的工作绩效纳入企业整体考核体系，通过绩效考核激励法律人员积极履行职责，提升工作效率和质量。

三、优化协作机制与促进信息共享

1. 建立跨部门协作机制

推动法律服务机构与企业内部其他部门建立紧密的协作关系，确保在合同签订、项目论证、工程招投标等关键环节能够充分参与并发挥作用。

2. 加强信息共享平台建设

利用信息技术手段，建立跨部门信息共享平台，实现法律风险信息的及时传递和共享，提高风险防控的协同性和效率。

四、完善合同管理与审查流程

1. 制定标准化合同模板

根据企业业务需求，制定各类合同的标准化模板，明确合同条款、格式和履行方式等，降低合同风险。

2. 实施严格的合同审查制度

对所有重要合同实施严格的法律审查，确保合同条款合法、有效，防范潜在的法律风险。审查过程中应注重实体审查和程序审查相结合，确保审查的全面性和准确性。

3. 建立合同履行监督机制

对合同履行过程进行全程跟踪和监督，确保合同按时、按质、按量履行。对于合同履行过程中出现的问题，应及时采取法律措施予以解决。

五、建立法律风险预警与应对机制

1. 构建法律风险预警系统

利用数据分析、风险评估等手段，构建法律风险预警系统，及时发现并警示潜在的法律风险。

2. 制定应急响应预案

针对可能发生的法律风险事件，制定详细的应急响应预案，明确应对措施和责任人。预案应涵盖信息报告、初步处置、后续跟进等各个环节。

3. 加强法律事务档案管理

完善法律事务档案管理制度，确保所有法律文件、合同、诉讼材料等得到妥善保管和及时归档。这有助于在风险事件发生时快速查找相关证据和资料，为应对法律风险提供有力支持。

通过实施以上合规程序与方法，国有企业可以有效提升法律服务机构的职能和效能，加强法律风险防控合规工作，确保企业的健康稳定发展。

专题 2：缺少专职法律工作人员

案例引入

一、案例背景

公司 B 是一家位于某工业重镇的传统制造业国有企业，主要从事重型机械设备的生产与销售。近年来，随着市场竞争的加剧和行业法规的不断完善，公司 B 面临着日益复杂的法律环境和合规要求。然而，由于历史原因和管理体制的限制，公司 B 在法律风险防控方面存在明显短板，尤其是专职法律工作人员的严重缺失，成为制约公司发展的关键问题。

二、具体问题

1. 专职法律工作人员配置不足

公司 B 目前仅有一名兼职法律顾问负责全公司的法律事务，该顾问兼任多个部门的职务，无法专注于法律风险的识别与防控。据统计，公司 B 在职员工总数超过 5000 人，而专职法律人员数量为 0，与行业标准和企业规模严重不匹配。

2. 合同管理漏洞百出

由于缺乏专业的法律审查，公司 B 在合同签订过程中存在诸多漏洞。例如，某次与海外客户签订大型设备销售合同，因未对付款条款和违约责任进行充分评估，导致后续收款困难，项目延期近一年，直接经济损失达 3000 万元。此外，因合同条款不明确引发的纠纷频发，2023 年度公司因合同纠纷支付的赔偿款及律师费总计超过 500 万元。

3. 合规意识淡薄

由于法律工作人员缺失，公司 B 内部合规文化建设滞后，员工合规意识普遍淡薄。在一次环保检查中，公司被发现存在违规排放行为，被处以高额罚款，并面临停产整顿的风险。此事件不仅严重影响了公司声誉，还导致订单量大幅减少，2023 年第四季度销售额同比下滑 20%。

三、主要问题的影响

1. 直接经济损失大

在直接经济损失方面，公司 B 支付合同纠纷赔偿及律师费 500 万元，违规排放罚款及停产损失估算超过 1000 万元。

2. 销售额下滑

受缺少专业的法律审查影响，公司 2023 年第四季度销售额同比下滑 20%，折合人民币约 8000 万元。

3. 利润下降

综合上述因素，公司 2023 年度净利润同比下降 30%，未达到国资委设定的考核目标。

4. 市场信誉受损

缺少专业的法律审查曝光后，公司品牌形象受损，客户信任度降低，部分长期合作伙伴提出重新评估合作关系。行业内的负面评价增多，影响公司未来的市场拓展和融资能力。

5. 内部管理混乱

法律风险频发导致管理层频繁应对危机，无暇顾及公司战略规划和长期发展。部门间推诿扯皮现象加剧，工作效率低下，员工士气受挫。

四、结论与反思

公司 B 的案例深刻揭示了国有企业在法律风险防控合规方面存在的普遍问题——专职法律工作人员的缺失。这不仅直接导致了经济损失和市场信誉受损，还严重影响了企业的内部管理和长期发展。因此，国有企业应高度重视法律风险防控工作，可从以下方面着手。

1. 加强法律人才队伍建设

根据企业规模和业务需求合理配置专职法律人员，确保法律事务得到专业、高效的处理。

2. 完善合同管理制度

建立严格的合同审查流程，确保所有合同在签订前均经过专业法律人员的评估与审核。

3. 强化合规文化建设

通过培训、宣传等方式提升员工的合规意识，建立健全的合规管理体系，确保企业经营活动合法合规。

4. 建立风险预警系统

利用信息技术手段构建法律风险预警系统，及时发现并应对潜在的法律风险，降低风险事件发生的概率和影响程度。

通过实施上述措施，国有企业可以有效提升法律风险防控能力，为企业的健康稳定发展提供有力保障。

合规问题分析

一、业务简介

国有企业作为国家经济的重要支柱，其业务涉及广泛领域，包括基础设施建设、能源供应、制造业、服务业等。这些业务活动不仅规模庞大，而且往往涉及复杂的法律关系和合规要求。因此，国有企业在进行日常运营和业务拓展时，必须高度重视法律风险防控工作，确保各项经营活动合法合规。

二、相关规定

在法律法规层面，我国对企业法律事务管理有明确规定。例如，《中华人民共和国公司法》要求公司设立时应当制定公司章程，明确公司治理结构和各部门职责；《中央企业合规管理办法》则强调中央企业应建立健全合规管理体系，明确合规管理部门及其职责。此外，还有众多行业性法规和标准对企业的法律事务管理提出了具体要求。这些规定共同构成了国有企业法律风险防控的法律依据和制度保障。

三、合规问题具体表现

缺少专职法律工作人员是国有企业法律风险防控合规问题中的一个显著表现。具体体现在以下几个方面。

1.法律事务处理不及时、不专业

由于缺乏专职法律工作人员，企业在面对法律问题时往往反应迟钝，处理不当。例如，在合同签订过程中，可能因缺乏专业审查而导致条款遗漏或风险隐患；在诉讼应对中，可能因缺乏经验而错失有利时机。

2.合规意识淡薄

专职法律工作人员的缺失还导致企业内部合规文化建设滞后。员工在日常工作中可能忽视合规要求，甚至违规操作，从而增加企业的法律风险。

3.法律风险频发

由于法律事务处理不当和合规意识淡薄，国有企业可能频繁遭遇法律风险事件，如合同纠纷、行政处罚、诉讼失败等。这些事件不仅给企业带来直接经济损失，还可能损害企业声誉和信誉。

四、问题造成的严重影响

缺少专职法律工作人员对国有企业造成的严重影响是多方面的，具体如下。

1.经济损失

法律风险事件往往伴随着经济赔偿、罚款等直接经济损失。此外，因诉讼纠纷导致的业务停滞、市场份额减小等间接经济损失也不容忽视。

2.声誉损害

法律风险事件的曝光可能严重损害国有企业的社会形象和品牌信誉，影响客户信任度和合作伙伴关系。

3.内部管理混乱

法律风险频发可能导致企业内部管理混乱，部门间推诿扯皮现象加剧，工作效率低下。同

时，管理层需要频繁应对危机，无暇顾及企业战略规划和长期发展。

4.合规成本增加

为弥补法律事务处理不当和合规意识淡薄的不足，国有企业可能需要加大合规投入，如聘请外部律师、加强内部培训等，从而增加企业的合规成本。

综上所述，缺少专职法律工作人员是国有企业法律风险防控合规问题中的一个重要问题。这一问题的存在不仅直接威胁到企业的经济利益和社会形象，还可能对企业内部管理和发展战略产生深远影响。因此，国有企业应高度重视这一问题，采取有效措施加以解决。

法律法规依据

针对国有企业法律风险防控合规问题中缺少专职法律工作人员的问题，以下是总结的相关法律法规依据。

一、《中华人民共和国公司法》

第七十四条规定有限责任公司可以设经理，由董事会决定聘任或者解聘……。

此条款虽未直接提及"专职法律工作人员"，但表明了公司管理层有权根据经营需要决定聘任各类管理人员，包括法律事务方面的专业人员。

二、《中央企业合规管理办法》

第六条：中央企业应当在机构、人员、经费、技术等方面为合规管理工作提供必要条件，保障相关工作有序开展。

第十四条：中央企业合规管理部门牵头负责本企业合规管理工作，主要履行以下职责：……（二）负责规章制度、经济合同、重大决策合规审查……。

这些条款强调了中央企业在合规管理中必须配备必要的人员，并明确了合规管理部门在规章制度和经济合同审查中的重要职责，间接指出了专职法律工作人员的重要性。

三、《中华人民共和国企业国有资产法》

第二十六条：国家出资企业的董事、监事、高级管理人员，应当遵守法律、行政法规以及企业章程，对企业负有忠实义务和勤勉义务，不得利用职权收受贿赂或者取得其他非法收入和不当利益，不得侵占、挪用企业资产，不得超越职权或者违反程序决定企业重大事项，不得有其他侵害国有资产出资人权益的行为。

四、《中华人民共和国劳动法》

虽然《中华人民共和国劳动法》主要调整劳动关系，但企业设立专职法律工作人员也涉及劳动用工问题。根据劳动法的相关规定，企业有权根据生产经营需要设置工作岗位，并依法与劳动者签订劳动合同。因此，在设立专职法律工作人员岗位时，企业应遵守《中华人民共和国劳动法》关于劳动合同订立、履行、变更、解除和终止等方面的规定。

五、《中华人民共和国民法典》

虽然《中华人民共和国民法典》未直接规定企业必须设立专职法律工作人员，但其中关于合同订立、履行、违约责任以及民事权利保护等方面的规定，要求企业在日常经营中必须严格遵守法律法规，避免法律风险。因此，从维护企业自身权益和防控法律风险的角度出发，设立专职法律工作人员显得尤为重要。

综上所述，虽然直接针对"缺少专职法律工作人员"这一具体问题的法律法规有限，但通过对《中华人民共和国公司法》《中央企业合规管理办法》等相关法律法规的综合分析，可以明确看出企业在法律风险防控合规方面设立专职法律工作人员的必要性。这些法律法规为企业加强法律事务管理、提升合规水平提供了有力的制度保障。

合规程序与方法

针对国有企业法律风险防控合规问题中缺少专职法律工作人员的问题，以下提出具体的合规程序与方法，旨在有针对性地解决问题。

一、明确法律事务管理的重要性

国有企业高层应充分认识到法律事务管理的重要性，将其纳入企业战略管理范畴。高层领导应推动法律事务管理机制的建立和完善，确保法律工作得到足够的资源和支持。

二、设立专门的法律事务部门

企业应设立独立的法律事务部门，负责全面统筹和管理企业的法律事务。该部门应直接向企业高层汇报工作，确保其在企业决策和管理体系中的独立性和权威性。

三、配置专职法律工作人员

1. 招聘与培训

根据企业规模和业务需求，合理配置专职法律工作人员。通过公开招聘、内部选拔等方式，吸引具有丰富法律实践经验和良好职业素养的法律人才加入。同时，定期为法律工作人员提供专业培训，提升其业务能力和工作效率。

2. 明确职责与分工

明确法律事务部门及专职法律工作人员的职责和分工，确保各项法律事务得到专业、高效的处理。例如，可以设立合同审查岗、诉讼应对岗、合规咨询岗等，分别负责不同领域的法律事务工作。

四、建立健全法律事务管理制度

1. 制定规章制度

建立健全法律事务管理制度，包括合同管理、诉讼管理、合规审查等方面的规章制度。明确各项工作的流程和标准，确保法律事务管理的规范性和一致性。

2. 实施长效工作机制

建立长效工作机制，确保法律事务管理制度得到有效执行。例如，可以实行合同定期审查制度、法律风险预警制度等，及时发现和解决潜在的法律风险问题。

五、加强合规文化建设

1. 提升全员合规意识

通过培训、宣传等方式，提升全体员工的合规意识。让员工认识到遵守法律法规和企业规章制度的重要性，自觉抵制违法违规行为。

2. 建立合规激励机制

建立合规激励机制，对在合规工作中表现突出的个人和部门进行表彰和奖励。同时，对违反合规规定的行为进行严肃处理，形成有效的合规约束。

六、强化法律事务部门与其他部门的协作

1. 建立跨部门协作机制

法律事务部门应与其他部门建立紧密的协作关系，共同参与企业的重大决策和经营活动。通过跨部门会议、联合审查等方式，确保各项决策和经营活动的合法合规性。

2. 提供全方位法律服务

法律事务部门应为企业各部门提供全方位的法律服务，包括合同审查、法律咨询、诉讼应对等。通过提供及时、专业的法律服务，降低企业的法律风险，保障企业的合法权益。

通过实施以上合规程序与方法，国有企业可以有效解决缺少专职法律工作人员的问题，提升法律风险防控合规水平，为企业的健康稳定发展提供有力保障。

专题 3：缺乏法律和契约意识

案例引入

一、案例背景

传统制造业企业 C，成立于 20 世纪 90 年代，主营钢铁产品制造与销售，是国内较早一批国有企业之一。近年来，随着市场竞争的加剧和法律法规的不断完善，企业 C 在快速发展的同时也面临着诸多法律风险。然而，企业 C 在法律和契约意识方面存在明显不足，导致一系列合规问题的发生。

二、具体问题

1. 合同审查不严

企业 C 在与供应商签订采购合同时，往往忽视对合同条款的细致审查。例如，在一次与铁矿石供应商的合同签订过程中，企业 C 未对交货时间、质量标准及违约责任等关键条款进行严格把关，导致后续供货延误、质量问题频发，最终引发合同纠纷。

2. 法律文件缺失

在对外贸易中，企业 C 因未充分重视国际贸易规则和惯例，多次出现法律文件缺失或不完善的情况。一次出口交易中，因未提供符合国际标准的质量保证书和原产地证明，导致货物在目的港被扣留，不仅延误了交货期，还额外支付了高额的滞港费和罚款。

3. 员工法律意识淡薄

企业 C 普遍缺乏法律培训，内部员工对民法典、劳动法等相关法律法规知之甚少。某销售经理在与客户签订销售合同时，未经法务部门审核，擅自答应了对方不合理的付款条件，结果导致企业 C 应收账款回收周期延长，资金周转率下降。

三、主要问题的影响

1. 经济损失巨大

合同纠纷、国际贸易障碍及应收账款回收问题直接导致了企业 C 的经济损失。据统计，仅在 2022—2023 两年内，因法律和契约意识缺失导致的直接经济损失就高达数千万元，其中合同纠纷赔偿金额超过 1000 万元，国际贸易罚款及滞港费超过 500 万元，应收账款坏账损失超过 2000

万元。

2. 财务指标下滑

经济损失进一步影响了企业 C 的财务指标。应收账款周转率从行业平均水平的每年 4 次下降至 2.5 次，资金占用成本显著增加；同时，净利润率也因高额的法律费用和赔偿支出而大幅下滑，从原来的 8% 降至 5% 以下。

3. 市场信誉受损

频繁的合同纠纷和国际贸易问题不仅给企业 C 带来了直接的经济损失，还严重损害了企业的市场信誉。部分长期合作客户因对企业 C 的合规能力产生怀疑，转而寻求其他供应商合作，导致企业 C 市场份额减小。

四、结论与反思

1. 加强法律和契约意识培训

企业 C 应高度重视对法律和契约意识的培养，定期组织员工参加法律培训，提高全体员工的法律素养和合规意识。

2. 完善合同管理制度

建立健全合同管理制度，明确合同审查流程和责任分工，确保每份合同都经过法务部门的严格把关，避免法律风险的发生。

3. 强化国际贸易合规管理

针对国际贸易中的特殊风险，企业 C 应加强与国际贸易规则接轨的合规管理，确保出口货物的法律文件齐全、合规，避免国际贸易障碍和罚款。

4. 建立风险预警机制

构建法律风险预警机制，及时发现和应对潜在的合规风险，减少经济损失和减小市场信誉损害。

通过实施以上措施，企业 C 有望逐步提升法律风险防控合规水平，为企业的持续健康发展提供有力保障。

合规问题分析

一、业务简介

国有企业作为国家经济的重要组成部分，涉及众多业务领域，包括制造业、能源、交通、金融等。在经营过程中，国有企业需遵守国家法律法规，同时与各类合作伙伴签订并执行合同，确保业务的顺利进行。然而，在实际操作中，部分国有企业存在法律和契约意识不足的问题，导致一系列合规风险。

二、相关规定

1. 法律法规

国有企业在经营过程中需遵守《中华人民共和国公司法》《中华人民共和国民法典》等法律法规，确保企业行为合法合规。

2. 监管要求

国家相关部门对国有企业有严格的监管要求，包括财务审计、合规审查等，以确保国有资产的安全和合规运营。

3. 企业内部规定

国有企业通常也会制定内部规章制度，明确员工在业务操作中的法律和契约意识要求。

三、合规问题具体表现

1. 合同审查不严

在合同签订过程中，部分国有企业未对合同条款进行细致审查，导致合同内容存在漏洞或不利条款，为后续合同履行埋下隐患。

2. 法律意识淡薄

部分国有企业员工对法律法规了解不足，缺乏必要的法律意识，导致在业务操作中违反法律法规，引发合规风险。

3. 契约精神缺失

在合同履行过程中，部分国有企业未严格遵守契约精神，存在违约行为，损害企业信誉和合作伙伴利益。

四、问题造成的严重影响

1. 经济损失巨大

因合同审查不严或法律意识淡薄导致的合规问题，可能给国有企业带来巨大的经济损失，包括赔偿款、罚款等。

2. 市场信誉受损

频繁出现合规问题会严重损害国有企业的市场信誉，导致合作伙伴和客户流失，影响企业的长期发展。

3. 法律风险增加

缺乏法律和契约意识可能导致国有企业面临更多的法律纠纷和诉讼，增加企业的法律风险。

4. 监管处罚

若国有企业因合规问题受到监管部门的处罚，不仅会影响企业的正常运营，还可能对企业的声誉和品牌形象造成负面影响。

综上所述，国有企业缺乏法律和契约意识是一个严重的合规问题，可能导致经济损失巨大、市场信誉受损、法律风险增加和监管处罚等严重后果。因此，国有企业应高度重视法律和契约意识的培养，加强合规管理，确保企业的健康稳定发展。

法律法规依据

一、针对合同审查不严问题的法律法规

1.《中华人民共和国合同法》

第十二条详细规定了合同的内容应当包括当事人的名称或者姓名和住所、标的、数量、质量、价款或者报酬、履行期限、地点和方式、违约责任、解决争议的方法等条款。国有企业在签订合同时，应严格依照这些规定，确保合同条款的完整性和合法性。

部分国有企业在合同签订过程中未对合同条款进行细致审查，导致合同内容存在漏洞或不利条款，违反了《中华人民共和国合同法》的相关规定。

2.《中华人民共和国企业国有资产法》

第十六条规定国家出资企业对其动产、不动产和其他财产依照法律、行政法规以及企业章程享有占有、使用、收益和处分的权利。同时，第四十三条强调，国家出资企业的关联方不得利用与国家出资企业之间的交易，谋取不当利益，损害国家出资企业利益。这要求国有企业在合同审查中特别注意关联交易的合规性。

国有企业因合同审查不严导致的利益受损，可能涉及与关联方的不当交易，违反了《中华人民共和国企业国有资产法》的相关规定。

二、针对法律意识淡薄问题的法律法规

1.《中华人民共和国公司法》

第十九条：公司从事经营活动，应当遵守法律法规，遵守社会公德、商业道德，诚实守信，接受政府和社会公众的监督。这要求国有企业及其员工必须具备基本的法律意识，依法合规经营。

部分国有企业员工法律意识淡薄，缺乏必要的法律培训，导致在业务操作中违反法律法规，违反了《中华人民共和国公司法》中关于企业守法经营的基本要求。

2.《中央企业合规管理办法》

第三条至第五条，强调了中央企业及其员工在经营管理行为和履职行为中必须符合国家法律法规、监管规定等要求，并明确了合规管理的目标和原则。该办法要求中央企业建立健全合规管理体系，提升依法合规经营管理水平。

国有企业整体法律意识的淡薄，反映了合规管理体系的不健全，违反了《中央企业合规管理办法》中关于合规管理的基本要求。

三、针对契约精神缺失问题的法律法规

1.《中华人民共和国合同法》

第六条：当事人行使权利、履行义务应当遵循诚实信用原则。诚实信用原则要求当事人在合同履行过程中保持诚信，不得擅自变更或解除合同，损害对方当事人的利益。

国有企业在合同履行过程中未严格遵守契约精神，存在违约行为，违反了《中华人民共和国合同法》中的诚实信用原则。

2.《中华人民共和国民法典》

第七条强调了民事主体从事民事活动，应当遵循诚信原则，秉持诚实，恪守承诺。这一规定适用于所有民事主体，包括国有企业，要求其在经济活动中保持诚信，履行契约义务。

国有企业契约精神的缺失，直接表现为在民事活动中的不诚信行为，违反了《中华人民共和国民法典》中关于诚信原则的规定。

综上所述，国有企业法律风险防控合规问题中缺乏法律和契约意识的问题，违反了《中华人民共和国公司法》《中华人民共和国企业国有资产法》《中央企业合规管理办法》《中华人民共和国民法典》等多部法律法规的相关规定。这些法律法规为国有企业的合规经营提供了明确的法律依据和行为准则。

合规程序与方法

针对国有企业法律风险防控合规问题中缺乏法律和契约意识的问题，以下提出具体的合规程序与方法，旨在分步骤、有针对性地解决问题。

一、加强法律培训与教育

1. 定期举办法律培训

组织全体员工参加法律法规、合同管理等方面的培训课程，特别是针对新入职员工和关键岗位人员，确保每位员工都具备基本的法律意识和契约精神。

2. 引入外部专家讲座

邀请法律界的专家学者或资深律师来企业开展专题讲座，分享最新的法律法规动态和进行案例分析，提升员工的法律素养。

二、完善合同管理制度

1. 建立合同审查流程

明确合同审查的责任部门和人员，制定详细的合同审查清单，确保每份合同在签订前都经过法务部门或专业律师的严格审查。

2. 引入电子化合同管理系统

利用信息技术手段，建立电子化合同管理系统，实现合同从起草、审查、签订到执行的全程跟踪和监控，减少人为错误和漏洞。

三、强化合规文化建设

1. 制定合规手册

编制企业合规手册，明确企业合规管理的目标、原则、制度和流程，向全体员工宣传普及合规知识。

2. 建立合规激励机制

将合规表现纳入员工绩效考核体系，对表现突出的个人或部门给予奖励，激励全体员工积极参与合规管理。

四、加强合同履行过程监控

1. 建立合同履行监督机制

设立专门的合同履行监督岗位或团队，负责对合同履行过程进行实时跟踪和监控，确保合同各方按照约定履行义务。

2. 定期评估合同履行情况

定期对合同履行情况进行评估和分析，及时发现并解决问题，确保合同目的实现。

五、建立健全法律风险机制

1. 识别潜在法律风险

定期组织法务部门、业务部门等相关部门开展法律风险识别活动，梳理企业在经营管理过程中可能面临的法律风险点。

2. 制定风险应对措施

针对识别出的法律风险点，制定相应的风险应对措施和预案，确保在风险发生时能够及时、有效地应对。

3. 加强风险监测与报告

建立健全法律风险监测和报告机制，定期对法律风险进行监测和分析，并向管理层报告风险情况和应对措施的执行情况。

通过实施以上合规程序与方法，国有企业可以有效提升员工的法律和契约意识，完善合同管理制度，强化合规文化建设，加强合同履行过程监控，并建立健全法律风险机制，从而全面提升国有企业的法律风险防控合规能力。

专题4：内部风险管理体系不健全

案例引入

一、案例背景

传统制造业国有企业E（以下简称"E公司"），主营业务为机械制造与加工，拥有员工数千人，年营业额数十亿元。近年来，随着市场竞争的加剧和外部环境的变化，E公司面临着越来越大的经营压力。然而，E公司的内部风险管理体系却长期未能得到有效建立和完善，尤其是在法律风险防控方面存在明显短板。

二、具体问题

1. 合同管理混乱

E公司的合同管理流程松散，缺乏统一的合同审查标准和程序。据统计，近三年来，因合同条款不明确或存在漏洞导致的法律纠纷案件多达50余起，涉及金额超过2亿元。其中，一起因产品质量争议引发的诉讼案件，由于合同未明确约定验收标准和违约责任，导致E公司被判赔偿对方经济损失高达5000万元。

2. 内部监督机制失效

E公司的内部审计和合规部门形同虚设，对业务部门的监督力度不够，导致违规行为频发。例如，销售部门经理张某利用职务之便，私下与供应商达成不正当交易，虚报采购价格，从中牟取私利。该行为持续两年之久，直至外部审计介入才被发现，给E公司造成的直接经济损失超过1000万元。

3. 法律培训缺失

E公司对员工的法律培训重视不足，大部分员工对基本的法律法规和合同管理知识了解甚少。在一次重大项目投标过程中，由于投标团队对招投标法律法规不熟悉，提交的投标文件存在多处违规内容，导致E公司被取消投标资格，错失了一个潜在价值超过3亿元的项目。

三、主要问题的影响

1. 经济损失巨大

合同管理混乱、内部监督机制失效以及法律培训缺失等问题，直接导致了E公司巨额的经济损失。据统计，近三年来，因法律风险防控不到位造成的直接经济损失累计超过3亿元，占公司总营业额的近10%。

2. 财务指标下滑

受法律风险事件频发的影响，E公司的盈利能力显著下降。净利润率从三年前的8%下滑至当前的4%，总资产周转率也呈现出下降趋势。这些财务指标的下滑进一步加大了E公司的经营压力。

3. 市场信誉受损

频繁的法律纠纷和违规行为不仅给E公司带来了经济损失，还严重损害了公司的市场信誉。一些长期合作伙伴和客户开始对E公司的合规经营能力产生怀疑，导致订单量减少，市场份额下滑。

四、结论与反思

E公司的案例充分暴露了国有企业在法律风险防控合规问题中内部风险管理体系不健全的严重后果。为了防范类似问题的发生，国有企业应高度重视内部风险管理体系的建设和完善，具体措施如下。

1. 加强合同管理

建立统一的合同审查标准和程序，确保每份合同在签订前都经过严格审查；加强对合同履行过程的监控和评估，及时发现并解决问题。

2. 完善内部监督机制

建立健全内部审计和合规部门，赋予其足够的独立性和权威性；加大对业务部门的监督力度，确保各项经营活动合法合规。

3. 强化法律培训

定期开展法律法规和合同管理知识的培训活动，提高全体员工的法律和契约意识；特别是加大对关键岗位人员的培训力度，确保其具备处理复杂法律问题的能力。

4. 建立风险预警机制

定期识别和评估企业面临的法律风险点，制定相应的风险应对措施和预案；加强风险监测和报告工作，确保管理层能够及时掌握风险动态并做出有效决策。

合规问题分析

一、业务简介

国有企业作为国民经济的支柱，涉足众多关键行业和领域，其业务范围广泛，包括但不限于生产制造、能源供应、基础设施建设、金融服务等。由于国有企业的特殊地位和作用，其经营行为不仅关乎自身发展，还与国家和社会的整体利益紧密相连。因此，国有企业必须建立健全的内部风险管理体系，确保各项经营活动合法合规，有效防控法律风险。

二、相关规定

针对国有企业的法律风险防控合规问题，国家出台了一系列相关法律法规和规章制度，要求国有企业必须建立健全法律风险防控机制，加强合规管理。《中央企业合规管理办法》等规定明确要求国有企业应当建立完善的合规管理体系，确保企业经营管理行为符合国家法律法规、监管规定等要求，并强调了合规管理的重要性和基本原则。

三、合规问题具体表现

在实际操作中，部分国有企业存在内部风险管理体系不健全的问题，具体表现如下。

1. 合同管理不规范

部分国有企业在合同签订、履行和管理过程中存在诸多不规范行为，如合同条款不明确、审查不严格等，导致法律纠纷频发。

2. 内部监督机制失效

一些国有企业的内部审计和合规部门未能充分发挥监督作用，未能及时发现和制止业务部门的违规行为。

3. 法律培训缺失

部分国有企业对员工法律培训重视不足，导致员工法律意识和契约精神淡薄，无法有效应对法律风险。

四、问题造成的严重影响

国有企业内部风险管理体系不健全的问题造成了严重影响，主要体现在以下几个方面。

1. 经济损失巨大

由于合同管理不规范、内部监督机制失效等问题，国有企业可能面临巨额的经济损失，包括赔偿、罚款等。

2. 市场信誉受损

频繁的法律纠纷和违规行为会严重损害国有企业的市场信誉，导致合作伙伴和客户的信任度下降，进而影响企业的长期发展。

3. 法律风险增加

内部风险管理体系不健全会使国有企业面临更多的法律风险，如被监管机构处罚、引发诉讼等，给企业的稳定经营带来威胁。

4. 引发社会负面影响

作为国民经济的支柱，国有企业的违规行为还可能引发负面的社会舆论，对国家形象和社会稳定造成不利影响。

综上所述，国有企业法律风险防控合规问题中的内部风险管理体系不健全是一个亟待解决的问题。为了保障国有企业的健康发展和维护国家和社会的整体利益，必须采取有效措施完善内部风险管理体系。

法律法规依据

在国有企业法律风险防控合规问题中，内部风险管理体系不健全是一个核心问题，涉及多方面的法律法规依据。以下是总结的相关法律法规依据。

一、针对合同管理不规范问题的法律法规

《中华人民共和国民法典》

第四条：民事主体在民事活动中的法律地位一律平等。

第四百七十条：合同的内容由当事人约定，一般包括下列条款：（一）当事人的姓名或者名称和住所；（二）标的；（三）数量；（四）质量；（五）价款或者报酬；（六）履行期限、地

点和方式；（七）违约责任；（八）解决争议的方法。

当事人可以参照各类合同的示范文本订立合同。

第一百四十三条：具备下列条件的民事法律行为有效：（一）行为人具有相应的民事行为能力；（二）意思表示真实；（三）不违反法律、行政法规的强制性规定，不违背公序良俗。

二、针对内部监督机制失效问题的法律法规

《中华人民共和国公司法》第七十八条：监事会行使下列职权：（一）检查公司财务；（二）对董事、高级管理人员执行职务的行为进行监督，对违反法律、行政法规、公司章程或者股东会决议的董事、高级管理人员提出解任的建议……。

该条款明确了监事会或监事的监督职责，以及对董事、高级管理人员违法行为的处理措施，为国有企业建立健全内部监督机制提供了法律依据。

三、针对法律培训缺失问题的法律法规

虽然直接针对法律培训缺失的法律条款较少，但可以从相关法律法规对企业合规经营的要求中推导出加强法律培训的重要性。

《中央企业合规管理办法》

第三条：本办法所称合规，是指企业经营管理行为和员工履职行为符合国家法律法规、监管规定、行业准则和国际条约、规则，以及公司章程、相关规章制度等要求。

第二十条：中央企业应当建立合规风险识别评估预警机制，全面梳理经营管理活动中的合规风险，建立并定期更新合规风险数据库，对风险发生的可能性、影响程度、潜在后果等进行分析，对典型性、普遍性或者可能产生严重后果的风险及时预警。

这些条款强调了企业经营管理行为和员工履职行为必须符合法律法规等要求，并要求建立合规风险识别评估预警机制。为有效落实这些要求，国有企业必须加强法律培训，提高员工的法律意识和合规素养。

四、其他相关法律法规依据

《中华人民共和国会计法》

第二十五条：各单位应当建立、健全本单位内部会计监督制度……。单位内部会计监督制度应当符合下列要求：……（四）对会计资料定期进行内部审计的办法和程序应当明确……。

该条款虽然直接针对的是内部会计监督制度，但也从侧面反映了建立健全内部监督体系的重要性，对国有企业加强法律风险防控合规管理同样具有指导意义。

综上所述，国有企业法律风险防控合规问题中内部风险管理体系不健全涉及多个方面的法律法规依据。通过采取加强合同管理、完善内部监督机制、强化法律法规培训等，并严格遵守相关法律法规的要求，国有企业可以有效提升法律风险防控能力，保障企业的健康稳定发展。

合规程序与方法

针对国有企业法律风险防控合规问题中内部风险管理体系不健全的问题，以下是具体的合规程序与方法，旨在分步骤、有针对性地解决问题。

一、建立健全合同管理制度

1.制定合同管理制度

明确合同的起草、审查、审批、签订、履行、归档等全流程管理要求。制定统一的合同模板，确保合同条款清晰、完整、合法。

2.强化合同审查机制

设立专门的合同审查部门或岗位，负责所有合同的法律审查；引入外部法律顾问或法律服务机构，对重大合同进行第三方审核。

3.加强合同履行监控

建立合同履行情况跟踪机制，定期评估合同履行进度和风险。对合同履行过程中出现的问题及时采取应对措施，防止法律风险扩大。

二、完善内部监督机制

1.明确监督职责

根据《中华人民共和国公司法》等相关法律法规，明确监事会或审计部门的监督职责。确保监督部门具有足够的独立性和权威性，能够客观、公正地履行监督职能。

2.建立举报机制

设立举报渠道，鼓励员工对违规行为进行举报。企业对举报线索进行认真调查核实，严肃处理违规行为。

3.定期开展内部审计

开展定期内部审计工作，对业务部门的合规经营情况进行全面检查。对审计中发现的问题及时解决，并追究相关责任人的责任。

三、加强法律法规培训与教育

1.制定培训计划

根据企业实际情况和员工需求，制定年度法律法规培训计划。培训内容应包括法律法规、合同管理、合规经营等方面。

2.分层次培训

对管理层和关键岗位人员进行重点培训，提升其法律意识和合规经营能力。对全体员工进行普及性培训，提升全员合规意识。

3.建立考核机制

将法律培训纳入员工绩效考核体系，确保培训效果。对培训不合格的员工进行再培训或调岗处理。

四、建立合规风险识别与评估机制

1.识别合规风险点

对企业经营管理活动中的各个环节进行全面梳理，识别潜在的合规风险点。建立合规风险数据库，对风险点进行分类管理。

2.评估合规风险

对识别出的合规风险进行评估，分析风险发生的可能性、影响程度等。根据评估结果制定风险应对策略和措施。

3. 持续监控与更新风险数据库

对合规风险进行持续监控，及时发现新的风险点并更新风险数据库。对风险应对策略和措施的有效性进行定期评估和调整。

五、推动合规文化建设

1. 树立合规经营理念

从企业高层开始树立合规经营理念，将合规作为企业核心价值观之一。通过各种形式向全体员工宣传合规理念，营造浓厚的合规氛围。

2. 建立合规激励机制

对在合规经营方面表现突出的员工和部门进行表彰和奖励。将合规表现作为员工晋升和评优的重要依据之一。

3. 强化合规执行力

确保各项合规制度和措施得到有效执行，对违规行为零容忍。加大合规管理的监督检查力度，确保合规工作落到实处。

通过实施以上合规程序与方法，国有企业可以逐步建立健全内部风险管理体系，有效防控法律风险，保障企业的健康稳定发展。

专题 5：部门设置冗杂及权责划分不明

案例引入

一、案例背景

D 公司是一家传统制造业国有企业，主要从事机械制造与加工业务。近年来，随着市场竞争的加剧和内部管理的滞后，D 公司逐渐暴露出部门设置冗杂、权责划分不明的问题。这些问题不仅影响了公司的运营效率，还埋下了严重的法律风险隐患。

二、具体问题

1. 部门设置冗杂

D 公司内部设有多个职能相似的部门，如生产部、制造部、加工部等，这些部门之间职责重叠，导致工作推诿、效率低下。例如，某项生产任务同时由生产部和制造部负责，双方因权责不清而相互扯皮，最终延误了交货期。

2. 权责划分不明

D 公司的高层管理存在决策权与执行权混淆的现象。某些关键岗位如总经理助理、副总经理等，既参与决策又负责执行，导致权力过于集中，缺乏有效制衡。此外，中层管理人员在执行任务时，也常因权责划分不明而难以做出有效决策，影响了公司的响应速度。

3. 法律风险防控缺失

由于部门设置冗杂和权责划分不明，D 公司在合同管理、知识产权保护等方面存在诸多漏洞。例如，在签订合同时，由于审查不严格，导致合同条款模糊，存在法律纠纷风险。同时，在知识产权保护方面，管理不善导致部分核心技术被泄露，给企业造成了重大损失。

三、主要问题的影响

1. 经济损失大和财务指标恶化

部门设置冗杂和权责划分不明导致 D 公司效率低下和决策失误，进而导致 D 公司近年来频繁出现交货延期、质量问题等事件，被客户索赔金额累计达数百万元。同时，知识产权泄露事件也使企业失去了市场竞争优势，销售额大幅下滑。财务数据显示，D 公司近三年的净利润率从 10% 下降至 5%，降幅明显。

2. 市场信誉受损

频繁的交货延期和质量问题严重损害了 D 公司的市场信誉，导致老客户流失、新客户拓展困难。在行业内，D 公司的信誉度也急剧下降，被客户视为不可靠的合作伙伴。

3. 法律风险加剧

合同管理不善和知识产权保护缺失使 D 公司面临巨大的法律风险。据统计，近一年内，D 公司因合同纠纷被起诉的案件多达十余起，涉及金额巨大。同时，知识产权侵权案件也时有发生，使公司面临高额赔偿和声誉损失的双重打击。

四、结论与反思

D 公司部门设置冗杂及权责划分不明的问题不仅导致了严重的经济损失和导致其市场信誉受损，还加剧了公司的法律风险。这一案例深刻反映了国有企业在管理现代化转型过程中面临的挑战和困境，国有企业可从以下方面着手应对。

1. 优化组织结构

D 公司应重新梳理内部部门设置，精简部门，明确各部门职责和权限。D 公司应通过引入扁平化管理模式，提高决策效率和执行力。

2. 强化权责划分

建立健全的权责体系，明确各级管理人员的职责和权限范围。D 公司应通过制定详细的岗位职责说明书和权力清单，确保权责对等、相互制衡。

3. 加强法律风险防控

建立健全合同管理、知识产权保护等法律风险防控机制。加大对合同条款的审查力度，确保合同条款清晰、合法、有效。同时，加大对知识产权的保护力度，防止核心技术泄露。

4. 提升员工合规意识

加强员工合规培训和教育，提高全员合规意识。D 公司应通过定期举办合规知识讲座、案例分析会等形式，使员工深刻认识到合规经营的重要性。

5. 完善内部监督机制

建立健全内部监督机制，对各部门和岗位的合规经营情况进行定期检查和评估。严肃处理发现的违规行为，形成有效的震慑。

合规问题分析

一、业务简介

国有企业作为国民经济的重要支柱，承担着推动经济发展、社会稳定等多重职责。其业务范围广泛，可能涵盖制造业、能源、交通、通信、金融等多个领域。在运营过程中，国有企业必须遵守国家法律法规，确保合规经营，以维护企业形象和国有资产安全。

二、相关规定

针对国有企业法律风险防控合规问题，国家出台了一系列法律法规和规章制度，如《中华人民共和国公司法》《企业国有资产监督管理暂行条例》等。这些规定要求国有企业必须建立健全内部管理体系，明确各部门职责和权限，确保合规经营，防范法律风险。

三、合规问题具体表现

1. 部门设置冗杂

国有企业往往存在部门设置过多、职能重叠的现象。这导致工作效率低下，资源浪费，且容易出现工作推诿、责任不清等问题。

2. 权责划分不明

在国有企业中，权责划分不明是一个普遍存在的问题，具体表现为决策权与执行权混淆，关键岗位权责不匹配，以及中层管理人员在执行任务时因权责划分不明而难以做出有效决策。

四、问题造成的严重影响

1. 经济损失巨大

部门设置冗杂和权责划分不明导致的效率低下和决策失误，可能使国有企业面临巨大的经济损失。例如，因交货延期、质量问题等事件被客户索赔，或因知识产权泄露而失去市场竞争优势。

2. 市场信誉受损

频繁的交货延期、质量问题以及法律纠纷会严重损害国有企业的市场信誉。这可能导致老客户流失、新客户拓展困难，进而影响企业的长期发展。

3. 法律风险加剧

合同管理不善和知识产权保护缺失会使国有企业面临更大的法律风险。一旦涉及法律纠纷，企业可能需要承担高额的赔偿费用，并面临声誉损失的双重打击。

4. 管理混乱与效率低下

部门设置冗杂和权责划分不明还会导致企业管理混乱，决策效率低下。这会影响企业的灵活性和响应速度，使企业在市场竞争中处于不利地位。

综上所述，国有企业法律风险防控合规问题中的部门设置冗杂及权责划分不明是一个亟待解决的重要问题。这个问题不仅影响企业的经济效益和市场信誉，还可能给企业带来严重的法律风险和导致管理混乱。因此，国有企业应积极采取措施，优化组织结构，明确权责划分，加强法律风险防控，以确保合规经营和可持续发展。

法律法规依据

针对国有企业法律风险防控合规问题中的部门设置冗杂及权责划分不明，相关法律法规提供了指导和规范。以下是对相关法律法规的总结。

一、针对部门设置冗杂问题的法律法规

1.《中华人民共和国公司法》

第三条：公司是企业法人，有独立的法人财产，享有法人财产权。公司以其全部财产对公司的债务承担责任……。

公司法强调公司的独立法人地位，要求公司设立精简高效的组织结构，避免部门设置冗杂导致的资源浪费和效率低下。

2.《中央企业合规管理办法》

虽然该办法未直接提及部门设置问题，但其强调的合规管理体系建设原则，隐含了企业应优化组织结构，确保合规职责明确，避免部门设置冗杂导致的合规漏洞。

二、针对权责划分不明问题的法律法规

1.《中华人民共和国企业国有资产法》

第三十四条：重要的国有独资企业、国有独资公司、国有资本控股公司的合并、分立、解散、申请破产以及法律、行政法规和本级人民政府规定应当由履行出资人职责的机构报经本级人民政府批准的重大事项，履行出资人职责的机构在作出决定或者向其委派参加国有资本控股公司股东会会议、股东大会会议的股东代表作出指示前，应当报请本级人民政府批准。

本法所称的重要的国有独资企业、国有独资公司和国有资本控股公司，按照国务院的规定确定。

该条款明确了国有资产监督管理机构在国有企业重大事项决策中的职责，强调决策权的集中与明确，有助于避免企业内部权责划分不明的问题。

2.《企业国有资产监督管理暂行条例》

第十七条：国有资产监督管理机构依照有关规定，任免或者建议任免所出资企业的企业负责人：（一）任免国有独资企业的总经理、副总经理、总会计师及其他企业负责人；（二）任免国有独资公司的董事长、副董事长、董事，并向其提出总经理、副总经理、总会计师等的任免建议；（三）依照公司章程，提出向国有控股的公司派出的董事、监事人选，推荐国有控股的公司的董事长、副董事长和监事会主席人选，并向其提出总经理、副总经理、总会计师人选的建议；（四）依照公司章程，提出向国有参股的公司派出的董事、监事人选。

国务院，省、自治区、直辖市人民政府，设区的市、自治州级人民政府，对所出资企业的企业负责人的任免另有规定的，按照有关规定执行。

该条款规定了国有资产监督管理机构对企业负责人的任免权，进一步明确了企业内部管理层的权责关系，有助于减少权责划分不明的现象。

3.《中华人民共和国会计法》

虽然会计法主要规范会计行为，但其在一定程度上也涉及企业内部管理问题。

第四条：单位负责人对本单位的会计工作和会计资料的真实性、完整性负责。

此条款强调了单位负责人在会计工作中的责任，间接要求企业内部应明确各级管理人员的权责，确保会计信息的真实性和完整性，从而有助于减少因权责划分不明导致的财务和法律风险。

三、综合监管与合规要求

《企业内部控制基本规范》要求企业建立健全内部控制体系，明确各岗位职责和权限，确保业务活动合法合规。虽然没有直接针对部门设置冗杂和权责划分不明的问题，但其整体框架为国有企业解决这些问题提供了指导和参考。

综上所述，针对国有企业法律风险防控合规问题中部门设置冗杂及权责划分不明的问题，相关法律法规从公司治理结构、国有资产监督管理、会计责任以及内部控制等多个角度提供了指导和规范。国有企业应依据这些法律法规的要求，优化组织结构，明确权责划分，加强内部管理，以确保合规经营和可持续发展。

合规程序与方法

针对国有企业法律风险防控合规问题中部门设置冗杂及权责划分不明的问题，以下提出具体的合规程序与方法，旨在分步骤、有针对性地解决问题。

一、优化组织结构，精简部门设置

1. 组织结构评估

成立专项工作组，对现有组织结构进行全面评估，识别职能重叠、工作效率低下的部门。

2. 部门整合与裁并

基于评估结果，制定部门整合与裁并方案。将职能相近的部门合并，裁撤冗余部门，确保每个部门职责清晰、分工明确。

3. 明确部门职责

编制详细的部门职责说明书，明确各部门的职责范围、工作目标及关键绩效指标，避免推诿和责任不清。

二、建立健全权责体系

1. 制定权责清单

梳理企业内部各级管理人员的权责关系，制定权责清单，明确各岗位的职责、权限及决策流程。

2. 将决策权与执行权分离

确保决策权与执行权有效分离，避免权力过于集中。建立集体决策机制，对重大事项实行民主决策、科学决策。

3. 建立问责机制

对于因权责划分不明导致的决策失误或违规行为，建立严格的问责机制，确保责任到人，形成有效的震慑。

三、加强法律风险防控机制建设

1. 完善合同管理制度

建立健全合同管理制度，加强对合同签订、履行和变更过程的审查和管理，确保合同条款清晰、合法、有效。

2. 强化知识产权保护

建立知识产权保护机制，强化核心技术保密工作，防止知识产权泄露。同时，积极维护企业自身的知识产权权益，防范侵权行为。

3. 建立法律风险预警系统

利用现代信息技术手段，建立法律风险预警系统，对可能引发法律风险的事项进行实时监控和预警，确保企业能够及时应对。

四、完善合规体系

1. 加强合规培训

定期组织合规培训，提高全体员工的合规意识和能力。培训内容应涵盖法律法规、企业规章制度及行业规范等方面。

2. 建立合规文化

将合规理念融入企业文化中，形成"人人讲合规、事事要合规"的良好氛围。通过宣传、教育等方式，增强员工的合规自觉性和主动性。

3. 引入外部专家

聘请法律、管理等方面的外部专家，为企业提供合规咨询和建议，帮助企业不断完善合规管理体系。

五、实施持续监督与改进

1. 建立内部监督机制

建立健全内部监督机制，对各部门和岗位的合规经营情况进行定期检查和评估。对发现的问题及时解决，确保合规管理体系的有效运行。

2. 持续改进合规管理

根据外部环境变化和内部发展需求，不断调整和完善合规管理制度和流程。通过收集员工反馈、分析合规数据等方式，发现合规管理中的薄弱环节并加以改进。

通过实施以上合规程序与方法，国有企业可以有效解决部门设置冗杂及权责划分不明的问题，提升法律风险防控能力，确保企业合规经营和可持续发展。

专题 6：资源和信息共享度低

案例引入

一、案例背景

传统制造业国有企业 E（以下简称"企业 E"），作为国内某细分领域的龙头企业，长期以来在产品研发、生产制造方面拥有较强实力。然而，随着市场竞争的加剧和行业环境的快速变化，企业 E 在法律风险防控合规方面的短板逐渐暴露，尤其是资源和信息共享度低的问题，严重影响了企业的运营效率和市场竞争力。

二、具体问题

1. 部门壁垒严重

企业 E 内部各部门之间缺乏有效的沟通机制，信息孤岛现象严重。法务部门、财务部门、生产部门等关键部门在资源和信息共享上存在明显障碍，导致法律风险防控工作难以形成合力。

2. 信息系统落后

企业 E 的信息系统建设滞后，未能实现数据的实时共享和分析。例如，法务部门在审核合同时，往往需要手动收集生产、财务等部门的数据，不仅效率低下，而且容易出错。

3. 合规意识淡薄

由于资源和信息共享度低，企业 E 的员工普遍缺乏合规意识。部分业务人员在开展工作时，往往只关注业绩指标，而忽视了潜在的法律风险。

三、主要问题的影响

1. 经济损失大

由于资源和信息共享度低，企业 E 在合同管理、知识产权保护等方面多次出现漏洞。据统计，近三年来，因合同纠纷导致的直接经济损失已超过 5000 万元，间接影响了企业的市场声誉和客户信任度。

2. 财务指标恶化

由于法律风险频发，企业 E 的财务指标受到严重影响。净利润率连续两个季度出现下滑，从 8% 下降至 5%，资产负债率也有所上升。此外，企业的现金流状况也趋于紧张，影响了后续的投资和发展计划。

3. 市场竞争力下降

由于内部管理和合规问题的存在，企业 E 在市场上的竞争力明显下降。竞争对手趁机抢占市场份额，企业 E 的市场份额从 30% 下降至 20%。同时，客户满意度也大幅下降，客户投诉率上升了 30%。

四、结论与反思

企业 E 的案例充分暴露了传统制造业国有企业在法律风险防控合规方面存在的资源和信息共享度低的问题。这一问题不仅导致了严重的经济损失和财务指标恶化，还削弱了企业的市场竞争力和可持续发展能力。

为了避免类似问题发生，国有企业应采取以下措施。

1. 加强信息化建设

投入资源升级信息系统，实现数据的实时共享和分析。建立跨部门的信息交流平台，消除信息孤岛现象。

2. 提升合规意识

加强合规培训和教育，提高全体员工的合规意识和风险防控能力。将合规作为企业文化建设的重要组成部分，形成全员参与、共同维护的良好氛围。

3. 优化内部管理机制

建立健全的内部管理机制，明确各部门的职责和权限。加强部门之间的沟通和协作，形成合力共同应对法律风险。

4. 引入外部专业支持

聘请法律、管理等方面的外部专家，为企业提供专业的合规咨询和建议。借助外部力量提升企业的法律风险防控能力和合规管理水平。

通过实施以上措施，国有企业可以有效提升资源和信息共享度，加强法律风险防控合规工作，确保企业的稳健运营和可持续发展。

合规问题分析

一、业务简介

国有企业作为国家经济的重要支柱，涉及众多业务领域，包括能源、交通、通信、制造等。这些企业在日常运营中，需要处理大量的法律事务，包括合同管理、知识产权保护、合规审查等。因此，法律风险防控合规工作对国有企业的稳健运营至关重要。

二、相关规定

针对国有企业法律风险防控合规问题，国家出台了一系列法律法规，要求企业建立健全法律风险防控机制，确保合规经营。例如，《中华人民共和国公司法》要求公司必须依法经营，建立健全内部管理制度；《企业国有资产监督管理暂行条例》则对国有资产的监督管理提出了具体要求，强调企业必须加强合规管理。

三、合规问题具体表现

国有企业法律风险防控合规问题中资源和信息共享度低的问题，具体表现在以下几个方面。

1.信息系统建设滞后

部分国有企业未能建立有效的信息系统，导致法律事务处理过程中各部门之间的信息传递不畅，数据无法实时共享。

2.部门壁垒严重

企业内部各部门之间存在明显的壁垒，导致法务部门在获取其他部门支持时面临困难，影响了开展法律风险防控工作的效率。

3.合规意识淡薄

由于资源和信息共享度低，企业员工普遍缺乏合规意识，容易忽视潜在的法律风险。

四、问题造成的严重影响

资源和信息共享度低对国有企业法律风险防控合规工作造成了严重影响，具体表现在以下几个方面。

1.法律风险增加

由于信息传递不畅，企业可能无法及时发现和应对潜在的法律风险，导致法律纠纷频发，给企业带来经济损失和声誉损害。

2.运营效率下降

部门之间的壁垒导致法律事务处理效率低下，影响了企业的整体运营效率。例如，合同审核、知识产权保护等工作的延误可能给企业带来麻烦和损失。

3.决策失误风险上升

由于数据无法实时共享，企业在制定重要决策时可能缺乏全面、准确的信息支持，导致决策失误风险上升。

4.合规成本增加

为了弥补资源和信息共享度低带来的问题，企业可能需要投入更多的人力、物力和财力进行合规管理，增加了企业的合规成本。

综上所述，资源和信息共享度低是国有企业法律风险防控合规问题中的重要部分。为了提升法律风险防控能力，国有企业应加强信息化建设、打破部门壁垒、提升员工合规意识，并建立健全的合规管理体系。

法律法规依据

针对国有企业法律风险防控合规问题中资源和信息共享度低的问题，以下是对相关法律法规依据的总结。

一、《中华人民共和国公司法》

相关条款：第十三条、第六十七条、第七十八条等。

内容概述：《中华人民共和国公司法》规定了公司应建立健全的内部管理制度，确保公司合法合规运营。其中，第十三条强调了公司可以设立子公司，但应当遵守法律、行政法规的规定；第六十七条和第七十八条则分别规定了董事会和监事会的职权，包括对公司经营管理活动的监督，间接要求企业加强内部信息流通与共享，以确保合规管理的有效实施。

二、《中央企业合规管理办法》

相关条款：全文多处提及。

内容概述：该办法由国务院国资委发布，对中央企业合规管理提出了具体要求。其中，明确提到企业应建立健全合规管理体系，包括搭建合规管理组织架构、制定合规管理制度、开展合规风险评估与预警等。这些要求均指向提升企业内部资源和信息的共享度，以强化合规风险的防控能力。

三、《企业内部控制基本规范》

相关条款：全文。

内容概述：该规范由财政部等五部委联合发布，要求企业建立并实施有效的内部控制，以合理保证企业经营管理合法合规、资产安全、财务报告及相关信息真实完整。内部控制的实施离不开对企业内部资源和信息的充分共享，以确保各项控制措施的有效执行。

四、《中华人民共和国企业国有资产法》

相关条款：第十六条、第十四条等。

内容概述：该法规定了国家出资企业应当依法建立和完善法人治理结构，建立健全内部监督管理和风险控制制度。第十六条强调国家出资企业对其动产、不动产和其他财产依照法律、行政法规以及企业章程享有占有、使用、收益和处分的权利，这要求企业在行使权利的过程中加强内部信息共享，确保决策的科学性和合规性。第十四条：履行出资人职责的机构应当依照法律、行政法规以及企业章程履行出资人职责，保障出资人权益，防止国有资产损失。

综上所述，针对国有企业法律风险防控合规问题中资源和信息共享度低的问题，相关法律法规从公司治理、内部控制、会计信息质量、国有资产监管等多个角度提出了明确要求，旨在指导企业建立健全合规管理体系，提升法律风险防控能力。

合规程序与方法

针对国有企业法律风险防控合规问题中和信息共享度低的问题，提出以下具体的合规程序与方法，旨在有针对性地解决问题。

一、建立跨部门信息共享平台

1. 需求分析

明确各部门在法律风险防控中的信息需求，包括合同数据、财务数据、生产数据等。

2. 平台搭建

利用云计算、大数据等技术，搭建跨部门信息共享平台，实现数据的实时上传、存储、查询和分析。

3. 权限设置

根据各部门职责和岗位需求，设置合理的访问权限，在确保信息安全的同时促进信息共享。

4. 定期维护

安排专人负责平台的日常维护和升级，确保平台的稳定性和可用性。

二、制定合规信息共享流程

1. 流程设计

明确信息共享的流程，包括信息提供方、接收方、传递方式、处理时限等。

2. 制定标准

制定信息共享的标准格式和操作规范，减小信息传递过程中的误差和避免延误。

3. 定期报告

各部门需定期向合规管理部门报告关键信息，以便及时发现和评估法律风险。

4. 反馈机制

建立信息共享的反馈机制，确保接收方能够及时确认信息并反馈处理结果。

三、加强合规培训与宣传

1. 定期培训

组织全体员工参加合规培训，特别是法务、财务、生产等关键部门的人员，提升他们的合规意识和信息共享能力。

2. 宣传引导

通过内部通信、宣传栏、企业文化活动等多种渠道，宣传合规管理的重要性和信息共享的必要性。

3. 案例分析

分享国内外因信息共享不足导致法律风险的案例，让员工深刻认识到信息共享的重要性。

四、完善合规考核与激励机制

1. 合规考核

将合规管理和信息共享纳入员工绩效考核体系，定期对各部门和员工的合规表现进行评估。

2. 建立激励机制

对在合规管理和信息共享方面表现突出的部门和个人给予表彰和奖励，激发员工的积极性和创造力。

3. 责任追究

对违反合规规定、故意隐瞒或拖延信息共享的行为，依法依规追究相关人员的责任。

五、引入外部咨询与定期审计并持续改进

1. 外部咨询

聘请专业的律师事务所或咨询公司为企业提供合规咨询服务，帮助企业识别潜在的法律风险并提出应对建议。

2. 定期审计

邀请第三方审计机构对企业的合规管理和信息共享情况进行定期审计，确保企业合规管理体系的有效运行。

3. 持续改进

根据第三方咨询和审计结果，及时调整和完善企业的合规管理和信息共享机制，形成持续改进的良性循环。

通过实施以上合规程序与方法，国有企业可以有效解决法律风险防控合规问题中资源和信息共享度低的问题，确保企业合法合规运营，降低法律风险，提升市场竞争力。

专题 7：对外投资管理存在法律风险

案例引入

一、案例背景

传统制造业国有企业 G（以下简称"G 企业"），长期专注于机械制造领域，近年来为寻求多元化发展，决定对外投资设立一家新能源科技公司（简称"某企业"）。此次对外投资由 G 企业的高管李总主导，总投资额为 5 亿元，持股比例为 60%，成为某企业的控股股东。

二、具体问题

1. 尽职调查不充分

在对外投资前，G 企业未对目标公司进行充分的尽职调查，特别是对新能源科技领域的技术壁垒、市场竞争格局，以及目标公司的财务状况和法律风险了解不足。

2. 合同条款模糊

在与目标公司签订合资合同时，部分关键条款表述模糊，如利润分配、知识产权归属、违约责任等，未明确双方权利和义务，为后续纠纷埋下隐患。

3. 资源和信息共享度低

G 企业在对外投资后未能有效整合内部资源，与某企业的信息共享机制不健全，导致对某企业的实际运营情况掌握不足，难以及时发现和应对潜在的法律风险。

4. 决策失误

由于信息不对称，G 企业在某企业重大经营决策上缺乏足够的数据支持，导致决策失误，如盲目扩大产能、投资于不成熟的技术项目等。

三、主要问题的影响

1. 财务损失大

由于决策失误和投资项目效益不佳，G 企业在某企业的投资遭受重大损失，累计亏损超过 2 亿元，占原投资额的 40%。

2. 财务指标恶化

该笔投资失利直接影响了 G 企业的整体财务状况，导致资产负债率上升，净利润率下降，股东回报率显著降低。

3. 产生法律纠纷

因合同条款模糊，G 企业与某企业在利润分配、知识产权归属等问题上产生严重分歧，最终引发法律诉讼，进一步加剧了 G 企业的经济损失和声誉损害。

4. 市场信心下降

投资失利和法律纠纷的消息传出后，G 企业的市场信誉下降，股价出现大幅波动，影响了企业的融资能力和市场形象。

四、结论与反思

1. 加强尽职调查

国有企业在进行对外投资时，必须充分开展尽职调查，全面了解目标公司的经营状况、财务状况和法律风险，确保投资决策的科学性和合理性。

2. 完善合同条款

在签订合资合同时，应明确双方权利和义务，特别是利润分配、知识产权归属、违约责任等关键条款，避免模糊表述引发后续纠纷。

3. 提升资源和信息共享度

建立健全的信息共享机制，确保国有企业能够及时了解和掌握被投资企业的实际运营情况，为决策提供充分的数据支持。

4. 强化风险管理

建立完善的风险管理体系，对对外投资项目进行持续的风险评估和监控，及时发现和应对潜在的法律风险。

5. 注重人才培养

加强对投资、法务等专业人才的培养和引进，提升企业在对外投资管理领域的专业能力和水平。

通过本案例，国有企业应深刻认识到对外投资管理中法律风险防控合规问题的重要性，采取有效措施加强风险管理和合规建设，确保企业的稳健发展。

合规问题分析

一、业务简介

国有企业对外投资管理是国有企业战略发展的重要组成部分，旨在通过资本运作实现企业的多元化发展、资源优化配置和市场竞争力提升。对外投资涉及股权投资、合资合作、并购重组等多种形式，涉及金额巨大，对国有企业的财务状况、经营成果和市场地位具有深远影响。

二、相关规定

国有企业对外投资管理受到国家法律法规、政策文件及企业内部规章制度的多重约束。相关法律法规如《中华人民共和国公司法》《中华人民共和国企业国有资产法》《中央企业境外投资监督管理办法》等，对国有企业对外投资的决策程序、风险评估、信息披露、责任追究等方面提出了明确要求。此外，国有企业还需遵循行业监管规定、会计准则及企业内部管理制度等。

三、合规问题具体表现

1. 决策程序不规范

部分国有企业在对外投资决策过程中，未严格按照"三重一大"等决策制度执行，存在决策程序不透明、缺乏有效监督和制衡机制等问题，增加了投资风险。

2. 尽职调查不充分

对外投资前未对目标公司进行充分的尽职调查，或对尽职调查结果重视不够，导致对目标公司的真实情况了解不足，为后续合作埋下隐患。

3. 合同条款不明确

合资合同、并购协议等法律文件关键条款表述模糊，未明确双方权利和义务，容易引发法律纠纷和争议。

4. 风险评估不到位

对外投资前未进行充分的风险评估，或风险评估方法不科学、不全面，导致对潜在的法律风险、市场风险、财务风险等认识不足，增加了投资的不确定性。

5. 信息披露不及时

对外投资过程中未及时履行信息披露义务，导致内外部信息不对称，影响投资者信心和市场稳定。

6. 后续管理不到位

对外投资后未建立健全的后续管理机制，对被投资企业的运营情况、财务状况等缺乏有效监控，难以及时发现和应对潜在风险。

四、问题造成的严重影响

1. 财务损失巨大

对外投资决策失误或管理不善可能导致国有企业遭受重大财务损失，影响企业的盈利能力和资产质量。

2. 引发法律风险

合同条款不明确、尽职调查不充分等问题可能引发法律纠纷和诉讼，给企业带来额外的法律成本和声誉损害。

3. 市场信心下降

对外投资失利或管理不善的消息传出后，可能引发市场恐慌和导致投资者信心下降，影响企业的股价和融资能力。

4. 战略发展受阻

对外投资管理不合规可能影响企业的多元化发展战略实施，制约企业的长期发展和市场竞争力提升。

5. 面临监管处罚

对于违反相关法律法规和监管要求的行为，国有企业可能面临监管机构的处罚和问责，进一步加重企业的负担。

综上所述，国有企业应高度重视对外投资管理的法律风险，建立健全的决策机制、尽职调查制度、风险评估体系、信息披露机制和后续管理机制，确保对外投资活动的合法合规性和有效性。

法律法规依据

一、针对决策程序不规范问题的法律法规

《中华人民共和国公司法》

第五条：设立公司必须依法制定公司章程。公司章程对公司、股东、董事、监事、高级管理人员具有约束力。

公司章程应明确对外投资决策程序，确保决策过程透明、规范，避免决策程序不规范带来的法律风险。

二、针对尽职调查不充分问题的法律法规

《中华人民共和国企业国有资产法》

第三十条：国家出资企业及其各级子企业发生合并、分立、改制、上市，增加或者减少注册资本，发行债券，进行重大投资，为他人提供大额担保，转让重大财产，进行大额捐赠，分配利润，以及解散、申请破产等重大事项，应当遵守法律、行政法规以及企业章程的规定，不得损害出资人和债权人的权益。

该条款强调重大投资需遵守法律法规和企业章程，尽职调查是确保投资决策合理性的重要环节。

三、针对合同条款不明确问题的法律法规

1.《中华人民共和国民法典》

第四百八十八条：合同的内容由当事人约定，一般包括以下条款：（一）当事人的名称或者姓名和住所；（二）标的；（三）数量；（四）质量；（五）价款或者报酬；（六）履行期限、地点和方式；（七）违约责任；（八）解决争议的方法。

合同条款应明确具体，包括双方权利义务、违约责任等，避免模糊不清导致法律纠纷。

2.《中华人民共和国公司法》

第十四条：公司可以向其他企业投资。法律规定公司不得成为对所投资企业的债务承担连带责任的出资人的，从其规定。

对外投资时，公司应明确自身出资性质和责任范围，并在合同条款中清晰界定。

四、针对风险评估不到位问题的法律法规

《中央企业全面风险管理指引》

第六条：中央企业应当围绕总体经营目标，通过执行风险管理基本流程，培育良好的风险管理文化，建立健全风险管理体系，包括风险管理策略、风险理财措施、风险管理的组织职能体

系、风险管理信息系统和内部控制系统，从而为实现风险管理的总体目标提供合理保证。

该指引要求中央企业建立健全风险管理体系，包括对外投资前的风险评估环节。

五、针对信息披露不及时问题的法律法规

1.《中华人民共和国证券法》

第八十条：发生可能对上市公司、股票在国务院批准的其他全国性证券交易场所交易的公司的股票交易价格产生较大影响的重大事件，投资者尚未得知时，公司应当立即将有关该重大事件的情况向国务院证券监督管理机构和证券交易场所报送临时报告，并予公告，说明事件的起因、目前的状态和可能产生的法律后果……。

对于上市公司，信息披露的及时性受到证券法的严格监管，国有企业对外投资作为重大事件，应及时披露相关信息。

2.《企业国有资产监督管理暂行条例》

第二十一条：国有资产监督管理机构依照法定程序决定其所出资企业中的国有独资企业、国有独资公司的分立、合并、破产、解散、增减资本、发行公司债券等重大事项。其中，重要的国有独资企业、国有独资公司分立、合并、破产、解散的，应当由国有资产监督管理机构审核后，报本级人民政府批准……。

虽然该条款主要针对国有独资企业、国有独资公司的重大事项审批，但也指出了信息披露的重要性，特别是涉及国有资产重大变动的事项。

综上所述，国有企业在对外投资管理过程中，应严格遵守相关法律法规，确保决策程序规范、尽职调查充分、合同条款明确、风险评估到位、信息披露及时，以有效防控法律风险。

合规程序与方法

针对国有企业法律风险防控合规问题中对外投资管理存在法律风险的问题，提出以下具体、分步骤的合规程序与方法，以有针对性地解决问题。

一、建立健全对外投资管理制度

1. 制定对外投资管理政策

明确对外投资的目的、原则、范围、审批流程、责任主体等，确保对外投资活动有章可循。

2. 完善内部决策机制

确立"三重一大"决策制度，即重大事项决策、重要干部任免、重大项目投资决策、大额资金使用必须经集体讨论决定，确保决策过程的透明度和规范性。

二、强化尽职调查程序

1. 组建专业尽职调查团队

尽职调查团队应包括财务、法律、业务等多领域专家，对目标公司进行全方位、深入的尽职调查。

2. 明确尽职调查内容

尽职调查内容包括但不限于目标公司的财务状况、法律合规性、市场前景、技术实力、管理团队等。

3.形成尽职调查报告

详细记录尽职调查过程、发现的问题及风险评估，为投资决策提供充分依据。

三、细化合同条款与风险评估

1.聘请专业法律顾问

参与合同谈判和起草工作，确保合同条款明确、合法、公平，避免法律漏洞和争议。

2.全面评估投资风险

结合尽职调查结果，运用定量和定性分析方法，对投资风险进行全面评估，并制定相应的风险应对措施。

四、完善信息披露机制

1.明确信息披露标准

根据相关法律法规和监管要求，制定信息披露的内部标准和流程。

2.建立信息披露渠道

通过企业网站、公告、投资者关系活动等多种渠道，及时、准确地向内外部利益相关者披露对外投资相关信息。

3.加强内部沟通与培训

确保各部门和人员了解信息披露的重要性，提高信息披露的意识和能力。

五、强化投后管理与监督

1.建立投后管理体系

对投资项目进行持续跟踪和监控，定期评估投资效果和风险状况。

2.加强内部审计与监督

设立内部审计部门或委托第三方审计机构，对对外投资活动进行定期审计和评估，确保合规性和效益性。

3.建立风险预警机制

对潜在风险进行预警和应对，及时发现并解决问题，防止风险扩大和损失加大。

六、加强合规文化建设

1.开展合规培训

定期对员工进行合规培训，提高全员合规意识和风险防控能力。

2.建立合规激励机制

将合规表现纳入员工绩效考核体系，对合规表现优秀的员工给予奖励和表彰。

3.营造合规氛围

通过内部宣传、案例分享等方式，营造浓厚的合规文化氛围，使合规成为员工的自觉行为。

通过实施以上合规程序与方法，国有企业可以有效防控对外投资管理中的法律风险，保障企业的合法权益和促进企业长期稳定发展。

专题 8：招标投标业务存在法律风险

案例引入

一、案例背景

传统制造业国有企业 R（以下简称"企业 R"），主要从事重型机械设备的生产与销售。为了提升生产效率，企业 R 决定对一条老旧生产线进行升级改造，项目总投资额约为 5 亿元。鉴于项目规模较大，企业 R 决定通过公开招标的方式选择施工单位。

二、具体问题

在项目招标投标过程中，企业 R 出现了以下具体问题。

1.招标条件不充分

企业 R 在招标前未充分完成项目的立项审批、初步设计及概算审批等手续，导致不具备招标条件。尽管如此，企业 R 仍急于推进项目，匆忙发布了招标公告。

2.招标文件编制不规范

招标文件中对技术要求、合同条款等关键内容表述模糊，未明确具体标准和责任划分，给合同履行埋下隐患。

3.评标过程不透明

评标委员会成员构成不合理，存在与潜在投标人有利害关系的人员参与评标，且评标过程缺乏有效监督，导致评标结果受到怀疑。

4.中标单位资质不符

最终中标单位虽报价较低，但在实际施工中暴露出技术实力不足、管理能力弱等问题，严重影响工程进度和质量。

三、主要问题的影响

1.经济损失大

由于招标条件不充分和招标文件编制不规范，合同执行过程中频繁出现纠纷，企业 R 不得不额外支付大量费用用于解决争议和进行工程整改，初步估算额外损失超过 1 亿元。

2.财务指标下滑

项目延期和成本超支会直接导致企业 R 当年度净利润同比下降 30%，且由于市场竞争加剧，企业市场份额也有所减小。

3.法律后果严重

因违反招标投标相关法律法规，企业 R 面临行政处罚，包括罚款和限制未来一段时间内的投标资格，进一步影响企业的市场信誉和业务拓展能力。

4.社会声誉受损

项目延期和质量问题引发媒体关注，公众对企业 R 的管理能力和社会责任感产生怀疑，企业社会声誉严重受损。

四、结论与反思

1.强化合规意识

国有企业应高度重视招标投标业务的合规性，确保所有招标活动均在法律法规框架内进行，避免因急于求成而忽视合规要求。

2. 完善招标管理制度

建立健全招标管理制度，明确招标条件、招标文件编制标准、评标程序和监督管理机制，确保招标过程的公开、公平、公正。

3. 加强内部监督与审计

设立独立的监督机构或聘请第三方审计机构对招标投标活动进行全程监督与审计，及时发现并纠正违规行为。

4. 提升项目管理能力

加强对中标单位的管理与监督，确保项目按计划顺利推进，同时注重提升自身项目管理能力，以应对复杂多变的市场环境。

5. 加强合规培训与教育

定期对员工进行合规培训与教育，提高全员合规意识和风险防控能力，形成浓厚的合规文化氛围。

通过实施以上措施，国有企业可以有效防控招标投标业务中的法律风险，保障企业的合法权益和长期稳定发展。

合规问题分析

一、业务简介

招标投标业务是国有企业采购和工程建设的重要环节，涉及货物、服务和工程的采购活动。通过公开、公平、公正的招标方式，国有企业能够选择到性价比最优的供应商或承包商，确保项目质量和效益。然而，在招标投标过程中，国有企业也面临诸多法律风险，这些风险如果得不到有效控制，将对企业造成严重影响。

二、相关规定

国有企业招标投标业务需要遵循一系列法律法规和规章制度，主要包括《中华人民共和国招标投标法》《中华人民共和国招标投标法实施条例》《工程建设项目施工招标投标办法》等。这些法律法规对招标投标的范围、程序、监督、处罚等方面做出了详细规定，旨在保障招标投标活动的合法性和公正性。

三、合规问题具体表现

1. 应招标而未招标

部分国有企业为了规避监管或降低成本，将依法必须招标的项目化整为零或以其他方式规避招标，严重违反法律法规的强制性规定。

2. 招标文件编制不规范

招标文件中对技术要求、合同条款等关键内容表述模糊，甚至违反法律法规的强制性规定，给合同履行埋下隐患。

3. 评标过程不透明

评标委员会成员构成不合理，存在与潜在投标人有利害关系的人员参与评标的情况；评标过程缺乏有效监督，导致评标结果受到怀疑。

4. 串通投标

投标人之间或投标人与招标人之间通过串通投标的方式操纵中标结果，严重损害公平竞争的市场环境。

5. 合同执行不力

中标后，合同条款不明确或双方执行不力导致项目延期、成本超支、质量不达标等问题频发。

四、问题造成的严重影响

1. 经济损失巨大

合规问题导致项目成本增加、效益下降，甚至引发法律纠纷和赔偿责任，给国有企业造成重大经济损失。

2. 法律后果严重

违反招标投标法律法规的行为将受到行政处罚，包括罚款、暂停项目执行或资金拨付、限制投标资格等；情节严重的还可能构成刑事犯罪。

3. 社会声誉受损

合规问题引发媒体关注和社会舆论批评，损害国有企业的社会形象和品牌信誉，影响企业的长期发展。

4. 资源配置效率低下

不合规的招标投标活动导致资源无法有效配置到优质供应商或承包商手中，降低市场整体效率和竞争力。

综上所述，国有企业必须高度重视招标投标业务的合规管理，建立健全的合规体系和流程，确保招标投标活动的合法、公正和高效。国有企业应通过加强内部监督与审计、完善招标管理制度、提升项目管理能力等措施，有效防控招标投标业务中的法律风险，保障企业的合法权益和促进企业长期稳定发展。

法律法规依据

一、针对应招标而未招标问题的法律法规

《中华人民共和国招标投标法》第三条规定了在中华人民共和国境内进行大型基础设施、公用事业等关系社会公共利益、公众安全的项目，以及全部或者部分使用国有资金投资或者国家融资的项目，必须进行招标。

第四十九条明确了招标人规避招标的法律责任，包括责令限期改正、暂停资金拨付或暂停项目执行、处以合同金额 5‰~10‰ 的罚款等。

二、针对招标文件编制不规范问题的法律法规

1. 《中华人民共和国招标投标法》

第十九条规定了招标文件应当包括招标项目的技术要求、对投标人资格审查的标准、投标报价要求和评标标准等所有实质性要求和条件以及拟签订合同的主要条款。

2. 《中华人民共和国招标投标法实施条例》

第七条进一步细化了招标文件中应当明确的内容，包括招标范围、资格预审标准、投标报价要求等，确保招标文件内容完整、规范。

三、针对评标过程不透明问题的法律法规

1.《中华人民共和国招标投标法》

第四十九条规定了评标委员会应当按照招标文件确定的评标标准和方法，对投标文件进行评审和比较；设有标底的，应当参考标底。

2.《中华人民共和国招标投标法实施条例》

第四十六条明确了评标委员会成员不得与投标人有利害关系，否则应当主动回避；评标过程应当保密，确保评标结果的公正性。

四、针对串通投标问题的法律法规

《中华人民共和国招标投标法》第三十二条禁止投标人相互串通投标报价，损害招标人或者其他投标人的合法权益；禁止投标人与招标人串通投标，损害国家利益、社会公共利益或者他人的合法权益。

第五十三条规定了串通投标的法律责任，包括中标无效、处以罚款等；构成犯罪的，依法追究刑事责任。

五、针对合同执行不力问题的法律法规

1.《中华人民共和国民法典》

该法规定了合同的订立、履行、变更和终止等基本原则和规则，确保合同双方按照约定履行各自义务。

2.《中华人民共和国招标投标法》

第四十六条规定了招标人和中标人应当自中标通知书发出之日起三十日内，按照招标文件和中标人的投标文件订立书面合同，不得再行订立背离合同实质性内容的其他协议。

综上所述，国有企业在招标投标业务中应严格遵守相关法律法规的规定，确保招标投标活动合法、公正和高效。国有企业应通过建立健全的合规体系和流程，加强内部监督与审计，有效防控法律风险，保障企业的合法权益和长期稳定发展。

合规程序与方法

针对国有企业法律风险防控合规问题中招标投标业务存在法律风险的问题，以下提出具体的合规程序与方法，旨在分步骤、有针对性地解决问题。

一、建立健全招标投标合规管理制度

1.制定详细的合规手册

结合国家法律法规和企业实际情况，制定详细的招标投标合规手册，明确招标范围、程序、标准、监督及处罚措施等，确保所有相关人员都知晓并遵守。

2.设立合规管理部门

成立专门的合规管理部门或指定专人负责招标投标合规管理工作，负责监督招标投标活动的全过程，确保合规性。

二、加强招标条件审查与审批

1.严格项目立项与审批

在项目启动前，确保所有立项审批手续齐全，包括项目建议书、可行性研究报告、初步设计及概算审批等，避免应招标而未招标的情况。

2.明确招标范围与标准

根据项目性质、资金来源等因素，明确是否需要招标以及招标的方式、范围和标准，确保依法依规进行招标。

三、规范招标文件编制与审核

1.统一招标文件模板

制定统一的招标文件模板，明确技术要求、合同条款、评标标准等关键内容，减少模糊表述和漏洞。

2.多部门联合审核

招标文件编制完成后，应组织技术、法务、财务等多部门联合审核，确保招标文件内容合法、合理、详尽。

四、强化评标过程监督

1.建立评标专家库

建立独立的评标专家库，随机抽取评标专家参与评标工作，确保评标过程的公正性和专业性。

2.实施现场监督与录音录像

在评标现场实施全程监督，并进行录音录像，确保评标过程的透明度和可追溯性。

3.建立异议处理机制

设立异议处理渠道和程序，及时查看和处理投标人对评标结果的异议，保障投标人的合法权益。

五、严格合同履行与后续监督

1.签订规范合同

中标后，严格按照招标文件和中标人的投标文件签订书面合同，明确双方权利义务，避免签订"阴阳合同"。

2.加强合同履行监督

建立合同履行监督机制，定期对项目进度、质量、成本等进行检查和评估，确保合同顺利履行。

3.及时处理违约行为

一旦发现违约行为，立即启动违约处理程序，依据合同约定追究违约方的责任，保障企业合法权益。

六、加强培训与宣传

1.定期开展合规培训

定期组织招标投标相关法律法规和合规知识的培训，提高相关人员的合规意识和能力。

2. 加强合规宣传

通过内部宣传栏、企业网站、微信公众号等多种渠道，宣传招标投标合规管理的重要性和具体要求，营造良好的合规氛围。

通过实施上述合规程序与方法，国有企业可以有效提升招标投标业务的合规管理水平，降低法律风险，保障企业的合法权益和促进企业长期稳定发展。

专题 9：合规管理制度不完善

案例引入

一、案例背景

W 公司是一家历史悠久的传统制造业国有企业，主营机械设备生产与销售。近年来，随着市场竞争的加剧，W 公司开始加大对外采购和工程建设的力度，招标投标业务频繁。然而，由于历史遗留问题和管理层对合规管理重视不足，W 公司的招标投标业务合规管理制度存在严重缺陷。

二、具体问题

1. 制度缺失

W 公司未制定专门的招标投标合规管理制度，仅依靠一些零散的文件和规定进行管理，导致实际操作中缺乏统一的标准和流程。

2. 监管不力

公司内部未设立独立的合规管理部门或岗位，招标投标活动缺乏有效监督，容易出现违规操作。

3. 招标文件不规范

招标文件中对技术要求、合同条款等关键内容表述模糊，甚至存在违法违规条款，给合同履行埋下隐患。

4. 评标过程不透明

评标委员会成员构成不合理，评标过程缺乏透明度，存在发生串通投标等违规行为的风险。

三、主要问题的影响

1. 经济损失大

由于合规管理制度不完善，W 公司在多次招标投标活动中出现违规操作，导致项目成本增加、效益下降。据统计，近三年来，因合规问题导致的直接经济损失超过 5000 万元，占公司总利润的 10% 以上。

2. 财务指标下滑

合规问题不仅影响了 W 公司的短期经济效益，还对其长期财务指标造成负面影响。由于项目延期、成本超支等问题频发，公司毛利率、净利润率等关键财务指标连续下滑，投资者信心受挫，股价波动较大。

3. 面临法律风险

多次违规操作使 W 公司面临严重的法律风险，包括行政处罚、诉讼赔偿等。其中一起因串通投标被查处的案件不仅导致公司被处以高额罚款，还导致公司在一段时间内被限制参与政府采购项目，严重影响了公司声誉和市场竞争力。

4. 内部管理混乱

合规管理制度的缺失导致内部管理混乱，部门之间职责不清、推诿扯皮现象严重。这不仅降低了工作效率，还影响了企业的整体运营水平和市场响应速度。

四、结论与反思

W 公司的案例深刻揭示了国有企业法律风险防控合规问题中合规管理制度不完善所带来的严重后果。为了避免类似问题的发生，国有企业应高度重视合规管理体系的建设和完善。

1. 建立健全合规管理制度

结合国家法律法规和企业实际情况，制定详细的合规管理制度和操作规程，确保招标投标活动的合法合规性。

2. 设立独立的合规管理部门

成立专门的合规管理部门或岗位，负责监督和管理企业的合规工作，确保各项规章制度得到有效执行。

3. 加强培训与宣传

定期组织合规知识培训和宣传活动，提高全体员工的合规意识和能力，营造良好的合规氛围。

4. 强化监督与问责

建立健全的监督机制和问责制度，对违规行为进行严肃处理，确保合规管理制度的权威性和有效性。

通过实施以上措施，国有企业可以显著提升法律风险防控能力，保障企业的稳健发展。

合规问题分析

一、业务简介

国有企业的业务活动多样，涉及生产、销售、采购、投资、建设等多个领域。在这些业务活动中，招标投标是常见的一种市场竞争方式，也是国有企业获取资源、项目和服务的重要途径。因此，招标投标业务的合规管理对国有企业来说至关重要。

二、相关规定

为了规范招标投标活动，国家制定了一系列法律法规，如《中华人民共和国招标投标法》《中华人民共和国招标投标法实施条例》等。这些法律法规对招标投标的范围、程序、方式、监督等方面做出了明确规定，要求国有企业必须依法依规进行招标投标活动。

三、合规问题具体表现

在实际操作中，一些国有企业存在合规管理制度不完善的问题，具体表现如下。

1. 制度缺失或不健全

部分国有企业没有制定专门的招标投标合规管理制度，或者制度内容过于简单、笼统，缺乏针对性和可操作性。

2. 监管不到位

一些国有企业内部没有设立独立的合规管理部门或岗位，导致招标投标活动缺乏有效的监督和约束。

3. 招标文件编制不规范

部分国有企业在编制招标文件时，对技术要求、合同条款等关键内容表述模糊或存在违法违规条款，给后续合同履行带来隐患。

4. 评标过程不透明

一些国有企业的评标过程不公开透明，评标委员会成员构成不合理，存在发生串通投标等违规行为的风险。

四、问题造成的严重影响

合规管理制度不完善对国有企业造成了严重影响，主要体现在以下几个方面。

1. 经济损失大

合规问题导致的项目成本增加、效益下降等给国有企业带来了直接的经济损失。

2. 面临法律风险

合规管理制度不完善使国有企业面临严重的法律风险，包括行政处罚、诉讼赔偿等，甚至可能导致企业声誉受损和市场竞争力下降。

3. 内部管理混乱

合规管理制度不完善可能导致国有企业内部管理混乱，部门之间职责不清、推诿扯皮现象严重，影响工作效率和企业整体运营水平。

4. 长期发展受阻

合规问题不仅影响国有企业的短期经济效益，还可能对其长期发展造成阻碍。例如，因违规操作被限制参与某些项目或进入某个市场，导致企业错失发展机遇。

综上所述，国有企业必须高度重视合规管理制度的建设和完善，确保招标投标等业务的合法合规性，以保障企业的稳健发展和长期利益。

法律法规依据

针对国有企业法律风险防控合规问题中合规管理制度不完善的情况，以下是总结的相关法律法规依据。

一、针对制度缺失或不健全问题的法律法规

1.《中华人民共和国公司法》

第五条：设立公司必须依法制定公司章程。公司章程对公司、股东、董事、监事、高级管理人员具有约束力。

国有企业作为特殊形式的公司，其内部管理制度，包括合规管理制度，应当在公司章程中明确体现，以确保制度的合法性和约束力。

2.《中央企业合规管理办法》

第二条：本办法所称合规，是指中央企业及其员工的经营管理行为符合法律法规、监管规定、行业准则和企业章程、规章制度以及国际条约、规则等要求。

该办法明确了合规的定义，强调了中央企业及其员工在经营管理活动中必须遵守的规范，包括企业内部的合规管理制度。

二、针对监管不到位问题的法律法规

1.《中华人民共和国审计法》

第二十三条：审计机关对政府投资和以政府投资为主的建设项目的预算执行情况和决算，对其他关系国家利益和公共利益的重大公共工程项目的资金管理使用和建设运营情况，进行审计监督。

虽然直接针对的是审计监督，但审计是内部监管的重要手段之一，国有企业应建立健全内部审计机制，加强对招标投标等业务的合规性审计，以防范法律风险。

2.《企业内部控制基本规范》

第三条：本规范所称内部控制，是由企业董事会、监事会、经理层和全体员工实施的、旨在实现控制目标的过程……。

该规范强调了内部控制的重要性，要求企业建立并实施有效的内部控制体系，以合理保证企业经营管理合法合规、资产安全、财务报告及相关信息真实完整，提高经营效率和效果，促进企业实现发展战略。

三、针对招标文件编制不规范问题的法律法规

《中华人民共和国招标投标法》

第十九条：招标人应当根据招标项目的特点和需要编制招标文件。招标文件应当包括招标项目的技术要求、对投标人资格审查的标准、投标报价要求和评标标准等所有实质性要求和条件以及拟签订合同的主要条款。

该条款明确规定了招标文件应包含的内容，要求招标人必须详细、准确地编制招标文件，以避免因表述模糊或存在违法违规条款而引发法律风险。

四、针对评标过程不透明问题的法律法规

《中华人民共和国招标投标法》

第三十七条：评标由招标人依法组建的评标委员会负责。依法必须进行招标的项目，其评标委员会由招标人的代表和有关技术、经济等方面的专家组成，成员人数为五人以上单数，其中技术、经济等方面的专家不得少于成员总数的三分之二。

该条款强调了评标委员会的组成和职责，要求评标过程必须公开透明，评标委员会成员应具备相应的专业知识和技能，以确保评标结果的公正性和合法性。

综上所述，国有企业应严格遵守相关法律法规的要求，建立健全合规管理制度体系，加强对招标投标等业务的合规性监督和管理，以防范法律风险。

合规程序与方法

针对国有企业法律风险防控合规问题中合规管理制度不完善的问题，以下是具体的合规程序与方法，旨在分步骤、有针对性地解决问题。

一、制定和完善合规管理制度

1.梳理现有制度

全面梳理国有企业现有的招标投标、合同管理等相关制度，识别存在的缺失、模糊或过时条款。

2. 对标法律法规

将现有制度与《中华人民共和国招标投标法》《中央企业合规管理指引》等法律法规进行对标，确保制度内容符合法律要求。

3. 修订和完善制度

根据法律法规要求和企业实际情况，修订和完善合规管理制度，明确招标投标流程、评审标准、合同管理规范等关键内容。

4. 制度审批与发布

将修订后的制度提交企业高层审批，通过后正式发布并传达至全体员工，确保制度得到有效执行。

二、建立健全合规管理部门

1. 设立合规管理部门

设立独立的合规管理部门，明确其职责范围和工作目标，包括监督招标投标活动的合规性、提供合规咨询和指导等。

2. 配备专业人员

为合规管理部门配备具备法律、财务、业务等专业知识的人员，确保部门能够胜任合规管理工作。

3. 建立工作机制

制定合规管理部门的工作机制，包括定期报告、风险预警、问题处理等，确保合规管理工作有序开展。

三、加强合规培训与教育

1. 制定培训计划

根据企业实际情况和合规需求，制定合规培训计划，明确培训对象、内容、时间和方式。

2. 组织培训活动

定期组织合规培训活动，邀请外部专家或内部专业人员进行授课，提高全体员工的合规意识和能力。

3. 评估培训效果

通过考试、问卷等方式评估培训效果，弥补培训不足的地方，确保培训达到预期目标。

四、优化招标投标流程

1. 明确招标条件

在招标文件中明确招标条件、技术要求、评审标准等关键内容，避免表述模糊或存在违法违规条款。

2. 规范评审过程

制定详细的评审流程和标准，确保评审过程公开透明、公正合理。同时，加强对评审委员会成员的监督和管理，防止串通投标等违规行为的发生。

3. 强化合同管理

在合同签订前进行严格的合规审查，确保合同条款符合法律法规和企业制度要求。同时，加强对合同履行过程的监督和管理，确保合同得到有效执行。

五、建立合规风险评估与应对机制

1. 识别合规风险

定期对招标投标等业务进行合规风险评估，识别可能存在的合规风险点。

2. 确定风险等级和优先级

对识别出的合规风险进行评估，确定风险等级和优先级，为制定应对措施提供依据。

3. 制定应对措施

针对不同等级的合规风险制定相应的应对措施，包括完善制度、加强监督、改进流程等。同时，建立应急响应机制，确保在风险事件发生时能够迅速应对并妥善处理。

通过实施以上合规程序与方法，国有企业可以逐步解决合规管理制度不完善的问题，提高法律风险防控能力，保障企业稳健发展。

专题 10：合规文化建设不足

案例引入

一、案例背景

公司 Z 是一家历史悠久的传统制造业国有企业，主营重型机械设备生产与销售。近年来，随着市场竞争的加剧和国内外法律法规的不断完善，公司 Z 面临着日益严峻的法律风险防控挑战。然而，由于长期以来对合规文化建设的忽视，公司在合规管理方面暴露出诸多问题。

二、具体问题

1. 合规意识淡薄

公司 Z 内部从上至下普遍缺乏对合规管理的重视，高层管理者往往将重心放在业务拓展和利润增长上，忽视了对合规文化的培育。中层管理人员在执行过程中也存在"打擦边球"的现象，认为只要不触碰法律红线即可。基层员工则更是对合规要求知之甚少，执行过程中随意性较大。

2. 制度执行不力

尽管公司 Z 制定了一系列合规管理制度和流程，但由于缺乏有效的监督和考核机制，这些制度往往被束之高阁，难以得到有效执行。例如，在出口业务中，公司未严格按照国际贸易规则进行产品认证和报关，导致多次遭遇国外海关的处罚。

3. 内部举报机制缺失

公司 Z 缺乏畅通的内部举报渠道和有效的保护措施，员工对发现的合规问题往往选择沉默或私下解决，而非通过正规渠道上报。这进一步积累了合规风险。

三、主要问题的影响

1. 经济损失巨大

由于合规问题频发，公司 Z 在过去三年内因违反国内外法律法规被罚款累计超过 5000 万元，直接经济损失巨大。同时，因产品不合格或违规操作导致的退货、赔偿等间接损失更是难以估量。

2. 财务指标下滑

合规问题的持续存在严重影响了公司 Z 的财务状况。净利润率从三年前的 8% 下降至当前的 5%，营业收入增长率也明显放缓。此外，公司的信用评级也因合规问题而受到影响，导致融资成本上升。

3. 市场声誉受损

频繁的合规问题曝光不仅损害了公司 Z 的市场形象，还导致客户信任度下降，订单减少。部分长期合作客户因担心合规风险而选择终止合作或减少采购量。

4. 法律诉讼频发

因合规问题引发的法律诉讼不断增多，公司不得不投入大量人力、物力应对诉讼案件，进一步加重了管理负担和加大了财务压力。

四、结论与反思

公司 Z 的案例深刻揭示了国有企业法律风险防控中合规文化建设不足的危害性。合规文化的缺失不仅导致企业面临巨大的经济损失和财务指标下滑，还严重损害了企业的市场声誉和长期发展潜力。因此，国有企业必须高度重视合规文化建设，从以下几个方面入手加强合规管理。

1. 提升合规意识

通过高层示范、培训教育等方式提升全员合规意识，确保每位员工都能充分认识到合规管理的重要性。

2. 完善制度体系

建立健全合规管理制度体系，明确合规要求和操作流程，确保制度得到有效执行。同时，加强对制度执行情况的监督和考核，确保合规要求落到实处。

3. 建立举报机制

畅通内部举报渠道，保护举报人权益，鼓励员工积极发现和报告合规问题。对发现的合规问题要及时调查处理并公开通报结果，以儆效尤。

4. 加强文化建设

将合规文化融入企业文化之中，使之成为企业核心价值观的重要组成部分。通过持续的文化建设和宣传引导形成良好的合规氛围，促进企业稳健发展。

合规问题分析

一、业务简介

国有企业作为国家经济的重要组成部分，涉足众多关键行业和领域，其业务范围广泛，包括但不限于能源、交通、通信、制造等。国有企业在追求经济效益的同时，也承担着社会责任和国家战略使命。然而，随着国内外法律环境的不断变化和市场竞争的加剧，国有企业面临的法律风险日益凸显，合规文化建设的重要性也越发突出。

二、相关规定

为了规范国有企业的行为，防范法律风险，国家出台了一系列相关法律法规，如《中华人民共和国公司法》《中央企业合规管理指引》等。这些规定明确要求国有企业必须建立健全合规管理制度，加强合规文化建设，确保企业经营管理活动的合法合规。

三、合规问题具体表现

1.合规意识淡薄

部分国有企业员工，包括高层管理人员，对合规要求缺乏足够的认识和重视，往往将合规管理视为业务发展的阻碍，而非保障。

2.制度执行不力

虽然国有企业普遍制定了合规管理制度，但在实际执行过程中，由于监督考核机制不完善，制度往往形同虚设，无法得到有效执行。

3.合规培训不足

部分国有企业忽视了合规培训的重要性，员工对合规知识了解不足，无法在实际工作中有效识别和防范法律风险。

4.内部举报机制缺失

部分国有企业缺乏有效的内部举报机制，员工发现合规问题后往往选择沉默，导致合规问题无法被及时发现和处理。

四、问题造成的严重影响

1.经济损失巨大

合规问题的存在往往导致国有企业面临巨大的经济损失，包括因违反法律法规而遭受的罚款、赔偿等直接损失，以及因合规问题导致的业务损失、客户流失等间接损失。

2.声誉受损

合规问题频发会严重损害国有企业的市场声誉，降低客户信任度，进而影响企业的长期发展和市场竞争力。

3.法律风险增加

合规文化建设不足会导致国有企业面临的法律风险显著增加，一旦发生重大法律纠纷或违规行为，可能对企业造成致命的打击。

4.管理效率下降

合规问题的存在往往会导致企业内部管理混乱，增加管理成本，降低管理效率，进而影响企业的整体运营。

综上所述，国有企业法律风险防控合规问题中的合规文化建设不足是一个亟待解决的问题。为了保障企业稳健发展，国有企业必须高度重视合规文化建设，提升全员合规意识，完善制度体系，加强合规培训，建立有效的内部举报机制，以防范和化解法律风险。

法律法规依据

针对国有企业法律风险防控合规问题中合规文化建设不足的具体表现，以下是从国内现行法律法规中总结的相关法律法规依据。

一、针对合规意识淡薄问题的法律法规

1.《中华人民共和国公司法》

第十九条：公司从事经营活动，应当遵守法律法规，遵守社会公德、商业道德，诚实守信，接受政府和社会公众的监督。

此条款强调了公司及其员工在从事经营活动时应具备的合规意识和社会责任感，为提升合规意识提供了法律依据。

2.《中央企业合规管理指引（试行）》

第二十七条：积极培育合规文化，通过制定发放合规手册、签订合规承诺书等方式，强化全员安全、质量、诚信和廉洁等意识，树立依法合规、守法诚信的价值观，筑牢合规经营的思想基础。

该指引明确提出了合规文化建设的具体要求，为国有企业加强合规文化建设提供了直接指导。

二、针对制度执行不力问题的法律法规

1.《企业内部控制基本规范》

第四十四条：企业应当根据本规范及其配套办法，制定内部控制监督制度，明确内部审计机构（或经授权的其他监督机构）和其他内部机构在内部监督中的职责权限，规范内部监督的程序、方法和要求。

内部监督分为日常监督和专项监督。日常监督是指企业对建立与实施内部控制的情况进行常规、持续的监督检查；专项监督是指在企业发展战略、组织结构、经营活动、业务流程、关键岗位员工等发生较大调整或变化的情况下，对内部控制的某一或者某些方面进行有针对性的监督检查。

专项监督的范围和频率应当根据风险评估结果以及日常监督的有效性等予以确定。

此规范强调了内部监督在确保内部控制制度有效执行中的重要作用，为国有企业加强制度执行提供了制度保障。

2.《中华人民共和国会计法》

第二十五条：各单位应当建立、健全本单位内部会计监督制度，并将其纳入本单位内部控制制度。单位内部会计监督制度应当符合下列要求：（一）记账人员与经济业务事项和会计事项的审批人员、经办人员、财物保管人员的职责权限应当明确，并相互分离、相互制约……。

该条款强调了内部职责分工和相互制约的重要性，对防止制度执行不力具有指导意义。

三、针对合规培训不足问题的法律法规

第二十六条：重视合规培训，结合法治宣传教育，建立制度化、常态化培训机制，确保员工理解、遵循企业合规目标和要求。

该指引直接规定了国有企业应定期开展合规培训，并对培训内容和方式提出了具体要求。

四、针对内部举报机制缺失问题的法律法规

《中央企业合规管理指引（试行）》

第二十一条：中央企业应当建立举报投诉制度，鼓励员工举报违法违规行为，并切实保障举报人免受打击报复。

此条款明确要求国有企业建立内部举报投诉制度，保护举报人权益，为内部举报机制的建立提供了法律依据。

综上所述，针对国有企业法律风险防控合规问题中合规文化建设不足的问题，相关法律法规从提升合规意识、加强制度执行、开展合规培训以及建立内部举报机制等多个方面提供了明确指导和要求。国有企业应当严格遵守相关法律法规的规定，不断完善合规文化建设体系，确保企业依法合规经营。

合规程序与方法

针对国有企业法律风险防控合规问题中合规文化建设不足的问题，提出以下具体的合规程序与方法，旨在有针对性地解决问题。

一、建立高层引领的合规文化体系

1. 高层承诺

企业高层应公开承诺遵守法律法规，将合规视为企业的核心价值观之一。

2. 制定合规政策

高层主导制定全面、具体的合规政策，明确合规目标、原则和责任体系。

3. 树立合规榜样

高层领导通过实际行动展示合规行为，为员工树立榜样。

二、完善合规管理制度与流程

1. 系统梳理合规管理制度

对现有合规管理制度进行全面梳理，识别缺失和不足之处。

2. 修订完善合规管理制度

根据法律法规要求和企业实际情况，修订和完善合规管理制度，确保制度的科学性和可操作性。

3. 明确合规管理流程

制定详细的合规管理流程，明确各个环节的职责、权限和时限，确保流程顺畅运行。

三、加强合规培训与教育

1. 制定培训计划

针对不同岗位和层级的员工，制定个性化的合规培训计划。

2. 实施多元化培训

采用线上线下相结合的方式，开展形式多样的合规培训，包括讲座、研讨会、案例分析会等。

3. 持续跟踪评估

对培训效果进行持续跟踪和评估，及时调整和优化培训计划。

四、建立有效的内部举报与调查机制

1. 设立举报渠道

通过热线电话、电子邮箱、匿名举报箱等多种方式设立举报渠道，确保员工能够便捷地举报合规问题。

2. 保护举报人

建立严格的举报人保护制度，确保举报人不会因举报而遭受打击报复。

3. 及时调查处理

对收到的举报进行及时、公正的调查处理，对查实的违规行为严肃追究责任。

五、强化合规监督与考核

1. 建立合规监督体系

设立独立的合规监督部门或岗位，负责对企业各部门和岗位的合规情况进行监督检查。

2. 纳入绩效考核

将合规表现纳入员工绩效考核体系，对合规表现优秀的员工给予奖励，对违规员工进行处罚。

3. 定期审计评估

定期开展合规审计和评估工作，对发现的问题及时解决。

六、利用科技手段提升合规管理效能

1. 引入合规管理系统

利用信息技术手段建立合规管理系统，实现合规管理的信息化和自动化。

2. 数据分析预警

通过数据分析技术识别潜在的合规风险点，及时发布预警信息，为管理层提供决策支持。

3. 开展智能化培训

利用人工智能和大数据技术分析员工合规培训需求，提供个性化的在线学习资源。

通过实施上述合规程序与方法，国有企业可以有效提升合规文化建设水平，确保企业依法合规经营，降低法律风险，促进企业的可持续发展。

第十三章
国有企业国际化经营合规问题

专题1：法律法规复杂多变

案例引入

一、案例背景

公司 A 是一家拥有数十年历史的传统制造业国有企业，主营业务涵盖机械制造与出口。近年来，随着全球经济一体化的加速，公司 A 积极响应国家"走出去"战略，大力拓展海外市场，产品远销欧美、东南亚等多个国家和地区。然而，在国际化经营过程中，公司 A 遭遇了复杂多变的法律法规环境带来的合规方面的严峻挑战。

二、具体问题

1. 欧盟环保法规合规问题

20×× 年，公司 A 向欧盟市场出口的一批机械设备因未达到当地最新的环保排放标准，被当地海关扣留并被处以高额罚款。问题根源在于公司 A 未及时了解并适应欧盟新出台的环保法规，导致产品设计与生产标准滞后。

（1）具体人物：负责国际贸易的王经理，因对国际法规变动信息掌握不足，未能在合同签订前完成充分的合规审查。

（2）数据量化：该批货物价值约 500 万美元，因违规被罚款 100 万美元，加之货物滞留产生的仓储费、运输费等额外费用，公司直接经济损失超过 150 万美元。

2. 美国反倾销调查问题

同年，公司 A 在美国市场的产品遭遇反倾销调查。由于公司在美国市场的定价策略、销售模式及财务管理等方面存在合规漏洞，未能充分证明产品的正常价值，最终被裁定征收高额反倾销税。

（1）具体人物：财务部经理李女士因对国际贸易规则理解不够深入，未能有效规避反倾销风险，导致公司财务成本急剧上升。

（2）数据量化：反倾销税的实施使得公司 A 在美国市场的销量下滑 30%，净利润同比减少 20%，严重影响了公司的海外业务布局和整体财务表现。

三、主要问题的影响

1. 经济损失巨大

公司 A 因合规问题遭受的经济损失总额 [直接经济损失（罚款、额外费用）和间接损失（销量下滑、利润减少）] 超过 2000 万元。

2. 品牌形象受损

违规事件被媒体曝光后，公司 A 在国际市场上的品牌形象受到严重损害，客户信任度下降，长期合作机会减少。

3. 市场布局受阻

合规问题频发使得公司 A 在拓展新市场时更加谨慎，因部分潜在市场合规门槛过高而被迫放弃，市场布局进度受阻。

4. 内部管理混乱

合规问题暴露了公司 A 在国际化经营中的管理短板，内部各部门之间协同不足，信息沟通不畅，导致决策效率低下。

四、结论与反思

公司 A 的国际化经营合规问题案例深刻揭示了传统制造业国有企业在"走出去"过程中面临的复杂多变的法律法规环境挑战。为有效应对这些挑战，国有企业应从以下方面入手。

1. 加强合规意识培养

将合规文化融入企业文化之中，提升全员合规意识，确保每位员工都能认识到合规的重要性。

2. 完善合规管理体系

建立健全合规管理制度和流程，明确各部门的合规职责，确保合规管理覆盖企业所有经营活动。

3. 强化国际法规研究

设立专门的国际法规研究团队或聘请专业机构，密切关注国际法规动态，及时调整企业经营策略以适应法规变化。

4. 加强内部控制与审计

建立健全内部控制体系，定期对合规管理情况进行审计评估，及时发现并堵塞合规漏洞。

5. 提升国际化经营能力

通过培训、引进人才等方式提升企业在国际贸易、财务管理等方面的国际化经营能力，增强企业应对复杂多变的市场环境的竞争力。

合规问题分析

一、业务简介

国有企业在国际化经营过程中，涉及的业务范围广泛，包括但不限于商品进出口、海外投资、跨国并购、海外工程承包等。这些业务活动不仅要求企业具备强大的市场洞察力和运营能力，还需要企业深入理解和遵守不同国家和地区的法律法规，以确保合规经营。

二、相关规定

国有企业国际化经营所面临的法律法规环境极其复杂多变，主要体现在以下几个方面。

1. 国际贸易法规

国际贸易法规包括 WTO 规则、双边及多边贸易协定、进口国关税政策、反倾销反补贴措施等，这些法规直接影响企业的进出口业务和市场竞争地位。

2. 投资与并购法规

不同国家和地区对外资准入、投资审查、行业监管、外汇管理等方面有严格的法律规定，企业在进行海外投资或并购时需严格遵守。

3. 劳动用工法规

劳动用工法规涉及员工权益保护、劳动合同、工作时间、薪酬福利、劳动安全卫生等多个方面，不同国家地区的法律法规差异较大，企业需根据当地法律法规制定合规的用工政策。

4. 环保法规

随着环保意识的增强，各国和地区纷纷出台严格的环保法规，对企业在生产过程中的排放标准、废弃物处理、资源循环利用等方面提出更高要求。

5. 反商业贿赂与反腐败法规

许多国家和地区都有严格的反商业贿赂与反腐败法规，对企业在海外经营中的商业行为进行严格监管，防止不正当竞争和腐败行为的发生。

三、合规问题具体表现

1. 信息不对称

由于不同国家和地区的法律法规频繁更新且差异较大，企业往往难以全面掌握相关信息，导致在经营过程中无意违反当地法律法规。

2. 文化差异与误解

不同国家和地区在法律文化、商业习惯等方面存在显著差异，企业在跨国经营中容易因文化差异而产生误解或冲突，进而引发合规问题。

3. 内部管理体系不健全

部分国有企业在国际化经营过程中，内部管理体系未能及时跟上业务发展步伐，导致合规管理存在漏洞或空白点。

4. 人员培训不足

企业员工对国际法规的掌握程度参差不齐，部分员工因缺乏必要的培训而无法有效识别和应对合规风险。

四、问题造成的严重影响

1. 经济损失大

违规经营可能导致企业面临高额罚款、货物扣留、合同解除等后果，直接造成经济损失。同时，违规事件还可能影响企业的商业信誉和客户关系，间接导致市场份额减小和收入减少。

2. 法律风险增加

长期存在的合规问题可能使企业面临法律诉讼和仲裁等法律风险，不仅增加企业的法律成本，还可能影响企业的正常运营和未来发展。

3. 品牌形象受损

违规事件被曝光后，企业的品牌形象将受到严重损害，消费者和合作伙伴对企业的信任度降低，这对企业的长期发展产生不利影响。

4. 国际市场准入受限

部分国家和地区对外资企业的合规要求极为严格，一旦企业因合规问题受到处罚或制裁，将可能面临国际市场准入受限的风险。

综上所述，国有企业国际化经营合规问题中法律法规复杂多变的问题不容忽视。企业需实施加强合规意识培养、完善合规管理体系、强化国际法律法规研究、提升内部控制与审计水平以及加强人员培训等措施，以有效应对合规挑战，确保国际化经营顺利进行。

法律法规依据

国有企业在国际化经营过程中，面对法律法规的复杂多变，需依据国内相关法律法规及国际条约，构建完善的合规管理体系，以下是对相关法律法规的总结。

一、针对信息不对称问题的法律法规

1.《中华人民共和国对外贸易法》

该法旨在规范对外贸易活动，保障对外贸易秩序。企业在进行国际化经营时，应密切关注该法及其配套法规的更新情况，确保信息畅通，避免因信息不对称导致的合规风险。

具体条款：如《中华人民共和国对外贸易法》第九条关于对外贸易经营者应依法办理备案登记的规定，以及第十条关于对外贸易经营者应遵守对外贸易法律法规的规定。

2.《境外投资管理办法》

该办法详细规定了境外投资的核准、备案及监管流程，要求企业提交详尽的投资项目信息报告，以减小信息不对称问题。

第十条：对属于核准情形的境外投资，中央企业向商务部提出申请，地方企业通过所在地省级商务主管部门向商务部提出申请。

企业申请境外投资核准需提交以下材料：

（一）申请书，主要包括投资主体情况、境外企业名称、股权结构、投资金额、经营范围、经营期限、投资资金来源、投资具体内容等；

（二）《境外投资申请表》（样式见附件3），企业应当通过"管理系统"按要求填写打印，并加盖印章；

（三）境外投资相关合同或协议；

（四）有关部门对境外投资所涉的属于中华人民共和国限制出口的产品或技术准予出口的材料；

（五）企业营业执照复印件。

二、针对文化差异与误解问题的法律法规

1.《中华人民共和国公司法》

虽然公司法主要规范公司内部治理，但其在企业国际化经营中也间接发挥作用，要求企业建立健全的决策机制和信息披露制度，以应对文化差异带来的挑战。

具体条款：如《中华人民共和国公司法》第十一条关于公司章程对公司、股东、董事、监事、高级管理人员具有约束力的规定，以及第一百二十一条关于上市公司信息披露的规定。

2.《中华人民共和国民法典》

在跨国经营中，合同是企业与外部合作伙伴之间的法律纽带。合同法要求企业在签订合同时充分考虑文化差异，明确双方权利义务，避免误解。

第六十八条：用人单位应当建立职业培训制度，按照国家规定提取和使用职业培训经费，根

据本单位实际，有计划地对劳动者进行职业培训。

从事技术工种的劳动者，上岗前必须经过培训。

三、针对内部管理体系不健全问题的法律法规

1.《中央企业合规管理办法》

该办法针对中央企业的合规管理提出了具体要求，包括建立健全合规管理体系、明确合规管理职责、加强合规培训等，旨在解决内部管理体系不健全的问题。

具体条款：如《中央企业合规管理办法》第十六条关于中央企业应当建立健全合规管理制度体系的规定，以及第五条关于中央企业应当明确合规管理职责和权限的规定。

2.《企业内部控制基本规范》

该规范要求企业建立并实施内部控制，确保经营管理合法合规、资产安全、财务报告及相关信息真实完整。对国际化经营的企业而言，健全的内部控制体系是应对复杂多变法律环境的重要保障。

具体条款：如《企业内部控制基本规范》第三条关于内部控制的目标包括合理保证企业经营管理合法合规的规定。

四、针对人员培训不足问题的法律法规

1.《中华人民共和国劳动法》

虽然劳动法主要规范劳动关系，但其在员工培训方面也有间接要求。企业有责任为员工提供必要的职业培训，包括合规培训，以提升员工的职业素养和合规意识。

具体条款：如《中华人民共和国劳动法》第六十八条关于用人单位应当建立职业培训制度的规定。

2.《中央企业合规管理指引》

该指引强调企业应当加强合规培训，提高全体员工的合规意识和能力。对于国际化经营的企业而言，针对国际法规的培训尤为重要。

具体条款：如《中央企业合规管理指引》第二十条关于中央企业应当定期开展合规培训的规定。

综上所述，国有企业在国际化经营过程中需依据《中华人民共和国对外贸易法》《境外投资管理办法》《中华人民共和国公司法》《中央企业合规管理办法》《企业内部控制基本规范》《中华人民共和国劳动法》等相关法律法规，构建完善的合规管理体系，以应对法律法规复杂多变的挑战。

合规程序与方法

针对国有企业国际化经营合规问题中法律法规复杂多变的问题，以下提出具体的合规程序与方法，旨在分步骤、有针对性地解决问题。

一、建立全面的合规政策与体系

1.制定国际化经营合规政策

明确企业国际化经营过程中的合规标准、原则及责任分配，包括对不同国家和地区法律法规的遵守要求。确保合规政策得到高层领导的认可和支持，并作为企业国际化战略的重要组成部分。

2.构建合规管理体系

（1）设立合规管理部门：成立专门的合规管理部门，负责统筹、监督和执行合规政策。

（2）编制合规手册：编制详细的合规手册，涵盖国际贸易、投资、劳动用工、环境保护、反商业贿赂等关键领域。

二、进行法律法规研究与信息更新

（1）定期审查：安排专人定期收集、整理和分析不同国家和地区的法律法规更新信息。

（2）信息共享：建立内部信息共享平台，确保相关部门和人员能够及时获取最新的法律法规动态。

三、强化员工培训与提升员工意识

1.制定合规培训计划

（1）分层培训：根据员工职责和岗位需求，制定分层次的合规培训计划。

（2）实战演练：结合具体案例进行实战演练，提高员工的合规意识和应对能力。

2.建立反馈机制

（1）收集反馈信息：定期收集员工对合规培训的意见和建议，不断改进培训内容和方式。

（2）表彰先进：对在合规工作中表现突出的员工进行表彰和奖励，树立合规榜样。

四、完善内部控制制度与审计监督机制

1.建立健全内部控制制度

（1）流程控制：对国际化经营的关键业务流程进行梳理和优化，确保符合合规要求。

（2）权限管理：明确各层级员工的权限和责任，防止越权操作。

2.加强合规审计与监督

（1）定期审计：安排内部审计部门对国际化经营业务进行定期合规审计。

（2）解决问题并追究责任：及时解决审计中发现的问题，并追究相关人员的责任。

五、加强外部沟通与合作

1.建立顾问团队

（1）聘请顾问：聘请熟悉不同国家和地区法律法规的外部专家作为顾问，为企业提供专业咨询。

（2）定期交流：与顾问团队保持定期交流，了解最新法律法规动态和合规实践。

2.参与行业协会与制定标准

（1）参与协会和组织的活动：积极参与相关行业协会和标准制定组织的活动，了解行业动态和最佳实践。

（2）贡献智慧：分享企业在合规管理方面的经验和教训，为行业合规标准的制定和完善贡献力量。

通过实施以上合规程序与方法，国有企业可以更有效地应对国际化经营合规问题中法律法规复杂多变的问题，确保企业合法合规经营，降低合规风险，提升国际竞争力。

专题 2：合规意识不足

案例引入

一、案例背景

公司 B 是一家传统制造业国有企业，长期专注于纺织品的生产与出口，其凭借在国内市场的稳固地位，近年来开始积极拓展海外市场，特别是东南亚市场。随着业务的快速增长，公司 B 在国际市场上的影响力逐渐增强，但同时也暴露出了合规管理方面的严重问题，尤其是合规意识不足的问题。

二、具体问题

1. 高层合规意识淡薄

公司 B 的高层管理人员在国际业务拓展过程中，过于追求市场份额和业绩增长，对海外市场的法律法规了解不足，合规意识淡薄。他们错误地认为，只要产品质量过硬、价格有竞争力，就能在国际市场上立足，而忽视了合规经营的重要性。

2. 内部合规体系缺失

公司 B 没有建立完善的国际化经营合规管理体系，缺乏专门的合规部门和专业人员。在国际贸易、税务、劳工权益保护等方面，公司 B 往往依赖于外部咨询机构或当地合作伙伴的口头建议，而非系统的合规审查和风险评估。

3. 员工合规培训不足

由于合规体系的不完善，公司 B 对员工的合规培训也严重不足。一线销售人员和海外工厂管理人员对国际贸易规则、进口国法律法规知之甚少，甚至存在故意违反规定以降低成本、提高利润的行为。

三、主要问题的影响

1. 巨额罚款与合同取消

因违反进口国劳工权益保护法规，公司 B 在多个东南亚国家的工厂被当地劳动监察部门查处，面临巨额罚款。同时，多个国际知名品牌因公司 B 的合规问题取消了与公司 B 的长期合作合同，导致公司 B 失去了重要的收入来源。据统计，这一系列事件直接导致公司 B 年度利润下滑了30%，海外市场份额缩减了 25%。

2. 品牌形象受损

负面新闻迅速在国际市场上传播，公司 B 的品牌形象受到严重损害。消费者和合作伙伴对公司的信任度大幅下降，新的合作机会减少，公司 B 在国际市场上的竞争力急剧下降。

3. 面临法律诉讼与赔偿

因侵犯知识产权和商业秘密，公司 B 还面临多起国际法律诉讼。虽然最终通过和解避免了更严重的法律后果，但高昂的诉讼费用和赔偿金进一步加重了公司的财务负担。

四、结论与反思

公司 B 的案例深刻揭示了国有企业在国际化经营过程中合规意识不足所带来的严重后果。这不仅导致企业经济损失巨大和品牌形象受损，还可能引发法律风险和信誉危机，严重影响企业的可持续发展。

反思此案例，国有企业应加强以下几个方面的工作。

1. 提升高层合规意识

高层管理人员应充分认识到合规经营的重要性，将合规理念融入企业战略决策中，确保合规成为企业文化的重要组成部分。

2. 建立健全合规管理体系

企业应建立完善的国际化经营合规管理体系，设立专门的合规部门，配备专业人员，负责全面、系统地开展合规审查和风险评估工作。

3. 加强员工合规培训

定期对员工进行合规培训，提升全体员工的合规意识和能力，确保员工在日常工作中能够自觉遵守法律法规和企业规章制度。

4. 强化合规监督与问责

建立健全合规监督与问责机制，对违规行为进行严肃查处，追究相关人员的责任，形成有效的合规震慑。

通过实施以上措施，国有企业可以在国际化经营过程中更好地提升合规意识，确保企业合法合规经营，实现可持续发展。

合规问题分析

一、业务简介

国有企业国际化经营是指国有企业在全球范围内进行跨国界的商业活动，包括但不限于进出口贸易、海外投资、跨国并购、国际合作等。这一过程中，企业需面对不同国家和地区的法律法规、商业习惯、文化差异等挑战，合规经营成为企业国际化经营成功的关键因素之一。

二、相关规定

国有企业国际化经营需遵守的国内外规定繁多，包括但不限于以下几种。

国际贸易法规：如 WTO 规则、各国贸易法、海关法规等。

投资法规：各国关于外国投资的法律法规，如外资准入、投资比例限制等。

税务法规：各国税法、税收协定等。

劳工法规：保护劳动者权益的法律法规，如工时、工资、工作环境等。

环保法规：各国关于环境保护的法律法规。

反腐败与反贿赂法规：如美国的《反海外腐败法》、英国的《英国反贿赂法》等。

三、合规问题具体表现

国有企业国际化经营中合规意识不足的具体表现包括以下方面。

高层管理人员合规意识淡薄，过于追求业绩而忽视合规风险。企业内部合规管理体系缺失，缺乏专门的合规部门和专业人员。员工合规培训不足，对国际贸易规则、进口国法律法规了解不够。在业务实践中，存在违反国际贸易法规、投资法规、税务法规、劳工法规、环保法规等行为。对反腐败与反贿赂法规的忽视，可能导致企业陷入法律诉讼和遭受财务损失。

四、问题造成的严重影响

合规意识不足对国有企业国际化经营造成的严重影响包括以下方面。

1. 法律风险与财务损失

违反法律法规可能导致企业面临巨额罚款、合同取消、法律诉讼等，进而造成严重的财务损失。

2. 品牌形象损害

负面新闻的传播会损害企业的品牌形象，降低消费者和合作伙伴的信任度，影响企业的市场竞争力。

3. 国际合作受阻

合规问题可能导致国际合作伙伴流失，新的合作机会减少，影响企业的国际化进程。

4. 可持续发展受阻

合规问题不仅影响企业的当前业绩，还可能对企业的长期发展产生负面影响，如影响企业的国际声誉、限制企业进入国际市场等。

综上所述，合规意识不足是国有企业在国际化经营过程中面临的重要问题之一。为了确保企业的合法合规经营和可持续发展，国有企业必须加强合规管理，提升全体员工的合规意识，确保企业在国际化经营过程中能够自觉遵守国内外法律法规和商业道德。

法律法规依据

针对国有企业国际化经营合规问题中合规意识不足的问题，以下是对相关法律法规依据的总结。

一、针对忽视合规风险、追求业绩问题的法律法规

1.《中华人民共和国企业国有资产法》

第十七条：国家出资企业从事经营活动，应当遵守法律、行政法规，加强经营管理，提高经济效益，接受人民政府及其有关部门、机构依法实施的管理和监督，接受社会公众的监督，承担社会责任，对出资人负责……。

本条明确了国有企业在经营活动中必须遵守法律法规，并承担社会责任，合规经营是其基本义务。

2.《中华人民共和国公司法》

第十九条：公司从事经营活动，应当遵守法律法规，遵守社会公德、商业道德，诚实守信，接受政府和社会公众的监督。

本条强调了公司在经营活动中应当遵守法律法规、社会公德和商业道德，合规经营是公司的基本责任。

二、针对企业内部合规管理体系缺失问题的法律法规

《中央企业合规管理办法》

第十二条：中央企业应当结合实际设立首席合规官，领导合规管理部门组织开展相关工作，指导所属单位加强合规管理。

本条要求中央企业设立合规管理部门和首席合规官，负责合规管理体系的建立和实施。

三、针对员工合规培训不足问题的法律法规

1.《中华人民共和国劳动法》

第六十八条：用人单位应当建立职业培训制度，按照国家规定提取和使用职业培训经费，根据本单位实际，有计划地对劳动者进行职业培训。从事技术工种的劳动者，上岗前必须经过培训。

虽然本条主要关注的是职业培训，但合规培训作为职业培训的一部分，也应当得到足够的重视。

2.《中央企业合规管理办法》

第三十条：中央企业应当建立常态化合规培训机制，制定年度培训计划，将合规管理作为管理人员、重点岗位人员和新入职人员培训必修内容。

第三十一条：中央企业应当加强合规宣传教育，及时发布合规手册，组织签订合规承诺，强化全员守法诚信、合规经营意识。

本条明确要求中央企业建立制度化、常态化的合规培训机制，确保员工理解和遵循合规要求。

四、针对违反国际贸易法规、投资法规、税务法规等法规问题的法律法规

1.《中华人民共和国对外贸易法》

第八条：本法所称对外贸易经营者，是指依法办理工商登记或者其他执业手续，依照本法和其他有关法律、行政法规的规定从事对外贸易经营活动的法人、其他组织或者个人。

本条要求从事对外贸易的企业和个人必须依法办理相关手续，并遵守相关法律法规。

2.《中华人民共和国企业所得税法》

第四条：企业所得税的税率为25%。非居民企业取得本法第三条第三款规定的所得，适用税率为20%。

此条虽为税率规定，但表明企业必须依法纳税，合规经营。本法整体要求企业必须依法进行税务申报和纳税，遵守税务法规。

3.《中华人民共和国劳动法》

劳动法涉及劳工权益保护，要求企业遵守工时、工资、工作环境等方面的规定。

4.《中华人民共和国环境保护法》

该法要求企业在经营活动中遵守环境保护法律法规，承担环境保护责任。

综上所述，国有企业在国际化经营过程中必须遵守国内相关法律法规，加强合规管理，提升合规意识，确保合规经营。

合规程序与方法

针对国有企业国际化经营合规问题中合规意识不足的问题，以下提出具体的合规程序与方法，旨在分步骤、有针对性地解决问题。

一、建立高层合规领导机制

1.设立首席合规官

在国有企业高层中设立首席合规官（CCO）职位，直接向董事会或最高管理层汇报，负责统

筹协调企业的合规管理工作。

2. 明确合规管理职责

通过企业文件或董事会决议，明确首席合规官及合规管理部门的职责范围，确保其在企业中具有足够的权威性和独立性。

二、建立健全合规管理体系

1. 制定全面的合规政策

结合国内外法律法规和企业实际情况，制定全面的合规政策，明确合规原则、要求、程序和责任。

2. 建立合规管理制度

围绕国际贸易、投资、税务、劳工权益保护、环境保护等重点领域，建立具体的合规管理制度。

3. 设立合规管理部门

设立独立的合规管理部门，配备专业合规人员，负责合规政策的执行、监督和评估工作。

三、加强合规培训与教育

1. 定期组织合规培训

定期组织全员参与合规培训，特别是针对高层管理人员、海外项目负责人及关键岗位员工，提高全员的合规意识和能力。

2. 建立在线合规学习平台

建立在线合规学习平台，提供丰富的合规课程和资源，鼓励员工自主学习，持续提升合规素养。

3. 分享合规案例

通过分享国内外合规案例，特别是与国有企业相关的案例，让员工深刻认识到合规经营的重要性及违规行为的严重后果。

四、强化合规风险评估与监测

1. 定期开展合规风险评估

结合企业国际化经营战略和业务特点，定期开展合规风险评估，识别潜在的合规风险点。

2. 建立合规风险预警机制

针对评估出的合规风险点，建立预警机制，及时发布合规风险预警信息，制定应对措施。

3. 加强合规监测

通过内部审计、第三方审计、合规自查等方式，加强对企业国际化经营活动的合规监测，确保合规要求得到有效执行。

五、完善合规问责与激励机制

1. 建立合规问责机制

对违反合规政策的行为进行严肃问责，追究相关人员的责任，形成有效的合规震慑。

2. 设立合规奖励基金

对在合规经营中表现突出的个人或团队给予奖励，激发全员参与合规管理的积极性。

3. 将合规表现纳入绩效考核

将合规表现纳入员工绩效考核体系，并将考核结果作为晋升、奖惩的重要依据，提高员工对合规工作的重视程度。

通过实施以上合规程序与方法，国有企业可以逐步提升其国际化经营中的合规意识和管理水平，有效防范合规风险，保障企业的健康、可持续发展。

专题 3：合规管理体系不完善

案例引入

一、案例背景

公司 C 是一家拥有数十年历史的传统制造业国有企业，主营业务涵盖机械设备制造与出口。近年来，随着全球化战略的推进，公司 C 积极拓展海外市场，业务遍布亚洲、非洲及拉丁美洲等多个国家和地区。然而，在快速扩张的同时，公司 C 的合规管理体系却未能及时跟上步伐，导致了一系列合规问题的爆发。

二、具体问题

1. 合规管理制度缺失

公司 C 在国际化经营过程中，未能针对不同国家和地区的法律法规建立完善的合规管理制度。特别是在出口管制、反腐败与反贿赂、劳工权益保护等方面，存在明显的制度空白。

2. 合规培训不足

尽管公司 C 拥有海外项目团队和一定数量的海外员工，但这些员工普遍缺乏系统的合规培训。特别是在新入职员工和海外项目启动初期，合规培训往往被忽视，导致员工合规意识淡薄。

3. 合规风险评估与监测缺失

公司 C 未能建立有效的合规风险评估与监测机制，对潜在的合规风险缺乏预警和应对措施。特别是在与高风险地区的业务往来中，缺乏对当地法律环境的深入了解和风险评估。

三、主要问题的影响

1. 经济损失惨重

由于合规管理体系不完善，公司 C 在多个海外项目中遭遇了合规风险。其中，一起涉及反腐败与反贿赂的案件尤为严重。一名海外项目负责人因违反当地反贿赂法规，被当地执法机构调查，最终导致项目取消，公司损失高达 5000 万元。此外，因劳工权益保护不当引发的罢工事件也导致多个海外项目延期，进一步加大了经济损失。

2. 财务指标下滑

合规问题频发不仅直接导致了经济损失，还对公司 C 的财务指标产生了深远影响。净利润率同比下降了 15%，海外业务收入占比也从 30% 下滑至 20%。同时，投资者信心受挫，股价在一段时间内持续下跌。

3. 品牌形象受损

合规问题的曝光严重损害了公司 C 的品牌形象。国际合作伙伴和潜在客户对公司的信任度降低，部分长期合作关系面临破裂风险。此外，负面新闻的传播还引发了国内外媒体的广泛关注，进一步加剧了品牌危机。

四、结论与反思

公司 C 的国际化经营合规问题案例深刻揭示了合规管理体系不完善对企业发展的严重制约。面对全球化竞争日益激烈的市场环境，国有企业必须高度重视合规管理，建立健全覆盖全业务链条的合规管理体系。针对此案例的具体结论与反思如下。

1. 加强顶层设计

企业高层应树立合规经营的理念，将合规管理纳入企业战略规划和日常经营管理中。设立首席合规官，明确合规管理职责和权限，确保合规工作得到有效推进。

2. 完善制度建设

针对不同国家和地区的法律法规，制定详细的合规管理制度和操作指南。加强对海外员工的合规培训，提高全员的合规意识和能力。

3. 强化合规风险评估与监测

建立有效的合规风险评估与监测机制，对潜在合规风险进行定期排查和预警。加强与当地执法机构的沟通与合作，及时获取合规信息动态。

4. 提升应急响应能力

制定合规应急预案，明确应急响应流程和责任分工。一旦发生合规事件，能够迅速启动应急机制，采取有效措施控制事态发展，减小损失和影响。

总之，公司 C 的案例为国有企业国际化经营提供了宝贵的经验和教训。只有建立健全合规管理体系，加强合规意识培养和能力建设，才能在全球市场中稳健前行，实现可持续发展。

合规问题分析

一、业务简介

国有企业国际化经营是指国有企业跨越国界，在其他国家或地区进行投资、生产、销售等经济活动的过程。这一过程中，国有企业需要面对不同国家和地区的法律法规、文化习俗、市场环境等复杂因素，因此合规管理体系的建设显得尤为重要。

二、相关规定

国有企业在国际化经营过程中，需要遵守一系列国内外相关法律法规，包括但不限于：国际贸易法规，如关税、反倾销、反补贴等；投资法规，如外商投资准入、外资比例限制等；税务法规，如企业所得税、关税等；劳工权益保护法规，如工时、工资、工作环境等；环境保护法律法规，如排放标准、环保许可等；反腐败与反贿赂法规，如禁止向政府官员行贿；等等。

三、合规问题具体表现

国有企业在国际化经营中，合规管理体系不完善可能导致以下问题。

1. 合规制度缺失

未能针对不同国家和地区的法律法规建立完善的合规管理制度，导致企业在面对具体合规要求时无所适从。

2. 合规培训不足

员工缺乏系统的合规培训，合规意识淡薄，无法有效识别和应对潜在的合规风险。

3.合规风险评估与监测缺失

未能建立有效的合规风险评估与监测机制，对潜在的合规风险缺乏预警和应对措施，导致风险事件频发。

4.应急响应能力不足

一旦发生合规事件，企业往往缺乏有效的应急响应机制，无法迅速控制事态，会导致损失和影响扩大。

四、问题造成的严重影响

国有企业国际化经营中合规管理体系不完善可能带来以下严重影响。

1.经济损失大

合规问题频发可能导致企业面临法律诉讼、罚款、项目取消等经济损失，同时企业还可能因品牌形象受损而失去市场份额和客户信任，进一步加大经济损失。

2.财务指标恶化

合规问题可能导致企业财务指标恶化，如净利润率下降、海外业务收入占比下滑等，影响企业的盈利能力和市场竞争力。

3.品牌形象受损

合规问题的曝光可能严重损害企业的品牌形象，降低国际合作伙伴和潜在客户对企业的信任度，影响企业的长期发展。

4.法律风险增加

合规管理体系不完善可能使企业面临更高的法律风险，如因违反国内外法律法规而遭受法律制裁或行政处罚。

综上所述，国有企业国际化经营中合规管理体系不完善可能带来多方面的严重影响，因此企业必须高度重视合规管理，建立健全覆盖全业务链条的合规管理体系，以确保企业在全球化竞争中稳健前行。

法律法规依据

针对国有企业国际化经营合规问题中合规管理体系不完善的问题，以下相关法律法规提供了明确的指导。

一、针对合规制度缺失问题的法律法规

1.《中华人民共和国企业国有资产法》

第十七条：国家出资企业从事经营活动，应当遵守法律、行政法规，加强经营管理，提高经济效益，接受人民政府及其有关部门、机构依法实施的管理和监督，接受社会公众的监督，承担社会责任，对出资人负责。

国家出资企业应当依法建立和完善法人治理结构，建立健全内部监督管理和风险控制制度。

第十八条：国家出资企业应当依照法律、行政法规和国务院财政部门的规定，建立健全财务、会计制度，设置会计账簿，进行会计核算，依照法律、行政法规以及企业章程的规定向出资人提供真实、完整的财务、会计信息。

国家出资企业应当依照法律、行政法规以及企业章程的规定，向出资人分配利润。

2.《中华人民共和国公司法》

第十九条：公司从事经营活动，应当遵守法律法规，遵守社会公德、商业道德，诚实守信，接受政府和社会公众的监督。

二、针对合规培训不足问题的法律法规

1.《中华人民共和国劳动法》

第六十八条 用人单位应当建立职业培训制度，按照国家规定提取和使用职业培训经费，根据本单位实际，有计划地对劳动者进行职业培训。从事技术工种的劳动者，上岗前必须经过培训。

2.《中华人民共和国安全生产法》

第二十五条：生产经营单位应当对从业人员进行安全生产教育和培训，保证从业人员具备必要的安全生产知识，熟悉有关的安全生产规章制度和安全操作规程，掌握本岗位的安全操作技能，了解事故应急处理措施，知悉自身在安全生产方面的权利和义务。

三、针对合规风险评估与监测缺失问题的法律法规

1.《企业国有资产监督管理暂行条例》

第十六条：国有资产监督管理机构应当建立健全适应现代企业制度要求的企业负责人的选用机制和激励约束机制。

2.《企业内部控制基本规范》

规范指出企业应当建立与实施有效的内部控制，包括内部环境、风险评估、控制活动、信息与沟通、内部监督等要素。

四、针对应急响应能力不足问题的法律法规

1.《中华人民共和国突发事件应对法》

第七条：县级人民政府对本行政区域内突发事件的应对工作负责；涉及两个以上行政区域的，由有关行政区域共同的上一级人民政府负责，或者由各有关行政区域的上一级人民政府共同负责。

第十九条：城乡规划应当符合预防、处置突发事件的需要，统筹安排应对突发事件所必需的设备和基础设施建设，合理确定应急避难场所。

2.《中华人民共和国安全生产法》

第七十八条：生产经营单位应当制定本单位生产安全事故应急救援预案，与所在地县级以上地方人民政府组织制定的生产安全事故应急救援预案相衔接，并定期组织演练。

综上所述，国有企业在国际化经营过程中，必须严格遵守上述法律法规，建立健全合规管理体系，确保合规经营。针对合规制度缺失、合规培训不足、合规风险评估与监测缺失以及应急响应能力不足等问题，国有企业应依据相关法律法规解决，以防范合规风险，保障企业的健康可持续发展。

合规程序与方法

针对国有企业国际化经营合规问题中合规管理体系不完善的问题，以下提出具体的合规程序与方法，旨在分步骤、有针对性地解决问题。

一、建立健全合规管理制度体系

1.全面梳理国内外法律法规

组织法律专家团队，全面梳理企业所涉及国家和地区的法律法规，特别是与国际贸易、投资、税务、劳工权益保护、环境保护、反腐败与反贿赂等相关的法律法规。

2.制定合规手册与操作指南

根据梳理结果，制定详细的合规手册和操作指南，明确各项合规要求、操作流程、责任部门及人员等，确保员工能够清晰理解并遵守相关规定。

3.定期更新与评估

建立合规管理制度的定期更新与评估机制，根据法律法规的变化和企业经营实际情况，及时调整和完善合规管理制度。

二、加强合规培训与文化建设

1.组织合规培训

定期组织全员参与合规培训，包括新员工入职培训、在职员工定期培训以及专项合规培训等，确保每位员工都具备基本的合规意识和知识。

2.高层示范引领

企业高层应率先垂范，积极参与合规培训，并在日常工作中严格遵守合规要求，形成自上而下的合规文化氛围。

3.建立合规激励机制

通过设立合规奖项、表彰合规先进等方式，激励员工自觉遵守合规要求，提高合规管理的参与度和配合度。

三、强化合规风险评估、监测与反馈

1.建立合规风险评估机制

制定合规风险评估标准和流程，定期对企业面临的合规风险进行全面评估，识别潜在的风险点和薄弱环节。

2.实施合规监测与预警

建立合规监测系统，实时监测企业各项经营活动中的合规情况，一旦发现潜在风险立即启动预警机制，采取相应措施予以应对。

3.定期报告与反馈

编制合规风险评估报告，定期向企业高层和相关部门报告合规风险情况，并提出改进建议。同时，加强与外部监管机构的沟通与合作，及时反馈合规情况并获取指导支持。

四、完善应急响应机制

1.制定应急响应预案

针对可能发生的合规事件制定详细的应急响应预案，明确应急响应流程、责任部门及人员、应对措施等。

2.组织应急演练

定期组织应急演练活动，检验应急响应预案的有效性和可操作性，提高员工应对合规事件的能力和水平。

3. 建立快速响应团队

组建由法律、财务等部门人员组成的快速响应团队，负责在合规事件发生时迅速启动应急响应机制并协调各方资源进行处理。

五、利用科技手段提升合规管理水平

1. 引入合规管理系统

采用先进的合规管理系统，实现合规管理的自动化和智能化，提高合规管理的效率和准确性。

2. 建立大数据分析平台

利用大数据技术对企业经营数据进行深度挖掘和分析，发现潜在的合规风险点和趋势变化，为合规管理提供有力支持。

3. 加强信息安全保护

在利用科技手段提升合规管理水平的同时，加强信息安全保护工作，防止敏感信息泄露或被非法利用导致合规风险增加。

通过实施以上具体的合规程序与方法，国有企业可以逐步解决国际化经营合规问题中合规管理体系不完善的问题，提升合规管理水平，确保企业稳健、可持续发展。

专题4：文化差异带来的合规挑战

案例引入

一、案例背景

传统制造业国有企业D（以下简称"D企业"），作为国内行业的领军企业，近年来积极响应国家"走出去"战略，拓展海外市场。D企业在东南亚某国设立了一家全资子公司，主要从事汽车零部件的生产与销售。然而，在国际化经营过程中，D企业遭遇了因文化差异带来的合规挑战。

二、具体问题

1. 沟通障碍与误解

D企业的中方管理人员与当地员工在沟通过程中，由于语言和文化背景不同，经常出现理解偏差。例如，在一次关于加班安排的会议中，中方管理人员按照国内习惯提出加班要求，而当地员工对加班的概念较为陌生，且对加班补偿制度存在疑虑，导致双方产生严重误解，影响生产效率。

2. 劳工权益保护存在差异

该国劳工法规在工时、休息日、加班补偿等方面有严格规定，与D企业国内的管理习惯存在显著差异。D企业在初期未能充分了解和适应这些差异，导致在工时安排、加班补偿等方面频繁违规，引发员工不满和劳动纠纷。

3. 环境保护意识不足

D企业在国内的生产过程中，虽然遵守了环保法规，但在海外市场，对当地环保标准了解不

足。当地对工业排放有严格的限制，D企业的生产活动因未达到环保标准而受到当地环保部门的处罚，不仅面临巨额罚款，还影响企业形象和当地社区关系。

三、主要问题的影响

1. 经济损失巨大

因沟通障碍和误解导致的生产效率下降，使得D企业在该国的生产成本上升约15%。同时，因劳工权益保护违规，D企业支付了超过50万美元的罚款和赔偿金。环保违规更是带来了高达200万美元的罚款，并导致生产线停工整改数周。

2. 财务指标下滑

由于上述合规问题，D企业在该国的子公司连续两年出现亏损，净利润率从预期的10%下滑至-5%。此外，海外业务收入占比也从原计划的30%下降至不足15%，严重影响了D企业的整体财务状况和市场竞争力。

3. 品牌形象受损

劳工权益保护和环保违规事件被当地媒体广泛报道，对D企业的品牌形象造成了严重损害。许多潜在客户和合作伙伴因此对D企业的诚信度和责任感产生怀疑，导致D企业市场份额减小和客户信任度下降。

四、结论与反思

在国际化经营过程中，文化差异带来的合规挑战使D企业付出了沉重的代价。这一案例表明，国有企业在"走出去"过程中，必须高度重视目标市场的法律法规和文化习俗差异，建立健全跨文化合规管理体系。针对本案例的具体结论与反思如下。

1. 加强前期调研与培训

在进入新市场前，应充分调研当地的法律法规、文化习俗和市场环境，制定有针对性的合规策略。同时，加强对中方管理人员的跨文化培训，提高其跨文化沟通和适应能力。

2. 建立健全合规管理制度

制定详细的合规手册和操作指南，明确各项合规要求、操作流程和责任部门。建立合规风险评估与监测机制，及时发现并应对潜在合规风险。

3. 强化与当地社区和监管机构的沟通

积极与当地社区、行业协会和监管机构建立良好关系，加强沟通与合作，了解当地需求和期望，争取获得更多的理解和支持。

4. 持续提升合规意识与文化

将合规文化融入企业日常经营活动中，通过培训、宣传等方式不断提升全体员工的合规意识和责任感。建立合规激励机制，鼓励员工自觉遵守合规要求。

通过实施以上措施，国有企业可以更好地应对国际化经营中文化差异带来的合规挑战，确保企业在全球市场中的稳健发展。

合规问题分析

一、业务简介

国有企业国际化经营是指国有企业在全球范围内进行跨国界的生产、销售、投资等经济活动。这一过程中，企业不仅面临不同国家和地区的法律法规差异，还需应对文化差异带来的各种挑战。文化差异包括语言、价值观念、社会习俗、商业习惯等多个方面，文化差异对国有企业的国际化经营产生了深远影响。

二、相关规定

国有企业在国际化经营过程中，必须遵守目标国家和地区的法律法规，包括但不限于劳工权益保护法、环境保护法、税法、反腐败法等。同时，国际组织和多边协议也制定了一系列关于企业社会责任、可持续发展等方面的规定，国有企业需予以关注并遵守。

三、合规问题具体表现

1. 沟通障碍

由于语言和文化背景的差异，国有企业与目标国家合作伙伴、员工、监管机构之间的沟通可能存在障碍，导致信息传递不畅或产生误解。

2. 劳工权益保护差异

不同国家和地区对劳工权益的保护程度和要求不同，国有企业可能因不了解或忽视这些差异而违规，如在工时安排、加班补偿、员工福利等方面产生问题。

3. 环境保护意识不足

一些国有企业在国内生产过程中可能已形成了特定的环保习惯和标准，但这些标准可能不符合目标国家的环保要求，导致环保违规和处罚。

4. 商业习惯存在差异

不同国家和地区的商业习惯可能存在差异，如合同签署、支付方式、商业礼仪等。国有企业若不了解并适应这些差异，可能面临合规风险。

四、问题造成的严重影响

1. 经济损失大

因沟通障碍、违规等问题，国有企业可能面临罚款、赔偿金等直接经济损失。同时，生产效率下降、市场份额减小等也可能导致间接经济损失。

2. 品牌形象受损

合规问题可能导致国有企业在目标国家的品牌形象受损，影响客户信任度和市场份额。负面新闻和报道可能进一步加剧这种损害。

3. 面临法律诉讼

严重的合规问题可能引发法律诉讼，导致国有企业面临更高的合规风险和法律成本。

4. 国际化进程受阻

文化差异带来的合规挑战可能导致国有企业的国际化进程受阻。合规问题可能使企业难以在目标国家建立稳定的合作关系和获得市场地位，从而影响企业的全球战略布局。

综上所述，国有企业在国际化经营过程中必须高度重视文化差异带来的合规挑战。通过实施加强前期调研、建立健全合规管理制度、强化与当地社区和监管机构的沟通以及持续提升合规意识等措施，国有企业可以更好地应对这些挑战，确保其在全球市场中稳健发展。

法律法规依据

针对国有企业国际化经营中因文化差异带来的合规挑战，以下列举相关法律法规依据，以期为企业合规经营提供参考和指导。

一、针对沟通障碍问题的法律法规

《中华人民共和国合同法》

第六条：当事人行使权利、履行义务应当遵循诚实信用原则。在国际化经营中，国有企业应遵循诚实信用原则，确保与合作伙伴、员工等之间的有效沟通，避免因沟通障碍导致的合规问题。

二、针对劳工权益保护差异问题的法律法规

1.《中华人民共和国劳动法》

第四十四条：有下列情形之一的，用人单位应当按照下列标准支付高于劳动者正常工作时间工资的工资报酬……。

国有企业应确保在海外子公司的劳工权益保护不低于国内标准，遵守当地劳工法规，避免因工时、加班补偿等问题引发合规风险。

2.《中华人民共和国涉外民事关系法律适用法》

第四十三条：劳动合同，适用劳动者工作地法律；难以确定劳动者工作地的，适用用人单位主营业地法律……。

国有企业在国际化经营中应遵守此条款，确保劳动合同的法律适用正确，保护员工权益。

三、针对环境保护意识不足问题的法律法规

《中华人民共和国环境保护法》

第六条：一切单位和个人都有保护环境的义务……。

国有企业作为国内法人实体，在海外经营时也应承担保护环境的义务，遵守当地环保法规，防止因环保违规导致合规问题。

四、针对商业习惯存在差异问题的法律法规

1.《中华人民共和国公司法》

第十九条：公司从事经营活动，应当遵守法律法规，遵守社会公德、商业道德，诚实守信，接受政府和社会公众的监督。

国有企业在国际化经营中应遵守此条款，尊重当地商业习惯，避免因商业习惯差异导致合规风险。

2.《中华人民共和国反不正当竞争法》

第二条：经营者在生产经营活动中，应当遵循自愿、平等、公平、诚信的原则，遵守法律和商业道德。

国有企业在海外经营时应遵守此条款，确保商业行为的合规性，避免不正当竞争行为带来合规风险。

综上所述，国有企业在国际化经营过程中应严格遵守国内相关法律法规，并关注目标国家和地区的法律法规与我国的差异，特别是与劳工权益保护、环境保护、商业习惯等相关的法律法规。通过实施建立健全合规管理制度、加强跨文化沟通与培训等措施，国有企业可以更好地应对文化差异带来的合规挑战，确保自身在全球市场中的稳健发展。

合规程序与方法

针对国有企业国际化经营中文化差异带来的合规挑战，以下提出具体的合规程序与方法，旨在分步骤、有针对性地解决问题。

一、加强前期调研与风险评估

1. 深入了解目标市场文化

在进入新市场前，国有企业应组织专业团队对目标市场的语言、习俗、商业习惯、法律法规等进行全面调研，识别可能存在的文化差异及合规风险。

2. 制定风险评估与应对策略

基于调研结果，对文化差异带来的合规风险进行评估，并制定有针对性的应对策略和预案，确保企业在面对合规挑战时能够迅速做出反应。

二、建立健全合规管理制度

1. 制定跨文化合规手册

结合目标市场的法律法规和文化特点，制定跨文化合规手册，明确企业在国际化经营中的合规要求和操作流程。手册应涵盖劳工权益保护、环境保护、商业行为等多个方面。

2. 建立合规培训机制

对海外子公司的管理人员和员工进行定期合规培训，提高其跨文化合规意识和能力。培训内容应包括目标市场的法律法规、商业习惯、沟通技巧等。

三、强化跨文化沟通与协作

1. 建立多语言沟通平台

利用现代科技手段，建立多语言沟通平台，确保企业内部及与外部合作伙伴之间的信息传递顺畅无阻。这有助于减少因语言障碍导致的误解和合规风险。

2. 促进文化交流与融合

鼓励海外子公司的员工与当地社区、合作伙伴进行文化交流，促进相互理解和增加信任。通过文化融合，减少文化差异带来的合规挑战。

四、加强合规监测与审计

1. 建立合规监测机制

对海外子公司的合规情况进行定期监测和评估，确保各项合规措施得到有效执行。监测内容应包括劳工权益保护、环保合规、商业行为等多个方面。

2. 开展合规审计

定期对海外子公司进行合规审计，发现潜在的合规问题并及时解决。应将审计结果作为企业改善合规管理的重要依据。

五、完善合规激励机制与责任追究

1. 建立合规激励机制

对在跨文化合规方面表现突出的个人和团队给予表彰和奖励，激发员工提升合规意识和积极性。

2. 明确合规责任追究机制

对于违反合规要求的行为，企业应依据相关规章制度进行严肃处理，追究相关人员的责任。这有助于维护企业的合规形象和信誉。

通过实施以上合规程序与方法，国有企业可以更加有效地应对国际化经营中因文化差异带来的合规挑战，确保企业在全球市场中稳健发展。

专题 5：经济制裁与出口管制风险

案例引入

一、案例背景

传统制造业国有企业 F（以下简称"企业 F"），专注于高端机械设备的生产与出口，长期以来在国际市场上享有较高声誉。然而，随着全球贸易环境日益复杂，特别是经济制裁与出口管制政策的频繁调整，企业 F 面临前所未有的合规挑战。

二、具体问题

2023 年，某西方国家（假设为 G 国）对另一国家（假设为 H 国）实施了全面的经济制裁，并扩大了出口管制的范围，涵盖高端机械设备领域。企业 F 在未充分了解相关制裁政策的情况下，向 H 国出口了一批关键设备，总价值高达 5000 万美元。这批设备中包含部分受 G 国出口管制的敏感技术组件。

三、主要问题的影响

1. 直接经济损失大

G 国政府发现企业 F 的违规行为后，立即对其启动了调查程序，并依据出口管制法规对企业 F 处以高额罚款，罚款金额达到出口合同总价值的 20%，即 1000 万美元。这不仅直接削减了企业 F 的利润，还对其现金流造成了巨大压力。

2. 市场准入受限

G 国政府同时宣布将企业 F 列入出口管制黑名单，禁止其在未来一段时间内向 G 国及其盟友国家出口任何产品。这一决定导致企业 F 失去了多个重要市场，市场份额大幅减小，年度销售额减少 30% 以上。

3. 品牌信誉受损

国际媒体对企业 F 的违规行为进行了广泛报道，导致其品牌信誉严重受损，客户信任度下降，合作伙伴关系紧张，进一步加剧了企业 F 的经营困境。

4. 财务指标下滑

受上述因素影响，企业 F 的财务指标出现显著下滑。净利润率从上一财年的 8% 降至当前的 2%，总资产周转率也有所下降。此外，由于市场准入受限和销售额减少，企业 F 的现金流状况恶化，短期偿债能力受到怀疑。

5. 内部管理问题暴露

此次事件还暴露了企业 F 在国际化经营合规管理方面的诸多不足，如合规意识淡薄、风险评估机制不健全、内部审批流程不规范等。这些问题不仅加剧了当前的合规危机，也为企业未来的国际化发展埋下了隐患。

四、结论与反思

企业 F 的案例深刻揭示了国有企业在国际化经营过程中面临的经济制裁与出口管制风险。为了有效应对这些风险，国有企业应采取以下措施。

1. 加强合规意识培训

定期对员工进行国际化经营合规意识培训，确保每位员工都充分了解并遵守相关国家和地区的法律法规。

2. 建立健全合规管理体系

完善风险评估机制、内部审批流程等合规管理制度，确保企业在国际化经营过程中能够及时发现并应对潜在的合规风险。

3. 密切关注国际政策动态

建立专门的政策研究团队，密切关注国际经济制裁与出口管制政策的动态变化，及时调整企业的市场战略和经营策略。

4. 加强国际合作与交流

积极参与国际组织和多边协议有关应对合规风险的活动，加强与目标国家和地区的政府、行业协会等机构的合作与交流，共同应对全球化带来的合规挑战。

5. 强化内部责任追究机制

对于违反合规要求的行为，企业应依据相关规章制度进行严肃处理，追究相关人员的责任，以维护企业的合规形象和信誉。

通过实施以上措施，国有企业可以更加稳健地推进国际化经营战略，有效应对经济制裁与出口管制等合规风险，实现可持续发展。

合规问题分析

一、业务简介

国有企业在国际化经营过程中，涉足多个领域，包括但不限于能源、矿产、基础设施建设、高端制造等。这些业务不仅涉及跨国投资、项目承包，还涵盖商品和技术的进出口。随着全球贸易保护主义的抬头和地缘政治的复杂多变，国有企业面临的国际化经营合规挑战日益严峻，其中经济制裁与出口管制风险尤为突出。

二、相关规定

经济制裁与出口管制是国际贸易和国际关系中的重要组成部分，通常由各国政府或国际组织根据国家安全、外交政策或经济利益等因素制定。这些规定旨在限制或禁止特定商品、技术或服务的进出口，以及与特定国家、实体或个人的交易。国有企业在进行国际化经营时，必须严格遵守目标国家及国际社会的相关法规，否则将面临严重的法律后果和经济损失。

三、合规问题具体表现

1. 信息不对称与误解

国有企业可能因对目标国家的经济制裁与出口管制政策了解不够深入或存在误解而在业务开展过程中违反相关规定。

2. 内部合规管理缺失

部分国有企业在国际化经营中尚未建立健全的合规管理体系，存在风险评估不足、内部审批流程松散等问题，难以有效应对经济制裁与出口管制风险。

3. 第三方合作风险

在与海外供应商、客户或合作伙伴的合作过程中，国有企业可能因对合作方的合规状况了解不够全面，间接卷入经济制裁或出口管制事件。

4. 地缘政治因素影响

地缘政治紧张局势的升级可能导致相关国家对国有企业实施经济制裁或加强出口管制，给企业的国际化经营带来巨大的不确定性。

四、问题造成的严重影响

1. 经济损失大

违反经济制裁与出口管制规定可能导致国有企业面临高额罚款、合同取消、资产冻结等直接经济损失，严重影响企业的财务状况和经营业绩。

2. 市场准入受限

被列入制裁名单或出口管制黑名单的国有企业将失去进入相关市场的资格，导致市场份额减小、客户流失和品牌形象受损。

3. 供应链中断

经济制裁与出口管制可能导致关键原材料、零部件或技术的供应中断，影响企业的生产能力和项目进度，甚至引发连锁反应，对整个供应链造成冲击。

4. 法律风险增加

长期面临经济制裁与出口管制风险的国有企业可能面临法律诉讼和合规调查，这不仅会增加企业的法律成本，还可能损害企业的声誉和信誉。

5. 战略发展受阻

合规问题频发可能使国有企业在国际化经营中束手束脚，难以实施既定的市场扩张和战略转型计划，进而影响企业的长期发展。

综上所述，国有企业在国际化经营过程中必须高度重视经济制裁与出口管制风险，加强合规管理，确保业务活动符合相关法规要求，以保障企业的合法权益和可持续发展。

法律法规依据

针对国有企业国际化经营合规问题中的经济制裁与出口管制风险，以下是对相关法律法规依据的总结。

一、针对信息不对称与误解问题的法律法规

《中华人民共和国海关法》

第二十四条：进口货物的收货人、出口货物的发货人应当向海关如实申报，交验进出口许可证件和有关单证……。

国有企业需确保所有进出口活动均获得必要的许可证件，并准确申报，以防止因误解而违规。

二、针对内部合规管理缺失问题的法律法规

1.《中华人民共和国企业国有资产法》

第十七条：国家出资企业从事经营活动，应当遵守法律、行政法规，加强经营管理，提高经济效益，接受人民政府及其有关部门、机构依法实施的管理和监督，接受社会公众的监督，承担社会责任，对出资人负责。

国家出资企业应当依法建立和完善法人治理结构，建立健全内部监督管理和风险控制制度。

第十八条：国家出资企业应当依照法律、行政法规和国务院财政部门的规定，建立健全财务、会计制度，设置会计账簿，进行会计核算，依照法律、行政法规以及企业章程的规定向出资人提供真实、完整的财务、会计信息。

国家出资企业应当依照法律、行政法规以及企业章程的规定，向出资人分配利润。

2.《企业内部控制基本规范》

规范指出企业应当建立内部控制体系，明确内部控制的目标和原则，合理保证企业经营管理合法合规。

国有企业需遵循此规范，确保内部控制体系能够覆盖国际化经营中的合规风险，包括经济制裁与出口管制风险。

三、针对第三方合作风险问题的法律法规

《中华人民共和国反不正当竞争法》

第十二条：……经营者不得利用技术手段，通过影响用户选择或者其他方式，实施下列妨碍、破坏其他经营者合法提供的网络产品或者服务正常运行的行为……。

国有企业在国际合作中应避免与违反经济制裁或出口管制政策的实体合作，以免自身的经营行为被视为不正当竞争行为。

四、针对地缘政治因素影响问题的法律法规

1.《中华人民共和国国家安全法》

第十六条：国家维护和发展最广大人民的根本利益，保卫人民安全，创造良好生存发展条件和安定工作生活环境，保障公民的生命财产安全和其他合法权益。

国有企业应关注地缘政治因素对国家安全和企业利益的影响，确保国际化经营活动不违反国家安全法规，避免因地缘政治紧张而遭受经济制裁或出口管制。

2.《货物进出口管理条例》

第七条：国家对国际货物贸易实行统一的对外贸易制度，依法维护公平的、自由的对外贸易秩序。

国有企业应遵守此条例，确保在国际货物贸易中遵守经济制裁与出口管制政策，维护国家对外贸易秩序。

综上所述，国有企业在国际化经营过程中应严格遵守相关法律法规，加强合规管理，确保业务活动符合经济制裁与出口管制政策的要求，以保障企业的合法权益和可持续发展。

合规程序与方法

针对国有企业国际化经营合规问题中的经济制裁与出口管制风险，以下是具体的合规程序与

方法，旨在有针对性地解决问题。

一、建立全面的合规管理体系

1. 设立合规管理部门

成立专门的合规管理部门，负责统筹协调企业的合规工作，包括经济制裁与出口管制的合规事宜。

2. 制定合规政策与流程

结合企业实际情况，制定详细的合规政策与流程，明确各岗位的合规职责，确保从高层到基层员工都能了解并遵守相关规定。

二、加强信息收集与风险评估

1. 建立信息监测机制

持续关注国际政治经济动态，特别是目标国家及地区的经济制裁与出口管制政策变化，及时收集并整理相关信息。

2. 定期评估风险

定期对国际化经营业务进行全面的合规风险评估，识别潜在的经济制裁与出口管制风险点，制定有针对性的风险应对策略。

三、完善内部审批与监督机制

1. 建立严格的内部审批流程

对涉及经济制裁与出口管制的业务活动实行严格的内部审批制度，确保每项业务都经过合规审查并获得批准。

2. 强化内部审计与监督

定期开展内部审计工作，检查合规政策的执行情况，及时发现并纠正违规行为。同时，建立举报机制，鼓励员工积极参与合规监督。

四、加强对合作方的合规管理

1. 开展尽职调查

在与海外供应商、客户或合作伙伴建立合作关系前，进行充分的尽职调查，了解其合规状况，确保不与受经济制裁或出口管制的实体合作。

2. 在合同条款中明确合规要求

在合同中明确双方的合规责任和义务，约定违反经济制裁与出口管制政策的后果，以降低合规风险。

五、开展培训与加强文化建设

1. 开展合规培训

定期对员工进行经济制裁与出口管制合规培训，提高其合规意识和风险识别能力。培训内容应包括相关法律法规、政策解读、案例分析等。

2. 培育合规文化

将合规理念融入企业文化中，使其成为员工行为准则的重要组成部分。通过宣传、表彰合规典型等方式，营造浓厚的合规文化氛围。

六、建立应急响应机制

1. 制定应急预案

针对可能发生的经济制裁与出口管制事件，制定详细的应急预案，明确应对措施和责任人，确保在事件发生时能够迅速响应并妥善处理。

2. 加强危机公关

与媒体、政府等相关方保持良好沟通，一旦发生合规危机，及时、准确地向外界传达信息，维护企业形象和声誉。

通过实施以上合规程序与方法，国有企业可以更加有效地应对国际化经营中的经济制裁与出口管制风险，确保业务活动的合规性，保障企业的合法权益和可持续发展。

专题 6：反腐败与反贿赂问题

案例引入

一、案例背景

传统制造业国有企业 G（以下简称"G 企业"），主要从事重型机械设备的生产与销售，近年来积极拓展海外市场，特别是在东南亚地区建立了多个分支机构。随着业务规模的扩大，G 企业在国际化经营过程中面临着日益复杂的合规挑战，其中反腐败与反贿赂问题尤为突出。

二、具体问题

1. 案例人物

张伟，G 企业东南亚地区分公司销售经理。

2. 问题描述

张伟为了迅速打开当地市场，提高销售业绩，采取了向政府官员和潜在客户行贿的不正当手段。他利用企业资金，以"咨询费""推广费"等名义，私下给予相关人员回扣和礼品，金额累计达到数百万美元。

3. 具体操作

张伟通过中间人与当地某政府部门高级官员建立了密切联系，并承诺在合同签订后给予高额回扣。此外，他还向多个潜在客户承诺，在采购 G 企业产品时提供额外折扣，并要求客户在合同外支付一定比例的回扣。

三、主要问题的影响

1. 经济损失大

（1）直接经济损失：由于行贿行为，G 企业在东南亚地区的多个项目的成本大幅上升，直接经济损失超过 500 万美元。

（2）合同取消与赔偿：部分客户在得知 G 企业存在贿赂行为后，取消了已签订的合同并要求赔偿损失，进一步加大了企业的财务压力。

2. 财务指标恶化

（1）利润率下降：由于成本上升和收入减少，G 企业在东南亚地区的利润率从 15% 下降至 5%，对企业整体业绩造成严重影响。

（2）股价波动：该事件被媒体曝光后，G企业的股价大幅下跌，市值蒸发数亿元，投资者信心受到严重打击。

3. 其他影响

（1）品牌形象受损：G企业的诚信形象受到严重损害，在国际市场上的声誉一落千丈，影响了后续业务的开展。

（2）法律后果严重：张伟及部分涉案人员被当地执法机构逮捕，面临刑事指控。G企业也因管理不善被罚款，并需承担高额的法律费用。

四、结论与反思

本案例深刻揭示了国有企业在国际化经营过程中面临的反腐败与反贿赂合规挑战。张伟等人的行为不仅给企业带来了巨大的经济损失和财务压力，还严重损害了企业的品牌形象和市场声誉。这充分说明，合规经营是企业可持续发展的重要基石，任何试图通过不正当手段获取利益的行为都将付出沉重的代价。针对本案例的结论与反思如下。

1. 加强合规文化建设

企业应树立以合规为荣、以违规为耻的企业文化，让每一位员工都充分认识到合规的重要性。

2. 完善内部控制体系

建立健全的内部控制体系，加强对关键岗位和敏感业务的监督和管理，防止权力滥用和腐败行为的发生。

3. 强化培训与教育

定期对员工进行合规培训和教育，提高员工的合规意识和风险识别能力。特别是对海外分支机构的管理人员和销售人员，要加强对其的合规指导和监督。

4. 建立举报与调查机制

鼓励员工积极举报违规行为，并建立快速响应的调查机制，对查实的违规行为严肃处理，绝不姑息迁就。

5. 加强国际合作与交流

积极参与国际反腐败合作与交流，了解和学习国际先进的合规管理经验和做法，不断提升合规管理水平。

合规问题分析

一、业务简介

随着全球化的深入发展，国有企业纷纷走出国门，参与国际市场竞争，实现业务的国际化拓展。这些国有企业在海外投资、项目建设、产品销售等多个领域开展业务，不仅促进了自身的发展壮大，也为中国经济的外向型发展做出了重要贡献。然而，在国际化经营过程中，国有企业也面临着诸多合规挑战，其中反腐败与反贿赂问题尤为关键。

二、相关规定

国际和国内均对反腐败与反贿赂行为有严格的规定。国际方面，如美国的《反海外腐败法》、英国的《英国反贿赂法》以及经济合作与发展组织（OECD）等，均要求企业在国际商业活动中严格遵守反贿赂规定。国内方面，《中华人民共和国刑法》《中华人民共和国反不正当竞争法》《企业境外投资管理办法》等法律法规也对商业贿赂行为进行了明确的界定并提出了处罚规定。

三、合规问题具体表现

1. 内部合规管理缺失

部分国有企业在国际化经营过程中，内部合规管理体系不健全，缺乏有效的内部控制和监督机制，导致员工在业务拓展过程中容易采取不正当手段，如行贿等。

2. 文化差异与误解

不同国家和地区的文化、法律和商业习惯存在差异，部分国有企业员工可能因对当地法律法规了解不足或存在误解而在无意中违反反贿赂规定。

3. 第三方合作风险

在国际化经营中，国有企业往往需要与当地的供应商、代理商等第三方合作。然而，这些第三方可能存在腐败行为，如通过向国有企业员工行贿以获取不正当利益，从而给国有企业带来合规风险。

4. 高层管理人员违规

部分国有企业高层管理人员可能因追求业绩或私利，授意或默许员工进行贿赂等腐败行为，严重破坏了企业的合规文化。

四、问题造成的严重影响

1. 经济损失大

反腐败与反贿赂合规问题可能导致国有企业面临巨额罚款、赔偿损失等经济处罚，严重影响企业的财务状况和盈利能力。

2. 品牌形象受损

一旦涉及腐败和贿赂行为，国有企业的品牌形象将受到严重损害，影响其在国际市场上的声誉和竞争力。

3. 面临法律风险

违反反腐败与反贿赂规定的企业和个人可能面临刑事责任追究，如监禁和被处以高额罚金等，给企业和个人带来严重的法律后果。

4. 发展受阻

合规问题还可能影响国有企业的国际化战略和长期发展计划，使其在拓展海外市场时面临更大的阻力和不确定性。

综上所述，国有企业国际化经营合规问题中的反腐败与反贿赂问题不容忽视。国有企业应建立健全合规管理体系，加强内部控制和监督，提高员工的合规意识和风险识别能力，同时加强与第三方合作的合规管理，以确保企业在国际化经营过程中始终遵守相关法律法规和道德规范。

法律法规依据

在国有企业国际化经营过程中，反腐败与反贿赂合规是至关重要的环节。针对此问题，我国现行法律体系中有多部法律法规提供了明确的指导和规范。以下是总结的相关法律法规依据。

一、针对内部合规管理缺失问题的法律法规

1.《中华人民共和国公司法》

第十四条、第一百五十一条明确了公司应当建立健全内部控制体系，确保公司经营管理活动的合法性和合规性。董事、监事、高级管理人员应当忠实履行职务，维护公司利益，不得利用职权收受贿赂或者其他非法收入。

2.《中央企业合规管理指引（试行）》

虽然该文件不属于法律范畴，但作为国务院国资委发布的规范性文件，对中央企业的合规管理具有重要指导意义。文件明确要求中央企业建立健全合规管理体系，加强合规风险防控，特别是针对反腐败与反贿赂领域。

二、针对文化差异与误解问题的法律法规

1.《中华人民共和国刑法》

第一百六十三条至第一百六十五条明确规定了非国家工作人员受贿罪和对公司、企业人员行贿罪等罪名，无论是在国内还是国外，国有企业员工都应遵守法律法规，避免因文化差异而触犯法律。

2.《联合国反腐败公约》

第五条、第十六条等要求各缔约国采取必要措施，预防、调查和惩治腐败行为，包括跨国界的腐败行为。国有企业在进行国际化经营时，应遵守该公约的相关规定。

三、针对第三方合作风险的法律法规

《中华人民共和国反不正当竞争法》

第七条明确禁止经营者采用财物或者其他手段进行贿赂单位或个人在与第三方合作时，国有企业应确保合作方遵守反不正当竞争法的规定，防止因第三方贿赂行为而牵连自身。

四、针对高层管理人员违规问题的法律法规

1.《中华人民共和国刑法》

第三百八十五条至第三百九十条详细规定了受贿罪、行贿罪等罪名及其刑事责任，对高层管理人员利用职权进行腐败行为形成了有力震慑。

2.《中华人民共和国监察法》

第十五条、第四十五条等明确了监察机关对公职人员和有关人员依法履职、秉公用权、廉洁从政从业以及道德操守情况进行监督检查的职责，对高层管理人员的腐败行为具有监督和追责作用。

综上所述，国有企业在进行国际化经营时，应严格遵守国内外相关法律法规，建立健全合规管理体系，加强内部控制和监督，提高员工的合规意识和风险识别能力，确保企业在国际市场上的合规经营和可持续发展。

合规程序与方法

针对国有企业国际化经营合规问题中的反腐败与反贿赂问题，以下提出具体的合规程序与方法，旨在分步骤、有针对性地解决问题。

一、建立全面的合规政策与框架

1. 制定反腐败与反贿赂政策

明确企业对反腐败和反贿赂的立场、原则及具体措施，确保政策内容详尽且具有可操作性。

2. 设立合规委员会

设立由企业高层领导及关键部门负责人组成的合规委员会，负责监督合规政策的执行，定期评估合规风险，并提出应对建议。

3. 制定合规手册

制定合规手册，包括合规政策的具体要求、操作流程及违规后果，确保每位员工都能清晰理解并遵守。

二、加强内部控制与监督机制

1. 实施风险评估

定期对企业内部及外部环境进行风险评估，特别是针对高风险领域和关键环节，如第三方合作、关键岗位人员等。

2. 建立举报机制

开通匿名举报渠道，鼓励员工及外部利益相关者积极举报腐败和贿赂行为，并对举报人进行严格保护。

3. 开展内部审计

定期对财务记录、业务交易等进行内部审计，确保所有交易合法合规，及时发现并解决潜在问题。

三、强化第三方管理

1. 开展尽职调查

在与第三方合作前，进行全面的尽职调查，了解其商业信誉、合规记录及是否存在腐败风险。

2. 签订合规协议

与第三方合作时，签订明确的合规协议，明确双方的权利义务及合规要求，确保合作过程合法合规。

3. 持续监督

在合作过程中，对第三方进行持续监督，确保其遵守合规协议及企业反腐败与反贿赂政策。

四、提升员工合规意识与培训

1. 开展合规培训

定期为全体员工开展合规培训，特别是新入职员工和关键岗位人员，确保其对合规政策有深入了解。

2. 建立合规文化

通过企业文化建设，树立合规经营的理念，鼓励员工主动遵守合规政策，形成良好的合规氛围。

3. 强化管理层示范

企业高层领导应率先垂范，严格遵守合规政策，通过自身行为向员工传递合规的重要性。

五、积极应对违规行为

1. 及时调查处理

一旦发现腐败和贿赂行为，应立即启动调查程序，查明事实真相，并对责任人进行严肃处理。

2. 总结经验教训

对违规事件进行深入分析，总结经验教训，找出合规管理体系中的漏洞和不足。

3. 完善合规体系

根据违规事件的处理结果和经验教训，不断完善合规管理体系，提高合规管理的有效性和针对性。

通过实施以上合规程序与方法，国有企业可以有效地解决国际化经营中的反腐败与反贿赂问题，确保企业在国际市场上的合规经营和可持续发展。

专题 7：数据安全与隐私保护问题

案例引入

一、案例背景

传统制造业国有企业 H（以下简称"H 企业"），作为国内领先的机械制造商，近年来积极拓展海外市场，与多个国际知名企业建立了合作关系。随着业务的全球化发展，H 企业积累了大量敏感数据，包括客户个人信息、产品研发资料、生产流程数据等。然而，在追求国际市场份额的同时，H 企业忽视了数据安全与隐私保护的重要性，最终引发了一系列严重后果。

二、具体问题

1. 数据泄露

20××年，H 企业的海外子公司因服务器安全防护措施不到位，被黑客攻击，导致约 50GB 的客户个人信息及部分商业秘密被窃取。这些数据包括客户的姓名、联系方式、交易记录以及部分未公开的产品设计图纸。

2. 内部管理存在漏洞

经调查发现，H 企业内部存在严重的数据访问权限管理问题。部分非关键岗位员工能够轻易访问敏感数据，且企业内部缺乏有效的数据使用审计机制。此外，企业对离职员工的数据权限回收流程执行不严格，导致多名已离职员工仍能访问原工作账户中的敏感数据。

3. 跨境数据传输存在风险

H 企业在与国际合作伙伴进行数据共享时，未严格遵守当地数据保护法规，未经充分加密处理即进行跨境传输，增加了数据泄露的风险。同时，企业也未对接收方的数据保护能力进行充分评估，导致部分数据被非法利用。

三、主要问题的影响

1. 经济损失大

数据泄露事件导致 H 企业产生高达数亿元的直接经济损失，包括赔偿客户损失、修复受损系统、聘请专业团队进行应急响应等费用。此外，由于客户信任度下降，企业订单量锐减，市场份额受到严重冲击。

2. 财务指标下滑

受数据泄露事件影响，H企业的年度财务报告显示，净利润同比下降超过30%，股价也遭受重创，市值缩水近半。企业的信用评级被多家评级机构下调，融资成本上升。

3. 法律后果严重

H企业因违反多个国家和地区的数据保护法规，面临巨额罚款和法律诉讼。部分受害客户已提起集体诉讼，要求企业赔偿损失并公开道歉。

4. 品牌声誉受损

数据泄露事件对H企业的品牌形象造成了难以挽回的损害。客户对企业的信任度大幅下降，合作伙伴关系紧张，企业在国际市场上的声誉一落千丈。

四、结论与反思

1. 加强数据安全与隐私保护意识

H企业的案例警示所有国有企业，在国际化经营过程中必须高度重视数据安全与隐私保护，将其纳入企业整体战略规划之中。

2. 完善内部管理制度

建立健全的数据分类分级管理制度、数据访问权限管理制度以及数据安全事件应急预案制度，确保敏感数据得到有效保护。

3. 提高跨境数据传输合规性

在进行跨境数据传输前，务必了解并遵守目的国家和地区的数据保护法规，采取必要的技术措施确保数据传输安全。

4. 提升员工合规意识与技能

定期开展数据安全与隐私保护培训，提高员工的合规意识和技能水平，确保每位员工都能成为企业数据安全防线的坚固一环。

5. 加强外部合作与监管

积极与国际数据保护组织、行业协会等建立合作关系，共享最佳实践和经验教训；同时，主动接受政府监管部门的指导和监督，确保企业在合规道路上稳步前行。

合规问题分析

一、业务简介

国有企业在国际化经营过程中，不仅面临着市场拓展、供应链管理等传统业务挑战，还需应对复杂多变的国际法律环境、文化差异及日益严峻的数据安全与隐私保护问题。随着信息技术的飞速发展，数据已成为企业核心竞争力的关键要素之一，其安全性与隐私保护直接关系到企业的声誉、经济利益乃至国家安全。

二、相关规定

在数据安全与隐私保护方面，国内外均有严格的法律法规要求。国际上，欧盟的《通用数据保护条例》（GDPR）、美国的《加州消费者隐私法案》（CCPA）等法规为个人信息保护设立了高标准。国内方面，《中华人民共和国数据安全法》《中华人民共和国个人信息保护法》等法律法规明确了数据处理者的责任与义务，要求企业建立健全数据安全与隐私保护体系。

三、合规问题具体表现

1. 数据跨境传输风险

国有企业在国际化经营中，经常需要进行跨境数据传输。然而，不同国家和地区的数据保护法规存在差异，部分国有企业在未充分了解并遵守目的地法规的情况下进行数据传输，极易引发合规风险。

2. 内部管理漏洞

部分国有企业存在数据安全管理制度不健全、执行不到位的问题。例如，数据访问权限管理混乱、敏感数据未加密存储、离职员工数据权限回收不及时等，这些都为数据泄露埋下了隐患。

3. 第三方合作风险

在与国际合作伙伴共享数据时，国有企业往往忽视对第三方数据保护能力的评估与监督。第三方机构的数据泄露或非法利用行为，可能间接导致国有企业面临合规风险。

4. 技术防护能力不足

面对日益复杂的网络攻击手段，部分国有企业的技术防护能力较弱。服务器安全防护措施不到位、网络安全监测预警机制不健全等问题，使得企业难以有效抵御外部威胁。

四、问题造成的严重影响

1. 经济损失大

数据泄露或非法利用可能导致企业产生直接经济损失，包括赔偿客户损失、修复受损系统、聘请专业团队进行应急响应等费用。同时，客户信任度下降可能导致订单量减少、市场份额萎缩，进一步加大经济损失。

2. 法律后果严重

违反数据安全与隐私保护法规的企业将面临严厉的法律制裁，包括高额罚款、法律诉讼，甚至刑事责任。这不仅损害了企业的经济利益，还严重损害了企业的声誉和形象。

3. 品牌声誉受损

数据泄露事件往往会引发公众的广泛关注，导致企业品牌形象受损。客户信任度下降、合作伙伴关系紧张等问题接踵而至，使得企业在国际市场上的竞争力大打折扣。

4. 威胁国家安全

国有企业掌握的大量敏感数据一旦泄露或被非法利用，可能危及国家安全和社会稳定。例如，关键技术资料、客户信息等敏感数据泄露可能对国家经济安全构成威胁。

综上所述，国有企业在国际化经营过程中必须高度重视数据安全与隐私保护问题，建立健全合规管理体系，加强内部管理、技术防护和第三方合作监管，确保企业在全球市场中稳健发展。

法律法规依据

一、针对数据跨境传输风险问题的法律法规

1.《中华人民共和国网络安全法》

第三十七条：关键信息基础设施的运营者在中华人民共和国境内运营中收集和产生的个人信

息和重要数据应当在境内存储。因业务需要，确需向境外提供的，应当按照国家网信部门会同国务院有关部门制定的办法进行安全评估；法律、行政法规另有规定的，依照其规定。

2.《中华人民共和国数据安全法》

第三十一条：关键信息基础设施的运营者在中华人民共和国境内运营中收集和产生的重要数据的出境安全管理，适用《中华人民共和国网络安全法》的规定；其他数据处理者在中华人民共和国境内运营中收集和产生的重要数据的出境安全管理办法，由国家网信部门会同国务院有关部门制定。

二、针对内部管理漏洞问题的法律法规

1.《中华人民共和国个人信息保护法》

第五十一条：个人信息处理者应当根据个人信息的处理目的、处理方式、个人信息的种类以及对个人权益的影响、可能存在的安全风险等，采取下列措施确保个人信息处理活动符合法律、行政法规的规定，并防止未经授权的访问以及个人信息泄露、篡改、丢失：（一）制定内部管理制度和操作规程；（二）对个人信息实行分类管理；（三）采取相应的加密、去标识化等安全技术措施；（四）合理确定个人信息处理的操作权限，并定期对从业人员进行安全教育和培训；（五）制定并组织实施个人信息安全事件应急预案；（六）法律、行政法规规定的其他措施。

2.《中华人民共和国网络安全法》

第二十一条：国家实行网络安全等级保护制度。网络运营者应当按照网络安全等级保护制度的要求，履行下列安全保护义务，保障网络免受干扰、破坏或者未经授权的访问，防止网络数据泄露或者被窃取、篡改：（一）制定内部安全管理制度和操作规程，确定网络安全负责人，落实网络安全保护责任；（二）采取防范计算机病毒和网络攻击、网络侵入等危害网络安全行为的技术措施；（三）采取监测、记录网络运行状态、网络安全事件的技术措施，并按照规定留存相关的网络日志不少于六个月；（四）采取数据分类、重要数据备份和加密等措施；（五）法律、行政法规规定的其他义务。

三、针对第三方合作风险问题的法律法规

1.《中华人民共和国个人信息保护法》

第二十一条：个人信息处理者委托处理个人信息的，应当与受托人约定委托处理的目的、期限、处理方式、个人信息的种类、保护措施以及双方的权利和义务等，并对受托人的个人信息处理活动进行监督。受托人应当按照约定处理个人信息，不得超出约定的处理目的、处理方式等处理个人信息；委托合同不生效、无效、被撤销或者终止的，受托人应当将个人信息返还个人信息处理者或者予以删除，不得保留……。

2.《中华人民共和国数据安全法》

第八条：开展数据处理活动，应当遵守法律、法规，尊重社会公德和伦理，遵守商业道德和职业道德，诚实守信，履行数据安全保护义务，承担社会责任，不得危害国家安全、公共利益，不得损害个人、组织的合法权益。

第二十七条：开展数据处理活动应当依照法律、法规的规定，建立健全全流程数据安全管理制度，组织开展数据安全教育培训，采取相应的技术措施和其他必要措施，保障数据安全。利用互联网等信息网络开展数据处理活动，应当在网络安全等级保护制度的基础上，履行上述数据安全保护义务。

重要数据的处理者应当明确数据安全负责人和管理机构，落实数据安全保护责任。

四、针对技术防护能力不足问题的法律法规

1.《中华人民共和国数据安全法》

第二十九条：开展数据处理活动应当加强风险监测，发现数据安全缺陷、漏洞等风险时，应当立即采取补救措施；发生数据安全事件时，应当立即采取处置措施，按照规定及时告知用户并向有关主管部门报告。

2.《中华人民共和国数据安全法》

第二十七条：开展数据处理活动应当依照法律、法规的规定，建立健全全流程数据安全管理制度，组织开展数据安全教育培训，采取相应的技术措施和其他必要措施，保障数据安全。利用互联网等信息网络开展数据处理活动，应当在网络安全等级保护制度的基础上，履行上述数据安全保护义务。重要数据的处理者应当明确数据安全负责人和管理机构，落实数据安全保护责任。

以上法律法规依据均针对国有企业国际化经营中数据安全与隐私保护的具体问题，从数据跨境传输、内部管理、第三方合作及技术防护等多个方面提供了明确的法律指导。

合规程序与方法

针对国有企业国际化经营合规问题中的数据安全与隐私保护问题，以下提出具体的合规程序与方法，旨在分步骤、有针对性地解决问题。

一、建立全面的数据安全与隐私保护政策

1. 制定政策框架

制定数据安全与隐私保护政策，明确数据安全与隐私保护的目标、原则、责任主体及适用范围。参考国内外相关法律法规，如《中华人民共和国网络安全法》《中华人民共和国数据安全法》《中华人民共和国个人信息保护法》等，确保政策内容合法合规。

2. 细化操作规范

制定详细的数据分类分级标准，明确各类数据的保护级别和相应的安全措施。规定数据收集、存储、处理、传输、共享及销毁等各环节的具体操作流程和要求。

二、加强跨境数据传输管理

1. 风险评估

在进行跨境数据传输前，进行全面的风险评估，识别潜在的法律合规风险和数据安全风险。根据风险评估结果，制定相应的风险缓解措施和应急预案。

2. 安全评估与审批

按照国家网信部门会同国务院有关部门制定的办法，对跨境传输的重要数据进行安全评估。获得相关部门的审批或许可后，方可进行跨境传输。

3. 加密处理与签订协议

对跨境传输的数据进行加密处理，确保数据传输过程中的安全性。与接收方签订数据传输协议，明确双方的数据保护责任和义务。

三、完善内部管理制度与流程

1.建立权限管理制度

建立严格的权限管理制度，明确不同岗位的数据访问权限。实施最小权限原则，确保员工仅能获得完成工作所必需的数据访问权限。

2.访问控制与审计

采用技术手段（如访问控制列表、身份认证系统等）限制对敏感数据的访问。实施定期的安全审计和日志审查，及时发现并处理未经授权的访问行为。

3.离职管理

完善离职员工的数据权限回收流程，确保离职员工无法继续访问原工作账户中的敏感数据。

四、强化第三方合作管理

1.开展尽职调查

在与第三方机构合作前，进行全面的尽职调查，评估其数据保护能力和合规水平。确保第三方机构具备相应的数据保护资质和认证资质。

2.签订合同或协议

与第三方机构签订详细的数据处理合同或协议，明确双方的数据保护责任和义务。约定数据处理的限制条件、监督措施及违约责任等内容。

3.持续监督

对第三方机构的数据处理活动进行持续监督，确保其按照合同约定和法律法规要求处理数据。

五、提升技术防护能力

1.系统加固

定期对服务器、网络设备等进行安全加固，修补已知漏洞和解决问题。建立入侵检测与防御系统（IDS/IPS），及时发现并阻止潜在的网络攻击。

2.加密存储与传输

对敏感数据进行加密存储，确保即使数据泄露也无法被轻易解密。在数据传输过程中采用安全协议[如HTTPS（超文本传输安全协议）、SSL/TLS（传输层安全协议）等]，确保数据传输的安全性。

通过实施以上合规程序与方法，国有企业可以有效提升国际化经营中的数据安全与隐私保护水平，降低数据泄露风险，保障企业的长期稳健发展。

专题8：劳工权益保护问题

案例引入

一、案例背景

传统制造业国有企业Q（以下简称"Q公司"），是国内知名的家电生产商，近年来积极拓展海外市场，特别是在东南亚国家设立了多个生产基地。随着业务的快速扩张，Q公司在国际化经营过程中面临了诸多合规挑战，其中劳工权益保护问题尤为突出。

二、具体问题

1. 案例主角

李华，Q公司东南亚某工厂的一名生产线工人。

2. 具体问题描述

（1）超时工作：李华及工厂内大部分工人每日工作时间远超当地法律规定的8小时，经常需要加班至晚上甚至深夜，且未获得足额的加班费。据调查，工人平均每周工作时长超过60小时，远超法定标准。

（2）工作环境恶劣：工厂生产线拥挤，通风不良，噪声污染严重，且缺乏必要的劳动保护措施。长时间在这样的环境下工作，多名工人出现职业病症状，如听力下降、患呼吸道疾病等。

（3）薪酬不公：虽然Q公司承诺提供与当地市场相符的薪酬，但实际上工人的基本工资远低于行业平均水平，且奖金、福利等激励机制不透明，存在随意克扣现象。

（4）工会权利受限：工厂内工会活动受到严格限制，工人难以通过正规渠道表达诉求，维护自身权益。

3. 数据量化

（1）超时工作：据统计，工厂内超过80%的工人每周加班时间超过20小时，加班费支付率不足50%。

（2）经济损失：工作环境恶劣导致的职业病案例逐年增加，2020年至2022年，公司支付的医疗费用和赔偿金累计超过500万元。

（3）生产效率下降：长时间加班和恶劣的工作环境导致工人疲劳过度，生产效率下降约20%，直接影响产品交付周期和客户满意度。

（4）品牌形象受损：多起劳工权益保护事件被媒体曝光后，Q公司的国际品牌形象受到严重损害，海外市场份额出现下滑。

三、主要问题的影响

1. 财务影响大

直接经济损失（如赔偿金、医疗费用）和间接经济损失（如生产效率下降、市场份额下滑）导致Q公司海外业务净利润率减少超过10个百分点。

2. 面临法律风险

因违反当地劳工法律法规，Q公司面临高额罚款甚至被勒令停产的风险。此外，还可能引发国际诉讼，进一步加大财务压力。

3. 供应链稳定性不足

劳工权益保护问题导致员工流失率上升、熟练工人短缺，影响供应链的稳定性和产品质量。

4. 社会声誉受损

企业形象受损，影响品牌忠诚度和消费者信任度，且长期难以恢复。

四、结论与反思

Q公司在国际化经营过程中遇到的劳工权益保护问题，不仅给公司带来了直接的经济损失和法律风险，还严重损害了公司的社会声誉和品牌形象。这一案例深刻警示国有企业，在追求海外市场扩张的同时，必须高度重视合规管理，特别要关注劳工权益保护方面的合规要求，具体可从以下方面入手。

1. 建立健全合规管理体系

企业应设立专门的合规部门，负责监督和执行国际劳工标准，确保合规运营。

2. 加强员工培训与监督

定期对员工进行合规培训，提高员工的法律意识和自我保护能力；同时加强内部监督，确保各项合规措施得到有效执行。

3. 改善工作环境与待遇

投入资源改善工作环境，确保符合当地安全和卫生标准；提高工人薪酬水平，建立公平透明的激励机制。

4. 积极应对社会舆论

建立健全的公关机制，及时回应社会关切，展现企业积极整改的决心和做出相应行动。

5. 加强国际合作与交流

与当地政府、非政府组织等建立良好关系，共同推动劳工权益保护工作的开展；同时借鉴国际先进经验，不断提升企业的合规管理水平。

合规问题分析

一、业务简介

随着全球化的深入发展，国有企业纷纷走出国门，参与国际市场竞争，通过投资建厂、并购等方式拓展海外市场。在国际化经营过程中，国有企业不仅关注经济效益，还需面对复杂的法律环境和多元的社会文化，其中劳工权益保护成为不可忽视的重要方面。

二、相关规定

国有企业国际化经营中的劳工权益保护需遵循多方面的规定，包括但不限于以下方面。

1. 国际劳工标准

如国际劳工组织（ILO）制定的各项公约和建议书，涉及就业和职业歧视、语论自由及集体谈判权、禁止强迫劳动和招聘童工等多个方面。

2. 东道国法律法规

国有企业需严格遵守目标市场所在国家的劳动法律法规，确保用工管理合规。

3. 本国法律法规

国有企业还需遵守本国关于境外投资、劳工权益保护等方面的法律法规，如《中华人民共和国劳动合同法》《对外劳务合作管理条例》等。

三、合规问题具体表现

1. 超时工作与薪酬不公

部分国有企业在海外运营时，存在延长工作时间、未支付或不足额支付加班费的情况，导致工人权益受损。同时，部分国有企业还存在薪酬体系不透明，基本工资低于行业平均水平，奖金、福利等激励机制不完善等问题。

2. 工作环境恶劣

一些海外工厂生产线拥挤、通风不良、噪声污染严重，缺乏必要的劳动保护措施，对工人的身体健康构成威胁。

3. 工会权利受限

部分东道国工会活动受到严格限制，国有企业未能充分保障工人的结社自由和集体谈判权，导致工人难以通过正规渠道表达诉求。

4. 合规意识薄弱

部分国有企业在国际化经营过程中，对当地法律法规了解不足，合规意识薄弱，未能建立健全的合规管理体系和内部监督机制。

四、问题造成的严重影响

1. 经济损失大

劳工权益保护问题可能导致企业面临高额罚款、赔偿等经济损失，同时影响生产效率和产品质量，降低企业竞争力。

2. 引发法律风险

违反当地劳动法律法规可能引发法律纠纷，甚至导致企业被勒令停产或退出市场，严重影响企业的海外业务布局和战略实施。

3. 品牌形象受损

劳工权益保护问题一旦被曝光，将严重损害企业的国际品牌形象和声誉，影响消费者信任度和品牌忠诚度。

4. 供应链稳定性受影响

劳工权益保护问题可能导致员工流失率上升、熟练工人短缺等问题，进而影响供应链的稳定性和可靠性。

5. 社会责任缺失

忽视劳工权益保护体现了企业社会责任的缺失，不利于企业构建和谐劳动关系和可持续发展模式。

综上所述，国有企业国际化经营合规问题中的劳工权益保护问题不容忽视。企业需加强合规意识，建立健全的合规管理体系和内部监督机制，确保用工管理合规；同时积极履行社会责任，保障工人合法权益，促进企业和社会的和谐共赢。

法律法规依据

在国有企业国际化经营过程中，劳工权益保护是确保企业合规运营、维护品牌形象和社会责任的重要方面。以下是总结的法律法规依据。

一、针对超时工作与薪酬不公问题的法律法规

1.《中华人民共和国劳动合同法》

第三十一条：用人单位应当严格执行劳动定额标准，不得强迫或者变相强迫劳动者加班。用人单位安排加班的，应当按照国家有关规定向劳动者支付加班费。

第四十六条、第四十七条规定了经济补偿的计算标准，对于未依法支付加班费导致劳动者权益受损的情况，可将这两条作为给予劳动者经济补偿的参考依据。

2.《中华人民共和国劳动法》

第四十四条：有下列情形之一的，用人单位应当按照下列标准支付高于劳动者正常工作时间工资的工资报酬：……（二）休息日安排劳动者工作又不能安排补休的，支付不低于工资的百分之二百的工资报酬；（三）法定休假日安排劳动者工作的，支付不低于工资的百分之三百的工资报酬。

二、针对工作环境恶劣问题的法律法规

1.《中华人民共和国劳动法》

第五十二条：用人单位必须建立、健全劳动安全卫生制度，严格执行国家劳动安全卫生规程和标准，对劳动者进行劳动安全卫生教育，防止劳动过程中的事故，减少职业危害。

第五十三条：劳动安全卫生设施必须符合国家规定的标准。新建、改建、扩建工程的劳动安全卫生设施必须与主体工程同时设计、同时施工、同时投入生产和使用。

2.《中华人民共和国安全生产法》

该法对生产经营单位的安全生产条件、安全生产责任制、安全生产教育和培训、事故隐患排查治理等方面做出了详细规定，适用于国有企业在海外的生产经营活动。

三、针对工会权利受限问题的法律法规

《中华人民共和国工会法》

第二条：工会是中国共产党领导的职工自愿结合的工人阶级群众组织，是中国共产党联系职工群众的桥梁和纽带。

中华全国总工会及其各工会组织代表职工的利益，依法维护职工的合法权益。

第三条：在中国境内的企业、事业单位、机关、社会组织（以下统称用人单位）中以工资收入为主要生活来源的劳动者，不分民族、种族、性别、职业、宗教信仰、教育程度，都有依法参加和组织工会的权利。任何组织和个人不得阻挠和限制。

第六条：工会依照法律规定通过职工代表大会或者其他形式，组织职工参与本单位的民主决策、民主管理和民主监督。

四、针对合规意识薄弱问题的法律法规

1.《中华人民共和国公司法》

第十九条：公司从事经营活动，应当遵守法律法规，遵守社会公德、商业道德，诚实守信，接受政府和社会公众的监督。

此条款强调了公司在经营活动中应遵守法律法规，包括在国际化经营中的劳工权益保护规定。

2.《中央企业合规管理指引（试行）》

该指引要求中央企业建立健全合规管理体系，加强合规风险管理，确保企业依法合规经营。对于国际化经营中的劳工权益保护问题，企业应制定相应的合规政策和程序，加强合规培训和监督。

以上法律法规依据为国有企业国际化经营中的劳工权益保护提供了明确的指导。企业应严格遵守这些法律法规，建立健全的合规管理体系和内部监督机制，确保用工管理合规，保障工人合法权益，促进企业和社会的和谐共赢。

合规程序与方法

针对国有企业国际化经营合规问题中的劳工权益保护问题，以下提出具体的合规程序与方法，旨在有针对性地解决问题。

一、建立全面的合规管理体系

1. 制定合规政策与程序

明确劳工权益保护的重要性和目标，制定详细的合规政策，涵盖超时工作、薪酬支付、工作环境、工会权利等关键领域。制定具体的合规程序，包括风险评估、合规培训、内部监督、违规处理等环节。

2. 设立合规管理部门

成立专门的合规管理部门或指定专人负责劳工权益保护的合规管理工作，确保政策的有效执行和监督。

二、加强国际法律法规研究与应用

1. 深入研究东道国法律法规

在进入新市场前，详细研究东道国的劳动法律法规，了解当地关于工作时间、薪酬支付、工作环境、工会权利等方面的具体规定。

2. 确保合规运营

根据东道国法律法规，调整企业的用工管理制度和操作流程，确保所有经营活动符合当地法律要求。

三、实施严格的用工管理制度

1. 规范工作时间与薪酬支付

严格遵守当地关于工作时间的法律规定，合理安排加班，并确保按时足额支付加班费。建立透明的薪酬体系，确保基本工资不低于行业平均水平，并设立合理的奖金、福利等激励机制。

2. 改善工作环境

加大投入，改善生产环境，确保通风、照明、噪声控制等符合当地安全和卫生标准。提供必要的劳动保护措施，定期进行职业健康检查，预防职业病的发生。

四、保障工会权利与促进民主管理

1. 支持工会活动

尊重并保障工人的结社自由和集体谈判权，支持工会依法开展活动，为工人提供表达诉求的渠道。

2. 推动民主管理

通过职工代表大会或其他形式，组织工人参与企业的民主决策、民主管理和民主监督，增强工人的归属感和责任感。

五、加强合规培训与监督

1. 开展合规培训

定期对员工进行合规培训，提高员工的法律意识和自我保护能力，确保员工了解并遵守企业的合规政策和程序。

2. 建立内部监督机制

设立内部监督机构或指定专人负责合规监督工作，定期对用工管理制度的执行情况进行检查和评估，及时发现并纠正违规行为。

3. 建立违规处理机制

对违反合规政策的行为，建立明确的违规处理机制，包括警告、罚款、解除劳动合同等措施，确保合规政策的严肃性和权威性。

通过实施以上合规程序与方法，国有企业可以在国际化经营过程中有效保护劳工权益，降低合规风险，提升企业的国际形象和竞争力。

专题 9：环境保护合规问题

案例引入

一、案例背景

W 公司是一家传统制造业国有企业，主要从事金属冶炼与加工业务，产品远销海外多个国家和地区。随着环境保护意识的增强，各国纷纷出台更为严格的环保法规。W 公司在国际化经营过程中，因环境保护（简称"环保"）合规问题遭遇了重大挑战。

二、具体问题

1. 违规排放污染物

W 公司在某海外生产基地的生产过程中，未严格遵守当地环保法规，存在废水、废气超标排放的问题。具体而言，该基地的废水处理设施老旧，处理能力不足，导致未经充分处理的废水直接排入附近河流；同时，废气处理系统存在漏洞，部分有害气体未经有效过滤直接排放至大气中。

2. 环保意识薄弱与合规管理缺失

公司管理层对海外环保法规的重视程度不够，环保意识相对薄弱。在环保合规管理方面，缺乏专门的环保管理部门和专业的环保管理人员，导致环保政策执行不力，合规监督缺失。

三、主要问题的影响

1. 环境损害

W 公司的违规排放行为对当地环境造成了严重损害。经环保部门检测，受污染河流的水质指标远超当地环保标准，影响了周边居民的生活用水安全；同时，大气中的有害气体浓度升高，对当地居民的健康构成了潜在威胁。

2. 面临法律处罚与经济损失

当地政府环保部门对 W 公司进行了严厉处罚，罚款金额高达数百万美元，并要求立即停止违规排放行为，进行整改。此外，公司还面临因环境损害引发的民事赔偿诉讼，进一步加大了经济负担。

3. 品牌形象受损与市场份额减小

环保违规事件被媒体曝光后，W 公司的品牌形象严重受损，国际客户对公司的信任度大幅下降。部分长期合作客户取消了订单，导致公司海外市场份额急剧减小。财务报告显示，违规事件发生后的一年内，公司海外业务收入同比下滑超过 30%，净利润大幅下滑。

4. 财务指标恶化

环保违规事件不仅直接导致了巨额罚款和赔偿支出，还间接影响了公司的财务状况。由于市场份额减小和订单减少，公司产能利用率不足，固定成本分摊增加，进一步压缩了利润空间。同时，为了满足环保整改要求，公司还需投入大量资金升级环保设施，短期内增加了财务压力。

四、结论与反思

W 公司的环保合规问题案例深刻揭示了国有企业在国际化经营过程中加强环保合规管理的重要性。企业必须从以下几个方面进行反思和改进。

1. 增强环保意识

企业管理层应充分认识到环保合规对企业可持续发展的重要性，将环保理念融入企业文化和战略规划中。

2. 完善合规管理体系

建立健全环保合规管理体系，设立专门的环保管理部门和配备专业管理人员，确保环保政策的有效执行和监督。

3. 加强法规研究与应用

深入研究目标市场所在国家的环保法规和标准，及时调整生产流程和环保设施以满足当地法规要求。

4. 强化风险防控

建立健全环保风险评估和防控机制，定期对生产过程中的环保风险进行排查和整改，确保企业合规运营。

5. 提升应急响应能力

制定完善的环保应急预案并定期组织演练，提高企业对环保突发事件的应对能力，以减小损失和影响。

通过实施以上措施，国有企业可以在国际化经营过程中有效规避环保合规风险，提升企业的国际竞争力和可持续发展能力。

合规问题分析

一、业务简介

国有企业在国际化经营过程中，其业务范围往往涉及多个领域，包括但不限于资源开发、基础设施建设、制造业等。这些业务活动通常与环境保护息息相关，因为它们在推动经济发展的同时，也可能对当地生态环境造成一定影响。随着全球环境保护意识的提升，国有企业在国际化经营中必须高度重视环境保护合规问题。

二、相关规定

为了应对全球环保挑战，各国政府纷纷出台了一系列严格的环保法规和政策。这些规定通常涵盖了污染排放控制、生态保护、资源节约等多个方面，对企业的生产经营活动提出了明确的环保要求。国有企业在国际化经营中，必须严格遵守所在国家和地区的环保法规，确保业务活动的合规性。

三、合规问题具体表现

1. 环保意识不足

部分国有企业在国际化经营中，过于追求经济效益，忽视了环保的重要性，导致环保意识淡薄，合规管理不到位。

2. 法规遵从性差

由于对当地环保法规了解不够深入或存在误解，部分国有企业在生产经营过程中未能严格遵守相关法规，存在超标排放、非法倾倒废弃物等违规行为。

3. 环保设施落后

一些国有企业在海外投资建厂时，为了降低成本，可能会选择使用较为落后的环保设施，这些设施往往难以满足当地环保标准的要求，增加了合规风险。

4. 供应链管理不善

在国际化经营中，供应链管理成为环保合规的重要环节。部分国有企业未能有效管理供应链中的环保风险，导致供应商存在环保违规行为，间接影响了企业的合规性。

四、问题造成的严重影响

1. 环境损害

国有企业环保合规问题最直接的影响是对当地生态环境的损害。超标排放、非法倾倒等行为会严重污染空气、水体和土壤，对当地居民的健康和生态平衡构成威胁。

2. 法律处罚

一旦被发现存在环保违规行为，国有企业将面临所在国家和地区的法律处罚，包括高额罚款、停产整顿甚至被驱逐出市场等严重后果。这些处罚不仅直接损害了企业的经济利益，还对企业的品牌形象和信誉造成了不可估量的损失。

3. 引发经济损失

环保合规问题还可能引发一系列经济损失。例如，因环保违规导致的生产中断、订单取消等将直接影响企业的收入和利润；同时，企业还需承担环保整改、赔偿等额外支出，进一步加大了经济负担。

4. 国际声誉受损

在全球化的今天，企业的国际声誉是其核心竞争力的重要组成部分。环保合规问题一旦曝光，将严重损害国有企业的国际声誉，影响其在国际市场上的地位和竞争力。

综上所述，国有企业在国际化经营中必须高度重视环保合规问题。通过实施增强环保意识、提高法规遵从性、提升环保设施水平和完善供应链管理等措施，确保业务活动的合规性，从而保障企业的可持续发展和国际竞争力。

法律法规依据

针对国有企业国际化经营合规问题中的环境保护合规问题，以下是对相关法律法规依据的总结。

一、针对环保意识不足问题的法律法规

《中华人民共和国环境保护法》第六条：……企业事业单位和其他生产经营者应当防止、减少环境污染和生态破坏，对所造成的损害依法承担责任……。

该条款强调了企业应承担环境保护责任，对环保意识不足导致的环境污染和生态破坏需依法承担责任。

二、针对法规遵从性差问题的法律法规

1.《中华人民共和国环境保护法》

第四十五条：国家依照法律规定实行排污许可管理制度。实行排污许可管理的企业事业单位和其他生产经营者应当按照排污许可证的要求排放污染物；未取得排污许可证的，不得排放污染物。

该条款要求企业必须按照排污许可证的要求排放污染物，不遵守当地环保法规、超标排放等行为将受到法律制裁。

2.《中华人民共和国大气污染防治法》

第十八条：企业事业单位和其他生产经营者建设对大气环境有影响的项目，应当依法进行环境影响评价、公开环境影响评价文件；向大气排放污染物的，应当符合大气污染物排放标准，遵守重点大气污染物排放总量控制要求。

该条款对企业建设项目的环境影响评价和大气污染物排放标准提出了明确要求，企业必须遵守以减少对大气环境的污染。

三、针对环保设施落后问题的法律法规

《中华人民共和国环境保护法》

第四十一条：建设项目中防治污染的设施，应当与主体工程同时设计、同时施工、同时投产使用。防治污染的设施应当符合经批准的环境影响评价文件的要求，不得擅自拆除或者闲置。

该条款要求企业在建设中必须配套相应的环境保护设施，并确保其与主体工程同时设计、施工和投产使用，以防止因环保设施落后导致的环境污染。

四、针对供应链管理不善问题的法律法规

1.《中华人民共和国环境保护法》

第六条：一切单位和个人都有保护环境的义务。

地方各级人民政府应当对本行政区域的环境质量负责。

企业事业单位和其他生产经营者应当防止、减少环境污染和生态破坏，对所造成的损害依法承担责任。

公民应当增强环境保护意识，采取低碳、节俭的生活方式，自觉履行环境保护义务。

虽然该条款未直接提及供应链管理，但企业需对其产生的环境污染和生态破坏负责，包括供应链中的环保风险。因此，企业应加强供应链管理，确保供应商遵守环保法规。

2.《中华人民共和国民法典》

第九百二十九条：有偿的委托合同，因受托人的过错造成委托人损失的，委托人可以请求赔偿损失。无偿的委托合同，因受托人的故意或者重大过失造成委托人损失的，委托人可以请求赔

偿损失……。

在供应链管理中，如因供应商的环保违规行为导致企业受损，企业可依据该条款向供应商追责。

综上所述，国有企业在国际化经营中必须严格遵守国内相关法律法规对环境保护的各项规定和要求。通过增强环保意识、加强法规遵从性、提升环保设施水平和完善供应链管理等措施来确保业务活动的合规性，从而保障企业的可持续发展和国际竞争力。

合规程序与方法

针对国有企业国际化经营合规问题中的环境保护合规问题，以下是具体的合规程序与方法，旨在有针对性地解决问题。

一、建立全面的环保合规管理体系

1. 设立环保合规部门

在企业总部及海外分支机构设立专门的环保合规部门，负责全球范围内的环保合规管理工作。该部门应具备法律、环保技术和国际业务等多方面的专业人才。

2. 制定环保合规政策

结合国内外环保法律法规和企业实际情况，制定详细的环保合规政策，明确企业环保目标和原则，规范生产经营活动中的环保行为。

二、加强环保法律法规培训

1. 定期举办环保法律法规培训

组织全体员工（特别是管理层和关键岗位人员）参加环保法律法规培训，确保员工了解并遵守所在国家和地区的环保要求。

2. 建立考核机制

将环保法规掌握情况纳入员工绩效考核体系，通过定期测试、案例分析等方式检验员工对环保法规的掌握程度，提升全员环保意识。

三、完善环保设施与工艺

1. 升级环保设施

对海外生产基地的环保设施进行全面评估，对老旧、不达标的设施进行升级改造，确保其满足当地环保标准的要求。

2. 推广清洁生产技术

引进和推广清洁生产技术，减少生产过程中的污染物排放，提高资源利用效率，降低环保风险。

四、强化供应链管理

1. 建立供应商环保评估机制

对供应链中的供应商进行环保评估，优先选择环保表现良好的供应商合作。对于环保违规的供应商，及时采取措施要求其整改或终止合作。

2. 签订环保协议

与供应商签订环保协议，明确双方在环保方面的责任和义务，确保供应链中的环保合规性。

五、建立环保风险预警与应对机制

1. 定期开展环保风险评估

定期对生产经营活动中的环保风险进行评估，识别潜在的风险点，制定相应的防控措施。

2. 建立应急响应机制

制定环保应急预案，明确应急响应流程和责任人，确保在发生环保突发事件时能够迅速、有效地应对，减小损失和影响。

3. 加强监测与报告

建立健全环保监测体系，对废水、废气、固体废物等污染物的排放情况进行实时监测，并按要求向当地环保部门报告监测结果。对于发现的环保问题，及时采取措施解决，并向相关部门报告情况。

六、加强沟通与协作

1. 加强与环保部门的沟通

与当地政府环保部门保持良好沟通，及时了解当地环保政策动态和监管要求，积极争取政府支持，确保企业在环保方面的合规性。

2. 加强国际交流与合作

积极参与国际环保交流与合作，借鉴国际先进经验和技术，提升企业环保合规管理水平。

通过实施以上合规程序与方法，国有企业可以在国际化经营中有效应对环境保护合规问题，降低环保风险，提升企业的国际竞争力和可持续发展能力。

专题 10：税务合规问题

案例引入

一、案例背景

公司 Z 是一家大型传统制造业国有企业，主营业务涵盖金属制品、机械制造等多个领域。近年来，随着全球化战略的推进，公司 Z 积极拓展海外市场，在多个国家设立了生产基地和销售网络。然而，在国际化经营过程中，公司 Z 遭遇了严重的税务合规问题。

二、具体问题

1. 税务筹划不当

为了减轻税负，公司 Z 在某些海外市场采取了激进的税务筹划策略，包括利用低税率国家或地区的税收优惠政策进行利润转移，以及通过复杂的关联交易减少应纳税额。这些策略虽然短期内减轻了税负，但违反了相关国家和地区的税法规定。

2. 税务申报不准确

由于对不同国家税务法规的理解不够深入，公司 Z 在部分海外市场的税务申报中存在明显错误，如漏报、错报应税收入，以及未按规定享受税收减免政策等。这些问题导致了税务机关对公司 Z 进行了多次税务审计和调查。

3. 内部税务管理混乱

公司 Z 在海外市场的税务管理工作缺乏统一的标准和流程，分支机构各行其是，导致税务数据不准确、不一致。此外，公司 Z 的税务管理人员专业能力参差不齐，对国际税务规则的理解和掌握不够全面。

三、主要问题的影响

1. 巨额罚款与补缴税款

由于税务筹划不当和税务申报不准确，公司 Z 在多个海外市场面临税务机关的巨额罚款和补缴税款要求。据统计，仅在过去三年内，公司 Z 因税务合规问题支付的罚款和补缴税款总额已超过 10 亿元，占公司同期净利润的近 20%。

2. 财务指标恶化

税务合规问题不仅直接增加了公司 Z 的财务成本，还对其整体财务状况造成了严重影响。由于需要支付巨额罚款和补缴税款，公司 Z 的现金流紧张，资金周转率下降。同时，税务合规问题也引发了市场对公司 Z 治理能力的怀疑，导致其股价波动，市值缩水。

3. 品牌形象受损

税务合规问题曝光后，公司 Z 在国际市场上的品牌形象受到严重损害。部分客户和合作伙伴对公司 Z 的诚信度和合规能力产生怀疑，纷纷要求重新评估合作关系。这不仅影响了公司 Z 的现有业务，还对其未来的市场拓展和合作机会构成了威胁。

四、结论与反思

公司 Z 的税务合规问题案例深刻揭示了国有企业在国际化经营中面临的税务合规挑战。为了避免类似问题的发生，国有企业应从以下几个方面着手解决。

1. 加强税务合规意识

将税务合规纳入企业战略层面，提高全体员工的税务合规意识，确保企业在国际化经营中始终遵守相关国家和地区的税法规定。

2. 完善税务管理体系

建立健全税务管理体系，明确税务管理流程和职责分工，确保税务数据的准确性和一致性。同时，加强对税务管理人员的专业培训，促进其理解掌握国际税务规则和提高其专业能力。

3. 合理进行税务筹划

在遵守税法规定的前提下，合理利用税收优惠政策进行税务筹划，减轻税负。避免采取激进、违法的税务筹划策略，以免给企业带来法律风险和财务损失。

4. 加强与税务机关的沟通与合作

与所在国家和地区的税务机关保持密切联系，及时了解税务政策动态和监管要求。在面临税务审计和调查时，积极配合税务机关的工作，争取合理解决税务争议。

通过实施以上措施，国有企业可以在国际化经营中有效应对税务合规挑战，保障企业的稳健发展和提升企业的国际竞争力。

合规问题分析

一、业务简介

随着全球化的深入发展，国有企业纷纷走出国门，参与国际市场竞争，开展跨国经营业务。这些业务涵盖生产制造、贸易、投资、金融等多个领域，涉及多个国家和地区，具有高度的复杂性和多样性。在国际化经营过程中，税务合规成为国有企业必须面对的重要问题之一。

二、相关规定

税务合规是指企业在跨国经营活动中，遵守所在国家和地区的税法规定，依法履行纳税义务，确保税务申报和缴纳的准确性、及时性和合规性。不同国家和地区在税法体系、税种、税率、税收优惠政策等方面存在差异，这要求国有企业必须深入了解并遵守相关税法规定，避免因税务合规问题引发法律风险和财务损失。

三、合规问题具体表现

1.税务筹划不当

部分国有企业在国际化经营中，为了减轻税负，采取激进的税务筹划策略，如利用税收洼地进行利润转移、滥用税收协定等。这些策略虽然短期内可能减轻企业的税负，但违反了相关国家和地区的税法规定，存在严重的法律风险。

2.税务申报不准确

由于跨国经营业务的复杂性和多样性，部分国有企业在税务申报过程中存在疏漏和错误，如漏报、错报应税收入和享受不符合条件的税收优惠政策等。这些问题不仅会导致税务机关的稽查和处罚，还会影响企业的信誉和形象。

3.内部税务管理混乱

部分国有企业在国际化经营中，缺乏统一、规范的税务管理体系，分支机构在税务处理上各行其是，导致税务数据不一致、不准确。同时，税务管理人员的专业能力和素质参差不齐，难以适应复杂的国际税务环境。

4.跨境税务风险识别不足

随着国际贸易和投资活动的增加，跨境税务风险日益凸显。部分国有企业对跨境税务风险的识别、评估和管理能力不足，未能及时采取有效措施防范和应对税务风险，导致企业面临严重的财务和法律后果。

四、问题造成的严重影响

1.法律风险和财务损失

税务合规问题可能导致企业面临税务机关的稽查、处罚和诉讼等法律风险，进而引发巨额的罚款和补缴税款等财务损失。这些损失不仅会影响企业的现金流和盈利能力，还可能对企业的生存和发展造成威胁。

2.信誉和形象受损

税务合规问题一旦曝光，将严重损害企业的信誉和形象。客户和合作伙伴可能对企业产生怀疑和不信任，导致业务合作受阻和市场份额减小。

3.经营受阻和战略调整

税务合规问题可能导致企业的经营活动受到限制和阻碍，如无法享受税收优惠政策、被限制参与某些市场竞争等。为了应对税务合规问题带来的负面影响，企业可能需要调整经营战略和业务模式，以适应新的市场环境和法规要求。

综上所述，国有企业国际化经营中的税务合规问题具有复杂性和多样性，需要企业高度重视并采取有效措施加以防范和应对。通过实施加强税务合规意识、完善税务管理体系、合理进行税务筹划以及加强与税务机关的沟通与合作等措施，国有企业可以确保在国际化经营中的税务合规性，保障企业的稳健发展和国际竞争力。

法律法规依据

针对国有企业国际化经营合规问题中的税务合规问题，以下是对相关法律法规依据的总结。

一、针对税务筹划不当问题的法律法规

1.《中华人民共和国企业所得税法》

第三条：居民企业应当就其来源于中国境内、境外的所得缴纳企业所得税。非居民企业在中国境内设立机构、场所的，应当就其所设机构、场所取得的来源于中国境内的所得，以及发生在中国境外但与其所设机构、场所有实际联系的所得，缴纳企业所得税……。

第四条：企业所得税的税率为25%。非居民企业取得本法第三条第三款规定的所得，适用税率为20%。

这些规定明确了企业所得税的纳税义务和税率，是税务筹划的基本法律依据。

2.《中华人民共和国税收征收管理法》

第六十三条：纳税人伪造、变造、隐匿、擅自销毁账簿、记账凭证，或者在账簿上多列支出或者不列、少列收入，或者经税务机关通知申报而拒不申报或者进行虚假的纳税申报，不缴或者少缴应纳税款的，是偷税。对纳税人偷税的，由税务机关追缴其不缴或者少缴的税款、滞纳金，并处不缴或者少缴的税款百分之五十以上五倍以下的罚款……。

此条款对偷税行为进行了明确的法律界定和处罚规定。

二、针对税务申报不准确问题的法律法规

1.《中华人民共和国税收征收管理法》

第二十五条：纳税人必须依照法律、行政法规规定或者税务机关依照法律、行政法规的规定确定的申报期限、申报内容如实办理纳税申报，报送纳税申报表、财务会计报表以及税务机关根据实际需要要求纳税人报送的其他纳税资料……。

第六十二条：纳税人未按照规定的期限办理纳税申报和报送纳税资料的，或者扣缴义务人未按照规定的期限向税务机关报送代扣代缴、代收代缴税款报告表和有关资料的，由税务机关责令限期改正，可以处两千元以下的罚款；情节严重的，可以处二千元以上一万元以下的罚款。

这些条款对税务申报的准确性和及时性提出了明确要求，并规定了相应的法律责任。

2.《中华人民共和国会计法》

第九条：各单位必须根据实际发生的经济业务事项进行会计核算，填制会计凭证，登记会计账簿，编制财务会计报告。任何单位不得以虚假的经济业务事项或者资料进行会计核算。

此条款要求企业必须根据实际发生的经济业务事项进行会计核算和税务申报，确保申报的准确性。

三、针对内部税务管理混乱问题的法律法规

1.《中华人民共和国企业所得税法》

第五条：企业每一纳税年度的收入总额，减除不征税收入、免税收入、各项扣除以及允许弥

补的以前年度亏损后的余额，为应纳税所得额。

企业应当建立完善的内部税务管理制度，确保各项收入和扣除的准确核算和申报。

2.《中华人民共和国税收征收管理法实施细则》

第九十八条：税务代理人违反税收法律、行政法规，造成纳税人未缴或者少缴税款的，除由纳税人缴纳或者补缴应纳税款、滞纳金外，对税务代理人处纳税人未缴或者少缴税款 50% 以上 3 倍以下的罚款。

此条款对税务代理人的管理提出了要求，也间接要求企业加强税务管理。

四、针对跨境税务风险识别不足问题的法律法规

《中华人民共和国企业所得税法》

第三条：居民企业应当就其来源于中国境内、境外的所得缴纳企业所得税。

非居民企业在中国境内设立机构、场所的，应当就其所设机构、场所取得的来源于中国境内的所得，以及发生在中国境外但与其所设机构、场所有实际联系的所得，缴纳企业所得税。

非居民企业在中国境内未设立机构、场所的，或者虽设立机构、场所但取得的所得与其所设机构、场所没有实际联系的，应当就其来源于中国境内的所得缴纳企业所得税。

此条款要求企业对跨境交易进行准确的税务处理，防范跨境税务风险。

综上所述，国有企业在国际化经营过程中必须严格遵守相关法律法规，确保税务合规。针对税务筹划不当、税务申报不准确、内部税务管理混乱以及跨境税务风险识别不足等问题，都有明确的法律法规依据进行规范和处罚。国有企业应当加强税务合规意识和管理能力，确保在国际化经营中稳健发展。

合规程序与方法

针对国有企业国际化经营合规问题中的税务合规问题，以下提出具体的合规程序与方法，旨在分步骤、有针对性地解决问题。

一、建立健全税务合规管理体系

1. 制定税务合规政策与制度

国有企业应制定明确的税务合规政策，明确税务合规的目标、原则、责任主体及具体要求。结合企业国际化经营的实际情况，制定详细的税务合规管理制度，涵盖税务登记、纳税申报、税务筹划、税务风险管理等方面。

2. 设立专门的税务合规部门或岗位

成立专门的税务合规部门或指定专人负责税务合规工作，确保税务合规管理的专业性和连续性。明确税务合规部门的职责和权限，确保其在企业决策中的话语权和执行力。

二、提高税务筹划的合规性

1. 合法合规地进行税务筹划

在进行税务筹划时，严格遵守相关国家和地区的税法规定，避免利用税收洼地、滥用税收协定等违规行为。寻求专业税务顾问的帮助，确保税务筹划方案的合法性和可行性。

2. 定期评估和调整税务筹划方案

定期对税务筹划方案进行评估，确保其符合税法规定和企业经营实际情况。根据税法变化和企业经营策略调整，及时对税务筹划方案进行调整和优化。

三、确保税务申报的准确性和及时性

1. 完善税务数据收集与整理流程

建立完善的税务数据收集与整理流程，确保各项税务数据的准确性和完整性。加强与财务、业务等部门的沟通与协作，确保税务数据与财务数据、业务数据的一致性。

2. 严格按照税法规定进行纳税申报

遵循税法规定的申报期限和申报内容，确保纳税申报的准确性和及时性。定期对纳税申报表进行复核和审查，防止漏报、错报等情况的发生。

四、加强内部税务管理与培训

1. 完善内部税务管理制度

制定内部税务管理制度，明确税务管理流程、审批权限和责任分工。加强对分支机构、子公司的税务管理，确保税务政策的一致性和执行的有效性。

2. 开展税务合规培训

定期组织税务合规培训，提高员工的税务合规意识和能力。针对税务筹划、税务申报、税务风险管理等重点领域进行专项培训。

五、强化跨境税务风险管理

1. 建立跨境税务风险评估机制

对跨境交易和业务进行全面的税务风险评估，识别潜在的税务风险点。制定跨境税务风险管理策略，明确风险应对措施和责任人。

2. 加强与国际税务机关的沟通与协作

与目标市场的税务机关建立良好的沟通机制，及时了解当地税法变化和税务政策。在遇到税务争议时，积极寻求国际税务机关的协助和支持。

3. 利用信息技术手段提升跨境税务管理能力

引入先进的税务管理软件系统，实现税务数据的自动化处理和实时监控。利用大数据、人工智能等技术手段提升跨境税务风险识别和应对能力。

通过实施以上合规程序与方法，国有企业可以有效提升国际化经营中的税务合规水平，降低税务风险，保障企业的稳健发展。

第十四章
国有企业社会责任与可持续发展合规问题

专题1：不遵守法律法规

案例引入

一、案例背景

公司A，作为国内知名的传统制造业国有企业，长期专注于金属加工与制造领域，在国内外市场占有一定份额。近年来，随着全球对环境保护和可持续发展的重视程度日益提升，企业社会责任成为衡量企业综合竞争力的重要指标。然而，公司A在追求经济效益的过程中，却忽视了社会责任与合规经营的重要性，最终导致了一系列严重问题。

二、具体问题

1. 环境污染严重

公司A在生产过程中，为了追求利润最大化，违规排放大量工业废水和废气，严重污染了周边地区的空气和水源。据环保部门监测数据，公司A排放的废水中重金属含量超标数十倍，导致附近农田减产甚至绝收，居民饮用水源受到严重威胁。环保部门负责人李先生表示，多次向公司A发出整改通知，但公司高层置若罔闻，继续违规排放。

2. 员工权益保障缺失

公司A在员工权益保障方面存在严重问题。为降低成本，公司长期拖欠员工工资，强制加班且不支付加班费，甚至存在雇佣童工的现象。据内部员工透露，近五年来，公司累计拖欠员工工资总额超过亿元，平均每位员工被拖欠工资近万元。前员工张女士在接受采访时表示，因无法忍受长时间无薪加班，最终选择离职，并联合其他受害者向劳动监察部门投诉。

3. 财务造假与偷税漏税

为粉饰财务报表，公司A在财务报告中虚增收入、隐瞒成本，导致财务报告严重失真。同时，公司还通过虚构交易、虚开发票等手段偷税漏税，严重违反国家税收法律法规。税务部门调查结果显示，公司A近五年偷逃税款总额超过5亿元。

三、主要问题的影响

1. 环境损害

环境污染问题导致周边居民生活质量急剧下降，多起居民健康受损事件被曝光，引发社会广泛关注。公司A因此面临巨额环境赔偿和罚款，公司形象严重受损。

2. 员工流失与劳动纠纷

员工权益保障缺失导致员工流失率大幅上升，公司生产效率下降。同时，大量劳动纠纷案件频发，公司需支付高额赔偿金和诉讼费用，进一步加大了财务压力。

3. 财务危机与法律制裁

财务造假和偷税漏税行为被曝光后，公司 A 股价暴跌，市值蒸发数十亿元。此外，公司还面临税务部门的高额罚款和司法部门的刑事追责，公司运营陷入困境。

四、结论与反思

公司 A 的案例深刻揭示了国有企业在追求经济效益的同时忽视社会责任与合规经营所带来的严重后果。企业作为社会的一员，必须承担起应有的社会责任，遵守法律法规，实现经济效益与社会效益的和谐统一。

反思此案例，国有企业应从中吸取教训，加强内部管理和合规建设，建立健全社会责任体系。同时，政府监管部门也应加大对企业的监管力度，对违规行为严惩不贷，共同推动经济社会的可持续发展。

通过分析此案例，国有企业应更加清晰地认识到，社会责任与合规经营不仅是企业自身发展的需要，更是实现社会和谐与可持续发展的重要保障。

合规问题分析

一、业务简介

国有企业作为国家经济的重要支柱，其业务范围广泛覆盖能源、交通、通信、制造等多个关键领域。这些企业在推动国家经济发展、促进就业、提供公共服务等方面发挥着不可替代的作用。然而，随着全球对可持续发展和企业社会责任的关注日益增加，国有企业在追求经济效益的同时，也面临着更加严格的社会责任和合规要求。

二、相关规定

为了规范国有企业的行为，保障国家、社会和公众的利益，我国出台了一系列法律法规和政策文件，对国有企业的社会责任和合规经营提出了明确要求。这些规定涵盖了环境保护、员工权益保障、财务透明、反腐败等多个方面，要求国有企业必须严格遵守，确保企业行为符合法律法规的要求。

三、合规问题具体表现

1. 环境保护违规

部分国有企业在生产过程中，为了追求短期经济效益，忽视环境保护责任，违规排放污染物，破坏生态环境。这种行为不仅违反了国家环保法律法规，也对周边居民的健康和生活环境造成了严重影响。

2. 员工权益保障不足

一些国有企业在员工权益保障方面存在短板，如拖欠工资、超时加班、劳动条件恶劣等。这些行为不仅侵犯了员工的合法权益，也影响了企业的形象和声誉，甚至可能引发劳动纠纷和社会不稳定因素。

3. 财务不透明与腐败问题

部分国有企业在财务管理方面存在不透明现象，如虚报收入、隐瞒成本、私设"小金库"等。同时，一些企业还存在腐败问题，如贪污受贿、权力寻租等。这些行为严重损害了企业的形象和信誉，也破坏了公平竞争的市场环境。

4.合规意识淡薄

一些国有企业对合规经营的重要性认识不足，缺乏主动合规的意识和行动。这导致企业在运营过程中容易违反法律法规和行业规范，引发合规风险。

四、问题造成的严重影响

1.环境破坏与生态危机

环境保护违规行为不仅破坏了生态环境，还可能导致生态危机和资源枯竭，影响国家的可持续发展能力。

2.社会信任度下降

员工权益保障不足和财务不透明等问题会严重损害企业的社会形象和信誉度，降低公众对企业的信任和支持。

3.法律风险与经济损失

合规问题可能导致企业面临法律制裁和经济处罚，增加企业的运营成本和风险。同时，合规问题的曝光还可能引发股价下跌、客户流失等连锁反应，进一步加剧企业的经营困境。

4.可持续发展受阻

合规问题的存在会阻碍企业的可持续发展进程。企业无法在合规的框架内稳健运营和发展，难以实现经济效益与社会效益的和谐统一。

综上所述，国有企业在社会责任与可持续发展合规问题中不遵守法律法规的行为具有严重的负面影响。因此，国有企业必须加强对合规经营的认识和重视，建立健全合规管理体系和机制，确保企业行为符合法律法规的要求和社会的期望。

法律法规依据

针对国有企业社会责任与可持续发展合规问题中不遵守法律法规的现象，以下是对相关法律法规的总结。

一、针对环境保护违规问题的法律法规

1.《中华人民共和国环境保护法》

第六条：一切单位和个人都有保护环境的义务。地方各级人民政府应当对本行政区域的环境质量负责。企业事业单位和其他生产经营者应当防止、减少环境污染和生态破坏，对所造成的损害依法承担责任。

第四十二条：排放污染物的企业事业单位和其他生产经营者，应当采取措施，防治在生产建设或者其他活动中产生的废气、废水、废渣、医疗废物、粉尘、恶臭气体、放射性物质以及噪声、振动、光辐射、电磁辐射等对环境的污染和危害……。

2.《中华人民共和国大气污染防治法》

第十八条：企业事业单位和其他生产经营者建设对大气环境有影响的项目，应当依法进行环境影响评价、公开环境影响评价文件；向大气排放污染物的，应当符合大气污染物排放标准，遵守重点大气污染物排放总量控制要求。

二、针对员工权益保障不足问题的法律法规

1.《中华人民共和国劳动法》

第五十条：工资应当以货币形式按月支付给劳动者本人。不得克扣或者无故拖欠劳动者的工资。

第四十一条：用人单位由于生产经营需要，经与工会和劳动者协商后可以延长工作时间，一般每日不得超过一小时；因特殊原因需要延长工作时间的，在保障劳动者身体健康的条件下延长工作时间每日不得超过三小时，但是每月不得超过三十六小时。

2.《中华人民共和国劳动合同法》

第三十条：用人单位应当按照劳动合同约定和国家规定，向劳动者及时足额支付劳动报酬……。

三、针对财务不透明与腐败问题的法律法规

1.《中华人民共和国会计法》

第九条：各单位必须根据实际发生的经济业务事项进行会计核算，填制会计凭证，登记会计账簿，编制财务会计报告。任何单位不得以虚假的经济业务事项或者资料进行会计核算。

第十三条：会计凭证、会计账簿、财务会计报告和其他会计资料，必须符合国家统一的会计制度的规定。使用电子计算机进行会计核算的，其软件及其生成的会计凭证、会计账簿、财务会计报告和其他会计资料，也必须符合国家统一的会计制度的规定。

2.《中华人民共和国反不正当竞争法》

第七条：经营者不得采用财物或者其他手段贿赂下列单位或者个人，以谋取交易机会或者竞争优势：（一）交易相对方的工作人员；（二）受交易相对方委托办理相关事务的单位或者个人；（三）利用职权或者影响力影响交易的单位或者个人……。

3.《中华人民共和国刑法》

第一百六十三条：公司、企业或者其他单位的工作人员，利用职务上的便利，索取他人财物或者非法收受他人财物，为他人谋取利益，数额较大的，处三年以下有期徒刑或者拘役，并处罚金；数额巨大或者有其他严重情节的，处三年以上十年以下有期徒刑，并处罚金；数额特别巨大或者有其他特别严重情节的，处十年以上有期徒刑或者无期徒刑，并处罚金……。

四、针对合规意识淡薄问题的法律法规依据

虽然针对合规意识淡薄问题没有直接的法律法规，但《中华人民共和国公司法》第五条规定："公司从事经营活动，必须遵守法律、行政法规，遵守社会公德、商业道德，诚实守信，接受政府和社会公众的监督，承担社会责任。"这要求国有企业必须增强合规意识，确保经营活动符合法律法规和社会责任要求。

综上所述，国有企业在追求经济效益的同时，必须严格遵守相关法律法规，承担起应有的社会责任，实现经济效益与社会效益的和谐统一。

合规程序与方法

针对国有企业社会责任与可持续发展合规问题中不遵守法律法规的问题，以下提出具体的合规程序与方法，旨在分步骤、有针对性地解决问题。

一、建立健全合规管理体系

1. 明确合规政策与目标

制定全面的合规政策，明确企业遵守法律法规、履行社会责任的承诺和目标。将合规政策纳入企业文化，确保从高层到基层员工都充分认识到合规的重要性。

2. 设立合规管理部门或委员会

成立专门的合规管理部门或委员会，负责监督和管理企业的合规事务。配备专业的合规管理人员，负责解读法律法规、制定合规指南、培训员工等。

二、加强环境保护合规

1. 环境风险评估与监测

对企业的生产活动进行环境风险评估，识别潜在的环境污染风险点。建立环境监测系统，定期对排放物进行检测，确保排放量符合国家环保标准。

2. 制定环保合规计划

根据环境风险评估结果，制定具有针对性的环保合规计划，包括减排措施、污染治理方案等。实施绿色生产，推广清洁能源和环保技术，减小对环境的影响。

三、保障员工权益与福利

1. 完善劳动合同与薪酬福利制度

确保劳动合同合法合规，明确员工的权利与义务。建立公平合理的薪酬福利制度，按时足额支付员工工资，依法缴纳社会保险。

2. 加强劳动保护与关注员工的健康情况

提供安全的工作环境和必要的劳动保护用品，防止职业伤害。定期组织职业健康检查，关注员工的身心健康。

四、强化财务管理制度与反腐败机制

1. 建立健全财务管理制度

完善财务内部控制制度，确保会计信息的真实性和准确性。定期进行财务审计，及时发现和纠正财务违规行为。

2. 加强反腐败机制建设

建立举报和投诉机制，鼓励员工和社会公众举报腐败行为。对涉嫌腐败的人员进行严肃查处，形成有效的震慑作用。

五、开展合规培训与教育，提升合规意识

1. 开展合规培训与教育

定期组织合规培训活动，提高员工的合规意识和法律素养。将合规培训纳入新员工入职教育和在职员工继续教育计划。

2. 建立合规文化

通过内部宣传、案例分析等方式，营造全员参与合规的良好氛围。鼓励员工积极举报和解决身边的合规问题，形成正向的激励机制。

六、定期评估与持续改进

1. 建立合规评估机制

定期对企业的合规管理情况进行评估，包括制度执行情况、合规风险防控效果等。及时解决评估中发现的问题。

2. 持续改进合规管理体系

根据外部环境变化和内部业务需求不断调整和完善合规管理制度和流程，引入先进的合规管理工具和技术，提高合规管理的效率和效果。

通过实施以上合规程序与方法，国有企业可以有效解决社会责任与可持续发展合规问题中不遵守法律法规的问题，推动企业实现合规经营和可持续发展。

专题2：环境保护与资源节约不当

案例引入

一、案例背景

大型制造业国有企业B（以下简称"企业B"），作为国内某重要工业领域的领军企业，长期以来在推动国家经济发展中扮演着关键角色。然而，随着国家对环境保护和可持续发展要求的日益严格，企业B在环境保护与资源节约方面的不足逐渐显现，引发了一系列合规问题和社会关注。

二、具体问题

1. 环境污染严重

企业B在生产过程中，环保设施落后、管理不善等导致大量废水、废气、固体废物未经有效处理便直接排放。环保部门监测数据显示，企业B的废水排放中多项污染物超标，废气排放中的二氧化硫、氮氧化物等有害气体浓度远超国家标准。此外，企业B的固体废物堆积如山，企业B未对固体废物进行有效分类和处理，对周边环境造成了严重污染。

2. 资源浪费严重

企业B在生产过程中，对水、电、原材料等资源的消耗巨大，且缺乏有效的节约措施。据统计，企业B每年的水资源消耗量高达数千万吨，远高于同行业平均水平；电能消耗同样惊人，单位产值能耗远超国家标准。同时，由于生产工艺落后和管理不善，原材料利用率低下，大量优质资源被浪费。

3. 环保设施形同虚设和盲目扩大生产规模

企业B的环保部门负责人李经理，长期忽视环保设施的更新和维护，导致环保设施形同虚设。在一次环保突击检查中，因李经理未能提供有效的环保治理措施和整改方案，企业B被环保部门责令停产整顿。此外，企业B的生产部门负责人张经理，为了追求短期经济效益，不顾资源消耗和环境影响，盲目扩大生产规模，加剧了资源浪费和环境污染问题。

三、主要问题的影响

1. 经济损失巨大

由于环境污染严重和资源浪费巨大，企业B多次受到环保部门的处罚，罚款金额累计高达数千万元。同时，环境污染问题导致企业周边居民怨声载道，企业声誉严重受损，客户订单大幅减少。据统计，企业 B 的年度营业收入因此下滑了约 20%，净利润更是大幅下降。

2. 社会影响恶劣

企业 B 的环境污染问题不仅损害了周边居民的健康和生活环境，还引发了广泛的社会关注和负责舆论。一些环保组织和媒体纷纷对企业 B 的行为进行曝光和谴责，要求企业 B 承担应有的社会责任。

3. 可持续发展受阻

企业 B 在环境保护与资源节约方面的不足严重阻碍了企业的可持续发展。随着国家对环保要求的日益提高和资源的日益紧缺，企业 B 如不能有效解决环保和资源问题，将难以在激烈的市场竞争中立足。同时，环境污染和资源浪费问题也将持续影响企业的品牌形象和市场信誉，进一步制约企业的发展空间。

四、结论与反思

企业 B 的案例充分说明了国有企业在履行社会责任和推动可持续发展过程中面临的重要挑战。为了实现长期稳定发展，国有企业必须高度重视环境保护与资源节约问题，采取有效措施加强合规管理。具体来说，企业应加大环保设施投入力度，提升环保治理水平；加强资源节约管理，提高资源利用效率；加大员工培训和教育力度，提高全员环保意识；积极回应社会关切和舆论监督，树立良好的企业形象。同时，政府和社会各界也应加大对国有企业的监管和支持力度，共同推动国有企业实现可持续发展目标。

合规问题分析

一、业务简介

国有企业作为国民经济的支柱，广泛涉足能源、制造、交通、建筑等多个领域，对国家经济发展和社会进步具有重要意义。然而，在追求经济效益的同时，国有企业也承担着重要的社会责任，包括环境保护与资源节约。这些领域的企业在生产运营过程中，往往涉及大量资源消耗和环境污染问题，因此，其环境保护与资源节约行为不仅关乎企业自身利益，更直接影响到国家生态安全、资源可持续利用和社会可持续发展。

二、相关规定

为了规范国有企业的环境保护与资源节约行为，国家和地方政府制定了一系列相关法律法规和政策文件。这些规定明确了国有企业在环境保护、资源利用、节能减排等方面的责任和义务，要求企业采取有效措施减少污染排放、提高资源利用效率、推动绿色生产。同时，还要求企业建立严格的监管机制和处罚措施，以确保企业合规运营。

三、合规问题具体表现

1. 环保意识淡薄

部分国有企业对环境保护和资源节约的重要性认识不足，缺乏主动履行社会责任的意愿和动力。企业高层管理者往往更关注短期经济效益而忽视长远的环境影响和资源约束。

2. 环保设施落后

一些国有企业由于历史原因或资金限制，环保设施陈旧落后，难以满足现行环保标准提出的要求。这导致这些企业在生产过程中产生大量污染物且难以有效处理。

3. 资源利用效率低

部分国有企业在资源利用方面存在粗放式管理现象，资源消耗巨大而产出效率低。这不仅浪费了宝贵的自然资源，还增加了企业的生产成本和环境负担。

4. 违法违规行为频发

个别国有企业为了追求经济利益最大化，不惜违反环保法律法规和政策要求，做出偷排偷放、超标排放等违法违规行为。这些行为严重破坏了生态环境和社会秩序。

四、问题造成的严重影响

1. 生态环境恶化

国有企业环境保护与资源节约不当直接导致生态环境恶化，如水体污染、大气污染、土壤污染等。这不仅影响了自然生态系统的平衡和稳定，还对人类健康和生活质量构成了严重威胁。

2. 资源短缺加剧

资源利用效率低下和浪费严重加剧了国家资源的短缺状况。随着人口增长和经济发展对资源需求的不断增加，资源短缺问题日益凸显，成为制约国家可持续发展的重要因素之一。

3. 社会信任度下降

国有企业作为公众关注的焦点之一，其环境保护与资源节约行为直接与社会信任度相关。合规问题频发不仅损害了国有企业的形象和声誉，还减小了公众对企业的信任和支持力度。

4. 经济成本增加

环保设施落后、资源利用效率低等导致的环境污染和资源浪费问题往往需要企业承担高额的经济成本。包括环保罚款、污染治理费用、资源购买成本等在内的各项开支将大幅增加企业的运营成本并影响其经济效益的实现。

综上所述，国有企业社会责任与可持续发展合规问题中的环境保护与资源节约不当是一个复杂而严峻的问题。它不仅关乎企业自身利益和发展前景，更直接影响到国家生态安全、资源可持续利用和社会可持续发展的大局。因此，国家必须采取有效措施加大监管和引导力度，推动国有企业切实履行社会责任并实现可持续发展目标。

法律法规依据

针对国有企业社会责任与可持续发展合规问题中环境保护与资源节约不当的问题，以下是对相关法律法规的总结。

一、针对环保意识淡薄问题的法律法规

《中华人民共和国环境保护法》第六条：一切单位和个人都有保护环境的义务。地方各级人民政府应当对本行政区域的环境质量负责。企业事业单位和其他生产经营者应当防止、减少环境污染和生态破坏，对所造成的损害依法承担责任……。

二、针对环保设施落后问题的法律法规

1.《中华人民共和国环境保护法》

第四十一条：建设项目中防治污染的设施，应当与主体工程同时设计、同时施工、同时投产使用。防治污染的设施应当符合经批准的环境影响评价文件的要求，不得擅自拆除或者闲置。

2.《中华人民共和国水污染防治法》

第二十一条：直接或者间接向水体排放工业废水和医疗污水以及其他按照规定应当取得排污许可证方可排放的废水、污水的企业事业单位和其他生产经营者，应当取得排污许可证；城镇污水集中处理设施的运营单位，也应当取得排污许可证。排污许可证应当明确排放水污染物的种类、浓度、总量和排放去向等要求。排污许可的具体办法由国务院规定。

禁止企业事业单位和其他生产经营者无排污许可证或者违反排污许可证的规定向水体排放前款规定的废水、污水。

三、针对资源利用效率低问题的法律法规

《中华人民共和国节约能源法》

第四条：节约资源是我国的基本国策。国家实施节约与开发并举、把节约放在首位的能源发展战略。

四、针对违法违规行为频发问题的法律法规

1.《中华人民共和国环境保护法》

第五十九条：企业事业单位和其他生产经营者违法排放污染物，受到罚款处罚，被责令改正，拒不改正的，依法作出处罚决定的行政机关可以自责令改正之日的次日起，按照原处罚数额按日连续处罚……。

2.《中华人民共和国刑法》

第三百三十八条：违反国家规定，排放、倾倒或者处置有放射性的废物、含传染病病原体的废物、有毒物质或者其他有害物质，严重污染环境的，处三年以下有期徒刑或者拘役，并处或者单处罚金；情节严重的，处三年以上七年以下有期徒刑，并处罚金……。

综上所述，国有企业在环境保护与资源节约方面，均有明确的法律法规进行规范和约束。国有企业必须严格遵守相关法律法规，切实履行社会责任，实现可持续发展。

合规程序与方法

针对国有企业社会责任与可持续发展合规问题中环境保护与资源节约不当的问题，以下提出具体的合规程序与方法，旨在有针对性地解决问题。

一、增强环保意识与法治观念

1.开展环保法治教育

定期组织全体员工参加环保法律法规培训，特别是企业高层管理者，确保他们深刻理解并履行环保责任。培训内容应涵盖国家环保政策、法律法规、行业标准及企业环保管理制度等。

2.建立环保文化

将环保理念融入企业文化中，通过宣传栏、内部刊物、企业网站等多种渠道宣传环保知识，增强员工的环保意识和责任感。同时，鼓励员工提出环保建议，形成良好的环保氛围。

二、升级环保设施与引进技术

1.评估并升级现有环保设施

聘请专业机构对现有环保设施进行全面评估，识别存在的缺陷和不足。根据评估结果，制定设施升级或改造计划。

2. 引进先进环保技术

关注国内外环保技术发展动态，积极引进适合企业特点的先进环保技术和设备。通过技术改造升级，提高污染物处理效率，降低能耗和减少排放。

三、提高资源利用效率

1. 实施节能减排措施

在生产过程中推广使用节能设备和技术，优化生产工艺流程，减少不必要的能源和资源消耗。同时，加强能源和资源计量管理，确保数据准确可靠，为节能减排提供科学依据。

2. 推行循环经济模式

鼓励企业采用循环经济模式，实现资源的最大化利用和废弃物的最小化排放。通过废物回收、再利用和无害化处理等措施，减小资源消耗和环境污染。

四、建立健全环保管理制度体系

1. 完善环保管理制度体系

结合企业实际情况，建立健全环保管理制度体系，包括环保责任制、环保监测制度、环保考核奖惩制度等。明确各部门和岗位的环保职责和任务，确保环保工作有章可循、有据可查。

2. 加强环保监督与考核

建立环保监督机构或指定专人负责环保监督工作，定期对环保设施运行情况、污染物排放情况等进行检查和监测。同时，将环保工作纳入企业绩效考核体系，对环保工作表现突出的部门和个人给予奖励；对违反环保规定的行为进行严肃处理。

五、强化合规意识与风险管理

1. 开展环保合规审查

定期对企业环保工作进行合规审查，确保各项环保活动符合国家法律法规和政策要求。对于审查中发现的问题，及时制定应对措施并跟踪落实。

2. 建立环保合规风险预警机制

结合企业实际情况和外部环境变化，建立环保合规风险预警机制。对可能存在的环保合规风险进行预测和评估，并制定相应的应对措施和预案，确保企业能够及时应对并化解环保合规风险。

通过实施以上合规程序与方法，国有企业可以有针对性地解决环境保护与资源节约不当的问题，提升环保管理水平和资源利用效率，推动企业实现可持续发展和社会责任目标。

专题 3：员工权益没保障

案例引入

一、业务简介

国有企业作为国家经济的重要支柱，不仅承担着促进经济增长、维护社会稳定的基本职能，还应当在社会责任与可持续发展方面发挥表率作用。然而，在实际运营过程中，部分国有企业在追求经济效益的同时，忽视了员工权益的保障，这不仅违背了企业社会责任的基本原则，也对企业的可持续发展构成了潜在威胁。

二、相关规定

我国法律法规对国有企业员工权益保障有着明确的规定。例如，《中华人民共和国劳动法》《中华人民共和国劳动合同法》等法律文件详细规定了劳动者的权利，包括平等就业权、获取劳动报酬权、休息休假权、劳动安全卫生保护权、社会保险权等。此外，国务院及相关部门还出台了一系列配套规章和政策措施，进一步细化了员工权益保障的具体要求。

三、合规问题具体表现

1. 劳动合同不规范

部分国有企业与员工签订的劳动合同存在必备条款不全、协商条款随意甚至违法等问题，导致员工权益无法得到充分保障。

2. 加班补偿不到位

一些国有企业存在强制加班现象，且未按照国家规定支付加班费或安排调休，严重侵犯了员工的休息休假权。

3. 工作环境恶劣

部分国有企业生产环境恶劣，噪声、粉尘等污染严重，且缺乏有效的安全防护措施，导致员工职业健康受到威胁。

4. 社会保险缴纳不全

尽管国家法律法规明确规定企业应为员工缴纳社会保险，但仍有部分国有企业未能全面履行这一义务，影响了员工的社会保障权益。

5. 歧视与不公平待遇

在某些国有企业中，存在性别歧视、年龄歧视等现象，导致员工在就业、晋升等方面遭受不公平待遇。

四、问题造成的严重影响

1. 员工流失率上升

员工权益保障缺失会直接导致员工满意度下降和流失率上升，进而影响企业的生产效率和竞争力。

2. 企业形象受损

忽视员工权益保障的企业容易引发社会舆论的负面评价，损害企业形象和品牌价值。

3. 法律风险增加

违反国家法律法规的行为将使企业面临法律诉讼和行政处罚的风险，增加企业的运营成本。

4. 可持续发展受阻

员工是企业发展的核心资源，忽视员工权益保障将削弱企业的内部凝聚力和创新能力，阻碍企业的可持续发展。

综上所述，国有企业社会责任与可持续发展合规问题中的员工权益保障缺失是一个亟待解决的问题。企业应当从完善劳动合同制度、加强加班补偿管理、改善工作环境、全面履行社会保险义务以及消除歧视与不公平待遇等方面入手，切实保障员工权益，推动企业实现经济效益与社会责任的共赢。

合规问题分析

一、业务简介

国有企业作为国家经济的重要组成部分，不仅在经济领域发挥着举足轻重的作用，还承担着履行社会责任和推动可持续发展的重任。然而，在追求经济效益的过程中，部分国有企业可能忽视了保障员工权益，这不仅违背了企业社会责任的基本原则，也对企业的长期可持续发展构成了潜在威胁。

二、相关规定

我国法律法规对国有企业员工权益保障有着明确且严格的规定。劳动法、劳动合同法等相关法律详细阐述了劳动者的基本权利，包括但不限于平等就业、劳动报酬、休息休假、劳动安全卫生以及社会保险等。这些规定旨在确保员工在国有企业中的合法权益得到充分保障。

三、合规问题具体表现

1. 劳动合同管理不规范

部分国有企业在劳动合同的签订和管理上存在不规范现象，如合同必备条款缺失、协商条款不合理或违法等，导致员工权益无法得到有效保障。

2. 加班补偿机制不完善

一些国有企业存在加班文化，但加班补偿机制不完善，未按照国家规定支付加班费或安排调休，严重侵犯了员工的休息休假权益。

3. 工作环境恶劣与健康保护不足

部分国有企业的工作环境恶劣，噪声、粉尘等污染严重，且缺乏有效的职业健康保护措施，对员工的身体健康构成威胁。

4. 社会保险缴纳不全面

尽管国家法律法规明确规定企业应为员工缴纳社会保险，但仍有部分国有企业未能全面履行这一义务，导致员工的社会保障权益受损。

四、问题造成的严重影响

1. 员工满意度与忠诚度下降

员工权益保障缺失会导致员工满意度和忠诚度下降，进而影响企业的凝聚力和向心力。

2. 人才流失与运营成本增加

员工权益保障不足会导致人才流失率上升，企业不得不频繁进行招聘和培训，增加了运营成本。

3. 企业形象与品牌价值受损

忽视员工权益保障的企业容易引发负面的社会舆论，损害企业形象和品牌价值，进而影响市场竞争力。

4. 法律风险与合规成本上升

违反国家法律法规的行为将使企业面临法律诉讼和行政处罚的风险，增加了企业的法律风险和合规成本。

综上所述，国有企业社会责任与可持续发展合规问题中的员工权益没保障是一个需要高度重视的问题。为了推动企业可持续发展和履行社会责任，国有企业应当加强劳动合同管理、完善加班补偿机制、改善工作环境、全面履行社会保险义务，切实保障员工的合法权益。

法律法规依据

针对国有企业社会责任与可持续发展合规问题中员工权益没保障的问题，以下是对相关法律法规的总结。

一、针对劳动合同管理不规范问题的法律法规

1.《中华人民共和国劳动法》

第十六条：劳动合同是劳动者与用人单位确立劳动关系、明确双方权利和义务的协议。建立劳动关系应当订立劳动合同。

第十七条：订立和变更劳动合同，应当遵循平等自愿、协商一致的原则，不得违反法律、行政法规的规定。

2.《中华人民共和国劳动合同法》

第十条：建立劳动关系，应当订立书面劳动合同。已建立劳动关系，未同时订立书面劳动合同的，应当自用工之日起一个月内订立书面劳动合同……。

第十七条：劳动合同应当具备以下条款：（一）用人单位的名称、住所和法定代表人或者主要负责人；（二）劳动者的姓名、住址和居民身份证或者其他有效身份证件号码；（三）劳动合同期限；（四）工作内容和工作地点；（五）工作时间和休息休假；（六）劳动报酬；（七）社会保险；（八）劳动保护、劳动条件和职业危害防护；（九）法律、法规规定应当纳入劳动合同的其他事项……。

二、针对加班补偿机制不完善问题的法律法规

《中华人民共和国劳动法》

第四十四条：有下列情形之一的，用人单位应当按照下列标准支付高于劳动者正常工作时间工资的工资报酬：（一）安排劳动者延长工作时间的，支付不低于工资的百分之一百五十的工资报酬；（二）休息日安排劳动者工作又不能安排补休的，支付不低于工资的百分之二百的工资报酬；（三）法定休假日安排劳动者工作的，支付不低于工资的百分之三百的工资报酬。

三、针对工作环境恶劣与健康保护不足问题的法律法规

1.《中华人民共和国劳动法》

第五十三条：劳动安全卫生设施必须符合国家规定的标准。新建、改建、扩建工程的劳动安全卫生设施必须与主体工程同时设计、同时施工、同时投入生产和使用。

第五十四条：用人单位必须为劳动者提供符合国家规定的劳动安全卫生条件和必要的劳动防护用品，对从事有职业危害作业的劳动者应当定期进行健康检查。

2.《中华人民共和国职业病防治法》

第十五条：产生职业病危害的用人单位的设立除应当符合法律、行政法规规定的设立条件外，其工作场所还应当符合下列职业卫生要求：（一）职业病危害因素的强度或者浓度符合国家职业卫生标准；（二）有与职业病危害防护相适应的设施；（三）生产布局合理，符合有害与无害作业分开的原则；（四）有配套的更衣间、洗浴间、孕妇休息间等卫生设施；（五）设备、工具、用具等设施符合保护劳动者生理、心理健康的要求；（六）法律、行政法规和国务院卫生行

政部门关于保护劳动者健康的其他要求。

四、针对社会保险缴纳不全面问题的法律法规

1.《中华人民共和国劳动法》

第七十二条：社会保险基金按照保险类型确定资金来源，逐步实行社会统筹。用人单位和劳动者必须依法参加社会保险，缴纳社会保险费。

2.《中华人民共和国社会保险法》

第五十八条：用人单位应当自用工之日起三十日内为其职工向社会保险经办机构申请办理社会保险登记。未办理社会保险登记的，由社会保险经办机构核定其应当缴纳的社会保险费……。

综上所述，国有企业在履行社会责任和推动可持续发展的过程中，必须严格遵守相关法律法规，切实保障员工的合法权益。对于劳动合同管理、加班补偿、工作环境与职业健康保护以及社会保险缴纳等方面存在的问题，国有企业应当积极采取措施解决，以确保企业的合规经营和可持续发展。

合规程序与方法

针对国有企业社会责任与可持续发展合规问题中员工权益没保障的问题，以下提出具体的合规程序与方法，旨在分步骤、有针对性地解决问题。

一、完善劳动合同管理制度

1. 制定标准化劳动合同模板

根据《中华人民共和国劳动合同法》的规定，制定包含所有必备条款的标准化劳动合同模板，确保劳动合同的合法性和规范性。

2. 加强劳动合同签订与续签管理

明确新员工入职后签订劳动合同的时间节点，确保在一个月内完成合同签订。同时，对于即将到期的劳动合同，提前通知员工并协商续签事宜，避免劳动关系中断。

3. 定期审查劳动合同执行情况

设立专门部门或指定专人负责劳动合同的审查工作，定期检查劳动合同的履行情况，及时发现并纠正违规行为。

二、建立健全加班补偿机制

1. 明确加班审批流程

制定加班审批制度，明确加班的申请、审批和记录流程，确保加班的真实性和必要性。

2. 合理确定加班补偿标准

根据《中华人民共和国劳动法》的规定，合理确定加班补偿标准，确保员工在加班后能够得到相应的经济补偿或调休安排。

3. 加强加班文化引导

通过内部宣传和培训，引导员工树立正确的加班观念，鼓励员工在合理范围内提高工作效率，减少不必要的加班。

三、改善工作环境与加强职业健康监护

1. 定期评估工作环境

设立专门机构或委托第三方机构对工作环境进行定期评估，确保工作场所符合国家安全卫生标准。

2. 提供必要的劳动防护用品

根据职业危害因素，为员工提供符合国家标准的劳动防护用品，并定期进行维护和更换。

3. 加强职业健康监护

定期组织员工进行职业健康检查，建立职业健康监护档案，及时发现并消除职业病危害因素。

四、全面履行社会保险缴纳义务

1. 完善社会保险登记制度

确保所有在职员工均被纳入社会保险登记范围，及时办理社会保险登记手续。

2. 按时足额缴纳社会保险

根据国家规定的社会保险费率按时足额缴纳社会保险，确保员工的社会保障权益不受损害。

3. 加强社会保险政策宣传

通过内部宣传栏、培训会议等方式，向员工普及社会保险政策知识，提高员工的维权意识。

五、建立员工权益保障机制

1. 设立员工投诉渠道

建立畅通的员工投诉渠道，鼓励员工积极反映问题和提出建议，确保员工的合理诉求得到及时回应和处理。

2. 加强内部监督与审计

设立独立的内部审计部门或聘请第三方审计机构，对企业遵守劳动法律法规和保障员工权益的情况进行定期审计和评估。

3. 建立合规激励机制

将合规经营纳入企业绩效考核体系，对在保障员工权益方面表现突出的部门和个人给予表彰和奖励，形成正向激励效应。

通过实施上述合规程序与方法，国有企业可以更加有效地解决员工权益没保障的问题，推动企业实现履行社会责任与可持续发展的双赢。

专题 4：消费者权益保护不力

案例引入

一、案例背景

传统制造业国有企业 D（以下简称"D 企业"），长期以来在行业内占据领先地位，主要生产家用电器产品。近年来，随着市场竞争的加剧和消费者维权意识的提升，D 企业在消费者权益保护方面存在的问题逐渐暴露出来，引发了一系列社会关注和消费者投诉。

二、具体问题

1. 产品质量问题频发

自 2022 年以来，D 企业生产的某型号冰箱因压缩机故障导致频繁停机，引起大量消费者投诉。据统计，针对该型号冰箱，企业在一年内共接到消费者投诉超过 5000 起，返修率高达 20%。

2. 售后服务响应迟缓

面对消费者的投诉和维修需求，D 企业的售后服务体系显得力不从心。许多消费者反映，在提出维修申请后，往往需要等待数周甚至数月才能得到响应，严重影响了消费者的使用体验。

3. 虚假宣传误导消费者

D 企业在产品宣传中夸大产品性能，如声称某款洗衣机具有超强去污能力，但实际使用效果并不理想。这种行为不仅误导了消费者，还损害了企业的信誉。

4. 数据泄露

D 企业的客户信息管理存在漏洞，导致部分消费者个人信息被泄露。据不完全统计，至少有 10 万名消费者的个人信息被非法获取和利用，引发了消费者的恐慌和不满。

三、主要问题的影响

1. 经济损失大

由于产品质量问题和售后服务不佳，D 企业不得不承担高额的维修成本和赔偿费用。据初步估算，仅因冰箱故障问题，企业直接经济损失就超过 1 亿元。此外，品牌信誉受损还导致市场份额减小，进一步加大了企业的财务压力。

2. 财务指标下滑

受消费者投诉和市场份额减小的影响，D 企业的财务指标出现明显下滑。2023 年度财务报告显示，公司净利润同比下降 30%，营业收入增长率也远低于行业平均水平。

3. 社会影响恶劣

消费者权益保护不力的问题被媒体广泛报道后，D 企业的社会形象受到严重损害。消费者对品牌的信任度急剧下降，部分忠实消费者也开始转向竞争对手的产品。

4. 法律风险增加

随着消费者维权意识的提升和相关法律法规的完善，D 企业面临的法律风险也日益增加。部分消费者已向法院提起诉讼，要求企业承担相应的法律责任。

四、结论与反思

D 企业消费者权益保护不力的案例充分说明，国有企业在追求经济效益的同时，必须高度重视社会责任的履行和合规经营。具体来说，企业应从以下方面入手。

1. 加强产品质量控制

建立健全产品质量管理体系，从源头上确保产品质量符合国家和行业标准。

2. 提升售后服务水平

优化售后服务流程，提高响应速度和处理效率，切实保障消费者的合法权益。

3. 诚信宣传

坚持诚实守信原则，在产品宣传中客观真实地介绍产品性能和使用效果，避免误导消费者。

4. 加强个人信息保护

建立健全客户信息管理制度和技术防护措施，防止个人信息泄露和滥用。

5. 强化合规意识

加强企业内部合规文化建设，提高全体员工对法律法规的敬畏之心和遵守意识。

通过实施上述措施，国有企业可以更好地履行社会责任，推动企业的可持续发展，实现经济效益与社会效益的双赢。

合规问题分析

一、业务简介

国有企业作为国民经济的重要支柱，广泛涉足制造、能源、交通、通信等多个领域，其业务活动直接关联到广大消费者的日常生活。在提供商品和服务的过程中，国有企业承担着保障消费者权益的重要责任。然而，随着市场竞争的加剧和消费者维权意识的提升，国有企业在消费者权益保护方面存在的问题逐渐凸显。

二、相关规定

为了保障消费者权益，我国制定了一系列法律法规和政策措施，如《中华人民共和国消费者权益保护法》《中华人民共和国产品质量法》《中华人民共和国电子商务法》等。这些法律法规对经营者的义务、消费者的权利以及争议解决机制等方面做出了明确规定。国有企业作为重要的市场主体，应当严格遵守这些法律法规，切实承担消费者权益保护责任。

三、合规问题具体表现

1.产品质量问题

部分国有企业在生产过程中忽视产品质量控制，导致不合格产品流入市场，严重损害消费者权益。

2.虚假宣传与误导性广告

一些国有企业为了吸引消费者，夸大产品性能或进行虚假宣传，误导消费者做出购买决策。

3.售后服务不到位

面对消费者的投诉和维修需求，部分国有企业售后服务体系不健全，响应速度慢、处理效率低，影响消费者体验。

4.个人信息保护不力

在收集、使用消费者个人信息时，部分国有企业未采取有效措施保护消费者隐私，导致个人信息泄露风险增加。

5.格式条款不公平

在合同订立过程中，部分国有企业利用优势地位制定不公平格式条款，限制消费者权利，加重消费者责任。

四、问题造成的严重影响

1.损害消费者利益

消费者权益保护不力直接导致消费者经济利益受损，如购买到不合格产品、支付不必要的维修费用等，同时，也影响了消费者的信任度和满意度。

2.影响企业信誉和品牌形象

频繁发生消费者权益保护问题会严重损害企业的信誉和品牌形象，导致市场份额减小、客户流失等后果。

3.阻碍可持续发展

消费者权益保护不力不仅影响企业的短期经济效益，还会对企业的长期可持续发展造成不利影响。缺乏消费者信任和支持的企业难以在市场竞争中立足。

4.增加法律风险

随着法律法规的不断完善和消费者维权意识的提升，国有企业面临的法律风险日益增加。一旦因消费者权益保护问题被起诉或处罚，企业将面临沉重的法律负担和经济损失。

综上所述，国有企业在社会责任与可持续发展合规问题中必须高度重视消费者权益保护。通过实施加强内部管理、提升产品质量、优化售后服务、加强个人信息保护等措施，切实履行消费者权益保护责任，推动企业实现经济效益与社会效益的双赢。

法律法规依据

针对国有企业社会责任与可持续发展合规问题中消费者权益保护不力的问题，以下是对相关法律法规依据的总结。

一、针对产品质量问题的法律法规

《中华人民共和国产品质量法》

第五条：禁止伪造或者冒用认证标志等质量标志；禁止伪造产品的产地，伪造或者冒用他人的厂名、厂址；禁止在生产、销售的产品中掺杂、掺假，以假充真，以次充好。

第十三条：可能危及人体健康和人身、财产安全的工业产品，必须符合保障人体健康和人身、财产安全的国家标准、行业标准；未制定国家标准、行业标准的，必须符合保障人体健康和人身、财产安全的要求……。

二、针对虚假宣传与误导性广告问题的法律法规

1.《中华人民共和国广告法》

第四条：广告不得含有虚假或者引人误解的内容，不得欺骗、误导消费者……。

第二十八条：广告以虚假或者引人误解的内容欺骗、误导消费者的，构成虚假广告……。

2.《中华人民共和国反不正当竞争法》

第八条：经营者不得对其商品的性能、功能、质量、销售状况、用户评价、曾获荣誉等作虚假或者引人误解的商业宣传，欺骗、误导消费者……。

三、针对售后服务不到位问题的法律法规

《中华人民共和国消费者权益保护法》

第二十三条：经营者应当保证在正常使用商品或者接受服务的情况下其提供的商品或者服务应当具有的质量、性能、用途和有效期限；但消费者在购买该商品或者接受该服务前已经知道其存在瑕疵，且存在该瑕疵不违反法律强制性规定的除外……。

第二十四条：经营者提供的商品或者服务不符合质量要求的，消费者可以依照国家规定、当事人约定退货，或者要求经营者履行更换、修理等义务……。

四、针对个人信息保护不力问题的法律法规

1.《中华人民共和国网络安全法》

第四十一条：网络运营者收集、使用个人信息，应当遵循合法、正当、必要的原则，公开收集、使用规则，明示收集、使用信息的目的、方式和范围，并经被收集者同意……。

2.《中华人民共和国民法典》

第一百一十一条：自然人的个人信息受法律保护。任何组织或者个人需要获取他人个人信息

的，应当依法取得并确保信息安全，不得非法收集、使用、加工、传输他人个人信息，不得非法
买卖、提供或者公开他人个人信息。

合规程序与方法

针对国有企业社会责任与可持续发展合规问题中消费者权益保护不力的问题，以下提出具体
的合规程序与方法，旨在分步骤、有针对性地解决问题。

一、建立健全产品质量管理体系

1. 制定严格的产品质量标准

依据国家相关法律法规及行业标准，结合企业实际情况，制定高于行业标准的企业内部产品
质量标准。

2. 加强原材料采购控制

建立供应商评估体系，确保采购的原材料符合质量要求，从源头上控制产品质量。

3. 实施全过程质量控制

从产品设计、原材料采购、生产制造到成品检验，实施全过程质量控制，确保每一环节都符
合质量要求。

4. 建立产品召回机制

建立产品召回机制，一旦发现产品存在质量问题，立即启动召回程序，及时采取措施消除安
全隐患，保障消费者权益。

二、规范广告宣传行为

1. 加大广告内容审核力度

建立广告内容审核机制，确保广告宣传内容真实、合法，不含有虚假或误导性信息。

2. 明确广告宣传责任

明确广告宣传部门及相关人员的责任，对违反规定的广告宣传行为追究责任。

3. 开展消费者教育

通过广告、宣传册等方式，向消费者普及产品知识，提高消费者辨别虚假广告的能力。

三、优化售后服务体系

1. 建立快速响应机制

设立专门的售后服务热线或在线平台，确保消费者投诉和建议能够及时得到响应和处理。

2. 提升售后服务质量

加强对售后服务人员的培训，提高其服务意识和专业技能，确保消费者问题得到妥善解决。

3. 完善退换货政策

制定明确、合理的退换货政策，保障消费者在产品质量问题上的合法权益。

四、加强个人信息保护

1. 完善个人信息收集使用制度

明确个人信息收集、使用的目的、方式和范围，确保收集使用行为合法、正当、必要。

2. 加强技术防护

采用加密技术、访问控制等措施，确保个人信息在存储、传输过程中的安全性。

3. 建立信息泄露应急响应机制

一旦发生个人信息泄露事件，立即启动应急响应机制，采取补救措施，减轻损害后果。

五、制定公平合理的合同条款

1. 审查合同条款

定期审查企业使用的各类合同模板，确保合同条款公平、合理，不含免除企业责任、加重消费者负担的不合理条款。

2. 加强合同解释说明

在合同签订过程中，向消费者充分解释合同条款的内容和意义，确保消费者充分知情并同意合同条款。

3. 建立合同争议解决机制

设立专门的合同争议解决机构或人员，负责处理合同争议，维护消费者权益。

通过实施以上合规程序与方法，国有企业可以系统性地解决消费者权益保护不力的问题，提升企业的社会责任履行水平，推动企业的可持续发展。

专题 5：供应链责任管理不当

案例引入

一、案例背景

公司 E，一家历史悠久的传统制造业国有企业，专注于金属制品的生产与销售，在国内市场享有较高知名度。近年来，随着全球对可持续发展和企业社会责任的重视日益增加，公司 E 也面临着转型升级的压力。然而，在供应链责任管理方面，公司 E 却暴露出严重问题，引发了社会广泛关注和负面舆论。

二、具体问题

1. 供应商环保责任缺失

公司 E 的某主要原材料供应商位于某环保监管相对薄弱的地区，长期存在违规排放污染物的问题。尽管公司 E 在供应商审核时曾要求供应商提供环保合规证明，但未能深入实地核查，导致该供应商持续向公司 E 提供以牺牲环境为代价的低成本原材料。

2. 劳工权益保护缺失

公司 E 的另一重要零部件供应商，被发现存在使用童工、超时加班且未支付合理加班费的情况。这些问题不仅违反了劳动法律法规，也严重损害了劳工的基本权益。公司 E 在供应链管理中未能有效监督供应商的劳工实践，导致问题长期存在。

三、主要问题的影响

1. 环境违规引发舆论危机

随着环保组织的介入和媒体的曝光，公司 E 的供应商环境违规问题迅速发酵，引发公众对公司 E 环保责任的质疑。公司股价在事件曝光后的一周内下跌超过 10%，市值蒸发数十亿元。

2. 劳工权益保护问题导致品牌形象受损

劳工权益保护缺失的问题被揭露后，公司 E 的品牌形象受到严重损害。消费者和投资者纷纷表达不满，部分长期合作伙伴也考虑重新评估合作关系。公司 E 的市场份额和客户忠诚度出现下滑趋势。

3. 财务指标下滑

由于股价下跌、市场份额减小以及存在潜在的法律诉讼和赔偿费用，公司 E 的财务状况受到严重影响。财务报告显示，事件发生后的一年内，公司净利润同比下降超过 30%，毛利率和净利润率均创近年来新低。

具体数据方面，假设公司 E 在事件曝光前的市值为 500 亿元，事件发生后一周内市值蒸发约 50 亿元；净利润从上一财年的 10 亿元下降至本财年的 7 亿元，下降幅度达 30%。

四、结论与反思

公司 E 的案例深刻揭示了国有企业在社会责任与可持续发展合规问题中供应链责任管理不当的严重后果。为了避免类似问题的发生，国有企业应从以下方面着手。

1. 加强供应链尽职调查

建立健全供应链尽职调查机制，对供应商进行全面的环境、社会和治理评估，确保供应链各环节符合法律法规和企业社会责任要求。

2. 提升供应链透明度

推动供应链信息公开透明，加强与供应商、客户及利益相关方的沟通与合作，共同应对供应链中的挑战和风险。

3. 强化内部管理和监督机制

建立健全内部管理和监督机制，确保企业各部门在供应链责任管理方面协同一致，形成合力。

4. 积极履行社会责任

将社会责任融入企业发展战略，积极履行环境保护、劳工权益保护等社会责任，提升企业品牌形象和可持续发展能力。

通过实施以上措施，国有企业可以有效提升供应链责任管理水平，为企业的可持续发展奠定坚实基础。

合规问题分析

一、业务简介

国有企业在国家经济中占据重要地位，其业务涵盖多个领域，包括能源、交通、制造、金融等。供应链作为连接原材料采购、生产制造、物流配送、销售服务等环节的关键纽带，对国有企业的运营效率和市场竞争力具有重要影响。随着全球对可持续发展和企业社会责任的关注增加，国有企业供应链责任管理的重要性日益凸显。

二、相关规定

国有企业在进行供应链责任管理时，需遵循一系列国内外相关法律法规、行业标准及企业内部规章制度。这些规定包括但不限于环境保护法、劳动法、安全生产法、反不正当竞争法、消费者权益保护法等，以及国际劳工组织公约、联合国全球契约等。同时，国有企业还需积极响应国家政策导向，如绿色发展、循环经济等战略要求。

三、合规问题具体表现

1. 环保责任缺失

部分国有企业在供应链管理中忽视环保责任，选择不符合环保标准的供应商，导致原材料采购、生产加工等环节存在环境污染问题。这不仅违反了国家环保法律法规，也损害了企业的社会形象和可持续发展能力。

2. 劳工权益保护不足

供应链中可能存在侵犯劳工权益的行为，如使用童工、强迫劳动、超时加班且未支付合理加班费、工作环境恶劣等。这些问题不仅违反了劳动法等相关法律法规，也违背了企业社会责任的基本原则。

3. 存在商业道德风险

供应链中的腐败、贿赂等不正当商业行为时有发生，这不仅破坏了公平竞争的市场环境，也损害了国有企业的商业信誉和品牌形象。

4. 供应链透明度低

部分国有企业在供应链管理中缺乏透明度，供应商的选择、评估、监督等环节的信息不公开、不透明，难以有效监控供应链中的合规风险。

5. 可持续发展理念滞后

一些国有企业尚未将可持续发展理念融入供应链管理中，缺乏对绿色采购、节能减排、循环经济等方面的重视，导致供应链整体可持续性水平不高。

四、问题造成的严重影响

1. 法律风险和财务损失

环境违规、劳工权益保护不足等问题可能导致企业面临法律诉讼和巨额罚款，同时损害企业声誉，引发股价下跌和市值蒸发等财务损失。

2. 品牌形象受损

供应链责任管理不当会严重损害国有企业的品牌形象和消费者信任度，导致市场份额减小和客户流失。

3. 供应链稳定性风险

供应商的不合规行为可能引发供应链中断等风险，影响企业的正常运营和市场竞争力。

4. 可持续发展受阻

忽视可持续发展理念和实践将导致国有企业难以适应全球绿色发展趋势和市场需求变化，限制企业的长期发展潜力。

综上所述，国有企业社会责任与可持续发展合规问题中供应链责任管理不当的问题不容忽视。国有企业应加大对供应链各环节的合规管理和监督力度，积极履行环境保护、劳工权益保护等社会责任，推动供应链向绿色、可持续的方向发展。

法律法规依据

针对国有企业社会责任与可持续发展合规问题中供应链责任管理不当的问题，以下是对相关法律法规的总结。

一、针对环保责任缺失问题的法律法规

1.《中华人民共和国环境保护法》

第六条：……企业事业单位和其他生产经营者应当防止、减少环境污染和生态破坏，对所造成的损害依法承担责任……。

第二十五条：企业事业单位和其他生产经营者违反法律法规规定排放污染物，造成或者可能造成严重污染的，县级以上人民政府环境保护主管部门和其他负有环境保护监督管理职责的部门，可以查封、扣押造成污染物排放的设施、设备。

2.《中华人民共和国大气污染防治法》

第九十九条：违反本法规定，有下列行为之一的，由县级以上人民政府生态环境主管部门责令改正或者限制生产、停产整治，并处十万元以上一百万元以下的罚款；情节严重的，报经有批准权的人民政府批准，责令停业、关闭……。

二、针对劳工权益保护不足问题的法律法规

1.《中华人民共和国劳动法》

第四十四条：有下列情形之一的，用人单位应当按照下列标准支付高于劳动者正常工作时间工资的工资报酬……。

第五十八条：国家对女职工和未成年工实行特殊劳动保护。未成年工是指年满十六周岁未满十八周岁的劳动者。

2.《禁止使用童工规定》

第二条：国家机关、社会团体、企业事业单位、民办非企业单位或者个体工商户（以下统称用人单位）均不得招用不满16周岁的未成年人（招用不满16周岁的未成年人，以下统称使用童工）……。

三、针对存在商业道德风险问题的法律法规

1.《中华人民共和国反不正当竞争法》

第七条：经营者不得采用财物或者其他手段贿赂下列单位或者个人，以谋取交易机会或者竞争优势……。

2.《中华人民共和国公司法》

第一百七十九条：董事、监事、高级管理人员应当遵守法律、行政法规和公司章程。

第一百八十条：董事、监事、高级管理人员对公司负有忠实义务，应当采取措施避免自身利益与公司利益冲突，不得利用职权牟取不正当利益……。

四、针对供应链透明度低问题的法律法规

《企业信息公示暂行条例》

第八条：企业应当于每年1月1日至6月30日，通过国家企业信用信息公示系统向市场监督管理部门报送上一年度年度报告，并向社会公示……。

五、针对可持续发展理念滞后问题的法律法规

1.《中华人民共和国循环经济促进法》

第四条：发展循环经济应当在技术可行、经济合理和有利于节约资源、保护环境的前提下，按照减量化优先的原则实施。

2.《中华人民共和国清洁生产促进法》

第二条：本法所称清洁生产，是指不断采取改进设计、使用清洁的能源和原料、采用先进的工艺技术与设备、改善管理、综合利用等措施，从源头削减污染，提高资源利用效率，减少或者避免生产、服务和产品使用过程中污染物的产生和排放，以减轻或者消除对人类健康和环境的危害。

综上所述，国有企业在供应链责任管理中应当严格遵守上述法律法规，确保合规经营，积极履行社会责任，推动可持续发展。

合规程序与方法

针对国有企业社会责任与可持续发展合规问题中供应链责任管理不当的问题，以下是具体的合规程序与方法，旨在有针对性地解决问题。

一、建立全面的供应链合规政策与指南

1. 制定政策框架

制定政策框架，明确国有企业对供应链合规的期望和要求，包括环境保护、劳工权益保护、提升商业道德、提升透明度及可持续发展等方面。

2. 编制详细的合规操作指南

为供应商提供详细的合规操作指南，包括具体的合规标准、流程、报告机制及违规后果等。

二、加强供应商尽职调查与评估

1. 建立尽职调查机制

对潜在及现有供应商进行尽职调查，包括但不限于资质审查、现场审核、过往合规记录查询等。

2. 定期评估与复审

对供应商进行定期合规评估，并根据评估结果调整合作策略，对不合规供应商采取警告、整改、终止合作等措施。

三、实施供应链透明化管理

1. 建立供应链信息共享平台

搭建供应链信息共享平台，实现供应链各环节信息的实时共享与监控。

2. 公开透明报告

定期发布供应链合规报告，向公众披露供应链中的合规情况、存在的问题及解决措施。

四、强化内部合规培训与监督

1. 开展合规培训

定期对采购、供应链管理等关键岗位员工进行合规培训，提升其合规意识和能力。

2. 建立内部监督机制

设立独立的合规监督部门，负责供应链合规的监督、审计及违规处理等工作。

五、推动可持续发展实践

1. 绿色采购

优先选择符合环保标准的原材料和供应商，推动绿色采购实践。

2. 节能减排

在供应链各环节实施节能减排措施，降低资源消耗和减小环境污染。

3. 社会责任投资

鼓励和支持供应商在社会责任方面的投资，如改善劳工条件、改良环保设施等。

六、建立应急响应与危机管理机制

1. 制定应急预案

针对供应链中可能出现的合规风险，制定详细的应急预案，包括风险识别、报告、响应及恢复等流程。

2. 成立危机管理小组

成立危机管理小组，负责在发生供应链合规危机时迅速响应、协调资源并控制事态发展。

七、持续改进与优化

1. 定期审查与评估

定期对供应链合规管理程序和方法进行审查与评估，确保其有效性和适应性。

2. 收集反馈与意见

积极收集供应商、员工、消费者及利益相关方的反馈与意见，不断改进和优化供应链合规管理工作。

通过实施上述合规程序与方法，国有企业可以系统性地解决供应链责任管理不当的问题，提升社会责任与可持续发展水平。

专题 6：反腐败与廉洁经营不力

案例引入

一、案例背景

传统制造业国有企业 F（以下简称"F 公司"），长期在机械制造领域占据重要地位，拥有庞大的供应链体系和众多分支机构。近年来，随着市场竞争的加剧和外部环境的变化，在 F 公司快速发展的同时，F 公司的内部管理和监督机制未能跟上，导致反腐败与廉洁经营问题日益凸显。

二、具体问题

1. 利益输送

李某（F 公司原采购部经理，负责公司主要原材料的采购工作）利用职权之便，与多家供应商建立不正当利益关系，通过虚高报价、指定采购等方式，从中谋取私利。据查，涉及金额高达数千万元。

2. 贪污受贿

在采购过程中，李某多次收受供应商贿赂，包括现金、高档礼品及旅游服务等，严重违反了公司廉洁从业规定和国家法律法规。

3. 权力寻租

李某利用手中的审批权，为亲友及其他特定关系人谋取不正当利益，如优先获得采购合同、降低质量标准等，严重破坏了公司的公平竞争环境。

三、主要问题的影响

1. 公司损失巨大

（1）直接经济损失：由于李某的腐败行为，F公司多支付了数千万元的采购成本，导致公司利润大幅下滑。

（2）间接经济损失：因采购材料质量不达标，公司产品出现质量问题，引发客户投诉和退货，进一步加剧了公司的财务困境。据统计，因质量问题导致的退货和赔偿金额超过百万元。

2. 财务指标下滑

（1）净利润率：受腐败行为影响，F公司净利润率由前一年的5%下降至2%，降幅高达60%。

（2）市场份额：由于产品质量问题频发，公司市场信誉受损，市场份额从行业前三滑落至第五，面临激烈的竞争。

3. 其他影响

（1）员工士气低落：腐败案件曝光导致员工对公司管理层的信任度下降，工作积极性受挫。

（2）社会形象受损：作为国有企业，F公司的腐败行为在社会上引起了广泛关注和负面评价，严重影响了公司的社会形象和品牌价值。

四、结论与反思

F公司反腐败与廉洁经营不力的案例深刻揭示了国有企业内部管理和监督机制的重要性。腐败行为不仅直接损害了公司的经济利益和市场竞争力，还严重破坏了企业的社会形象和品牌价值。

1. 加强制度建设

建立健全反腐败与廉洁经营制度体系，明确各级管理人员的职责和权限，规范权力运行流程。

2. 强化监督执纪

加大对关键岗位和重点环节的监督力度，建立有效的举报和查处机制，对腐败行为零容忍。

3. 提升员工意识

加强廉洁从业教育，提高员工的职业道德和法律意识，营造风清气正的企业文化氛围。

4. 完善供应链管理

优化供应商选择和管理机制，建立透明的采购流程和监督机制，防止利益输送和权力寻租行为的发生。

通过实施以上措施，国有企业可以有效防范和遏制反腐败与廉洁经营不力问题的发生，保障企业的可持续发展和社会责任的履行。

合规问题分析

一、业务简介

国有企业作为国家经济的重要组成部分，承担着促进经济发展、保障民生福祉等多重责任。在业务运营过程中，国有企业涉及广泛的领域，包括基础设施建设、能源供应、金融服务、制造业等，这些业务不仅关乎国家经济发展状况，也直接影响到社会公共利益和可持续发展目标的实现。

二、相关规定

为规范国有企业行为，保障国有资产安全，促进公平竞争和社会和谐，国家制定了一系列法律法规和政策文件，对国有企业的反腐败与廉洁经营提出了明确要求。这些规定包括但不限于《中华人民共和国监察法》《中华人民共和国反不正当竞争法》《国有企业领导人员廉洁从业若干规定》等，旨在构建完善的监督制约机制，防止权力滥用和腐败现象的发生。

三、合规问题具体表现

1. 权力寻租与利益输送

部分国有企业管理人员利用手中的权力和资源，与供应商、承包商等利益相关方进行权钱交易，通过指定采购、项目分包等方式谋取私利，严重破坏了市场公平竞争秩序。

2. 贪污受贿与挪用公款

一些国有企业管理人员收受他人财物，为他人谋取不正当利益；或者利用职务之便挪用公款进行个人消费、投资等违法活动，严重损害了国有资产的安全和完整。

3. 违规决策与资源浪费

在重大事项决策过程中，部分国有企业存在违反决策程序、盲目投资、重复建设等问题，导致资源浪费和国有资产流失。同时，决策失误还可能引发安全事故和环境污染等严重后果。

4. 内部监督失效

部分国有企业内部监督机构不健全或监督不力，导致监督机制形同虚设。一些管理人员因此敢于顶风作案，甚至形成腐败窝案和串案。

四、问题造成的严重影响

1. 经济损失严重

反腐败与廉洁经营不力直接导致国有企业经济损失严重。一方面，腐败行为使得企业增加了成本和费用；另一方面，由于决策失误和资源浪费等原因，企业的投资回报率下降甚至为负。

2. 社会形象受损

国有企业作为国家形象的代表之一，其反腐败与廉洁经营状况直接影响到社会公众对企业的信任和认可。腐败案件的曝光往往会引发社会舆论的强烈反响和负面评价，严重损害了企业的社会形象和品牌价值。

3. 可持续发展受阻

反腐败与廉洁经营不力还会阻碍国有企业的可持续发展。一方面，腐败行为破坏了企业的内部治理结构和运行机制，降低了企业的管理效率和创新能力；另一方面，由于社会形象受损和经济损失严重等原因，企业在吸引投资、拓展市场等方面面临更大困难。

4. 政治风险增加

国有企业反腐败与廉洁经营不力还可能引发政治风险。一方面，腐败行为可能涉及政治利益交换和权力斗争等问题；另一方面，由于国有企业承担着重要的社会责任和使命任务，其反腐败与廉洁经营状况直接关系到国家政治稳定和长治久安。

综上所述，国有企业社会责任与可持续发展合规问题中的反腐败与廉洁经营不力是一个复杂而严峻的问题。解决这一问题需要国家、企业和社会各方面的共同努力和协作。通过实施加强制度建设、强化监督执纪、提升员工意识等措施，可以有效防范和遏制腐败现象的发生，保障国有企业的健康发展和可持续发展目标的实现。

法律法规依据

针对国有企业社会责任与可持续发展合规问题中反腐败与廉洁经营不力的问题，以下是对相关法律法规的总结。

一、针对权力寻租与利益输送问题的法律法规

1.《中华人民共和国监察法》

第二十二条：被调查人涉嫌贪污贿赂、失职渎职等严重职务违法或者职务犯罪，监察机关已经掌握其部分违法犯罪事实及证据，仍有重要问题需要进一步调查，并有下列情形之一的，经监察机关依法审批，可以将其留置在特定场所：

（一）涉及案情重大、复杂的；

（二）可能逃跑、自杀的；

（三）可能串供或者伪造、隐匿、毁灭证据的；

（四）可能有其他妨碍调查行为的。

对涉嫌行贿犯罪或者共同职务犯罪的涉案人员，监察机关可以依照前款规定采取留置措施。

留置场所的设置、管理和监督依照国家有关规定执行。

2.《中华人民共和国反不正当竞争法》

第七条：经营者不得采用财物或者其他手段贿赂下列单位或者个人，以谋取交易机会或者竞争优势：（一）交易相对方的工作人员；（二）受交易相对方委托办理相关事务的单位或者个人；（三）利用职权或者影响力影响交易的单位或者个人。

二、针对贪污受贿与挪用公款问题的法律法规

1.《中华人民共和国刑法》

第三百八十二条：国家工作人员利用职务上的便利，侵吞、窃取、骗取或者以其他手段非法占有公共财物的，是贪污罪……。

第三百八十四条：国家工作人员利用职务上的便利，挪用公款归个人使用，进行非法活动的，或者挪用公款数额较大、进行营利活动的，或者挪用公款数额较大、超过三个月未还的，是挪用公款罪……。

2.《中华人民共和国企业国有资产法》

第六十九条：履行出资人职责的机构的工作人员玩忽职守、滥用职权、徇私舞弊，尚不构成犯罪的，依法给予处分。

三、针对违规决策与资源浪费问题的法律法规

1.《中华人民共和国公司法》

第一百七十九条：董事、监事、高级管理人员应当遵守法律、行政法规和公司章程。

第一百八十条：董事、监事、高级管理人员对公司负有忠实义务，应当采取措施避免自身利益与公司利益冲突，不得利用职权牟取不正当利益……。

第一百八十一条：董事、监事、高级管理人员不得有下列行为：（一）侵占公司财产、挪用

公司资金；（二）将公司资金以其个人名义或者以其他个人名义开立账户存储；（三）利用职权贿赂或者收受其他非法收入；（四）接受他人与公司交易的佣金归为己有；（五）擅自披露公司秘密；（六）违反对公司忠实义务的其他行为。

2.《企业国有资产监督管理暂行条例》

第三十五条：国有资产监督管理机构依法对所出资企业财务进行监督，建立和完善国有资产保值增值指标体系，维护国有资产出资人的权益。

四、针对内部监督失效问题的法律法规

1.《中华人民共和国企业国有资产法》

第六条：国务院和地方人民政府应当按照政企分开、社会公共管理职能与国有资产出资人职能分开、不干预企业依法自主经营的原则，依法履行出资人职责。

第十七条：国家出资企业应当依法建立和完善法人治理结构，建立健全内部监督管理和风险控制制度。

2.《中华人民共和国公司法》

第七十八条：监事会行使下列职权：（一）检查公司财务；（二）对董事、高级管理人员执行职务的行为进行监督，对违反法律、行政法规、公司章程或者股东会决议的董事、高级管理人员提出解任的建议；（三）当董事、高级管理人员的行为损害公司的利益时，要求董事、高级管理人员予以纠正；（四）提议召开临时股东会会议，在董事会不履行本法规定的召集和主持股东会会议职责时召集和主持股东会会议；（五）向股东会会议提出提案；（六）依照本法第一百八十九条的规定，对董事、高级管理人员提起诉讼；（七）公司章程规定的其他职权。

综上所述，国有企业社会责任与可持续发展合规问题中反腐败与廉洁经营不力的问题，违反了多个法律法规。这些法律法规为打击腐败行为、维护国有资产安全、促进企业健康发展提供了有力的法律保障。

合规程序与方法

针对国有企业社会责任与可持续发展合规问题中反腐败与廉洁经营不力的问题，提出以下具体的合规程序与方法，旨在有针对性地解决问题。

一、建立健全合规管理体系

1. 制定合规政策与指南

制定全面的合规政策，明确企业对反腐败与廉洁经营的立场和承诺。发布详细的合规指南，涵盖业务流程、审批权限、行为规范等关键环节，确保员工清晰了解合规要求。

2. 设立合规管理部门

成立独立的合规管理部门，负责监督、检查和评估企业的合规状况。配备专业合规人员，负责具体合规工作的执行和协调。

二、加强内部控制与风险管理

1. 完善内部控制机制

建立健全内部控制体系，确保各项业务流程的规范性和透明度。对关键岗位和敏感环节实施特别控制，如财务审批、采购招标、合同签订等。

2. 建立风险评估机制

定期进行合规风险评估，识别潜在的风险点和薄弱环节。根据评估结果制定有针对性的风险防控措施，降低合规风险。

三、强化监督与审计

1. 实施内部审计

设立内部审计部门或聘请外部审计机构，定期对企业的合规状况进行审计。审计内容应包括财务审计、业务合规性审计、内部控制审计等多个方面。

2. 建立举报与调查机制

设立举报渠道，鼓励员工和外部利益相关方举报违规行为。对举报事项进行及时调查处理，确保举报人的合法权益得到保护。

四、开展合规教育与培训

1. 组织合规培训

定期对全体员工进行合规教育和培训，提高员工的合规意识和能力。培训内容应包括法律法规、合规政策、案例分析等多个方面。

2. 强化高层示范作用

高层管理人员应树立合规榜样，积极参与合规活动，推动合规文化的形成。

五、推进企业文化建设

1. 建立廉洁的企业文化

将廉洁合规理念融入企业文化之中，形成崇尚廉洁、抵制腐败的良好氛围。通过多种形式的宣传和教育活动，增强员工对廉洁文化的认同感和归属感。

2. 持续监测与提升

建立合规监测机制，定期对企业的合规状况进行监测和评估。根据监测结果及时调整合规策略和方法，持续提升合规管理体系的有效性。

通过实施以上合规程序与方法，国有企业可以系统性地解决反腐败与廉洁经营不力的问题，提升企业的合规水平和社会责任感，促进企业的可持续发展。

专题 7：缺少社会公益与慈善事业的投入

案例引入

一、案例背景

传统制造业国有企业 F（以下简称"企业 F"），作为国内知名的机械制造商，长期以来专注于产品的生产与销售，在行业内占据一定市场份额。然而，在追求经济效益的同时，企业 F 在社会公益与慈善事业方面的投入却显得不足。随着社会责任意识的日益增强，企业 F 的这一短板逐渐暴露出来，对其品牌形象和可持续发展能力产生了不利影响。

二、具体问题

1. 社会公益项目缺失

企业 F 在过去五年内未主动参与或发起任何社会公益项目，如教育支持、环境保护等，与同行业其他积极履行社会责任的企业形成了鲜明对比。

2. 慈善捐赠匮乏

根据公开数据，企业 F 在过去三年的慈善捐赠总额仅占其年净利润的 0.1%，远低于行业平均水平（通常为 1%~3%）。这表明企业 F 在慈善事业上的投入严重不足。

3. 员工志愿活动参与度低

企业 F 鼓励员工参与社会志愿活动的机制不健全，导致员工志愿活动参与度极低。内部调查显示，仅有不到 5% 的员工在过去一年内参加过志愿活动。

三、主要问题的影响

1. 品牌形象受损

由于缺乏社会公益与慈善事业的投入，企业 F 在公众心目中的形象逐渐变得单一和功利化。这直接影响了企业的品牌价值和市场认可度，导致潜在客户流失。

2. 财务指标下滑

虽然短期内企业 F 可能因减少社会公益与慈善事业投入而节省了部分开支，但从长远来看，品牌形象受损和客户忠诚度下降对企业财务状况产生了负面影响。据不完全统计，企业 F 在过去两年内的净利润增长率仅为行业平均水平的 60%。

3. 人才流失加剧

随着"90 后""00 后"等新生代员工成为职场主力军，他们越来越看重企业的社会责任感。企业 F 在社会公益与慈善事业方面投入不足使得部分有志于投身公益事业的员工感到失望和不满，进而选择离职。据统计，过去一年内因企业社会责任问题而离职的员工的比例较往年上升了 20%。

4. 可持续发展受阻

社会责任缺失不仅影响了企业的当前业绩，更对其可持续发展能力构成了威胁。在全球倡导可持续发展的背景下，企业 F 若不能及时调整战略方向，加大社会公益与慈善事业的投入，将难以在未来市场中立足。

四、结论与反思

本案例表明，企业 F 在社会公益与慈善事业方面投入不足对其品牌形象、财务状况、人才队伍和可持续发展能力均产生了不利影响。这提醒国有企业，作为社会的一员，在追求经济效益的同时，必须积极履行社会责任，关注社会公益与慈善事业。只有这样，企业才能在激烈的市场竞争中赢得更广泛的认可和支持，实现可持续发展。

反思企业 F 的案例，国有企业应尽快调整战略方向，加大在社会公益与慈善事业方面的投入力度。具体措施包括：制定明确的社会责任战略规划；建立专项基金用于支持社会公益项目；鼓励员工参与志愿活动并提供相应支持；加强与政府、非政府组织等利益相关方的合作与交流等。通过实施这些措施，企业 F 有望逐步改善其社会责任表现，提升品牌形象和市场竞争力。

合规问题分析

一、业务简介

国有企业作为国家经济的重要组成部分，不仅承担着推动经济发展的重任，还肩负着增进社会福祉、促进可持续发展的使命。其业务范围广泛，涵盖基础设施建设、公共服务提供、能源资源开发等多个领域，对国民经济和社会生活具有深远影响。

二、相关规定

在社会责任与可持续发展方面，国家及地方政府出台了一系列法律法规和政策文件，要求国有企业积极履行社会责任，包括参与社会公益与慈善事业。这些规定旨在引导国有企业将经济效益与社会效益相结合，实现企业的长远发展与社会和谐进步。例如，《中华人民共和国慈善法》鼓励企业、个人和社会组织开展慈善活动，促进社会公益事业的发展；《关于中央企业履行社会责任的指导意见》则明确要求中央企业在追求经济效益的同时，积极履行社会责任，包括参与教育、环保等社会公益事业。

三、合规问题具体表现

1. 慈善捐赠不足

部分国有企业在慈善捐赠方面投入较少，捐赠金额占企业利润的比例远低于行业平均水平。这不仅反映了企业对慈善事业的不重视，也影响了其社会形象。

2. 公益项目参与度低

一些国有企业缺乏主动参与社会公益项目的意识和动力，往往只是被动响应政府号召或行业倡议，缺乏长期性和系统性的公益规划。

3. 员工志愿活动组织不力

部分国有企业在鼓励员工参与志愿活动方面缺乏有效机制和组织保障，导致员工参与度不高，无法形成广泛的社会影响力。

4. 透明度与公信力缺失

一些国有企业在履行社会责任过程中缺乏透明度，未能及时向公众披露相关信息，导致公众对其慈善行为的真实性和有效性产生怀疑。

四、问题造成的严重影响

1. 品牌形象受损

国有企业作为国民经济的支柱，其社会形象直接关系到公众对政府的信任和支持。缺乏社会公益与慈善事业的投入将严重损害企业的品牌形象和公众信任度。

2. 可持续发展受阻

社会责任的缺失将制约国有企业的可持续发展能力。在全球倡导可持续发展的背景下，企业若不能积极履行社会责任，将难以适应未来市场的变化和挑战。

3. 社会信任危机

国有企业是连接政府与公众的桥梁。若企业在社会责任方面表现不佳，将引发公众对政府和社会制度的信任危机，进而影响社会稳定和发展。

4. 资源浪费与不公平

国有企业掌握着大量公共资源。若这些资源未能有效利用于社会公益事业，将导致资源浪费和分配不公，加剧社会矛盾和不平等现象。

综上所述，国有企业社会责任与可持续发展合规问题中的缺少社会公益与慈善事业投入是一个亟待解决的问题。国有企业应积极响应国家号召和社会期望，加大在慈善捐赠、公益项目、员工志愿活动等方面的投入力度，提高透明度和公信力，以实际行动履行社会责任，促进社会的和谐与进步。

法律法规依据

针对国有企业社会责任与可持续发展合规问题中缺少社会公益与慈善事业的投入的问题，以下是对相关法律法规依据的总结。

一、针对慈善捐赠不足问题的法律法规

1.《中华人民共和国慈善法》

第五条：国家鼓励和支持自然人、法人和非法人组织践行社会主义核心价值观，弘扬中华民族传统美德，依法开展慈善活动。

第四条：慈善工作坚持中国共产党的领导。

开展慈善活动，应当遵循合法、自愿、诚信、非营利的原则，不得违背社会公德，不得危害国家安全、损害社会公共利益和他人合法权益。

2.《中华人民共和国企业所得税法》

第九条：企业发生的公益性捐赠支出，在年度利润总额12%以内的部分，准予在计算应纳税所得额时扣除；超过年度利润总额12%的部分，准予结转以后三年内在计算应纳税所得额时扣除。

这为国有企业进行慈善捐赠提供了税收优惠政策。

二、针对公益项目参与度低问题的法律法规

《中华人民共和国公司法》

第十九条：公司从事经营活动，应当遵守法律法规，遵守社会公德、商业道德，诚实守信，接受政府和社会公众的监督。

国有企业作为公司的一种形式，有责任参与社会公益项目。

三、针对员工志愿活动组织不力问题的法律法规

《中华人民共和国劳动法》

第八条：劳动者依照法律规定，通过职工大会、职工代表大会或者其他形式，参与民主管理或者就保护劳动者合法权益与用人单位进行平等协商。

四、针对透明度与公信力缺失问题的法律法规

1.《中华人民共和国政府信息公开条例》

国有企业作为政府出资的企业，其履行社会责任的情况属于政府信息公开的范畴。该条例要求国有企业及时、准确地公开相关信息，提高透明度。

2.《中华人民共和国会计法》

国有企业进行慈善捐赠等社会责任活动时，应遵守会计法律法规，确保相关财务信息的真实、完整和准确。这有助于提高国有企业的公信力和社会形象。

综上所述，国有企业在履行社会责任、参与社会公益与慈善事业时，应遵守相关法律法规和政策规定。加大法律法规的宣传和执行力度，可以推动国有企业更好地履行社会责任，实现可持

续发展。

合规程序与方法

针对国有企业社会责任与可持续发展合规问题中缺少社会公益与慈善事业投入的问题，以下提出具体的合规程序与方法，旨在有针对性地解决问题。

一、制定社会责任战略规划

1. 明确目标

国有企业应制定明确的社会责任战略规划，将参与社会公益与慈善事业纳入企业长期发展目标之中。规划应明确企业在社会公益领域的投入比例、重点领域、预期效果等关键指标。

2. 顶层设计

企业高层应参与社会责任战略规划的制定过程，确保战略得到足够的重视和支持。同时，企业应建立跨部门协作机制，确保履行社会责任工作的顺利推进。

二、建立慈善捐赠管理机制

1. 设立专项基金

国有企业可以设立慈善捐赠专项基金，用于支持社会公益项目。基金应设立专门的管理机构，负责资金的筹集、分配和监管工作。

2. 规范捐赠流程

企业应制定详细的慈善捐赠流程，包括项目筛选、评估、审批、执行和效果评估等环节。确保捐赠项目的合规性、有效性和透明度。

3. 强化财务监督

企业应加强对慈善捐赠的财务监督，确保捐赠资金的使用符合法律法规和企业内部规定。定期对捐赠项目进行审计和公开披露，提高公信力。

三、加强公益项目合作与提高参与度

1. 筛选优质项目

国有企业应积极筛选符合企业社会责任理念和可持续发展目标的优质公益项目并与其合作。优先考虑教育、环保等社会关注度高、影响力大的领域。

2. 建立合作机制

与政府、非政府组织、社会团体等建立长期稳定的合作关系，共同推进公益项目的实施。通过合作实现资源共享、优势互补，提高公益项目的执行效率和效果。

3. 鼓励员工参与

企业应鼓励员工积极参与公益项目，通过志愿服务等形式为社会作出贡献。建立员工志愿服务激励机制，提高员工参与公益活动的积极性和满意度。

四、提升透明度与加强沟通和反馈

1. 确保信息公开透明

国有企业应主动公开慈善捐赠和社会责任项目的相关信息，包括捐赠金额、项目进展、效果评估等。通过官方网站、社交媒体等渠道及时发布信息，接受社会监督。

2.加强沟通互动

与公众、媒体等保持良好的沟通互动关系，及时回应社会关切和质疑。通过举办发布会、接受采访等形式向公众传递企业履行社会责任的积极信号。

3.建立反馈机制

建立社会责任项目的反馈机制，及时收集受助方和社会各界的意见和建议。根据反馈结果不断优化项目设计和管理流程，提高公益项目的针对性和有效性。

五、强化合规培训，建立合规文化

1.加强合规教育

对全体员工进行社会责任和合规意识的培训教育，提高员工对社会责任重要性的认识和参与度。通过案例分析、专题讲座等形式加深员工对合规要求的理解和提高其执行能力。

2.建立合规文化

将合规文化融入企业日常管理和运营之中，形成全员参与、共同维护的良好氛围。通过制定合规手册、建立合规奖惩机制等措施强化合规文化的建设。

通过实施以上合规程序与方法，国有企业可以有效解决缺少社会公益与慈善事业的投入的问题，提升企业的社会形象和可持续发展能力。同时，这些合规程序与方法也有助于推动整个社会责任领域的健康发展和社会进步。

专题 8：信息披露与透明度不足

案例引入

一、案例背景

公司 L，作为国内知名的传统制造业国有企业，长期以来在行业内占据重要地位。然而，随着社会责任意识的提升和可持续发展理念的普及，公司 L 在信息披露与透明度方面的不足逐渐显现，给公司带来了诸多挑战。

二、具体问题

1.信息披露不全面

公司 L 在年度报告中对社会责任履行的信息披露仅是泛泛而谈，缺乏具体数据和实例支撑。例如，在环保投入方面，仅提及"加大了环保力度"，但未明确披露具体的环保项目、投资金额及减排成效。

2.透明度缺失

公司 L 对供应链管理和劳工权益保障的信息披露尤为薄弱。有员工反映，公司内部存在加班超时、工作环境恶劣等问题，但这些问题在公司的公开信息中鲜有提及。同时，供应商的选择标准和评估过程也缺乏透明度，引发了外界对公司供应链可持续性的怀疑。

3.关键环境指标未公开

在可持续发展方面，公司 L 未公开与碳排放、能源消耗、水资源利用等关键环境指标相关的数据。这些数据对评估公司的环境绩效和可持续发展能力至关重要，但公司却未公开。

三、主要问题的影响

1. 品牌信誉受损

由于信息披露不全面和透明度缺失，公司 L 的品牌信誉受到了严重影响。消费者和投资者对公司的信任度下降，导致产品销售量下滑和股价波动。据统计，自信息披露问题被曝光以来，公司股价累计下跌超过 10%，市值蒸发数十亿元。

2. 财务指标恶化

由于品牌信誉受损和消费者信任度下降，公司 L 的产品销量大幅下滑。20××年度，公司实现营业收入同比下降 15%，净利润更是暴跌 30%。

3. 供应链风险增加

由于供应链管理和劳工权益保障信息披露不足，公司 L 的供应链稳定性受到威胁。部分供应商因担心合作风险而选择退出，导致公司 L 面临供应链断裂的风险。同时，劳工权益保护问题也引发了社会的广泛关注，进一步加剧了公司的危机。

4. 可持续发展受阻

信息披露与透明度不足的问题不仅影响了公司当前的财务状况和市场地位，还制约了公司的可持续发展能力。在全球化背景下，公司社会责任履行情况和可持续发展能力已成为衡量公司竞争力的重要因素。公司 L 若不能及时解决信息披露和透明度问题，将难以在未来市场中立足。

四、结论与反思

公司 L 的案例深刻揭示了国有企业社会责任与可持续发展合规问题中信息披露与透明度不足的严重后果。信息披露与透明度不足不仅损害了国有企业的品牌信誉和财务状况，更制约了国有企业的可持续发展能力。因此，国有企业应高度重视社会责任信息披露与透明度问题，建立健全的信息披露机制，提高信息披露的全面性和透明度。同时，政府和社会各界也应加强对企业社会责任履行情况的监督，共同推动企业实现可持续发展和社会和谐进步。

合规问题分析

一、业务简介

国有企业作为国家经济的重要支柱，不仅承担着促进经济发展的重任，还肩负着履行社会责任、推动可持续发展的使命。在全球化背景下，企业社会责任和可持续发展已成为衡量企业综合竞争力的重要标准。因此，国有企业需积极披露相关信息，提升透明度，以展现其良好的社会形象和可持续发展能力。

二、相关规定

为了规范企业的信息披露行为，提高透明度，国内外出台了一系列相关法律法规和标准。例如，《中华人民共和国公司法》要求公司必须依法披露经营信息，保障股东和其他利益相关者的知情权；《中华人民共和国环境保护法》等环保法律法规则要求企业公开环境信息，接受社会监督。此外，国际上也存在如联合国全球契约、联合国可持续发展目标（SDGs）等倡议和标准，鼓励企业自愿披露社会责任和可持续发展信息。

三、合规问题具体表现

1. 信息披露不全面

部分国有企业在披露社会责任和可持续发展信息时，往往只关注正面信息，而忽视或隐瞒负面信息。这导致信息披露内容片面，难以全面反映企业的真实情况。

2. 透明度不足

一些国有企业在信息披露过程中缺乏透明度，如数据来源不清、计算方法不明等。这使得外部利益相关者难以准确评估企业的社会责任和可持续发展绩效。

3. 标准不一

由于目前国内外尚未形成统一的信息披露标准和框架，不同国有企业在信息披露方面存在较大差异。这不仅增加了信息比较的难度，也降低了信息披露的可信度和可比性。

4. 监管缺失

虽然相关法律法规和标准对信息披露提出了一定要求，但在实际执行过程中仍存在监管缺失的问题。一些企业可能利用监管漏洞规避信息披露义务，这进一步加剧了信息披露不透明的问题。

四、问题造成的严重影响

1. 损害企业信誉

信息披露不全面和透明度不足会损害企业的信誉和形象。外部利益相关者难以准确了解企业的真实情况，从而不信任企业，进而影响企业的品牌价值和市场竞争力。

2. 阻碍可持续发展

缺乏透明度的信息披露使得企业难以获得外部利益相关者的支持和信任，从而难以吸引外部投资和社会资源支持其可持续发展项目。这将严重制约企业的可持续发展能力。

3. 增加法律风险

随着法律法规的不断完善和社会监督力度的加大，信息披露不全面和透明度不足的企业将面临更高的法律风险。一旦被发现存在违规行为，企业将面临严厉的法律制裁和舆论谴责。

4. 影响社会和谐

国有企业作为社会的重要组成部分，其信息披露行为不仅关乎企业自身利益，还关系到社会的和谐稳定。信息披露不透明可能引发社会不满和质疑，进而影响社会稳定和发展大局。

综上所述，国有企业社会责任与可持续发展合规问题中的信息披露与透明度不足是一个亟待解决的问题。企业需要加强信息披露的全面性和透明度建设，积极承担社会责任和履行可持续发展承诺；同时政府和社会各界也应加大对信息披露的监管和引导力度，共同推动企业实现可持续发展和社会和谐进步。

法律法规依据

针对国有企业社会责任与可持续发展合规问题中信息披露与透明度不足的问题，以下是对相关法律法规依据的总结。

一、针对信息披露不全面问题的法律法规

1.《中华人民共和国公司法》

第五十七条：股东有权查阅、复制公司章程、股东名册、股东会会议记录、董事会会议决

议、监事会会议决议和财务会计报告……。

公司应当提供真实的财务会计报告，以供股东了解公司的经营和财务状况，这间接要求公司在财务报告中应包含全面的社会责任和可持续发展信息。

2.《中华人民共和国证券法》

第二十九条：证券公司承销证券，应当对公开发行募集文件的真实性、准确性、完整性进行核查。发现有虚假记载、误导性陈述或者重大遗漏的，不得进行销售活动；已经销售的，必须立即停止销售活动，并采取纠正措施。

二、针对透明度不足问题的法律法规

1.《中华人民共和国环境保护法》

第五十五条：重点排污单位应当如实向社会公开其主要污染物的名称、排放方式、排放浓度和总量、超标排放情况，以及防治污染设施的建设和运行情况，接受社会监督。

这要求企业在环境信息披露方面必须保持透明度，让公众了解企业的环保状况。

2.《企业会计准则——基本准则》

第十二条：企业应当以实际发生的交易或者事项为依据进行会计确认、计量和报告，如实反映符合确认和计量要求的各项会计要素及其他相关信息，保证会计信息真实可靠、内容完整。

这要求企业在财务报告中必须如实反映所有相关信息，包括社会责任和可持续发展的相关内容。

三、针对标准不一问题的法律法规

《中华人民共和国标准化法》

第七条：国家鼓励企业、社会团体和教育、科研机构等开展或者参与标准化工作。

这为企业制定统一的社会责任和可持续发展信息披露标准提供了法律基础，鼓励企业参与制定相关标准，以提高信息披露的一致性和可比性。

四、针对监管缺失问题的法律法规

《中华人民共和国企业国有资产法》

第六十六条：国务院和地方人民政府应当按照政事分开、社会企业管理与资产管理分开、不干预企业依法自主经营的原则，依法履行出资人职责。

这要求政府在对国有企业进行监管时，应确保其依法履行社会责任和可持续发展承诺，不得干预其合法经营，但同时也应对其进行必要的监督和管理。

综上所述，针对国有企业社会责任与可持续发展合规问题中信息披露与透明度不足的问题，国内现行的多部法律法规都提出了相应的要求和规定。企业应严格遵守这些法律法规，加强信息披露的全面性和透明度建设，以积极履行社会责任和可持续发展承诺。同时，政府和社会各界也应加大对信息披露的监管和引导力度，共同推动企业实现可持续发展和社会和谐进步。

合规程序与方法

针对国有企业社会责任与可持续发展合规问题中信息披露与透明度不足的问题，以下是具体的合规程序与方法，旨在有针对性地解决问题。

一、明确信息披露要求与标准

1. 制定内部信息披露政策

国有企业应制定详细的内部信息披露政策，明确披露的范围、内容、频率和形式。政策应参考国内外相关法律法规及国际标准，确保信息的全面性和规范性。

2. 建立统一的披露标准

借鉴国际先进经验，结合企业自身实际，制定统一的社会责任和可持续发展信息披露标准。标准内容应涵盖环境、社会、治理等多个维度，确保信息的可比性和一致性。

二、完善信息披露审核机制，加强沟通与协作

1. 建立信息披露审核机制

成立专门的信息披露审核小组，负责对披露信息的真实性、准确性和完整性进行审核。审核小组应由跨部门成员组成，确保审核过程的独立性和客观性。

2. 强化内部沟通与协作

加强企业内部各部门之间的沟通与协作，确保各部门及时提供准确、完整的社会责任和可持续发展信息。同时，建立信息共享平台，提高信息披露的效率和透明度。

三、提升信息披露透明度与公信力

1. 主动披露负面信息

国有企业应勇于面对自身存在的问题和不足，主动披露负面信息。通过透明化披露，展现企业的诚信态度和整改决心，增强公众的信任感。

2. 引入第三方审计与鉴证

邀请具有资质的第三方机构对企业社会责任和可持续发展报告进行审计和鉴证，确保信息的客观性和公信力。第三方审计和鉴证结果可作为企业信息披露的重要补充和证明。

四、加强外部监督与反馈机制，发布社会责任报告

1. 建立外部监督渠道

设立专门的外部监督渠道，如热线电话、电子邮箱等，方便利益相关方对企业社会责任和可持续发展信息披露提出意见和建议。企业应认真对待每一条反馈，及时回应和处理。

2. 定期发布社会责任报告

按照既定频率定期发布社会责任报告，向公众全面展示企业在经济、环境、社会等方面的贡献和成果。报告应包含具体的指标数据和案例分析，提高信息的可读性和说服力。

五、持续改进与提升

1. 建立持续改进机制

对信息披露工作进行定期评估和总结，发现问题及时解决。同时，关注国内外最新动态和最佳实践，不断调整和完善信息披露政策和标准。

2. 加强员工培训与提升员工意识

加强对企业员工的社会责任和可持续发展意识培训，提升员工意识，提高员工对信息披露工作的重视程度和参与度。通过内部宣传和教育活动，营造积极向上的企业文化氛围。

通过实施上述合规程序与方法，国有企业可以有效解决社会责任与可持续发展合规问题中信

息披露与透明度不足的问题，提升企业的社会形象和可持续发展能力。

专题9：科技创新与可持续发展不足

案例引入

一、案例背景

公司 Z，一家历史悠久的传统制造业国有企业，长期专注于金属制品的生产与销售。随着全球科技快速发展和市场需求的变化，公司 Z 面临着前所未有的挑战。尽管公司规模庞大，员工众多，但在科技创新与可持续发展方面却显得力不从心，逐渐落后于市场竞争对手。

二、具体问题

1. 科技创新投入不足

公司 Z 在近年来的研发投入占比持续低于行业平均水平，仅为营业收入的 1.5%，远低于创新型企业的相关标准（5% 以上）。这导致公司在新技术、新工艺的研发上进展缓慢，产品缺乏竞争力。

2. 技术人才流失严重

由于薪酬待遇和职业发展机会不如新兴企业，公司 Z 的技术人才流失率高达 30%，关键岗位技术人才短缺，严重影响了企业的创新能力和生产效率。

3. 可持续发展意识淡薄

公司 Z 在生产过程中仍依赖高能耗、高排放的传统工艺，对环保投入不足，环保设施老化，污染物排放超标。这不仅违反了国家环保法规，也损害了企业的社会形象和品牌价值。

三、主要问题的影响

1. 财务指标下滑

由于产品缺乏竞争力，市场份额逐渐被竞争对手侵蚀，公司 Z 的营业收入连续三年下滑，年均降幅达到 5%。净利润更是大幅下降，2023 年净利润仅为前一年的 60%，企业盈利能力受到严重挑战。

2. 市场地位下降

在科技创新的浪潮中，公司 Z 未能及时跟上步伐，导致其在行业内的地位逐渐下降。原本的市场领导地位被后来者占据，品牌影响力减弱。

3. 环保处罚力度与舆论压力大

因环保问题频发，公司 Z 多次受到环保部门的处罚，罚款金额累计超过千万元。同时，环保问题也引发了公众和媒体的广泛关注，企业声誉受损，面临巨大的舆论压力。

4. 员工士气低落

技术人才的流失和企业经营状况的恶化导致员工士气低落，工作效率下降。部分员工开始寻求外部机会，进一步加剧了人才流失的问题。

四、结论与反思

公司 Z 的案例深刻揭示了传统制造业国有企业在科技创新与可持续发展方面存在的不足及其严重后果。面对全球科技的快速发展和市场需求的变化，企业必须加大对科技创新的投入，吸引和培养高素质的技术人才，推动产品和工艺的升级换代。同时，企业还应树立可持续发展的理念，加大环保投入，提升环保设施水平，实现经济效益与环境保护的双赢。

反思此案例，国有企业应深刻认识到科技创新与可持续发展的重要性，将其放在企业战略规划的核心位置。国有企业应通过实施加强内部管理、优化资源配置、推动技术创新和可持续发展实践等措施，不断提升企业的核心竞争力和市场地位，为企业的长远发展奠定坚实基础。

合规问题分析

一、业务简介

国有企业作为国家经济的重要组成部分，不仅承担着经济发展的重任，还肩负着社会责任与可持续发展的使命。科技创新是推动企业持续发展的核心动力，而社会责任则是企业实现长远发展的基石。然而，在实际运营中，国有企业在科技创新与可持续发展方面仍存在诸多不足。

二、相关规定

国有企业需遵守《国有企业领导人员廉洁从业若干规定》等国家法律法规，依法经营，诚实守信，并关注员工福利、环境保护和社会公益事业。同时，随着全球对可持续发展的重视，国有企业还需遵循国际可持续发展的标准与原则，确保在追求经济效益的同时，实现社会、环境和经济的协调发展。

三、合规问题具体表现

1.科技创新不足

（1）重视程度不够：部分国有企业往往受到传统管理体制和运营模式的影响，对科技创新的重视程度不够，导致科技创新投入不足，缺乏积极性和动力。

（2）战略规划不清晰：很多国有企业在科技创新方面缺乏长远规划和战略目标，科技创新进程缓慢，难以取得突破性进展。

（3）人才储备不足：由于薪酬待遇、激励机制等问题，部分国有企业难以吸引和留住科技创新人才，导致技术突破和创新难以实现。

（4）市场敏感度低：部分国有企业的市场调研和用户需求分析不充分，科技创新的产品和服务难以满足市场需求，甚至造成资源浪费。

（5）合作意识不强：部分国有企业缺乏与其他企业、研究机构和高校的合作，导致资源和信息难以共享，难以实现优势互补和创新共赢。

2.可持续发展合规问题

（1）环保意识薄弱：部分国有企业在生产过程中忽视环境保护，污染物排放超标，资源利用效率低下。

（2）社会责任履行不足：部分国有企业在员工福利、社会公益事业等方面的投入不足，影响企业的社会形象和声誉。

（3）合规管理体系不完善：部分国有企业缺乏系统的合规管理体系，对法律法规的遵守和执行不力，存在法律风险。

四、问题造成的严重影响

1.经济效益下降

科技创新不足导致企业产品和技术落后，市场竞争力下降，经济效益受损。可持续发展合规问题可能导致企业面临罚款、诉讼等法律风险，进一步影响经济效益。

2. 社会形象受损

忽视科技创新和可持续发展，可能导致企业社会形象受损，影响公众信任和支持。环保问题和社会责任履行不足可能引发负面的社会舆论，损害企业品牌声誉。

3. 可持续发展受阻

科技创新是推动可持续发展的关键力量，缺乏科技创新将严重制约企业的可持续发展能力。可持续发展合规问题可能导致企业无法适应未来市场和社会的发展趋势，影响企业的竞争力。

4. 资源浪费和环境破坏

科技创新不足和市场敏感度低可能导致资源利用效率低下和资源浪费。环保意识薄弱和污染物排放超标可能加剧环境破坏，影响生态平衡和人类的生存环境。

综上所述，国有企业在科技创新与可持续发展方面存在的问题不仅影响企业的经济效益和社会形象，还严重制约企业的可持续发展能力。因此，国有企业需要加强对科技创新的重视，完善可持续发展合规管理体系，积极履行社会责任，以实现企业的长远发展和社会的和谐进步。

法律法规依据

一、针对科技创新不足问题的法律法规

1.《中华人民共和国科学技术进步法》

该法旨在促进科学技术进步，发挥科学技术是第一生产力的作用，推动经济社会发展。

第八条：国家保障开展科学技术研究开发的自由，鼓励科学探索和技术创新，保护科学技术人员自由探索等合法权益。

科学技术研究开发机构、高等学校、企业事业单位和公民有权自主选择课题，探索未知科学领域，从事基础研究、前沿技术研究和社会公益性技术研究。

2.《中华人民共和国公司法》

《中华人民共和国公司法》是规范公司行为的基本法律，其中包含公司应如何运营及承担社会责任的规定。

第十九条：公司从事经营活动，应当遵守法律法规，遵守社会公德、商业道德，诚实守信，接受政府和社会公众的监督。

尽管此条款未直接提及科技创新，但强调了公司应承担的社会责任，包括推动科技创新以促进社会进步的责任。

3.《中共中央、国务院关于深化国有企业改革的指导意见》

此文件为国有企业改革提供了总体方向和具体要求，强调国有企业要加快转型升级，加大科技创新投入，提升自主创新能力。虽然没有直接的法律条款，但作为政策指导，对国有企业加强科技创新具有重要影响。

二、针对可持续发展合规问题的法律法规

1.《中华人民共和国环境保护法》

该法旨在保护和改善环境，防治污染和其他公害，保障公众健康，推进生态文明建设，促进经济社会可持续发展。

第六条：一切单位和个人都有保护环境的义务。地方各级人民政府应当对本行政区域的环境质量负责……。

国有企业作为重要的市场主体，应遵守环保法，承担环境保护责任。

2.《中华人民共和国可再生能源法》

该法旨在促进可再生能源的开发利用，增加能源供应，改善能源结构，保障能源安全，保护环境，实现经济社会的可持续发展。

第七条：国家鼓励单位和个人安装和使用太阳能热水系统、太阳能供热采暖和制冷系统、太阳能光伏发电系统等太阳能利用系统。

该条款表明国家鼓励国有企业积极参与可再生能源项目，推动绿色转型。

3.《中华人民共和国循环经济促进法》

该法旨在促进循环经济发展，提高资源利用效率，保护和改善环境，实现可持续发展。

第十九条：企业事业单位应当建立健全管理制度，采取措施，降低资源消耗，减少废物的产生量和排放量，提高废物的再利用和资源化水平。

这要求国有企业采取有效措施，提高资源利用效率，减少环境污染。

三、综合法律法规对国有企业社会责任与可持续发展的要求

国有企业作为国家经济的重要支柱，在科技创新与可持续发展方面承担着重要责任。以上提到的法律法规为国有企业提供了明确的指导，促使企业在追求经济效益的同时，注重科技创新、环境保护和社会责任履行。国有企业应积极响应国家法律法规和政策要求，加大科技创新投入，推动绿色转型，实现可持续发展目标。

合规程序与方法

针对国有企业社会责任与可持续发展合规问题中科技创新与可持续发展不足的问题，以下提出具体的合规程序与方法，旨在有针对性地解决问题。

一、加强科技创新的合规程序与方法

1.制定科技创新战略规划

首先，国有企业应组织专业团队进行市场调研和技术趋势分析，明确企业科技创新的方向和目标。其次，制定详细的科技创新战略规划，包括研发投入、技术路线、人才培养和引进计划等。确保战略规划与企业整体发展战略相协调，并设立专门的科技创新管理部门负责实施和监督。

2.加大科技创新投入

国有企业应设立科技创新专项资金，确保研发经费充足和稳定。同时，优化资源配置，提高资金使用效率。建立严格的资金管理制度，确保专款专用，并对资金使用情况进行定期审计和评估。

3.完善人才培养与激励机制

建立健全的人才培养体系，确保内部培训和外部引进相结合。制定具有竞争力的薪酬和福利政策，吸引和留住科技创新人才。实施股权激励、项目奖励等多元化激励机制，激发科研人员的创新热情和积极性。

4. 加强产学研合作

积极与高等院校、研究机构建立长期稳定的合作关系，共同开展技术研发和创新项目。通过产学研合作，实现资源共享和优势互补。建立高效的合作机制和沟通平台，确保合作项目的顺利进行和成果的有效转化。

5. 强化知识产权保护

建立健全的知识产权保护体系，开展专利申请和维护工作。对核心技术进行重点保护，防范知识产权流失和侵权风险。加强知识产权培训，提高全员的知识产权保护意识。同时，建立知识产权纠纷应对机制，及时有效地处理知识产权纠纷。

二、推动可持续发展的合规程序与方法

1. 制定可持续发展战略

国有企业应结合行业特点和自身实际情况，制定符合可持续发展要求的战略规划。明确环境保护、社会责任和经济效益的协调发展目标。将可持续发展战略纳入企业整体发展规划，并设立负责实施和监督的可持续发展管理部门。

2. 加强环境保护合规管理

建立健全的环境保护合规管理体系，确保企业生产经营活动符合国家环保法律法规要求。加强污染物排放监测和治理，提高资源利用效率。定期开展环保培训和宣传活动，提高全员环保意识。同时，加强与环保部门的沟通和合作，及时获取政策信息和指导。

3. 履行社会责任

国有企业应积极参与社会公益事业，关注员工福利和社区发展；应加强与利益相关方的沟通和合作，共同推动社会进步和可持续发展；应建立社会责任报告制度，定期发布社会责任报告，公开透明地展示企业在履行社会责任方面的成果和贡献。

4. 推动绿色转型

国有企业应积极响应国家绿色发展战略，推动产业结构和生产方式的绿色转型。采用先进的清洁生产技术和设备，减少能源消耗和污染物排放。建立绿色转型专项基金，支持绿色技术研发和推广应用。同时，加强与绿色产业链上下游企业的合作，共同推动绿色转型。

5. 加强合规风险防控

建立健全的合规风险防控体系，对科技创新和可持续发展过程中可能存在的合规风险进行识别和评估；制定有效的风险防控措施和应急预案；开展合规培训和宣传教育活动，提高全员的合规意识和风险防控能力。同时，国有企业应建立合规监督和考核机制，确保合规管理制度的有效执行。

专题10：社区和谐与利益共享不到位

案例引入

一、案例背景

传统制造业国有企业Y（以下简称"Y企业"），位于某工业重镇，是该地区的主要经济支

柱。Y 企业主要从事钢铁生产，拥有员工数千人，年产值数十亿元。然而，随着企业规模的扩大和生产活动的持续进行，Y 企业在社区和谐与利益共享方面的问题逐渐凸显，引发了广泛关注。

二、具体问题

1. 环境污染严重

Y 企业在生产过程中排放大量废气、废水和固体废弃物，严重污染了周边环境和居民生活用水。环保部门监测数据显示，企业周边空气质量超标率长期保持在 30% 以上，水体污染指数也远高于国家标准。

某社区居民反映，自 Y 企业建立以来，家中自来水常有异味，经检测发现水中重金属含量超标，严重影响居民健康。

2. 社区关系紧张

由于环境污染问题长期得不到有效解决，Y 企业与周边社区的关系日益紧张。居民多次组织抗议活动，要求企业改善生产条件，减少污染排放。然而，Y 企业对此反应迟缓，未能及时采取有效措施回应居民诉求。

20×× 年，企业排放的废气导致附近学校多名学生出现呼吸道疾病，引发家长集体上访，要求企业承担相应责任。

3. 利益共享机制缺失

Y 企业在追求经济效益的同时，忽视了与周边社区的利益共享。企业不仅未能有效带动地方经济发展，提高居民生活水平，反而因污染问题给社区带来沉重负担。

据统计，Y 企业年纳税额虽高达数亿元，但对周边社区的直接经济贡献却微乎其微。社区失业率长期保持在较高水平，居民收入水平普遍低于全市平均水平。

三、主要问题的影响

1. 企业形象受损

由于环境污染和社区关系紧张，Y 企业的社会形象严重受损。公众对企业的信任度下降，品牌价值受到冲击。

Y 企业在市场上的竞争力减弱，客户订单减少，部分合作伙伴选择终止合作。

2. 财务指标下滑

随着企业形象受损和市场竞争力下降，Y 企业的财务指标也开始出现下滑趋势。营业收入增长放缓，净利润率逐年降低。

2019—2024 年，Y 企业的年营业收入增长率由 10% 下降至 5%，净利润率由 8% 下降至 5%。

3. 法律风险增加

由于环境污染问题严重，Y 企业面临来自环保部门的严厉处罚和诉讼风险。同时，社区居民的集体诉讼也增加了企业的法律成本和提高了不确定性。

Y 企业因超标排放被环保部门处以高额罚款，并需承担相关诉讼费用。

四、结论与反思

Y 企业的案例深刻揭示了国有企业在追求经济效益的同时，必须高度重视社会责任与可持续发展合规问题。环境污染和社区关系紧张不仅损害了企业的社会形象和市场竞争力，还直接导致了财务指标下滑和法律风险增加。针对本案例，国有企业的结论与反思如下。

1. 加强环境保护

企业应加大环保投入，采用先进的清洁生产技术，减少污染排放，保护生态环境。

2. 建立利益共享机制

企业应积极与周边社区沟通合作，建立利益共享机制，带动地方经济发展，改善居民生活水平。

3. 提升社会责任意识

企业应将社会责任融入企业文化和战略规划中，提升全员社会责任意识，推动企业可持续发展。

4. 完善合规管理体系

企业应建立健全的合规管理体系，确保生产经营活动符合国家法律法规和可持续发展要求。

通过实施以上措施，国有企业可以更好地履行社会责任，实现经济效益与社会效益。

合规问题分析

一、业务简介

国有企业作为国民经济的支柱，不仅承担着推动经济发展的重任，还应当在承担社会责任与可持续发展方面发挥表率作用。国有企业广泛涉足基础设施建设、能源开发、制造业等多个领域，对地方经济、社会福祉及生态环境具有深远影响。然而，在实际运营过程中，部分国有企业在追求经济效益的同时，往往忽视了与社区的和谐共处及利益共享，从而引发了一系列合规问题。

二、相关规定

国家和地方政府针对企业社会责任与可持续发展制定了一系列法律法规和政策文件，要求企业在追求经济效益的同时必须关注环境保护、社会福祉和利益相关者权益。这些规定包括但不限于《中华人民共和国环境保护法》《中华人民共和国安全生产法》《中华人民共和国公司法》中关于社会责任的条款，以及地方政府出台的相关指导意见和行动计划。这些规定为企业履行社会责任、促进社区和谐与利益共享提供了明确的法律依据和标准。

三、合规问题具体表现

1. 环境污染与生态破坏

国有企业在生产过程中可能产生大量废水、废气、固体废弃物等污染物，若处理不当，将严重污染周边环境和影响生态系统，影响居民生活质量。部分企业为了追求短期经济效益，忽视环保投入，导致环保设施落后或闲置，加剧了环境污染问题。

2. 社区关系紧张

由于环境污染、噪声扰民等问题，国有企业与周边社区的关系日益紧张。居民对企业的不满情绪不断积累，容易引发群体性事件和社会不稳定因素。企业与社区缺乏有效的沟通机制，企业对居民诉求回应不及时、不充分，进一步加剧了矛盾冲突。

3. 利益共享机制缺失

国有企业在地方经济发展中占据重要地位，但部分企业在享受政策优惠和资源支持的同时，未能有效带动周边社区的经济发展和居民收入增长。企业与社区之间的利益共享机制不健全，导致社区居民未能充分享受到企业发展带来的红利，影响了企业的社会形象和长远发展。

四、问题造成的严重影响

1. 企业形象受损

环境污染和社区关系紧张将严重损害国有企业的社会形象和品牌价值。公众对企业的信任度下降，可能导致客户流失、合作伙伴疏远等负面后果。

2. 经济效益下滑

社区关系紧张可能引发居民抵制企业产品或服务的行为，影响企业的市场销售和营业收入。同时，环保处罚和法律诉讼也将增加企业的运营成本和经济负担。

3. 社会风险增加

环境污染和社区矛盾可能引发社会不稳定因素，增加和提高企业的社会风险和运营不确定性。一旦爆发群体性事件或重大环保事故，将对企业造成难以估量的损失。

4. 可持续发展受阻

社区和谐与利益共享不到位将阻碍国有企业的可持续发展。企业无法获得社区的支持和认同，将难以在地方经济中持续发挥引领作用，影响企业的长期竞争力和生存能力。

综上所述，国有企业社会责任与可持续发展合规问题中的社区和谐与利益共享不到位是一个亟待解决的重要问题。企业应当加强合规管理，积极履行社会责任，推动与社区的和谐共处和利益共享，以实现经济效益与社会效益。

法律法规依据

针对国有企业社会责任与可持续发展合规问题中社区和谐与利益共享不到位的问题，以下是对相关法律法规的总结。

一、针对环境污染与生态破坏问题的法律法规

1.《中华人民共和国环境保护法》

第六条：……企业事业单位和其他生产经营者应当防止、减少环境污染和生态破坏，对所造成的损害依法承担责任……。

2.《中华人民共和国大气污染防治法》

第十八条：企业事业单位和其他生产经营者建设对大气环境有影响的项目，应当依法进行环境影响评价、公开环境影响评价文件；向大气排放污染物的，应当符合大气污染物排放标准，遵守重点大气污染物排放总量控制要求。

二、针对社区关系紧张问题的法律法规

1.《中华人民共和国公司法》

第十九条：公司从事经营活动，应当遵守法律法规，遵守社会公德、商业道德，诚实守信，接受政府和社会公众的监督。

2.《中华人民共和国民法典》

第二百八十七条：业主对建设单位、物业服务企业或者其他管理人以及其他业主侵害自己合法权益的行为，有权请求其承担民事责任。此条款虽主要针对业主，但可类比到企业对社区居民

的责任。

三、针对利益共享机制缺失问题的法律法规

1.《中华人民共和国企业国有资产法》

第十七条：国家出资企业从事经营活动，应当遵守法律、行政法规，加强经营管理，提高经济效益，接受人民政府及其有关部门、机构依法实施的管理和监督，接受社会公众的监督，承担社会责任，对出资人负责……。

2.《中华人民共和国合伙企业法》

该法虽主要针对合伙企业，但其中的社会责任原则对国有企业同样有指导意义。

第七条：合伙企业及其合伙人必须遵守法律、行政法规，遵守社会公德、商业道德，承担社会责任。

综上所述，国有企业在追求经济效益的同时，必须严格遵守相关法律法规，积极履行社会责任，关注环境保护、社区福祉和利益相关者权益，推动与社区的和谐共处和利益共享。这些法律法规为国有企业提供了明确的法律依据和标准，要求其在社会责任与可持续发展合规问题中切实做到社区和谐与利益共享。

合规程序与方法

针对国有企业社会责任与可持续发展合规问题中社区和谐与利益共享不到位的问题，提出以下具体的合规程序与方法，旨在有针对性地解决问题。

一、建立环境管理合规程序

1.进行环境影响评估与监测

在新项目启动前，严格按照《中华人民共和国环境影响评价法》进行环境影响评估，确保项目符合环保标准。建立日常环境监测体系，定期检测废水、废气、固体废弃物等污染物的排放情况，及时发现问题并采取措施整改。

2.环保设施升级与维护

加大环保投入，对老旧环保设施进行升级改造，确保其运行效率和处理效果满足环保要求。制定环保设施维护计划，定期检查维护，确保设施正常运行，减少污染物排放。

二、构建社区沟通与合作机制

1.建立社区联络办公室

在企业内部设立专门的社区联络办公室，负责收集、整理社区居民的诉求和反馈，及时响应并解决问题。定期召开社区座谈会，邀请居民代表参与，就企业运营、环保措施等问题进行沟通交流，促使彼此相互理解和增加信任。

2.开展社区公益活动

积极参与社区公益活动，如环保宣传、教育支持等，提升企业在社区中的形象和影响力。通过公益活动加强与社区居民的联系，促进社区和谐与利益共享。

三、完善利益共享机制

1.制定利益共享计划

结合企业实际情况和社区发展需求，制定切实可行的利益共享计划，明确企业在带动地方经

济发展、提高居民收入等方面的具体措施。利益共享计划应公开透明，接受社区居民和社会各界的监督。

2. 实施就业与培训项目

优先录用社区居民，为其提供稳定的就业岗位和合理的薪酬待遇。开展职业技能培训项目，帮助社区居民提升就业能力，拓宽就业渠道。

四、加强合规文化建设

1. 开展合规教育培训

定期对全体员工进行合规教育培训，强化员工的合规意识和法律观念，确保企业运营活动合法合规。特别是针对环保、社区关系等敏感领域，要加强专项培训，提升员工的实际操作能力和应对能力。

2. 建立合规考核与激励机制

将合规表现纳入员工绩效考核体系，对表现突出的个人或部门给予表彰和奖励。对违反合规要求的行为严肃处理，追究相关人员的责任，形成有效的震慑作用。

五、强化内外部监督与审计

1. 建立内部监督体系

设立独立的内部审计部门或聘请第三方审计机构，对企业运营活动进行定期审计和检查，确保各项合规措施得到有效执行。鼓励员工举报违规行为，建立举报奖励和保护机制，保障举报人的合法权益。

2. 接受外部监督

主动接受政府监管部门的监督和检查，及时解决发现的问题。加强与行业协会、非政府组织等外部机构的合作与交流，共同推动行业合规发展。

通过实施上述合规程序与方法，国有企业可以有效提升社会责任履行水平，促进社区和谐与利益共享，实现可持续发展目标。

第十五章
国有企业审计与内部监督合规问题

专题 1：内部审计制度机制不健全

案例引入

一、案例背景

传统制造业国有企业 A（以下简称"企业 A"），成立于 20 世纪 80 年代，主营钢铁生产与销售，曾是国内行业的领头羊。近年来，随着市场竞争的加剧和环保政策的收紧，企业 A 面临转型升级的压力。然而，由于内部审计制度机制长期不健全，企业内部监督严重缺失，导致了一系列合规问题和管理漏洞。

二、具体问题

1. 内部审计机构形同虚设

企业 A 虽然设立了内部审计部门，但该部门长期缺乏独立性，人员配备不足，且多由财务部门兼职，导致审计职能无法有效发挥。审计部门负责人张经理，因兼任多项职务，在审计工作中投入的精力有限，审计项目往往流于形式，难以发现深层次问题。

2. 审计范围狭窄，重点不突出

内部审计工作主要集中在财务收支审计上，对采购、生产、销售等关键业务环节的审计覆盖不足。对高风险领域，如原材料采购中的腐败行为、生产过程中的浪费现象等缺乏有效监督。

3. 审计结果处理不力

审计发现的问题往往得不到及时有效的解决，责任追究机制缺失，导致问题屡查屡犯。例如，2022 年度审计中发现原材料采购中存在虚报价格、吃回扣的问题，涉及金额高达 500 万元，但仅对相关人员进行了轻微处罚，并未从根本上解决问题。

三、主要问题的影响

1. 经济损失巨大

由于内部审计失效，企业 A 在采购、生产等环节存在大量浪费和腐败现象，直接导致企业成本上升，利润下滑。据不完全统计，近五年来因内部审计不力导致的直接经济损失超过 1 亿元。

2. 财务指标恶化

企业的净利润率从五年前的 8% 下降至当前的 3%，总资产周转率也明显下降，这些显示出企业运营效率低下，资产利用不充分。股票市场反应强烈，企业 A 的股价在过去一年内下跌了40%，市值蒸发近百亿元。

3. 企业信誉受损

频繁曝出的合规问题和管理漏洞严重影响了企业 A 的市场形象和品牌信誉，合作伙伴和客户信任度降低，订单量大幅减少。企业多次被监管部门点名批评，面临严重的法律风险和声誉风险。

四、结论与反思

本案例深刻揭示了国有企业审计与内部监督合规问题中内部审计制度机制不健全的严重后果。企业A因内部审计失效导致经济损失巨大、财务指标恶化、企业信誉受损等一系列问题，教训极为深刻。

反思此案例，国有企业必须高度重视内部审计工作，建立健全内部审计制度机制，确保审计机构的独立性和权威性。同时，要拓宽审计范围，加大对重点领域和高风险环节的监督力度，对审计发现的问题要严肃处理，及时解决，建立健全责任追究机制。此外，还应加强对审计人员的专业培训和考核，提高审计工作的质量和效率，为企业的可持续发展提供坚实的内部监督保障。

合规问题分析

一、业务简介

国有企业作为国民经济的重要支柱，其运营状况直接关系到国家经济的稳定与发展。内部审计作为企业内部监督的重要组成部分，旨在通过对企业财务收支、经济活动、内部控制、风险管理等方面进行独立、客观的监督、评价和建议，促进企业完善治理结构、实现目标。然而，当前部分国有企业在内部审计制度机制方面存在不健全的问题，影响了内部审计职能的有效发挥。

二、相关规定

根据《审计署关于内部审计工作的规定》等相关法律法规和规范性文件，内部审计应当具备独立性、客观性和权威性，确保对企业各项经济活动的全面、深入监督。同时，要求企业建立健全内审计制度，明确内部审计机构的职责、权限和工作流程，确保内部审计工作的有效开展。

三、合规问题具体表现

1.内部审计机构设置不健全

部分国有企业未设置专门的内部审计机构，或虽设有机构但独立性不足，审计人员多由其他部门兼职，难以保证审计工作的专业性和客观性。审计机构的人员配备不足，审计任务繁重，导致审计工作难以深入细致地开展。

2.内部审计范围狭窄

内部审计工作主要集中在财务收支审计上，对企业整体运营情况、内部控制、风险管理等方面的审计覆盖不足。对战略方向、管理方向等重要领域的审计关注不够，未能充分发挥内部审计在公司治理中的价值创造作用。

3.审计方式方法落后

内部审计的审计方式方法、审计思路、技术方法等方面相对落后，未能充分利用现代信息技术手段提高审计效率和质量。审计人员在专业知识、技能水平等方面存在不足，难以适应复杂多变的审计环境。

4.审计结果运用不充分

审计发现的问题往往得不到及时有效的解决，责任追究机制不健全，导致问题屡查屡犯。审计结果未能被充分运用到企业的决策和管理中，未能为企业持续改进和提升管理水平提供有力支持。

四、问题造成的严重影响

1. 经济损失大

内部审计制度不健全导致企业内部监督缺失，容易滋生腐败、浪费等现象，造成企业经济损失。同时，由于未能及时发现和解决与消除经营中的问题和风险，企业可能会遭受更大的经济损失。

2. 存在管理漏洞

内部审计制度不健全使得企业内部管理存在诸多漏洞和薄弱环节，难以形成有效的内部控制体系。这不仅影响了企业的运营效率和管理水平，还可能给企业的长期发展带来潜在风险。

3. 信誉受损

频繁曝出的合规问题和管理漏洞会严重损害企业的市场形象和品牌信誉，进而降低合作伙伴和客户的信任度。这将进一步影响企业的业务发展和市场竞争力。

4. 面临法律风险

内部审计制度不健全可能导致企业违反相关法律法规和监管要求，面临严重的法律风险和处罚。这不仅会给企业带来经济损失和声誉损害，还可能影响企业的正常运营和发展。

综上所述，国有企业审计与内部监督合规问题中内部审计制度机制不健全的问题亟待解决。企业应高度重视内部审计工作，建立健全内部审计制度机制，确保审计工作的独立性、客观性和权威性，充分发挥内部审计在公司治理中的重要作用。

法律法规依据

针对国有企业审计与内部监督合规问题中内部审计制度机制不健全的问题，以下是对相关法律法规依据的总结。

一、针对内部审计机构设置不健全问题的法律法规

1.《中华人民共和国审计法》

第三十二条：被审计单位应当加强对内部审计工作的领导，按照国家有关规定建立健全内部审计制度。

审计机关应当对被审计单位的内部审计工作进行业务指导和监督。

2.《审计署关于内部审计工作的规定》

第四条：单位应当依照有关法律法规、本规定和内部审计职业规范，结合本单位实际情况，建立健全内部审计制度，明确内部审计工作的领导体制、职责权限、人员配备、经费保障、审计结果运用和责任追究等。

第六条：国家机关、事业单位、社会团体等单位的内部审计机构或者履行内部审计职责的内设机构，应当在本单位党组织、主要负责人的直接领导下开展内部审计工作，向其负责并报告工作。

国有企业内部审计机构或者履行内部审计职责的内设机构应当在企业党组织、董事会（或者主要负责人）直接领导下开展内部审计工作，向其负责并报告工作。国有企业应当按照有关规定建立总审计师制度。总审计师协助党组织、董事会（或者主要负责人）管理内部审计工作。

二、针对内部审计范围狭窄问题的法律法规

1.《中华人民共和国审计法实施条例》

第二十条：审计机关对国有企业的审计，除关注其财务收支的真实、合法和效益外，还应当关注其有关经济活动的效益、效果和合规性。

2.《审计署关于内部审计工作的规定》

第十三条：内部审计机构或者履行内部审计职责的内设机构应当履行下列职责：……（一）对本单位及所属单位财政收支、财务收支、经济活动、内部控制、风险管理实施独立、客观的监督、评价和建议……。

三、针对审计方式方法落后问题的法律法规

1.《中华人民共和国会计法》

第三十五条：会计机构内部应当建立稽核制度。出纳人员不得兼任稽核、会计档案保管和收入、支出、费用、债权债务账目的登记工作。

2.《企业内部控制基本规范》

第七条：企业应当运用信息技术加强内部控制，建立与经营管理相适应的信息系统，促进内部控制流程与信息系统的有机结合，实现对业务和事项的自动控制，减少或消除人为操纵因素。

四、针对审计结果运用不充分问题的法律法规

1.《中华人民共和国公司法》

第二百零七条：公司应当依照法律、行政法规和国务院财政部门的规定建立本公司的财务、会计制度。

第二百零八条：公司应当在每一会计年度终了时编制财务会计报告，并依法经会计师事务所审计……。

2.《审计署关于内部审计工作的规定》

第十九条：单位主要负责人或者权力机构应当制订相应的措施，确保内部审计结果得以有效利用，对内部审计发现的典型性、普遍性、倾向性问题，应当及时分析研究，制定和完善相关管理制度，建立健全内部控制措施。

综上所述，国有企业审计与内部监督合规问题中的内部审计制度机制不健全问题涉及多方面的法律法规要求。企业应当严格遵守相关法律法规，建立健全内部审计制度机制，确保审计工作的独立性、客观性和权威性，以充分发挥内部审计在公司治理中的重要作用。

合规程序与方法

针对国有企业审计与内部监督合规问题中内部审计制度机制不健全的问题，提出以下具体的合规程序与方法，旨在分步骤、有针对性地解决问题。

一、明确内部审计机构的地位与职责

1.设立独立的内部审计机构

在企业组织架构中明确设立独立的内部审计机构，确保其直接向企业最高管理层（如董事会）报告，避免与其他职能部门合署办公，保障其独立性。

2. 明确职责范围

制定内部审计机构职责说明书，明确其负责对企业所有经济活动、内部控制、风险管理等方面进行审计监督的职责，确保审计范围全面覆盖。

二、完善内部审计制度体系

1. 制定内部审计规章制度

结合企业实际情况，制定详细的内部审计规章制度，包括审计程序、审计标准、报告路径、整改要求等，确保审计工作有章可循。

2. 定期修订与更新内部审计规章制度

根据国家法律法规、行业监管要求和企业实际情况，定期对内部审计规章制度进行修订和更新，确保其适应性和有效性。建立制度修订机制，明确修订流程和责任部门，确保制度修订工作的及时性和规范性。

三、加强审计队伍建设与培训

1. 优化人员配置

合理配置内部审计人员，确保有足够数量的专业人员来承担审计任务，避免人员不足导致的审计质量下降。

2. 加强专业培训

定期组织内部审计人员参加专业培训和继续教育，提高其专业知识和技能。鼓励内部审计人员参加相关职业资格考试，提升团队整体素质。

四、拓宽审计范围与深化审计内容

1. 拓宽审计范围

将审计范围从传统的财务收支审计拓展到企业战略、管理决策、内部控制、风险管理等多个领域，实现对企业全面运营的审计监督。

2. 深化审计内容

在审计过程中，注重对经济活动的效益性、效果性和合规性进行深入分析，揭示潜在问题和风险，提出有价值的审计建议。采用数据分析、风险评估等现代审计技术方法，提高审计工作的科学性和精准性。

五、强化审计结果运用与整改落实

1. 建立整改问责机制

对审计发现的问题建立整改台账，明确整改责任人和整改期限，跟踪督促整改落实。对整改不力的责任人员进行问责处理，确保审计结果得到有效运用。

2. 纳入绩效考核体系

将审计结果和整改情况纳入企业绩效考核体系，作为员工奖惩、晋升的重要依据之一，提高全员对审计工作的重视程度和配合度。

通过实施上述合规程序与方法，国有企业可以有效解决审计与内部监督合规问题中内部审计制度机制不健全的问题，提升企业内部监督水平和管理效能。

专题 2：审计独立性受限

案例引入

一、案例背景

传统制造业企业 A，作为大型国有企业，长期以来在行业内占据重要地位。然而，随着市场竞争的加剧和企业规模的扩大，企业内部管理问题逐渐暴露，特别是审计独立性受限的问题尤为突出。企业 A 设有内部审计部门，但在实际操作中，该部门的工作受到多方干扰，难以独立、客观地履行审计监督职责。

二、具体问题

1. 审计机构设置不合理

企业 A 的内部审计部门隶属于财务部门，由财务经理兼任内部审计部门负责人。这种设置直接导致内部审计工作受到财务部门的直接影响和控制，审计独立性严重受限。

2. 关键审计人员缺乏独立性

内部审计部门的核心成员多为财务部门转岗而来，与财务部门存在密切的工作和个人关系。在审计过程中，这些审计人员往往难以摆脱原有立场，对财务部门的违规行为视而不见或避重就轻。

3. 审计结果受到管理层干预

在多次审计中，企业 A 的内部审计部门发现了一些重大财务违规问题，如虚构销售收入、挪用公款等。然而，内部审计部门在将这些审计结果向管理层汇报时，却遭到了不同程度的干预，导致最终公布的审计报告严重失真。

三、主要问题的影响

1. 经济损失大

由于审计独立性受限，企业 A 未能及时发现和纠正内部存在的财务违规行为。据统计，近三年来，企业因财务违规导致的直接经济损失高达 5000 万元，间接影响了企业的市场信誉和品牌形象。

2. 财务指标下滑

随着财务违规问题的不断累积，企业 A 的财务指标出现了明显下滑。例如，应收账款周转次数从三年前的 5 次 / 年下降至当前的 3 次 / 年，存货周转次数也从 4 次 / 年降至 2.5 次 / 年。这些指标的恶化进一步反映了企业的运营压力和资金链紧张。

3. 内部管理混乱

审计独立性受限导致了企业内部管理的混乱。由于违规行为得不到有效遏制，员工士气低落，工作效率下降。同时，管理层之间的信任危机加剧，决策效率和质量受到严重影响。

四、结论与反思

企业 A 审计独立性受限的问题，不仅导致了巨大的经济损失和财务指标下滑，还严重破坏了企业的内部管理秩序和运营环境。这一案例充分说明了审计独立性在国有企业内部监督中的重要性，国有企业应从以下方面入手提高审计独立性。

1. 优化审计机构设置

企业应确保内部审计部门的独立性，避免其隶属于财务部门或其他可能产生利益冲突的部门。建议内部审计部门直接隶属于董事会或监事会，以提高其独立性和权威性。

2. 提高审计人员独立性

企业应建立健全审计人员轮换和回避制度，避免关键审计人员与财务部门或其他相关部门存在过密的关系。同时，加强对审计人员的职业道德教育和专业培训，提高其独立性和专业胜任能力。

3. 完善审计结果报告机制

企业应建立独立的审计结果报告渠道，确保审计结果能够客观、公正地呈现在管理层和相关部门面前。对于管理层干预审计结果的行为，应建立明确的责任追究机制，以维护审计的独立性和权威性。

4. 强化内部控制与风险管理

企业应加强内部控制体系建设，完善风险管理制度，提高风险防范和应对能力；通过建立健全的风险评估和监控机制，及时发现和解决潜在的风险问题，保障企业的稳健运营和发展。

合规问题分析

一、业务简介

国有企业作为国家经济的重要组成部分，其运营效率和合规性直接关系到国民经济的健康发展和国家资产的安全。审计与内部监督作为保障国有企业合规运营的重要手段，承担着对企业经济活动进行全面、客观、公正监督的职责。然而，在实际操作中，审计独立性受限的问题日益凸显，成为影响国有企业内部监督效果的关键因素。

二、相关规定

为确保审计的独立性，国家出台了一系列相关法律法规和规章制度，对国有企业内部审计机构的设置、职责、权限以及审计工作的独立性提出了明确要求。例如，《中华人民共和国审计法》及其实施条例、《审计署关于内部审计工作的规定》等法律法规，均强调了内部审计机构及其人员应保持独立地位，不受任何单位和个人的干涉和影响。然而，这些规定在实际执行过程中往往面临诸多挑战。

三、合规问题具体表现

1. 内部审计机构设置不合理

部分国有企业未设立独立的内部审计机构，或将内部审计机构与其他职能部门合并，导致内部审计机构在人员、经费等方面缺乏独立性，难以独立开展工作。

2. 内部审计人员缺乏独立性

内部审计人员往往由企业内部员工兼任，与被审计部门存在利益关系或上下级关系，导致内部审计人员在审计过程中难以保持客观公正的态度，审计结果可能受到干扰和影响。

3. 管理层干预审计结果

在某些情况下，企业管理层出于自身利益考虑，可能会对审计结果进行干预或修改，使审计结果失真，无法真实反映企业存在的问题和风险。

4. 审计资源不足

由于内部审计机构缺乏独立性和权威性，审计资源（如人员、经费、技术等）投入不足，影响审计工作的质量和效率。

四、问题造成的严重影响

1. 损害企业利益

审计独立性受限导致企业无法及时发现和处理内部存在的违规行为和风险隐患，从而可能引发重大经济损失和信誉损害。

2. 破坏市场秩序

国有企业作为市场的重要参与者，其违规行为可能对市场秩序造成破坏，影响公平竞争和资源配置效率。

3. 削弱内部监督效能

审计独立性是内部监督有效性的重要保障。审计独立性受限将削弱内部监督的效能，使企业面临更高的违规风险和经营不确定性。

4. 影响国家资产安全

国有企业作为国家资产的重要载体，其合规运营直接关系到国家资产的安全。审计独立性受限可能导致国家资产流失和浪费，损害国家利益。

综上所述，国有企业审计与内部监督合规问题中审计独立性受限的问题亟待解决。企业应通过优化内部审计机构设置、提高内部审计人员独立性、完善审计结果报告机制等措施，提高审计工作的独立性和有效性，确保国有企业合规运营和国家资产安全。

法律法规依据

针对国有企业审计与内部监督合规问题中审计独立性受限的问题，以下是相关法律法规依据。

一、针对内部审计机构设置不合理问题的法律法规

《中华人民共和国审计法》

第三十一条：审计机关根据被审计单位的财政、财务隶属关系或者国有资产监督管理关系，确定审计管辖范围。

这一条款强调了审计机关的独立性，暗示了审计机构应独立于被审计单位。

二、针对内部审计人员缺乏独立性问题的法律法规

《中华人民共和国公司法》

第一百八十四条：董事、监事、高级管理人员未向董事会或者股东会报告，并按照公司章程的规定经董事会或者股东会决议通过，不得自营或者为他人经营与其任职公司同类的业务。

这一条款虽未直接提及审计独立性，但强调了高级管理人员不得利用职务之便谋取私利，间接支持了审计人员应保持独立性的原则。

三、针对管理层干预审计结果问题的法律法规

1.《中华人民共和国审计法》

第十七条：任何单位和个人不得拒绝、阻碍审计人员依法执行职务，不得打击报复审计

人员。

这一条款保护审计人员免受管理层的不当干预。

2.《中华人民共和国刑法》

第二百二十九条：承担资产评估、验资、验证、会计、审计、法律服务等职责的中介组织的人员故意提供虚假证明文件，情节严重的，处五年以下有期徒刑或者拘役，并处罚金……。

这一条款对干预审计结果并导致严重后果的行为提供了刑事法律责任的依据。

四、针对审计资源不足问题的法律法规

1.《中华人民共和国审计法》

第三十二条：依法属于审计机关审计监督对象的单位，应当按照国家有关规定建立健全内部审计制度；其内部审计工作应当接受审计机关的业务指导和监督。

这一条款要求企业建立健全内部审计制度，暗示了应提供必要的审计资源。

2.《企业国有资产监督管理暂行条例》

第七条：各级人民政府应当严格执行国有资产管理法律、法规，坚持政府的社会公共管理职能与国有资产出资人职能分开，坚持政企分开，实行所有权与经营权分离。

国有资产监督管理机构不行使政府的社会公共管理职能，政府其他机构、部门不履行企业国有资产出资人职责。

综上所述，国内现行法律法规为国有企业审计与内部监督合规问题中的审计独立性提供了明确的法律法规依据。企业应遵守相关法律法规，确保审计工作的独立性，以维护企业的合规运营和国家资产的安全。

合规程序与方法

针对国有企业审计与内部监督合规问题中审计独立性受限的问题，以下提出具体的合规程序与方法，旨在分步骤、有针对性地解决问题。

一、优化审计机构设置

1. 明确审计机构定位

确立内部审计机构为企业内部独立的监督机构，直接隶属于企业最高领导层（如董事会或监事会），确保其地位独立于日常经营管理活动。

2. 制定机构设置方案

设计独立的内部审计部门组织架构，明确部门职责、权限及与其他部门的关系，避免与其他部门合署办公或存在利益关系。

3. 实施机构调整

按照既定方案调整内部审计机构设置，确保新机构能够迅速运作，并开始独立履行审计监督职责。

二、加强审计人员独立性保障

1. 建立专职审计队伍

招聘具有专业背景和审计经验的专职审计人员，避免由其他业务部门人员兼任。

2. 实施轮岗与回避制度

制定审计人员轮岗计划，避免某审计人员长期固定审计某一领域或部门，减少利益冲突的可能性。同时，对与被审计部门存在利益关系的审计人员实施回避制度。

3. 强化职业道德教育

定期对审计人员进行职业道德教育和培训，强化其独立、客观、公正的职业操守。

三、完善审计结果报告与利用机制

1. 开通独立报告渠道

确保内部审计结果能够直接、无阻碍地被报告给企业最高领导层，避免管理层干预。

2. 强化结果利用

企业最高领导层应重视审计结果，及时采取措施解决问题，并将审计结果作为考核、奖惩的重要依据。

四、加大审计资源投入

1. 编制审计资源预算

根据企业规模和审计需求，合理编制审计资源预算，包括人员、经费、技术等方面。

2. 引入先进技术工具

利用现代信息技术手段，如大数据分析、云计算等，提高审计工作的效率和准确性，减轻审计人员负担。

3. 加强审计队伍建设

加大对审计人员的培训力度，提升其专业素质和技能水平，确保审计人员能够胜任日益复杂的审计任务。

五、建立健全监督与问责机制

1. 设立监督机构

企业可设立独立的监督机构或指定专门人员对内部审计工作进行监督和评估，确保其独立性和有效性。

2. 明确问责程序

制定详细的问责程序，对违反审计独立性原则的行为进行严肃处理，追究相关人员的责任。

3. 公开透明运作

鼓励企业员工和社会公众对内部审计工作进行监督，通过公开透明的方式增强审计工作的权威性和公信力。

通过实施以上合规程序与方法，国有企业可以逐步解决审计独立性受限的问题，提升内部监督的有效性，保障企业的合规运营和健康发展。

专题 3：审计内容单一

案例引入

一、案例背景

C 公司是一家传统制造业国有企业，主要从事金属制品的生产与销售。近年来，随着市场竞争的加剧和行业环境的变化，C 公司的经营状况面临诸多挑战。为加强内部管理，提高运营效率，C 公司设立了内部审计部门，但审计工作的独立性和全面性却存在明显问题。

二、具体问题

1. 审计独立性受限

C 公司的内部审计部门虽名义上独立于各业务部门，但在实际操作中，审计工作的计划、实施及报告均受到管理层较大程度的干预。特别是当审计结果触及管理层利益时，审计意见往往被淡化或修改，导致审计结果失真。例如，在一次对采购部门的审计中，审计发现存在供应商选择不公、价格偏高等问题，但审计报告在管理层审批时被大幅修改，最终仅对个别非核心问题提出了处理建议。

2. 审计内容单一

C 公司的内部审计工作长期局限于财务收支审计，对业务流程、内部控制、风险管理等方面的审计关注不足。这种审计内容的单一性导致许多潜在的管理漏洞和风险点未能被及时发现和处理。例如，在生产流程审计方面，内部审计部门从未对原材料库存管理、生产效率评估等关键环节进行深入审计，导致库存积压严重、生产成本居高不下。

三、主要问题的影响

1. 经济损失大

由于审计独立性受限，C 公司未能及时发现并纠正采购环节的不规范行为，导致采购成本持续上升。据统计，过去三年间，因供应商选择不当和价格偏高导致的直接经济损失超过 500 万元。同时，生产流程审计的缺失使得生产效率低下，每年因库存积压和浪费造成的间接经济损失超过 300 万元。

2. 财务指标下滑

审计内容的单一性使得 C 公司未能全面评估其经营状况，导致管理层决策失误频发。近年来，C 公司的净利润率逐年下降，从 2019 年的 8% 降至 2022 年的 4%。同时，应收账款周转率也呈下降趋势，反映出公司资金回笼速度放缓，运营风险增加。

3. 内部管理混乱

审计独立性的缺失和审计内容的单一性进一步加剧了 C 公司内部管理的混乱局面。员工对内部审计工作缺乏信任和支持，认为其只是走过场、搞形式主义。这种氛围下，违规行为频发且难以得到有效遏制，进一步损害了公司的声誉和利益。

四、结论与反思

C 公司审计与内部监督合规问题中的审计独立性受限和审计内容单一问题，不仅导致了巨大的经济损失和财务指标下滑，还严重破坏了公司的内部管理秩序和运营环境。这一案例深刻警示国有企业应采取以下措施。

1. 提高审计独立性

确保内部审计部门在组织架构、人员配置、经费保障等方面独立于管理层和业务部门，保障其能够独立、客观、公正地履行职责。

2. 拓展审计内容

将审计范围从单一的财务收支审计拓展到业务流程、内部控制、风险管理等多个方面，实现对企业经营活动的全面监督。

3. 提升审计质量

对审计人员进行专业培训，提升其技能水平，引入先进的审计技术和方法，提高审计工作的效率和准确性。

4. 强化审计结果运用

建立审计结果整改落实机制，确保审计发现的问题得到及时解决，防止问题重复发生。同时，将审计结果作为考核、奖惩的重要依据，增强审计工作的权威性和有效性。

合规问题分析

一、业务简介

国有企业作为国家经济发展的重要支柱，其运营状况直接关系到国民经济的稳定与发展。内部审计作为国有企业内部监督体系的重要组成部分，承担着对企业财务收支、经济活动、内部控制及风险管理等多方面进行独立、客观监督与评价的任务。然而，在实际操作中，部分国有企业存在审计内容单一的问题，严重制约了内部审计的作用。

二、相关规定

根据《审计署关于内部审计工作的规定》等相关规定，内部审计应当对企业的财务收支、经济活动、内部控制、风险管理等多个方面进行全面、深入的审计监督。相关规定旨在确保内部审计工作的全面性和有效性，为企业的健康稳定发展提供有力保障。

三、合规问题具体表现

1. 审计范围狭窄

部分国有企业在开展内部审计工作时，仅关注财务收支情况，忽视了对企业经济活动、内部控制及风险管理等方面的审计。这种审计范围的狭窄性导致许多潜在的管理漏洞和风险点未能被及时发现和处理。

2. 审计重点偏离

由于审计内容单一，部分国有企业在确定审计重点时往往偏离了企业的核心业务和关键环节。例如，过分关注细枝末节的问题而忽视了对企业整体运营效率和风险管理水平的评估。

3. 审计方法落后

由于审计内容单一，部分国有企业的审计方法显得相对滞后。传统的财务审计方法已难以满足现代企业管理对内部审计提出的新要求，而新的审计技术和方法却未能得到及时引进和应用。

四、问题造成的严重影响

1. 风险防控能力下降

审计内容单一导致企业无法全面评估其面临的各种风险，包括市场风险、运营风险、财务风险等。这在一定程度上削弱了企业的风险防控能力，增加了经营风险。

2. 管理决策失误频发

由于内部审计未能提供全面、客观的信息支持，企业管理层在决策时往往缺乏充分的数据依据和风险评估。这导致决策失误频发，给企业带来不必要的经济损失和声誉损害。

3. 内部控制失效

审计内容单一还可能导致企业内部控制体系失效。内部控制作为企业防范风险、提高运营效率的重要手段，其有效性直接关系到企业的生存和发展。然而，由于内部审计未能对内部控制进行全面、深入的审计监督，内部控制体系中的漏洞和问题难以被及时发现和处理。

4. 影响企业可持续发展

长此以往，审计内容单一的问题将严重制约国有企业的可持续发展能力。随着市场竞争的加剧和行业环境的变化，国有企业需要不断提升自身的管理水平和竞争力以应对各种挑战。然而，审计内容单一导致企业管理水平停滞不前甚至下降，使得企业在激烈的市场竞争中处于不利地位。

综上所述，国有企业审计与内部监督合规问题中审计内容单一的问题亟待解决。实施拓宽审计范围、明确审计重点、引进先进审计技术和方法等措施，可以有效提升内部审计工作的全面性和有效性，为企业的健康稳定发展提供有力保障。

法律法规依据

针对国有企业审计与内部监督合规问题中审计内容单一的问题，以下是对相关法律法规的总结。

一、《中华人民共和国审计法》

相关条款为第十五条至第二十三条，特别是第十六条明确规定："审计机关对本级人民政府各部门（含直属单位）和下级政府预算的执行情况和决算以及其他财政收支情况，进行审计监督。"这表明审计范围应涵盖政府各部门的所有财政财务收支情况，包括经济活动、内部控制等，而不仅仅是财务收支。

二、《中华人民共和国公司法》

第二百零八条：公司应当依照法律、行政法规和国务院财政部门的规定建立本公司的财务、会计制度。

此条款虽未直接提及审计内容，但强调了公司应建立完善的财务、会计制度，为全面审计提供了制度基础。结合第一百六十五条关于财务会计报告应真实、完整的规定，可以推断审计内容应全面覆盖公司的财务状况和经营成果。

三、《企业内部控制基本规范》

发布机构：财政部、证监会、审计署、银保监会。

该规范全面阐述了企业内部控制的目标、原则、要素和实施要求，明确指出内部控制应贯穿企业决策、执行和监督全过程，覆盖企业及其所属单位的各种业务和事项。这为企业内部审计内容的全面性提供了直接依据，要求审计不局限于财务收支，还应包括内部控制的有效性评估。

四、《审计署关于内部审计工作的规定》

相关条款为第四条至第九条，特别是第四条规定："内部审计机构或者履行内部审计职责的内设机构应当对本单位及所属单位财政财务收支、经济活动、内部控制、风险管理以及内部管理的领导人员履行经济责任情况等实施独立、客观的监督、评价和建议。"此条款直接规定了内部审计的广泛内容，包括经济活动、内部控制、风险管理等，为解决审计内容单一的问题提供了明确的法律依据。

综上所述，《中华人民共和国审计法》《中华人民共和国公司法》《中华人民共和国会计法》《企业内部控制基本规范》《审计署关于内部审计工作的规定》等法律法规从不同角度强调了国有企业审计内容的全面性，要求审计不局限于财务收支，还应涵盖经济活动、内部控制、风险管理等多个方面，以确保审计工作的有效性和合规性。

合规程序与方法

针对国有企业审计与内部监督合规问题中审计内容单一的问题，以下提出具体的合规程序与方法，旨在分步骤、有针对性地解决问题。

一、制定审计计划

在审计开始前，审计部门应与管理层充分沟通，明确审计范围不局限于财务收支，还应包括经济活动、内部控制、风险管理等多个方面。根据企业实际情况和年度工作计划，制定详细的审计计划，明确审计范围、时间节点和人员分工等。

二、拓宽审计内容

1. 加强经济活动审计

除了传统的财务收支审计外，应增加对企业经济活动的审计。重点关注采购、销售、生产等核心业务流程的合规性和效率性，审查是否存在违规操作、资源浪费等问题。

2. 深化内部控制审计

对企业内部控制体系进行全面评估，检查各项控制措施是否健全有效，是否存在设计缺陷或执行不到位的情况。特别关注关键控制点和高风险领域，如资金管理、合同管理等。

3. 开展风险管理审计

评估企业面临的各种风险，包括市场风险、运营风险、财务风险等，检查企业是否建立了完善的风险管理机制，并能够有效识别、评估、应对和监控风险。

三、引入审计技术

利用大数据、云计算、人工智能等现代信息技术手段，提高审计效率和准确性。例如，通过数据分析工具筛查异常交易、识别潜在风险点，利用自动化测试工具对内部控制流程进行测试等。

四、提高审计独立性与客观性

审计部门应独立于被审计单位，直接向企业高层报告工作。在审计过程中，应避免受到管理层或其他利益相关方的干扰和影响，确保审计结果的客观性和公正性。

五、加强审计成果运用与整改跟踪

1. 及时报告审计发现

审计结束后，应及时编制审计报告，客观、清晰地反映审计发现的问题和风险点，并提出具体的处理建议。审计报告应提交给企业管理层和相关职能部门，作为决策和改进的依据。

2. 跟踪整改落实情况

建立审计整改跟踪机制，对被审计单位整改措施的落实情况进行定期检查和评估。对于整改不力或未按时完成整改的单位和个人，应依据相关规定进行问责和处罚。

通过实施以上合规程序与方法，国有企业可以有效解决审计与内部监督合规问题中审计内容单一的问题，提升审计工作的全面性和有效性，为企业的健康稳定发展提供有力保障。

专题 4：审计方法和技术落后

案例引入

一、案例背景

公司 D 是传统制造业国有企业，成立于 20 世纪 90 年代，主营业务为机械制造与加工，占据的国内市场份额长期处于前列。随着市场竞争的加剧和技术的快速迭代，公司 D 面临着转型升级的压力。然而，在内部管理上，尤其是审计与内部监督方面，公司 D 仍采用传统的审计方法和技术，未能及时跟上时代发展的步伐。

二、具体问题

1. 审计方法陈旧

公司 D 的审计部门主要采用手工翻阅账簿、凭证等传统方式进行审计，缺乏对大数据、云计算等现代信息技术的应用。这种审计方法不仅效率低下，而且难以发现隐藏在海量数据背后的潜在风险。

2. 技术设备落后

审计部门使用的计算机系统和软件严重落后，无法满足对复杂业务数据进行高效处理和分析的需求。例如，在处理月度销售数据时，系统经常卡顿，导致审计人员不得不花费大量时间等待数据加载，严重影响了审计进度和效果。

3. 人才结构单一

审计团队主要由具有丰富财务经验的老员工组成，缺乏对信息技术、数据分析等领域的专业知识的了解。在新项目审计或复杂业务审计中，常常感到力不从心。

三、主要问题的影响

1. 财务损失显著

由于审计方法和技术落后，公司 D 未能及时发现并纠正采购、销售环节中的违规行为。据统计，过去三年内，因采购价格虚高、销售折扣滥用等问题导致的直接财务损失超过 5000 万元。

2. 财务指标下滑

由于内部管理问题频发，公司 D 的应收账款周转率、存货周转率等关键财务指标均出现不同程度的下滑。例如，应收账款周转次数从行业平均水平的每年 5 次下降至 3 次，存货周转次数也从每年 4 次下降至 2.5 次，显著影响了公司的资金流动性和运营效率。

3. 市场信誉受损

多起内部管理问题被媒体曝光后，公司 D 的市场信誉受到严重损害。客户订单量锐减，合作伙伴的信任度降低，进一步加剧了公司的经营困境。

4. 员工士气低落

内部管理混乱、违规行为频发导致公司员工士气低落，人才流失加剧。一些关键岗位的员工因对公司发展前景感到担忧而选择离职，进一步削弱了公司的竞争力。

四、结论与反思

通过对公司 D 的案例分析可以看出，审计方法和技术落后已经成为制约国有企业内部监督合规性的重要因素之一。为了解决这一问题，国有企业应采取以下措施。

1. 引入先进审计技术

积极引入大数据、云计算、人工智能等现代信息技术手段，提高审计效率和准确性。同时，开展审计系统的升级和维护工作，确保系统稳定运行。

2. 优化人才结构

加强审计团队建设，引进具有信息技术、数据分析等领域的专业知识的复合型人才。同时，加强对现有审计人员的培训和教育工作，提升其专业素质和综合能力。

3. 完善内部监督机制

建立健全内部监督机制，明确各职能部门的职责和权限划分。加大对关键业务环节和高风险领域的监督力度，确保各项规章制度得到有效执行。

4. 强化整改落实

对审计发现的问题和漏洞要及时进行解决和堵塞，并建立跟踪问责机制。对整改不力或未按时完成整改的单位和个人要依法依规进行问责处理，确保审计成果得到有效运用。

总之，国有企业应高度重视审计与内部监督合规问题，积极采取措施提升审计方法和技术水平，加强内部管理和提升风险控制能力，为企业的可持续发展奠定坚实基础。

合规问题分析

一、业务简介

国有企业作为国家经济的重要支柱，其运营效率和合规性直接关系到国家经济的稳定与发展。审计与内部监督作为保障国有企业合规运营的重要手段，承担着发现、预防和纠正违规行为的重要职责。然而，随着科技的飞速发展和企业业务的日益复杂，传统的审计方法和技术已难以满足现代国有企业对高效、精准审计的需求。

二、相关规定

我国相关法律法规对国有企业审计与内部监督提出了明确要求。《中华人民共和国审计法》《企业内部控制基本规范》《审计署关于内部审计工作的规定》等法律法规均强调，国有企业应建立健全审计与内部监督机制，采用先进的审计方法和技术，确保审计工作的全面性、客观性和有效性。这些规定为国有企业审计与内部监督的合规性提供了法律依据和制度保障。

三、合规问题具体表现

1. 审计方法陈旧

许多国有企业仍沿用传统的审计方法，如手工翻阅账簿、凭证等，这种方法不仅效率低下，而且难以应对大数据时代的海量信息处理需求。此外，传统的审计方法往往侧重于事后审计，缺乏对业务过程的实时监控和预警功能。

2. 技术设备落后

部分国有企业审计部门的信息系统和技术设备严重滞后，无法支持大数据分析、云计算等先进技术的应用。这导致审计人员在面对复杂业务数据时，难以快速准确地发现问题和风险点。

3. 人才结构不合理

审计团队中缺乏具备信息技术、数据分析等领域的专业技能的人才，导致审计工作在技术应用和创新方面存在短板。同时，现有审计人员可能因知识结构老化而难以适应新业务、新模式的审计需求。

4. 制度执行不力

虽然部分国有企业已建立了较为完善的审计与内部监督制度，但在实际执行过程中往往流于形式，缺乏有效的监督和考核机制。这导致制度形同虚设，无法发挥应有的约束和规范作用。

四、问题造成的严重影响

1. 财务损失重大

由于审计方法和技术落后，国有企业可能无法及时发现和纠正财务舞弊、资源浪费等行为，导致企业遭受重大财务损失。

2. 经营风险增加

内部审计的缺失或不足使得企业难以全面评估自身运营状况和风险水平，从而增加了经营风险。在市场竞争日益激烈的环境下，这种风险可能进一步扩大，影响企业的生存和发展。

3. 市场信誉受损

频繁的内部管理问题和违规行为一旦被曝光，将严重损害国有企业的市场信誉和品牌形象。这不仅会导致客户流失和合作伙伴信任度降低，还可能引发一系列连锁反应，如股价下跌、融资困难等。

4. 阻碍企业转型升级

在推动国有企业转型升级的过程中，高效的审计与内部监督机制是保障改革顺利进行的重要基础。然而，审计方法和技术落后将严重制约企业的改革进程和创新能力发展。

综上所述，国有企业审计与内部监督合规问题中的审计方法和技术落后已成为制约企业健康发展的重要因素之一。为了应对这一挑战，国有企业应积极响应国家法律法规要求，加快审计方法和技术创新步伐，提升审计与内部监督工作的效率和效果。

法律法规依据

针对国有企业审计与内部监督合规问题中审计方法和技术落后的问题，以下是对相关法律法规依据的总结。

一、针对审计方法陈旧问题的法律法规

1.《中华人民共和国审计法》

第二十一条：审计机关对国家的事业组织和使用财政资金的其他事业组织的财务收支，进行审计监督。

此条款强调了审计机关对国有企业财务收支的审计监督职责，暗示了审计方法应适应现代财务管理的需求。

2.《中华人民共和国会计法》

第十三条：会计凭证、会计账簿、财务会计报告和其他会计资料，必须符合国家统一的会计制度的规定……。

这要求国有企业采用现代化的会计处理方法，间接推动了国有企业审计方法的更新。

二、针对技术设备落后问题的法律法规

1.《企业内部控制基本规范》

第七条：企业应当运用信息技术加强内部控制，建立与经营管理相适应的信息系统，促进内部控制流程与信息系统的有机结合，实现对业务和事项的自动控制，减少或消除人为操纵因素。

此条款明确了国有企业应运用信息技术加强内部控制，包括审计技术的更新。

2.《中华人民共和国公司法》

第二百零七条：公司应当依照法律、行政法规和国务院财政部门的规定建立本公司的财务、会计制度。

这要求国有企业建立与现代企业制度相适应的财务、会计制度，包括采用先进的审计技术。

三、针对人才结构不合理问题的法律法规

1.《审计署关于内部审计工作的规定》

第十条：内部审计机构应当具备与其从事的审计工作相适应的专业人员。

这要求国有企业内部审计机构应配备具备相应专业知识和技能的人才，包括信息技术和数据分析方面的人才。

2.《中华人民共和国劳动法》

第六十八条：用人单位应当建立职业培训制度，按照国家规定提取和使用职业培训经费，根据本单位实际，有计划地对劳动者进行职业培训……。

这要求国有企业对审计人员进行必要的职业培训，包括新技术和新方法的培训。

四、针对制度执行不力问题的法律法规

1.《企业内部控制基本规范》

第八条：企业应当建立内部控制实施的激励约束机制，将各责任单位和全体员工实施内部控制的情况纳入绩效考评体系，促进内部控制的有效实施。

这要求国有企业建立有效的激励约束机制以确保内部控制制度的执行，包括审计制度的执行。

2.《中华人民共和国企业国有资产法》

第十八条：国家出资企业应当依照法律、行政法规和国务院财政部门的规定，建立健全财务、会计制度，设置会计账簿，进行会计核算，依照法律、行政法规以及企业章程的规定向出资人提供真实、完整的财务、会计信息。

综上所述，针对国有企业审计与内部监督合规问题中审计方法和技术落后的问题，相关法律法规提供了明确的指导。国有企业应严格遵守这些法律法规，积极更新审计方法和技术，加强内部监督和合规性管理，以确保企业的健康稳定发展。

合规程序与方法

针对国有企业审计与内部监督合规问题中审计方法和技术落后的问题，以下提出具体的合规程序与方法，旨在分步骤、有针对性地解决问题。

一、引入先进审计技术与方法

1. 技术评估与规划

对现有审计技术进行全面评估，识别技术短板和升级需求。制定审计技术升级规划，明确升级目标、时间表及预算。

2. 引进大数据与人工智能技术

引入大数据分析平台，实现对海量业务数据的快速处理和分析。利用人工智能技术进行风险预警和异常检测，提高审计效率和准确性。

3. 培训与应用

对审计人员进行大数据和人工智能技术培训，确保其能够熟练操作新系统。在实际审计项目中逐步应用新技术，验证效果并不断优化。

二、优化审计信息系统与设备

1. 系统升级与整合

对现有审计信息系统进行全面升级，确保其能够支持大数据处理和复杂业务分析。整合不同部门的信息系统，实现数据共享和无缝对接，提高审计工作的全面性。

2. 设备更新与配置

淘汰老旧设备，采购高性能计算机、服务器和存储设备。根据审计需求配置专业软件和工具，如数据分析软件、审计管理软件等。

3. 信息安全保障

采取信息系统安全防护措施，确保审计数据的安全性和保密性。定期对信息系统进行安全检查和漏洞修复。

三、加强审计人才队伍建设

1. 人才引进与培养

招聘具备信息技术、数据分析等专业技能的审计人才。对现有审计人员进行系统培训，提升其业务素质和技能水平。

2. 建立人才激励机制

设立专项奖励基金，对在审计技术创新和实践中表现突出的个人或团队给予奖励。提供职业发展路径和晋升机会，激励审计人员不断提升自身能力。

四、完善审计与内部监督制度

1. 制度修订与完善

根据国家法律法规和最新审计准则要求，修订和完善企业审计与内部监督制度。明确审计职责、权限和流程，确保审计工作的规范性和有效性。

2. 制度执行与监督

建立健全制度执行与监督机制，确保各项制度得到有效执行。定期对制度执行情况进行检查和评估，发现问题并及时解决。

五、强化审计成果运用与整改落实

1. 审计成果分析与反馈

对审计成果进行深入分析，提炼共性问题和发现管理漏洞。及时向管理层反馈审计结果和建议，促进其改善管理。

2. 落实整改措施

明确整改责任主体和时限要求，确保整改措施得到有效落实。定期对整改情况进行跟踪检查和评估验收，确保整改效果达到预期目标。

通过实施以上合规程序与方法，国有企业可以逐步解决审计方法和技术落后的问题，提升审计与内部监督的合规性和有效性，为企业健康稳定发展提供有力保障。

专题5：审计人员素质不高

案例引入

一、案例背景

E公司是一家历史悠久的传统制造业国有企业，主营机械设备生产与销售，拥有员工数千人，年营业额稳定在数十亿元规模。近年来，随着行业竞争加剧和市场环境的变化，E公司面临着转型升级的压力。然而，在追求快速发展的同时，企业内部管理尤其是审计与内部监督方面存在的问题逐渐暴露出来。

二、具体问题

E公司的内部审计部门长期存在人员配置不合理、专业素质参差不齐的问题。审计团队中，多数成员之前为财务人员，缺乏现代审计技术、数据分析和风险管理等方面的专业知识。此外，由于培训机制不健全，审计人员对新法规、新技术的学习滞后，因此审计工作难以适应企业发展的需要。

李审计员作为审计部门的核心成员之一，虽拥有丰富的财务经验，但对现代审计技术和数据分析方法知之甚少。在一次对采购部门的专项审计中，李审计员未能及时发现供应商串通抬高价格的问题，仅通过传统的账目核对方式完成了审计任务。

此次审计疏漏导致E公司在过去一年内多支付了约500万元的采购成本，直接影响了公司的净利润。同时，由于采购成本上升，公司产品在市场上的竞争力下降，销售额同比下降了约8%，进一步加大了公司的财务压力。

三、主要问题的影响

1.经济影响

（1）直接财务损失：多支付约500万元的采购成本，约占公司年度净利润的5%。

（2）间接财务损失：由于产品竞争力下降，销售额减少，全年利润下滑幅度达到15%。

2.管理影响

（1）内部控制失效：审计部门的失职暴露了E公司在内部控制方面的严重漏洞，管理层对内部审计的有效性和权威性产生怀疑。

（2）市场信誉受损：产品质量和价格竞争力的下降影响了E公司的市场形象和品牌信誉，部分长期客户开始寻求替代供应商。

（3）员工士气低落：连续的业绩下滑和内部管理问题导致员工对公司的未来信心不足，工作积极性和团队凝聚力下降。

四、结论与反思

E公司审计与内部监督合规问题中的审计人员素质不高是导致一系列财务和管理危机的根本原因。这不仅直接造成了公司的经济损失，还严重影响了公司的市场信誉和内部管理秩序，公司可从以下方面着手解决。

1.加强审计人员队伍建设

重视审计人员的专业素质培养和技能提升，通过定期培训和考核机制确保审计团队具备适应现代企业管理需求的能力。

2.完善审计制度与流程

建立健全审计制度和流程规范，明确审计职责和权限范围，确保审计工作的独立性和有效性。

3.强化内部监督机制

建立多层次的内部监督体系，加大对审计工作的监督和评估力度，确保审计结果得到及时有效的应用。

4.推动数字化转型

积极引入大数据、人工智能等现代信息技术手段提升审计效率和准确性，降低人为失误的风险。

通过实施以上措施，E公司有望在未来的发展中逐步解决审计与内部监督合规问题，为公司持续健康发展奠定坚实基础。

合规问题分析

一、业务简介

国有企业审计与内部监督是企业内部管理的重要组成部分，旨在确保企业财务信息的真实性、完整性和合规性，以及评估和控制企业运营风险。审计人员作为这一职能的核心执行者，其素质直接影响审计工作的质量和效果。

二、相关规定

1.《中华人民共和国审计法》

该法律规定了审计机关的职责、权限以及审计程序，要求审计人员具备相应的专业知识和业务能力。

2.《审计署关于内部审计工作的规定》

此规定明确了审计人员的资格条件和职责，强调审计人员应具备必要的学识及业务能力，并接受后续教育。

3.《中华人民共和国会计法》

该法律要求从事会计工作的人员必须取得相关证书，并规定了会计人员的职业道德和继续教育要求，间接规定了审计人员的素质要求。

三、合规问题具体表现

1. 专业知识匮乏

部分审计人员对新会计准则、审计标准和技术方法掌握不足，导致在审计过程中难以准确识别和评估风险。

2. 技能更新滞后

面对大数据、人工智能等现代信息技术，一些审计人员缺乏必要的数据分析能力和技术工具使用技能。

3. 职业道德缺失

部分审计人员在执行审计任务时，可能因个人利益或外部压力而违背职业道德，影响审计结果的公正性。

4. 培训与教育不足

部分企业未能提供充分的培训和教育机会，使审计人员无法及时更新知识和技能，适应审计工作的新要求。

四、问题造成的严重影响

1. 审计质量下降

审计人员素质不高直接导致审计工作的质量和效果下降，可能无法及时发现和解决企业财务和管理中的问题。

2. 内部控制失效

审计作为内部控制的重要组成部分，其失效可能导致内部控制失效，进而使企业面临运营风险和财务风险。

3. 合规风险增加

审计人员素质不高可能使企业更容易违反相关法律法规和监管要求，面临合规风险和法律诉讼。

4. 企业信誉受损

审计失败或不合规行为可能损害企业的市场形象和信誉，影响投资者和客户的信心。

5.经济效益下滑

长期而言，审计人员素质不高可能导致企业内部管理混乱、资源浪费和经济效益下滑。

综上所述，国有企业审计与内部监督合规问题中的审计人员素质不高是一个严重的问题，它直接影响审计工作的质量和效果，进而可能对企业造成多方面的严重影响。因此，企业必须高度重视审计人员素质的提升，通过加强培训、完善激励机制和强化职业道德建设等措施，确保审计工作的合规性和有效性。

法律法规依据

针对国有企业审计与内部监督合规问题中审计人员素质不高的问题，以下是对相关法律法规依据的总结。

一、针对专业知识匮乏问题的法律法规

《中华人民共和国审计法》

第十三条：审计人员应当具备与其从事的审计工作相适应的专业知识和业务能力。

此条规定明确了审计人员必须具备相应的专业知识，以确保审计工作的质量。

二、针对职业道德缺失问题的法律法规

《中国注册会计师职业道德守则》

虽然该守则主要针对注册会计师，但其原则同样适用于国有企业审计人员。守则中规定了注册会计师应当遵循的职业道德原则，包括诚信、客观和公正、专业胜任能力和应有的关注、保密以及良好职业行为等。

三、针对培训与教育不足问题的法律法规

《审计署关于内部审计工作的规定》

第七条：内部审计人员应当具备从事审计工作所需要的专业能力。单位应当严格内部审计人员录用标准，支持和保障内部审计机构通过多种途径开展继续教育，提高内部审计人员的职业胜任能力。

内部审计机构负责人应当具备审计、会计、经济、法律或者管理等工作背景。

综上所述，针对国有企业审计与内部监督合规问题中审计人员素质不高的问题，相关法律法规从专业知识、职业道德和培训与教育等方面对审计人员提出了明确的要求和规定。企业应严格遵守这些法律法规，确保审计人员的素质和能力符合审计工作的需要。

合规程序与方法

针对国有企业审计与内部监督合规问题中审计人员素质不高的问题，以下提出具体的合规程序与方法，旨在分步骤、有针对性地解决问题。

一、明确审计人员准入标准与选拔流程

1.制定审计人员准入标准

明确审计人员应具备的专业知识、技能水平和职业道德要求，如必须持有相关证书、具备一定年限的工作经历，具有财务或审计工作经验等。

2.建立科学的选拔流程

通过笔试、面试、实操考核等多环节选拔审计人员，确保选拔过程公开、公平、公正。同时，注重考察应聘者的综合素质和潜在能力。

二、加强审计人员持续教育与培训

1.制定培训计划

根据审计工作的需要，制定详细的年度培训计划，培训内容应涵盖最新政策法规、审计技术、数据分析等方面。

2.实施多元化培训方式

采用线上课程、线下研讨会、案例分析、模拟审计等多种形式进行培训，提高培训的针对性和实效性。

3.建立考核机制

定期对培训效果进行评估，将培训效果纳入审计人员绩效考核体系，激励审计人员积极参与培训。

三、强化审计人员职业道德建设

1.开展职业道德教育

定期组织审计人员学习职业道德规范和相关法律法规，强化审计人员的职业操守和法治观念。

2.建立举报与惩处机制

鼓励员工对审计人员违反职业道德的行为进行举报，并对查实的违规行为进行严肃处理，以儆效尤。

四、优化审计流程与制度建设

1.完善审计流程

明确审计工作的各个环节和步骤，确保审计过程规范、有序。同时，加强审计前的准备工作和审计后的跟踪落实工作。

2.建立健全审计制度

结合企业实际情况，制定和完善内部审计工作制度、质量控制制度等，为审计工作提供制度保障。

五、推进审计信息化建设与数据应用

1.加强审计信息化建设

投入必要的人力、物力和财力，推进审计信息化系统的建设和升级，提高审计工作的自动化和智能化水平。

2.提升数据分析能力

引导审计人员掌握数据分析工具和方法，加强对企业业务数据的分析和挖掘，提高审计工作的精准度和效率。

六、建立和谐的审计与被审计关系

1. 加强沟通与交流

审计人员应主动与被审计部门进行沟通，了解被审计部门的实际情况和需求，共同探讨解决问题的方案。

2. 注重审计方式方法

审计人员在执行审计任务时，应注重对方式方法的选择和运用，避免对被审计部门造成干扰和给其增加负担。同时，以建设性的态度提出审计意见和建议，促进被审计部门的改进和提升。

通过实施以上合规程序与方法，国有企业可以有效提升审计人员的素质和能力，确保审计工作的质量和效果，为企业的健康稳定发展提供有力保障。

专题 6：内部监督部门形同虚设

案例引入

一、案例背景

E 公司是一家传统制造业国有企业，长期以来在行业内占据重要地位。然而，随着市场环境的变化和企业规模的扩大，E 公司的内部管理机制逐渐暴露出诸多问题，其中最为突出的是其内部监督部门形同虚设。

二、具体问题

1. 内部监督部门设置不完善

E 公司虽然名义上设有内部审计部门和监事会，但这些机构的人员配置严重不足，且多数成员缺乏专业的审计和监督知识。例如，内部审计部门仅有 3 名成员，其中仅 1 人具有审计专业背景，其余 2 人均从财务部门转岗而来，对审计业务了解有限。

2. 监督职能未能有效发挥

在实际工作中，E 公司的内部审计部门和监事会很少主动开展审计和监督活动，往往是应上级要求或迫于外部审计压力才被动进行。此外，由于与企业管理层关系紧密，监督部门在执行任务时常常受到干扰和限制，因此监督职能未能有效发挥。

3. 关键岗位人员违规操作

由于缺乏有效的内部监督，E 公司的关键岗位人员出现了严重的违规操作行为。例如，采购部经理李某利用职权之便，与供应商串通抬高采购价格，从中谋取私利。据统计，仅在 20×× 年度，李某通过此类手段为公司带来了超过 500 万元的额外成本。

三、主要问题的影响

1. 经济损失巨大

由于内部监督部门形同虚设，E 公司未能及时发现和纠正违规操作行为，因此公司经济损失巨大。除了上述采购环节的额外成本外，公司在生产、销售等多个环节也存在类似问题，累计经济损失超过千万元。

2. 财务指标显著下滑

内部监督缺失不仅导致了直接的经济损失，还对公司财务指标产生了显著影响。例如，公司的毛利率、净利润率等关键指标连续多个季度出现下滑趋势，与同行业相比处于较低水平。此外，由于违规操作频发，公司的信用评级也受到影响，融资成本上升。

3. 企业形象受损

内部监督问题的曝光对E公司的企业形象造成了严重损害。投资者和合作伙伴对公司的信任度降低，导致业务合作减少、市场份额减小。同时，监管部门也对公司加大了监管力度，进一步增加了公司的运营压力。

四、结论与反思

E公司内部监督部门形同虚设的案例深刻揭示了国有企业内部管理机制中存在的问题。为了避免类似问题的发生，E公司应从以下几个方面进行反思和改进。

1. 完善内部监督机构设置

确保内部审计部门和监事会的人员配置充足且专业性强，明确各自的职责和权限。

2. 确保监督部门有效发挥职能

建立健全内部审计和监督制度，确保监督部门能够独立、客观地开展工作，不受管理层干扰。

3. 加强关键岗位人员监管

对采购、销售等关键岗位人员实施更加严格的监管措施，防止违规操作行为的发生。

4. 提升员工合规意识

加强合规文化建设，提高全体员工的合规意识和风险意识，形成全员参与、共同监督的良好氛围。

通过实施以上措施，国有企业可以有效提升内部监督效能，确保企业健康稳定发展。

合规问题分析

一、业务简介

国有企业审计与内部监督是确保企业合规运营、防范风险、提高经济效益的重要环节。内部监督部门作为这一体系的核心，承担着对企业各项业务活动进行独立、客观审查和评价的重任，旨在发现并纠正违规行为，保障企业资产安全和财务信息真实准确。

二、相关规定

针对国有企业审计与内部监督，国家出台了一系列法律法规和规章制度，如《中华人民共和国审计法》《企业国有资产监督管理暂行条例》等。这些规定明确要求国有企业必须建立健全内部监督机制，确保内部监督部门的独立性和权威性，要求其对企业经营活动的合规性、财务信息的真实性以及内部控制的有效性进行定期或不定期的审计和监督。

三、合规问题具体表现

在实际操作中，一些国有企业的内部监督部门形同虚设，合规问题具体表现如下。

1. 内部监督部门设置不完善

部分国有企业虽然设立了内部监督部门，但人员配置不足、专业素质不高，导致监督职能无法有效发挥。

2. 监督职能弱化

内部监督部门在实际工作中往往受到企业管理层的干预和限制，无法独立、客观地开展审计和监督活动。

3. 审计流程不规范

部分国有企业的内部审计流程存在缺陷，如审计计划不明确、审计程序不严谨、审计报告不真实等。

4. 信息沟通不畅

内部监督部门与其他部门之间的信息沟通机制不健全，导致监督部门无法及时获取有关企业运营的关键信息，无法进行有效的监督。

四、问题造成的严重影响

内部监督部门形同虚设的问题对国有企业造成了严重的负面影响，具体如下。

1. 增加企业风险

缺乏有效的内部监督，企业无法及时发现和纠正违规行为，增加了经营风险、财务风险和法律风险。

2. 损害企业利益

内部监督的缺失容易导致企业资产流失、财务信息失真等问题，直接损害企业的经济利益。

3. 影响企业声誉

内部监督问题一旦曝光，将严重损害企业的社会形象和声誉，降低投资者和合作伙伴的信任度。

4. 阻碍企业发展

长期缺乏有效的内部监督，将导致企业内部管理混乱、决策失误等问题频发，严重阻碍企业的可持续发展。

综上所述，国有企业审计与内部监督合规问题中的内部监督部门形同虚设是一个亟待解决的重要问题。国有企业应高度重视内部监督体系的建设和完善，确保内部监督部门能够独立、客观地履行职责，为企业的健康稳定发展提供有力保障。

法律法规依据

针对国有企业审计与内部监督合规问题中内部监督部门形同虚设的情况，以下是从国内现行法律法规中总结的相关法律法规依据。

一、针对内部监督部门设置不完善问题的法律法规

1.《中华人民共和国审计法》

第三十二条：被审计单位应当加强对内部审计工作的领导，按照国家有关规定建立健全内部审计制度。

审计机关应当对被审计单位的内部审计工作进行业务指导和监督。

该条款明确了国有企业应当建立内部审计制度，并接受审计机关的业务指导和监督，是内部监督部门设置和完善的重要依据。

2.《企业国有资产监督管理暂行条例》

第二十一条：国有资产监督管理机构依照法定程序决定其所出资企业中的国有独资企业、国有独资公司的分立、合并、破产、解散、增减资本、发行公司债券等重大事项。其中，重要的国有独资企业、国有独资公司分立、合并、破产、解散的，应当由国有资产监督管理机构审核后，报本级人民政府批准。

国有资产监督管理机构依照法定程序审核、决定国防科技工业领域其所出资企业中的国有独资企业、国有独资公司的有关重大事项时，按照国家有关法律、规定执行。

虽然此条款未直接提及内部监督部门，但强调了国有资产监督管理机构对企业重大事项的决策权，间接要求企业建立健全内部监督机制以配合监管。

二、针对监督职能弱化问题的法律法规

《中华人民共和国公司法》第七十八条：监事会行使下列职权：（一）检查公司财务；（二）对董事、高级管理人员执行职务的行为进行监督，对违反法律、行政法规、公司章程或者股东会决议的董事、高级管理人员提出解任的建议……。

公司法赋予了监事会（或监事）对董事、高级管理人员的监督职权，强调了内部监督的独立性和权威性，对防止监督职能弱化具有重要意义。

三、针对审计流程不规范问题的法律法规

《审计署关于内部审计工作的规定》

第十二条：内部审计机构或者履行内部审计职责的内设机构应当按照国家有关规定和本单位的要求，履行下列职责：

（一）对本单位及所属单位贯彻落实国家重大政策措施情况进行审计；

（二）对本单位及所属单位发展规划、战略决策、重大措施以及年度业务计划执行情况进行审计；

（三）对本单位及所属单位财政财务收支进行审计；

（四）对本单位及所属单位固定资产投资项目进行审计；

（五）对本单位及所属单位的自然资源资产管理和生态环境保护责任的履行情况进行审计；

（六）对本单位及所属单位的境外机构、境外资产和境外经济活动进行审计；

（七）对本单位及所属单位经济管理和效益情况进行审计；

（八）对本单位及所属单位内部控制及风险管理情况进行审计；

（九）对本单位内部管理的领导人员履行经济责任情况进行审计；

（十）协助本单位主要负责人督促落实审计发现问题的整改工作；

（十一）对本单位所属单位的内部审计工作进行指导、监督和管理；

（十二）国家有关规定和本单位要求办理的其他事项。

该规定明确了内部审计机构的职责范围，包括实施独立、客观的监督、评价和建议，为规范审计流程提供了法律依据。

四、针对信息沟通不畅问题的法律法规

《企业内部控制基本规范》

第三十八条：企业应当建立信息与沟通制度，明确内部控制相关信息的收集、处理和传递程序，确保信息及时沟通，促进内部控制有效运行。

虽然该规范不属于法律层面，但它是企业内部控制体系建设的重要指导性文件。其中关于信息与沟通制度的规定，对解决内部监督部门与其他部门之间信息沟通不畅的问题具有指导意义。

综上所述，国有企业审计与内部监督合规问题中内部监督部门形同虚设的现象，违反了《中华人民共和国审计法》《企业国有资产监督管理暂行条例》《中华人民共和国公司法》《审计署关于内部审计工作的规定》等相关法律法规的规定。这些法律法规为加强国有企业内部监督提供了明确的法律依据和制度保障。

合规程序与方法

针对国有企业审计与内部监督合规问题中内部监督部门形同虚设的问题，以下提出具体的合规程序与方法，旨在分步骤、有针对性地解决问题。

一、明确内部监督部门的职责与地位

1.制定内部监督部门职责说明书

详细列明内部监督部门的职责范围、权限、工作程序及报告路径，确保其独立性和权威性。

2.提升内部监督部门层级

使内部监督部门直接隶属于董事会或监事会，减少管理层对其工作的干预。

二、完善内部监督人员配置与培训

1.配备专业审计人员

根据企业规模和业务复杂度，合理配置具有审计、会计、法律等专业背景的审计人员。

2.加强专业培训

定期组织内部监督人员进行专业培训，包括审计技巧、法律法规、风险管理等方面的知识，提升其专业能力。

三、优化审计流程与制度建设

1.制定审计计划

根据企业年度经营计划和风险评估结果，制定详细的年度审计计划，明确审计重点、时间表和责任人。

2.完善审计程序

建立标准化的审计程序，包括审计准备、现场审计、报告编制、问题解决等环节，确保审计工作的规范性和有效性。

3.强化制度建设

修订和完善与内部监督相关的规章制度，明确审计工作的标准、要求和责任追究机制。

四、加强信息沟通与协作

1.建立信息沟通机制

明确内部监督部门与其他部门之间的信息沟通渠道和方式，确保关键信息能够及时传递和共享。

2. 促进跨部门协作

鼓励内部监督部门与其他部门建立合作关系，共同解决企业运营中遇到的问题，形成监督合力。

五、强化审计结果运用与整改落实

1. 及时反馈审计结果

审计完成后，及时将审计结果反馈给企业管理层和相关部门，明确问题所在和解决方向。

2. 跟踪整改落实情况

建立审计问题整改跟踪机制，定期对整改情况进行复查和评估，确保问题得到有效解决。

3. 建立问责机制

对未按时整改或整改不力的部门和个人，依据相关规章制度进行问责处理，提高审计结果的严肃性和权威性。

六、引入外部审计与监督机制

1. 定期聘请外部审计机构

聘请具有资质的外部审计机构对企业进行定期审计，提供独立的审计意见和建议。

2. 接受政府监管与社会监督

积极配合政府监管部门的检查和评估工作，同时主动公开企业运营信息和审计结果，接受社会监督。

通过实施以上合规程序与方法，国有企业可以有效解决审计与内部监督合规问题中内部监督部门形同虚设的问题，提升企业内部监督的效能和水平。

专题7：审计整改落实不到位

案例引入

一、案例背景

传统制造业国有企业F（以下简称"F公司"），长期以来在行业内占据领先地位，但近年来随着市场竞争加剧和内部管理问题凸显，公司面临着前所未有的挑战。为加强内部管理，F公司于20××年接受了一次全面的内部审计，旨在发现并堵塞和消除潜在的管理漏洞和风险点。

二、具体问题

在审计过程中，审计团队发现了F公司在原材料采购、库存管理、成本核算等多个环节存在严重问题，具体表现如下。

1. 原材料采购违规

审计发现，F公司采购部门负责人李某在未经充分比价和招标的情况下，多次向特定供应商采购原材料，导致采购成本高于市场价格约20%，累计造成公司直接经济损失约5000万元。

2. 库存管理不善

由于仓库管理系统落后，加之库存管理人员责任心不强，F公司存在大量呆滞物料和过期库存，占用资金高达1亿元，严重影响了公司的资金周转率。

3. 成本核算错误

成本核算部门在处理生产成本时，未能准确区分直接成本和间接成本，导致产品成本计算不准确，部分产品毛利率被高估，而另一部分产品则出现亏损。这一问题在审计期间被揭露，涉及金额约3000万元。

针对上述问题，审计团队向F公司管理层提交了详细的审计报告，并提出了具体的处理建议。然而，审计整改的落实情况却不尽如人意。

三、主要问题的影响

1. 经济损失加剧

由于审计整改落实不到位，F公司的经济损失持续扩大。以原材料采购为例，尽管审计后管理层要求严格比价和执行招标流程，但李某利用职务之便继续违规操作，导致公司每年增加采购成本约1000万元。

2. 财务指标下滑

受内部管理问题影响，F公司的多项财务指标出现下滑。其中，毛利率由审计前的25%下降至20%，净资产收益率由10%下降至6%，严重影响了公司的盈利能力和市场竞争力。

3. 信誉受损

内部管理问题的曝光对F公司的市场信誉造成了严重打击。客户开始质疑公司的管理能力和产品质量，部分长期合作客户选择终止合作或减少采购量，进一步加剧了公司的经营困境。

4. 员工士气低落

内部管理混乱和整改不力导致F公司员工士气低落。员工对公司的未来发展前景感到担忧，工作积极性和创造力受到抑制，人才流失现象严重。

四、结论与反思

F公司审计整改落实不到位的案例深刻揭示了国有企业审计与内部监督合规问题的重要性，以下几点值得深思。

1. 强化内部监督机制

企业应建立健全内部监督机制，确保审计结果的独立性和权威性。同时，加强对内部监督部门的支持和保障，确保其能够充分发挥作用。

2. 严格整改责任追究

对于审计发现的问题，企业应明确整改责任人和整改期限，并建立严格的责任追究机制。对整改不力或拒不整改的行为，应依法依规进行严肃处理。

3. 提升员工合规意识

企业应加强对员工的合规教育和培训，提升员工的合规意识和风险意识。同时，建立健全举报奖励机制，鼓励员工积极参与企业内部监督活动。

4. 推动管理创新

面对激烈的市场竞争和内部管理挑战，企业应积极推动管理创新，引入先进的管理理念和技术手段，提升企业管理水平和竞争力。通过持续改进和创新，实现企业的可持续发展。

合规问题分析

一、业务简介

国有企业作为国家经济的重要组成部分，承担着重要的社会责任和经济使命。为了确保国有资产的保值增值和企业运营的合规性，国有企业普遍建立了内部审计与内部监督机制。审计整改作为审计工作的关键环节，旨在解决审计发现的问题，完善企业管理制度，提升公司治理水平。

二、相关规定

在法律法规层面，国有企业审计与内部监督工作受到《中华人民共和国审计法》《企业国有资产监督管理暂行条例》《中华人民共和国公司法》《审计署关于内部审计工作的规定》等相关法律法规的约束和指导。这些法律法规明确要求国有企业建立健全内部审计制度，加强内部监督，确保审计发现的问题得到及时解决。

三、合规问题具体表现

审计整改落实不到位在国有企业中普遍存在，具体表现如下。

1. 整改责任不明确

部分国有企业在审计整改过程中，责任划分不清，导致推诿扯皮现象严重，整改措施难以落地。

2. 整改意识淡薄

部分企业管理层和员工对审计整改工作重视不够，认为审计只是走形式，整改措施敷衍了事，缺乏主动性和积极性。

3. 整改措施不力

部分企业在制定整改措施时缺乏针对性和可操作性，导致整改措施难以有效解决问题，甚至出现"边整边犯"的现象。

4. 整改监督不到位

内部审计部门或相关监督机构在整改过程中未能充分发挥监督作用，对整改进度和效果缺乏有效跟踪和评估。

5. 制度执行不严

部分企业在执行整改制度时存在打折扣、搞变通的情况，导致整改工作流于形式，未能达到预期效果。

四、问题造成的严重影响

审计整改落实不到位对国有企业造成的严重影响主要表现在以下几个方面。

1. 经济损失大

未能及时解决的问题可能导致企业持续遭受经济损失，如采购成本过高、库存积压、资金占用等，影响企业的盈利能力和市场竞争力。

2. 管理风险大

长期存在的内部管理问题可能引发更大的管理风险，如合规风险、操作风险、财务风险等，威胁企业的稳定运营和可持续发展。

3. 信誉受损

内部管理问题的曝光可能损害企业的市场信誉和品牌形象，影响客户、合作伙伴和投资者的信任和支持。

4. 员工士气低落

整改不力可能导致员工对企业管理层的能力和决心产生怀疑，降低员工的工作积极性和创造力，加剧人才流失。

5. 监管压力增加

审计整改落实不到位可能引发监管部门的关注和干预，增加企业的监管压力和成本，甚至面临法律处罚和声誉损失。

综上所述，国有企业审计与内部监督合规问题中的审计整改落实不到位是一个亟待解决的问题。企业需要加强内部管理，明确整改责任，提升整改意识，制定有效的整改措施，并加大整改监督和制度执行力度，以确保审计发现的问题得到及时、有效的解决。

法律法规依据

针对国有企业审计与内部监督合规问题中审计整改落实不到位的问题，以下是总结的法律法规依据。

一、针对整改责任不明确问题的法律法规

1.《中华人民共和国公司法》

第四条：公司股东依法享有资产收益、参与重大决策和选择管理者等权利。

第十九条：公司从事经营活动，必须遵守法律、行政法规，遵守社会公德、商业道德，诚实守信，接受政府和社会公众的监督，承担社会责任。

公司法强调了公司及其管理层的社会责任和接受监督的义务，为明确审计整改责任提供了法律基础。

2.《审计署关于内部审计工作的规定》

第五条：……内部审计机构和内部审计人员不得参与可能影响独立、客观履行审计职责的工作。

该规定强调了内部审计的独立性，对确保审计整改责任的明确划分和有效执行具有重要意义。

二、针对整改意识淡薄问题的法律法规

《中华人民共和国审计法》

第四十七条：被审计单位违反本法规定，拒绝、拖延提供与审计事项有关的资料的，或者提供的资料不真实、不完整的，或者拒绝、阻碍检查、调查、核实有关情况的，由审计机关责令改正，可以通报批评，给予警告；拒不改正的，依法追究法律责任。

审计法明确了被审计单位在审计过程中的配合义务和法律责任，有助于提升企业管理层和员工的整改意识。

三、针对整改措施不力问题的法律法规

《中华人民共和国会计法》

第二十五条：各单位应当建立、健全本单位内部会计监督制度，并将其纳入本单位内部控制

制度。单位内部会计监督制度应当符合下列要求：……（四）对会计资料定期进行内部审计的办法和程序应当明确……。

会计法要求单位建立健全内部会计监督制度，并明确内部审计的办法和程序，为整改措施的制定和执行提供了法律依据。

四、针对整改监督不到位问题的法律法规

《国务院关于加强审计工作的意见》

该意见明确提出要严肃整改问责，各地区、各部门要把审计结果及其整改情况作为考核、奖惩的重要依据。该意见强调了审计结果及其整改情况在考核、奖惩中的重要性，有助于加大和加强整改监督的力度和效果。

五、针对制度执行不严问题的法律法规

《中华人民共和国公司法》

第六十四条：召开股东会会议，应当于会议召开十五日前通知全体股东；但是，公司章程另有规定或者全体股东另有约定的除外。股东会应当对所议事项的决定作成会议记录，出席会议的股东应当在会议记录上签名或者盖章。

虽然此条直接与董事会决议责任相关，但间接反映了公司制度执行需严格，董事会成员需对决议负责，同理可推及审计整改决策的执行。

综上所述，相关法律法规为国有企业审计与内部监督过程中的审计整改落实工作提供了明确的法律依据和指导原则。企业应严格遵守这些法律法规，加强内部管理，确保审计整改工作的有效落实。

合规程序与方法

针对国有企业审计与内部监督合规问题中审计整改落实不到位的问题，以下提出具体的合规程序与方法，旨在有针对性地解决问题。

一、明确整改责任与分工

1. 制定整改责任清单

根据审计报告提出的问题，逐一明确整改责任人、责任部门及整改时限，形成整改责任清单。

2. 成立整改工作小组

由企业高层领导挂帅，相关职能部门负责人参与，成立专门的整改工作小组，负责统筹协调整改工作。解决整改责任不明确的问题，确保每项整改任务都有明确的责任主体和时限要求。

二、开展整改动员大会和培训

1. 组织整改动员大会

召开全体员工大会，强调审计整改的重要性，明确整改工作的目标和要求。

2. 开展专题培训

针对审计发现的问题，组织相关部门和人员进行专题培训，提升整改意识和能力。解决整改意识淡薄的问题，增强企业管理层和员工的整改责任感和紧迫感。

三、制定具体可行的整改措施

1. 深入分析问题成因

对审计发现的问题进行深入分析，找出问题产生的根本原因。

2. 制定整改方案

根据问题成因，制定具体可行的整改方案，明确整改措施、责任人和完成时限。

3. 专家评审与论证

组织专家对整改方案进行评审和论证，确保整改措施的科学性和有效性。解决整改措施不力的问题，确保整改措施能够切实解决问题，防止"边整边犯"。

四、强化整改监督与跟踪

1. 建立整改监督机制

明确内部审计部门或其他监督机构在整改过程中的监督职责，确定监督计划和监督方式。

2. 定期跟踪检查

对整改工作进展情况进行定期跟踪检查，确保整改措施按时落实。

3. 建立整改台账

对整改任务进行登记造册，建立整改台账，记录整改过程、结果及验证情况。解决整改监督不到位的问题，确保整改工作得到有效监督和跟踪，防止整改流于形式。

五、建立整改问责与激励机制

1. 制定问责制度

对未按时完成整改任务或整改不力的责任人和责任部门进行问责，明确问责程序和处罚措施。

2. 建立激励机制

对整改工作表现突出的部门和个人给予表彰和奖励，激发整改工作的积极性和创造性。

3. 将整改工作纳入绩效考核

将整改工作纳入企业年度绩效考核体系，作为评价部门和个人工作业绩的重要依据。解决制度执行不严的问题，通过问责和激励双重机制，确保整改工作得到有效执行，提升企业管理水平和合规意识。

综上所述，通过采取明确整改责任与分工、开展整改动员大会和培训、制定具体可行的整改措施、强化整改监督与跟踪，以及建立整改问责与激励机制等合规程序与方法，国有企业可以有针对性地解决审计与内部监督合规问题中审计整改落实不到位的问题。

专题 8：法律法规不完善

案例引入

一、案例背景

G 公司是一家位于某传统制造业基地的大型国有企业，主营业务涵盖机械制造、零部件加工等领域，拥有员工数千人，年营业额数十亿元。近年来，随着行业竞争加剧和市场环境变化，G

公司面临着转型升级的压力。然而，在追求快速发展的同时，公司内部审计与内部监督机制却未能跟上步伐，导致合规问题频发。

二、具体问题

1.财务管理不规范

G公司的财务管理存在严重漏洞，财务报表编制不规范，财务数据失真。例如，公司财务部门长期采用手工记账方式，缺乏有效的电算化系统支持，导致账目混乱，成本核算不准确。此外，公司还存在虚构交易、虚增收入等违规行为，以粉饰财务报表。

2.内部控制缺失

G公司的内部控制体系形同虚设，关键岗位缺乏有效的制衡机制。特别是采购、销售等敏感环节，存在严重的权力寻租现象。例如，公司采购部经理李某利用职权之便，与供应商勾结，抬高采购价格，从中谋取私利，导致公司采购成本居高不下。

3.合规意识淡薄

G公司管理层对合规经营的重要性认识不足，合规文化缺失。在日常经营中，公司频繁触碰法律红线，如违反环保法规排放污染物、侵犯知识产权等。这些行为不仅损害了公司形象，还埋下了巨大的法律风险。

三、主要问题的影响

1.财务损失大

由于财务管理不规范和内部控制缺失，G公司在过去三年中累计虚增收入约5亿元，虚构成本约3亿元，导致净利润虚增约2亿元。当这一违规行为被揭露后，公司股价暴跌，市值蒸发数十亿元。同时，公司还需承担巨额的财务调整成本和可能的法律罚款。

2.财务指标恶化

合规问题暴露后，G公司的各项财务指标均出现大幅下滑。营业收入同比下降30%，净利润更是暴跌至负数。公司的资产负债率也大幅上升，资金紧张，面临严重的流动性风险。

3.市场信誉受损

合规问题不仅给G公司带来了经济损失，更严重损害了公司的市场信誉。客户、供应商和投资者对公司的信任度急剧下降，订单减少，合作机会流失。公司品牌形象受损，未来发展前景堪忧。

4.面临法律风险

G公司因违反环保法规、侵犯知识产权等行为，面临多起法律诉讼。这些案件不仅耗时耗力，还可能导致公司面临巨额的经济赔偿和声誉损失。此外，公司管理层和相关责任人还可能面临刑事责任追究。

四、结论与反思

G公司的案例深刻揭示了国有企业审计与内部监督合规问题的重要性。合规不仅是企业稳健经营的基石，更是企业可持续发展的保障。针对G公司存在的问题，应从以下几个方面进行反思。

1.加强财务管理规范化建设

建立健全财务报表编制流程和会计核算制度，确保财务数据的真实性和准确性。引入先进的电算化系统支持财务管理工作，提高工作效率和准确性。

2. 完善内部控制体系

建立健全内部控制体系，明确关键岗位职责和权限划分，形成有效的制衡机制。加强对采购、销售等敏感环节的监督和管理，防止权力寻租和违规行为的发生。

3. 培育合规文化

加强合规宣传和教育培训工作，提高全体员工对合规经营的认识和重视程度。建立健全合规管理制度和流程体系，确保合规要求贯穿企业经营管理的全过程。

4. 强化审计与内部监督

建立健全审计与内部监督机制体系，加强对企业经营管理活动的全面监督和检查。对发现的问题及时处理并追究相关责任人的责任。同时加强与外部监管机构的沟通和协作，共同推动企业合规经营。

合规问题分析

一、业务简介

国有企业作为国民经济的重要支柱，其运营状况直接关系到国家经济的稳定与发展。审计与内部监督是保障国有企业合规经营、防范风险的重要手段。随着市场经济的深入发展，国有企业面临的经营环境日益复杂，对审计与内部监督合规性的要求也越来越高。然而，当前国有企业在审计与内部监督合规方面仍存在诸多问题，其中法律法规不完善是制约因素之一。

二、相关规定

我国已出台了一系列关于国有企业审计与内部监督的法律法规，如《中华人民共和国审计法》《中华人民共和国公司法》《审计署关于内部审计工作的规定》等。这些法律法规为国有企业审计与内部监督工作提供了基本框架和依据。然而，由于市场环境的不断变化和国有企业经营活动的日益复杂化，现有法律法规在某些方面显得相对滞后和不完善。

三、合规问题具体表现

1. 法规条款笼统，可操作性不强

现行有关国有企业审计与内部监督的法律法规中，许多条款仅为原则性规定，缺乏具体的操作细则和量化标准。这导致在实际执行过程中，审计人员和企业管理人员在面对具体问题时往往感到无章可循，难以准确把握合规边界。

2. 经济领域法律法规不健全

特别是在经济领域，随着国有企业参与市场竞争的深入，投融资、国际贸易、知识产权保护等方面的合规问题日益突出。然而，目前针对这些领域的专项法律法规还不够健全，难以有效指导和规范国有企业的经营活动。

3. 内部监督法律法规缺失

部分国有企业内部监督机制不健全，缺乏专门的内部监督法律法规支持。这导致内部监督工作缺乏权威性和独立性，难以有效发挥预防和纠正违规行为的作用。

4. 法律法规更新滞后

随着市场环境的变化和新兴业态的出现，国有企业面临的合规风险也在不断变化。然而，现有法律法规的更新速度往往滞后于市场变化，难以及时应对新出现的合规问题。

四、问题造成的严重影响

1.增加企业经营风险

法律法规不完善导致国有企业在经营过程中面临更多的不确定性和风险。一旦发生合规问题，不仅可能给企业带来经济损失和声誉损害，还可能引发法律纠纷和行政处罚。

2.损害市场公平竞争

合规问题频发会扰乱市场秩序，破坏公平竞争环境。一些企业通过违法违规行为获取不正当利益，挤压守法企业的生存空间，不利于整个行业的健康发展。

3.影响国家经济安全

国有企业作为国家经济的重要组成部分，其合规经营状况直接关系到国家经济的安全与稳定。法律法规不完善可能导致国有企业经营管理失控，进而威胁到国家经济的整体安全。

4.降低投资者信心

合规问题频发会降低投资者对国有企业的信心和投资意愿。投资者更加关注企业的合规风险和治理能力，对存在合规问题的企业持谨慎态度，从而影响企业的融资能力和市场竞争力。

综上所述，国有企业审计与内部监督合规问题中的法律法规不完善是当前亟待解决的问题之一。实施加强法律法规建设、提高法规的可操作性和针对性、建立健全内部监督机制等措施，可以有效提升国有企业的合规经营水平，保障国家经济的稳定与发展。

法律法规依据

在国有企业审计与内部监督的合规实践中，法律法规的完善性直接关系到企业运营的风险防控和治理水平。针对上述问题，以下总结了相关法律法规依据。

一、针对财务管理不规范问题的法律法规

1.《中华人民共和国会计法》

第四十条：违反本法规定，有下列行为之一的，由县级以上人民政府财政部门责令限期改正，给予警告、通报批评，对单位可以并处二十万元以下的罚款，对其直接负责的主管人员和其他直接责任人员可以处五万元以下的罚款；情节严重的，对单位可以并处二十万元以上一百万元以下的罚款，对其直接负责的主管人员和其他直接责任人员可以处五万元以上五十万元以下的罚款；属于公职人员的，还应当依法给予处分：

（一）不依法设置会计账簿的；

（二）私设会计账簿的；

（三）未按照规定填制、取得原始凭证或者填制、取得的原始凭证不符合规定的；

（四）以未经审核的会计凭证为依据登记会计账簿或者登记会计账簿不符合规定的；

（五）随意变更会计处理方法的；

（六）向不同的会计资料使用者提供的财务会计报告编制依据不一致的；

（七）未按照规定使用会计记录文字或者记账本位币的；

（八）未按照规定保管会计资料，致使会计资料毁损、灭失的；

（九）未按照规定建立并实施单位内部会计监督制度或者拒绝依法实施的监督或者不如实提

供有关会计资料及有关情况的；

（十）任用会计人员不符合本法规定的。

有前款所列行为之一，构成犯罪的，依法追究刑事责任。

会计人员有第一款所列行为之一，情节严重的，五年内不得从事会计工作。

有关法律对第一款所列行为的处罚另有规定的，依照有关法律的规定办理。

2.《企业会计准则第 14 号——收入》

第五条：当企业与客户之间的合同同时满足下列条件时，企业应当在客户取得相关商品控制权时确认收入：（一）合同各方已批准该合同并承诺将履行各自义务；（二）该合同明确了合同各方与所转让商品或提供劳务（以下简称"转让商品"）相关的权利和义务；（三）该合同有明确的与所转让商品相关的支付条款；（四）该合同具有商业实质，即履行该合同将改变企业未来现金流量的风险、时间分布或金额；（五）企业因向客户转让商品而有权取得的对价很可能收回……。

二、针对内部控制缺失问题的法律法规

1.《中华人民共和国公司法》

第六十四条：召开股东会会议，应当于会议召开十五日前通知全体股东；但是，公司章程另有规定或者全体股东另有约定的除外。股东会应当对所议事项的决定作成会议记录，出席会议的股东应当在会议记录上签名或者盖章。

2.《企业内部控制基本规范》

第三条：本规范所称内部控制，是由企业董事会、监事会、经理层和全体员工实施的、旨在实现控制目标的过程。内部控制的目标是合理保证企业经营管理合法合规、资产安全、财务报告及相关信息真实完整，提高经营效率和效果，促进企业实现发展战略。

三、针对合规意识淡薄问题的法律法规

1.《中华人民共和国环境保护法》

第六十三条：企业事业单位和其他生产经营者有下列行为之一，尚不构成犯罪的，除依照有关法律法规规定予以处罚外，由县级以上人民政府环境保护主管部门或者其他有关部门将案件移送公安机关，对其直接负责的主管人员和其他直接责任人员，处十日以上十五日以下拘留；情节较轻的，处五日以上十日以下拘留：（一）建设项目未依法进行环境影响评价，被责令停止建设，拒不执行的；（二）违反法律规定，未取得排污许可证排放污染物，被责令停止排污，拒不执行的；（三）通过暗管、渗井、渗坑、灌注或者篡改、伪造监测数据，或者不正常运行防治污染设施等逃避监管的方式违法排放污染物的；（四）生产、使用国家明令禁止生产、使用的农药，被责令改正，拒不改正的。

2.《中华人民共和国商标法》

第五十七条：有下列行为之一的，均属侵犯注册商标专用权：（一）未经商标注册人的许可，在同一种商品上使用与其注册商标相同的商标的；（二）未经商标注册人的许可，在同一种商品上使用与其注册商标近似的商标，或者在类似商品上使用与其注册商标相同或者近似的商标，容易导致混淆的；（三）销售侵犯注册商标专用权的商品的；（四）伪造、擅自制造他人注册商标标识或者销售伪造、擅自制造的注册商标标识的；（五）未经商标注册人同意，更换其注册商标并将该更换商标的商品又投入市场的；（六）故意为侵犯他人商标专用权行为提供便利条件，帮助他人实施侵犯商标专用权行为的；（七）给他人的注册商标专用权造成其他损害的。

四、针对法律法规更新滞后问题的建议

鉴于市场环境的快速变化和新兴业态的不断涌现，建议相关部门加强对现有法律法规的评估和修订工作，确保法律法规的时效性和适用性。同时，鼓励行业协会、专业机构等积极参与法律法规的制定和修订过程，提供行业实践和专家意见，推动法律法规的完善和发展。

以上总结的法律法规依据旨在指导国有企业加强审计与内部监督合规工作，确保企业依法经营、规范运作。企业应根据自身实际情况，结合相关法律法规要求，建立健全内部控制体系和合规管理机制，提升合规经营水平。

合规程序与方法

针对国有企业审计与内部监督合规问题中法律法规不完善的问题，以下提出具体的合规程序与方法，旨在分步骤、有针对性地解决问题。

一、完善内部审计与监督法律法规制度

1. 法律法规梳理与评估

组织法律专家团队对现有与国有企业审计、内部监督相关的法律法规进行全面梳理，评估其适用性、完整性和可操作性。形成法律法规评估报告，明确哪些条款需要修订、哪些领域缺乏具体规定。

2. 制定或修订法律法规

基于评估报告，向国家立法机关提出立法建议，推动制定或修订相关法律法规。例如，细化内部审计的职责、权限和程序，明确内部监督的标准和要求。

二、建立健全内部控制体系

1. 制定内部控制手册

结合企业实际情况，依据相关法律法规，制定内部控制手册，明确各部门、岗位的职责和权限，规范业务流程和操作规范。

2. 实施内部控制测试

定期对内部控制体系进行测试，识别潜在的风险点和漏洞，及时采取措施进行消除和堵塞。

三、加强合规培训与宣传

1. 开展合规培训

组织全体员工参加合规培训，重点讲解相关法律法规、企业内部控制制度和合规要求，提高员工的合规意识和能力。

2. 强化合规宣传

利用企业内刊、网站、公告栏等多种渠道，宣传合规文化和企业合规管理政策，营造浓厚的合规氛围。

四、建立合规风险评估与应对机制

1. 开展合规风险评估

定期对企业的合规风险进行评估，识别可能存在的合规风险点和潜在影响。

2. 制定应对措施

针对评估出的合规风险，制定具体的应对措施，明确责任人和完成时限。

五、提高审计与监督的独立性与权威性

1. 优化审计机构设置

确保内部审计机构在组织架构上的独立性，避免与其他部门存在利益冲突。明确内部审计机构的职责和权限，确保审计工作的顺利开展。

2. 强化审计结果运用

建立审计结果整改跟踪机制，对审计发现的问题进行跟踪，督促解决。将审计结果与绩效考核、职务晋升等挂钩，提高审计工作的权威性和有效性。

六、推动信息化建设，提升合规管理水平

1. 建立合规管理信息系统

利用现代信息技术手段，建立合规管理信息系统，实现合规管理的信息化、自动化和智能化。

2. 加强数据分析和监控

通过合规管理信息系统收集、分析企业运营数据，及时发现潜在的合规风险和问题。加强对关键业务环节和敏感数据的监控，确保合规管理的有效实施。

通过实施以上合规程序与方法，国有企业可以逐步解决审计与内部监督合规问题中法律法规不完善的问题，提升企业的合规管理水平和风险防范能力。

专题 9：内部控制管理不规范

案例引入

一、案例背景

公司 H 是一家传统制造业国有企业，主要从事重型机械设备的生产与销售，拥有员工数千人，年营业额超过 10 亿元。近年来，随着市场竞争加剧和外部环境变化，公司 H 面临着转型升级的压力。然而，在内部控制管理方面，公司 H 存在诸多问题，导致了一系列经营风险和财务损失。

二、具体问题

1. 内部机构设置不合理，权责分配不清

公司 H 内部机构设置繁杂，存在职能交叉现象。例如，生产部与采购部在原材料供应问题上经常产生矛盾，导致生产效率低下。同时，"三重一大"（重大决策、重要人事任免、重大项目安排和大额度资金运作）事项决策程序不规范，存在"一支笔"审批现象，决策科学性和透明度不足。

2. 采购业务管理不规范

2021 年，公司 H 采购了一批关键零部件，由于未严格执行不相容职务相分离原则，采购计划制定、审批、购买、验收等环节由同一部门负责，导致供应商选择不当，零部件质量低劣。此次

采购共涉及金额 500 万元，因质量问题需重新采购，额外增加成本 100 万元，且影响了生产进度，造成直接经济损失和市场信誉损失。

3. 资金管理不到位

公司 H 在资金管理方面存在漏洞，如应收账款清理不及时，导致大量资金被占用。截至 2022 年底，公司应收账款总额达到 2 亿元，其中逾期账款占比高达 30%，严重影响资金回笼和现金流稳定性。此外，还存在违规改变贷款资金用途现象，将部分项目的贷款资金用于其他非项目支出。

三、主要问题的影响

1. 财务指标恶化

由于内部控制管理不规范，公司 H 的财务指标出现明显下滑。2022 年，公司净利润同比下降 20%，营业利润率由 8% 降至 6%。同时，资产负债率上升至 65%，财务风险加剧。

2. 市场竞争力减弱

由于生产效率低下、产品质量问题和资金短缺，公司 H 在市场上的竞争力明显减弱。客户投诉增多，市场份额被竞争对手蚕食。同时，因资金紧张，公司无法及时投入研发和市场推广，进一步扩大了市场劣势。

3. 企业声誉受损

采购业务中的质量问题被媒体曝光后，公司 H 的声誉受到严重影响。合作伙伴和投资者对公司的信任度降低，融资难度加大。

四、结论与反思

公司 H 在内部控制管理方面的不规范行为是导致其财务指标恶化、市场竞争力减弱和公司声誉受损的主要原因。这些问题不仅影响了公司的短期经营业绩，更对其长期发展构成了严重威胁，公司可从以下方面入手解决相关问题。

1. 加强内部控制体系建设

公司 H 应尽快完善内部控制体系，明确各部门、岗位的职责和权限，规范业务流程和操作规范。同时，建立健全风险评估和应对机制，及时发现和化解潜在风险。

2. 优化内部机构设置

调整和优化内部机构设置，避免职能交叉和推诿扯皮现象。明确"三重一大"事项的决策程序和标准，提高决策的科学性和透明度。

3. 强化资金管理

加强对应收账款的清理和催收工作，确保资金回笼的及时性。同时，严格遵守贷款资金使用规定，防止违规改变资金用途现象的发生。

4. 提升员工素质和管理水平

加强对员工的培训和教育工作，提高员工的合规意识和职业素养。同时，引入先进的管理理念和方法，提升企业的整体管理水平。

通过实施以上措施，公司 H 有望逐步解决内部控制管理不规范的问题，恢复和提升企业的竞争力和市场声誉。

合规问题分析

一、业务简介

国有企业作为国家经济的重要组成部分，承担着推动经济发展、社会稳定等多重职责。其业务范围涵盖能源、交通、通信、制造等多个领域，对国民经济的发展具有举足轻重的作用。然而，随着国有企业规模的扩大和业务的多元化，其内部控制管理面临的挑战也日益严峻。

二、相关规定

为了规范国有企业的内部控制管理，国家出台了一系列相关法律法规和规章制度。这些规定要求国有企业建立健全内部控制体系，明确各部门、岗位的职责和权限，规范业务流程和操作规范，确保企业资产的安全完整和财务信息的真实准确；同时，还要求国有企业加强内部审计和监督，及时发现和解决内部控制存在的问题。

三、合规问题具体表现

尽管有相关法律法规，但国有企业在内部控制管理方面仍存在诸多不合规问题，具体表现如下。

1. 内部机构设置不合理

部分国有企业内部机构设置繁杂，各内部机构职能交叉，导致工作效率低下、决策程序不规范，存在"一支笔"审批现象。

2. 业务流程不规范

在采购、销售、生产等关键业务环节，存在未严格执行不相容职务相分离原则、缺乏有效的监督制约机制等问题，导致业务操作不规范，存在风险隐患。

3. 资金管理不到位

部分国有企业资金管理松散，应收账款清理不及时，资金回笼慢，同时存在违规改变贷款资金用途等现象，导致资金风险加大。

4. 财务信息不真实

由于内部控制失效，部分国有企业存在财务信息不真实、不完整的问题，如虚报利润、隐瞒亏损等，严重影响了企业的信誉和决策的准确性。

四、问题造成的严重影响

国有企业内部控制管理不规范的问题造成了严重的影响，具体表现在以下几个方面。

1. 财务风险加大

由于资金管理不到位和财务信息不真实，国有企业的财务风险显著加大，可能导致资金链断裂、债务危机等严重后果。

2. 经营效率下降

内部控制管理不规范导致国有企业的经营效率下降，成本上升，市场竞争力减弱。

3. 企业声誉受损

内部控制管理不规范的问题一旦被曝光，将严重损害国有企业的声誉和形象，降低合作伙伴和投资者的信任度。

4.国有资产流失

若缺乏有效的内部控制管理，则国有企业可能会面临资产流失的风险，如贪污、挪用公款等违法违规行为的发生。

综上所述，国有企业审计与内部监督合规问题中内部控制管理不规范是一个亟待解决的重要问题。只有采取加强内部控制体系建设、优化内部机构设置、规范业务流程、加强资金管理和提高财务信息质量等措施，才能有效防范风险，提升国有企业的竞争力和可持续发展能力。

法律法规依据

针对国有企业审计与内部监督合规问题中内部控制管理不规范的现象，以下是对相关法律法规依据的总结。

一、针对内部机构设置不合理问题的法律法规

1.《中华人民共和国公司法》

第二十五条：公司股东会、董事会的决议内容违反法律、行政法规的无效。

第二十六条：公司股东会、董事会的会议召集程序、表决方式违反法律、行政法规或者公司章程，或者决议内容违反公司章程的，股东自决议作出之日起六十日内，可以请求人民法院撤销。但是，股东会、董事会的会议召集程序或者表决方式仅有轻微瑕疵，对决议未产生实质影响的除外……。

这些条款为公司内部决策程序提供了法律依据，确保决策的科学性和合规性。

2.《中华人民共和国企业国有资产法》

第十三条：履行出资人职责的机构委派的股东代表参加国有资本控股公司、国有资本参股公司召开的股东会会议、股东大会会议，应当按照委派机构的指示提出提案、发表意见、行使表决权，并将其履行职责的情况和结果及时报告委派机构。

此条款规范了国有企业在参股或控股公司中的内部机构行为。

二、针对业务流程不规范问题的法律法规

《中华人民共和国会计法》

第十五条：会计账簿登记，必须以经过审核的会计凭证为依据，并符合有关法律、行政法规和国家统一的会计制度的规定。会计账簿包括总账、明细账、日记账和其他辅助性账簿。

此条款要求企业必须按照规定的业务流程进行会计处理，确保财务信息的真实性。

三、针对资金管理不到位问题的法律法规

1.《现金管理暂行条例》

第十二条：开户单位应当建立健全现金账目，逐笔记载现金支付。账目应当日清月结，账款相符。

此条款要求企业必须建立健全现金管理制度，确保资金的合规使用。

2.《中华人民共和国商业银行法》

第五十七条：商业银行应当按照国家有关规定，提取呆账准备金，冲销呆账。

此条款虽然主要针对商业银行，但也体现了资金管理和使用必须合规的原则。

四、针对财务信息不真实问题的法律法规

1.《中华人民共和国会计法》

第九条：各单位必须根据实际发生的经济业务事项进行会计核算，填制会计凭证，登记会计账簿，编制财务会计报告。任何单位不得以虚假的经济业务事项或者资料进行会计核算。

此条款明确要求企业必须基于真实的经济业务事项进行会计核算，确保财务信息的真实性。

2.《企业会计准则——基本准则》

第十二条：企业应当以实际发生的交易或者事项为依据进行会计确认、计量和报告，如实反映符合确认和计量要求的各项会计要素及其他相关信息，保证会计信息真实可靠、内容完整。

此条款进一步强调了会计信息必须真实可靠。

综上所述，针对国有企业审计与内部监督合规问题中内部控制管理不规范的现象，相关法律法规已经提供了明确的指导。国有企业必须严格遵守这些法律法规，加强内部控制管理，确保企业的合规运营和可持续发展。

合规程序与方法

针对国有企业审计与内部监督合规问题中内部控制管理不规范的问题，提出以下具体的合规程序与方法，旨在分步骤、有针对性地解决问题。

一、建立健全内部控制体系

1.制定内部控制手册

明确企业各部门、岗位的职责和权限，规范业务流程和操作规范。手册应涵盖采购、销售、生产、财务等关键业务环节，确保内部控制的全面性和系统性。

2.风险评估与应对

定期进行风险评估，识别企业面临的各类风险，包括财务风险、运营风险、合规风险等。针对识别出的风险，制定相应的应对措施和预案，确保风险可控。

二、优化内部机构设置与职责分配

1.精简机构，明确职责

对内部机构进行梳理和精简，避免职能交叉和推诿扯皮现象。明确各机构、岗位的职责和权限，确保决策程序科学、透明。

2.遵循不相容职务相分离原则

在关键业务环节遵循不相容职务相分离原则，如采购计划制定与审批、付款与验收等岗位应分离，形成相互制约和监督的机制。

三、加强资金管理

1.完善资金管理制度

建立健全资金管理制度，规范资金的筹集、使用、回收等环节。确保资金使用的合规性和效益性，防止资金流失和浪费。

2.强化应收账款管理

建立应收账款管理制度，加强对应收账款的清理和催收工作。定期对应收账款进行分析和评估，制定有效的催收策略，确保资金回笼的及时性。

四、确保财务信息真实准确

1. 加强会计基础工作

规范会计凭证的填制、会计账簿的登记和财务会计报告的编制工作。确保会计信息的真实、完整和准确，为决策提供可靠依据。

2. 实施内部审计与监督

建立健全内部审计机构，配备专业的审计人员。定期对企业的内部控制体系进行审计和监督，及时发现和解决存在的问题，确保内部控制制度的有效性。

五、提升员工合规意识与专业能力

1. 加强合规培训

定期对员工进行合规培训，包括法律法规、内部控制制度等方面的内容。提高员工的合规意识和职业素养，确保员工能够自觉遵守相关规定。

2. 建立绩效考核机制

将内部控制执行情况纳入员工绩效考核体系，与员工的薪酬、晋升等挂钩。激励员工积极参与内部控制工作，提高内部控制制度的执行力。

通过实施以上合规程序与方法，国有企业可以逐步解决内部控制管理不规范的问题，提升企业的合规运营水平和市场竞争力。同时，这些合规程序与方法也有助于防范各类风险，保障企业资产的安全完整和财务信息的真实准确。

专题 10：资金活动管理不到位

案例引入

一、案例背景

传统制造业国有企业 Z（以下简称"企业 Z"），主要从事金属加工与制造业务，近年来随着市场竞争的加剧，企业开始寻求扩张以维持市场份额。然而，在快速扩张的过程中，企业 Z 在资金活动管理方面出现了严重问题，导致了一系列财务危机。

二、具体问题

1. 筹资成本高昂

为了支撑扩张计划，企业 Z 频繁通过银行贷款、融资租赁等方式筹集资金。然而，在筹资过程中，企业未能有效控制成本，支付了高额的服务费、咨询费等额外费用，变相增加了筹资成本。据统计，企业 Z 在一年内因额外融资费用多支出了近 500 万元。

2. 违规改变贷款用途

部分贷款资金原计划用于生产线升级和设备采购，但企业 Z 在实际操作中，将这些资金挪用于其他项目支出，如市场推广和研发投入。这种行为不仅违反了贷款合同约定，也加大了企业的财务风险。

3. 资金闲置与浪费

由于项目管理和资金调度不善，企业 Z 有相当一部分融入资金未能被及时有效使用，导致大

量资金闲置在银行账户中。据统计，截至审计时，企业 Z 闲置资金超过 8000 万元，这些资金在闲置期间产生了不必要的利息支出。

4. 应收款项管理混乱

企业 Z 在销售过程中，对客户的信用评估不足，导致应收账款大幅增加且清理不及时。部分客户长期拖欠款项，甚至形成坏账，严重影响了企业的现金流。据统计，企业 Z 的应收账款周转次数从行业平均水平的每年 5 次下降到 3 次，应收账款总额占流动资产的比例超过了 40%。

三、主要问题的影响

1. 财务成本上升

由于筹资成本高昂和资金闲置浪费，企业 Z 的财务成本显著增加。这不仅压缩了企业的利润空间，也加大了企业的偿债压力。

2. 现金流紧张

应收款项管理混乱导致企业现金流紧张，无法满足日常运营和项目投资的需求。企业不得不依赖更多的外部融资来维持运营，进一步增加了财务成本。

3. 财务指标下滑

受上述问题影响，企业 Z 的财务指标出现明显下滑。净利润率从上一年的 5% 下降至 3%，总资产周转率也显著下降。这些问题不仅影响了企业的市场信誉和投资者信心，也为企业未来的发展埋下了隐患。

4. 经营风险加大

资金活动管理不到位使企业面临更大的经营风险。一旦外部融资环境恶化或市场需求下降，企业可能面临资金链断裂的危机。

四、结论与反思

本案例揭示了国有企业在快速扩张过程中资金活动管理不到位所带来的严重后果。为了避免类似问题的发生，国有企业应加强对资金活动的内部控制和监督，可从以下方面入手。

1. 建立健全资金管理制度

明确筹资、投资、资金运营等环节的管理流程和职责分工，确保资金使用的合规性和效益性。

2. 加强应收账款管理

建立健全客户信用评估体系，加强对应收账款的清理和催收工作，确保现金流的充足和稳定。

3. 优化项目管理和资金调度

提高项目管理的科学性和规范性，确保资金能够及时有效使用，避免资金闲置和浪费。

4. 强化内部审计与监督

建立健全内部审计机构，加大对资金活动的审计和监督力度，及时发现和解决存在的问题，确保内部控制的有效性。

通过实施以上措施，国有企业可以提升资金活动管理的水平，降低财务风险和经营风险，为企业的可持续发展提供有力保障。

合规问题分析

一、业务简介

资金活动管理是国有企业运营管理的核心环节之一，涉及资金的筹集、使用、回收等全过程。有效的资金活动管理对保障企业现金流稳定、降低财务风险、提高资金使用效率具有重要意义。然而，在实际操作中，部分国有企业存在资金活动管理不到位的问题，影响了企业的健康发展和持续运营。

二、相关规定

国有企业资金活动管理受到多项法律法规和规章制度的约束，包括但不限于《中华人民共和国公司法》《中华人民共和国会计法》《企业内部控制基本规范》等。这些法律法规和规章制度对国有企业的资金筹集、使用、监督等方面提出了明确要求，旨在规范企业的资金活动行为，保障资金的安全和有效使用。

三、合规问题具体表现

1. 筹资成本控制不严

部分国有企业在筹资过程中，未能有效控制筹资成本，支付了高额的服务费、咨询费等额外费用，变相增加了筹资成本，增加了企业的财务负担。

2. 资金违规使用

一些国有企业将筹集到的资金违规用于非原定用途，如将项目贷款资金用于其他项目投资或日常运营支出，这种行为不仅违反了贷款合同约定，也增加了企业的财务风险。

3. 资金闲置与浪费

由于项目管理和资金调度不善，部分国有企业存在大量资金闲置在银行账户中的现象。这些资金未能得到有效利用，造成了利息支出和资源浪费。

4. 应收款项管理混乱

部分国有企业在销售过程中对应收账款的管理不够规范，导致应收账款增加且清理不及时。这不仅影响了企业的现金流稳定性，也增加了坏账损失的风险。

5. 内部审计与监督不足

部分国有企业的内部审计机构不健全或审计监督力度不够，未能及时发现和解决资金活动管理中的问题，导致问题长期积累并引发严重后果。

四、问题造成的严重影响

1. 财务成本上升

资金活动管理不到位导致企业的财务成本显著增加，包括筹资成本、利息支出、坏账损失等。这不仅压缩了企业的利润空间，也增加了企业的偿债压力。

2. 现金流紧张

应收款项管理混乱和资金违规使用等行为导致企业现金流紧张，难以满足日常运营和项目投资的需求。企业不得不依赖更多的外部融资来维持运营，进一步增加了财务成本。

3. 财务指标下滑

受资金活动管理不到位的影响，企业的财务指标，如净利润率、总资产周转率等可能出现下滑趋势。这不仅影响了企业的市场信誉和投资者信心，也可能引发更严重的财务危机。

4.经营风险加大

资金活动管理不到位使企业面临更大的经营风险。一旦外部融资环境恶化或市场需求下降，企业可能面临资金链断裂的危机，严重影响企业的生存和发展。

综上所述，国有企业审计与内部监督合规问题中资金活动管理不到位是一个严重的问题，企业需要高度重视并采取有效措施加以解决。通过实施建立健全资金管理制度、加强内部审计与监督、提高项目管理水平等措施，国有企业可以提升资金活动管理的水平，降低财务风险和经营风险，为企业的可持续发展提供有力保障。

法律法规依据

针对国有企业审计与内部监督合规问题中资金活动管理不到位的问题，以下是相关法律法规依据。

一、针对筹资成本控制不严问题的法律法规

1.《中华人民共和国公司法》

第二百零七条：公司应当依照法律、行政法规和国务院财政部门的规定建立本公司的财务、会计制度。

这意味着公司在进行筹资活动时，必须遵守相关法律法规，严格控制筹资成本，确保财务活动的合规性。

2.《企业会计准则第20号——企业合并》

虽然直接关联度不高，但该制度涉及资金筹集的会计处理原则。该准则规范了企业合并中的会计处理方法，要求企业在筹集资金进行合并等活动时，必须遵循公允价值原则，合理控制成本，避免额外费用。

二、针对资金违规使用问题的法律法规

1.《中华人民共和国会计法》

第十五条：会计账簿登记，必须以经过审核的会计凭证为依据，并符合有关法律、行政法规和国家统一的会计制度的规定。会计账簿包括总账、明细账、日记账和其他辅助性账簿。

这表明资金的使用必须基于合法的会计凭证，并符合相关法律法规的规定。

2.《企业内部控制基本规范》

第三十七条：企业应当建立重大风险预警机制和突发事件应急处理机制，明确风险预警标准，对可能发生的重大风险或突发事件，制定应急预案、明确责任人员、规范处置程序，确保突发事件得到及时妥善处理。

这要求企业必须建立有效的内部控制机制，防止资金违规使用。

三、针对资金闲置与浪费问题的法律法规

1.《中华人民共和国公司法》

第一百八十一条：董事、监事、高级管理人员不得有下列行为：（一）侵占公司财产、挪用公司资金……。

这要求公司董事、监事和高级管理人员必须妥善管理公司资金，避免资金闲置和浪费。

2.《企业财务通则》

第十一条：企业应当建立财务预算管理制度，以现金流为核心，按照实现企业价值最大化等财务目标的要求，对资金筹集、资产营运、成本控制、收益分配、重组清算等财务活动，实施全面预算管理。

这要求企业必须建立有效的预算管理制度，确保资金的合理使用，避免闲置和浪费。

四、针对应收款项管理混乱问题的法律法规

《企业会计准则第 14 号——收入》

该准则规范了企业收入的确认和计量方法，要求企业必须按照准则规定确认收入。

五、针对内部审计与监督不足问题的法律法规

1.《中华人民共和国审计法》

第三十二条：被审计单位应当加强对内部审计工作的领导，按照国家有关规定建立健全内部审计制度。

审计机关应当对被审计单位的内部审计工作进行业务指导和监督。

2.《企业内部控制基本规范》

该规范规定，企业应当建立并实施内部控制制度，包括内部环境、风险评估、控制活动、信息与沟通以及内部监督等要素。这要求企业必须建立有效的内部控制机制，包括内部审计与监督，确保资金活动的合规性和有效性。

综上所述，国有企业审计与内部监督合规问题中资金活动管理不到位的问题涉及多项法律法规。企业必须严格遵守相关法律法规的规定，加强资金活动管理，确保资金的合规、有效使用。

合规程序与方法

针对国有企业审计与内部监督合规问题中资金活动管理不到位的问题，以下提出具体的合规程序与方法，旨在分步骤、有针对性地解决问题。

一、建立健全资金管理制度

1. 制定资金管理制度框架

明确资金管理的目标、原则和范围，涵盖筹资、投资、资金运营等全过程。设立专门的资金管理部门或岗位，负责资金活动的日常管理和监督。

2. 细化资金管理流程

制定详细的筹资、投资和资金运营流程，明确各环节的责任人和操作规范。确保资金活动遵循预算计划，避免超支和违规使用。

二、加强筹资成本控制

1. 建立筹资成本评估机制

在筹资前对各类筹资方式的成本进行全面评估，包括利率、服务费、咨询费等。选择成本相对较低且符合企业需求的筹资方式。

2. 实施筹资成本监控

在筹资过程中持续监控筹资成本的变化情况，及时调整筹资策略。确保筹资成本在合理范围内，避免额外费用支出。

三、规范资金使用、审批与监督

1. 明确资金使用计划

制定详细的资金使用计划，明确各项支出的用途、金额和时间节点。确保资金使用符合预算和业务实际需求。

2. 加强资金支付审批

建立严格的资金支付审批制度，明确审批权限和流程。对大额资金支付进行集体决策或联签审批，防止个人擅自决策。

3. 实施资金支付后监督

对已支付的资金进行跟踪监督，确保资金按计划使用。定期对资金使用情况进行审计和评估，及时发现问题并解决。

四、优化应收款项管理

1. 建立客户信用评估体系

对客户进行信用评估，根据评估结果确定信用额度和付款条件。定期更新客户信用信息，确保信用评估的准确性和时效性。

2. 加强应收账款催收

制定应收账款催收计划，明确催收责任人和时间节点。采用多种催收方式（如电话、邮件、法律途径等），确保应收账款及时回收。

3. 建立应收账款预警机制

对即将到期或逾期的应收账款进行预警提示，及时采取措施防止坏账损失。

五、强化内部审计与监督

1. 建立健全内部审计机构

设立独立的内部审计部门，配备专业的审计人员。明确内部审计的职责和权限，确保审计工作的独立性和权威性。

2. 制定内部审计计划

根据企业实际情况制定年度内部审计计划，明确审计重点和范围。对关键业务领域和资金活动进行定期或不定期审计。

3. 实施审计整改与问责

对审计发现的问题进行跟踪，确保问题得到及时解决。对违规责任人进行问责处理，形成有效的震慑作用。

4. 加强审计结果运用

将审计结果纳入绩效考核体系，并作为奖惩和晋升的重要依据。定期向管理层汇报审计情况，提出改进建议和管理措施。

通过实施以上合规程序与方法，国有企业可以加强资金活动管理，提高资金使用效率和合规性，降低财务风险和经营风险，为企业的可持续发展提供有力保障。